贵州经济普查年鉴

Guizhou Economic Census Yearbook

2013

综 | 合 | 卷

贵州省第三次经济普查领导小组办公室 编

图书在版编目（CIP）数据

贵州经济普查年鉴. 2013 / 贵州省第三次经济普查领导小组办公室编. -- 北京 : 中国统计出版社, 2015.12
ISBN 978-7-5037-7739-4

Ⅰ. ①贵… Ⅱ. ①贵… Ⅲ. ①经济－普查－贵州省－2013－年鉴 Ⅳ. ①F127.73-54

中国版本图书馆 CIP 数据核字(2016)第 003478 号

贵州经济普查年鉴—2013/综合卷

作　　者/贵州省第三次经济普查领导小组办公室
责任编辑/佘竞雄
封面设计/黄俊杰　李雪燕
出版发行/中国统计出版社
通信地址/北京市丰台区西三环南路甲 6 号　邮政编码/100073
电　　话/邮购（010）63376909　书店（010）68783171
网　　址/http://www.zgtjcbs.com/
印　　刷/河北天普润印刷厂
经　　销/新华书店
开　　本/880mm×1230mm　1/16
字　　数/1120 千字
印　　张/35.5
版　　别/2015 年 12 月第 1 版
版　　次/2015 年 12 月第 1 次印刷
定　　价/580.00 元（全二册附光盘）

本书附同版本 CD-ROM 一张，光盘内容以书面文字为准。
如有印装差错，由本社发行部调换。

指导委员会

编辑委员会

编者说明

为便于社会各界共同分享贵州省第三次经济普查的成果，更方便地开发利用普查资料，我们将经济普查资料编辑整理，汇编成《贵州经济普查年鉴—2013》一书。全书共三卷二册，即综合卷、第二产业卷和第三产业卷，并随书配送同版本光盘一张。综合卷分三篇：第一篇为“综合篇”，第二篇为“小微企业篇”，第三篇为“文化及相关产业篇”。第二产业卷分三篇：第一篇为“工业企业生产经营及财务状况”，第二篇是“规模以上工业企业科技情况”，第三篇是“建筑业企业生产经营及财务状况”。第三产业卷分五篇：第一篇为“批发和零售业基本情况及财务状况”，第二篇为“住宿和餐饮业基本情况及财务状况”，第三篇为“房地产业生产经营及财务状况”，第四篇为“其他服务业财务状况”，第五篇为“行政事业、社团及其他单位财务状况”。为使读者能够更好地使用本资料，现对有关问题做如下说明：

一、第三次经济普查的标准时点为2013年12月31日，时期资料为2013年度；

二、每卷后附有该卷详细的指标解释，使用时请仔细阅读；

三、综合卷中综合篇和小微企业篇汇总表，均不包括金融业、铁路运输业和无分组标识的部分数据；

四、本资料建筑业按注册地，其他行业按经营地进行汇总；

五、本资料对部分数据由于单位取舍不同或四舍五入而产生的差数均未作调整；

六、表中“…”表示数据不足本表最小单位数，空格表示该项统计指标数据不详或无该项数据，“#”表示其中的主要项。

我们希望此书的面世，能使社会各界对贵州省第三次经济普查有一个全面概括的了解，更愿本书的内容，能为社会经济研究工作者提供有价值的参考。

贵州省第三次经济普查资料是全省普查工作者共同辛勤工作的成果，也是广大普查对象积极支持配合的结果。在此，我们向全省所有普查工作者、普查对象和所有参与和支持普查工作的人员致以崇高的敬意和衷心的感谢！

综合卷 目录

第一篇 综 合

第二篇 小微企业

第三篇 文化及相关产业

第1篇

综　合

1-1 按市县、行业(门类)

地区	法人单位数(个)	农、林、牧、渔业	采矿业	制造业	电力、热力、燃气及水生产和供应业	建筑业	批发和零售业	交通运输、仓储和邮政业	住宿和餐饮业
贵州省	**146514**	**1084**	**5575**	**21692**	**1606**	**3617**	**28382**	**2648**	**4060**
贵阳市	**34270**	**127**	**246**	**3100**	**75**	**1491**	**12400**	**621**	**1055**
南明区	9265	51	4	308	10	404	4503	154	281
云岩区	9152	4		261	4	405	3736	169	314
花溪区	4373	21	15	699	7	158	1482	77	122
乌当区	1593	12	13	362	7	63	306	23	96
白云区	2620	10	28	567	6	144	720	58	63
观山湖区	3083	3	12	232	4	214	1113	52	74
开阳县	1000	16	60	133	7	20	86	14	31
息烽县	941	2	15	115	7	23	127	28	35
修文县	907	4	47	188	9	24	97	24	21
清镇市	1336	4	52	235	14	36	230	22	18
六盘水市	**10974**	**31**	**880**	**1353**	**105**	**252**	**2067**	**195**	**595**
钟山区	4244	19	126	325	20	173	1252	90	309
六枝特区	1621	2	111	263	10	18	225	21	103
水城县	1678	3	212	225	21	9	140	14	40
盘县	3431	7	431	540	54	52	450	70	143
遵义市	**21435**	**183**	**625**	**3327**	**424**	**441**	**4046**	**505**	**626**
红花岗区	3066	4	21	280	14	104	1051	74	107
汇川区	3210	10	15	328	12	156	951	120	102
遵义县	2109	10	202	349	46	24	232	66	36
桐梓县	1346	33	81	172	64	21	93	20	36
绥阳县	1088	27	27	131	16	5	81	21	31
正安县	1137	25	20	196	16	6	132	12	55
道真仡佬族苗族自治县	768	5	20	105	43	12	70	14	23
务川仡佬族苗族自治县	799	2	32	135	22	9	75	10	15
凤冈县	1013	3	33	260	25	12	231	21	12
湄潭县	1200	15	9	310	11	25	141	23	31
余庆县	1008	5	11	175	13	13	82	15	17
习水县	1672	10	85	320	58	18	303	39	68
赤水市	1505	26	6	192	60	23	170	46	78
仁怀市	1514	8	63	374	24	13	434	24	15
安顺市	**9061**	**49**	**373**	**2103**	**47**	**205**	**966**	**136**	**172**
西秀区	3926	19	97	920	9	126	637	58	86
平坝县	1103	17	61	312	5	38	94	23	7
普定县	1165	5	76	237	12	6	76	10	11
镇宁布依族苗族自治县	1074	1	16	240	9	15	54	23	35
关岭布依族苗族自治县	852	4	81	202	7	12	49	9	28
紫云苗族布依族自治县	941	3	42	192	5	8	56	13	5
毕节市	**15546**	**72**	**1283**	**2307**	**183**	**243**	**1743**	**294**	**372**
七星关区	3696	13	146	599	39	99	665	54	120
大方县	1767	8	154	316	31	13	178	34	51
黔西县	1777	10	97	268	11	30	136	35	40
金沙县	1797	25	207	243	16	37	225	41	56
织金县	1654	3	176	294	19	29	105	45	17
纳雍县	1551	2	204	224	17	14	107	39	33
威宁彝族回族苗族自治县	1836	8	144	157	26	13	184	26	42
赫章县	1468	3	155	206	24	8	143	20	13

分组的法人单位数

信息传输、软件和信息技术服务业	房地产业	租赁和商务服务业	科学研究和技术服务业	水利、环境和公共设施管理业	居民服务、修理和其他服务业	教 育	卫 生 和社会工作	文化、体育和娱乐业	公共管理、社会保障和社会组织
1410	**5550**	**9129**	**3919**	**1224**	**3418**	**9880**	**3998**	**2853**	**36469**
920	**1819**	**3335**	**1292**	**236**	**1351**	**1358**	**482**	**572**	**3790**
262	444	980	333	64	391	292	112	133	539
327	653	1255	407	53	377	242	90	188	667
81	238	326	139	23	223	183	60	69	450
26	78	69	77	3	80	88	26	29	235
53	112	207	79	20	102	137	45	47	222
151	141	342	169	15	90	96	31	31	313
8	31	48	25	27	28	104	41	22	299
6	24	19	13	12	14	83	31	3	384
3	28	44	21	3	18	40	16	11	309
3	70	45	29	16	28	93	30	39	372
70	**382**	**634**	**147**	**89**	**345**	**871**	**313**	**310**	**2335**
48	235	418	81	25	199	151	78	150	545
5	36	62	24	9	32	179	38	50	433
1	26	42	8	3	22	335	65	23	489
16	85	112	34	52	92	206	132	87	868
87	**967**	**1536**	**594**	**334**	**428**	**1267**	**719**	**473**	**4853**
20	256	320	66	22	88	134	94	78	333
32	201	408	104	16	117	151	64	53	370
3	102	95	17	43	38	89	87	66	604
2	47	93	60	77	15	74	35	39	384
2	38	50	30	17	15	97	63	28	409
2	30	32	55	35	10	68	65	31	347
	16	23	16	10	10	102	43	14	242
	19	35	36	11	12	62	27	17	280
2	34	48	20	9	15	85	28	9	166
4	37	76	29	11	20	86	33	13	326
4	31	104	58	23	22	101	34	32	268
10	66	94	33	20	27	61	40	27	393
5	65	101	60	35	21	52	59	53	453
1	25	57	10	5	18	105	47	13	278
51	**318**	**483**	**239**	**65**	**140**	**638**	**240**	**270**	**2566**
39	170	288	108	16	85	257	94	141	776
3	45	53	16	11	17	81	31	10	279
2	22	20	37	2	11	130	32	25	451
4	26	69	30	22	9	61	27	21	412
1	11	27	11	6	16	55	24	35	274
2	44	26	37	8	2	54	32	38	374
41	**405**	**578**	**256**	**77**	**221**	**1274**	**652**	**152**	**5393**
22	158	257	96	28	64	217	154	57	908
1	27	51	19	8	26	182	73	22	573
3	67	74	15	4	12	387	45	9	534
5	24	57	61	25	37	121	130	36	451
2	42	35	20	7	13	57	37	3	750
5	38	43	11		33	100	46	4	631
2	31	26	16		18	131	91	15	906
1	18	35	18	5	18	79	76	6	640

1-1 续表

地　区	法人单位数(个)	农、林、牧、渔业	采矿业	制造业	电力、热力、燃气及水生产和供应业	建筑业	批发和零售业	交通运输、仓储和邮政业	住宿和餐饮业
铜仁市	**15656**	**134**	**613**	**2650**	**218**	**208**	**2007**	**264**	**384**
碧江区	2955	8	27	265	22	60	564	72	105
万山区	819	2	25	179	11	11	106	19	12
江口县	1125	21	24	166	28	27	197	16	28
玉屏侗族自治县	846	2	9	190	8	21	106	50	39
石阡县	1394	28	86	246	36	11	204	11	21
思南县	2367	2	65	446	21	13	387	22	64
印江土家族苗族自治县	1457	25	22	360	13	16	54	16	29
德江县	1661	9	135	248	25	16	205	18	61
沿河土家族自治县	1427	5	130	168	23	16	94	15	15
松桃苗族自治县	1605	32	90	382	31	17	90	25	10
黔西南布依族苗族自治州	**10448**	**124**	**500**	**1792**	**144**	**232**	**1517**	**210**	**151**
兴义市	4098	16	122	532	43	150	1038	86	72
兴仁县	1612	77	113	515	13	39	164	48	23
普安县	688	3	50	105	21	4	58	6	15
晴隆县	725	6	59	150	7	6	57	11	15
贞丰县	908	5	55	155	11	8	62	24	15
望谟县	724	7	17	109	8	14	34	12	3
册亨县	548	4	26	77	12	3	18	9	3
安龙县	1145	6	58	149	29	8	86	14	5
黔东南苗族侗族自治州	**16667**	**234**	**300**	**2742**	**259**	**306**	**1745**	**215**	**493**
凯里市	3842	13	55	528	15	168	696	67	159
黄平县	879	10	21	122	15	5	68	14	13
施秉县	495	7	7	77	7	3	75	10	31
三穗县	798	14	7	163	5	8	67	9	16
镇远县	812		43	154	27	11	61	14	61
岑巩县	679	2	6	103	14	9	59	7	11
天柱县	1320	109	67	202	11	9	173	14	34
锦屏县	779	7	20	133	32	15	38	11	6
剑河县	772	10	9	92	20	3	34	12	14
台江县	568	5	16	124	14	4	42	3	6
黎平县	1420	4	3	248	19	18	79	9	23
榕江县	1055	39	6	153	12	6	102	9	23
从江县	966	2	8	147	18	9	98	7	27
雷山县	861	1	2	209	24	7	46	9	34
麻江县	653	6	17	136	10	21	53	12	21
丹寨县	768	5	13	151	16	10	54	8	14
黔南布依族苗族自治州	**12457**	**130**	**755**	**2318**	**151**	**239**	**1891**	**208**	**212**
都匀市	2146	15	68	249	10	58	416	45	38
福泉市	1310	15	167	273	20	25	293	39	13
荔波县	723	8	41	75	19	9	112	7	30
贵定县	1023	24	60	196	11	18	99	19	23
瓮安县	1040	11	94	159	14	32	217	20	17
独山县	1097	10	31	374	14	22	192	13	19
平塘县	598	9	47	87	7	9	56	12	7
罗甸县	834	10	55	104	9	11	123	7	8
长顺县	617	10	35	111	11	9	76	9	11
龙里县	1078	7	50	318	7	16	66	20	29
惠水县	1094	7	49	288	13	21	109	11	9
三都水族自治县	897	4	58	84	16	9	132	6	8

信息传输、软件和信息技术服务业	房地产业	租赁和商务服务业	科学研究和技术服务业	水利、环境和公共设施管理业	居民服务、修理和其他服务业	教 育	卫 生 和社会工作	文化、体育和娱乐业	公共管理、社会保障和社会组织
77	**347**	**623**	**212**	**116**	**324**	**1435**	**469**	**340**	**5235**
36	136	217	87	28	141	167	84	101	835
1	13	20	11	6	18	48	23	18	296
9	30	69	14	20	25	134	22	23	272
3	27	37	18	4	18	36	28	11	239
	12	41	5	5	21	189	33	19	426
10	26	51	15	14	35	281	72	26	817
4	21	27	31	19	8	115	65	40	592
3	29	100	13	3	37	203	34	34	488
8	15	32	14	11	8	188	47	46	592
3	38	29	4	6	13	74	61	22	678
58	**296**	**598**	**257**	**64**	**171**	**1315**	**293**	**184**	**2542**
33	211	456	171	37	107	310	106	93	515
4	26	50	17	5	25	117	26	23	327
	4	8	3	2	1	160	26	12	210
2	2	15	12	2	5	155	24	14	183
2	12	20	5		10	163	30	12	319
	11	21	11	10	11	76	29	14	337
1	12	14	6	1	2	101	22	4	233
16	18	14	32	7	10	233	30	12	418
71	**542**	**734**	**644**	**119**	**221**	**1002**	**483**	**346**	**6211**
27	244	323	106	23	84	190	75	105	964
4	12	23	73	2	19	46	28	9	395
	19	32	9	2	4	22	17	9	164
3	22	25	68	12	14	48	20	13	284
2	29	53	11	13	13	42	22	25	231
	21	11	22	7	8	43	23	14	319
9	17	33	30	7	27	72	36	17	453
3	15	17	34	4	4	65	31	20	324
4	13	15	10	3	3	79	20	16	415
	22	13	12	3	3	33	14	8	246
4	24	47	164	7	9	67	62	52	581
5	24	29	43	7	10	87	48	10	442
	19	15	9	4	9	55	29	11	499
1	20	23	11	11	3	48	16	11	385
4	17	28	27	11	7	47	23	15	198
5	24	47	15	3	4	58	19	11	311
35	**474**	**608**	**278**	**124**	**217**	**720**	**347**	**206**	**3544**
14	152	170	138	23	47	111	45	41	506
3	24	66	11	8	42	53	23	7	228
	28	47	25	29	9	40	24	18	202
7	46	36	11	7	13	152	35	25	241
3	46	63	14	5	35	62	38	8	202
1	35	35	13	7	14	31	27	24	235
1	7	26	4	1	6	39	30	10	240
	18	16	12	3	2	45	9	18	384
1	25	22	9	3	9	48	25	8	195
1	41	54	18	14	18	28	25	17	349
4	37	44	11	9	17	63	39	12	351
	15	29	12	15	5	48	27	18	411

1-2 按市县分组的法人单位数及从业人员数

地区	法人单位				
	单位数（个）			从业人员数（人）	
		单产业法人	多产业法人		女性
贵州省	**146514**	**137738**	**8776**	**4357197**	**1423459**
贵阳市	**34270**	**33076**	**1194**	**1270555**	**411883**
南明区	9265	8958	307	406746	123874
云岩区	9152	8918	234	348269	105684
花溪区	4373	4291	82	122011	49135
乌当区	1593	1510	83	62320	24619
白云区	2620	2554	66	78701	25165
观山湖区	3083	3015	68	115951	33283
开阳县	1000	970	30	32518	11204
息烽县	941	910	31	23303	9138
修文县	907	846	61	31629	10835
清镇市	1336	1104	232	49107	18946
六盘水市	**10974**	**10575**	**399**	**384391**	**104857**
钟山区	4244	4094	150	142821	47520
六枝特区	1621	1510	111	47562	14502
水城县	1678	1622	56	61625	13543
盘县	3431	3349	82	132383	29292
遵义市	**21435**	**20329**	**1106**	**640989**	**221519**
红花岗区	3066	2943	123	114197	40271
汇川区	3210	3110	100	103605	39065
遵义县	2109	2015	94	75704	23987
桐梓县	1346	1287	59	38428	10339
绥阳县	1088	1029	59	19830	7567
正安县	1137	940	197	26883	9966
道真仡佬族苗族自治县	768	732	36	18670	6644
务川仡佬族苗族自治县	799	735	64	17275	5473
凤冈县	1013	961	52	20884	7463
湄潭县	1200	1115	85	31083	12573
余庆县	1008	960	48	15990	6822
习水县	1672	1584	88	45103	13791
赤水市	1505	1440	65	37817	11357
仁怀市	1514	1478	36	75520	26201
安顺市	**9061**	**8465**	**596**	**247482**	**84662**
西秀区	3926	3726	200	119708	42984
平坝县	1103	1027	76	42751	13667
普定县	1165	1088	77	27752	8162
镇宁布依族苗族自治县	1074	978	96	23770	8706
关岭布依族苗族自治县	852	771	81	17899	5975
紫云苗族布依族自治县	941	875	66	15602	5168
毕节市	**15546**	**14550**	**996**	**480436**	**144936**
七星关区	3696	3476	220	121684	45769
大方县	1767	1606	161	52293	15544
黔西县	1777	1676	101	53841	16017
金沙县	1797	1716	81	59080	15692
织金县	1654	1551	103	53577	14288
纳雍县	1551	1473	78	49402	11847
威宁彝族回族苗族自治县	1836	1714	122	55060	15636
赫章县	1468	1338	130	35499	10143

1-2 续表

地 区	法人单位				
	单位数(个)	单产业法人	多产业法人	从业人员数(人)	女性
铜仁市	**15656**	**14533**	**1123**	**334600**	**115875**
碧江区	2955	2839	116	73239	27238
万山区	819	745	74	15015	5305
江口县	1125	1061	64	20376	7642
玉屏侗族自治县	846	802	44	24960	7546
石阡县	1394	1040	354	30203	10558
思南县	2367	2276	91	40485	14000
印江土家族苗族自治县	1457	1383	74	24808	9656
德江县	1661	1540	121	37883	12409
沿河土家族自治县	1427	1328	99	29854	9747
松桃苗族自治县	1605	1519	86	37777	11774
黔西南布依族苗族自治州	**10448**	**9897**	**551**	**280328**	**86648**
兴义市	4098	3953	145	109121	41447
兴仁县	1612	1554	58	44132	10866
普安县	688	629	59	22206	5368
晴隆县	725	685	40	19604	5928
贞丰县	908	831	77	27573	6573
望谟县	724	643	81	16143	5194
册亨县	548	470	78	11381	3925
安龙县	1145	1132	13	30168	7347
黔东南苗族侗族自治州	**16667**	**15218**	**1449**	**376868**	**135034**
凯里市	3842	3657	185	117210	42690
黄平县	879	637	242	18522	6564
施秉县	495	427	68	12283	4136
三穗县	798	730	68	15148	6476
镇远县	812	723	89	18115	6182
岑巩县	679	604	75	14365	4406
天柱县	1320	1258	62	24604	7998
锦屏县	779	718	61	16722	5275
剑河县	772	648	124	16911	5816
台江县	568	518	50	12890	5103
黎平县	1420	1344	76	28070	10944
榕江县	1055	979	76	22368	7982
从江县	966	886	80	18252	5799
雷山县	861	776	85	12935	5244
麻江县	653	598	55	13331	5009
丹寨县	768	715	53	15142	5410
黔南布依族苗族自治州	**12457**	**11095**	**1362**	**341548**	**118045**
都匀市	2146	1917	229	63001	24686
福泉市	1310	1187	123	34549	10348
荔波县	723	635	88	19328	6535
贵定县	1023	835	188	24284	9547
瓮安县	1040	950	90	38728	11571
独山县	1097	1010	87	28389	10642
平塘县	598	517	81	15524	5690
罗甸县	834	710	124	21760	6663
长顺县	617	540	77	14085	5166
龙里县	1078	1000	78	34790	10662
惠水县	1094	968	126	30687	11298
三都水族自治县	897	826	71	16423	5237

1-3 按市县、开业(成立)

地　　区	法　人单位数(个)	1949年及以前	1950-1977年	1978-1991年	1992-1995年	1996年	1997年	1998年	1999年	2000年	2001年
贵州省	**146514**	**1121**	**6564**	**11735**	**10506**	**867**	**899**	**1434**	**1321**	**1929**	**2234**
贵阳市	**34270**	**121**	**805**	**1546**	**1005**	**208**	**296**	**372**	**365**	**563**	**650**
南明区	9265	13	214	234	155	59	99	138	101	201	216
云岩区	9152	32	165	252	245	71	107	112	136	184	235
花溪区	4373	12	86	216	62	21	38	30	35	55	59
乌当区	1593	5	47	108	29	15	9	15	17	15	24
白云区	2620	3	30	120	38	8	12	17	17	36	36
观山湖区	3083	3	57	82	38	9	4	14	12	16	23
开阳县	1000	11	52	121	82	5	14	23	24	24	22
息烽县	941	27	44	112	153	7	5	9	7	6	8
修文县	907	7	41	150	77	5	6	3	8	11	14
清镇市	1336	8	69	151	126	8	2	11	8	15	13
六盘水市	**10974**	**33**	**334**	**597**	**991**	**75**	**42**	**76**	**80**	**141**	**118**
钟山区	4244	5	50	143	57	15	6	31	29	46	57
六枝特区	1621	13	92	118	162	4	4	16	8	36	18
水城县	1678	3	90	142	296	26	20	11	14	33	16
盘县	3431	12	102	194	476	30	12	18	29	26	27
遵义市	**21435**	**134**	**691**	**1087**	**1369**	**139**	**185**	**250**	**251**	**376**	**399**
红花岗区	3066	11	87	147	78	15	34	54	31	89	62
汇川区	3210	6	35	45	45	16	35	42	36	53	45
遵义县	2109	10	74	82	295	14	9	15	12	23	18
桐梓县	1346	10	36	39	161	10	18	5	25	15	25
绥阳县	1088	5	84	58	108	6	4	12	2	25	47
正安县	1137	8	58	59	192	4	26	13	6	17	9
道真仡佬族苗族自治县	768	9	35	92	72	3	3	4	5	13	7
务川仡佬族苗族自治县	799	4	33	53	26	6	4	11	9	15	5
凤冈县	1013	3	20	42	27	2	4	8	18	16	15
湄潭县	1200	11	37	55	78	2	7	10	9	20	39
余庆县	1008	30	78	84	65	4	4	5	21	7	63
习水县	1672	13	43	103	69	18	18	20	23	17	23
赤水市	1505	9	48	170	49	10	10	16	24	26	25
仁怀市	1514	5	23	58	104	29	9	35	30	40	16
安顺市	**9061**	**124**	**466**	**996**	**478**	**53**	**42**	**66**	**60**	**135**	**98**
西秀区	3926	35	171	285	83	14	15	22	25	65	51
平坝县	1103	25	79	58	135	12	7	10	8	7	7
普定县	1165	48	45	234	120	3	6	4	8	37	7
镇宁布依族苗族自治县	1074	7	57	156	58	12	7	9	11	4	9
关岭布依族苗族自治县	852	1	31	100	29	2		6	1	4	4
紫云苗族布依族自治县	941	8	83	163	53	10	7	15	7	18	20
毕节市	**15546**	**132**	**694**	**1277**	**2869**	**98**	**95**	**139**	**105**	**185**	**257**
七星关区	3696	30	135	203	565	28	24	38	21	30	45
大方县	1767	16	69	159	249	6	15	19	12	13	38
黔西县	1777	39	171	310	82	16	10	10	9	22	67
金沙县	1797	14	76	80	150	7	13	16	11	30	29
织金县	1654	6	41	57	586	8	6	4	7	13	13
纳雍县	1551	3	62	140	206	20	5	36	11	17	25
威宁彝族回族苗族自治县	1836	17	95	236	530	8	15	9	13	21	27
赫章县	1468	7	45	92	501	5	7	7	21	39	13

时间分组的法人单位数

2002年	2003年	2004年	2005年	2006年	2007年	2008年	2009年	2010年	2011年	2012年	2013年	无开业年 份
2613	**3551**	**3710**	**3492**	**4447**	**4990**	**6005**	**6713**	**9475**	**12206**	**24335**	**25931**	**436**
659	**765**	**890**	**901**	**1204**	**1300**	**1480**	**1929**	**2502**	**3307**	**6185**	**7137**	**80**
206	242	327	317	362	419	458	562	706	827	1580	1802	27
186	237	271	260	372	425	506	661	678	892	1522	1598	5
52	62	76	87	157	120	132	190	293	448	898	1224	20
26	46	24	38	54	46	66	75	88	126	330	383	7
48	37	38	55	86	107	101	162	242	307	559	561	
29	31	45	47	67	65	97	128	258	412	720	923	3
40	43	33	25	30	31	21	30	41	55	137	135	1
35	14	22	8	12	22	21	25	47	65	135	157	
11	18	19	26	18	18	32	39	55	72	102	165	10
26	35	35	38	46	47	46	57	94	103	202	189	7
144	**265**	**408**	**342**	**350**	**341**	**512**	**473**	**719**	**810**	**1738**	**2375**	**10**
53	104	71	119	120	134	178	216	345	377	779	1309	
23	29	113	37	68	32	43	54	78	102	252	319	
26	40	50	70	75	55	89	65	92	87	152	216	10
42	92	174	116	87	120	202	138	204	244	555	531	
626	**983**	**738**	**547**	**714**	**611**	**830**	**926**	**1401**	**1903**	**3557**	**3656**	**62**
84	95	101	89	144	112	125	154	216	343	548	443	4
62	97	160	78	130	112	132	172	251	350	627	681	
56	135	105	66	76	69	74	73	128	194	289	286	6
44	79	81	39	45	33	64	58	88	82	210	163	16
45	43	23	17	20	21	35	40	67	84	151	183	8
18	105	31	16	21	18	33	35	47	60	142	206	13
15	55	22	13	24	14	40	32	56	51	98	105	
23	115	16	11	20	23	36	37	43	62	124	122	1
50	17	17	24	17	29	38	52	73	108	257	176	
54	22	16	28	27	36	57	58	70	99	204	261	
21	32	32	16	21	19	15	21	31	62	140	234	3
47	77	30	55	72	44	66	75	113	108	290	346	2
80	54	52	47	51	46	62	63	108	127	197	223	8
27	57	52	48	46	35	53	56	110	173	280	227	1
121	**139**	**170**	**173**	**247**	**252**	**333**	**367**	**468**	**649**	**1768**	**1826**	**30**
49	67	81	82	105	103	116	194	220	297	895	943	8
11	19	24	29	25	42	36	45	59	75	184	204	2
9	10	18	19	23	38	90	45	50	56	150	144	1
18	22	27	7	31	33	37	22	47	76	196	227	1
8	10	12	17	32	21	27	32	49	67	185	214	
26	11	8	19	31	15	27	29	43	78	158	94	18
220	**293**	**294**	**257**	**362**	**540**	**512**	**561**	**820**	**1059**	**2514**	**2223**	**40**
55	75	67	60	96	123	133	143	187	273	687	673	5
25	63	58	33	33	39	50	64	112	132	319	240	3
56	39	34	33	29	41	64	62	81	117	300	179	6
15	47	34	40	64	169	90	64	133	152	269	284	10
22	16	25	17	29	48	37	51	59	89	295	222	3
18	25	32	41	45	34	40	74	98	94	291	223	11
21	18	25	22	36	34	57	64	97	114	156	220	1
8	10	19	11	30	52	41	39	53	88	197	182	1

1-3 续表

地　　区	法　人 单位数 (个)	1949年 及以前	1950– 1977年	1978– 1991年	1992– 1995年	1996年	1997年	1998年	1999年	2000年	2001年
铜仁市	**15656**	**137**	**840**	**1799**	**1176**	**58**	**54**	**151**	**128**	**133**	**182**
碧江区	2955	8	63	100	75	11	8	20	32	32	46
万山区	819	4	55	75	12	4	2	5	6	2	12
江口县	1125	14	91	171	16	2	3	6	1	11	9
玉屏侗族自治县	846	5	59	93	24	1	4	9	9	7	18
石阡县	1394	23	72	89	77	3	4	17	8	13	9
思南县	2367	34	127	213	244	7	3	26	33	16	20
印江土家族苗族自治县	1457	10	83	432	183	6	3	13	7	5	8
德江县	1661	14	58	113	189	2	10	14	9	14	19
沿河土家族自治县	1427	20	83	307	130	18	9	31	16	29	21
松桃苗族自治县	1605	5	149	206	226	4	8	10	7	4	20
黔西南布依族苗族自治州	**10448**	**92**	**652**	**636**	**658**	**63**	**53**	**129**	**85**	**137**	**176**
兴义市	4098	18	116	178	136	17	27	49	38	69	79
兴仁县	1612	19	58	29	77	2		18	9	21	15
普安县	688	10	83	46	46	9	10	13	11	4	12
晴隆县	725	10	64	62	39	7	4	13	4	10	10
贞丰县	908	4	56	83	18	1	2	2	5	7	23
望谟县	724	9	59	56	101	15	2	7	4	3	10
册亨县	548	5	90	69	112	4	2	15	5	2	13
安龙县	1145	17	126	113	129	8	6	12	9	21	14
黔东南苗族侗族自治州	**16667**	**191**	**1259**	**2385**	**1562**	**79**	**67**	**147**	**117**	**120**	**142**
凯里市	3842	4	171	296	163	18	18	30	31	44	33
黄平县	879	9	92	96	59	9	2	15	8	5	3
施秉县	495	15	134	22	7	3	1	6	5	2	2
三穗县	798	12	43	181	60	4	1	5	10	6	24
镇远县	812	12	68	47	28	2	4	9	2	7	11
岑巩县	679	16	83	126	15	3	4	10	3	5	10
天柱县	1320	23	66	263	77	18	4	16	3	8	7
锦屏县	779	13	75	224	48	5	5	6	5	3	6
剑河县	772	10	50	195	152		1	5	5	4	8
台江县	568	6	36	178	8	1	3	2	1	1	3
黎平县	1420	4	63	354	220	3	8	4	8	4	11
榕江县	1055	14	87	98	263	1	5	3	7	16	10
从江县	966	25	139	118	169	2	2	11	7	7	1
雷山县	861	5	58	48	163	6	4	16	4	1	4
麻江县	653	12	47	56	66		5	6	10	3	7
丹寨县	768	11	47	83	64	4		3	8	4	2
黔南布依族苗族自治州	**12457**	**157**	**823**	**1412**	**398**	**94**	**65**	**104**	**130**	**139**	**212**
都匀市	2146	13	120	163	46	7	16	33	39	41	50
福泉市	1310	14	42	62	26	32	5	7	16	9	18
荔波县	723	7	57	76	40	8	5	6	4	6	16
贵定县	1023	31	119	68	45	4	4	8	12	6	10
瓮安县	1040	5	52	49	19	12	4	9	15	10	8
独山县	1097	16	54	57	13	4	2	7	2	5	6
平塘县	598	10	62	69	29	5	11	6	7	5	7
罗甸县	834	13	49	232	68	2	4	7	9	19	3
长顺县	617	11	55	90	24	3	2	4	2	12	11
龙里县	1078	2	102	120	33	11	5	9	6	10	9
惠水县	1094	25	66	101	39	4	4	5	10	9	63
三都水族自治县	897	10	45	325	16	2	3	3	8	7	11

2002年	2003年	2004年	2005年	2006年	2007年	2008年	2009年	2010年	2011年	2012年	2013年	无开业年份
184	**255**	**283**	**417**	**488**	**480**	**654**	**757**	**1215**	**1490**	**2461**	**2227**	**87**
34	49	55	93	125	103	122	218	274	464	551	417	55
7	17	11	23	22	25	35	34	45	72	186	165	
20	16	28	25	36	40	37	48	60	81	191	218	1
13	19	20	25	22	34	35	25	51	57	155	159	2
13	31	16	38	34	32	71	116	153	216	188	160	11
36	41	37	70	71	41	134	87	256	265	327	268	11
13	25	31	26	29	40	19	31	49	42	222	179	1
16	19	42	41	66	67	88	82	171	103	250	271	3
20	20	17	39	37	53	61	52	77	84	164	136	3
12	18	26	37	46	45	52	64	79	106	227	254	
166	**239**	**243**	**270**	**309**	**601**	**664**	**499**	**656**	**823**	**1765**	**1475**	**57**
67	99	118	103	143	199	276	248	333	425	751	596	13
16	26	30	31	44	101	76	117	107	109	346	341	20
16	19	14	20	17	61	34	10	21	40	117	74	1
5	11	16	18	24	24	61	33	39	73	109	74	15
20	32	19	25	35	127	56	20	59	71	117	126	
19	12	17	21	17	49	53	18	23	39	98	90	2
12	10	6	11	6	11	10	22	19	15	63	42	4
11	30	23	41	23	29	98	31	55	51	164	132	2
258	**343**	**343**	**284**	**408**	**450**	**524**	**627**	**948**	**1173**	**2547**	**2665**	**28**
81	79	88	71	114	144	145	173	307	358	642	821	11
17	20	14	16	25	13	16	29	95	75	137	124	
7	12	1	4	10	15	13	17	26	30	87	76	
13	17	22	36	18	23	39	32	42	49	78	83	
15	34	65	23	32	39	17	25	63	56	132	121	
15	15	15	15	14	24	28	17	37	56	67	96	5
9	20	19	15	28	22	52	74	58	86	202	250	
15	13	5	14	15	13	24	25	25	45	86	108	1
8	40	8	4	19	35	15	25	16	36	68	66	2
5	12	7	5	8	16	13	23	28	59	76	77	
19	25	16	17	40	21	30	56	56	54	237	170	
11	14	13	21	22	10	28	20	45	63	166	136	2
12	17	10	10	12	16	17	18	34	42	125	171	1
12	9	16	12	22	21	31	47	41	60	162	119	
11	9	38	12	9	20	33	15	39	50	113	92	
8	7	6	9	20	18	23	31	36	54	169	155	6
235	**269**	**341**	**301**	**365**	**415**	**496**	**574**	**746**	**992**	**1800**	**2347**	**42**
51	72	103	78	76	91	85	116	132	184	267	352	11
24	43	46	37	63	42	69	74	137	117	221	205	1
19	16	17	20	29	13	25	21	19	62	120	124	13
13	12	67	27	20	35	47	54	57	91	126	166	1
11	11	12	13	26	29	46	79	79	106	211	234	
15	16	6	25	23	64	27	39	43	82	188	396	7
7	10	33	12	15	14	26	29	47	46	73	74	1
7	10	7	16	10	12	26	23	57	60	97	103	
7	7	10	14	23	26	23	23	29	64	77	97	3
13	21	10	24	18	28	34	40	69	63	174	277	
54	44	14	22	30	26	47	46	48	78	153	206	
14	7	16	13	32	35	41	30	29	39	93	113	5

1-4 按市县、开业(成立)时间

地区	从业人员数(人)	1949年及以前	1950-1977年	1978-1991年	1992-1995年	1996年	1997年	1998年	1999年	2000年	2001年
贵州省	**4357197**	**105517**	**668396**	**374399**	**358947**	**56140**	**42169**	**93372**	**116179**	**103886**	**96218**
贵阳市	**1270555**	**23151**	**298025**	**70532**	**130745**	**26682**	**14974**	**26225**	**37500**	**30903**	**31095**
南明区	406746	3056	124246	25682	76512	2153	4187	13812	9527	11017	10216
云岩区	348269	8799	102824	14517	32994	14526	4290	5859	11761	5150	11284
花溪区	122011	5692	8357	8460	4763	1329	1441	1559	9160	6858	1776
乌当区	62320	130	6841	3716	3179	3443	292	1359	579	2014	2012
白云区	78701	93	16770	4565	1576	797	844	528	4070	772	809
观山湖区	115951	1331	23178	3751	1928	3591	135	920	1047	873	1350
开阳县	32518	932	2138	3016	1387	313	659	1122	531	1319	481
息烽县	23303	1224	1695	2099	1834	113	333	648	140	1084	314
修文县	31629	1061	3346	2968	1975	320	2766	14	364	1264	817
清镇市	49107	833	8630	1758	4597	97	27	404	321	552	2036
六盘水市	**384391**	**2490**	**55871**	**24291**	**27896**	**5045**	**1051**	**2525**	**31815**	**15773**	**8027**
钟山区	142821	493	46462	10984	8172	254	65	1134	1628	1175	1606
六枝特区	47562	942	3900	2744	4013	421	73	212	400	11617	785
水城县	61625	62	1863	5334	4981	423	665	392	841	2228	1791
盘县	132383	993	3646	5229	10730	3947	248	787	28946	753	3845
遵义市	**640989**	**14709**	**61648**	**70538**	**50798**	**5626**	**9585**	**33614**	**15777**	**24740**	**15410**
红花岗区	114197	1012	22184	15975	5867	151	2786	3767	835	6999	6024
汇川区	103605	2875	7503	6961	10497	835	1376	3710	6063	2233	2272
遵义县	75704	873	8134	6451	7965	1165	339	283	355	1891	607
桐梓县	38428	946	1868	1281	3565	324	693	139	617	523	1327
绥阳县	19830	261	2852	1537	1676	99	134	119	70	397	713
正安县	26883	1576	2986	3225	3414	716	853	339	181	936	46
道真仡佬族苗族自治县	18670	1106	1208	4292	1217	38	98	29	120	896	104
务川仡佬族苗族自治县	17275	641	1842	2833	1675	54	140	187	157	336	45
凤冈县	20884	504	1494	1865	1615	108	42	488	262	398	126
湄潭县	31083	1766	2777	2030	2317	11	600	176	727	327	1021
余庆县	15990	1511	1818	2530	965	77	167	415	238	113	601
习水县	45103	653	2408	4855	3163	671	790	579	1392	5916	420
赤水市	37817	427	2895	11020	1157	153	513	1015	1431	662	1076
仁怀市	75520	558	1679	5683	5705	1224	1054	22368	3329	3113	1028
安顺市	**247482**	**8674**	**37447**	**29007**	**11379**	**4110**	**2943**	**3725**	**3539**	**3934**	**5791**
西秀区	119708	3657	24319	11874	4629	841	725	1931	992	2359	4562
平坝县	42751	1693	5479	2790	2333	1409	736	561	138	653	438
普定县	27752	1622	1527	4983	1908	145	1090	26	942	721	241
镇宁布依族苗族自治县	23770	801	2400	3586	1051	1657	321	275	1402	49	223
关岭布依族苗族自治县	17899	42	1310	3491	689	6		267	2	31	113
紫云苗族布依族自治县	15602	859	2412	2283	769	52	71	665	63	121	214
毕节市	**480436**	**16042**	**38028**	**36612**	**51375**	**3608**	**5511**	**5241**	**5821**	**12104**	**10211**
七星关区	121684	4713	12708	9690	17038	1480	1330	2439	1711	5687	2344
大方县	52293	2608	2868	3376	5036	131	135	621	812	1505	849
黔西县	53841	3437	4656	5092	2411	368	88	153	288	746	1022
金沙县	59080	1204	3582	2334	3053	206	1583	992	1622	90	2331
织金县	53577	696	3165	3015	4790	453	367	353	163	720	1121
纳雍县	49402	429	3527	2827	2606	547	287	472	141	1723	1428
威宁彝族回族苗族自治县	55060	2725	5399	6528	10465	393	892	88	857	581	872
赫章县	35499	230	2123	3750	5976	30	829	123	227	1052	244

分组的法人单位从业人员数

2002年	2003年	2004年	2005年	2006年	2007年	2008年	2009年	2010年	2011年	2012年	2013年	无开业年份
104530	**134826**	**145577**	**129921**	**139601**	**147856**	**191852**	**153645**	**219202**	**263011**	**352509**	**341388**	**18056**
30134	**32042**	**39373**	**31704**	**35914**	**35171**	**56184**	**37840**	**56649**	**61814**	**82040**	**77567**	**4291**
6755	5154	13232	8139	6966	8189	9114	9589	13208	13143	17818	13067	1964
10457	8656	13045	7887	8848	7498	8240	11498	12531	12797	15785	18650	373
1412	4190	3120	4401	3254	3395	5185	5254	5777	7796	14780	13168	884
1694	2366	456	707	1901	1813	11416	2078	1996	4744	3861	5634	89
1713	1676	1009	2014	4333	2952	9457	2706	4155	5373	7214	5275	
3158	1844	2841	2400	5420	5744	9258	2839	12206	10703	9618	11479	337
1960	2113	675	2166	1443	714	255	1016	1305	1141	4874	2909	49
1282	911	1721	67	388	1108	547	428	656	2401	2564	1746	
808	728	2061	1549	506	614	1409	817	1849	1633	1947	2300	513
895	4404	1213	2374	2855	3144	1303	1615	2966	2083	3579	3339	82
6717	**17420**	**18054**	**17649**	**12415**	**17498**	**22931**	**11431**	**17085**	**17344**	**20534**	**30401**	**128**
1312	5760	3613	3330	3978	5436	3563	3837	7358	7937	8276	16448	
1000	1105	2274	1174	1462	1636	1907	896	1461	1657	3232	4651	
849	3043	4700	7733	1983	5874	3985	3152	3627	2578	2448	2945	128
3556	7512	7467	5412	4992	4552	13476	3546	4639	5172	6578	6357	
16724	**22825**	**23410**	**20781**	**22275**	**17897**	**27267**	**20917**	**32705**	**36464**	**49422**	**45396**	**2461**
3882	3795	3714	4486	2537	3161	5023	2822	5424	4849	5271	3478	155
4062	3186	8944	3030	3669	2508	4115	4038	6083	5590	7123	6932	
1770	3469	3782	4221	8127	2957	1663	1977	2783	6145	6243	4289	215
578	1682	1883	2583	1357	1625	2092	1993	4324	1613	2647	3296	1472
568	410	841	199	435	598	917	760	1143	1421	2284	2336	60
792	1363	533	442	317	328	1073	680	679	1478	2246	2221	459
443	778	255	229	371	180	1865	338	1337	1087	1272	1407	
495	1057	475	512	203	382	1334	513	741	1191	1221	1230	11
529	699	367	647	261	1370	1341	691	1075	1475	3474	2053	
884	1314	239	673	697	1012	1467	1254	1420	2238	4333	3800	
207	1038	364	197	243	127	89	359	348	781	1056	2723	23
832	1434	674	938	1628	984	2771	1887	2933	2409	3729	4017	20
751	1605	393	970	1015	1061	991	1366	1601	1434	1826	4410	45
931	995	946	1654	1415	1604	2526	2239	2814	4753	6697	3204	1
5291	**5949**	**8451**	**7578**	**7370**	**6623**	**10120**	**12484**	**16536**	**12716**	**22090**	**20919**	**806**
2096	3243	4788	4245	3424	2598	4236	6688	5349	5333	10793	10648	378
1428	1299	598	1158	1114	1514	1862	1956	7720	2414	2478	2735	245
303	588	1211	591	906	1235	1585	1594	784	1483	1995	2263	9
460	364	580	214	867	757	858	414	1048	1391	3102	1945	5
796	211	751	663	558	261	861	1025	1161	1254	2083	2324	
208	244	523	707	501	258	718	807	474	841	1639	1004	169
10601	**22741**	**18180**	**16813**	**21657**	**21063**	**25135**	**17119**	**23280**	**29384**	**46786**	**39280**	**3844**
4478	2754	2519	1632	6286	3025	4702	3108	6200	5906	10703	9484	1747
971	2730	1804	3340	3668	2900	2666	1132	3215	2849	3993	4883	201
1454	5333	2182	1911	1571	801	4115	2377	3020	4576	5300	2612	328
422	3956	4542	3996	3959	4591	3367	1789	2818	3305	4745	4354	239
702	1433	2879	1254	1828	2483	4712	3843	1649	3451	10151	4329	20
505	5011	2022	2854	2083	2336	2442	1856	2142	3297	4273	5418	1176
821	826	933	1671	1249	2332	2253	2015	3439	4164	3062	3380	115
1248	698	1299	155	1013	2595	878	999	797	1836	4559	4820	18

1-4 续表

地　　区	从业人员数（人）	1949年及以前	1950–1977年	1978–1991年	1992–1995年	1996年	1997年	1998年	1999年	2000年	2001年
铜仁市	**334600**	**10210**	**38598**	**34354**	**21805**	**2167**	**1666**	**4010**	**3903**	**3231**	**5423**
碧江区	73239	2023	5452	5314	1578	427	434	1525	1422	1400	2061
万山区	15015	323	1608	1394	121	73	11	42	210	16	416
江口县	20376	250	3134	2713	372	24	47	65	170	268	68
玉屏侗族自治县	24960	330	1202	2801	720	3	149	284	47	75	464
石阡县	30203	1852	3388	2283	1716	180	38	128	196	253	379
思南县	40485	1016	4221	3705	3842	60	83	375	860	140	187
印江土家族苗族自治县	24808	737	4107	3178	2881	565	40	154	95	86	361
德江县	37883	1370	3949	4346	4529	10	88	344	312	376	270
沿河土家族自治县	29854	1530	3578	5112	3045	770	250	686	261	451	403
松桃苗族自治县	37777	779	7959	3508	3001	55	526	407	330	166	814
黔西南布依族苗族自治州	**280328**	**5122**	**30495**	**24850**	**19977**	**2383**	**2560**	**5957**	**6100**	**2903**	**9182**
兴义市	109121	871	11318	9372	7535	877	1012	3426	2359	1813	3863
兴仁县	44132	1684	3393	1022	2983	111		1259	45	343	459
普安县	22206	490	2890	1373	1560	625	274	169	715	44	1850
晴隆县	19604	304	2012	1744	1272	93	308	506	251	110	565
贞丰县	27573	164	1695	3995	758	7	77	60	102	226	1606
望谟县	16143	820	2903	1552	1661	546	539	168	317	13	70
册亨县	11381	132	2738	1183	1905	53	294	155	183	26	408
安龙县	30168	657	3546	4609	2303	71	56	214	2128	328	361
黔东南苗族侗族自治州	**376868**	**12814**	**62047**	**46052**	**31437**	**1748**	**1454**	**6323**	**4336**	**4714**	**5713**
凯里市	117210	117	26850	14865	7180	515	302	2983	1182	1576	728
黄平县	18522	615	2943	4340	1185	333	18	248	245	12	60
施秉县	12283	1112	2782	750	223	162	3	120	1076	10	133
三穗县	15148	956	1280	1862	990	53	25	56	302	264	522
镇远县	18115	768	2712	1101	697	63	22	776	34	1248	1571
岑巩县	14365	1366	1678	2394	224	41	57	260	17	198	558
天柱县	24604	1480	3106	2798	1430	310	44	640	81	377	206
锦屏县	16722	711	2482	2385	1236	111	26	303	31	25	112
剑河县	16911	660	1992	2563	1866		16	52	129	58	997
台江县	12890	662	1585	1987	877	5	28	24	17	158	40
黎平县	28070	1205	3087	2752	4834	18	638	39	116	144	303
榕江县	22368	653	3054	2080	3567	63	50	36	540	404	184
从江县	18252	895	2780	2048	2564	5	11	481	170	142	8
雷山县	12935	150	2317	1341	1590	45	50	136	49	2	37
麻江县	13331	784	1820	1429	1265		164	147	221	58	232
丹寨县	15142	680	1579	1357	1709	24		22	126	38	22
黔南布依族苗族自治州	**341548**	**12305**	**46237**	**38163**	**13535**	**4771**	**2425**	**5752**	**7388**	**5584**	**5366**
都匀市	63001	749	10455	7472	1669	534	450	2779	3136	3506	1354
福泉市	34549	1524	3124	5104	1023	906	274	255	648	266	570
荔波县	19328	936	2004	1880	1421	146	68	48	479	236	567
贵定县	24284	1131	3397	2403	985	1021	117	80	184	95	77
瓮安县	38728	1052	5352	2887	1563	1185	167	1016	1485	450	715
独山县	28389	757	2008	1718	624	70	280	251	91	110	135
平塘县	15524	803	2117	2344	825	136	243	121	128	49	65
罗甸县	21760	1532	5203	3455	2051	125	85	178	562	226	114
长顺县	14085	771	3014	1731	320	28	52	172	16	123	235
龙里县	34790	279	2723	2726	1630	598	353	372	147	281	560
惠水县	30687	1764	4088	3097	730	11	94	347	254	122	361
三都水族自治县	16423	1007	2752	3346	694	11	242	133	258	120	613

2002年	2003年	2004年	2005年	2006年	2007年	2008年	2009年	2010年	2011年	2012年	2013年	无开业年份
9547	**6192**	**8568**	**8646**	**10181**	**9920**	**11400**	**12844**	**22327**	**29123**	**40790**	**36657**	**3038**
1109	2315	1711	1701	3485	2207	1741	3707	5071	10004	9450	6905	2197
297	249	200	1058	272	368	1049	346	523	1519	2615	2305	
305	291	581	386	622	734	844	739	1147	1374	2841	3396	5
4228	629	912	621	697	1525	1097	391	1219	1439	2507	3575	45
504	769	174	539	788	475	869	2043	2372	3264	4681	2985	327
1754	470	429	874	732	883	2317	1235	5004	3095	3534	5359	310
308	473	409	731	495	1016	235	896	923	1336	3373	2387	22
230	418	438	1206	1777	1008	1588	1343	3280	2814	4179	3970	38
488	208	366	1040	571	681	960	1188	1518	1231	2701	2722	94
324	370	3348	490	742	1023	700	956	1270	3047	4909	3053	
7471	**11034**	**11376**	**11795**	**8206**	**15863**	**13587**	**12533**	**15477**	**18185**	**21636**	**21553**	**2083**
2673	5975	5491	1782	4076	3139	5715	4571	6916	9156	9641	6458	1082
158	1465	1374	2249	1837	4354	1766	4561	2187	1873	3943	6440	626
1645	1470	592	2595	240	458	1572	194	416	738	1201	1068	27
168	363	946	1745	489	621	1600	972	793	2093	1278	1089	282
1927	570	846	1508	784	3770	1151	736	1910	2770	1408	1503	
390	216	391	690	478	804	641	435	455	678	1134	1239	3
204	232	143	314	88	123	153	341	655	306	990	748	7
306	743	1593	912	214	2594	989	723	2145	571	2041	3008	56
6948	**7901**	**12138**	**6826**	**11739**	**11292**	**11766**	**13432**	**17076**	**32946**	**34260**	**33472**	**434**
1559	2312	5519	2276	3626	3774	3924	4707	5078	14012	7011	7035	79
397	351	755	319	524	225	241	407	861	1130	1711	1602	
379	260	45	97	246	328	273	208	373	1331	1759	613	
212	195	305	738	171	359	727	493	1407	981	1253	1997	
512	435	326	294	250	1192	191	712	1495	1024	1590	1102	
493	123	365	374	588	570	488	401	743	1150	1103	1012	162
319	589	926	249	364	211	1139	1238	725	2255	2972	3145	
970	589	265	851	476	381	357	517	434	1496	1672	1291	1
92	528	151	72	711	1034	393	654	245	1349	1761	1553	35
142	195	245	85	216	298	114	614	364	2242	1165	1827	
389	1037	1057	493	863	1056	729	789	1437	934	2873	3277	
245	155	205	204	2842	333	1089	211	440	1115	2487	2378	33
264	747	878	151	262	565	203	703	548	1320	1810	1676	21
468	86	226	162	177	331	515	1130	423	486	1409	1805	
205	169	816	386	76	369	913	255	1051	1122	891	958	
302	130	54	75	347	266	470	393	1452	999	2793	2201	103
11097	**8722**	**6027**	**8129**	**9844**	**12529**	**13462**	**15045**	**18067**	**25035**	**34951**	**36143**	**971**
1630	2238	2281	1848	1675	1970	2087	2484	2977	3484	4715	3341	167
1183	1298	596	543	1934	1681	672	2032	2566	3150	2837	2338	25
1618	504	137	300	702	840	390	348	331	1362	2692	1919	400
339	403	622	634	428	1254	1433	1293	1186	2200	1801	3193	8
720	646	604	380	873	2394	2132	1461	2118	4017	4166	3345	
1989	915	94	766	404	921	750	1030	1003	2835	5149	6451	38
220	208	272	435	528	443	844	1167	1120	890	1233	1313	20
620	481	289	363	493	132	417	728	624	1192	1457	1433	
187	211	91	421	867	155	666	525	654	798	1609	1357	82
848	1076	412	1256	789	976	1920	1305	2573	1947	5423	6596	
1369	630	484	921	802	1388	1592	2247	2231	2345	2518	3292	
374	112	145	262	349	375	559	425	684	815	1351	1565	231

1-5 按市县、登记注册类型

地　区	法　人单位数（个）						
		内资					
			国有	集体	股份合作	联营	
							国有联营
贵州省	**146514**	**146198**	**27267**	**1791**	**743**	**555**	**96**
贵阳市	**34270**	**34079**	**3561**	**527**	**164**	**130**	**21**
南明区	9265	9224	682	153	63	44	3
云岩区	9152	9084	740	184	41	23	5
花溪区	4373	4355	366	53	26	22	4
乌当区	1593	1583	226	23	5	4	
白云区	2620	2602	207	33	3	17	4
观山湖区	3083	3065	281	27	8	6	1
开阳县	1000	998	354	11	3	3	
息烽县	941	939	293	12	3	1	
修文县	907	901	142	11	3	4	1
清镇市	1336	1328	270	20	9	6	3
六盘水市	**10974**	**10961**	**2079**	**111**	**47**	**37**	**13**
钟山区	4244	4234	576	45	17	12	1
六枝特区	1621	1620	350	17	14	5	3
水城县	1678	1677	476	11	10	3	1
盘县	3431	3430	677	38	6	17	8
遵义市	**21435**	**21403**	**4339**	**219**	**114**	**76**	**14**
红花岗区	3066	3055	341	37	22	7	1
汇川区	3210	3203	316	20	6	11	1
遵义县	2109	2100	446	23	13	7	
桐梓县	1346	1344	376	16	4	1	
绥阳县	1088	1088	305	16	5	8	2
正安县	1137	1136	401	11	9	6	2
道真仡佬族苗族自治县	768	768	209	17	5	3	1
务川仡佬族苗族自治县	799	799	252	7	3	1	
凤冈县	1013	1013	152	5	6	7	2
湄潭县	1200	1200	250	14	17	2	1
余庆县	1008	1008	420	14	7	3	
习水县	1672	1672	228	6	8	9	3
赤水市	1505	1505	437	24	8	4	
仁怀市	1514	1512	206	9	1	7	1
安顺市	**9061**	**9050**	**1769**	**127**	**50**	**33**	**4**
西秀区	3926	3920	613	40	31	18	3
平坝县	1103	1100	199	30	7	7	
普定县	1165	1165	238	24	5	1	
镇宁布依族苗族自治县	1074	1074	278	12	1	2	
关岭布依族苗族自治县	852	850	154	9	5	4	
紫云苗族布依族自治县	941	941	287	12	1	1	1
毕节市	**15546**	**15532**	**3048**	**170**	**58**	**54**	**12**
七星关区	3696	3689	679	26	16	16	4
大方县	1767	1766	378	21	3	8	2
黔西县	1777	1776	500	25	12	5	2
金沙县	1797	1796	411	31	10	13	2
织金县	1654	1654	277	3		2	1
纳雍县	1551	1551	224	8	3	2	
威宁彝族回族苗族自治县	1836	1835	314	47	5	5	1
赫章县	1468	1465	265	9	9	3	

分组的法人单位数

集体联营	国有与集体联营	其他联营	有限责任公司	国有独资公司	其他有限责任公司	股份有限公司	私营	私营独资
250	**45**	**164**	**29542**	**691**	**28851**	**1627**	**52895**	**34401**
53	**17**	**39**	**14951**	**177**	**14774**	**436**	**10655**	**7454**
15	7	19	4697	46	4651	130	2719	1979
12	1	5	5030	55	4975	80	2294	1806
9	3	6	1701	23	1678	61	1618	1203
1		3	444	11	433	22	660	450
9	4		554	10	544	18	1562	753
2	1	2	1687	16	1671	72	753	550
2	1		188	1	187	17	220	168
1			128	2	126	10	201	167
1		2	185	8	177	14	274	164
1		2	337	5	332	12	354	214
19	**2**	**3**	**1240**	**89**	**1151**	**109**	**5500**	**3326**
7	2	2	752	48	704	56	2465	1029
2			115	17	98	19	706	564
2			117	10	107	14	584	376
8		1	256	14	242	20	1745	1357
31	**5**	**26**	**3099**	**98**	**3001**	**251**	**9411**	**4953**
4	1	1	716	15	701	54	1596	669
5		5	425	8	417	33	2093	469
4	1	2	361	7	354	23	778	502
		1	160	8	152	14	447	291
		6	108	6	102	9	318	172
1		3	139	3	136	6	349	289
1		1	90	2	88	6	209	141
1			42	5	37	7	313	209
2		3	82	4	78	19	495	330
1			211	4	207	11	424	264
1		2	61	6	55	19	365	268
5	1		193	10	183	22	850	641
2	1	1	246	15	231	17	446	375
4	1	1	265	5	260	11	728	333
16	**3**	**10**	**1463**	**47**	**1416**	**57**	**3384**	**2759**
7	2	6	890	19	871	36	1610	1261
5		2	192	15	177	9	408	302
		1	94	6	88	6	356	295
2			171	4	167	4	326	299
2	1	1	81	2	79	2	345	302
			35	1	34		339	300
23	**3**	**16**	**1605**	**60**	**1545**	**126**	**5543**	**3817**
4	1	7	378	28	350	29	1813	924
5	1		162	4	158	5	648	523
2		1	192	8	184	23	521	342
6		5	306	5	301	22	493	401
1			144	1	143	15	587	445
	1	1	127	7	120	3	603	523
3		1	79	3	76	20	479	356
2		1	217	4	213	9	399	303

1-5 续表 1

地 区	法人单位数（个）	内资	国有	集体	股份合作	联营	国有联营
铜仁市	**15656**	**15650**	**3082**	**212**	**108**	**76**	**10**
碧江区	2955	2951	608	77	33	17	3
万山区	819	819	181	13	7	6	
江口县	1125	1125	213	15	3	5	1
玉屏侗族自治县	846	846	175	12	13	6	1
石阡县	1394	1394	224	14	10	9	
思南县	2367	2367	430	36	19	12	2
印江土家族苗族自治县	1457	1457	404	6	3	1	
德江县	1661	1660	271	9	5	9	3
沿河土家族自治县	1427	1427	306	16	11	6	
松桃苗族自治县	1605	1604	270	14	4	5	
黔西南布依族苗族自治州	**10448**	**10439**	**2675**	**99**	**91**	**42**	**8**
兴义市	4098	4093	558	34	40	17	2
兴仁县	1612	1610	305	11	36	3	
普安县	688	688	254	12	6	2	1
晴隆县	725	725	270	5	2	1	
贞丰县	908	907	309	15	4	7	
望谟县	724	724	276	2	2	4	2
册亨县	548	548	199	11	1	7	2
安龙县	1145	1144	504	9		1	1
黔东南苗族侗族自治州	**16667**	**16649**	**3988**	**155**	**33**	**44**	**9**
凯里市	3842	3832	753	30	5	7	1
黄平县	879	879	229	6		3	
施秉县	495	494	134	11			
三穗县	798	797	210	8	1	1	
镇远县	812	810	170	3	3	1	
岑巩县	679	679	267	6	1	1	
天柱县	1320	1319	221	7	2	2	1
锦屏县	779	778	239	11	6	3	
剑河县	772	772	194	12	4	6	1
台江县	568	567	125			1	
黎平县	1420	1420	341	18	4	7	3
榕江县	1055	1055	316	4		3	1
从江县	966	966	190	7	2	4	1
雷山县	861	861	227	7	1		
麻江县	653	652	199	7	2	3	
丹寨县	768	768	173	18	2	2	1
黔南布依族苗族自治州	**12457**	**12435**	**2726**	**171**	**78**	**63**	**5**
都匀市	2146	2144	521	45	25	16	1
福泉市	1310	1304	192	21	7	17	
荔波县	723	721	187	18	11	8	1
贵定县	1023	1022	311	24	3	6	2
瓮安县	1040	1039	200	16	8	4	
独山县	1097	1093	158	6	2	4	
平塘县	598	598	184	4	5	2	
罗甸县	834	834	154	2		1	
长顺县	617	617	166	12	7	3	
龙里县	1078	1076	187	8	2	1	1
惠水县	1094	1092	237	11	3	1	
三都水族自治县	897	895	229	4	5		

集体联营	国有与集体联营	其他联营	有限责任公司	国有独资公司	其他有限责任公司	股份有限公司	私营	私营独资
40	**5**	**21**	**1452**	**42**	**1410**	**179**	**5284**	**4072**
7	1	6	644	14	630	72	894	685
5		1	128		128	8	255	214
2	1	1	121	4	117	31	450	310
3		2	97	9	88	15	349	165
5	1	3	66	1	65	5	460	391
4	1	5	37	7	30	13	806	673
1			142		142	3	311	266
5		1	61	5	56	8	770	575
5		1	31	1	30	13	434	314
3	1	1	125	1	124	11	555	479
18	**1**	**15**	**1896**	**41**	**1855**	**148**	**3344**	**2516**
6		9	1520	29	1491	93	1247	804
1		2	101	2	99	17	713	635
		1	19	2	17	6	250	191
1			42		42	9	256	205
7			62	2	60	9	276	226
1	1		14	1	13	6	216	149
2		3	35	4	31	3	117	93
			103	1	102	5	269	213
23	**3**	**9**	**1196**	**69**	**1127**	**99**	**6056**	**3199**
4	1	1	481	17	464	17	1890	651
2		1	29	5	24	3	242	90
			10	3	7		238	117
1			16		16	6	319	227
		1	76	2	74	8	398	264
1			99	4	95	4	124	71
1			57	8	49	15	530	447
1	1	1	40	1	39	5	222	87
2		3	24	3	21	4	164	126
1			69	1	68	5	169	127
3		1	102	1	101	5	419	262
1		1	67	5	62	11	274	181
2	1		32	5	27	6	259	184
			28	7	21	5	285	139
3			44	4	40	2	253	159
1			22	3	19	3	270	67
27	**6**	**25**	**2640**	**68**	**2572**	**222**	**3718**	**2305**
9	1	5	700	17	683	82	425	238
1	4	12	239	8	231	33	590	415
5		2	142	6	136	20	162	82
4			190	4	186	14	296	229
3		1	299	10	289	25	289	161
2	1	1	206	7	199	13	539	397
1		1	108	1	107	3	119	92
1			85	3	82	4	199	111
1		2	99	3	96	12	188	134
			403	2	401	1	242	141
		1	49	3	46	4	529	240
			120	4	116	11	140	65

1-5 续表 2

地　　区							
	私营合伙	私营有限责任公司	私营股份有限公司	其他	港、澳、台商投资	合资经营（港、澳、台资）	合作经营（港、澳、台资）
贵州省	**3608**	**13675**	**1211**	**31778**	**165**	**75**	**2**
贵阳市	**531**	**2445**	**225**	**3655**	**96**	**51**	
南明区	132	536	72	736	23	16	
云岩区	138	309	41	692	38	19	
花溪区	80	302	33	508	8	2	
乌当区	34	156	20	199	6	4	
白云区	44	750	15	208	6	3	
观山湖区	25	160	18	231	10	4	
开阳县	19	26	7	202	1		
息烽县	10	23	1	291	1		
修文县	26	73	11	268	2	2	
清镇市	23	110	7	320	1	1	
六盘水市	**362**	**1667**	**145**	**1838**	**3**	**1**	
钟山区	113	1253	70	311	3	1	
六枝特区	30	101	11	394			
水城县	62	138	8	462			
盘县	157	175	56	671			
遵义市	**675**	**3580**	**203**	**3894**	**19**	**7**	
红花岗区	84	793	50	282	6	1	
汇川区	64	1521	39	299	5	5	
遵义县	81	172	23	449	5		
桐梓县	83	67	6	326	2		
绥阳县	37	103	6	319			
正安县	19	36	5	215			
道真仡佬族苗族自治县	27	36	5	229			
务川仡佬族苗族自治县	50	49	5	174			
凤冈县	71	82	12	247			
湄潭县	32	121	7	271			
余庆县	35	51	11	119			
习水县	48	153	8	356			
赤水市	23	39	9	323			
仁怀市	21	357	17	285	1	1	
安顺市	**180**	**380**	**65**	**2167**	**8**	**2**	
西秀区	75	226	48	682	4	2	
平坝县	28	72	6	248	2		
普定县	32	24	5	441			
镇宁布依族苗族自治县	12	14	1	280			
关岭布依族苗族自治县	26	15	2	250	2		
紫云苗族布依族自治县	7	29	3	266			
毕节市	**522**	**1055**	**149**	**4928**	**9**	**3**	**1**
七星关区	161	627	101	732	4	2	1
大方县	72	49	4	541			
黔西县	42	123	14	498	1		
金沙县	53	35	4	510	1		
织金县	50	81	11	626			
纳雍县	41	36	3	581			
威宁彝族回族苗族自治县	51	69	3	886	1	1	
赫章县	52	35	9	554	2		

港、澳、台商独资经营	港、澳、台商投资股份有限公司	其他港、澳、台投资	外商投资	中外合资经营	中外合作经营	外资企业	外商投资股份有限公司	其他外商投资
77	**6**	**5**	**151**	**60**	**13**	**56**	**13**	**9**
41	**3**	**1**	**95**	**42**	**8**	**36**	**4**	**5**
7			18	4		11	2	1
17	1	1	30	13	6	10	1	
5	1		10	6		2		2
2			4	2		1		1
3			12	7	1	4		
5	1		8	4	1	2	1	
1			1			1		
1			1			1		
			4	1		2		1
			7	5		2		
1	**1**		**10**	**4**		**4**	**2**	
1	1		7	2		4	1	
			1	1				
			1	1				
			1				1	
11		**1**	**13**	**5**	**1**	**6**		**1**
5			5	1		4		
			2	2				
4		1	4	2		2		
2								
			1		1			
			1					1
6			**3**			**2**	**1**	
2			2			1	1	
2			1			1		
2								
4		**1**	**5**	**3**			**2**	
1			3	3				
			1				1	
		1						
1								
2			1				1	

1-5 续表 3

地　区	私营合伙	私营有限责任公司	私营股份有限公司	其他	港、澳、台商投资	合资经营(港、澳、台资)	合作经营(港、澳、台资)
铜仁市	**340**	**720**	**152**	**5257**	**4**	**2**	**1**
碧江区	61	121	27	606	3	1	1
万山区	11	21	9	221			
江口县	27	103	10	287			
玉屏侗族自治县	27	140	17	179			
石阡县	13	51	5	606			
思南县	54	66	13	1014			
印江土家族苗族自治县	17	27	1	587			
德江县	41	105	49	527			
沿河土家族自治县	57	48	15	610			
松桃苗族自治县	32	38	6	620	1	1	
黔西南布依族苗族自治州	**317**	**440**	**71**	**2144**	**3**	**3**	
兴义市	106	282	55	584	3	3	
兴仁县	47	26	5	424			
普安县	28	30	1	139			
晴隆县	34	16	1	140			
贞丰县	29	19	2	225			
望谟县	23	42	2	204			
册亨县	12	11	1	175			
安龙县	38	14	4	253			
黔东南苗族侗族自治州	**374**	**2355**	**128**	**5078**	**9**	**2**	
凯里市	50	1146	43	649	5	1	
黄平县	6	139	7	367			
施秉县	1	119	1	101	1		
三穗县	25	65	2	236	1		
镇远县	22	105	7	151	1	1	
岑巩县	9	39	5	177			
天柱县	45	34	4	485			
锦屏县	43	89	3	252	1		
剑河县	14	22	2	364			
台江县	8	33	1	198			
黎平县	76	67	14	524			
榕江县	43	35	15	380			
从江县	8	65	2	466			
雷山县	7	129	10	308			
麻江县	9	81	4	142			
丹寨县	8	187	8	278			
黔南布依族苗族自治州	**307**	**1033**	**73**	**2817**	**14**	**4**	
都匀市	28	136	23	330	1		
福泉市	26	133	16	205	2		
荔波县	41	36	3	173	2		
贵定县	26	38	3	178	1		
瓮安县	30	91	7	198			
独山县	17	123	2	165	4	2	
平塘县	15	11	1	173			
罗甸县	10	77	1	389			
长顺县	25	26	3	130			
龙里县	30	63	8	232			
惠水县	28	256	5	258	2	2	
三都水族自治县	31	43	1	386	2		

港、澳、台商独资经营	港、澳、台商投资股份有限公司	其他港、澳、台投资	外商投资	中外合资经营	中外合作经营	外资企业	外商投资股份有限公司	其他外商投资
1			**2**		**1**	**1**		
1			1			1		
			1		1			
			6	**1**	**1**	**1**	**1**	**2**
			2			1	1	
			2					2
			1		1			
			1	1				
6	**1**		**9**	**2**	**2**	**4**	**1**	
3	1		5	1		4		
1								
1								
			1				1	
			1		1			
1								
			1	1				
			1		1			
7	**1**	**2**	**8**	**3**		**2**	**2**	**1**
1			1					1
2			4	2		1	1	
1	1							
1								
			1	1				
2								
			2			1	1	
		2						

1-6 按市县、登记注册类型分组的

地区	从业人员数(人)	内资	国有	集体	股份合作	联营	国有联营
贵州省	**4357197**	**4309213**	**1501705**	**63982**	**19122**	**14263**	**3705**
贵阳市	**1270555**	**1244468**	**355978**	**18848**	**3611**	**3222**	**472**
南明区	406746	403594	156208	7990	1647	973	62
云岩区	348269	338236	58732	4979	833	575	85
花溪区	122011	117964	31607	1296	366	896	102
乌当区	62320	61476	17739	196	37	62	
白云区	78701	77227	18487	1439	102	196	40
观山湖区	115951	114482	31435	429	117	148	20
开阳县	32518	32401	9527	177	46	93	
息烽县	23303	23122	7652	387	82	36	
修文县	31629	28332	7874	638	51	139	108
清镇市	49107	47634	16717	1317	330	104	55
六盘水市	**384391**	**376655**	**89198**	**3321**	**1566**	**671**	**378**
钟山区	142821	140991	35014	960	262	161	1
六枝特区	47562	47512	15843	774	311	46	29
水城县	61625	61459	15903	892	192	138	120
盘县	132383	126693	22438	695	801	326	228
遵义市	**640989**	**638688**	**228236**	**8145**	**2579**	**1519**	**576**
红花岗区	114197	113076	42893	1626	390	212	43
汇川区	103605	103239	41529	355	209	150	15
遵义县	75704	75051	24246	993	194	116	
桐梓县	38428	38334	14073	247	32	4	
绥阳县	19830	19830	6985	367	59	72	12
正安县	26883	26874	12474	166	372	73	24
道真仡佬族苗族自治县	18670	18670	8513	184	54	28	21
务川仡佬族苗族自治县	17275	17275	9719	314	43	1	
凤冈县	20884	20884	8851	108	262	48	24
湄潭县	31083	31083	12367	720	531	24	22
余庆县	15990	15990	8926	534	66	11	
习水县	45103	45103	13829	80	282	216	73
赤水市	37817	37817	8734	525	84	78	
仁怀市	75520	75462	15097	1926	1	486	342
安顺市	**247482**	**245111**	**90891**	**6338**	**1486**	**1640**	**151**
西秀区	119708	118833	44177	3736	852	509	148
平坝县	42751	41902	12456	1040	66	1072	
普定县	27752	27752	9070	1149	210	15	
镇宁布依族苗族自治县	23770	23770	9549	199	20	9	
关岭布依族苗族自治县	17899	17252	7419	62	333	32	
紫云苗族布依族自治县	15602	15602	8220	152	5	3	3
毕节市	**480436**	**478970**	**199493**	**4129**	**2901**	**2498**	**1186**
七星关区	121684	120729	57582	666	1365	215	52
大方县	52293	52285	25279	512	20	91	23
黔西县	53841	53836	21248	199	472	816	479
金沙县	59080	59077	16711	721	522	350	6
织金县	53577	53577	19283	139		648	620
纳雍县	49402	49402	16624	541	189	17	
威宁彝族回族苗族自治县	55060	55004	26485	892	208	209	6
赫章县	35499	35060	16281	459	125	152	

法人单位从业人员数

集体联营	国有与集体联营	其他联营	有限责任公司	国有独资公司	其他有限责任公司	股份有限公司	私营	私营独资
5562	**1331**	**3665**	**1232075**	**251350**	**980725**	**199335**	**920237**	**411853**
1267	**457**	**1026**	**595789**	**165955**	**429834**	**77763**	**132027**	**58012**
328	210	373	183270	49097	134173	15058	26831	13587
407	48	35	214722	84204	130518	20072	27419	10958
261	31	502	41112	2808	38304	12839	20245	10549
3		59	28491	13100	15391	2316	8630	3288
44	112		27585	5486	22099	10038	14954	6896
108	4	16	56144	9137	47007	11297	10309	3968
41	52		14765	29	14736	806	3907	2253
36			7707	31	7676	324	3969	1891
25		6	9676	237	9439	805	6242	2056
14		35	12317	1826	10491	4208	9521	2566
236	**36**	**21**	**119039**	**36923**	**82116**	**37487**	**102968**	**47456**
111	36	13	66841	31718	35123	3005	28744	8741
17			16413	2809	13604	585	9955	5584
18			14784	1397	13387	3373	21205	7473
90		8	21001	999	20002	30524	43064	25658
475	**131**	**337**	**148371**	**16133**	**132238**	**32207**	**166456**	**64690**
124	18	27	27129	3508	23621	12514	23572	6005
59		76	19867	2225	17642	3498	30201	4698
25	5	86	19391	2376	17015	4771	19196	8882
		4	6425	660	5765	1225	13195	6136
		60	2300	306	1994	641	6280	2377
8		41	5872	236	5636	177	5212	3387
4		3	1253	72	1181	849	4931	2163
1			1328	128	1200	151	3575	1682
12		12	1874	35	1839	285	6342	2867
2			6804	252	6552	278	6561	3084
2		9	1880	268	1612	412	3346	1801
135	8		13314	4466	8848	1176	12455	8390
33	30	15	14517	844	13673	5179	5691	3860
70	70	4	26417	757	25660	1051	25899	9358
1069	**19**	**401**	**57484**	**11242**	**46242**	**10109**	**55141**	**33533**
223	6	132	30497	2761	27736	6296	24361	14109
820		252	13948	7114	6834	1058	9951	6455
		15	4703	1059	3644	142	8301	4723
9			4621	117	4504	2544	3690	2938
17	13	2	2365	25	2340	69	4443	2647
			1350	166	1184		4395	2661
737	**93**	**482**	**81857**	**6872**	**74985**	**11974**	**134117**	**61430**
57	65	41	22236	3121	19115	1314	31401	9626
48	20		4938	76	4862	571	15118	6801
207		130	12450	143	12307	2727	11315	6148
291		53	14252	1066	13186	4443	17318	9477
28			7054	340	6714	1172	21887	10441
	8	9	11359	1764	9595	134	15965	9112
46		157	3765	334	3431	1337	12536	6097
60		92	5803	28	5775	276	8577	3728

1-6 续表 1

地　区	从　业人员数(人)	内资					
			国有	集体	股份合作	联营	
							国有联营
铜仁市	**334600**	**333976**	**124980**	**7430**	**2016**	**1796**	**239**
碧江区	73239	72747	26441	2497	406	551	41
万山区	15015	15015	5299	163	118	186	
江口县	20376	20376	7091	445	45	30	10
玉屏侗族自治县	24960	24960	6608	610	713	43	2
石阡县	30203	30203	9326	172	89	174	
思南县	40485	40485	13152	356	220	160	22
印江土家族苗族自治县	24808	24808	11482	81	23	12	
德江县	37883	37871	14985	1406	132	217	164
沿河土家族自治县	29854	29854	15024	323	196	233	
松桃苗族自治县	37777	37657	15572	1377	74	190	
黔西南布依族苗族自治州	**280328**	**278677**	**103754**	**3711**	**2040**	**742**	**337**
兴义市	109121	108501	36170	1164	1225	240	74
兴仁县	44132	44122	14477	481	415	31	
普安县	22206	22206	8299	296	178	11	3
晴隆县	19604	19604	8799	41	16	22	
贞丰县	27573	26660	8983	1036	132	134	
望谟县	16143	16143	9687	218	62	39	22
册亨县	11381	11381	6403	142	12	38	11
安龙县	30168	30060	10936	333		227	227
黔东南苗族侗族自治州	**376868**	**375033**	**175346**	**5255**	**1685**	**705**	**254**
凯里市	117210	115581	64053	764	114	52	9
黄平县	18522	18522	10123	1176		56	
施秉县	12283	12253	5147	69			
三穗县	15148	15054	6136	232	9	12	
镇远县	18115	18106	7727	70	853	6	
岑巩县	14365	14365	6663	80	5	7	
天柱县	24604	24599	7935	302	23	10	2
锦屏县	16722	16711	7178	104	140	25	
剑河县	16911	16911	6906	1022	44	52	27
台江县	12890	12835	4904			17	
黎平县	28070	28070	12654	231	73	90	63
榕江县	22368	22368	9872	285		33	2
从江县	18252	18252	8231	31	122	315	146
雷山县	12935	12935	6569	259	58		
麻江县	13331	13329	6387	52	126	20	
丹寨县	15142	15142	4861	578	118	10	5
黔南布依族苗族自治州	**341548**	**337635**	**133829**	**6805**	**1238**	**1470**	**112**
都匀市	63001	61599	27313	1265	485	291	24
福泉市	34549	34105	9878	841	189	69	
荔波县	19328	19265	7961	273	92	223	14
贵定县	24284	24254	9505	365	54	166	7
瓮安县	38728	38673	13798	1702	116	239	
独山县	28389	27872	10018	106	36	121	
平塘县	15524	15524	8125	185	71	7	
罗甸县	21760	21760	11955	3		4	
长顺县	14085	14085	7065	140	45	148	
龙里县	34790	34386	8223	1067	54	67	67
惠水县	30687	29693	11258	841	31	135	
三都水族自治县	16423	16419	8730	17	65		

集体联营	国有与集体联营	其他联营	有限责任公司	国有独资公司	其他有限责任公司	股份有限公司	私营	私营独资
790	**352**	**415**	**41449**	**3138**	**38311**	**6667**	**85576**	**40488**
78	294	138	15705	1710	13995	2938	13391	5997
180		6	3276		3276	143	3065	1611
12	6	2	2773	24	2749	687	5643	3203
18		23	3545	947	2598	322	11693	1730
139	21	14	1776	2	1774	275	5432	3125
78	15	45	1337	175	1162	442	14204	7102
12			4900		4900	355	4272	2895
49		4	1333	132	1201	250	10727	5572
53		180	1235	136	1099	275	8013	4491
171	16	3	5569	12	5557	980	9136	4762
276	**7**	**122**	**55102**	**2622**	**52480**	**8204**	**73472**	**42100**
94		72	36872	2539	34333	5277	20301	8871
5		26	5251	18	5233	412	14164	8956
		8	2802	12	2790	69	9334	5448
22			1660		1660	534	4801	2647
134			1878	28	1850	1043	10932	6517
10	7		479	1	478	90	2964	1470
11		16	1384	21	1363	37	1293	819
			4776	3	4773	742	9683	7372
285	**121**	**45**	**49698**	**3883**	**45815**	**4759**	**96038**	**32208**
36	5	2	16136	1782	14354	2037	28073	7337
53		3	1436	132	1304	82	2771	617
			147	23	124		6042	722
12			749		749	229	6113	2436
		6	2539	28	2511	472	5472	1964
7			4443	126	4317	35	2042	748
8			3025	640	2385	373	7654	4753
18	5	2	1312	4	1308	283	5476	811
14		11	1473	138	1335	15	4018	1961
17			2121	4	2117	210	3379	1849
23		4	5571	75	5496	159	6393	2498
14		17	4401	127	4274	548	4160	1767
58	111		2175	55	2120	78	3636	1926
			905	549	356	113	3381	1017
20			1420	66	1354	77	3142	1436
5			1845	134	1711	48	4286	366
427	**115**	**816**	**83286**	**4582**	**78704**	**10165**	**74442**	**31936**
140	83	44	16679	1345	15334	3618	8276	2999
7	14	48	12165	1426	10739	538	8452	4608
44		165	4303	685	3618	991	3633	2097
159			6277	60	6217	1338	4402	3429
21		218	9246	292	8954	1022	9222	2680
45	18	58	6465	124	6341	449	9820	4994
4		3	3081	10	3071	41	2250	1567
4			2457	101	2356	1322	3004	1118
3		145	2459	52	2407	159	2597	1603
			15565	120	15445	8	7243	3055
		135	2555	121	2434	207	13143	3103
			2034	246	1788	472	2400	683

1-6 续表 2

地 区							
	私营合伙	私营有限责任公司	私营股份有限公司	其他	港、澳、台商投资	合资经营（港、澳、台资）	合作经营（港、澳、台资）
贵州省	**117984**	**346092**	**44308**	**358494**	**16150**	**6921**	**98**
贵阳市	**8564**	**55611**	**9840**	**57230**	**7244**	**3910**	
南明区	1552	10640	1052	11617	1044	701	
云岩区	1402	9980	5079	10904	2372	1333	
花溪区	1007	8031	658	9603	1488	598	
乌当区	607	3182	1553	4005	593	576	
白云区	574	7258	226	4426	105	39	
观山湖区	349	5462	530	4603	1013	306	
开阳县	429	1134	91	3080	92		
息烽县	159	1912	7	2965	180		
修文县	1808	2008	370	2907	352	352	
清镇市	677	6004	274	3120	5	5	
六盘水市	**23180**	**29660**	**2672**	**22405**	**302**	**113**	
钟山区	1976	17152	875	6004	302	113	
六枝特区	1534	2313	524	3585			
水城县	8485	5107	140	4972			
盘县	11185	5088	1133	7844			
遵义市	**12323**	**82488**	**6955**	**51175**	**1283**	**533**	
红花岗区	1251	15522	794	4740	434	339	
汇川区	1201	23644	658	7430	192	192	
遵义县	1849	7283	1182	6144	561		
桐梓县	1905	4394	760	3133	94		
绥阳县	1016	2719	168	3126			
正安县	224	1096	505	2528			
道真仡佬族苗族自治县	732	1982	54	2858			
务川仡佬族苗族自治县	999	751	143	2144			
凤冈县	791	2432	252	3114			
湄潭县	480	2775	222	3798			
余庆县	361	973	211	815			
习水县	1147	2650	268	3751			
赤水市	166	1243	422	3009			
仁怀市	201	15024	1316	4585	2	2	
安顺市	**7691**	**12695**	**1222**	**22022**	**2231**	**113**	
西秀区	2151	7377	724	8405	771	113	
平坝县	1235	2212	49	2311	813		
普定县	2148	1318	112	4162			
镇宁布依族苗族自治县	502	244	6	3138			
关岭布依族苗族自治县	1255	481	60	2529	647		
紫云苗族布依族自治县	400	1063	271	1477			
毕节市	**31294**	**33215**	**8178**	**42001**	**461**	**77**	**1**
七星关区	3958	12418	5399	5950	38	21	1
大方县	5625	1545	1147	5756			
黔西县	2161	2719	287	4609	5		
金沙县	4198	3528	115	4760	3		
织金县	5191	5743	512	3394			
纳雍县	3794	2711	348	4573			
威宁彝族回族苗族自治县	2730	3444	265	9572	56	56	
赫章县	3637	1107	105	3387	359		

港、澳、台商独资经营	港、澳、台商投资股份有限公司	其他港、澳、台投资	外商投资	中外合资经营	中外合作经营	外资企业	外商投资股份有限公司	其他外商投资
8055	**1015**	**61**	**31834**	**10014**	**1362**	**10443**	**8385**	**1630**
2880	**452**	**2**	**18843**	**7867**	**421**	**8262**	**1861**	**432**
343			2108	940		864	288	16
934	103	2	7661	2816	366	3136	1343	
795	95		2559	1793		421		345
17			251	59		187		5
66			1369	798	50	521		
453	254		456	175	5	46	230	
92			25			25		
180			1			1		
			2945	46		2833		66
			1468	1240		228		
10	**179**		**7434**	**595**		**492**	**6347**	
10	179		1528	379		492	657	
			50	50				
			166	166				
			5690				5690	
700		**50**	**1018**	**289**	**9**	**664**		**56**
95			687	66		621		
			174	174				
511		50	92	49		43		
94								
			9		9			
			56					56
2118			**140**			**139**	**1**	
658			104			103	1	
813			36			36		
647								
378		**5**	**1005**	**917**			**88**	
16			917	917				
			8				8	
		5						
3								
359			80				80	

1-6 续表 3

地 区	私营合伙	私营有限责任公司	私营股份有限公司	其他	港、澳、台商投资	合资经营（港、澳、台资）	合作经营（港、澳、台资）
铜仁市	**5825**	**32791**	**6472**	**64062**	**607**	**508**	**97**
碧江区	886	4826	1682	10818	487	388	97
万山区	167	486	801	2765			
江口县	365	1917	158	3662			
玉屏侗族自治县	209	9046	708	1426			
石阡县	370	1815	122	12959			
思南县	778	5832	492	10614			
印江土家族苗族自治县	423	949	5	3683			
德江县	830	2535	1790	8821			
沿河土家族自治县	1225	1909	388	4555			
松桃苗族自治县	572	3476	326	4759	120	120	
黔西南布依族苗族自治州	**15482**	**14103**	**1787**	**31652**	**614**	**614**	
兴义市	2462	7711	1257	7252	614	614	
兴仁县	4223	668	317	8891			
普安县	1994	1876	16	1217			
晴隆县	1612	530	12	3731			
贞丰县	3836	555	24	2522			
望谟县	485	990	19	2604			
册亨县	149	306	19	2072			
安龙县	721	1467	123	3363			
黔东南苗族侗族自治州	**5568**	**54750**	**3512**	**41547**	**1264**	**41**	
凯里市	682	18974	1080	4352	1129	41	
黄平县	77	1985	92	2878			
施秉县	5	4993	322	848	30		
三穗县	284	3328	65	1574	94		
镇远县	251	2714	543	967			
岑巩县	173	728	393	1090			
天柱县	1020	1854	27	5277			
锦屏县	272	4363	30	2193	11		
剑河县	371	1591	95	3381			
台江县	134	1388	8	2204			
黎平县	1299	2411	185	2899			
榕江县	618	1652	123	3069			
从江县	62	1617	31	3664			
雷山县	42	2166	156	1650			
麻江县	210	1467	29	2105			
丹寨县	68	3519	333	3396			
黔南布依族苗族自治州	**8057**	**30779**	**3670**	**26400**	**2144**	**1012**	
都匀市	465	4255	557	3672	270		
福泉市	476	2882	486	1973	266		
荔波县	906	590	40	1789	63		
贵定县	467	494	12	2147	30		
瓮安县	1695	3704	1143	3328			
独山县	512	4291	23	857	517	18	
平塘县	523	148	12	1764			
罗甸县	113	1748	25	3015			
长顺县	337	446	211	1472			
龙里县	1108	2482	598	2159			
惠水县	957	8529	554	1523	994	994	
三都水族自治县	498	1210	9	2701	4		

港、澳、台商独资经营	港、澳、台商投资股份有限公司	其他港、澳、台投资	外商投资	中外合资经营	中外合作经营	外资企业	外商投资股份有限公司	其他外商投资
2			**17**		**12**	**5**		
2			5			5		
			12		12			
			1037	**108**	**913**	**5**	**1**	**10**
			6			5	1	
			10					10
			913		913			
			108	108				
873	**350**		**571**	**116**	**7**	**439**	**9**	
738	350		500	61		439		
30								
94								
			9				9	
			5		5			
11								
			55	55				
			2		2			
1094	**34**	**4**	**1769**	**122**		**437**	**78**	**1132**
270			1132					1132
266			178	67		90	21	
29	34							
30								
			55	55				
499								
			404			347	57	
		4						

1-7 按市县、机构类型分组的法人单位数

地区	法人单位数(个)	企业	事业单位	机关	社会团体	民办非企业单位	基金会	居委会	村委会	其他组织机构
贵州省	**146514**	**93525**	**18456**	**6851**	**4642**	**1882**	**19**	**1854**	**17448**	**1837**
贵阳市	**34270**	**28092**	**2353**	**845**	**572**	**488**	**11**	**481**	**1046**	**382**
南明区	9265	8125	422	127	116	158	4	140	29	144
云岩区	9152	8031	452	131	213	79	7	133	19	87
花溪区	4373	3612	266	103	45	96		39	166	46
乌当区	1593	1225	152	47	39	16		19	75	20
白云区	2620	2216	152	48	37	70		32	56	9
观山湖区	3083	2639	124	154	31	23		41	48	23
开阳县	1000	481	302	67	9	8		13	107	13
息烽县	941	429	223	64	33	7		14	161	10
修文县	907	537	63	53	33	9		11	194	7
清镇市	1336	797	197	51	16	22		39	191	23
六盘水市	**10974**	**7368**	**1549**	**374**	**345**	**74**	**1**	**152**	**1022**	**89**
钟山区	4244	3471	328	137	106	50	1	65	49	37
六枝特区	1621	962	242	64	101	2		25	220	5
水城县	1678	784	426	89	38	7		12	303	19
盘县	3431	2151	553	84	100	15		50	450	28
遵义市	**21435**	**13975**	**3172**	**1034**	**539**	**419**	**1**	**332**	**1681**	**282**
红花岗区	3066	2500	183	98	42	75		80	52	36
汇川区	3210	2643	187	111	68	87	1	44	50	19
遵义县	2109	1299	334	99	56	22		41	225	33
桐梓县	1346	690	293	80	21	9		10	223	20
绥阳县	1088	470	271	68	56	43		12	105	63
正安县	1137	549	328	64	24	5		8	143	16
道真仡佬族苗族自治县	768	360	181	56	66	22		4	79	
务川仡佬族苗族自治县	799	394	174	59	40	12		8	109	3
凤冈县	1013	756	95	47	12	16		17	69	1
湄潭县	1200	738	190	48	45	36		22	111	10
余庆县	1008	504	318	63	19	12		8	61	23
习水县	1672	1153	138	79	28	23		29	207	15
赤水市	1505	838	356	94	52	16		22	100	27
仁怀市	1514	1081	124	68	10	41		27	147	16
安顺市	**9061**	**5450**	**1062**	**500**	**388**	**53**	**1**	**127**	**1308**	**172**
西秀区	3926	2743	357	175	156	28	1	79	263	124
平坝县	1103	703	125	47	43	14		16	136	19
普定县	1165	556	166	55	54			10	317	7
镇宁布依族苗族自治县	1074	534	164	85	64	3		6	216	2
关岭布依族苗族自治县	852	504	73	60	40	3		10	153	9
紫云苗族布依族自治县	941	410	177	78	31	5		6	223	11
毕节市	**15546**	**8141**	**2214**	**769**	**329**	**154**	**1**	**199**	**3512**	**227**
七星关区	3696	2358	426	181	72	90	1	25	523	20
大方县	1767	958	282	97	31	6		21	368	4
黔西县	1777	816	459	76	34	8		27	357	
金沙县	1797	1024	364	88	46	30		17	227	1
织金县	1654	802	139	90	45	4		18	556	
纳雍县	1551	797	152	67	42	12		20	461	
威宁彝族回族苗族自治县	1836	704	241	87	19	3		62	564	156
赫章县	1468	682	151	83	40	1		9	456	46

1-7 续表

地 区	法人单位数(个)	企业	事业单位	机关	社会团体	民办非企业单位	基金会	居委会	村委会	其他组织机构
铜仁市	**15656**	**8360**	**2437**	**785**	**745**	**205**	**1**	**155**	**2787**	**181**
碧江区	2955	1831	419	192	321	66		20	70	36
万山区	819	451	92	54	128	4		15	70	5
江口县	1125	690	154	56	33	29		7	149	7
玉屏侗族自治县	846	529	87	72	40	14		9	84	11
石阡县	1394	735	212	58	27	8		8	302	44
思南县	2367	1204	475	85	44	9		30	496	24
印江土家族苗族自治县	1457	623	295	77	56	30	1	9	365	1
德江县	1661	931	260	62	39	7		27	318	17
沿河土家族自治县	1427	596	269	59	35	12		19	428	9
松桃苗族自治县	1605	770	174	70	22	26		11	505	27
黔西南布依族苗族自治州	**10448**	**6196**	**1802**	**653**	**274**	**257**	**1**	**117**	**1097**	**51**
兴义市	4098	3132	325	175	63	167	1	37	184	14
兴仁县	1612	1134	174	72	26	15		28	134	29
普安县	688	296	183	65	38	17		14	75	
晴隆县	725	363	176	60	22	8		5	91	
贞丰县	908	397	215	84	33	14		8	156	1
望谟县	724	269	196	64	28	4		2	161	
册亨县	548	189	115	67	30	15		9	123	
安龙县	1145	416	418	66	34	17		14	173	7
黔东南苗族侗族自治州	**16667**	**8317**	**2418**	**1064**	**894**	**181**	**1**	**154**	**3328**	**310**
凯里市	3842	2539	440	159	356	91	1	27	204	25
黄平县	879	344	132	66	16	9		11	244	57
施秉县	495	279	53	56	24	2		10	64	7
三穗县	798	371	134	53	20	13		5	159	43
镇远县	812	511	82	60	27	2		16	110	4
岑巩县	679	268	165	73	28	4		4	134	3
天柱县	1320	723	178	64	13	6		11	313	12
锦屏县	779	327	153	58	17	2		5	205	12
剑河县	772	256	113	64	18	12		7	301	1
台江县	568	266	63	49	24	1		4	156	5
黎平县	1420	532	231	78	39	7		19	403	111
榕江县	1055	403	242	55	71	7		4	259	14
从江县	966	383	112	54	28	1		11	377	
雷山县	861	394	103	73	124			9	154	4
麻江县	653	354	118	52	21	7		7	84	10
丹寨县	768	367	99	50	68	17		4	161	2
黔南布依族苗族自治州	**12457**	**7626**	**1449**	**827**	**556**	**51**	**1**	**137**	**1667**	**143**
都匀市	2146	1431	272	153	124	12	1	33	109	11
福泉市	1310	1005	92	50	82	3		16	60	2
荔波县	723	443	95	48	28	7		6	94	2
贵定县	1023	578	209	65	42	6		17	95	11
瓮安县	1040	740	100	58	28	9		17	82	6
独山县	1097	797	74	57	20			9	133	7
平塘县	598	268	86	70	31	1		6	121	15
罗甸县	834	330	64	71	32	4		5	268	60
长顺县	617	344	93	60	31	1		7	75	6
龙里县	1078	671	87	62	76			8	159	15
惠水县	1094	632	136	70	31	8		9	201	7
三都水族自治县	897	387	141	63	31			4	270	1

1-8 按市县、机构类型分组的法人单位从业人员数

地区	从业人员数(人)	企业	事业单位	机关	社会团体	民办非企业单位	基金会	居委会	村委会	其他组织机构
贵州省	**4357197**	**2900289**	**796269**	**397454**	**74724**	**42510**	**137**	**17821**	**105248**	**22745**
贵阳市	**1270555**	**1030664**	**140167**	**57173**	**9252**	**12736**	**117**	**4562**	**10622**	**5262**
南明区	406746	357296	30958	9541	1760	3316	27	1530	605	1713
云岩区	348269	288339	39999	11878	2378	2010	90	1288	636	1651
花溪区	122011	87802	22241	4809	1499	2794		349	1819	698
乌当区	62320	47045	7360	5551	785	345		169	870	195
白云区	78701	67299	4870	2405	359	2338		321	971	138
观山湖区	115951	95289	8904	9370	420	743		287	729	209
开阳县	32518	20722	6839	3265	100	183		96	1041	272
息烽县	23303	13619	5211	2265	918	89		96	958	147
修文县	31629	21327	3856	3139	905	411		263	1633	95
清镇市	49107	31926	9929	4950	128	507		163	1360	144
六盘水市	**384391**	**285307**	**55086**	**25551**	**6091**	**1385**	**3**	**2407**	**7305**	**1256**
钟山区	142821	107587	18953	10168	2522	811	3	1728	607	442
六枝特区	47562	30116	9302	4453	2022	15		175	1447	32
水城县	61625	42946	9295	6254	528	125		132	2056	289
盘县	132383	104658	17536	4676	1019	434		372	3195	493
遵义市	**640989**	**419441**	**131679**	**55141**	**8859**	**8758**	**2**	**3431**	**10961**	**2717**
红花岗区	114197	89567	14491	6330	383	1389		791	520	726
汇川区	103605	70958	18951	8797	1711	1733	2	845	439	169
遵义县	75704	48881	17061	6330	868	276		443	1600	245
桐梓县	38428	23554	8414	3919	610	378		121	1080	352
绥阳县	19830	9776	5947	1447	600	883		74	648	455
正安县	26883	12732	9215	2829	197	229		95	1447	139
道真仡佬族苗族自治县	18670	7817	5835	2748	1064	594		56	556	
务川仡佬族苗族自治县	17275	6019	6312	2844	950	484		49	561	56
凤冈县	20884	10220	6174	2800	863	156		150	514	7
湄潭县	31083	17024	9326	2795	601	560		129	527	121
余庆县	15990	6883	6745	1568	77	190		54	281	192
习水县	45103	30554	7755	4317	320	552		187	1341	77
赤水市	37817	27850	5978	2447	525	248		134	502	133
仁怀市	75520	57606	9475	5970	90	1086		303	945	45
安顺市	**247482**	**150169**	**47477**	**28196**	**8553**	**1501**	**4**	**907**	**8021**	**2654**
西秀区	119708	78372	20683	12232	2878	907	4	603	2106	1923
平坝县	42751	28599	6575	3849	2014	277		105	956	376
普定县	27752	16298	5478	3191	1187			58	1464	76
镇宁布依族苗族自治县	23770	11439	5608	3318	1789	84		40	1461	31
关岭布依族苗族自治县	17899	8917	3935	3168	403	103		57	1175	141
紫云苗族布依族自治县	15602	6544	5198	2438	282	130		44	859	107
毕节市	**480436**	**272287**	**120321**	**59293**	**5114**	**3892**	**1**	**1617**	**15543**	**2368**
七星关区	121684	68683	30564	16502	737	2102	1	304	2537	254
大方县	52293	26741	14592	7829	560	235		97	2162	77
黔西县	53841	31099	13141	6625	480	632		274	1590	
金沙县	59080	42765	9882	4202	341	637		123	1124	6
织金县	53577	33752	11795	5211	808	23		95	1893	
纳雍县	49402	29955	9944	5932	1581	135		142	1713	
威宁彝族回族苗族自治县	55060	22347	19774	8169	201	109		547	2736	1177
赫章县	35499	16945	10629	4823	406	19		35	1788	854

1-8 续表

地 区	从 业 人员数 (人)	企业	事业单位	机关	社会团体	民 办 非 企业单位	基金会	居委会	村委会	其他组织 机 构
铜仁市	**334600**	**172605**	**83428**	**41590**	**13390**	**4113**	**4**	**1344**	**15883**	**2243**
碧江区	73239	43876	14586	6766	5835	1266		133	420	357
万山区	15015	7384	2851	1941	2308	38		96	352	45
江口县	20376	11177	3980	3025	561	663		46	824	100
玉屏侗族自治县	24960	17436	3221	2931	589	182		89	489	23
石阡县	30203	14807	7253	3681	780	122		78	2475	1007
思南县	40485	20834	11163	5119	938	218		163	1868	182
印江土家族苗族自治县	24808	11952	6701	4025	400	543	4	36	1144	3
德江县	37883	14996	11519	5264	1190	329		492	3870	223
沿河土家族自治县	29854	11491	11897	3958	326	250		95	1677	160
松桃苗族自治县	37777	18652	10257	4880	463	502		116	2764	143
黔西南布依族苗族自治州	**280328**	**166733**	**56822**	**33776**	**5642**	**5815**	**2**	**1051**	**9932**	**555**
兴义市	109121	71313	17931	13747	399	3994	2	454	1186	95
兴仁县	44132	30003	7967	3752	517	600		221	664	408
普安县	22206	13182	4444	3243	515	300		102	420	
晴隆县	19604	9287	4314	2719	1037	141		59	2047	
贞丰县	27573	17270	5064	3165	452	219		50	1349	4
望谟县	16143	4372	6786	2217	807	81		10	1870	
册亨县	11381	3334	3594	2431	959	215		42	806	
安龙县	30168	17972	6722	2502	956	265		113	1590	48
黔东南苗族侗族自治州	**376868**	**201287**	**90120**	**50568**	**8676**	**3148**	**3**	**1261**	**17633**	**4172**
凯里市	117210	76245	23488	13171	1369	1542	3	142	996	254
黄平县	18522	6208	3962	5268	635	260		122	836	1231
施秉县	12283	6817	2668	1968	254	50		67	363	96
三穗县	15148	8150	3993	1488	177	206		40	586	508
镇远县	18115	10249	4411	2466	341	99		78	443	28
岑巩县	14365	7383	3921	2081	323	76		12	541	28
天柱县	24604	14158	6408	2208	122	47		96	1327	238
锦屏县	16722	8428	4034	2369	375	61		27	1323	105
剑河县	16911	7352	4593	2561	257	251		199	1685	13
台江县	12890	6590	2173	2240	546	9		96	1101	135
黎平县	28070	12936	7790	3787	685	80		109	1542	1141
榕江县	22368	10138	6958	2209	826	88		48	1891	210
从江县	18252	7790	5130	2601	493	43		88	2107	
雷山县	12935	5573	3691	2320	653			50	614	34
麻江县	13331	5562	3970	1985	522	171		54	926	141
丹寨县	15142	7708	2930	1846	1098	165		33	1352	10
黔南布依族苗族自治州	**341548**	**201796**	**71169**	**46166**	**9147**	**1162**	**1**	**1241**	**9348**	**1518**
都匀市	63001	38371	13890	8057	1214	219	1	270	849	130
福泉市	34549	24448	4840	3418	1417	53		56	302	15
荔波县	19328	11042	4583	2313	264	189		79	811	47
贵定县	24284	13561	5213	3616	887	170		120	631	86
瓮安县	38728	25425	6469	5121	533	217		406	433	124
独山县	28389	18250	5623	3631	109			31	652	93
平塘县	15524	6381	4214	3158	671	2		42	900	156
罗甸县	21760	8094	5379	5517	907	57		46	1169	591
长顺县	14085	5889	4563	2303	843	13		62	342	70
龙里县	34790	25002	3738	2994	1867			57	995	137
惠水县	30687	18733	7345	3185	274	242		42	803	63
三都水族自治县	16423	6600	5312	2853	161			30	1461	6

1-9 按行业(中类)、

行业	代码	法人单位数(个)	贵阳市	六盘水市
总计		**146514**	**34270**	**10974**
农、林、牧、渔业	**A**	**1084**	**127**	**31**
农业	01	9	3	
蔬菜、食用菌及园艺作物种植	014	4	2	
水果种植	015	3	1	
坚果、含油果、香料和饮料作物种植	016	1		
其他农业	019	1		
林业	02	4		
林木育种和育苗	021	2		
森林经营和管护	023	2		
畜牧业	03	4		
牲畜饲养	031	1		
其他畜牧业	039	3		
农、林、牧、渔服务业	05	1067	124	31
农业服务业	051	736	109	27
林业服务业	052	156	7	2
畜牧服务业	053	146	4	2
渔业服务业	054	29	4	
采矿业	**B**	**5575**	**246**	**880**
煤炭开采和洗选业	06	1850	49	398
烟煤和无烟煤开采洗选	061	1806	41	392
褐煤开采洗选	062	9		2
其他煤炭采选	069	35	8	4
石油和天然气开采业	07	2		
天然气开采	072	2		
黑色金属矿采选业	08	250	4	6
铁矿采选	081	115	4	2
锰矿、铬矿采选	082	95		3
其他黑色金属矿采选	089	40		1
有色金属矿采选业	09	324	39	13
常用有色金属矿采选	091	262	38	11
贵金属矿采选	092	47		2
稀有稀土金属矿采选	093	15	1	
非金属矿采选业	10	3035	144	452
土砂石开采	101	2702	108	444
化学矿开采	102	244	29	
石棉及其他非金属矿采选	109	89	7	8
开采辅助活动	11	56	7	8
煤炭开采和洗选辅助活动	111	37	5	8
石油和天然气开采辅助活动	112	2		
其他开采辅助活动	119	17	2	
其他采矿业	12	58	3	3
其他采矿业	120	58	3	3
制造业	**C**	**21692**	**3100**	**1353**
农副食品加工业	13	1686	142	76
谷物磨制	131	358	8	4
饲料加工	132	113	47	2
植物油加工	133	285	13	8
制糖业	134	17		

市(州)分组的法人单位数

遵义市	安顺市	毕节市	铜仁市	黔西南布依族苗族自治州	黔东南苗族侗族自治州	黔南布依族苗族自治州
21435	**9061**	**15546**	**15656**	**10448**	**16667**	**12457**
183	**49**	**72**	**134**	**124**	**234**	**130**
3				1	1	1
1						1
				1	1	
1						
1						
	1			2	1	
	1			1		
				1	1	
1			2			1
						1
1			2			
179	48	72	132	121	232	128
118	42	52	82	100	99	107
44	2	13	27	3	51	7
9	3	5	18	17	80	8
8	1	2	5	1	2	6
625	**373**	**1283**	**613**	**500**	**300**	**755**
250	92	602	48	235	36	140
239	91	592	48	230	36	137
3		2		2		
8	1	8		3		3
		1			1	
		1			1	
24	2	85	89	2	11	27
5	2	78		1	3	20
13		1	74	1	2	1
6		6	15		6	6
49	7	46	19	24	60	67
42	7	41	18	8	34	63
		1		16	25	3
7		4	1		1	1
290	269	530	444	228	190	488
278	260	512	423	220	146	311
6	3	9	10	1	43	143
6	6	9	11	7	1	34
10	1	11	3	2	1	13
8	1	9	3			3
						2
2		2		2	1	8
2	2	8	10	9	1	20
2	2	8	10	9	1	20
3327	**2103**	**2307**	**2650**	**1792**	**2742**	**2318**
285	145	130	181	408	167	152
48	43	7	30	166	21	31
17	10	4	2	18	6	7
41	29	8	36	78	43	29
5	3	1		7		1

1-9 续表 1

行业	代码	法人单位数(个)	贵阳市	六盘水市
屠宰及肉类加工	135	298	22	14
水产品加工	136	23	1	
蔬菜、水果和坚果加工	137	169	15	22
其他农副食品加工	139	423	36	26
食品制造业	14	766	131	52
焙烤食品制造	141	110	29	4
糖果、巧克力及蜜饯制造	142	29	9	
方便食品制造	143	291	25	28
乳制品制造	144	11	2	
罐头食品制造	145	13	3	1
调味品、发酵制品制造	146	170	22	10
其他食品制造	149	142	41	9
酒、饮料和精制茶制造业	15	2338	96	91
酒的制造	151	704	32	48
饮料制造	152	382	45	19
精制茶加工	153	1252	19	24
烟草制品业	16	19	2	
烟叶复烤	161	16	1	
卷烟制造	162	1	1	
其他烟草制品制造	169	2		
纺织业	17	244	36	15
棉纺织及印染精加工	171	51	5	
毛纺织及染整精加工	172	8	1	
麻纺织及染整精加工	173	10		3
丝绢纺织及印染精加工	174	14		
化纤织造及印染精加工	175	8	2	
针织或钩针编织物及其制品制造	176	33	7	1
家用纺织制成品制造	177	109	19	11
非家用纺织制成品制造	178	11	2	
纺织服装、服饰业	18	489	39	15
机织服装制造	181	274	22	9
针织或钩针编织服装制造	182	47	3	2
服饰制造	183	168	14	4
皮革、毛皮、羽毛及其制品和制鞋业	19	252	12	74
皮革鞣制加工	191	4		
皮革制品制造	192	47	2	2
毛皮鞣制及制品加工	193	5		
羽毛(绒)加工及制品制造	194	4		
制鞋业	195	192	10	72
木材加工和木、竹、藤、棕、草制品业	20	1219	68	58
木材加工	201	696	32	45
人造板制造	202	103	8	
木制品制造	203	281	22	7
竹、藤、棕、草等制品制造	204	139	6	6
家具制造业	21	600	73	23
木质家具制造	211	468	50	21
竹、藤家具制造	212	15	1	
金属家具制造	213	32	8	1
塑料家具制造	214	7	2	
其他家具制造	219	78	12	1

遵义市	安顺市	毕节市	铜仁市	黔西南布依族苗族自治州	黔东南苗族侗族自治州	黔南布依族苗族自治州
62	33	32	40	35	30	30
1		1	1	11	6	2
34	9	15	25	15	24	10
77	18	62	47	78	37	42
132	71	87	38	91	87	77
12	7	20	8	11	12	7
5	9				1	5
45	24	22	16	53	53	25
3	1	2		1	1	1
2			3	1		3
44	24	28	5	9	8	20
21	6	15	6	16	12	16
858	109	98	595	134	253	104
390	29	26	38	62	45	34
94	27	50	41	26	45	35
374	53	22	516	46	163	35
1	1	10	4	1		
	1	10	3	1		
1			1			
31	21	29	15	16	49	32
8	4	4	3	4	14	9
2	1				3	1
		1	1	2		3
5	1	3		2	3	
	3	1	1		1	
7	2	4	1	2	2	7
8	10	15	9	5	25	7
1		1		1	1	5
33	28	61	74	52	160	27
24	20	27	41	29	90	12
3	6	9	2	4	12	6
6	2	25	31	19	58	9
35	7	16	44	9	33	22
1	1			1	1	
9	1	2	16	2	5	8
1			1		3	
			1		3	
24	5	14	26	6	21	14
223	100	122	177	120	246	105
105	47	70	134	86	133	44
12	3	5	7	3	49	16
37	43	43	30	26	47	26
69	7	4	6	5	17	19
68	69	80	57	75	91	64
46	61	57	46	59	72	56
4	1	4	1		2	2
6	3	2	1	5	4	2
1		2	1		1	
11	4	15	8	11	12	4

1-9 续表 2

行　业	代码	法人单位数（个）	贵阳市	六盘水市
造纸和纸制品业	22	311	60	9
纸浆制造	221	5	1	
造纸	222	116	9	3
纸制品制造	223	190	50	6
印刷和记录媒介复制业	23	437	155	20
印刷	231	372	137	17
装订及印刷相关服务	232	63	16	3
记录媒介复制	233	2	2	
文教、工美、体育和娱乐用品制造业	24	1361	58	32
文教办公用品制造	241	33	9	3
乐器制造	242	15		
工艺美术品制造	243	1284	44	29
体育用品制造	244	5	2	
玩具制造	245	20	1	
游艺器材及娱乐用品制造	246	4	2	
石油加工及炼焦	25	94	5	41
化学原料和化学制品制造业	26	954	192	31
基础化学原料制造	261	188	48	13
肥料制造	262	251	40	7
农药制造	263	9	4	
涂料、油墨、颜料及类似产品制造	264	94	23	3
合成材料制造	265	40	16	1
专用化学产品制造	266	179	31	3
炸药、火工及焰火产品制造	267	105	8	2
日用化学产品制造	268	88	22	2
医药制造业	27	289	90	2
化学药品原料药制造	271	12	4	
化学药品制剂制造	272	11	6	1
中药饮片加工	273	75	4	
中成药生产	274	142	52	1
兽用药品制造	275	3	1	
生物药品制造	276	29	11	
卫生材料及医药用品制造	277	17	12	
化学纤维制造业	28	4	2	
合成纤维制造	282	4	2	
橡胶和塑料制品业	29	555	188	15
橡胶制品业	291	91	46	2
塑料制品业	292	464	142	13
非金属矿物制品业	30	6167	726	568
水泥、石灰和石膏制造	301	323	38	25
石膏、水泥制品及类似制品制造	302	2692	321	251
砖瓦、石材等建筑材料制造	303	2533	181	266
玻璃制造	304	66	16	5
玻璃制品制造	305	233	25	5
玻璃纤维和玻璃纤维增强塑料制品制造	306	23	4	2
陶瓷制品制造	307	41	7	
耐火材料制品制造	308	92	62	5
石墨及其他非金属矿物制品制造	309	164	72	9

遵义市	安顺市	毕节市	铜仁市	黔西南布依族苗族自治州	黔东南苗族侗族自治州	黔南布依族苗族自治州
68	21	22	24	21	40	46
2				1		1
20	5	12	14	9	20	24
46	16	10	10	11	20	21
68	13	31	39	39	31	41
55	10	28	30	36	25	34
13	3	3	9	3	6	7
63	286	74	67	81	529	171
7		3	5	1	4	1
1			2		12	
50	284	69	59	78	508	163
					2	1
4	2	2	1	1	3	6
1				1		
3	7	4	15	6		13
107	79	61	78	47	136	223
18	11	10	11	9	26	42
33	19	15	21	14	11	91
	2		1		1	1
9	13	6	7	3	11	19
4	1	7	4	3	1	3
16	9	8	14	5	68	25
14	11	11	16	6	4	33
13	13	4	4	7	14	9
27	14	15	54	20	37	30
1		1	3	2	1	
1				2		1
8	4	12	33	5	7	2
9	8	2	13	11	25	21
1					1	
5	2		5		2	4
2					1	2
						2
						2
70	59	31	40	35	29	88
6	8	9	7	1	1	11
64	51	22	33	34	28	77
731	644	1132	849	454	427	636
54	19	42	40	36	27	42
303	329	618	311	125	214	220
311	191	440	475	273	151	245
9	7	6	2	6	3	12
19	85	9	4	7	6	73
2	3	2	1	1	5	3
5	1	7	4	3	7	7
15	2	1	1		4	2
13	7	7	11	3	10	32

1-9 续表 3

行　业	代码	法人单位数(个)	贵阳市	六盘水市
黑色金属冶炼和压延加工业	31	395	60	14
炼铁	311	23	8	2
炼钢	312	9	4	
黑色金属铸造	313	44	9	3
钢压延加工	314	96	24	6
铁合金冶炼	315	223	15	3
有色金属冶炼和压延加工业	32	282	45	17
常用有色金属冶炼	321	138	12	11
贵金属冶炼	322	26	1	
稀有稀土金属冶炼	323	11		
有色金属合金制造	324	29	8	1
有色金属铸造	325	10	5	
有色金属压延加工	326	68	19	5
金属制品业	33	1003	215	80
结构性金属制品制造	331	521	90	58
金属工具制造	332	147	23	7
集装箱及金属包装容器制造	333	23	11	
金属丝绳及其制品制造	334	28	4	2
建筑、安全用金属制品制造	335	119	24	8
金属表面处理及热处理加工	336	25	9	
搪瓷制品制造	337	10	1	
金属制日用品制造	338	50	14	2
其他金属制品制造	339	80	39	3
通用设备制造业	34	539	226	13
锅炉及原动设备制造	341	20	10	
金属加工机械制造	342	156	63	5
物料搬运设备制造	343	23	7	2
泵、阀门、压缩机及类似机械制造	344	28	17	
轴承、齿轮和传动部件制造	345	36	8	
烘炉、风机、衡器、包装等设备制造	346	46	19	
文化、办公用机械制造	347	4	4	
通用零部件制造	348	209	90	5
其他通用设备制造业	349	17	8	1
专用设备制造业	35	477	143	26
采矿、冶金、建筑专用设备制造	351	150	45	20
化工、木材、非金属加工专用设备制造	352	86	24	1
食品、饮料、烟草及饲料生产专用设备制造	353	15	2	1
印刷、制药、日化及日用品生产专用设备制造	354	32	7	2
纺织、服装和皮革加工专用设备制造	355	5	1	1
电子和电工机械专用设备制造	356	49	12	
农、林、牧、渔专用机械制造	357	55	8	1
医疗仪器设备及器械制造	358	30	13	
环保、社会公共服务及其他专用设备制造	359	55	31	
汽车制造业	36	118	55	2
汽车整车制造	361	9	2	
改装汽车制造	362	15	8	1
低速载货汽车制造	363	1	1	
电车制造	364	3		
汽车车身、挂车制造	365	4		1
汽车零部件及配件制造	366	86	44	

遵义市	安顺市	毕节市	铜仁市	黔西南布依族苗族自治州	黔东南苗族侗族自治州	黔南布依族苗族自治州
44	31	19	71	43	69	44
5		1		6		1
		2		2		1
9	2	9	5	1	3	3
12	24	4	3	10	7	6
18	5	3	63	24	59	33
36	13	30	36	33	45	27
12	2	23	26	12	25	15
2	1			19		3
1					9	1
7	4		3	1	2	3
	1	1	1		2	
14	5	6	6	1	7	5
134	137	85	69	42	110	131
71	54	50	37	24	64	73
11	52	9	7	12	18	8
3	3				2	4
9	2	1	1	1	4	4
16	9	11	11	3	10	27
5	3		1		2	5
3	2	2	1			1
5	10	4	4	2	6	3
11	2	8	7		4	6
72	79	24	10	7	28	80
4		2			3	1
14	17	8	3	1	14	31
1	5	1	3		2	2
4	2		1		2	2
	8					20
8	4	8		3		4
39	42	3	3	3	7	17
2	1	2				3
68	33	54	40	23	35	55
15	14	25	2	9	3	17
7	4	5	22	4	10	9
3	1	1	4		2	1
7	3	4	2	1	3	3
1		1				1
15	2	8		3	7	2
8	5	3	7	3	8	12
4	1	2	1	3	1	5
8	3	5	2		1	5
10	9	12	8	1	10	11
1	3	1			2	
	1	1	1	1		2
		2				1
		1	2			
9	5	7	5		8	8

1-9 续表 4

行　　业	代码	法人单位数(个)	贵阳市	六盘水市
铁路、船舶、航空航天和其他运输设备制造业	37	52	13	1
铁路运输设备制造	371	10	4	1
船舶及相关装置制造	373	8		
航空、航天器及设备制造	374	16	5	
摩托车制造	375	9	2	
自行车制造	376	5		
潜水救捞及其他未列明运输设备制造	379	4	2	
电气机械和器材制造业	38	459	136	18
电机制造	381	24	9	2
输配电及控制设备制造	382	111	43	7
电线、电缆、光缆及电工器材制造	383	62	39	1
电池制造	384	10	2	
家用电力器具制造	385	58	17	2
非电力家用器具制造	386	51	7	5
照明器具制造	387	125	11	1
其他电气机械及器材制造	389	18	8	
计算机、通信和其他电子设备制造业	39	135	35	2
计算机制造	391	8	4	
通信设备制造	392	13	4	
雷达及配套设备制造	394	1		
视听设备制造	395	9	4	1
电子器件制造	396	24	8	
电子元件制造	397	51	8	
其他电子设备制造	399	29	7	1
仪器仪表制造业	40	76	36	3
通用仪器仪表制造	401	15	8	1
专用仪器仪表制造	402	22	10	2
钟表与计时仪器制造	403	2	1	
光学仪器及眼镜制造	404	25	8	
其他仪器仪表制造业	409	12	9	
其他制造业	41	157	19	22
废弃资源综合利用业	42	110	9	11
金属废料和碎屑加工处理	421	48	6	5
非金属废料和碎屑加工处理	422	62	3	6
金属制品、机械和设备修理业	43	104	33	22
金属制品修理	431	4	2	
通用设备修理	432	11	4	6
专用设备修理	433	35	7	8
铁路、船舶、航空航天等运输设备修理	434	4	2	
电气设备修理	435	11	4	5
仪器仪表修理	436	2	1	
其他机械和设备修理业	439	37	13	3
电力、热力、燃气及水生产和供应业	**D**	**1606**	**75**	**105**
电力、热力生产和供应业	44	1120	32	72
电力生产	441	956	19	65
电力供应	442	159	10	7
热力生产和供应	443	5	3	

遵义市	安顺市	毕节市	铜仁市	黔西南布依族苗族自治州	黔东南苗族侗族自治州	黔南布依族苗族自治州
9	13	1	8	1	2	4
	4		1			
3	1		1	1	2	
3	7		1			
2			4			1
1	1	1	1			1
						2
70	80	24	28	7	43	53
2	1	1	2		1	6
22	9	2	11	1	6	10
5	3	1		1	2	10
1			4		2	1
15	6	4	1	1	1	11
9	6	3	1	3	9	8
11	55	12	9	1	20	5
5		1			2	2
29	8	14	5	1	23	18
		2				2
	1	3	1		1	3
						1
1		1				2
1	1	4	1		5	4
22	3	1		1	11	5
5	3	3	3		6	1
2	2	1			16	16
1	1					4
1	1					8
						1
		1			16	
						3
24	9	16	13	13	19	22
17	8	12	9	7	19	18
10	1	5	4	3	8	6
7	7	7	5	4	11	12
9	7	12	2	5	8	6
	1			1		
					1	
6	1	6	1	1	3	2
1					1	
				1	1	
		1				
2	5	5	1	2	2	4
424	**47**	**183**	**218**	**144**	**259**	**151**
294	26	128	164	112	206	86
264	19	107	141	96	176	69
29	7	21	22	16	30	17
1			1			

1-9 续表 5

行业	代码	法人单位数（个）	贵阳市	六盘水市
燃气生产和供应业	45	112	14	10
燃气生产和供应业	450	112	14	10
水的生产和供应业	46	374	29	23
自来水生产和供应	461	319	23	19
污水处理及其再生利用	462	41	5	1
其他水的处理、利用与分配	469	14	1	3
建筑业	E	**3617**	**1491**	**252**
房屋建筑业	47	754	221	42
房屋建筑业	470	754	221	42
土木工程建筑业	48	536	230	21
铁路、道路、隧道和桥梁工程建筑	481	235	75	10
水利和内河港口工程建筑	482	45	20	2
工矿工程建筑	484	25	10	2
架线和管道工程建筑	485	78	35	2
其他土木工程建筑	489	153	90	5
建筑安装业	49	394	212	18
电气安装	491	125	60	6
管道和设备安装	492	75	42	5
其他建筑安装业	499	194	110	7
建筑装饰和其他建筑业	50	1933	828	171
建筑装饰业	501	1588	670	157
工程准备活动	502	207	62	13
提供施工设备服务	503	24	10	1
其他未列明建筑业	509	114	86	
批发和零售业	F	**28382**	**12400**	**2067**
批发业	51	14080	6870	954
农、林、牧产品批发	511	684	118	32
食品、饮料及烟草制品批发	512	2026	817	71
纺织、服装及家庭用品批发	513	1231	863	31
文化、体育用品及器材批发	514	405	297	12
医药及医疗器材批发	515	461	207	11
矿产品、建材及化工产品批发	516	4952	2248	414
机械设备、五金产品及电子产品批发	517	2912	1726	271
贸易经纪与代理	518	549	161	66
其他批发业	519	860	433	46
零售业	52	14302	5530	1113
综合零售	521	1367	378	175
食品、饮料及烟草制品专门零售	522	2126	703	96
纺织、服装及日用品专门零售	523	1088	650	95
文化、体育用品及器材专门零售	524	595	245	31
医药及医疗器材专门零售	525	800	218	45
汽车、摩托车、燃料及零配件专门零售	526	2904	809	242
家用电器及电子产品专门零售	527	2208	824	158
五金、家具及室内装饰材料专门零售	528	2220	1239	258
货摊、无店铺及其他零售业	529	994	464	13
交通运输、仓储和邮政业	G	**2648**	**621**	**195**
道路运输业	54	1713	323	133
城市公共交通运输	541	220	27	14
公路旅客运输	542	273	28	13
道路货物运输	543	927	208	93
道路运输辅助活动	544	293	60	13

遵义市	安顺市	毕节市	铜仁市	黔西南布依族苗族自治州	黔东南苗族侗族自治州	黔南布依族苗族自治州
27	4	13	13	5	11	15
27	4	13	13	5	11	15
103	17	42	41	27	42	50
92	17	37	34	27	29	41
10		3	4		12	6
1		2	3		1	3
441	**205**	**243**	**208**	**232**	**306**	**239**
116	35	70	82	54	73	61
116	35	70	82	54	73	61
44	26	34	29	40	65	47
23	13	18	13	19	29	35
2	3	3	6	2	4	3
3		2	2	2	1	3
5	3	4	1	7	16	5
11	7	7	7	10	15	1
63	15	10	18	20	15	23
15	6	7	7	9	7	8
12	4		3	1	3	5
36	5	3	8	10	5	10
218	129	129	79	118	153	108
182	108	107	65	92	123	84
20	18	16	9	24	28	17
4	1	2	3			3
12	2	4	2	2	2	4
4046	**966**	**1743**	**2007**	**1517**	**1745**	**1891**
1913	501	603	701	794	721	1023
145	42	45	111	33	66	92
512	93	60	159	109	112	93
131	40	31	34	35	40	26
26	5	10	17	20	11	7
57	14	17	19	23	69	44
495	181	306	194	320	269	525
297	57	86	69	199	105	102
107	26	17	49	15	16	92
143	43	31	49	40	33	42
2133	465	1140	1306	723	1024	868
153	43	168	132	97	129	92
559	77	102	248	74	155	112
107	10	51	45	36	74	20
59	28	18	62	36	71	45
84	23	118	142	42	60	68
467	113	306	311	192	230	234
318	76	136	167	167	200	162
223	76	123	126	42	74	59
163	19	118	73	37	31	76
505	**136**	**294**	**264**	**210**	**215**	**208**
356	101	247	154	133	136	130
40	15	21	28	13	34	28
61	24	42	37	11	43	14
187	46	140	61	92	33	67
68	16	44	28	17	26	21

1-9 续表 6

行业	代码	法人单位数(个)	贵阳市	六盘水市
水上运输业	55	65	6	3
水上旅客运输	551	29	2	3
水上货物运输	552	19	1	
水上运输辅助活动	553	17	3	
航空运输业	56	19	9	
航空客货运输	561	9	4	
通用航空服务	562	2	1	
航空运输辅助活动	563	8	4	
管道运输业	57	6	5	1
管道运输业	570	6	5	1
装卸搬运和运输代理业	58	371	128	29
装卸搬运	581	112	22	16
运输代理业	582	259	106	13
仓储业	59	246	106	15
谷物、棉花等农产品仓储	591	83	20	7
其他仓储业	599	163	86	8
邮政业	60	228	44	14
邮政基本服务	601	20	7	2
快递服务	602	208	37	12
住宿和餐饮业	**H**	**4060**	**1055**	**595**
住宿业	61	1517	404	171
旅游饭店	611	562	122	24
一般旅馆	612	716	184	123
其他住宿业	619	239	98	24
餐饮业	62	2543	651	424
正餐服务	621	2165	518	371
快餐服务	622	61	17	8
饮料及冷饮服务	623	77	37	7
其他餐饮业	629	240	79	38
信息传输、软件和信息技术服务业	**I**	**1410**	**920**	**70**
电信、广播电视和卫星传输服务	63	202	51	11
电信	631	127	38	6
广播电视传输服务	632	73	12	5
卫星传输服务	633	2	1	
互联网和相关服务	64	261	143	27
互联网接入及相关服务	641	35	15	8
互联网信息服务	642	153	89	11
其他互联网服务	649	73	39	8
软件和信息技术服务业	65	947	726	32
软件开发	651	462	379	7
信息系统集成服务	652	66	41	3
信息技术咨询服务	653	308	222	20
数据处理和存储服务	654	5	2	
集成电路设计	655	4	3	
其他信息技术服务业	659	102	79	2
房地产业	**K**	**5550**	**1819**	**382**
房地产业	70	5550	1819	382
房地产开发经营	701	3212	918	221

遵义市	安顺市	毕节市	铜仁市	黔西南布依族苗族自治州	黔东南苗族侗族自治州	黔南布依族苗族自治州
22	2	3	3	16	7	3
6	2	2	2	5	5	2
8		1	1	7		1
8				4	2	
2	1	1	1	2	1	2
1	1		1	1		1
					1	
1		1		1		1
62	10	10	64	20	17	31
24	3	1	16	7	9	14
38	7	9	48	13	8	17
30	14	12	12	22	16	19
9	4	12	4	7	9	11
21	10		8	15	7	8
33	8	21	30	17	38	23
2	1	2	3	1	1	1
31	7	19	27	16	37	22
626	**172**	**372**	**384**	**151**	**493**	**212**
225	63	92	185	69	176	132
106	35	39	55	24	69	88
87	21	45	83	39	101	33
32	7	8	47	6	6	11
401	109	280	199	82	317	80
361	102	241	155	61	286	70
8	1	11	5	3	7	1
6		3	9	5	9	1
26	6	25	30	13	15	8
87	**51**	**41**	**77**	**58**	**71**	**35**
18	11	13	41	28	24	5
10	5	10	32	8	14	4
8	6	3	8	20	10	1
			1			
23	10	9	16	4	19	10
3		1	4		2	2
12	5	4	8	3	13	8
8	5	4	4	1	4	
46	30	19	20	26	28	20
20	14	4	7	7	17	7
7	1	2	6	1	2	3
14	12	9	4	14	7	6
1				1		1
					1	
4	3	4	3	3	1	3
967	**318**	**405**	**347**	**296**	**542**	**474**
967	318	405	347	296	542	474
615	161	298	239	130	316	314

1-9 续表 7

行业	代码	法人单位数(个)	贵阳市	六盘水市
物业管理	702	1292	474	103
房地产中介服务	703	596	308	37
自有房地产经营活动	704	242	66	18
其他房地产业	709	208	53	3
租赁和商务服务业	**L**	**9129**	**3335**	**634**
租赁业	71	1136	271	95
机械设备租赁	711	1112	261	93
文化及日用品出租	712	24	10	2
商务服务业	72	7993	3064	539
企业管理服务	721	1791	711	136
法律服务	722	333	132	25
咨询与调查	723	1245	618	39
广告业	724	1909	668	114
知识产权服务	725	36	29	
人力资源服务	726	498	144	58
旅行社及相关服务	727	631	149	33
安全保护服务	728	200	39	16
其他商务服务业	729	1350	574	118
科学研究和技术服务业	**M**	**3919**	**1292**	**147**
研究和试验发展	73	247	117	6
自然科学研究和试验发展	731	30	17	
工程和技术研究和试验发展	732	52	34	1
农业科学研究和试验发展	733	102	46	4
医学研究和试验发展	734	27	11	1
社会人文科学研究	735	36	9	
专业技术服务业	74	2552	894	124
气象服务	741	147	17	5
地震服务	742	11	4	1
测绘服务	744	129	41	12
质检技术服务	745	293	61	23
环境与生态监测	746	114	42	5
地质勘查	747	115	57	9
工程技术	748	1084	290	30
其他专业技术服务业	749	659	382	39
科技推广和应用服务业	75	1120	281	17
技术推广服务	751	986	219	16
科技中介服务	752	52	28	1
其他科技推广和应用服务业	759	82	34	
水利、环境和公共设施管理业	**N**	**1224**	**236**	**89**
水利管理业	76	461	67	50
防洪除涝设施管理	761	25	2	
水资源管理	762	124	12	2
天然水收集与分配	763	86	14	7
水文服务	764	42		34
其他水利管理业	769	184	39	7
生态保护和环境治理业	77	131	33	11
生态保护	771	59	6	7
环境治理业	772	72	27	4

遵义市	安顺市	毕节市	铜仁市	黔西南布依族苗族自治州	黔东南苗族侗族自治州	黔南布依族苗族自治州
231	67	77	76	86	95	83
65	24	20	24	33	50	35
33	11		3	41	57	13
23	55	10	5	6	24	29
1536	**483**	**578**	**623**	**598**	**734**	**608**
322	70	65	145	39	63	66
319	70	65	141	37	60	66
3			4	2	3	
1214	413	513	478	559	671	542
229	130	107	90	108	133	147
60	18	26	14	16	29	13
211	61	52	32	77	91	64
323	98	149	133	137	173	114
6				1		
105	22	36	40	32	30	31
87	28	38	70	48	113	65
28	11	28	22	16	23	17
165	45	77	77	124	79	91
594	**239**	**256**	**212**	**257**	**644**	**278**
17	4	24	20	13	29	17
1	1	6	2		3	
2	1	1	6	2	4	1
8	1	14	9	5	9	6
3	1	1		4	5	1
3		2	3	2	8	9
412	177	172	127	201	226	219
23	15	15	11	15	31	15
1		3	1	1		
25	7	5	6	10	11	12
53	23	23	13	26	43	28
24	6	7	8	6	11	5
17	2	11	5		9	5
185	84	84	54	128	92	137
84	40	24	29	15	29	17
165	58	60	65	43	389	42
147	52	50	59	30	381	32
7	4	2	2	4	2	2
11	2	8	4	9	6	8
334	**65**	**77**	**116**	**64**	**119**	**124**
140	19	29	58	16	40	42
2		3	3		12	3
49	3	7	20	7	12	12
27	12	4	1	4	5	12
3		1		2	1	1
59	4	14	34	3	10	14
27	3	10	19	9	6	13
16	2	3	12	3	4	6
11	1	7	7	6	2	7

1-9 续表 8

行业	代码	法人单位数(个)	贵阳市	六盘水市
公共设施管理业	78	632	136	28
市政设施管理	781	79	20	3
环境卫生管理	782	91	36	3
城乡市容管理	783	26	5	4
绿化管理	784	157	49	11
公园和游览景区管理	785	279	26	7
居民服务、修理和其他服务业	**O**	**3418**	**1351**	**345**
居民服务业	79	1397	700	90
家庭服务	791	432	272	15
托儿所服务	792	12	4	
洗染服务	793	68	24	4
理发及美容服务	794	235	151	24
洗浴服务	795	113	43	15
保健服务	796	65	26	10
婚姻服务	797	76	35	5
殡葬服务	798	126	18	8
其他居民服务业	799	270	127	9
机动车、电子产品和日用产品修理业	80	1559	460	225
汽车、摩托车修理与维护	801	1370	378	215
计算机和办公设备维修	802	97	46	6
家用电器修理	803	66	28	4
其他日用产品修理业	809	26	8	
其他服务业	81	462	191	30
清洁服务	811	274	111	23
其他未列明服务业	819	188	80	7
教育	**P**	**9880**	**1358**	**871**
教育	82	9880	1358	871
学前教育	821	1729	253	112
初等教育	822	4386	457	487
中等教育	823	2252	259	157
高等教育	824	80	25	3
特殊教育	825	65	16	3
技能培训、教育辅助及其他教育	829	1368	348	109
卫生和社会工作	**Q**	**3998**	**482**	**313**
卫生	83	3555	425	239
医院	831	891	152	72
社区医疗与卫生院	832	1762	154	103
门诊部(所)	833	188	36	2
计划生育技术服务活动	834	442	46	42
妇幼保健院(所、站)	835	121	8	3
专科疾病防治院(所、站)	836	10	3	1
疾病预防控制中心	837	83	11	6
其他卫生活动	839	58	15	10
社会工作	84	443	57	74
提供住宿社会工作	841	333	42	72
不提供住宿社会工作	842	110	15	2
文化、体育和娱乐业	**R**	**2853**	**572**	**310**
新闻和出版业	85	102	48	6
新闻业	851	36	10	3
出版业	852	66	38	3

遵义市	安顺市	毕节市	铜仁市	黔西南布依族苗族自治州	黔东南苗族侗族自治州	黔南布依族苗族自治州
167	43	38	39	39	73	69
7	4	6	3	11	10	15
23	7	7	6	2	2	5
4	4	2	1	1	1	4
19	11	12	17	19	9	10
114	17	11	12	6	51	35
428	**140**	**221**	**324**	**171**	**221**	**217**
173	43	84	103	40	80	84
33	24	15	7	19	30	17
2			5		1	
14	1	4	9	2	5	5
24	2	17	7	3	5	2
12	1	10	20	1	6	5
17	2	2	1		3	4
8	1	7	7	4	5	4
37	7	12	16	3	12	13
26	5	17	31	8	13	34
218	75	99	162	102	122	96
186	69	90	146	89	112	85
15	3	3	5	8	5	6
10	3	5	4	4	4	4
7		1	7	1	1	1
37	22	38	59	29	19	37
26	21	27	22	10	19	15
11	1	11	37	19		22
1267	**638**	**1274**	**1435**	**1315**	**1002**	**720**
1267	638	1274	1435	1315	1002	720
315	136	107	334	197	191	84
353	263	623	719	769	398	317
351	149	345	268	234	270	219
12	8	7	4	3	10	8
11	2	7	6	4	8	8
225	80	185	104	108	125	84
719	**240**	**652**	**469**	**293**	**483**	**347**
626	219	605	399	278	446	318
131	47	150	99	71	102	67
319	103	330	205	120	215	213
42	6	46	15	23	15	3
72	48	49	57	44	75	9
46	5	16	9	8	18	8
		2		2	2	
11	6	8	6	7	15	13
5	4	4	8	3	4	5
93	21	47	70	15	37	29
78	9	36	57	9	17	13
15	12	11	13	6	20	16
473	**270**	**152**	**340**	**184**	**346**	**206**
14	2	15	2	3	5	7
10		3	1	3	3	3
4	2	12	1		2	4

1-9 续表 9

行业	代码	法人单位数(个)	贵阳市	六盘水市
广播、电视、电影和影视录音制作业	86	194	50	18
广播	861	31	9	4
电视	862	41	7	1
电影和影视节目制作	863	34	10	4
电影和影视节目发行	864	10		1
电影放映	865	72	20	8
录音制作	866	6	4	
文化艺术业	87	712	112	69
文艺创作与表演	871	103	15	5
艺术表演场馆	872	9	4	
图书馆与档案馆	873	112	11	11
文物及非物质文化遗产保护	874	62	4	4
博物馆	875	26	6	1
烈士陵园、纪念馆	876	20	1	4
群众文化活动	877	278	38	41
其他文化艺术业	879	102	33	3
体育	88	142	53	11
体育组织	881	51	14	6
体育场馆	882	17	9	1
休闲健身活动	883	64	25	4
其他体育	889	10	5	
娱乐业	89	1703	309	206
室内娱乐活动	891	1623	283	203
游乐园	892	11	2	
彩票活动	893	7	2	1
文化、娱乐、体育经纪代理	894	24	12	2
其他娱乐业	899	38	10	
公共管理、社会保障和社会组织	**S**	**36469**	**3790**	**2335**
中国共产党机关	90	831	83	35
中国共产党机关	900	831	83	35
国家机构	91	11036	1501	726
国家权力机构	911	138	21	10
国家行政机构	912	10570	1418	703
人民法院和人民检察院	913	201	24	11
其他国家机构	919	127	38	2
人民政协、民主党派	92	148	29	10
人民政协	921	100	12	6
民主党派	922	48	17	4
社会保障	93	143	27	28
社会保障	930	143	27	28
群众团体、社会团体和其他成员组织	94	5009	623	362
群众团体	941	642	76	43
社会团体	942	3798	486	260
基金会	943	18	11	1
宗教组织	944	551	50	58
基层群众自治组织	95	19302	1527	1174
社区自治组织	951	1854	481	152
村民自治组织	952	17448	1046	1022

遵义市	安顺市	毕节市	铜仁市	黔西南布依族苗族自治州	黔东南苗族侗族自治州	黔南布依族苗族自治州
38	10	6	15	13	25	19
9	2	2	1	3	1	
9	1	1	5	3	10	4
8	2	1	1		3	5
			4	3	2	
10	5	2	4	4	9	10
2						
174	48	56	44	43	109	57
14	7	10	8	8	24	12
1				1	2	1
21	8	5	7	6	28	15
11	7	3	4	6	18	5
4	1	1	1	4	8	
9	2	1		1	1	1
108	19	27	6	8	13	18
6	4	9	18	9	15	5
18	13	5	11	11	10	10
5	9	2	2	4	6	3
2		2			2	1
11	4	1	6	5	2	6
			3	2		
229	197	70	268	114	197	113
223	194	63	260	102	191	104
	1	3	2		2	1
		1	1	1		1
1	2	1		3		3
5		2	5	8	4	4
4853	**2566**	**5393**	**5235**	**2542**	**6211**	**3544**
135	74	83	79	90	168	84
135	74	83	79	90	168	84
2012	633	1092	1434	943	1630	1065
27	7	17	16	9	17	14
1933	610	1045	1367	905	1571	1018
28	14	19	27	18	34	26
24	2	11	24	11	8	7
17	12	16	16	9	18	21
14	7	13	11	8	16	13
3	5	3	5	1	2	8
38	4	6	7	7	22	4
38	4	6	7	7	22	4
638	408	485	757	279	891	566
78	59	73	70	57	113	73
428	300	222	661	210	764	467
1	1	1		1	1	1
131	48	189	26	11	13	25
2013	1435	3711	2942	1214	3482	1804
332	127	199	155	117	154	137
1681	1308	3512	2787	1097	3328	1667

1-10 按行业(中类)、市(州)分组的

行业	代码	从业人员数(人)	贵阳市	六盘水市
总计		**4357197**	**1270555**	**384391**
农、林、牧、渔业	**A**	**18094**	**1801**	**713**
农业	01	297	206	
蔬菜、食用菌及园艺作物种植	014	106	83	
水果种植	015	146	123	
坚果、含油果、香料和饮料作物种植	016	25		
其他农业	019	20		
林业	02	197		
林木育种和育苗	021	109		
森林经营和管护	023	88		
畜牧业	03	217		
牲畜饲养	031	62		
其他畜牧业	039	155		
农、林、牧、渔服务业	05	17383	1595	713
农业服务业	051	12709	1149	651
林业服务业	052	1752	356	49
畜牧服务业	053	2544	80	13
渔业服务业	054	378	10	
采矿业	**B**	**433344**	**20309**	**145659**
煤炭开采和洗选业	06	360717	11298	137264
烟煤和无烟煤开采洗选	061	359313	11095	137062
褐煤开采洗选	062	195		18
其他煤炭采选	069	1209	203	184
石油和天然气开采业	07	8		
天然气开采	072	8		
黑色金属矿采选业	08	8822	44	318
铁矿采选	081	3365	44	292
锰矿、铬矿采选	082	4505		18
其他黑色金属矿采选	089	952		8
有色金属矿采选业	09	8870	801	422
常用有色金属矿采选	091	6763	796	386
贵金属矿采选	092	1504		36
稀有稀土金属矿采选	093	603	5	
非金属矿采选业	10	48963	4192	7356
土砂石开采	101	37867	1686	7276
化学矿开采	102	9512	2368	
石棉及其他非金属矿采选	109	1584	138	80
开采辅助活动	11	5104	3961	255
煤炭开采和洗选辅助活动	111	4894	3901	255
石油和天然气开采辅助活动	112	15		
其他开采辅助活动	119	195	60	
其他采矿业	12	860	13	44
其他采矿业	120	860	13	44
制造业	**C**	**803626**	**228249**	**48885**
农副食品加工业	13	38348	6327	1180
谷物磨制	131	5329	167	54
饲料加工	132	3537	1815	47
植物油加工	133	4300	225	75
制糖业	134	1315		

法人单位从业人员数

遵义市	安顺市	毕节市	铜仁市	黔西南布依族苗族自治州	黔东南苗族侗族自治州	黔南布依族苗族自治州
640989	**247482**	**480436**	**334600**	**280328**	**376868**	**341548**
1579	**1186**	**1200**	**2330**	**3661**	**3482**	**2142**
58				10	13	10
13						10
				10	13	
25						
20						
	103			69	25	
	103			6		
				63	25	
42			113			62
						62
42			113			
1479	1083	1200	2217	3582	3444	2070
1078	1006	1041	1758	2826	1469	1731
291	28	103	194	64	556	111
61	18	49	219	642	1399	63
49	31	7	46	50	20	165
35677	**23603**	**112522**	**11554**	**48845**	**9595**	**25580**
28295	19540	102253	1035	44460	3100	13472
28039	19527	101837	1035	44304	3100	13314
62		50		65		
194	13	366		91		158
		3			5	
		3			5	
1112	46	2453	4158	9	364	318
330	46	2343		6	54	250
469		25	3803	3	172	15
313		85	355		138	53
1665	408	1638	679	620	1690	947
1358	408	1413	673	377	541	811
		1		243	1113	111
307		224	6		36	25
4321	3583	5583	5527	3628	4349	10424
3871	3340	5309	5007	3557	2235	5586
379	166	166	139	25	2109	4160
71	77	108	381	46	5	678
275	10	400	52	23	2	126
263	10	386	52			27
						15
12		14		23	2	84
9	16	192	103	105	85	293
9	16	192	103	105	85	293
154542	**59764**	**52154**	**60818**	**40759**	**72737**	**85718**
7491	3196	3233	4243	5047	3503	4128
1165	624	146	514	1546	746	367
556	288	112	33	274	175	237
690	794	340	436	902	511	327
46	84	5		700		480

1-10 续表 1

行业	代码	从业人员数(人)	贵阳市	六盘水市
屠宰及肉类加工	135	9296	1241	299
水产品加工	136	189	2	
蔬菜、水果和坚果加工	137	4046	265	167
其他农副食品加工	139	10336	2612	538
食品制造业	14	20765	7765	1001
焙烤食品制造	141	3239	1539	136
糖果、巧克力及蜜饯制造	142	666	188	
方便食品制造	143	4195	521	451
乳制品制造	144	2256	1830	
罐头食品制造	145	433	58	50
调味品、发酵制品制造	146	7214	2637	184
其他食品制造	149	2762	992	180
酒、饮料和精制茶制造业	15	98230	4791	1660
酒的制造	151	60852	2261	769
饮料制造	152	8263	1665	477
精制茶加工	153	29115	865	414
烟草制品业	16	11868	9232	
烟叶复烤	161	2666	255	
卷烟制造	162	8977	8977	
其他烟草制品制造	169	225		
纺织业	17	6244	1216	80
棉纺织及印染精加工	171	3239	942	
毛纺织及染整精加工	172	276	42	
麻纺织及染整精加工	173	425		15
丝绢纺织及印染精加工	174	284		
化纤织造及印染精加工	175	271	18	
针织或钩针编织物及其制品制造	176	370	97	5
家用纺织制成品制造	177	959	107	60
非家用纺织制成品制造	178	420	10	
纺织服装、服饰业	18	13142	1000	159
机织服装制造	181	9724	667	131
针织或钩针编织服装制造	182	783	32	10
服饰制造	183	2635	301	18
皮革、毛皮、羽毛及其制品和制鞋业	19	8376	1840	420
皮革鞣制加工	191	35		
皮革制品制造	192	805	20	18
毛皮鞣制及制品加工	193	113		
羽毛(绒)加工及制品制造	194	563		
制鞋业	195	6860	1820	402
木材加工和木、竹、藤、棕、草制品业	20	32330	918	618
木材加工	201	17876	367	459
人造板制造	202	8680	291	
木制品制造	203	3785	204	66
竹、藤、棕、草等制品制造	204	1989	56	93
家具制造业	21	8247	1832	185
木质家具制造	211	5995	1045	176
竹、藤家具制造	212	556	12	
金属家具制造	213	331	133	6
塑料家具制造	214	77	25	
其他家具制造	219	1288	617	3

遵义市	安顺市	毕节市	铜仁市	黔西南布依族苗族自治州	黔东南苗族侗族自治州	黔南布依族苗族自治州
1647	1130	778	1101	527	937	1636
5		30	5	79	39	29
1817	69	246	641	247	431	163
1565	207	1576	1513	772	664	889
3946	1215	1645	562	1262	1153	2216
319	54	497	151	165	195	183
188	136				5	149
927	291	316	135	540	487	527
272	1	34		13	76	30
120			60	15		130
1877	583	486	107	326	291	723
243	150	312	109	203	99	474
59440	3767	4382	12779	2793	4487	4131
49189	1365	2482	731	1143	1514	1398
1196	328	763	734	643	1023	1434
9055	2074	1137	11314	1007	1950	1299
25	30	1537	321	723		
	30	1537	121	723		
25			200			
847	498	788	257	211	1302	1045
377	183	303	134	102	1045	153
135	5				30	64
		4	9	40		357
116	3	102		7	56	
	216	2	9		26	
73	10	16	21	9	19	120
45	81	354	84	33	120	75
101		7		20	6	276
1123	348	3169	1355	1758	2303	1927
855	298	2377	936	1443	1578	1439
74	36	190	11	19	156	255
194	14	602	408	296	569	233
658	108	369	2401	47	1071	1462
10	5			3	17	
141	78	44	140	19	219	126
18			25		70	
			7		556	
489	25	325	2229	25	209	1336
3494	934	914	3491	1162	18052	2747
1275	296	466	2815	800	10325	1073
414	99	39	157	89	6463	1128
645	432	377	381	250	997	433
1160	107	32	138	23	267	113
997	565	586	618	658	1529	1277
443	479	392	548	573	1256	1083
357	10	82	6		20	69
83	49	4	6	18	21	11
12		7	10		23	
102	27	101	48	67	209	114

1-10 续表 2

行业	代码	从业人员数(人)	贵阳市	六盘水市
造纸和纸制品业	22	9143	1861	61
纸浆制造	221	642	4	
造纸	222	2681	226	12
纸制品制造	223	5820	1631	49
印刷和记录媒介复制业	23	8074	4630	303
印刷	231	7360	4370	282
装订及印刷相关服务	232	680	226	21
记录媒介复制	233	34	34	
文教、工美、体育和娱乐用品制造业	24	15608	567	428
文教办公用品制造	241	450	229	17
乐器制造	242	220		
工艺美术品制造	243	14036	265	411
体育用品制造	244	426	12	
玩具制造	245	454	50	
游艺器材及娱乐用品制造	246	22	11	
石油加工及炼焦	25	7542	136	4619
化学原料和化学制品制造业	26	76546	30740	1517
基础化学原料制造	261	18606	6199	476
肥料制造	262	36531	17508	115
农药制造	263	179	66	
涂料、油墨、颜料及类似产品制造	264	1481	484	12
合成材料制造	265	1171	255	20
专用化学产品制造	266	6536	1037	808
炸药、火工及焰火产品制造	267	10715	4928	75
日用化学产品制造	268	1327	263	11
医药制造业	27	36563	19076	183
化学药品原料药制造	271	398	130	
化学药品制剂制造	272	2196	1108	25
中药饮片加工	273	1578	137	
中成药生产	274	30604	16493	158
兽用药品制造	275	78	15	
生物药品制造	276	1093	630	
卫生材料及医药用品制造	277	616	563	
化学纤维制造业	28	38	10	
合成纤维制造	282	38	10	
橡胶和塑料制品业	29	27883	17395	834
橡胶制品业	291	12872	11379	370
塑料制品业	292	15011	6016	464
非金属矿物制品业	30	139604	25218	10378
水泥、石灰和石膏制造	301	30392	3453	2436
石膏、水泥制品及类似制品制造	302	43529	8400	3329
砖瓦、石材等建筑材料制造	303	44220	5114	3937
玻璃制造	304	2248	393	145
玻璃制品制造	305	7102	2042	166
玻璃纤维和玻璃纤维增强塑料制品制造	306	999	83	103
陶瓷制品制造	307	915	209	
耐火材料制品制造	308	3229	1889	160
石墨及其他非金属矿物制品制造	309	6970	3635	102

遵义市	安顺市	毕节市	铜仁市	黔西南布依族苗族自治州	黔东南苗族侗族自治州	黔南布依族苗族自治州
2833	893	276	452	361	544	1862
588				5		45
727	106	93	140	85	380	912
1518	787	183	312	271	164	905
1034	212	306	466	267	276	580
955	128	287	344	246	225	523
79	84	19	122	21	51	57
861	2311	1012	1405	966	5642	2416
59		42	45	6	41	11
146			17		57	
581	2291	945	1303	949	5425	1866
					11	403
69	20	25	40	6	108	136
6				5		
22	119	410	401	840		995
8239	5647	3423	4618	3836	3602	14924
2434	2011	788	1862	532	954	3350
3244	1966	1338	603	2614	429	8714
	61		42		4	6
103	99	35	55	17	99	577
52	51	388	263	29	3	110
994	196	164	404	175	1708	1050
1248	888	675	1353	422	233	893
164	375	35	36	47	172	224
3962	3895	408	1161	2667	1053	4158
5		159	14	30	60	
18				1030		15
282	91	229	570	150	55	64
3528	3783	20	411	1457	749	4005
50					13	
66	21		166		156	54
13					20	20
						28
						28
1664	1899	555	934	1067	623	2912
77	177	124	330	120	18	277
1587	1722	431	604	947	605	2635
19330	13130	16694	12779	10024	11478	20573
5085	2787	3447	2362	3732	2745	4345
5792	4571	7468	4422	1632	2620	5295
5887	3753	4878	5299	4171	4178	7003
268	254	156	48	83	502	399
512	1103	377	436	249	47	2170
35	213	36	22	1	348	158
55	5	134	23	62	174	253
878	173	60	2		32	35
818	271	138	165	94	832	915

1-10 续表 3

行　业	代码	从业人员数（人）	贵阳市	六盘水市
黑色金属冶炼和压延加工业	31	56466	7611	17767
炼铁	311	4428	714	3140
炼钢	312	134	42	
黑色金属铸造	313	1962	220	29
钢压延加工	314	21459	5124	14440
铁合金冶炼	315	28483	1511	158
有色金属冶炼和压延加工业	32	37501	17764	1059
常用有色金属冶炼	321	29745	16133	953
贵金属冶炼	322	3418	11	
稀有稀土金属冶炼	323	429		
有色金属合金制造	324	708	270	85
有色金属铸造	325	494	72	
有色金属压延加工	326	2707	1278	21
金属制品业	33	29743	10370	1121
结构性金属制品制造	331	10083	2921	833
金属工具制造	332	5684	3941	82
集装箱及金属包装容器制造	333	926	617	
金属丝绳及其制品制造	334	6859	303	53
建筑、安全用金属制品制造	335	2056	573	105
金属表面处理及热处理加工	336	669	251	
搪瓷制品制造	337	142	41	
金属制日用品制造	338	864	223	25
其他金属制品制造	339	2460	1500	23
通用设备制造业	34	19349	9097	1777
锅炉及原动设备制造	341	427	200	
金属加工机械制造	342	6592	3315	104
物料搬运设备制造	343	2905	683	1610
泵、阀门、压缩机及类似机械制造	344	1022	684	
轴承、齿轮和传动部件制造	345	1923	876	
烘炉、风机、衡器、包装等设备制造	346	2026	965	
文化、办公用机械制造	347	28	28	
通用零部件制造	348	4120	2240	59
其他通用设备制造业	349	306	106	4
专用设备制造业	35	16964	6374	1054
采矿、冶金、建筑专用设备制造	351	9236	3971	961
化工、木材、非金属加工专用设备制造	352	1676	692	14
食品、饮料、烟草及饲料生产专用设备制造	353	232	23	10
印刷、制药、日化及日用品生产专用设备制造	354	763	335	29
纺织、服装和皮革加工专用设备制造	355	212	3	35
电子和电工机械专用设备制造	356	1771	245	
农、林、牧、渔专用机械制造	357	1338	139	5
医疗仪器设备及器械制造	358	585	241	
环保、社会公共服务及其他专用设备制造	359	1151	725	
汽车制造业	36	22390	14455	123
汽车整车制造	361	4752	630	
改装汽车制造	362	1220	1073	113
低速载货汽车制造	363	276	276	
电车制造	364	395		
汽车车身、挂车制造	365	23		10
汽车零部件及配件制造	366	15724	12476	

遵义市	安顺市	毕节市	铜仁市	黔西南布依族苗族自治州	黔东南苗族侗族自治州	黔南布依族苗族自治州
8864	803	1496	7091	2379	6960	3495
298		80		191		5
		21		3		68
143	50	1163	58	3	239	57
970	265	79	21	212	158	190
7453	488	153	7012	1970	6563	3175
7406	1713	1313	962	3672	2545	1067
6487	1515	1219	688	419	1546	785
42	8			3247		110
4					417	8
133	25		72	1	105	17
	86	3	3		330	
740	79	91	199	5	147	147
8262	1570	1249	1271	256	1568	4076
1069	570	877	676	136	691	2310
432	526	122	90	70	190	231
98	39				12	160
6100	34	1	8	5	143	212
200	111	125	173	20	106	643
63	133		6		10	206
21	8	9	15			48
189	93	68	45	25	93	103
90	56	47	258		323	163
1938	1610	594	80	47	532	3674
83		12			26	106
157	171	43	9	8	286	2499
270	149	15	25		137	16
124	81		25		10	98
	699					348
485	14	359		19		184
792	481	37	21	20	73	397
27	15	128				26
2100	1830	1777	670	325	910	1924
789	1234	898	11	196	407	769
155	49	23	336	21	86	300
46	5	5	63		33	47
41	117	49	17	7	50	118
8		138				28
669	115	561		52	70	59
257	179	68	134	28	199	329
41	10	6	10	21	55	201
94	121	29	99		10	73
1384	971	4430	150	9	644	224
233	703	2980			206	
	3	4	7	9		11
		383				12
		1	12			
1151	265	1062	131		438	201

1-10 续表 4

行　业	代码	从业人员数(人)	贵阳市	六盘水市
铁路、船舶、航空航天和其他运输设备制造业	37	16540	4466	596
铁路运输设备制造	371	4838	3995	596
船舶及相关装置制造	373	298		
航空、航天器及设备制造	374	10673	349	
摩托车制造	375	459	55	
自行车制造	376	118		
潜水救捞及其他未列明运输设备制造	379	154	67	
电气机械和器材制造业	38	28077	16336	280
电机制造	381	1073	461	104
输配电及控制设备制造	382	16175	12548	84
电线、电缆、光缆及电工器材制造	383	2617	1544	13
电池制造	384	902	352	
家用电力器具制造	385	3797	816	40
非电力家用器具制造	386	738	61	31
照明器具制造	387	2431	418	8
其他电气机械及器材制造	389	344	136	
计算机、通信和其他电子设备制造业	39	7744	3418	90
计算机制造	391	103	73	
通信设备制造	392	238	86	
雷达及配套设备制造	394	27		
视听设备制造	395	719	622	60
电子器件制造	396	1629	966	
电子元件制造	397	3683	1606	
其他电子设备制造	399	1345	65	30
仪器仪表制造业	40	3690	2614	54
通用仪器仪表制造	401	619	497	5
专用仪器仪表制造	402	938	849	49
钟表与计时仪器制造	403	454	36	
光学仪器及眼镜制造	404	1479	1118	
其他仪器仪表制造业	409	200	114	
其他制造业	41	2893	277	562
废弃资源综合利用业	42	1936	91	291
金属废料和碎屑加工处理	421	744	55	157
非金属废料和碎屑加工处理	422	1192	36	134
金属制品、机械和设备修理业	43	1782	822	485
金属制品修理	431	26	20	
通用设备修理	432	328	276	40
专用设备修理	433	578	63	368
铁路、船舶、航空航天等运输设备修理	434	177	138	
电气设备修理	435	107	41	55
仪器仪表修理	436	25	20	
其他机械和设备修理业	439	541	264	22
电力、热力、燃气及水生产和供应业	**D**	**158208**	**75870**	**9259**
电力、热力生产和供应业	44	138996	70121	7975
电力生产	441	43150	14676	5319
电力供应	442	95698	55404	2656
热力生产和供应	443	148	41	

遵义市	安顺市	毕节市	铜仁市	黔西南布依族苗族自治州	黔东南苗族侗族自治州	黔南布依族苗族自治州
766	9953	20	489	30	16	204
	218		29			
127	7		118	30	16	
480	9724		120			
129			179			96
30	4	20	43			21
						87
5543	1115	764	924	46	1254	1815
209	15	10	39		10	225
2520	177	68	269	2	264	243
166	89	90		1	150	564
27			345		168	10
2081	295	98	6	13	28	420
141	131	56	5	22	100	191
249	408	405	260	8	523	152
150		37			11	10
1710	820	203	345	5	733	420
		13				17
	10	43	45		1	53
						27
4		1				32
310	21	110	35		56	131
1303	165	1		5	445	158
93	624	35	265		231	2
16	32	20			341	613
8	27					82
8	5					27
						418
		20			341	
						86
353	86	288	504	142	179	502
152	418	218	57	61	362	286
115	3	32	24	16	246	96
37	415	186	33	45	116	190
82	76	75	32	98	75	37
	5			1		
					12	
56	5	17	25	13	16	15
7					32	
				6	5	
		5				
19	66	53	7	78	10	22
21715	**4544**	**15036**	**8604**	**7058**	**8803**	**7319**
18287	3650	13263	7121	5684	7359	5536
5417	1507	6316	2524	2489	2747	2155
12768	2143	6947	4592	3195	4612	3381
102			5			

1-10 续表 5

行　业	代码	从业人员数(人)	贵阳市	六盘水市
燃气生产和供应业	45	5612	3396	433
燃气生产和供应业	450	5612	3396	433
水的生产和供应业	46	13600	2353	851
自来水生产和供应	461	12542	1989	816
污水处理及其再生利用	462	897	349	8
其他水的处理、利用与分配	469	161	15	27
建筑业	**E**	**473553**	**288767**	**16472**
房屋建筑业	47	289572	146146	12433
房屋建筑业	470	289572	146146	12433
土木工程建筑业	48	134183	110564	2139
铁路、道路、隧道和桥梁工程建筑	481	88765	74379	294
水利和内河港口工程建筑	482	8970	6177	22
工矿工程建筑	484	5349	3024	1651
架线和管道工程建筑	485	22695	20127	68
其他土木工程建筑	489	8404	6857	104
建筑安装业	49	25734	19909	127
电气安装	491	5002	1873	34
管道和设备安装	492	3408	2397	43
其他建筑安装业	499	17324	15639	50
建筑装饰和其他建筑业	50	24064	12148	1773
建筑装饰业	501	14491	6917	1498
工程准备活动	502	6752	3583	269
提供施工设备服务	503	642	55	6
其他未列明建筑业	509	2179	1593	
批发和零售业	**F**	**330569**	**131777**	**20306**
批发业	51	165912	67787	9289
农、林、牧产品批发	511	7062	786	202
食品、饮料及烟草制品批发	512	45899	8568	1889
纺织、服装及家庭用品批发	513	11953	8705	223
文化、体育用品及器材批发	514	3264	2433	50
医药及医疗器材批发	515	10614	5516	363
矿产品、建材及化工产品批发	516	50187	20754	4147
机械设备、五金产品及电子产品批发	517	25999	16530	1783
贸易经纪与代理	518	3968	1115	215
其他批发业	519	6966	3380	417
零售业	52	164657	63990	11017
综合零售	521	35277	12385	2944
食品、饮料及烟草制品专门零售	522	20284	4667	708
纺织、服装及日用品专门零售	523	8801	5825	565
文化、体育用品及器材专门零售	524	5922	2336	335
医药及医疗器材专门零售	525	11814	4939	731
汽车、摩托车、燃料及零配件专门零售	526	42177	15427	3343
家用电器及电子产品专门零售	527	18467	7349	1025
五金、家具及室内装饰材料专门零售	528	12343	6022	1300
货摊、无店铺及其他零售业	529	9572	5040	66
交通运输、仓储和邮政业	**G**	**120903**	**45681**	**5774**
道路运输业	54	83734	29123	3569
城市公共交通运输	541	24826	11993	736
公路旅客运输	542	20420	2688	670
道路货物运输	543	20628	4320	1844
道路运输辅助活动	544	17860	10122	319

遵义市	安顺市	毕节市	铜仁市	黔西南布依族苗族自治州	黔东南苗族侗族自治州	黔南布依族苗族自治州
751	159	175	195	78	156	269
751	159	175	195	78	156	269
2677	735	1598	1288	1296	1288	1514
2528	735	1480	1151	1296	1160	1387
143		58	112		121	106
6		60	25		7	21
56244	**13635**	**14733**	**19637**	**13394**	**36651**	**14020**
46607	9759	10487	13921	10009	30335	9875
46607	9759	10487	13921	10009	30335	9875
4360	1959	2425	3504	2272	4636	2324
3451	1632	1147	2536	603	2975	1748
62	125	850	632	39	642	421
203		17	21	41	350	42
488	130	131	253	942	448	108
156	72	280	62	647	221	5
2943	751	163	855	186	116	684
1878	653	148	85	87	39	205
538	57		327	2	18	26
527	41	15	443	97	59	453
2334	1166	1658	1357	927	1564	1137
1477	796	793	903	563	844	700
318	358	461	373	344	719	327
106	10	382	35			48
433	2	22	46	20	1	62
53012	**13544**	**25772**	**23950**	**19404**	**21368**	**21436**
28341	6749	13645	8617	8736	10852	11896
1700	576	815	918	222	850	993
14409	2044	7466	3783	2519	3711	1510
1071	323	354	325	237	395	320
205	45	198	82	159	67	25
1769	332	443	189	534	896	572
4843	2408	3055	2111	3284	3752	5833
2282	529	909	563	1355	744	1304
820	216	180	265	48	129	980
1242	276	225	381	378	308	359
24671	6795	12127	15333	10668	10516	9540
4779	1795	3268	2564	3335	2076	2131
4924	603	836	4846	762	1352	1586
822	82	233	269	456	397	152
590	327	280	458	340	882	374
1056	594	866	1022	944	895	767
7020	2018	3643	3272	3120	2414	1920
2717	728	931	1371	1225	1568	1553
1433	463	928	984	217	587	409
1330	185	1142	547	269	345	648
19665	**6437**	**10917**	**7651**	**8288**	**9300**	**7190**
14862	5446	9223	5153	5996	6368	3994
5605	796	953	1231	484	1877	1151
4288	3267	3228	2044	139	3083	1013
3103	865	3221	872	4688	523	1192
1866	518	1821	1006	685	885	638

1-10 续表 6

行　　业	代码	从业人员数(人)	贵阳市	六盘水市
水上运输业	55	1462	158	24
水上旅客运输	551	697	89	24
水上货物运输	552	506	11	
水上运输辅助活动	553	259	58	
航空运输业	56	6737	6090	
航空客货运输	561	2739	2363	
通用航空服务	562	85	1	
航空运输辅助活动	563	3913	3726	
管道运输业	57	103	95	8
管道运输业	570	103	95	8
装卸搬运和运输代理业	58	9657	3059	996
装卸搬运	581	5837	999	884
运输代理业	582	3820	2060	112
仓储业	59	4791	2254	250
谷物、棉花等农产品仓储	591	1697	511	87
其他仓储业	599	3094	1743	163
邮政业	60	14419	4902	927
邮政基本服务	601	9777	2389	448
快递服务	602	4642	2513	479
住宿和餐饮业	**H**	**90502**	**36321**	**8408**
住宿业	61	48506	17642	4175
旅游饭店	611	32562	11534	2131
一般旅馆	612	12007	4057	1643
其他住宿业	619	3937	2051	401
餐饮业	62	41996	18679	4233
正餐服务	621	38343	17334	3861
快餐服务	622	622	207	68
饮料及冷饮服务	623	687	265	86
其他餐饮业	629	2344	873	218
信息传输、软件和信息技术服务业	**I**	**44038**	**24433**	**1947**
电信、广播电视和卫星传输服务	63	28443	11128	1659
电信	631	23253	7343	1371
广播电视传输服务	632	5136	3734	288
卫星传输服务	633	54	51	
互联网和相关服务	64	2560	1660	163
互联网接入及相关服务	641	478	269	44
互联网信息服务	642	1433	1013	60
其他互联网服务	649	649	378	59
软件和信息技术服务业	65	13035	11645	125
软件开发	651	7821	7305	33
信息系统集成服务	652	716	573	12
信息技术咨询服务	653	2992	2399	73
数据处理和存储服务	654	32	20	
集成电路设计	655	232	208	
其他信息技术服务业	659	1242	1140	7
房地产业	**K**	**134395**	**54173**	**6804**
房地产业	70	134395	54173	6804
房地产开发经营	701	73995	21976	3950

遵义市	安顺市	毕节市	铜仁市	黔西南布依族苗族自治州	黔东南苗族侗族自治州	黔南布依族苗族自治州
469	17	41	158	161	358	76
74	17	40	22	60	307	64
298		1	136	48		12
97				53	51	
181	63	86	82	79	84	72
147	63		82	78		6
					84	
34		86		1		66
1443	111	88	875	755	791	1539
1084	42	9	256	673	715	1175
359	69	79	619	82	76	364
598	259	395	191	336	231	277
136	112	395	51	106	124	175
462	147		140	230	107	102
2112	541	1084	1192	961	1468	1232
1837	375	911	965	736	1215	901
275	166	173	227	225	253	331
11581	**3702**	**6374**	**7270**	**3423**	**7673**	**5750**
5836	2199	3885	4394	2464	3436	4475
3600	1624	3048	2534	1944	2472	3675
1732	477	704	1429	478	936	551
504	98	133	431	42	28	249
5745	1503	2489	2876	959	4237	1275
5480	1317	2204	2172	795	4007	1173
53	5	88	102	10	87	2
48		27	129	65	59	8
164	181	170	473	89	84	92
3805	**1869**	**2250**	**2438**	**1945**	**2638**	**2713**
3294	1635	2063	2241	1774	2233	2416
3185	1466	1991	1999	1496	2011	2391
109	169	72	239	278	222	25
			3			
182	46	111	83	39	91	185
67		8	14		6	70
57	23	13	47	38	67	115
58	23	90	22	1	18	
329	188	76	114	132	314	112
178	70	11	31	18	128	47
49	5	9	38	1	11	18
83	98	38	27	101	143	30
10				1		1
					24	
9	15	18	18	11	8	16
21817	**7276**	**9584**	**7269**	**5733**	**10308**	**11431**
21817	7276	9584	7269	5733	10308	11431
14136	4486	7648	5166	2507	6571	7555

1-10 续表 7

行业	代码	从业人员数(人)	贵阳市	六盘水市
物业管理	702	45985	26294	2073
房地产中介服务	703	5586	3072	194
自有房地产经营活动	704	5155	1824	480
其他房地产业	709	3674	1007	107
租赁和商务服务业	**L**	**132065**	**58439**	**8816**
租赁业	71	9814	3415	380
机械设备租赁	711	9502	3269	368
文化及日用品出租	712	312	146	12
商务服务业	72	122251	55024	8436
企业管理服务	721	31084	14973	3248
法律服务	722	3830	1984	228
咨询与调查	723	12491	7857	330
广告业	724	13543	5178	634
知识产权服务	725	394	344	
人力资源服务	726	15079	6957	1674
旅行社及相关服务	727	8389	2284	226
安全保护服务	728	20344	6382	1168
其他商务服务业	729	17097	9065	928
科学研究和技术服务业	**M**	**86173**	**48198**	**3612**
研究和试验发展	73	7125	4502	59
自然科学研究和试验发展	731	803	655	
工程和技术研究和试验发展	732	1419	1077	3
农业科学研究和试验发展	733	4091	2449	50
医学研究和试验发展	734	361	249	6
社会人文科学研究	735	451	72	
专业技术服务业	74	67810	41098	3449
气象服务	741	2093	406	95
地震服务	742	541	388	100
测绘服务	744	2226	1420	133
质检技术服务	745	5080	1699	305
环境与生态监测	746	1615	704	82
地质勘查	747	13559	9523	697
工程技术	748	33058	21032	772
其他专业技术服务业	749	9638	5926	1265
科技推广和应用服务业	75	11238	2598	104
技术推广服务	751	9891	1916	102
科技中介服务	752	532	342	2
其他科技推广和应用服务业	759	815	340	
水利、环境和公共设施管理业	**N**	**41169**	**7517**	**1724**
水利管理业	76	4927	991	503
防洪除涝设施管理	761	286	27	
水资源管理	762	1120	195	56
天然水收集与分配	763	942	165	70
水文服务	764	410		165
其他水利管理业	769	2169	604	212
生态保护和环境治理业	77	2090	435	158
生态保护	771	1211	174	75
环境治理业	772	879	261	83

遵义市	安顺市	毕节市	铜仁市	黔西南布依族苗族自治州	黔东南苗族侗族自治州	黔南布依族苗族自治州
6303	1871	1465	1701	2318	2151	1809
530	171	201	276	271	539	332
549	213		42	557	736	754
299	535	270	84	80	311	981
18324	**6230**	**8979**	**8914**	**6493**	**8240**	**7630**
1668	381	728	888	978	891	485
1622	381	728	867	966	816	485
46			21	12	75	
16656	5849	8251	8026	5515	7349	7145
3705	1570	1182	1580	1065	1389	2372
634	147	213	108	183	250	83
1604	495	377	300	448	636	444
2004	937	1046	851	994	1107	792
42				8		
1302	824	1507	1065	588	668	494
1225	611	432	1415	340	1031	825
3829	861	2649	2062	593	1453	1347
2311	404	845	645	1296	815	788
9685	**2883**	**4015**	**3321**	**2485**	**8488**	**3486**
330	37	762	342	189	589	315
4	10	46	12		76	
13	1	1	128	23	168	5
257	24	691	183	154	135	148
24	2	6		5	65	4
32		18	19	7	145	158
7494	2453	2518	2506	2016	3556	2720
296	208	355	136	98	331	168
2		42	6	3		
246	60	27	46	94	125	75
912	272	290	191	321	678	412
232	74	77	99	54	251	42
1622	230	239	298		456	494
3395	1231	1241	1155	1314	1546	1372
789	378	247	575	132	169	157
1861	393	735	473	280	4343	451
1628	364	657	431	224	4212	357
122	17	10	11	11	8	9
111	12	68	31	45	123	85
8322	**4801**	**5695**	**3832**	**1110**	**4780**	**3388**
1057	217	482	493	294	354	536
10		33	116		81	19
291	18	72	99	165	31	193
188	147	182	3	51	60	76
93		2		60	67	23
475	52	193	275	18	115	225
454	13	203	379	78	241	129
273	6	39	327	22	234	61
181	7	164	52	56	7	68

1-10 续表 8

行　业	代码	从业人员数(人)	贵阳市	六盘水市
公共设施管理业	78	34152	6091	1063
市政设施管理	781	3654	1007	39
环境卫生管理	782	16343	3317	59
城乡市容管理	783	2449	163	648
绿化管理	784	3043	467	93
公园和游览景区管理	785	8663	1137	224
居民服务、修理和其他服务业	**O**	**47442**	**20172**	**3746**
居民服务业	79	22845	10650	1038
家庭服务	791	6717	3158	93
托儿所服务	792	153	61	
洗染服务	793	859	192	18
理发及美容服务	794	1826	1195	194
洗浴服务	795	4834	2517	475
保健服务	796	1201	415	95
婚姻服务	797	338	144	25
殡葬服务	798	3646	1163	101
其他居民服务业	799	3271	1805	37
机动车、电子产品和日用产品修理业	80	16760	5345	1941
汽车、摩托车修理与维护	801	15582	4853	1897
计算机和办公设备维修	802	628	288	28
家用电器修理	803	363	153	16
其他日用产品修理业	809	187	51	
其他服务业	81	7837	4177	767
清洁服务	811	5671	3233	614
其他未列明服务业	819	2166	944	153
教育	**P**	**501743**	**71948**	**33690**
教育	82	501743	71948	33690
学前教育	821	30918	6131	1807
初等教育	822	190726	17074	11884
中等教育	823	199157	22264	12526
高等教育	824	28928	16943	790
特殊教育	825	1718	471	124
技能培训、教育辅助及其他教育	829	50296	9065	6559
卫生和社会工作	**Q**	**190940**	**40882**	**11753**
卫生	83	186759	39524	11414
医院	831	123183	32523	7965
社区医疗与卫生院	832	44626	3669	2535
门诊部(所)	833	2240	365	34
计划生育技术服务活动	834	5729	751	385
妇幼保健院(所、站)	835	4719	318	81
专科疾病防治院(所、站)	836	295	41	35
疾病预防控制中心	837	4303	1097	253
其他卫生活动	839	1664	760	126
社会工作	84	4181	1358	339
提供住宿社会工作	841	3094	1053	319
不提供住宿社会工作	842	1087	305	20
文化、体育和娱乐业	**R**	**35305**	**12381**	**2621**
新闻和出版业	85	3973	2385	223
新闻业	851	985	192	114
出版业	852	2988	2193	109

遵义市	安顺市	毕节市	铜仁市	黔西南布依族苗族自治州	黔东南苗族侗族自治州	黔南布依族苗族自治州
6811	4571	5010	2960	738	4185	2723
188	46	1542	38	68	346	380
3959	2435	2470	1727	171	1801	404
434	97	600	11	140	13	343
633	366	94	750	102	416	122
1597	1627	304	434	257	1609	1474
5691	**1980**	**2857**	**4999**	**2276**	**2529**	**3192**
3037	872	1304	2712	760	1059	1413
1020	475	163	776	464	317	251
24			62		6	
220	9	27	135	26	81	151
118	5	89	73	57	79	16
405	3	364	590	6	311	163
435	15	41	101		9	90
36	5	52	39	7	20	10
571	322	368	397	132	175	417
208	38	200	539	68	61	315
2293	892	1019	1714	1171	1215	1170
2046	855	980	1567	1123	1163	1098
131	18	10	58	23	23	49
73	19	24	17	21	22	18
43		5	72	4	7	5
361	216	534	573	345	255	609
231	180	432	202	140	255	384
130	36	102	371	205		225
82772	**31852**	**85332**	**55408**	**45237**	**50795**	**44709**
82772	31852	85332	55408	45237	50795	44709
5822	2494	2093	4881	2788	2946	1956
25718	14540	39924	20792	19947	21135	19712
35764	12107	30906	26252	18243	21940	19155
3359	973	1535	984	716	2113	1515
246	30	232	244	75	136	160
11863	1708	10642	2255	3468	2525	2211
34516	**11244**	**25108**	**17485**	**12815**	**21298**	**15839**
33921	10883	24750	16991	12654	21070	15552
21146	6518	12566	10873	8730	12700	10162
9095	2362	9884	4532	2192	6196	4161
661	292	259	228	198	157	46
707	1021	878	465	731	613	178
1512	297	501	492	430	742	346
		57		109	53	
627	272	493	271	251	515	524
173	121	112	130	13	94	135
595	361	358	494	161	228	287
517	114	247	410	132	152	150
78	247	111	84	29	76	137
4368	**2214**	**1916**	**2863**	**1640**	**4054**	**3248**
472	116	271	113	116	176	101
415		24	28	116	72	24
57	116	247	85		104	77

1-10 续表 9

行业	代码	从业人员数(人)	贵阳市	六盘水市
广播、电视、电影和影视录音制作业	86	5864	2850	313
广播	861	899	542	110
电视	862	2993	1547	54
电影和影视节目制作	863	683	201	50
电影和影视节目发行	864	94		5
电影放映	865	1122	520	94
录音制作	866	73	40	
文化艺术业	87	8853	2016	446
文艺创作与表演	871	3391	754	91
艺术表演场馆	872	165	106	
图书馆与档案馆	873	1560	370	117
文物及非物质文化遗产保护	874	528	44	15
博物馆	875	405	191	5
烈士陵园、纪念馆	876	119	3	18
群众文化活动	877	1903	313	180
其他文化艺术业	879	782	235	20
体育	88	2667	1536	114
体育组织	881	1075	535	65
体育场馆	882	359	258	15
休闲健身活动	883	1132	683	34
其他体育	889	101	60	
娱乐业	89	13948	3594	1525
室内娱乐活动	891	12707	2975	1506
游乐园	892	290	77	
彩票活动	893	261	198	12
文化、娱乐、体育经纪代理	894	137	57	7
其他娱乐业	899	553	287	
公共管理、社会保障和社会组织	**S**	**715128**	**103637**	**54202**
中国共产党机关	90	16228	3055	634
中国共产党机关	900	16228	3055	634
国家机构	91	490790	74214	35929
国家权力机构	911	4918	1493	358
国家行政机构	912	466004	68426	34338
人民法院和人民检察院	913	16226	2826	1220
其他国家机构	919	3642	1469	13
人民政协、民主党派	92	4776	796	1349
人民政协	921	4358	514	1328
民主党派	922	418	282	21
社会保障	93	1841	573	258
社会保障	930	1841	573	258
群众团体、社会团体和其他成员组织	94	78424	9815	6320
群众团体	941	10853	1347	2166
社会团体	942	61364	7863	3583
基金会	943	133	117	3
宗教组织	944	6074	488	568
基层群众自治组织	95	123069	15184	9712
社区自治组织	951	17821	4562	2407
村民自治组织	952	105248	10622	7305

遵义市	安顺市	毕节市	铜仁市	黔西南布依族苗族自治州	黔东南苗族侗族自治州	黔南布依族苗族自治州
733	327	187	254	162	546	492
45	61	63	3	46	29	
415	8	108	160	52	321	328
102	220	5	6		20	79
			48	12	29	
138	38	11	37	52	147	85
33						
1340	477	766	517	409	1964	918
305	160	379	98	88	1155	361
8				6	41	4
277	100	102	91	82	244	177
91	40	21	32	64	174	47
47	2	23	8	42	87	
74	10	7		3	2	2
492	137	166	119	46	163	287
46	28	68	169	78	98	40
124	300	78	81	85	50	299
21	256	15	19	61	20	83
20		40			21	5
83	44	23	29	16	9	211
			33	8		
1699	994	614	1898	868	1318	1438
1631	939	430	1819	794	1248	1365
	45	122	8		29	9
		12	7	13		19
25	10	10		18		10
43		40	64	43	41	35
97674	**50718**	**95992**	**86257**	**55762**	**94129**	**76757**
2121	1265	2152	1637	1352	2584	1428
2121	1265	2152	1637	1352	2584	1428
70447	31737	69552	53147	37469	63290	55005
678	262	359	467	328	513	460
66619	30371	66687	50595	35737	60850	52381
2434	1092	2322	1518	1221	1845	1748
716	12	184	567	183	82	416
495	221	304	439	262	472	438
472	196	295	411	258	464	420
23	25	9	28	4	8	18
332	36	190	82	55	220	95
332	36	190	82	55	220	95
9887	8531	6634	13725	5641	8669	9202
1053	742	1265	1393	1265	859	763
6855	7426	3728	11558	4299	7756	8296
2	4	1		2	3	1
1977	359	1640	774	75	51	142
14392	8928	17160	17227	10983	18894	10589
3431	907	1617	1344	1051	1261	1241
10961	8021	15543	15883	9932	17633	9348

1-11 按行业(中类)、开业(成立)

行业	代码	法人单位数(个)	1949年及以前	1950-1977年	1978-1991年
总　计		**146514**	**1121**	**6564**	**11735**
农、林、牧、渔业	**A**	**1084**		**23**	**32**
农业	01	9			1
蔬菜、食用菌及园艺作物种植	014	4			
水果种植	015	3			1
坚果、含油果、香料和饮料作物种植	016	1			
其他农业	019	1			
林业	02	4		1	
林木育种和育苗	021	2			
森林经营和管护	023	2		1	
畜牧业	03	4			
牲畜饲养	031	1			
其他畜牧业	039	3			
农、林、牧、渔服务业	05	1067		22	31
农业服务业	051	736		9	9
林业服务业	052	156		10	19
畜牧服务业	053	146		3	2
渔业服务业	054	29			1
采矿业	**B**	**5575**		**19**	**52**
煤炭开采和洗选业	06	1850		13	37
烟煤和无烟煤开采洗选	061	1806		13	35
褐煤开采洗选	062	9			
其他煤炭采选	069	35			2
石油和天然气开采业	07	2			
天然气开采	072	2			
黑色金属矿采选业	08	250			2
铁矿采选	081	115			1
锰矿、铬矿采选	082	95			1
其他黑色金属矿采选	089	40			
有色金属矿采选业	09	324		2	3
常用有色金属矿采选	091	262		2	2
贵金属矿采选	092	47			1
稀有稀土金属矿采选	093	15			
非金属矿采选业	10	3035		4	8
土砂石开采	101	2702		1	5
化学矿开采	102	244		3	3
石棉及其他非金属矿采选	109	89			
开采辅助活动	11	56			2
煤炭开采和洗选辅助活动	111	37			2
石油和天然气开采辅助活动	112	2			
其他开采辅助活动	119	17			
其他采矿业	12	58			
其他采矿业	120	58			
制造业	**C**	**21692**	**6**	**145**	**195**
农副食品加工业	13	1686	1	10	17
谷物磨制	131	358		1	3
饲料加工	132	113			
植物油加工	133	285		2	1
制糖业	134	17			1

时间分组的法人单位数

1992-1995年	1996年	1997年	1998年	1999年	2000年	2001年	2002年
10506	**867**	**899**	**1434**	**1321**	**1929**	**2234**	**2613**
88	**3**	**5**	**3**	**2**	**5**	**4**	**16**
					1		
					1		
						1	
						1	
88	3	5	3	2	4	3	16
34	2	2	2	1	1	2	12
54	1	3	1	1	1	1	2
					2		1
							1
61	**33**	**37**	**49**	**47**	**91**	**84**	**106**
37	20	21	32	28	56	43	57
36	20	20	31	28	56	43	57
1		1	1				
	1	3	2	1	5	8	6
		1	1		4	2	4
	1	2	1	1	1	6	1
							1
6	3	3	2	5	4	5	8
4	3	2	2	4	3	4	7
1		1		1	1	1	1
1							
18	9	10	13	13	25	27	32
11	5	5	6	7	19	21	30
6	4	4	7	6	4	6	2
1		1			2		
					1	1	1
					1	1	1
							2
							2
225	**100**	**116**	**167**	**185**	**220**	**235**	**246**
13	11	10	12	19	23	19	16
		1		2	3	1	
2		1		3	3	1	3
3	4	4	3	7	3	5	2

1-11 续表 1

行 业	代码	法 人 单位数 (个)	1949年及以前	1950-1977年	1978-1991年
屠宰及肉类加工	135	298	1	7	6
水产品加工	136	23			1
蔬菜、水果和坚果加工	137	169			
其他农副食品加工	139	423			5
食品制造业	14	766	1	8	3
焙烤食品制造	141	110		2	
糖果、巧克力及蜜饯制造	142	29			
方便食品制造	143	291			1
乳制品制造	144	11		2	
罐头食品制造	145	13			
调味品、发酵制品制造	146	170	1	3	2
其他食品制造	149	142		1	
酒、饮料和精制茶制造业	15	2338		14	25
酒的制造	151	704		10	17
饮料制造	152	382		1	2
精制茶加工	153	1252		3	6
烟草制品业	16	19			
烟叶复烤	161	16			
卷烟制造	162	1			
其他烟草制品制造	169	2			
纺织业	17	244		2	1
棉纺织及印染精加工	171	51			
毛纺织及染整精加工	172	8			
麻纺织及染整精加工	173	10			
丝绢纺织及印染精加工	174	14			
化纤织造及印染精加工	175	8			
针织或钩针编织物及其制品制造	176	33			
家用纺织制成品制造	177	109			1
非家用纺织制成品制造	178	11		2	
纺织服装、服饰业	18	489		5	3
机织服装制造	181	274		5	2
针织或钩针编织服装制造	182	47			
服饰制造	183	168			1
皮革、毛皮、羽毛及其制品和制鞋业	19	252		3	
皮革鞣制加工	191	4			
皮革制品制造	192	47			
毛皮鞣制及制品加工	193	5			
羽毛(绒)加工及制品制造	194	4			
制鞋业	195	192		3	
木材加工和木、竹、藤、棕、草制品业	20	1219		9	9
木材加工	201	696		8	5
人造板制造	202	103			
木制品制造	203	281		1	4
竹、藤、棕、草等制品制造	204	139			
家具制造业	21	600			1
木质家具制造	211	468			1
竹、藤家具制造	212	15			
金属家具制造	213	32			
塑料家具制造	214	7			
其他家具制造	219	78			

1992-1995年	1996年	1997年	1998年	1999年	2000年	2001年	2002年
5	4	3	4	5	5	7	8
1	2		3	2	4		1
2	1	1	2		5	5	2
8	1	7	6	6	11	15	9
1		1	4			4	
1		1			2	3	1
1		1			3		3
				1	1	1	
				1			
2	1	2	1	3	3	1	2
3		2	1	1	2	6	3
22	12	17	35	41	31	25	29
17	6	12	28	31	23	8	11
2	3	3	1	8	5	8	13
3	3	2	6	2	3	9	5
1	1				1		
1					1		
	1						
1		1		3	4	2	2
				1	1	1	
				1			
				1	1		
							1
1		1			2		
						1	1
1	3	2	1	1	1	2	2
	2	2	1	1	1	2	2
1							
	1						
1				1		1	2
						1	
1				1			2
3	3	3	8	6	8	4	8
3	1	1	3	5	2	3	4
		1	3		1		1
	1		2		3	1	3
	1	1		1	2		
1		1	2		5	1	8
		1			4	1	6
1							
			1		1		1
			1				1

1-11 续表 2

行业	代码	法人单位数(个)	1949年及以前	1950-1977年	1978-1991年
造纸和纸制品业	22	311		4	5
纸浆制造	221	5			
造纸	222	116		2	3
纸制品制造	223	190		2	2
印刷和记录媒介复制业	23	437	2	13	32
印刷	231	372	2	11	24
装订及印刷相关服务	232	63		2	7
记录媒介复制	233	2			1
文教、工美、体育和娱乐用品制造业	24	1361		2	4
文教办公用品制造	241	33			
乐器制造	242	15		1	
工艺美术品制造	243	1284		1	4
体育用品制造	244	5			
玩具制造	245	20			
游艺器材及娱乐用品制造	246	4			
石油加工及炼焦	25	94			
化学原料和化学制品制造业	26	954		15	15
基础化学原料制造	261	188		5	2
肥料制造	262	251		8	6
农药制造	263	9			
涂料、油墨、颜料及类似产品制造	264	94		2	
合成材料制造	265	40			
专用化学产品制造	266	179			1
炸药、火工及焰火产品制造	267	105			5
日用化学产品制造	268	88			1
医药制造业	27	289		2	3
化学药品原料药制造	271	12			
化学药品制剂制造	272	11			1
中药饮片加工	273	75			
中成药生产	274	142		1	1
兽用药品制造	275	3			
生物药品制造	276	29			1
卫生材料及医药用品制造	277	17		1	
化学纤维制造业	28	4			
合成纤维制造	282	4			
橡胶和塑料制品业	29	555		4	9
橡胶制品业	291	91		3	5
塑料制品业	292	464		1	4
非金属矿物制品业	30	6167		14	38
水泥、石灰和石膏制造	301	323		7	16
石膏、水泥制品及类似制品制造	302	2692		2	7
砖瓦、石材等建筑材料制造	303	2533		1	10
玻璃制造	304	66			
玻璃制品制造	305	233			
玻璃纤维和玻璃纤维增强塑料制品制造	306	23			
陶瓷制品制造	307	41		2	3
耐火材料制品制造	308	92			2
石墨及其他非金属矿物制品制造	309	164		2	

1992-1995年	1996年	1997年	1998年	1999年	2000年	2001年	2002年
2	2	2	4		2	4	7
		1	2			2	2
2	2	1	2		2	2	5
26	8	14	9	12	14	5	10
24	6	11	7	12	12	4	9
2	2	3	2		2	1	1
1	3		1	3	2	5	2
						1	
1	3		1	3	2	4	2
1			1			2	2
30	8	9	19	16	14	25	24
8	2		6	6	7	6	7
8	4	3	7	4	4	3	5
		1			1	1	1
	1	2	1	1		3	2
3			1		1	1	1
2		1	1	1	1	4	3
6		1				6	3
3	1	1	3	4		1	2
28	10	9	11	5	5	9	12
	1						
5		1				1	
1						1	1
18	8	8	11	3	4	5	9
1							
1	1			1	1	2	1
2				1			1
13	2	2	1	7	7	15	8
8	2	1		1		5	1
5		1	1	6	7	10	7
30	17	13	26	26	38	25	57
9	4	1	5	7	7	7	9
3	2	7	6	7	9	5	15
12	7	2	11	7	16	10	24
			1	1	1		
1	1						
1			1				1
1		1		1	1	2	5
3	3	2	2	3	4	1	3

1-11 续表 3

行业	代码	法人单位数(个)	1949年及以前	1950-1977年	1978-1991年
黑色金属冶炼和压延加工业	31	395		1	4
炼铁	311	23			
炼钢	312	9			
黑色金属铸造	313	44			2
钢压延加工	314	96		1	1
铁合金冶炼	315	223			1
有色金属冶炼和压延加工业	32	282		3	7
常用有色金属冶炼	321	138		3	5
贵金属冶炼	322	26			1
稀有稀土金属冶炼	323	11			
有色金属合金制造	324	29			1
有色金属铸造	325	10			
有色金属压延加工	326	68			
金属制品业	33	1003	1	6	8
结构性金属制品制造	331	521		1	2
金属工具制造	332	147			1
集装箱及金属包装容器制造	333	23			1
金属丝绳及其制品制造	334	28		1	2
建筑、安全用金属制品制造	335	119	1		
金属表面处理及热处理加工	336	25			
搪瓷制品制造	337	10			1
金属制日用品制造	338	50		4	
其他金属制品制造	339	80			1
通用设备制造业	34	539		7	3
锅炉及原动设备制造	341	20			
金属加工机械制造	342	156		5	
物料搬运设备制造	343	23			
泵、阀门、压缩机及类似机械制造	344	28		1	
轴承、齿轮和传动部件制造	345	36			
烘炉、风机、衡器、包装等设备制造	346	46			2
文化、办公用机械制造	347	4			
通用零部件制造	348	209		1	1
其他通用设备制造业	349	17			
专用设备制造业	35	477	1	9	2
采矿、冶金、建筑专用设备制造	351	150	1	3	1
化工、木材、非金属加工专用设备制造	352	86		2	
食品、饮料、烟草及饲料生产专用设备制造	353	15		1	
印刷、制药、日化及日用品生产专用设备制造	354	32		1	
纺织、服装和皮革加工专用设备制造	355	5			
电子和电工机械专用设备制造	356	49			1
农、林、牧、渔专用机械制造	357	55		2	
医疗仪器设备及器械制造	358	30			
环保、社会公共服务及其他专用设备制造	359	55			
汽车制造业	36	118		4	
汽车整车制造	361	9			
改装汽车制造	362	15		1	
低速载货汽车制造	363	1		1	
电车制造	364	3			
汽车车身、挂车制造	365	4			
汽车零部件及配件制造	366	86		2	

1992-1995年	1996年	1997年	1998年	1999年	2000年	2001年	2002年
1			5	7	8	18	11
					1		
					1		
				1	2	1	1
1			2	2			2
			3	4	4	17	8
8	3	2	1	4	12	13	4
3	3		1	2	7	8	2
4		1			1	2	1
				1		1	
		1			2		
1				1	2	2	1
6	4	3	3	4	5	9	7
	1	1	2		2	4	1
1	1			3		3	2
1							
	1	1		1	1	2	
1					1		1
1							1
2	1	1	1		1		2
9	5	8	9	9	5	11	6
			1	2		1	
3	1	1	1	2	1	4	3
	1		1		1		
1		1	1			1	
		1	1	1	1	1	
						1	
5	3	4	3	4	2	2	2
		1	1			1	1
7	3	4	2	3	7	4	6
1	1	2	1		4		1
1		2			1	2	1
1							
1			1	1		1	
1				2	1		
					1		2
2	2					1	2
4	1	1	4	4	5	4	3
			1				
					1		
				1			
4	1	1	3	3	4	4	3

1-11 续表 4

行　业	代码	法人单位数（个）	1949年及以前	1950-1977年	1978-1991年
铁路、船舶、航空航天和其他运输设备制造业	37	52		3	1
铁路运输设备制造	371	10			
船舶及相关装置制造	373	8			
航空、航天器及设备制造	374	16		1	1
摩托车制造	375	9			
自行车制造	376	5			
潜水救捞及其他未列明运输设备制造	379	4		2	
电气机械和器材制造业	38	459		5	2
电机制造	381	24		2	
输配电及控制设备制造	382	111		2	1
电线、电缆、光缆及电工器材制造	383	62		1	1
电池制造	384	10			
家用电力器具制造	385	58			
非电力家用器具制造	386	51			
照明器具制造	387	125			
其他电气机械及器材制造	389	18			
计算机、通信和其他电子设备制造业	39	135			1
计算机制造	391	8			
通信设备制造	392	13			1
雷达及配套设备制造	394	1			
视听设备制造	395	9			
电子器件制造	396	24			
电子元件制造	397	51			
其他电子设备制造	399	29			
仪器仪表制造业	40	76		1	1
通用仪器仪表制造	401	15			
专用仪器仪表制造	402	22		1	1
钟表与计时仪器制造	403	2			
光学仪器及眼镜制造	404	25			
其他仪器仪表制造业	409	12			
其他制造业	41	157			
废弃资源综合利用业	42	110			
金属废料和碎屑加工处理	421	48			
非金属废料和碎屑加工处理	422	62			
金属制品、机械和设备修理业	43	104		1	1
金属制品修理	431	4			
通用设备修理	432	11			
专用设备修理	433	35			
铁路、船舶、航空航天等运输设备修理	434	4		1	
电气设备修理	435	11			
仪器仪表修理	436	2			
其他机械和设备修理业	439	37			1
电力、热力、燃气及水生产和供应业	**D**	**1606**	**3**	**57**	**109**
电力、热力生产和供应业	44	1120	2	33	78
电力生产	441	956	1	23	39
电力供应	442	159	1	10	39
热力生产和供应	443	5			

1992-1995年	1996年	1997年	1998年	1999年	2000年	2001年	2002年
		1		1	2	2	1
				1			1
		1			1	2	
					1		
2	3	5	4	4	6	7	4
	1	1					
1	2	3	1	2	2		2
		1	2	2		3	2
						2	
1					4	1	
			1				
						1	
		1	2	2	2	4	1
				1		1	1
		1			1		
			2	1		1	
					1	1	
						1	
4		1	1		1	3	1
1			1			1	1
		1					
3						2	
					1		
1					1		1
						1	3
							2
						1	1
1				1			
1							
				1			
70	**14**	**26**	**33**	**31**	**26**	**23**	**59**
55	10	22	24	23	16	12	46
29	8	13	17	11	11	12	40
26	2	9	7	12	5		6

1-11 续表 5

行业	代码	法人单位数(个)	1949年及以前	1950-1977年	1978-1991年
燃气生产和供应业	45	112			2
燃气生产和供应业	450	112			2
水的生产和供应业	46	374	1	24	29
自来水生产和供应	461	319	1	24	28
污水处理及其再生利用	462	41			1
其他水的处理、利用与分配	469	14			
建筑业	**E**	**3617**	**1**	**102**	**94**
房屋建筑业	47	754		82	71
房屋建筑业	470	754		82	71
土木工程建筑业	48	536		14	12
铁路、道路、隧道和桥梁工程建筑	481	235		7	5
水利和内河港口工程建筑	482	45		2	3
工矿工程建筑	484	25		1	2
架线和管道工程建筑	485	78		3	
其他土木工程建筑	489	153		1	2
建筑安装业	49	394		2	3
电气安装	491	125			2
管道和设备安装	492	75			
其他建筑安装业	499	194		2	1
建筑装饰和其他建筑业	50	1933	1	4	8
建筑装饰业	501	1588	1	1	2
工程准备活动	502	207		3	1
提供施工设备服务	503	24			
其他未列明建筑业	509	114			5
批发和零售业	**F**	**28382**	**11**	**364**	**189**
批发业	51	14080	5	163	100
农、林、牧产品批发	511	684	1	8	7
食品、饮料及烟草制品批发	512	2026	3	15	19
纺织、服装及家庭用品批发	513	1231		8	4
文化、体育用品及器材批发	514	405		8	3
医药及医疗器材批发	515	461		13	5
矿产品、建材及化工产品批发	516	4952		82	30
机械设备、五金产品及电子产品批发	517	2912		15	9
贸易经纪与代理	518	549	1	8	8
其他批发业	519	860		6	15
零售业	52	14302	6	201	89
综合零售	521	1367	1	114	35
食品、饮料及烟草制品专门零售	522	2126	3	26	14
纺织、服装及日用品专门零售	523	1088		6	3
文化、体育用品及器材专门零售	524	595	2	34	7
医药及医疗器材专门零售	525	800		7	10
汽车、摩托车、燃料及零配件专门零售	526	2904		3	9
家用电器及电子产品专门零售	527	2208			5
五金、家具及室内装饰材料专门零售	528	2220		5	
货摊、无店铺及其他零售业	529	994		6	6
交通运输、仓储和邮政业	**G**	**2648**	**1**	**78**	**54**
道路运输业	54	1713	1	60	33
城市公共交通运输	541	220		7	
公路旅客运输	542	273		10	6
道路货物运输	543	927		7	4
道路运输辅助活动	544	293	1	36	23

1992-1995年	1996年	1997年	1998年	1999年	2000年	2001年	2002年
4		1	1		3	3	2
4		1	1		3	3	2
11	4	3	8	8	7	8	11
11	4	3	7	8	7	7	8
			1			1	2
							1
99	**27**	**34**	**46**	**35**	**52**	**55**	**89**
58	12	21	16	13	10	17	41
58	12	21	16	13	10	17	41
20	5	2	8	7	9	10	19
14	2	1	6	4	4	2	7
3		1		1	1	1	6
	1				1		1
2	1		2	2	1	6	2
1	1				2	1	3
8	6	2	14	7	12	14	9
3	5	1	5	3	6	7	2
4		1	7		2	5	2
1	1		2	4	4	2	5
13	4	9	8	8	21	14	20
8	3	8	8	8	18	11	13
3	1				2	1	5
2		1			1	2	2
216	**95**	**142**	**211**	**222**	**334**	**366**	**392**
117	55	97	116	104	182	210	226
7	2	1	2	3	7	9	10
17	2	7	16	17	36	30	28
5	2	6	5	3	13	9	14
3		6	3	3	1	3	7
8	3	4	5	6	6	16	20
50	29	35	50	42	62	79	88
15	10	28	27	21	41	42	40
7	2	6	3	6	7	9	8
5	5	4	5	3	9	13	11
99	40	45	95	118	152	156	166
17	3	6	1	13	16	16	7
16	6	1	10	28	21	20	16
5		1	7	5	12	5	6
3	4	5	5	6	12	9	11
12	2	3	5	9	4	10	15
20	13	11	36	29	44	35	51
15	5	7	14	15	24	33	32
5	4	6	11	9	13	17	16
6	3	5	6	4	6	11	12
34	**10**	**13**	**29**	**23**	**37**	**51**	**72**
24	5	9	11	13	28	36	60
1		1		2	6	5	12
2	2	1	3	3	7	18	25
4	1	1	1	2	7	10	20
17	2	6	7	6	8	3	3

1-11 续表 6

行　业	代码	法　人单位数（个）	1949年及以前	1950-1977年	1978-1991年
水上运输业	55	65		2	2
水上旅客运输	551	29			1
水上货物运输	552	19			
水上运输辅助活动	553	17		2	1
航空运输业	56	19			
航空客货运输	561	9			
通用航空服务	562	2			
航空运输辅助活动	563	8			
管道运输业	57	6			
管道运输业	570	6			
装卸搬运和运输代理业	58	371		5	8
装卸搬运	581	112		4	6
运输代理业	582	259		1	2
仓储业	59	246		11	10
谷物、棉花等农产品仓储	591	83		5	5
其他仓储业	599	163		6	5
邮政业	60	228			1
邮政基本服务	601	20			1
快递服务	602	208			
住宿和餐饮业	**H**	**4060**		**18**	**27**
住宿业	61	1517		9	21
旅游饭店	611	562		4	11
一般旅馆	612	716		5	8
其他住宿业	619	239			2
餐饮业	62	2543		9	6
正餐服务	621	2165		8	5
快餐服务	622	61			
饮料及冷饮服务	623	77			
其他餐饮业	629	240		1	1
信息传输、软件和信息技术服务业	**I**	**1410**	**1**	**6**	**7**
电信、广播电视和卫星传输服务	63	202	1	6	6
电信	631	127		2	1
广播电视传输服务	632	73	1	4	5
卫星传输服务	633	2			
互联网和相关服务	64	261			1
互联网接入及相关服务	641	35			
互联网信息服务	642	153			1
其他互联网服务	649	73			
软件和信息技术服务业	65	947			
软件开发	651	462			
信息系统集成服务	652	66			
信息技术咨询服务	653	308			
数据处理和存储服务	654	5			
集成电路设计	655	4			
其他信息技术服务业	659	102			
房地产业	**K**	**5550**	**1**	**82**	**64**
房地产业	70	5550	1	82	64
房地产开发经营	701	3212		1	25

1992-1995年	1996年	1997年	1998年	1999年	2000年	2001年	2002年
			1	2	1		5
			1	1			1
				1	1		1
							3
			1			2	
			1			1	
						1	
2	2		4	3	4	8	2
	1		1	3	1	2	
2	1		3		3	6	2
8	3	3	2	4	3	4	4
3	2	2		3	3	3	2
5	1	1	2	1		1	2
		1	10	1	1	1	1
		1	8	1	1		
			2			1	1
27	**4**	**18**	**17**	**18**	**24**	**29**	**42**
19	4	9	7	14	13	13	23
8	2	2	4	11	6	6	13
7	2	4	3	1	6	5	9
4		3		2	1	2	1
8		9	10	4	11	16	19
6		9	10	4	7	14	15
					1	1	
1					1		1
1					2	1	3
9	**4**	**7**	**6**	**15**	**18**	**41**	**34**
3	2	3	1	8	3	18	8
2	2	2	1	8	3	17	5
1		1				1	3
1				3	4	5	5
						2	1
1				2	3	2	3
				1	1	1	1
5	2	4	5	4	11	18	21
2	1	2	4	3	8	12	12
1		1				2	4
1	1	1	1	1	3	4	3
							1
1							1
149	**30**	**48**	**112**	**131**	**248**	**201**	**160**
149	30	48	112	131	248	201	160
114	23	38	89	90	203	127	94

1-11 续表 7

行业	代码	法人单位数(个)	1949年及以前	1950-1977年	1978-1991年
物业管理	702	1292		4	3
房地产中介服务	703	596		1	2
自有房地产经营活动	704	242	1	74	31
其他房地产业	709	208		2	3
租赁和商务服务业	**L**	**9129**	**1**	**55**	**95**
租赁业	71	1136		4	
机械设备租赁	711	1112		3	
文化及日用品出租	712	24		1	
商务服务业	72	7993	1	51	95
企业管理服务	721	1791	1	39	19
法律服务	722	333			34
咨询与调查	723	1245		1	7
广告业	724	1909		1	2
知识产权服务	725	36			
人力资源服务	726	498		1	11
旅行社及相关服务	727	631		1	7
安全保护服务	728	200		1	5
其他商务服务业	729	1350		7	10
科学研究和技术服务业	**M**	**3919**	**8**	**162**	**221**
研究和试验发展	73	247	1	25	30
自然科学研究和试验发展	731	30		3	4
工程和技术研究和试验发展	732	52		4	1
农业科学研究和试验发展	733	102	1	12	18
医学研究和试验发展	734	27			
社会人文科学研究	735	36		6	7
专业技术服务业	74	2552	6	110	114
气象服务	741	147	5	46	20
地震服务	742	11		4	2
测绘服务	744	129		2	4
质检技术服务	745	293		4	12
环境与生态监测	746	114		6	12
地质勘查	747	115		25	7
工程技术	748	1084		19	46
其他专业技术服务业	749	659	1	4	11
科技推广和应用服务业	75	1120	1	27	77
技术推广服务	751	986	1	25	64
科技中介服务	752	52			3
其他科技推广和应用服务业	759	82		2	10
水利、环境和公共设施管理业	**N**	**1224**	**3**	**63**	**104**
水利管理业	76	461	2	45	58
防洪除涝设施管理	761	25			2
水资源管理	762	124	1	8	14
天然水收集与分配	763	86		16	15
水文服务	764	42	1	3	5
其他水利管理业	769	184		18	22
生态保护和环境治理业	77	131		3	12
生态保护	771	59		3	11
环境治理业	772	72			1

1992-1995年	1996年	1997年	1998年	1999年	2000年	2001年	2002年
6	4	5	6	22	35	55	49
4	1	4	3	5	5	6	10
22	2	1	11	11	2	9	1
3			3	3	3	4	6
88	**24**	**42**	**53**	**62**	**85**	**93**	**101**
5		2	2	1	3	7	7
5		2	2	1	3	7	7
83	24	40	51	61	82	86	94
19	3	20	7	17	11	21	14
23	4	3	11	4	8	11	9
8	2	4	7	9	24	7	11
7	5	3	6	11	6	16	17
			1	1		2	
7	4	1	2	1	1	3	8
7	1	4	4	9	14	12	15
			2	1	2		4
12	5	5	11	8	16	14	16
191	**22**	**16**	**32**	**36**	**45**	**60**	**78**
10	1	3	5	2	4	4	6
1			2		1	2	1
1		3	2		1		
4	1				2	2	2
				2			3
4			1				
81	15	8	20	22	30	47	50
1			1	2	4	4	1
			1				
2					1	2	4
3	1	1		5	3	9	4
6	1		1		4	1	3
3	2		1	3	2	2	2
58	8	6	11	8	15	23	28
8	3	1	5	4	1	6	8
100	6	5	7	12	11	9	22
98	6	3	5	11	9	7	21
1			2			1	
1		2		1	2	1	1
112	**14**	**14**	**12**	**18**	**22**	**17**	**30**
103	6	4	7	12	6	1	15
7		1		2			1
24	3		1	2	3		1
6	1		2	1		1	4
25							
41	2	3	4	7	3		9
1	3	3	1		3	4	1
1	3	3	1		1	2	1
					2	2	

1-11 续表 8

行业	代码	法人单位数(个)	1949年及以前	1950-1977年	1978-1991年
公共设施管理业	78	632	1	15	34
市政设施管理	781	79		2	5
环境卫生管理	782	91		6	13
城乡市容管理	783	26		1	
绿化管理	784	157		1	7
公园和游览景区管理	785	279	1	5	9
居民服务、修理和其他服务业	**O**	**3418**		**18**	**24**
居民服务业	79	1397		7	6
家庭服务	791	432			
托儿所服务	792	12			
洗染服务	793	68			
理发及美容服务	794	235			
洗浴服务	795	113			1
保健服务	796	65			
婚姻服务	797	76			
殡葬服务	798	126		3	2
其他居民服务业	799	270		4	3
机动车、电子产品和日用产品修理业	80	1559		4	13
汽车、摩托车修理与维护	801	1370		4	10
计算机和办公设备维修	802	97			
家用电器修理	803	66			1
其他日用产品修理业	809	26			2
其他服务业	81	462		7	5
清洁服务	811	274		1	2
其他未列明服务业	819	188		6	3
教育	**P**	**9880**	**663**	**1997**	**1235**
教育	82	9880	663	1997	1235
学前教育	821	1729	4	49	100
初等教育	822	4386	526	1316	658
中等教育	823	2252	123	545	359
高等教育	824	80	5	18	24
特殊教育	825	65		1	5
技能培训、教育辅助及其他教育	829	1368	5	68	89
卫生和社会工作	**Q**	**3998**	**49**	**510**	**458**
卫生	83	3555	49	495	405
医院	831	891	40	105	67
社区医疗与卫生院	832	1762	6	340	229
门诊部(所)	833	188		8	8
计划生育技术服务活动	834	442	1	9	82
妇幼保健院(所、站)	835	121		25	15
专科疾病防治院(所、站)	836	10		2	
疾病预防控制中心	837	83	1	4	2
其他卫生活动	839	58	1	2	2
社会工作	84	443		15	53
提供住宿社会工作	841	333		12	36
不提供住宿社会工作	842	110		3	17
文化、体育和娱乐业	**R**	**2853**	**5**	**81**	**157**
新闻和出版业	85	102	2	3	21
新闻业	851	36	1		6
出版业	852	66	1	3	15

1992-1995年	1996年	1997年	1998年	1999年	2000年	2001年	2002年
8	5	7	4	6	13	12	14
1	1	4	1	1	1	2	2
1	2	2	2		4	3	4
2				1		1	1
1	1		1	2	4	4	4
3	1	1		2	4	2	3
35	**8**	**16**	**23**	**18**	**40**	**35**	**43**
12	4	5	8	4	18	15	13
1					2	1	
				1		2	
		1				1	
2	2		3	1	2		1
	1				3	3	4
			1				
1							
4	1	1	3	1	8	3	5
4		3	1	1	3	5	3
21	3	10	11	13	18	16	26
20	2	8	7	12	14	15	24
	1	2	2	1	3		
			1		1	1	2
1			1				
2	1	1	4	1	4	4	4
1	1	1	3	1	3	2	4
1			1		1	2	
831	**104**	**101**	**158**	**129**	**185**	**149**	**177**
831	104	101	158	129	185	149	177
36	15	18	17	22	24	40	41
471	44	39	75	56	79	63	58
236	41	37	47	40	59	34	45
3					1	1	4
6		1	3	2	5		3
79	4	6	16	9	17	11	26
792	**35**	**22**	**50**	**37**	**56**	**57**	**94**
757	32	18	42	33	49	53	75
20	5	1	7	7	4	7	7
485	17	12	19	17	30	27	17
16			5		7	6	4
198	5	4	7	6	4	5	9
30	2		2	1		1	5
1				1			
2				1	3	6	32
5	3	1	2		1	1	1
35	3	4	8	4	7	4	19
29	2	4	7	3	7	3	11
6	1		1	1		1	8
103	**10**	**14**	**10**	**11**	**21**	**27**	**71**
5		1		2		2	
4		1		1		1	
1				1		1	

1-11 续表 9

行业	代码	法人单位数（个）	1949年及以前	1950-1977年	1978-1991年
广播、电视、电影和影视录音制作业	86	194		12	15
广播	861	31		1	4
电视	862	41		3	2
电影和影视节目制作	863	34			1
电影和影视节目发行	864	10		2	3
电影放映	865	72		6	5
录音制作	866	6			
文化艺术业	87	712	3	62	113
文艺创作与表演	871	103		3	3
艺术表演场馆	872	9			1
图书馆与档案馆	873	112	2	29	47
文物及非物质文化遗产保护	874	62	1	3	11
博物馆	875	26		2	5
烈士陵园、纪念馆	876	20		3	5
群众文化活动	877	278		21	33
其他文化艺术业	879	102		1	8
体育	88	142		4	5
体育组织	881	51		1	1
体育场馆	882	17		2	3
休闲健身活动	883	64		1	
其他体育	889	10			1
娱乐业	89	1703			3
室内娱乐活动	891	1623			2
游乐园	892	11			
彩票活动	893	7			
文化、娱乐、体育经纪代理	894	24			
其他娱乐业	899	38			1
公共管理、社会保障和社会组织	**S**	**36469**	**368**	**2784**	**8618**
中国共产党机关	90	831	60	176	239
中国共产党机关	900	831	60	176	239
国家机构	91	11036	143	1222	2084
国家权力机构	911	138	3	16	75
国家行政机构	912	10570	133	1108	1912
人民法院和人民检察院	913	201	6	85	66
其他国家机构	919	127	1	13	31
人民政协、民主党派	92	148	5	38	53
人民政协	921	100	4	32	36
民主党派	922	48	1	6	17
社会保障	93	143		2	6
社会保障	930	143		2	6
群众团体、社会团体和其他成员组织	94	5009	69	233	522
群众团体	941	642	21	162	149
社会团体	942	3798	1	41	284
基金会	943	18			
宗教组织	944	551	47	30	89
基层群众自治组织	95	19302	91	1113	5714
社区自治组织	951	1854	7	103	293
村民自治组织	952	17448	84	1010	5421

1992-1995年	1996年	1997年	1998年	1999年	2000年	2001年	2002年
15	5	4	3	3	1	1	2
11			2	1			
3	4	1		1	1	1	
		1					2
		1					
1	1	1	1	1			
75	4	5	3	4	5	4	31
	1	2	1	2			1
1							2
4	1	1				1	1
3					1	1	2
			1				
1							1
66	2	2	1	2	4		24
						2	
4	1	1	2		3	4	3
1		1			1	3	1
3			1		1	1	
	1		1		1		2
4		3	2	2	12	16	35
3		2	2		11	15	34
1							
		1		1	1		1
				1		1	
7376	**330**	**228**	**423**	**301**	**420**	**707**	**803**
69	18	4	9	6	11	19	21
69	18	4	9	6	11	19	21
1678	138	90	133	117	125	209	270
9		1	1		3	3	1
1654	131	87	131	113	117	205	261
4	5	1		3	1	1	2
11	2	1	1	1	4		6
5	1	1		2	4	2	5
2	1	1			1		1
3				2	3	2	4
26	4	5	3	4	1	3	8
26	4	5	3	4	1	3	8
238	50	32	81	52	86	62	90
49	7	9	18	3	11	8	10
113	24	12	43	31	47	40	69
	1		1				
76	18	11	19	18	28	14	11
5360	119	96	197	120	193	412	409
214	21	4	25	18	59	123	65
5146	98	92	172	102	134	289	344

1-11 续表 10

行业	代码	2003年	2004年	2005年	2006年
总　计		**3551**	**3710**	**3492**	**4447**
农、林、牧、渔业	A	**17**	**8**	**8**	**13**
农业	01				
蔬菜、食用菌及园艺作物种植	014				
水果种植	015				
坚果、含油果、香料和饮料作物种植	016				
其他农业	019				
林业	02	1			
林木育种和育苗	021				
森林经营和管护	023	1			
畜牧业	03				
牲畜饲养	031				
其他畜牧业	039				
农、林、牧、渔服务业	05	16	8	8	13
农业服务业	051	10	6	6	9
林业服务业	052	3		1	2
畜牧服务业	053	3	1	1	2
渔业服务业	054		1		
采矿业	B	**196**	**299**	**324**	**363**
煤炭开采和洗选业	06	119	185	158	116
烟煤和无烟煤开采洗选	061	118	183	155	113
褐煤开采洗选	062			2	
其他煤炭采选	069	1	2	1	3
石油和天然气开采业	07				
天然气开采	072				
黑色金属矿采选业	08	5	10	18	13
铁矿采选	081	1	2	7	4
锰矿、铬矿采选	082	4	8	8	3
其他黑色金属矿采选	089			3	6
有色金属矿采选业	09	14	7	15	21
常用有色金属矿采选	091	10	5	13	18
贵金属矿采选	092	4	2	1	
稀有稀土金属矿采选	093			1	3
非金属矿采选业	10	57	94	130	207
土砂石开采	101	51	80	125	184
化学矿开采	102	5	12	4	14
石棉及其他非金属矿采选	109	1	2	1	9
开采辅助活动	11	1	3	1	2
煤炭开采和洗选辅助活动	111		3	1	
石油和天然气开采辅助活动	112	1			
其他开采辅助活动	119				2
其他采矿业	12			2	4
其他采矿业	120			2	4
制造业	C	**377**	**373**	**467**	**667**
农副食品加工业	13	25	34	42	67
谷物磨制	131	3	4	8	10
饲料加工	132	2	3	5	10
植物油加工	133	10	7	6	12
制糖业	134		1	2	1

2007年	2008年	2009年	2010年	2011年	2012年	2013年	无开业年份
4990	**6005**	**6713**	**9475**	**12206**	**24335**	**25931**	**436**
16	**42**	**79**	**80**	**124**	**277**	**239**	
	1	1	1		3	1	
			1		3		
						1	
		1					
	1						
			1				
			1				
	1		1		1	1	
						1	
	1		1		1		
16	40	78	77	124	273	237	
14	33	58	62	91	194	179	
	1	5	4	7	23	17	
2	6	13	10	20	45	35	
		2	1	6	11	6	
376	**510**	**486**	**551**	**622**	**735**	**525**	**9**
131	215	147	130	136	106	57	6
130	214	145	123	129	98	54	5
				3	4		
1	1	2	7	4	4	3	1
				1	1		
				1	1		
26	23	16	23	35	30	23	
14	13	6	8	19	16	12	
8	8	8	11	10	6	7	
4	2	2	4	6	8	4	
32	27	33	23	38	45	27	1
27	20	27	20	27	42	19	1
2	5	4	3	11	2	6	
3	2	2			1	2	
179	231	285	363	397	536	395	2
165	209	262	335	364	474	341	2
9	19	15	19	27	43	32	
5	3	8	9	6	19	22	
3	9	2	8	6	8	8	
2	8	2	7	4	4	1	
						1	
1	1		1	2	4	6	
5	5	3	4	9	9	15	
5	5	3	4	9	9	15	
640	**884**	**1055**	**1356**	**1935**	**6305**	**5754**	**39**
64	93	89	92	122	483	420	4
10	13	11	17	18	136	116	1
4	10	8	8	18	17	13	2
11	18	17	9	14	78	69	
1		2	1	1	2	5	

1-11 续表 11

行　　业	代码				
		2003年	2004年	2005年	2006年
屠宰及肉类加工	135	4	6	12	18
水产品加工	136	1			
蔬菜、水果和坚果加工	137	2	4	2	3
其他农副食品加工	139	3	9	7	13
食品制造业	14	14	14	22	24
焙烤食品制造	141	2	2		5
糖果、巧克力及蜜饯制造	142			1	
方便食品制造	143	5	2	8	4
乳制品制造	144			1	
罐头食品制造	145			1	3
调味品、发酵制品制造	146	5	8	8	6
其他食品制造	149	2	2	3	6
酒、饮料和精制茶制造业	15	26	34	37	47
酒的制造	151	9	12	9	15
饮料制造	152	7	8	7	14
精制茶加工	153	10	14	21	18
烟草制品业	16			2	
烟叶复烤	161			2	
卷烟制造	162				
其他烟草制品制造	169				
纺织业	17	3	1	2	1
棉纺织及印染精加工	171	1			1
毛纺织及染整精加工	172				
麻纺织及染整精加工	173				
丝绢纺织及印染精加工	174			1	
化纤织造及印染精加工	175				
针织或钩针编织物及其制品制造	176	2			
家用纺织制成品制造	177		1		
非家用纺织制成品制造	178			1	
纺织服装、服饰业	18	5	1	3	6
机织服装制造	181	2		1	4
针织或钩针编织服装制造	182				1
服饰制造	183	3	1	2	1
皮革、毛皮、羽毛及其制品和制鞋业	19	1	1	1	1
皮革鞣制加工	191				
皮革制品制造	192		1	1	
毛皮鞣制及制品加工	193				
羽毛(绒)加工及制品制造	194	1			
制鞋业	195				1
木材加工和木、竹、藤、棕、草制品业	20	14	12	26	44
木材加工	201	6	7	18	25
人造板制造	202	2	4	4	16
木制品制造	203	2	1	3	3
竹、藤、棕、草等制品制造	204	4		1	
家具制造业	21	2	3	4	6
木质家具制造	211	2	1	2	5
竹、藤家具制造	212		1		
金属家具制造	213			1	
塑料家具制造	214				1
其他家具制造	219		1	1	

2007年	2008年	2009年	2010年	2011年	2012年	2013年	无开业年份
19	17	20	18	27	60	41	1
	3	1	1	1	8	7	
3	10	5	8	16	43	60	
16	22	25	30	27	139	109	
20	32	31	48	74	242	166	4
2	3	3	8	19	34	20	
		2	2	3	11	2	
2	14	9	13	23	107	95	
	1		1			2	1
1	1	1		1	3	1	
10	7	8	12	18	44	22	1
5	6	8	12	10	43	24	2
74	109	141	144	226	703	544	2
17	27	33	31	73	180	134	1
23	23	28	28	41	75	81	1
34	59	80	85	112	448	329	
			4	4	3	3	
			4	3	3	2	
				1		1	
7	2	3	17	9	76	107	
2	1	1	4	2	13	23	
			2		2	3	
	1				3	4	
2			3		4	3	
			1		4	3	
		1	3	1	10	16	
3		1	3	5	39	52	
			1	1	1	3	
5	3	7	31	21	161	223	2
2	2	1	14	13	91	124	2
		1	2	2	15	25	
3	1	5	15	6	55	74	
	5	3	7	15	67	143	
						4	
	1		1	6	11	25	
				1	2	2	
			2		1		
	4	3	4	8	53	112	
38	54	47	77	129	408	307	2
22	30	24	45	89	240	154	1
8	6	6	7	11	15	17	1
5	9	12	14	24	106	87	
3	9	5	11	5	47	49	
8	15	17	19	42	256	209	
6	15	13	12	37	201	161	
1		1			6	5	
		1	2	3	12	10	
				1	3	2	
1		2	5	1	34	31	

1-11 续表 12

行业	代码	2003年	2004年	2005年	2006年
造纸和纸制品业	22	6	4	5	12
纸浆制造	221	1			
造纸	222	2		1	5
纸制品制造	223	3	4	4	7
印刷和记录媒介复制业	23	15	14	21	33
印刷	231	12	11	17	29
装订及印刷相关服务	232	3	3	3	4
记录媒介复制	233			1	
文教、工美、体育和娱乐用品制造业	24	7	7	6	16
文教办公用品制造	241	1			
乐器制造	242				
工艺美术品制造	243	5	7	5	15
体育用品制造	244	1			
玩具制造	245			1	
游艺器材及娱乐用品制造	246				1
石油加工及炼焦	25	10	10	10	7
化学原料和化学制品制造业	26	28	29	37	53
基础化学原料制造	261	9	13	11	12
肥料制造	262	8	6	13	19
农药制造	263		1		1
涂料、油墨、颜料及类似产品制造	264	1	1		4
合成材料制造	265		2	1	4
专用化学产品制造	266	4	3	6	10
炸药、火工及焰火产品制造	267	2	2	2	2
日用化学产品制造	268	4	1	4	1
医药制造业	27	15	10	7	8
化学药品原料药制造	271	2	2	1	1
化学药品制剂制造	272	1			
中药饮片加工	273	1	2	1	1
中成药生产	274	9	5	5	4
兽用药品制造	275				
生物药品制造	276				2
卫生材料及医药用品制造	277	2	1		
化学纤维制造业	28				
合成纤维制造	282				
橡胶和塑料制品业	29	16	11	17	27
橡胶制品业	291	2	2	4	7
塑料制品业	292	14	9	13	20
非金属矿物制品业	30	72	82	117	185
水泥、石灰和石膏制造	301	3	10	9	15
石膏、水泥制品及类似制品制造	302	18	22	23	51
砖瓦、石材等建筑材料制造	303	40	34	64	91
玻璃制造	304	1		1	1
玻璃制品制造	305		4	1	4
玻璃纤维和玻璃纤维增强塑料制品制造	306			2	
陶瓷制品制造	307	1	2		
耐火材料制品制造	308	2	4	10	12
石墨及其他非金属矿物制品制造	309	7	6	7	11

2007年	2008年	2009年	2010年	2011年	2012年	2013年	无开业年份
12	13	21	17	23	87	78	1
			1			3	
5	6	13	5	7	33	26	1
7	7	8	11	16	54	49	
13	23	21	28	38	43	42	1
9	21	20	24	33	37	36	1
4	2	1	4	5	6	6	
16	20	46	52	86	563	519	
1	3	1	2	1	13	10	
				1	8	5	
15	17	43	50	81	529	496	
		1			2	1	
		1		3	8	7	
					3		
3	11	4	4	5	13	11	
44	51	56	76	86	169	146	4
9	13	12	17	14	18	11	
10	14	23	26	24	27	27	2
				2		1	
2	2	3	7	7	30	25	
1	2	3	2	1	12	4	1
11	10	11	15	18	50	27	
7	4	3	8	14	11	29	
4	6	1	1	6	21	22	1
4	7	7	12	24	42	58	1
				1	3	1	
					1	1	
1	1	2	4	12	20	27	
2	4	3	6	5	7	23	1
				1	1		
	1	1	1	4	7	5	
1	1	1	1	1	3	1	
			1	1	1	1	
			1	1	1	1	
11	15	29	34	55	136	136	
2	3	2	3	9	17	14	
9	12	27	31	46	119	122	
166	264	341	445	584	1989	1631	7
17	23	32	22	26	38	55	1
49	74	122	185	260	1047	776	2
84	136	159	209	233	750	631	2
1	7		4	8	27	16	
4	5	3	6	19	76	107	1
2	1	2	1	2	8	3	
	1	3	1	6	4	15	
3	9	12	6	6	7	8	
6	8	8	11	24	32	20	1

1-11 续表 13

行 业	代码	2003年	2004年	2005年	2006年
黑色金属冶炼和压延加工业	31	47	47	18	25
炼铁	311	1	5	4	2
炼钢	312	1			
黑色金属铸造	313	3	3	1	2
钢压延加工	314	3	4	1	3
铁合金冶炼	315	39	35	12	18
有色金属冶炼和压延加工业	32	9	10	16	11
常用有色金属冶炼	321	6	7	8	7
贵金属冶炼	322	2	1	1	
稀有稀土金属冶炼	323		1	2	
有色金属合金制造	324	1	1	2	
有色金属铸造	325				2
有色金属压延加工	326			3	2
金属制品业	33	16	13	12	17
结构性金属制品制造	331	7	3	2	7
金属工具制造	332	3	4	2	
集装箱及金属包装容器制造	333		1		1
金属丝绳及其制品制造	334	1	1	2	1
建筑、安全用金属制品制造	335	2		2	3
金属表面处理及热处理加工	336	1	1	1	1
搪瓷制品制造	337				
金属制日用品制造	338	1	1	2	1
其他金属制品制造	339	1	2	1	3
通用设备制造业	34	16	12	15	23
锅炉及原动设备制造	341				1
金属加工机械制造	342	7	4	4	6
物料搬运设备制造	343	1	1	1	1
泵、阀门、压缩机及类似机械制造	344	1	1		
轴承、齿轮和传动部件制造	345			1	1
烘炉、风机、衡器、包装等设备制造	346	2		2	2
文化、办公用机械制造	347				
通用零部件制造	348	4	5	7	11
其他通用设备制造业	349	1	1		1
专用设备制造业	35	6	3	17	16
采矿、冶金、建筑专用设备制造	351		1	5	7
化工、木材、非金属加工专用设备制造	352	1		3	2
食品、饮料、烟草及饲料生产专用设备制造	353				1
印刷、制药、日化及日用品生产专用设备制造	354			1	1
纺织、服装和皮革加工专用设备制造	355		1	1	
电子和电工机械专用设备制造	356		1	2	1
农、林、牧、渔专用机械制造	357	3			
医疗仪器设备及器械制造	358			1	3
环保、社会公共服务及其他专用设备制造	359	2		4	1
汽车制造业	36	4	6	3	4
汽车整车制造	361		1		1
改装汽车制造	362		1		1
低速载货汽车制造	363				
电车制造	364				
汽车车身、挂车制造	365				
汽车零部件及配件制造	366	4	4	3	2

2007年	2008年	2009年	2010年	2011年	2012年	2013年	无开业年份
18	27	25	12	34	38	48	1
	3	2		1	2	1	1
			1	2	1	3	
	4	3	1	8	6	6	
2	6	4	4	10	18	32	
16	14	16	6	13	11	6	
20	15	16	17	31	33	47	
13	9	10	10	16	12	6	
			2	3	1	6	
2				1	1	2	
2		2	1	3	4	12	
	2		1			2	
3	4	4	3	8	15	19	
28	36	29	56	84	305	349	2
14	15	9	31	45	157	215	2
2	2	5	9	7	57	45	
	2	1	1	6	4	5	
2	2		1	1	3	11	
3	4	5	8	7	39	39	
	3	3	2	2	4	4	
					3	6	
1	1		1	7	19	10	
6	7	6	3	9	19	14	
34	23	33	37	49	104	114	7
2	1	1	2	3	3	3	
8	10	9	17	12	22	36	
1		1	2	4	6	5	
4	1	2	3	5	3	4	
2	1	2	1	2	3	16	3
5	3	2	2	3	7	11	
		2				1	
12	6	14	10	19	56	35	3
	1			1	4	3	1
17	18	24	40	56	103	128	1
9	8	13	16	13	30	33	
1	4	3	6	14	21	22	
	1				3	9	
1	1	1	2	1	14	8	
				1	2		
3			4	8	12	12	1
	1		6	8	7	24	
		4	1	4	8	6	
3	3	3	5	7	6	14	
6	5	3	6	12	20	19	
			1	2	2	1	
			1	1	5	4	
					2	1	
		2			1		
6	5	1	4	9	10	13	

1-11 续表 14

行　　业	代码	2003年	2004年	2005年	2006年
铁路、船舶、航空航天和其他运输设备制造业	37	1	1		4
铁路运输设备制造	371		1		1
船舶及相关装置制造	373	1			1
航空、航天器及设备制造	374				2
摩托车制造	375				
自行车制造	376				
潜水救捞及其他未列明运输设备制造	379				
电气机械和器材制造业	38	11	5	18	13
电机制造	381	2	1	2	1
输配电及控制设备制造	382	3	1	8	4
电线、电缆、光缆及电工器材制造	383	4	2	3	2
电池制造	384				
家用电力器具制造	385	1		3	1
非电力家用器具制造	386		1		4
照明器具制造	387	1		1	1
其他电气机械及器材制造	389			1	
计算机、通信和其他电子设备制造业	39	2	2	2	4
计算机制造	391				1
通信设备制造	392				1
雷达及配套设备制造	394				
视听设备制造	395	1		1	
电子器件制造	396				1
电子元件制造	397	1	2		1
其他电子设备制造	399			1	
仪器仪表制造业	40	4	3	3	1
通用仪器仪表制造	401	2	1	2	
专用仪器仪表制造	402		1		
钟表与计时仪器制造	403				
光学仪器及眼镜制造	404	1			1
其他仪器仪表制造业	409	1	1	1	
其他制造业	41	2	2	1	6
废弃资源综合利用业	42		1	2	2
金属废料和碎屑加工处理	421		1		
非金属废料和碎屑加工处理	422			2	2
金属制品、机械和设备修理业	43		1	1	4
金属制品修理	431				
通用设备修理	432				
专用设备修理	433			1	2
铁路、船舶、航空航天等运输设备修理	434				
电气设备修理	435				1
仪器仪表修理	436		1		
其他机械和设备修理业	439				1
电力、热力、燃气及水生产和供应业	**D**	**64**	**82**	**79**	**127**
电力、热力生产和供应业	44	56	71	69	110
电力生产	441	51	71	63	107
电力供应	442	5		6	2
热力生产和供应	443				1

2007年	2008年	2009年	2010年	2011年	2012年	2013年	无开业年份
2	4	3	3	7	9	7	
2	1		1	2			
	1	1			2	2	
	1	1	2	3	1		
	1	1		1	3	2	
					2	3	
				1	1		
12	22	30	30	48	101	127	
1			1	1	8	3	
2	8	10	4	11	18	26	
2	5	5	5	6	4	12	
	1			2	2	3	
2		4	4	5	18	14	
1	5	3	2	3	10	21	
2	2	5	13	18	38	44	
2	1	3	1	2	3	4	
3	4	2	12	17	27	47	
1		1		2	2	1	
			2		1	5	
				1			
					2	3	
	1	1	1	3	6	7	
2	2		6	8	9	18	
	1		3	3	7	13	
2	1	2	6	8	11	22	
			1		3	2	
1		1		5		11	
	1				1		
1		1	2	2	4	8	
			3	1	3	1	
5	1	7	10	14	50	56	
5	7	6	10	20	28	25	
5	4	2	5	10	7	12	
	3	4	5	10	21	13	
3	4	12	9	11	34	21	
		1			3		
		1	1	1	4	3	
	1	5	2	6	11	7	
1					1	1	
1		1	3	1	2	2	
				1			
1	3	4	3	2	13	8	
103	**103**	**103**	**101**	**101**	**145**	**140**	**7**
80	81	70	62	49	67	77	7
74	76	67	60	43	62	71	7
6	5	3	2	5	3	5	
				1	2	1	

1-11 续表 15

行 业	代码				
		2003年	2004年	2005年	2006年
燃气生产和供应业	45	3	4	4	3
燃气生产和供应业	450	3	4	4	3
水的生产和供应业	46	5	7	6	14
自来水生产和供应	461	4	5	6	13
污水处理及其再生利用	462	1	2		1
其他水的处理、利用与分配	469				
建筑业	**E**	**62**	**60**	**69**	**90**
房屋建筑业	47	18	11	14	16
房屋建筑业	470	18	11	14	16
土木工程建筑业	48	10	11	8	12
铁路、道路、隧道和桥梁工程建筑	481	4	1	3	4
水利和内河港口工程建筑	482		2	1	2
工矿工程建筑	484	1		1	3
架线和管道工程建筑	485	3	5	2	2
其他土木工程建筑	489	2	3	1	1
建筑安装业	49	6	10	7	11
电气安装	491	4	5	2	3
管道和设备安装	492		1	1	
其他建筑安装业	499	2	4	4	8
建筑装饰和其他建筑业	50	28	28	40	51
建筑装饰业	501	23	19	30	34
工程准备活动	502	4	4	7	12
提供施工设备服务	503		2		
其他未列明建筑业	509	1	3	3	5
批发和零售业	**F**	**537**	**621**	**669**	**898**
批发业	51	312	371	345	465
农、林、牧产品批发	511	11	8	13	13
食品、饮料及烟草制品批发	512	41	21	32	38
纺织、服装及家庭用品批发	513	16	16	24	30
文化、体育用品及器材批发	514	6	58	13	11
医药及医疗器材批发	515	21	22	12	18
矿产品、建材及化工产品批发	516	116	130	115	187
机械设备、五金产品及电子产品批发	517	70	70	91	122
贸易经纪与代理	518	7	16	13	15
其他批发业	519	24	30	32	31
零售业	52	225	250	324	433
综合零售	521	16	20	20	40
食品、饮料及烟草制品专门零售	522	19	13	26	31
纺织、服装及日用品专门零售	523	10	17	17	18
文化、体育用品及器材专门零售	524	4	8	15	18
医药及医疗器材专门零售	525	24	29	27	35
汽车、摩托车、燃料及零配件专门零售	526	71	62	98	124
家用电器及电子产品专门零售	527	47	51	60	64
五金、家具及室内装饰材料专门零售	528	16	26	34	61
货摊、无店铺及其他零售业	529	18	24	27	42
交通运输、仓储和邮政业	**G**	**65**	**67**	**75**	**111**
道路运输业	54	42	53	62	76
城市公共交通运输	541	9	6	4	12
公路旅客运输	542	11	15	27	19
道路货物运输	543	19	24	21	36
道路运输辅助活动	544	3	8	10	9

2007年	2008年	2009年	2010年	2011年	2012年	2013年	无开业年份
7	7	9	7	9	27	16	
7	7	9	7	9	27	16	
16	15	24	32	43	51	47	
13	14	18	23	36	43	36	
2		5	9	6	6	4	
1	1	1		1	2	7	
116	**161**	**184**	**275**	**392**	**658**	**915**	**1**
17	26	32	37	58	80	104	
17	26	32	37	58	80	104	
12	29	29	47	60	105	107	
3	7	8	25	20	53	55	
1			4	7	2	8	
1	2	1	1	4	3	2	
2	7	8	7	6	13	4	
5	13	12	10	23	34	38	
22	17	26	37	44	58	79	
7	7	6	11	20	8	18	
4	1	7	4	6	14	16	
11	9	13	22	18	36	45	
65	89	97	154	230	415	625	1
46	68	77	124	205	367	513	1
11	13	11	13	11	32	73	
2	1	1	1	3	6	8	
6	7	8	16	11	10	31	
985	**1217**	**1679**	**2353**	**3120**	**6787**	**6948**	**26**
550	674	899	1257	1671	3104	3043	14
20	39	41	67	95	196	124	
45	94	103	152	235	644	430	1
42	41	73	80	114	332	394	
11	21	36	34	37	61	80	
19	17	24	24	51	99	67	1
209	244	293	463	620	929	1091	8
132	146	250	313	356	544	567	3
18	26	35	46	50	115	142	1
54	46	44	78	113	184	148	
435	543	780	1096	1449	3683	3905	12
40	35	69	79	111	311	397	
42	59	88	171	239	704	572	1
15	26	36	43	62	338	456	
19	33	36	24	50	129	160	1
32	52	61	67	101	150	144	1
99	113	176	252	339	620	693	6
96	101	176	197	225	532	509	
57	82	92	176	218	669	701	2
35	42	46	87	104	230	273	1
150	**167**	**177**	**246**	**291**	**373**	**523**	**1**
103	110	121	158	192	217	298	1
15	10	4	24	28	24	49	1
24	14	15	15	11	22	23	
45	68	87	97	132	144	197	
19	18	15	22	21	27	29	

1-11 续表 16

行　业	代码				
		2003年	2004年	2005年	2006年
水上运输业	55	2		1	4
水上旅客运输	551			1	
水上货物运输	552	1			4
水上运输辅助活动	553	1			
航空运输业	56	1	2		2
航空客货运输	561	1	1		2
通用航空服务	562				
航空运输辅助活动	563		1		
管道运输业	57				
管道运输业	570				
装卸搬运和运输代理业	58	7	6	7	17
装卸搬运	581	1			6
运输代理业	582	6	6	7	11
仓储业	59	12	6	3	9
谷物、棉花等农产品仓储	591	10	5	1	6
其他仓储业	599	2	1	2	3
邮政业	60	1		2	3
邮政基本服务	601				
快递服务	602	1		2	3
住宿和餐饮业	**H**	**44**	**66**	**64**	**118**
住宿业	61	21	41	33	66
旅游饭店	611	12	24	15	23
一般旅馆	612	6	13	16	37
其他住宿业	619	3	4	2	6
餐饮业	62	23	25	31	52
正餐服务	621	22	20	25	46
快餐服务	622		1	3	1
饮料及冷饮服务	623			2	
其他餐饮业	629	1	4	1	5
信息传输、软件和信息技术服务业	**I**	**36**	**37**	**50**	**69**
电信、广播电视和卫星传输服务	63	9	13	8	9
电信	631	3	11	4	6
广播电视传输服务	632	6	2	4	3
卫星传输服务	633				
互联网和相关服务	64	11	7	10	24
互联网接入及相关服务	641	1		1	2
互联网信息服务	642	3	4	7	15
其他互联网服务	649	7	3	2	7
软件和信息技术服务业	65	16	17	32	36
软件开发	651	5	10	20	17
信息系统集成服务	652	4	1		4
信息技术咨询服务	653	4	4	11	9
数据处理和存储服务	654				
集成电路设计	655	1			
其他信息技术服务业	659	2	2	1	6
房地产业	**K**	**185**	**178**	**221**	**286**
房地产业	70	185	178	221	286
房地产开发经营	701	112	109	136	191

2007年	2008年	2009年	2010年	2011年	2012年	2013年	无开业年份
2	10	4	8	2	9	10	
	6	1	5		7	5	
1	3	3	2	1		1	
1	1		1	1	2	4	
3	2	3	1		1	1	
1		2					
		1				1	
2	2		1		1		
					2	4	
					2	4	
25	24	23	36	43	67	78	
14	7	8	11	10	18	19	
11	17	15	25	33	49	59	
8	12	7	20	22	40	55	
4	6	2	2	4	9	6	
4	6	5	18	18	31	49	
9	9	19	23	32	37	77	
1	1			1	3	2	
8	8	19	23	31	34	75	
100	**125**	**150**	**217**	**276**	**1280**	**1392**	**4**
67	64	81	110	138	370	392	2
19	31	28	45	52	128	116	2
37	26	37	55	71	181	187	
11	7	16	10	15	61	89	
33	61	69	107	138	910	1000	2
31	53	57	93	119	784	835	2
	1	2	2	4	20	25	
	2	2	3	4	25	36	
2	5	8	9	11	81	104	
46	**86**	**96**	**112**	**116**	**243**	**370**	**1**
2	22	17	12	14	16	21	
1	9	12	4	8	10	16	
1	13	4	7	6	6	5	
		1	1				
6	24	21	23	21	35	60	
	1	4	3	5	8	7	
5	19	14	10	10	17	37	
1	4	3	10	6	10	16	
38	40	58	77	81	192	289	1
20	20	27	27	31	86	155	
2	2	7	7	8	12	11	
8	13	17	28	32	69	97	1
1			1		2	1	
				1	1		
7	5	7	14	9	22	25	
341	**231**	**305**	**437**	**575**	**738**	**821**	**6**
341	231	305	437	575	738	821	6
227	121	153	224	313	420	399	3

1-11 续表 17

行业	代码	2003年	2004年	2005年	2006年
物业管理	702	55	47	63	55
房地产中介服务	703	8	16	12	17
自有房地产经营活动	704	3	2	7	13
其他房地产业	709	7	4	3	10
租赁和商务服务业	**L**	**148**	**165**	**197**	**270**
租赁业	71	15	11	13	17
机械设备租赁	711	15	11	12	16
文化及日用品出租	712			1	1
商务服务业	72	133	154	184	253
企业管理服务	721	36	30	34	41
法律服务	722	8	14	4	15
咨询与调查	723	20	21	30	33
广告业	724	19	21	38	61
知识产权服务	725	1	1	1	
人力资源服务	726	6	12	18	32
旅行社及相关服务	727	8	11	23	20
安全保护服务	728	8	10	1	10
其他商务服务业	729	27	34	35	41
科学研究和技术服务业	**M**	**85**	**71**	**110**	**135**
研究和试验发展	73	9	4	3	6
自然科学研究和试验发展	731	1		1	1
工程和技术研究和试验发展	732	4	1	1	1
农业科学研究和试验发展	733	4	1		3
医学研究和试验发展	734		1		1
社会人文科学研究	735		1	1	
专业技术服务业	74	53	52	88	110
气象服务	741	4	5	3	9
地震服务	742			1	
测绘服务	744		6	7	12
质检技术服务	745	7	9	15	19
环境与生态监测	746	2	1	3	4
地质勘查	747	4	1	4	6
工程技术	748	28	24	36	37
其他专业技术服务业	749	8	6	19	23
科技推广和应用服务业	75	23	15	19	19
技术推广服务	751	17	14	13	17
科技中介服务	752	2		4	1
其他科技推广和应用服务业	759	4	1	2	1
水利、环境和公共设施管理业	**N**	**29**	**30**	**33**	**44**
水利管理业	76	14	14	9	21
防洪除涝设施管理	761				2
水资源管理	762	3	4	4	7
天然水收集与分配	763	4	6	1	7
水文服务	764	1			1
其他水利管理业	769	6	4	4	4
生态保护和环境治理业	77	2	5	3	7
生态保护	771		3		5
环境治理业	772	2	2	3	2

2007年	2008年	2009年	2010年	2011年	2012年	2013年	无开业年份
69	68	93	127	152	167	206	1
37	28	45	68	72	97	154	1
3	10	5	8	12	5	9	
5	4	9	10	26	49	53	1
289	**397**	**606**	**764**	**1172**	**1869**	**2545**	**8**
22	22	63	108	171	291	372	
22	21	62	105	170	285	363	
	1	1	3	1	6	9	
267	375	543	656	1001	1578	2173	8
46	63	85	127	251	355	552	
4	9	53	31	30	26	32	
38	69	72	101	141	251	387	2
63	84	122	142	214	482	588	1
2		4	3	3	7	10	
32	32	34	45	70	80	97	1
24	37	58	57	87	94	136	2
8	19	8	22	26	32	41	
50	62	107	128	179	251	330	2
132	**184**	**208**	**310**	**410**	**665**	**736**	**2**
4	9	13	18	25	30	35	
1			1	2	6	3	
1		4	2	7	8	11	
1	5	5	8	9	10	14	
	2	4	5	4	2	3	
1	2		2	3	4	4	
94	122	129	203	253	412	532	1
	8	3	6	8	2	15	
	1	1			1		
11	9	8	9	10	18	24	
14	13	10	31	33	48	52	
2	7	7	9	16	17	12	
3	7	5	7	8	12	11	
33	43	54	87	124	180	215	1
31	34	41	54	54	134	203	
34	53	66	89	132	223	169	1
30	47	56	79	115	203	144	1
1	1	4	6	8	8	10	
3	5	6	4	9	12	15	
40	**55**	**52**	**82**	**103**	**186**	**160**	**1**
15	13	11	19	22	43	21	
1	3	1	1	1	2	1	
1	2	3	10	7	17	9	
4	4	3	1	3	5	2	
1	2			1	1	1	
8	2	4	7	10	18	8	
7	8	12	9	14	18	14	1
3	1	4	3	4	6	4	
4	7	8	6	10	12	10	1

1-11 续表 18

行　业	代码	2003年	2004年	2005年	2006年
公共设施管理业	78	13	11	21	16
市政设施管理	781	1	1	1	3
环境卫生管理	782	1	2	4	2
城乡市容管理	783	2		1	1
绿化管理	784	4	4	6	1
公园和游览景区管理	785	5	4	9	9
居民服务、修理和其他服务业	O	**43**	**67**	**59**	**104**
居民服务业	79	22	26	20	33
家庭服务	791	4	3	4	7
托儿所服务	792		1		
洗染服务	793			1	1
理发及美容服务	794	3	4		2
洗浴服务	795	5	4	2	8
保健服务	796			1	
婚姻服务	797			1	3
殡葬服务	798	7	10	6	6
其他居民服务业	799	3	4	5	6
机动车、电子产品和日用产品修理业	80	14	32	35	64
汽车、摩托车修理与维护	801	11	24	31	54
计算机和办公设备维修	802	3	4	1	6
家用电器修理	803		3	2	4
其他日用产品修理业	809		1	1	
其他服务业	81	7	9	4	7
清洁服务	811	5	3	1	5
其他未列明服务业	819	2	6	3	2
教育	P	**262**	**203**	**259**	**232**
教育	82	262	203	259	232
学前教育	821	43	42	48	58
初等教育	822	102	63	96	63
中等教育	823	87	45	54	59
高等教育	824	2	1		3
特殊教育	825	1		1	1
技能培训、教育辅助及其他教育	829	27	52	60	48
卫生和社会工作	Q	**99**	**85**	**92**	**82**
卫生	83	89	74	75	78
医院	831	24	21	23	34
社区医疗与卫生院	832	28	24	36	34
门诊部(所)	833	11	7	8	8
计划生育技术服务活动	834	8	6	4	1
妇幼保健院(所、站)	835	1	10	2	
专科疾病防治院(所、站)	836	1			
疾病预防控制中心	837	15	4	1	
其他卫生活动	839	1	2	1	1
社会工作	84	10	11	17	4
提供住宿社会工作	841	7	6	15	4
不提供住宿社会工作	842	3	5	2	
文化、体育和娱乐业	R	**68**	**77**	**98**	**221**
新闻和出版业	85	4	5	4	4
新闻业	851	1	5	2	2
出版业	852	3		2	2

2007年	2008年	2009年	2010年	2011年	2012年	2013年	无开业年份
18	34	29	54	67	125	125	
1	4	4	9	8	13	14	
1	7	3	5	8	14	7	
	3		1	2	6	4	
2	8	10	13	23	30	31	
14	12	12	26	26	62	69	
87	**127**	**177**	**224**	**311**	**866**	**1090**	**3**
30	47	48	72	125	399	483	
8	11	10	15	35	157	174	
			1	4	2	1	
1		2	4	8	24	25	
4	6	6	5	15	77	102	
3	7	7	11	9	19	26	
3	4	2	3	2	10	39	
2	3	3	4	11	24	24	
2	6	3	9	9	20	17	
7	10	15	20	32	66	75	
42	64	98	105	138	343	486	3
41	50	82	92	122	304	440	3
	13	9	4	12	16	20	
1		3	7	4	17	19	
	1	4	2		6	7	
15	16	31	47	48	124	121	
6	8	18	24	21	85	79	
9	8	13	23	27	39	42	
207	**300**	**290**	**416**	**535**	**647**	**789**	**11**
207	300	290	416	535	647	789	11
57	97	82	155	227	257	290	7
67	89	92	99	82	111	135	2
33	52	43	64	69	68	110	2
2		3	1	4	4	4	
2	5	6	4	2	11	6	
46	57	64	93	151	196	244	
80	**148**	**134**	**170**	**231**	**310**	**403**	**4**
75	116	98	142	191	266	342	1
32	39	33	53	84	123	155	
29	56	37	52	62	92	113	
3	9	11	17	13	17	30	
4	9	6	13	21	19	21	
	2	5	3	4	4	9	
		1		1		3	
	1	2	1	3	4		1
7		3	3	3	7	11	
5	32	36	28	40	44	61	3
3	24	23	25	25	34	50	3
2	8	13	3	15	10	11	
196	**232**	**239**	**256**	**253**	**315**	**387**	**1**
3	3	3	4	10	20	6	
2			2	3	4	1	
1	3	3	2	7	16	5	

1-11 续表 19

行业	代码	2003年	2004年	2005年	2006年
广播、电视、电影和影视录音制作业	86	4	4	4	6
广播	861	2			
电视	862		1	1	1
电影和影视节目制作	863	1		1	1
电影和影视节目发行	864				
电影放映	865	1	3	2	4
录音制作	866				
文化艺术业	87	15	5	15	18
文艺创作与表演	871	1			3
艺术表演场馆	872				
图书馆与档案馆	873				1
文物及非物质文化遗产保护	874	2	1	2	
博物馆	875			2	
烈士陵园、纪念馆	876		1	1	
群众文化活动	877	7	1	9	12
其他文化艺术业	879	5	2	1	2
体育	88	4	2	4	7
体育组织	881	2	1	2	2
体育场馆	882			1	2
休闲健身活动	883	1	1	1	3
其他体育	889	1			
娱乐业	89	41	61	71	186
室内娱乐活动	891	41	60	70	185
游乐园	892		1		
彩票活动	893				
文化、娱乐、体育经纪代理	894			1	1
其他娱乐业	899				
公共管理、社会保障和社会组织	S	**1234**	**1221**	**618**	**617**
中国共产党机关	90	10	5	4	4
中国共产党机关	900	10	5	4	4
国家机构	91	221	279	195	179
国家权力机构	911		2	1	
国家行政机构	912	218	272	191	175
人民法院和人民检察院	913		2	1	
其他国家机构	919	3	3	2	4
人民政协、民主党派	92	2	1	1	
人民政协	921	1	1		
民主党派	922	1		1	
社会保障	93	8	6	7	14
社会保障	930	8	6	7	14
群众团体、社会团体和其他成员组织	94	114	143	149	171
群众团体	941	9	7	10	10
社会团体	942	93	127	130	153
基金会	943				
宗教组织	944	12	9	9	8
基层群众自治组织	95	879	787	262	249
社区自治组织	951	196	122	58	32
村民自治组织	952	683	665	204	217

2007年	2008年	2009年	2010年	2011年	2012年	2013年	无开业年份
12	13	13	13	21	17	26	
1	3	2	2	1	1		
2	3	2	2	4	2	7	
5	3		1	4	6	8	
					2	2	
3	4	8	8	12	2	9	
1		1			4		
13	44	33	45	50	88	77	
	8	7	14	13	26	18	
			1	2		2	
3	3	5	6	2	2	4	
	6	5	1	4	9	10	
2	4	2	1	1	3	3	
1	2	4			1		
5	16	5	14	16	22	16	
2	5	5	8	12	25	24	
2	10	5	12	10	33	26	
1	3	2	6	3	11	9	
					2	1	
1	6	2	5	7	17	14	
	1	1	1		3	2	
166	162	185	182	162	157	252	1
164	157	177	174	154	140	232	
	1	1		1	3	3	
		3					
1	1	3	4	4	5	4	
1	3	1	4	3	9	13	1
1086	**1036**	**693**	**1525**	**1639**	**1936**	**2194**	**312**
7	5	5	9	36	23	25	66
7	5	5	9	36	23	25	66
228	244	188	612	797	911	739	234
	1		2	3	6	5	6
227	238	181	599	783	893	727	214
		2	3	4	3	1	11
1	5	5	8	7	9	6	3
1	1		2	3	6	5	10
	1		1	2	4	3	9
1			1	1	2	2	1
8	6	2	7	17	5	1	
8	6	2	7	17	5	1	
193	239	325	386	453	743	577	1
6	12	9	23	30	47	32	
156	203	293	348	393	664	532	1
	1	1	2	4	8		
31	23	22	13	26	24	13	
649	541	173	509	333	248	847	1
82	73	24	80	60	82	113	
567	468	149	429	273	166	734	1

1-12 按行业(中类)、开业(成立)

行　　业	代码	从　业 人员数 (人)	1949年及以前	1950-1977年	1978-1991年
总　计		**4357197**	**105517**	**668396**	**374399**
农、林、牧、渔业	**A**	**18094**		**829**	**317**
农业	01	297			13
蔬菜、食用菌及园艺作物种植	014	106			
水果种植	015	146			13
坚果、含油果、香料和饮料作物种植	016	25			
其他农业	019	20			
林业	02	197		63	
林木育种和育苗	021	109			
森林经营和管护	023	88		63	
畜牧业	03	217			
牲畜饲养	031	62			
其他畜牧业	039	155			
农、林、牧、渔服务业	05	17383		766	304
农业服务业	051	12709		388	48
林业服务业	052	1752		358	243
畜牧服务业	053	2544		20	8
渔业服务业	054	378			5
采矿业	**B**	**433344**		**36244**	**6513**
煤炭开采和洗选业	06	360717		34925	5529
烟煤和无烟煤开采洗选	061	359313		34925	5527
褐煤开采洗选	062	195			
其他煤炭采选	069	1209			2
石油和天然气开采业	07	8			
天然气开采	072	8			
黑色金属矿采选业	08	8822			64
铁矿采选	081	3365			8
锰矿、铬矿采选	082	4505			56
其他黑色金属矿采选	089	952			
有色金属矿采选业	09	8870		337	140
常用有色金属矿采选	091	6763		337	39
贵金属矿采选	092	1504			101
稀有稀土金属矿采选	093	603			
非金属矿采选业	10	48963		982	759
土砂石开采	101	37867		45	54
化学矿开采	102	9512		937	705
石棉及其他非金属矿采选	109	1584			
开采辅助活动	11	5104			21
煤炭开采和洗选辅助活动	111	4894			21
石油和天然气开采辅助活动	112	15			
其他开采辅助活动	119	195			
其他采矿业	12	860			
其他采矿业	120	860			
制造业	**C**	**803626**	**568**	**79631**	**18386**
农副食品加工业	13	38348	50	237	518
谷物磨制	131	5329		26	23
饲料加工	132	3537			
植物油加工	133	4300		78	37
制糖业	134	1315			152

时间分组的法人单位从业人员数

1992-1995年	1996年	1997年	1998年	1999年	2000年	2001年	2002年
358947	**56140**	**42169**	**93372**	**116179**	**103886**	**96218**	**104530**
577	**128**	**24**	**5**	**47**	**161**	**30**	**231**
					123		
					123		
						6	
						6	
577	128	24	5	47	38	24	231
255	123	12	2	5	23	21	166
322	5	12	3	42	4	3	12
					11		3
							50
7576	**5966**	**4604**	**5686**	**34861**	**15444**	**9426**	**10072**
6697	5660	3523	5039	33998	14374	8034	8500
6537	5660	3510	5032	33998	14374	8034	8500
160		13	7				
	10	657	36	12	136	467	442
		230	35		11	293	355
	10	427	1	12	125	174	71
							16
380	73	131	85	139	326	230	245
211	73	127	85	138	288	94	123
14		4		1	38	136	122
155							
499	223	293	526	712	578	677	580
135	92	61	90	79	189	404	442
352	131	223	436	633	340	273	138
12		9			49		
					30	18	163
					30	18	163
							142
							142
22778	**20235**	**9654**	**33505**	**23882**	**23180**	**25650**	**16227**
249	940	463	405	557	2320	1167	552
		281		64	61	36	
25		6		159	184	180	177
78	50	54	69	206	59	121	93

1-12 续表 1

行业	代码	从业人员数(人)	1949年及以前	1950-1977年	1978-1991年
屠宰及肉类加工	135	9296	50	133	41
水产品加工	136	189			10
蔬菜、水果和坚果加工	137	4046			
其他农副食品加工	139	10336			255
食品制造业	14	20765	6	567	46
焙烤食品制造	141	3239		79	
糖果、巧克力及蜜饯制造	142	666			
方便食品制造	143	4195			28
乳制品制造	144	2256		326	
罐头食品制造	145	433			
调味品、发酵制品制造	146	7214	6	95	18
其他食品制造	149	2762		67	
酒、饮料和精制茶制造业	15	98230		1773	3099
酒的制造	151	60852		1263	2140
饮料制造	152	8263		41	595
精制茶加工	153	29115		469	364
烟草制品业	16	11868			
烟叶复烤	161	2666			
卷烟制造	162	8977			
其他烟草制品制造	169	225			
纺织业	17	6244		10	37
棉纺织及印染精加工	171	3239			
毛纺织及染整精加工	172	276			
麻纺织及染整精加工	173	425			
丝绢纺织及印染精加工	174	284			
化纤织造及印染精加工	175	271			
针织或钩针编织物及其制品制造	176	370			
家用纺织制成品制造	177	959			37
非家用纺织制成品制造	178	420		10	
纺织服装、服饰业	18	13142		254	30
机织服装制造	181	9724		254	20
针织或钩针编织服装制造	182	783			
服饰制造	183	2635			10
皮革、毛皮、羽毛及其制品和制鞋业	19	8376		1745	
皮革鞣制加工	191	35			
皮革制品制造	192	805			
毛皮鞣制及制品加工	193	113			
羽毛(绒)加工及制品制造	194	563			
制鞋业	195	6860		1745	
木材加工和木、竹、藤、棕、草制品业	20	32330		333	468
木材加工	201	17876		320	432
人造板制造	202	8680			
木制品制造	203	3785		13	36
竹、藤、棕、草等制品制造	204	1989			
家具制造业	21	8247			20
木质家具制造	211	5995			20
竹、藤家具制造	212	556			
金属家具制造	213	331			
塑料家具制造	214	77			
其他家具制造	219	1288			

1992-1995年	1996年	1997年	1998年	1999年	2000年	2001年	2002年
79	500	116	258	64	117	626	262
45	380		11	64	54		10
22	10	6	67		1845	204	10
255	301	1686	486	222	1634	829	502
1		9	234			104	
40		4			60	68	50
5		46			7		125
				1	1469	361	
				40			
119	301	1617	168	163	60	154	181
90		10	84	18	38	142	146
1430	933	1223	21651	4589	7091	1444	902
1122	782	1092	21421	4332	6661	467	573
261	129	111	18	208	373	163	240
47	22	20	212	49	57	814	89
255	8977				109		
255					109		
	8977						
30		64		440	34	294	106
				73	16	290	
				20			
				347	8		
							5
30		64			10		
						4	101
6	969	11	25	17	3	40	54
	962	11	25	17	3	40	54
6							
	7						
819				8		1	125
						1	
819				8			125
526	52	25	327	260	148	29	306
526	1	4	19	257	15	12	119
		18	270		8		83
	42		38		75	17	104
	9	3		3	50		
163		40	44		64	6	191
		40			33	6	171
163							
			38		31		14
			6				6

1-12 续表 2

行业	代码	从业人员数(人)	1949年及以前	1950-1977年	1978-1991年
造纸和纸制品业	22	9143		117	311
纸浆制造	221	642			
造纸	222	2681		89	201
纸制品制造	223	5820		28	110
印刷和记录媒介复制业	23	8074	37	865	473
印刷	231	7360	37	782	353
装订及印刷相关服务	232	680		83	90
记录媒介复制	233	34			30
文教、工美、体育和娱乐用品制造业	24	15608		79	26
文教办公用品制造	241	450			
乐器制造	242	220		12	
工艺美术品制造	243	14036		67	26
体育用品制造	244	426			
玩具制造	245	454			
游艺器材及娱乐用品制造	246	22			
石油加工及炼焦	25	7542			
化学原料和化学制品制造业	26	76546		17246	5274
基础化学原料制造	261	18606		911	220
肥料制造	262	36531		16159	3804
农药制造	263	179			
涂料、油墨、颜料及类似产品制造	264	1481		176	
合成材料制造	265	1171			
专用化学产品制造	266	6536			103
炸药、火工及焰火产品制造	267	10715			1133
日用化学产品制造	268	1327			14
医药制造业	27	36563		3314	903
化学药品原料药制造	271	398			
化学药品制剂制造	272	2196			25
中药饮片加工	273	1578			
中成药生产	274	30604		3274	877
兽用药品制造	275	78			
生物药品制造	276	1093			1
卫生材料及医药用品制造	277	616		40	
化学纤维制造业	28	38			
合成纤维制造	282	38			
橡胶和塑料制品业	29	27883		9204	339
橡胶制品业	291	12872		9134	186
塑料制品业	292	15011		70	153
非金属矿物制品业	30	139604		1322	3302
水泥、石灰和石膏制造	301	30392		472	1993
石膏、水泥制品及类似制品制造	302	43529		5	90
砖瓦、石材等建筑材料制造	303	44220		103	830
玻璃制造	304	2248			
玻璃制品制造	305	7102			
玻璃纤维和玻璃纤维增强塑料制品制造	306	999			
陶瓷制品制造	307	915		10	62
耐火材料制品制造	308	3229			327
石墨及其他非金属矿物制品制造	309	6970		732	

1992-1995年	1996年	1997年	1998年	1999年	2000年	2001年	2002年
142	115	40	148		139	497	221
		5	14			176	21
142	115	35	134		139	321	200
411	85	606	94	120	224	362	383
400	53	569	86	120	199	352	375
11	32	37	8		25	10	8
35	38		2	60	14	171	8
						129	
35	38		2	60	14	42	8
42			2			163	206
1891	1685	270	2304	643	1931	5085	3596
693	1363		781	91	861	1657	1840
519	305	16	1227	462	1041	98	1167
		1			1	1	60
	9	85	30	11		59	59
19			32		13	8	99
38		18	1	11	15	63	89
562		138				3185	260
60	8	12	233	68		14	22
9354	4598	3048	2050	239	1608	1139	2778
	17						
1255		18				611	
105						52	4
7784	4245	3030	2050	153	1597	460	2671
15							
16	336			69	11	16	42
179				17			61
1286	79	64	3	898	232	313	199
1042	79	56		429		98	3
244		8	3	469	232	215	196
1394	416	285	1152	1835	1105	1560	2573
756	192	89	292	1368	562	976	1088
71	32	145	40	107	95	145	553
429	113	13	569	135	306	347	404
			53	75	68		
1	15						
75			30				9
1		13		66	3	38	164
61	64	25	168	84	71	54	355

1-12 续表 3

行业	代码	从业人员数（人）	1949年及以前	1950-1977年	1978-1991年
黑色金属冶炼和压延加工业	31	56466		14378	286
炼铁	311	4428			
炼钢	312	134			
黑色金属铸造	313	1962			97
钢压延加工	314	21459		14378	189
铁合金冶炼	315	28483			
有色金属冶炼和压延加工业	32	37501		14986	1761
常用有色金属冶炼	321	29745		14986	1519
贵金属冶炼	322	3418			227
稀有稀土金属冶炼	323	429			
有色金属合金制造	324	708			15
有色金属铸造	325	494			
有色金属压延加工	326	2707			
金属制品业	33	29743	5	6214	563
结构性金属制品制造	331	10083		472	15
金属工具制造	332	5684			7
集装箱及金属包装容器制造	333	926			80
金属丝绳及其制品制造	334	6859		5675	403
建筑、安全用金属制品制造	335	2056	5		
金属表面处理及热处理加工	336	669			
搪瓷制品制造	337	142			41
金属制日用品制造	338	864		67	
其他金属制品制造	339	2460			17
通用设备制造业	34	19349		420	660
锅炉及原动设备制造	341	427			
金属加工机械制造	342	6592		182	
物料搬运设备制造	343	2905			
泵、阀门、压缩机及类似机械制造	344	1022		219	
轴承、齿轮和传动部件制造	345	1923			
烘炉、风机、衡器、包装等设备制造	346	2026			647
文化、办公用机械制造	347	28			
通用零部件制造	348	4120		19	13
其他通用设备制造业	349	306			
专用设备制造业	35	16964	470	1403	66
采矿、冶金、建筑专用设备制造	351	9236	470	1127	13
化工、木材、非金属加工专用设备制造	352	1676		185	
食品、饮料、烟草及饲料生产专用设备制造	353	232		10	
印刷、制药、日化及日用品生产专用设备制造	354	763		6	
纺织、服装和皮革加工专用设备制造	355	212			
电子和电工机械专用设备制造	356	1771			53
农、林、牧、渔专用机械制造	357	1338		75	
医疗仪器设备及器械制造	358	585			
环保、社会公共服务及其他专用设备制造	359	1151			
汽车制造业	36	22390		993	
汽车整车制造	361	4752			
改装汽车制造	362	1220		449	
低速载货汽车制造	363	276		276	
电车制造	364	395			
汽车车身、挂车制造	365	23			
汽车零部件及配件制造	366	15724		268	

1992-1995年	1996年	1997年	1998年	1999年	2000年	2001年	2002年
146			3720	1535	884	5496	674
					210		
					2		
				50	453	2	6
146			3703	624			241
			17	861	219	5494	427
211	60	35	3	300	484	3361	1162
63	60		3	60	200	2278	191
68		5			1	959	913
				161		23	
		30			8		
80				79	275	101	58
276	81	9	36	96	33	212	252
	5	1	26		7	57	6
118	1			87		69	116
1							
	8	6		9	20	86	
37					1		95
80							20
40	67	2	10		5		15
1643	216	250	347	503	150	200	147
			8	5		4	
1500	18	10	74	122	6	58	127
	4		53		46		
64		89	129			45	
		28	56	20	1	40	
						6	
79	194	65	25	356	97	39	13
		58	2			8	7
438	524	340	54	66	118	98	260
77	401	160	40		68		61
30		180			7	67	84
269							
9			14	19		16	
45				47	1		
					42		74
8	123					15	41
896	126	161	399	7316	3101	714	81
			270				
					556		
				3			
896	126	161	129	7313	2545	714	81

1-12 续表 4

行业	代码	从业人员数（人）	1949年及以前	1950-1977年	1978-1991年
铁路、船舶、航空航天和其他运输设备制造业	37	16540		2527	44
铁路运输设备制造	371	4838			
船舶及相关装置制造	373	298			
航空、航天器及设备制造	374	10673		2460	44
摩托车制造	375	459			
自行车制造	376	118			
潜水救捞及其他未列明运输设备制造	379	154		67	
电气机械和器材制造业	38	28077		1124	106
电机制造	381	1073		342	
输配电及控制设备制造	382	16175		448	91
电线、电缆、光缆及电工器材制造	383	2617		334	15
电池制造	384	902			
家用电力器具制造	385	3797			
非电力家用器具制造	386	738			
照明器具制造	387	2431			
其他电气机械及器材制造	389	344			
计算机、通信和其他电子设备制造业	39	7744			18
计算机制造	391	103			
通信设备制造	392	238			18
雷达及配套设备制造	394	27			
视听设备制造	395	719			
电子器件制造	396	1629			
电子元件制造	397	3683			
其他电子设备制造	399	1345			
仪器仪表制造业	40	3690		450	27
通用仪器仪表制造	401	619			
专用仪器仪表制造	402	938		450	27
钟表与计时仪器制造	403	454			
光学仪器及眼镜制造	404	1479			
其他仪器仪表制造业	409	200			
其他制造业	41	2893			
废弃资源综合利用业	42	1936			
金属废料和碎屑加工处理	421	744			
非金属废料和碎屑加工处理	422	1192			
金属制品、机械和设备修理业	43	1782		70	9
金属制品修理	431	26			
通用设备修理	432	328			
专用设备修理	433	578			
铁路、船舶、航空航天等运输设备修理	434	177		70	
电气设备修理	435	107			
仪器仪表修理	436	25			
其他机械和设备修理业	439	541			9
电力、热力、燃气及水生产和供应业	**D**	**158208**	**1193**	**7742**	**17587**
电力、热力生产和供应业	44	138996	9	4887	15609
电力生产	441	43150	6	1398	795
电力供应	442	95698	3	3489	14814
热力生产和供应	443	148			

1992-1995年	1996年	1997年	1998年	1999年	2000年	2001年	2002年
		37		3845	553	736	30
				3845			30
		37			552	736	
					1		
427	40	368	120	230	1076	715	547
	16	186					
36	24	70	19	160	18		365
		112	62	70		76	182
						245	
391					1058	386	
			39				
						8	
		580	58	28	55	284	1
				2		51	1
		580			3		
			58	26		45	
					52	183	
						5	
310		49	75		50	730	300
5			75			31	300
		49					
305						699	
					50		
133					20		13
						4	58
							35
						4	23
10				75			
10							
				75			
82335	**566**	**3780**	**2490**	**3130**	**3856**	**2666**	**2337**
80697	510	3681	1982	2878	3395	2279	2058
14605	119	1153	361	261	2126	2279	1343
66092	391	2528	1621	2617	1269		715

1-12 续表 5

行　　业	代码	从 业 人员数 （人）	1949年及以前	1950-1977年	1978-1991年
燃气生产和供应业	45	5612			256
燃气生产和供应业	450	5612			256
水的生产和供应业	46	13600	1184	2855	1722
自来水生产和供应	461	12542	1184	2855	1707
污水处理及其再生利用	462	897			15
其他水的处理、利用与分配	469	161			
建筑业	**E**	**473553**	**30**	**207603**	**58243**
房屋建筑业	47	289572		133190	53081
房屋建筑业	470	289572		133190	53081
土木工程建筑业	48	134183		67824	4572
铁路、道路、隧道和桥梁工程建筑	481	88765		46520	206
水利和内河港口工程建筑	482	8970		427	2966
工矿工程建筑	484	5349		1376	1320
架线和管道工程建筑	485	22695		15750	
其他土木工程建筑	489	8404		3751	80
建筑安装业	49	25734		5879	275
电气安装	491	5002			251
管道和设备安装	492	3408			
其他建筑安装业	499	17324		5879	24
建筑装饰和其他建筑业	50	24064	30	710	315
建筑装饰业	501	14491	30	45	15
工程准备活动	502	6752		665	18
提供施工设备服务	503	642			
其他未列明建筑业	509	2179			282
批发和零售业	**F**	**330569**	**176**	**10185**	**16082**
批发业	51	165912	51	5118	14824
农、林、牧产品批发	511	7062	20	92	101
食品、饮料及烟草制品批发	512	45899	21	491	13029
纺织、服装及家庭用品批发	513	11953		135	42
文化、体育用品及器材批发	514	3264		234	67
医药及医疗器材批发	515	10614		622	202
矿产品、建材及化工产品批发	516	50187		3009	513
机械设备、五金产品及电子产品批发	517	25999		368	268
贸易经纪与代理	518	3968	10	29	113
其他批发业	519	6966		138	489
零售业	52	164657	125	5067	1258
综合零售	521	35277	15	1485	482
食品、饮料及烟草制品专门零售	522	20284	66	541	188
纺织、服装及日用品专门零售	523	8801		174	14
文化、体育用品及器材专门零售	524	5922	44	692	222
医药及医疗器材专门零售	525	11814		527	67
汽车、摩托车、燃料及零配件专门零售	526	42177		1392	98
家用电器及电子产品专门零售	527	18467			151
五金、家具及室内装饰材料专门零售	528	12343		75	
货摊、无店铺及其他零售业	529	9572		181	36
交通运输、仓储和邮政业	**G**	**120903**	**81**	**24088**	**3104**
道路运输业	54	83734	81	23221	1662
城市公共交通运输	541	24826		15465	
公路旅客运输	542	20420		5684	247
道路货物运输	543	20628		224	46
道路运输辅助活动	544	17860	81	1848	1369

1992-1995年	1996年	1997年	1998年	1999年	2000年	2001年	2002年
1281		4	10		39	48	9
1281		4	10		39	48	9
357	56	95	498	252	422	339	270
357	56	95	411	252	422	305	247
			87			34	16
							7
39540	**8344**	**4140**	**8819**	**13996**	**12903**	**10129**	**17123**
21984	5113	3105	2935	5632	4106	7470	12646
21984	5113	3105	2935	5632	4106	7470	12646
14170	2693	644	4603	7536	7683	1446	3390
12041	1596	360	4425	6861	5646	27	1246
1550		284		72	170	200	1786
	30				1646		157
546	242		178	603	185	1207	179
33	825				36	12	22
2289	500	39	1071	271	848	1113	142
1711	422	8	67	140	340	640	23
532		31	976		151	416	27
46	78		28	131	357	57	92
1097	38	352	210	557	266	100	945
217	28	242	210	557	221	67	443
762	10				37	12	155
118		110			8	21	347
7728	**1962**	**3476**	**5734**	**5449**	**14462**	**7201**	**8623**
4819	1314	2306	3457	1720	9805	3601	5266
29	40	19	40	72	42	41	74
1342	4	112	2225	397	6593	958	1008
41	16	400	27	49	301	114	358
49		87	72	16	7	41	55
855	160	189	262	289	145	553	1877
2178	747	903	495	619	1796	853	1344
257	304	374	230	179	746	784	347
38	10	172	14	34	41	147	73
30	33	50	92	65	134	110	130
2909	648	1170	2277	3729	4657	3600	3357
1488	40	454	18	970	490	1402	571
263	56	6	266	473	219	202	238
167		3	44	56	89	103	59
23	112	181	37	139	107	93	78
204	33	42	190	1179	17	306	346
320	239	330	921	679	3274	896	1457
157	126	93	295	171	202	338	371
234	20	26	85	41	217	146	96
53	22	35	421	21	42	114	141
9667	**696**	**516**	**10426**	**2011**	**2817**	**2109**	**4878**
9295	526	450	471	1101	964	1913	4417
26		14		86	310	91	342
401	32	4	84	676	196	1457	3477
283	111	63	17	18	202	291	553
8585	383	369	370	321	256	74	45

1-12 续表 6

行　　业	代码	从　业 人员数 (人)	1949年及以前	1950-1977年	1978-1991年
水上运输业	55	1462		53	39
水上旅客运输	551	697			37
水上货物运输	552	506			
水上运输辅助活动	553	259		53	2
航空运输业	56	6737			
航空客货运输	561	2739			
通用航空服务	562	85			
航空运输辅助活动	563	3913			
管道运输业	57	103			
管道运输业	570	103			
装卸搬运和运输代理业	58	9657		352	912
装卸搬运	581	5837		333	861
运输代理业	582	3820		19	51
仓储业	59	4791		462	487
谷物、棉花等农产品仓储	591	1697		219	195
其他仓储业	599	3094		243	292
邮政业	60	14419			4
邮政基本服务	601	9777			4
快递服务	602	4642			
住宿和餐饮业	**H**	**90502**		**853**	**2235**
住宿业	61	48506		556	1102
旅游饭店	611	32562		389	823
一般旅馆	612	12007		167	199
其他住宿业	619	3937			80
餐饮业	62	41996		297	1133
正餐服务	621	38343		286	1118
快餐服务	622	622			
饮料及冷饮服务	623	687			
其他餐饮业	629	2344		11	15
信息传输、软件和信息技术服务业	**I**	**44038**	**40**	**367**	**108**
电信、广播电视和卫星传输服务	63	28443	40	367	106
电信	631	23253		213	7
广播电视传输服务	632	5136	40	154	99
卫星传输服务	633	54			
互联网和相关服务	64	2560			2
互联网接入及相关服务	641	478			
互联网信息服务	642	1433			2
其他互联网服务	649	649			
软件和信息技术服务业	65	13035			
软件开发	651	7821			
信息系统集成服务	652	716			
信息技术咨询服务	653	2992			
数据处理和存储服务	654	32			
集成电路设计	655	232			
其他信息技术服务业	659	1242			
房地产业	**K**	**134395**	**4**	**2923**	**1059**
房地产业	70	134395	4	2923	1059
房地产开发经营	701	73995		294	614

1992-1995年	1996年	1997年	1998年	1999年	2000年	2001年	2002年
			51	172	38		127
			51	15			22
				157	38		78
							27
			1583			71	
			1583			5	
						66	
80	120		556	141	143	52	12
	60		327	141	72	26	
80	60		229		71	26	12
292	50	65	103	156	48	68	60
83	35	60		155	48	62	45
209	15	5	103	1		6	15
		1	7662	441	1624	5	262
		1	7573	441	1624		
			89			5	262
1690	**158**	**592**	**859**	**1592**	**502**	**1294**	**2200**
1353	158	369	363	1271	290	521	1649
801	74	207	257	1245	201	440	1516
175	84	138	106	21	52	75	120
377		24		5	37	6	13
337		223	496	321	212	773	551
263		223	496	321	141	583	490
					8	80	
36					12		22
38					51	110	39
224	**29**	**94**	**783**	**5994**	**673**	**3651**	**2539**
184	9	37		5508	418	3229	2004
181	9	11		5508	418	3216	1978
3		26				13	26
2				419	55	80	70
						38	55
2				407	20	27	10
				12	35	15	5
38	20	57	783	67	200	342	465
13	11	36	767	7	89	295	223
15		5				20	61
2	9	16	16	60	111	27	64
							68
8							49
3193	**619**	**1038**	**4106**	**5229**	**6185**	**5038**	**6295**
3193	619	1038	4106	5229	6185	5038	6295
2514	317	790	2699	3807	4250	2115	2194

1-12 续表 7

行业	代码	从业人员数(人)	1949年及以前	1950-1977年	1978-1991年
物业管理	702	45985		134	27
房地产中介服务	703	5586		4	17
自有房地产经营活动	704	5155	4	2467	318
其他房地产业	709	3674		24	83
租赁和商务服务业	**L**	**132065**	**8**	**1715**	**3520**
租赁业	71	9814		646	
机械设备租赁	711	9502		636	
文化及日用品出租	712	312		10	
商务服务业	72	122251	8	1069	3520
企业管理服务	721	31084	8	622	921
法律服务	722	3830			288
咨询与调查	723	12491		18	102
广告业	724	13543		19	13
知识产权服务	725	394			
人力资源服务	726	15079		3	198
旅行社及相关服务	727	8389		234	415
安全保护服务	728	20344		10	1199
其他商务服务业	729	17097		163	384
科学研究和技术服务业	**M**	**86173**	**380**	**11728**	**5700**
研究和试验发展	73	7125	87	1317	1872
自然科学研究和试验发展	731	803		211	128
工程和技术研究和试验发展	732	1419		197	6
农业科学研究和试验发展	733	4091	87	748	1693
医学研究和试验发展	734	361			
社会人文科学研究	735	451		161	45
专业技术服务业	74	67810	287	10006	2990
气象服务	741	2093	184	861	352
地震服务	742	541		414	12
测绘服务	744	2226		269	40
质检技术服务	745	5080		148	104
环境与生态监测	746	1615		94	232
地质勘查	747	13559		4986	686
工程技术	748	33058		2921	1367
其他专业技术服务业	749	9638	103	313	197
科技推广和应用服务业	75	11238	6	405	838
技术推广服务	751	9891	6	307	743
科技中介服务	752	532			21
其他科技推广和应用服务业	759	815		98	74
水利、环境和公共设施管理业	**N**	**41169**	**88**	**5698**	**3862**
水利管理业	76	4927	18	845	613
防洪除涝设施管理	761	286			22
水资源管理	762	1120	16	189	75
天然水收集与分配	763	942		236	216
水文服务	764	410	2	212	33
其他水利管理业	769	2169		208	267
生态保护和环境治理业	77	2090		118	287
生态保护	771	1211		118	259
环境治理业	772	879			28

1992-1995年	1996年	1997年	1998年	1999年	2000年	2001年	2002年
218	102	172	1097	1058	1817	2526	3685
74	50	56	19	61	58	127	197
365	150	20	228	289	32	166	32
22			63	14	28	104	187
2215	**1440**	**1071**	**3239**	**1607**	**1647**	**3854**	**1893**
66		39	4	7	10	67	142
66		39	4	7	10	67	142
2149	1440	1032	3235	1600	1637	3787	1751
582	858	516	369	265	143	3128	276
358	62	28	142	22	62	64	100
268	323	46	389	233	719	117	189
297	40	17	61	113	78	128	167
			8	5		41	
38	35	3	9	771	1	12	166
349	22	341	17	66	146	90	128
			1404	1	106		444
257	100	81	836	124	382	207	281
4969	**1893**	**603**	**1047**	**1213**	**1199**	**2026**	**3056**
464	7	121	55	10	107	76	41
2			32		3	19	18
329		121	18		50		
84	7				54	57	13
				10			10
49			5				
3705	1795	426	935	1091	1006	1832	2755
10			2	139	89	28	10
			3				
14					22	20	61
7	2	56		204	85	118	37
37	1		4		16	13	70
150	95		37	305	64	87	247
3296	1651	355	760	428	729	1307	2168
191	46	15	129	15	1	259	162
800	91	56	57	112	86	118	260
782	91	36	26	74	51	97	249
16			31			6	
2		20		38	35	15	11
755	**320**	**413**	**1007**	**1395**	**700**	**835**	**2585**
505	86	31	72	131	81	14	177
17		5		26			5
108	44		2	7	70		2
58	3		18	1		14	56
101							
221	39	26	52	97	11		114
3	12	28	22		40	52	5
3	12	28	22		24	25	5
					16	27	

1-12 续表 8

行业	代码	从业人员数(人)	1949年及以前	1950-1977年	1978-1991年
公共设施管理业	78	34152	70	4735	2962
市政设施管理	781	3654		430	363
环境卫生管理	782	16343		3941	1901
城乡市容管理	783	2449		46	
绿化管理	784	3043		39	364
公园和游览景区管理	785	8663	70	279	334
居民服务、修理和其他服务业	**O**	**47442**		**346**	**485**
居民服务业	79	22845		155	104
家庭服务	791	6717			
托儿所服务	792	153			
洗染服务	793	859			
理发及美容服务	794	1826			
洗浴服务	795	4834			21
保健服务	796	1201			
婚姻服务	797	338			
殡葬服务	798	3646		128	68
其他居民服务业	799	3271		27	15
机动车、电子产品和日用产品修理业	80	16760		84	178
汽车、摩托车修理与维护	801	15582		84	157
计算机和办公设备维修	802	628			
家用电器修理	803	363			2
其他日用产品修理业	809	187			19
其他服务业	81	7837		107	203
清洁服务	811	5671		60	144
其他未列明服务业	819	2166		47	59
教育	**P**	**501743**	**58110**	**111446**	**66639**
教育	82	501743	58110	111446	66639
学前教育	821	30918	181	2327	3001
初等教育	822	190726	30687	46314	23831
中等教育	823	199157	19546	53036	31896
高等教育	824	28928	6670	6235	4462
特殊教育	825	1718		91	210
技能培训、教育辅助及其他教育	829	50296	1026	3443	3239
卫生和社会工作	**Q**	**190940**	**25422**	**56949**	**21776**
卫生	83	186759	25422	55929	21438
医院	831	123183	24873	41934	12996
社区医疗与卫生院	832	44626	482	12132	5822
门诊部(所)	833	2240		279	106
计划生育技术服务活动	834	5729	9	327	1101
妇幼保健院(所、站)	835	4719		895	1338
专科疾病防治院(所、站)	836	295		57	
疾病预防控制中心	837	4303	21	150	44
其他卫生活动	839	1664	37	155	31
社会工作	84	4181		1020	338
提供住宿社会工作	841	3094		953	227
不提供住宿社会工作	842	1087		67	111
文化、体育和娱乐业	**R**	**35305**	**833**	**2791**	**3377**
新闻和出版业	85	3973	663	108	1253
新闻业	851	985	63		183
出版业	852	2988	600	108	1070

1992-1995年	1996年	1997年	1998年	1999年	2000年	2001年	2002年
247	222	354	913	1264	579	769	2403
82	105	137	78	28	2	100	17
1	54	163	552		321	353	2210
144				3		85	56
2	32		283	53	184	81	20
18	31	54		1180	72	150	100
851	**212**	**385**	**782**	**392**	**1200**	**1181**	**2093**
436	155	66	137	137	701	352	689
3					58	10	
				17		27	
		20				10	
9	14		50	27	13		5
	65				194	114	430
			23				
1							
334	76	20	38	87	400	146	225
89		26	26	6	36	45	29
333	46	305	207	244	314	252	658
331	42	265	179	229	291	240	648
	4	40	19	15	13		
			7		10	12	10
2			2				
82	11	14	438	11	185	577	746
74	11	14	424	11	91	537	746
8			14		94	40	
47299	**5047**	**5563**	**6119**	**5856**	**10240**	**6739**	**9710**
47299	5047	5563	6119	5856	10240	6739	9710
781	223	456	358	511	510	916	705
23827	1502	1786	2357	2289	2378	1756	1601
16088	3100	3188	2738	2728	4957	2880	4877
182					720	960	1103
252		13	48	33	102		45
6169	222	120	618	295	1573	227	1379
17779	**1297**	**495**	**993**	**1573**	**1700**	**2095**	**3361**
17580	1289	481	926	1554	1677	2082	3248
1487	509	109	378	957	854	951	847
12953	456	299	452	471	636	594	363
298			15		29	29	19
2124	43	44	42	44	36	51	118
475	155		15	5		25	259
23				40			
63				37	121	431	1617
157	126	29	24		1	1	25
199	8	14	67	19	23	13	113
179	3	14	55	17	23	6	68
20	5		12	2		7	45
575	**388**	**265**	**109**	**353**	**255**	**365**	**561**
84		12		215		86	
79		12		63		1	
5				152		85	

1-12 续表 9

行业	代码	从业人员数（人）	1949年及以前	1950-1977年	1978-1991年
广播、电视、电影和影视录音制作业	86	5864		1519	444
广播	861	899		27	103
电视	862	2993		1419	245
电影和影视节目制作	863	683			37
电影和影视节目发行	864	94		29	36
电影放映	865	1122		44	23
录音制作	866	73			
文化艺术业	87	8853	170	1117	1369
文艺创作与表演	871	3391		199	68
艺术表演场馆	872	165			6
图书馆与档案馆	873	1560	167	444	559
文物及非物质文化遗产保护	874	528	3	22	84
博物馆	875	405		101	102
烈士陵园、纪念馆	876	119		18	11
群众文化活动	877	1903		319	408
其他文化艺术业	879	782		14	131
体育	88	2667		47	289
体育组织	881	1075		8	99
体育场馆	882	359		27	185
休闲健身活动	883	1132		12	
其他体育	889	101			5
娱乐业	89	13948			22
室内娱乐活动	891	12707			8
游乐园	892	290			
彩票活动	893	261			
文化、娱乐、体育经纪代理	894	137			
其他娱乐业	899	553			14
公共管理、社会保障和社会组织	**S**	**715128**	**18584**	**107258**	**145406**
中国共产党机关	90	16228	1350	3968	4151
中国共产党机关	900	16228	1350	3968	4151
国家机构	91	490790	15973	91631	100352
国家权力机构	911	4918	57	750	2312
国家行政机构	912	466004	15076	82821	92320
人民法院和人民检察院	913	16226	819	7233	4615
其他国家机构	919	3642	21	827	1105
人民政协、民主党派	92	4776	109	1159	1289
人民政协	921	4358	98	1077	1099
民主党派	922	418	11	82	190
社会保障	93	1841		14	52
社会保障	930	1841		14	52
群众团体、社会团体和其他成员组织	94	78424	558	3752	5611
群众团体	941	10853	198	3050	1268
社会团体	942	61364	10	517	3526
基金会	943	133			
宗教组织	944	6074	350	185	817
基层群众自治组织	95	123069	594	6734	33951
社区自治组织	951	17821	78	905	2226
村民自治组织	952	105248	516	5829	31725

1992-1995年	1996年	1997年	1998年	1999年	2000年	2001年	2002年
118	141	157	40	85	59	27	7
30			30	3			
87	119	108		72	59	27	
		26					7
		10					
1	22	13	10	10			
322	42	41	10	19	32	35	208
	19	19	2	8			8
4							28
39	10	11				7	13
18					9	15	59
			5				
2							1
259	13	11	3	11	23		99
						13	
30	205	13	34		88	50	148
12		13			78	42	138
18			32		9	8	
	205		2		1		10
21		42	25	34	76	167	198
20		3	25		57	117	186
1							
		39		13	19		12
				21		50	
109196	**6840**	**5456**	**7663**	**7599**	**6762**	**11929**	**10746**
1220	358	80	101	119	248	309	226
1220	358	80	101	119	248	309	226
75851	5126	4387	5642	5807	4133	7942	6842
169		103	30		333	59	27
75422	4703	4205	5608	5487	3668	7845	6592
97	411	34		305	112	38	185
163	12	45	4	15	20		38
136	35	37		16	53	8	38
122	35	37			37		29
14				16	16	8	9
186	64	63	52	179	5	33	170
186	64	63	52	179	5	33	170
2530	426	236	800	732	884	1101	821
677	46	75	183	295	363	58	72
1107	187	83	431	312	283	825	654
	54		11				
746	139	78	175	125	238	218	95
29273	831	653	1068	746	1439	2536	2649
1423	209	28	171	160	588	1058	625
27850	622	625	897	586	851	1478	2024

1-12 续表 10

行业	代码	2003年	2004年	2005年	2006年
总计		**134826**	**145577**	**129921**	**139601**
农、林、牧、渔业	A	**147**	**226**	**573**	**148**
农业	01				
蔬菜、食用菌及园艺作物种植	014				
水果种植	015				
坚果、含油果、香料和饮料作物种植	016				
其他农业	019				
林业	02	25			
林木育种和育苗	021				
森林经营和管护	023	25			
畜牧业	03				
牲畜饲养	031				
其他畜牧业	039				
农、林、牧、渔服务业	05	122	226	573	148
农业服务业	051	95	75	42	119
林业服务业	052	12		5	8
畜牧服务业	053	15	120	526	21
渔业服务业	054		31		
采矿业	B	**30365**	**33822**	**35983**	**25356**
煤炭开采和洗选业	06	28227	31028	33266	21311
烟煤和无烟煤开采洗选	061	28219	30948	33188	21162
褐煤开采洗选	062			60	
其他煤炭采选	069	8	80	18	149
石油和天然气开采业	07				
天然气开采	072				
黑色金属矿采选业	08	210	713	885	416
铁矿采选	081	20	130	143	18
锰矿、铬矿采选	082	190	583	675	19
其他黑色金属矿采选	089			67	379
有色金属矿采选业	09	713	593	184	790
常用有色金属矿采选	091	603	543	176	487
贵金属矿采选	092	110	50	3	
稀有稀土金属矿采选	093			5	303
非金属矿采选业	10	1207	1481	1638	2695
土砂石开采	101	863	1126	1546	2200
化学矿开采	102	330	316	91	336
石棉及其他非金属矿采选	109	14	39	1	159
开采辅助活动	11	8	7	3	9
煤炭开采和洗选辅助活动	111		7	3	
石油和天然气开采辅助活动	112	8			
其他开采辅助活动	119				9
其他采矿业	12			7	135
其他采矿业	120			7	135
制造业	C	**30977**	**24672**	**23594**	**32954**
农副食品加工业	13	858	1611	1636	2180
谷物磨制	131	35	348	106	292
饲料加工	132	87	144	171	470
植物油加工	133	259	230	317	206
制糖业	134		36	39	6

2007年	2008年	2009年	2010年	2011年	2012年	2013年	无开业年份
147856	**191852**	**153645**	**219202**	**263011**	**352509**	**341388**	**18056**
237	**1007**	**1303**	**1546**	**2124**	**3475**	**4959**	
	20	25	63		43	10	
			63		43		
						10	
		25					
	20						
			103				
			103				
	51		42		62	62	
						62	
	51		42		62		
237	936	1278	1338	2124	3370	4887	
229	597	1016	1245	1458	2471	4319	
	6	26	33	64	344	250	
8	333	216	58	428	487	290	
		20	2	174	68	28	
34774	**41732**	**22732**	**21160**	**21815**	**19210**	**9312**	**691**
27547	36001	16746	15473	13114	8222	2862	641
27542	35997	16682	15212	12835	7975	2831	625
				70	65		
5	4	64	261	209	182	31	16
				3	5		
				3	5		
384	1172	600	582	812	861	363	
188	479	128	72	301	696	258	
135	686	459	473	300	48	61	
61	7	13	37	211	117	44	
427	547	343	433	975	1156	587	36
347	397	275	303	470	1114	497	36
33	148	26	130	505	38	45	
47	2	42			4	45	
2560	3711	5005	4426	6476	8715	5206	14
2305	2914	3490	3905	5665	7844	4404	14
192	726	1351	355	672	585	390	
63	71	164	166	139	286	412	
3755	275	26	229	372	83	105	
3730	272	26	194	346	56	28	
						7	
25	3		35	26	27	70	
101	26	12	17	63	168	189	
101	26	12	17	63	168	189	
33170	**50042**	**35858**	**50505**	**60930**	**98962**	**87647**	**619**
2059	1806	2159	2272	3110	6298	6885	16
229	263	328	228	488	1403	1110	8
124	145	315	178	413	245	510	4
230	277	296	111	298	459	772	
480		28	215	8	270	81	

1-12 续表 11

行业	代码	2003年	2004年	2005年	2006年
屠宰及肉类加工	135	89	216	392	573
水产品加工	136	2			
蔬菜、水果和坚果加工	137	336	115	77	178
其他农副食品加工	139	50	522	534	455
食品制造业	14	1715	688	691	575
焙烤食品制造	141	566	109		272
糖果、巧克力及蜜饯制造	142			5	
方便食品制造	143	530	15	187	42
乳制品制造	144			17	
罐头食品制造	145			2	56
调味品、发酵制品制造	146	606	553	379	105
其他食品制造	149	13	11	101	100
酒、饮料和精制茶制造业	15	1144	2118	1088	1430
酒的制造	151	251	1465	607	471
饮料制造	152	565	333	88	273
精制茶加工	153	328	320	393	686
烟草制品业	16			2	
烟叶复烤	161			2	
卷烟制造	162				
其他烟草制品制造	169				
纺织业	17	354	5	56	170
棉纺织及印染精加工	171	333			170
毛纺织及染整精加工	172				
麻纺织及染整精加工	173				
丝绢纺织及印染精加工	174			50	
化纤织造及印染精加工	175				
针织或钩针编织物及其制品制造	176	21			
家用纺织制成品制造	177		5		
非家用纺织制成品制造	178			6	
纺织服装、服饰业	18	276	2	40	251
机织服装制造	181	87		10	216
针织或钩针编织服装制造	182				5
服饰制造	183	189	2	30	30
皮革、毛皮、羽毛及其制品和制鞋业	19	7	15	10	6
皮革鞣制加工	191				
皮革制品制造	192		15	10	
毛皮鞣制及制品加工	193				
羽毛(绒)加工及制品制造	194	7			
制鞋业	195				6
木材加工和木、竹、藤、棕、草制品业	20	737	285	1406	3994
木材加工	201	80	224	959	1794
人造板制造	202	481	60	337	2136
木制品制造	203	10	1	105	64
竹、藤、棕、草等制品制造	204	166		5	
家具制造业	21	108	24	51	108
木质家具制造	211	108	6	11	103
竹、藤家具制造	212		12		
金属家具制造	213			36	
塑料家具制造	214				5
其他家具制造	219		6	4	

2007年	2008年	2009年	2010年	2011年	2012年	2013年	无开业年份
652	472	601	441	793	981	1836	4
	56	6	4	6	40	65	
98	211	197	109	447	879	835	
246	382	388	986	657	2021	1676	
798	802	866	959	2004	2955	2102	76
113	154	160	152	512	509	265	
		104	44	188	83	20	
33	292	228	346	331	1038	942	
	26		5			21	30
50	82	118		15	54	16	
395	127	202	162	693	719	381	10
207	121	54	250	265	552	457	36
4037	4331	5428	4656	7295	12560	9986	22
2530	1399	2273	1282	2891	4648	3181	1
463	422	516	448	1036	995	964	21
1044	2510	2639	2926	3368	6917	5841	
			2177	236	71	41	
			2177	36	71	16	
				200		25	
188	21	92	1029	1156	959	1199	
55	12	80	682	898	96	534	
			174		69	13	
	9				14	47	
114			61		34	20	
			14		246	11	
		6	13	1	57	272	
19		6	27	56	423	282	
			58	201	20	20	
217	18	229	1085	974	3965	4658	18
198	17	40	767	707	3272	3006	18
		56	75	126	174	341	
19	1	133	243	141	519	1311	
	71	6	606	616	1739	2602	
						35	
	1		12	162	180	424	
				20	23	70	
			532		24		
	70	6	62	434	1512	2073	
1948	1420	2115	2743	4239	6567	4400	2
1195	829	598	1045	2478	4325	2643	1
517	373	1130	925	1267	438	636	1
144	99	264	405	461	1146	761	
92	119	123	368	33	658	360	
184	198	371	759	513	3114	2289	
168	198	158	191	465	2490	1827	
6		185			151	39	
		12	28	43	78	51	
				3	36	33	
10		16	540	2	359	339	

1-12 续表 12

行　　业	代码	2003年	2004年	2005年	2006年
造纸和纸制品业	22	740	73	233	222
纸浆制造	221	582			
造纸	222	32		15	136
纸制品制造	223	126	73	218	86
印刷和记录媒介复制业	23	268	206	205	616
印刷	231	229	174	189	565
装订及印刷相关服务	232	39	32	12	51
记录媒介复制	233			4	
文教、工美、体育和娱乐用品制造业	24	557	62	144	259
文教办公用品制造	241	2			
乐器制造	242				
工艺美术品制造	243	152	62	144	253
体育用品制造	244	403			
玩具制造	245				
游艺器材及娱乐用品制造	246				6
石油加工及炼焦	25	2591	1541	262	153
化学原料和化学制品制造业	26	1648	3222	2502	5383
基础化学原料制造	261	767	1329	1482	1376
肥料制造	262	232	1108	616	2795
农药制造	263		42		4
涂料、油墨、颜料及类似产品制造	264	70	8		28
合成材料制造	265		12	8	61
专用化学产品制造	266	305	459	190	914
炸药、火工及焰火产品制造	267	224	244	164	42
日用化学产品制造	268	50	20	42	163
医药制造业	27	1673	576	791	445
化学药品原料药制造	271	184	87	26	5
化学药品制剂制造	272	282			
中药饮片加工	273	69	37	120	45
中成药生产	274	890	444	645	175
兽用药品制造	275				
生物药品制造	276				220
卫生材料及医药用品制造	277	248	8		
化学纤维制造业	28				
合成纤维制造	282				
橡胶和塑料制品业	29	1525	671	1507	1348
橡胶制品业	291	17	221	107	177
塑料制品业	292	1508	450	1400	1171
非金属矿物制品业	30	3713	3872	3516	5579
水泥、石灰和石膏制造	301	105	585	569	984
石膏、水泥制品及类似制品制造	302	1413	535	380	1645
砖瓦、石材等建筑材料制造	303	706	1285	1414	2228
玻璃制造	304	73		68	68
玻璃制品制造	305		615	138	64
玻璃纤维和玻璃纤维增强塑料制品制造	306			8	
陶瓷制品制造	307	8	57		
耐火材料制品制造	308	56	301	422	343
石墨及其他非金属矿物制品制造	309	1352	494	517	247

2007年	2008年	2009年	2010年	2011年	2012年	2013年	无开业年份
598	376	510	465	1172	1811	1211	2
			45			15	
399	278	182	76	209	505	341	2
199	98	328	344	963	1306	855	
158	590	325	385	621	610	429	1
110	578	309	376	572	535	396	1
48	12	16	9	49	75	33	
442	278	925	890	1346	5353	4919	
5	29	12	29	12	125	107	
				5	39	164	
437	249	867	861	1224	4956	4539	
		6			12	5	
		40		105	205	104	
					16		
635	415	477	199	319	383	154	
3988	1460	2670	3926	4634	3914	3020	254
582	463	586	2188	355	666	395	
1429	293	740	805	2440	681	589	5
				10		60	
72	75	18	157	73	196	355	
4	110	64	25	7	325	193	191
418	407	1067	417	633	876	512	
1453	44	194	328	1064	981	699	
30	68	1	6	52	189	217	58
17	1310	319	251	542	733	854	21
				5	14	60	
					1	4	
3	10	44	30	364	271	424	
9	1252	201	173	84	340	229	21
				50	13		
	45	63	28	28	86	132	
5	3	11	20	11	8	5	
			20	9	8	1	
			20	9	8	1	
656	439	920	1455	1300	2845	2600	
42	34	85	106	303	353	400	
614	405	835	1349	997	2492	2200	
7962	12861	11236	10758	15825	26492	22714	132
2638	5671	4167	1818	2034	1585	2376	72
968	2096	3162	4538	5970	12472	9051	16
2457	2707	3101	3822	5251	9506	8488	6
10	614		140	262	628	385	
1069	746	473	44	1206	933	1616	2
192	3	70	1	105	504	100	
	115	15	35	212	16	271	
484	407	139	178	125	123	39	
144	502	109	182	660	725	388	36

1-12 续表 13

行　　业	代码				
		2003年	2004年	2005年	2006年
黑色金属冶炼和压延加工业	31	7599	7087	1528	1639
炼铁	311	3005	678	255	37
炼钢	312	2			
黑色金属铸造	313	47	171		20
钢压延加工	314	181	616	165	41
铁合金冶炼	315	4364	5622	1108	1541
有色金属冶炼和压延加工业	32	764	203	2626	2690
常用有色金属冶炼	321	146	108	2354	2572
贵金属冶炼	322	591	1	6	
稀有稀土金属冶炼	323		9	140	
有色金属合金制造	324	27	85	22	
有色金属铸造	325				89
有色金属压延加工	326			104	29
金属制品业	33	2526	355	750	679
结构性金属制品制造	331	222	40	175	73
金属工具制造	332	2023	134	280	
集装箱及金属包装容器制造	333		21		18
金属丝绳及其制品制造	334	10	50	25	125
建筑、安全用金属制品制造	335	22		28	37
金属表面处理及热处理加工	336	34	20	12	38
搪瓷制品制造	337				
金属制日用品制造	338	52	7	7	6
其他金属制品制造	339	163	83	223	382
通用设备制造业	34	797	466	598	597
锅炉及原动设备制造	341				11
金属加工机械制造	342	187	81	66	133
物料搬运设备制造	343	352	270	22	43
泵、阀门、压缩机及类似机械制造	344	65	51		
轴承、齿轮和传动部件制造	345			232	116
烘炉、风机、衡器、包装等设备制造	346	30		131	11
文化、办公用机械制造	347				
通用零部件制造	348	155	59	147	273
其他通用设备制造业	349	8	5		10
专用设备制造业	35	94	60	1966	333
采矿、冶金、建筑专用设备制造	351		22	1646	230
化工、木材、非金属加工专用设备制造	352	6		145	22
食品、饮料、烟草及饲料生产专用设备制造	353				14
印刷、制药、日化及日用品生产专用设备制造	354			32	5
纺织、服装和皮革加工专用设备制造	355		28	3	
电子和电工机械专用设备制造	356		10	14	8
农、林、牧、渔专用机械制造	357	56			
医疗仪器设备及器械制造	358			16	40
环保、社会公共服务及其他专用设备制造	359	32		110	14
汽车制造业	36	185	574	53	3032
汽车整车制造	361		233		2980
改装汽车制造	362		7		17
低速载货汽车制造	363				
电车制造	364				
汽车车身、挂车制造	365				
汽车零部件及配件制造	366	185	334	53	35

2007年	2008年	2009年	2010年	2011年	2012年	2013年	无开业年份
1480	4889	1407	422	1151	1199	941	5
	7	212		1	16	2	5
			8	13	17	92	
	157	151	41	83	536	148	
37	132	118	139	244	198	307	
1443	4593	926	234	810	432	392	
1484	521	1480	1397	1267	805	1901	
1293	428	1339	1241	495	310	99	
			35	62	5	545	
21				8	30	37	
62		54	7	112	184	140	
	42		24			301	
108	51	87	90	590	276	779	
1930	1830	1023	1512	2367	5140	3838	16
351	583	184	757	1681	3258	2154	16
1393	87	62	332	31	454	490	
	577	18	5	87	40	79	
66	127		8	96	94	180	
40	77	95	366	93	675	489	
	238	93	8	9	28	56	
					26	75	
2	10		4	188	288	133	
78	131	571	32	182	277	182	
2336	1207	426	2527	2713	1597	1496	53
148	5	3	107	78	15	43	
423	823	151	1891	239	213	288	
8		10	368	1435	343	54	
92	4	9	46	358	34	41	
797	8	21	5	32	85	281	19
445	16	33	10	45	89	424	
		12				10	
423	332	187	100	511	677	338	18
	19			15	141	17	16
1063	715	791	1039	1953	2433	2679	1
913	467	577	480	414	1204	866	
18	63	62	110	267	247	183	
	27				44	137	
15	8	3	67	114	179	65	
				138	43		
62			147	356	411	651	1
	60		98	275	138	543	
		51	30	162	130	40	
55	90	98	107	227	37	194	
274	398	25	1042	904	1823	293	
			253	408	598	10	
			17	15	139	20	
					383	12	
		10			10		
274	398	15	772	481	693	251	

1-12 续表 14

行业	代码				
		2003年	2004年	2005年	2006年
铁路、船舶、航空航天和其他运输设备制造业	37	8	90		331
铁路运输设备制造	371		90		31
船舶及相关装置制造	373	8			118
航空、航天器及设备制造	374				182
摩托车制造	375				
自行车制造	376				
潜水救捞及其他未列明运输设备制造	379				
电气机械和器材制造业	38	796	385	1456	441
电机制造	381	29	78	94	23
输配电及控制设备制造	382	192	165	863	95
电线、电缆、光缆及电工器材制造	383	252	137	135	175
电池制造	384				
家用电力器具制造	385	318		317	83
非电力家用器具制造	386		5		35
照明器具制造	387	5		8	30
其他电气机械及器材制造	389			39	
计算机、通信和其他电子设备制造业	39	48	164	57	363
计算机制造	391				30
通信设备制造	392				29
雷达及配套设备制造	394				
视听设备制造	395	27		27	
电子器件制造	396				303
电子元件制造	397	21	164		1
其他电子设备制造	399			30	
仪器仪表制造业	40	180	194	58	6
通用仪器仪表制造	401	74	5	52	
专用仪器仪表制造	402		179		
钟表与计时仪器制造	403				
光学仪器及眼镜制造	404	101			6
其他仪器仪表制造业	409	5	10	6	
其他制造业	41	66	89	4	69
废弃资源综合利用业	42		14	32	19
金属废料和碎屑加工处理	421		14		
非金属废料和碎屑加工处理	422			32	19
金属制品、机械和设备修理业	43		20	326	36
金属制品修理	431				
通用设备修理	432				
专用设备修理	433			326	21
铁路、船舶、航空航天等运输设备修理	434				
电气设备修理	435				11
仪器仪表修理	436		20		
其他机械和设备修理业	439				4
电力、热力、燃气及水生产和供应业	D	**5005**	**1749**	**2761**	**3196**
电力、热力生产和供应业	44	2990	1511	2328	2530
电力生产	441	2751	1511	2278	2309
电力供应	442	239		50	208
热力生产和供应	443				13

2007年	2008年	2009年	2010年	2011年	2012年	2013年	无开业年份
25	850	75	6020	784	404	181	
25	596		85	136			
	7	7			120	38	
	119	18	5935	470	120		
	128	50		96	134	50	
					25	93	
				82	5		
339	11897	1508	589	1926	1743	2244	
1			23	8	250	23	
44	11482	411	162	550	339	641	
161	139	259	113	57	41	297	
	134			280	163	80	
28		93	51	297	504	271	
38	49	112	8	41	159	252	
2	83	560	180	650	259	654	
65	10	73	52	43	28	26	
135	582	269	651	661	1395	2395	
22		10		21	18	2	
			14		15	108	
				27			
					61	21	
	5	259	270	390	151	122	
113	529		231	170	433	1786	
	48		136	53	717	356	
29	418	25	82	154	296	257	
			6		53	18	
25		19		101		88	
	418				36		
4		6	20	41	158	139	
			56	12	49	12	
55	65	75	126	447	950	781	
70	134	40	347	617	282	319	
70	51	9	199	122	46	198	
	83	31	148	495	236	121	
63	140	66	116	75	518	258	
		1			25		
		9	9	15	265	20	
	5	20	32	43	80	51	
32					7	68	
21		6	29	4	17	19	
				5			
10	135	30	46	8	124	100	
2659	**2422**	**2093**	**1400**	**3093**	**2585**	**3481**	**82**
1998	1846	1330	555	1918	1316	2607	82
1922	1770	1313	534	1121	1237	1876	82
76	76	17	21	695	54	723	
				102	25	8	

1-12 续表 15

行　业	代码				
		2003年	2004年	2005年	2006年
燃气生产和供应业	45	1867	139	351	35
燃气生产和供应业	450	1867	139	351	35
水的生产和供应业	46	148	99	82	631
自来水生产和供应	461	58	82	82	621
污水处理及其再生利用	462	90	17		10
其他水的处理、利用与分配	469				
建筑业	E	**5090**	**6659**	**6122**	**7993**
房屋建筑业	47	3696	4241	1815	3834
房屋建筑业	470	3696	4241	1815	3834
土木工程建筑业	48	627	1137	2238	2812
铁路、道路、隧道和桥梁工程建筑	481	88	420	90	1970
水利和内河港口工程建筑	482		80	49	169
工矿工程建筑	484	312		40	141
架线和管道工程建筑	485	141	502	2058	112
其他土木工程建筑	489	86	135	1	420
建筑安装业	49	154	695	1083	203
电气安装	491	120	132	30	62
管道和设备安装	492		8	742	
其他建筑安装业	499	34	555	311	141
建筑装饰和其他建筑业	50	613	586	986	1144
建筑装饰业	501	202	432	490	615
工程准备活动	502	352	114	464	466
提供施工设备服务	503		10		
其他未列明建筑业	509	59	30	32	63
批发和零售业	F	**10083**	**10449**	**9888**	**16150**
批发业	51	4434	5111	5002	4960
农、林、牧产品批发	511	137	67	99	129
食品、饮料及烟草制品批发	512	719	388	823	1087
纺织、服装及家庭用品批发	513	308	300	993	293
文化、体育用品及器材批发	514	31	188	83	124
医药及医疗器材批发	515	869	799	305	423
矿产品、建材及化工产品批发	516	1181	2149	1189	1486
机械设备、五金产品及电子产品批发	517	898	841	1047	1149
贸易经纪与代理	518	50	97	147	78
其他批发业	519	241	282	316	191
零售业	52	5649	5338	4886	11190
综合零售	521	789	605	1379	4423
食品、饮料及烟草制品专门零售	522	200	141	301	348
纺织、服装及日用品专门零售	523	126	179	489	294
文化、体育用品及器材专门零售	524	20	51	121	162
医药及医疗器材专门零售	525	1252	1079	318	1385
汽车、摩托车、燃料及零配件专门零售	526	2098	1979	1298	2585
家用电器及电子产品专门零售	527	777	841	572	1328
五金、家具及室内装饰材料专门零售	528	114	133	217	292
货摊、无店铺及其他零售业	529	273	330	191	373
交通运输、仓储和邮政业	G	**2107**	**5087**	**2323**	**5697**
道路运输业	54	1634	2012	2056	3529
城市公共交通运输	541	841	406	71	618
公路旅客运输	542	576	493	1043	1216
道路货物运输	543	160	1028	749	1362
道路运输辅助活动	544	57	85	193	333

2007年	2008年	2009年	2010年	2011年	2012年	2013年	无开业年份
379	136	152	165	189	394	158	
379	136	152	165	189	394	158	
282	440	611	680	986	875	716	
215	433	502	548	866	783	461	
17		89	132	116	70	204	
50	7	20		4	22	51	
4430	**10121**	**8233**	**6101**	**15877**	**10678**	**11378**	**1**
1731	1885	5142	3354	9740	2517	2355	
1731	1885	5142	3354	9740	2517	2355	
242	845	1337	1030	2985	4034	2335	
37	153	1025	526	1212	2550	1766	
18			260	372	468	99	
3	37	6	11	204	55	11	
35	90	232	114	162	317	42	
149	565	74	119	1035	644	417	
1220	6203	404	486	1478	687	694	
459	129	21	84	226	59	78	
24	10	214	13	27	99	138	
737	6064	169	389	1225	529	478	
1237	1188	1350	1231	1674	3440	5994	1
717	585	637	877	1452	2538	3870	1
473	288	581	169	79	407	1700	
10	7	15	15	16	408	161	
37	308	117	170	127	87	263	
13018	**16663**	**18227**	**25613**	**28697**	**52031**	**48552**	**120**
6070	9276	9006	11289	14146	23540	20735	62
248	661	547	526	1086	1619	1373	
773	2913	1384	1831	2238	4607	2953	3
751	378	736	723	923	2820	2245	
147	140	427	189	242	564	501	
394	341	310	265	488	739	521	6
2068	2564	2963	4047	5054	6941	8048	40
1094	1687	2090	2855	2884	4224	3364	9
147	183	211	433	317	848	772	4
448	409	338	420	914	1178	958	
6948	7387	9221	14324	14551	28491	27817	58
2070	997	2158	3157	2133	4767	5384	
460	792	1061	1682	2477	6009	4287	8
968	724	361	569	491	1598	2293	
199	398	259	285	673	872	1153	1
302	566	525	390	1159	970	954	3
1288	2082	2176	3373	3651	6533	5481	27
997	929	1656	1973	1478	3067	2945	
376	583	618	961	1201	3250	3644	14
288	316	407	1934	1288	1425	1676	5
6571	**6581**	**5949**	**7373**	**4976**	**6588**	**7257**	**1**
3913	3464	4576	5032	3447	4594	5375	1
489	913	177	810	955	1767	1444	1
1137	739	919	207	141	562	1129	
1914	1436	2949	3240	1671	1989	2322	
373	376	531	775	680	276	480	

1-12 续表 16

行　　业	代码	2003年	2004年	2005年	2006年
水上运输业	55	23		35	33
水上旅客运输	551			35	
水上货物运输	552	11			33
水上运输辅助活动	553	12			
航空运输业	56	63	2800		773
航空客货运输	561	63	8		773
通用航空服务	562				
航空运输辅助活动	563		2792		
管道运输业	57				
管道运输业	570				
装卸搬运和运输代理业	58	228	204	214	1117
装卸搬运	581	3			934
运输代理业	582	225	204	214	183
仓储业	59	152	71	8	143
谷物、棉花等农产品仓储	591	125	70		128
其他仓储业	599	27	1	8	15
邮政业	60	7		10	102
邮政基本服务	601				
快递服务	602	7		10	102
住宿和餐饮业	**H**	**1305**	**4305**	**2663**	**4150**
住宿业	61	694	2294	2044	2850
旅游饭店	611	595	2134	1447	1855
一般旅馆	612	87	122	326	975
其他住宿业	619	12	38	271	20
餐饮业	62	611	2011	619	1300
正餐服务	621	609	1980	520	1251
快餐服务	622		7	54	12
饮料及冷饮服务	623			12	
其他餐饮业	629	2	24	33	37
信息传输、软件和信息技术服务业	**I**	**1047**	**9700**	**1045**	**951**
电信、广播电视和卫星传输服务	63	634	9389	182	45
电信	631	597	9360	177	21
广播电视传输服务	632	37	29	5	24
卫星传输服务	633				
互联网和相关服务	64	89	44	101	189
互联网接入及相关服务	641	3		16	4
互联网信息服务	642	20	22	74	86
其他互联网服务	649	66	22	11	99
软件和信息技术服务业	65	324	267	762	717
软件开发	651	91	136	252	391
信息系统集成服务	652	81	6		120
信息技术咨询服务	653	32	37	505	37
数据处理和存储服务	654				
集成电路设计	655	105			
其他信息技术服务业	659	15	88	5	169
房地产业	**K**	**6923**	**7664**	**5973**	**6819**
房地产业	70	6923	7664	5973	6819
房地产开发经营	701	2088	2898	2855	3862

2007年	2008年	2009年	2010年	2011年	2012年	2013年	无开业年份
45	301	16	262	39	61	167	
	272	8	111		50	96	
6	21	8	143	3		8	
39	8		8	36	11	63	
628	474	226	1		34	84	
82		225					
		1				84	
546	474		1		34		
					68	35	
					68	35	
1205	867	511	758	749	855	581	
1093	715	374	152	245	391	110	
112	152	137	606	504	464	471	
284	98	95	715	426	410	598	
194	45	13	7	54	74	85	
90	53	82	708	372	336	513	
496	1377	525	605	315	566	417	
78	6			5	33	12	
418	1371	525	605	310	533	405	
3308	**5570**	**5715**	**7238**	**11493**	**15443**	**17325**	**12**
2130	3959	2923	4019	6394	7322	6238	7
831	3081	1770	3087	4116	4164	3522	7
1138	712	648	791	1846	2333	1892	
161	166	505	141	432	825	824	
1178	1611	2792	3219	5099	8121	11087	5
1159	1502	2577	3112	4783	7151	9773	5
	14	116	6	16	128	181	
	71	21	11	20	248	234	
19	24	78	90	280	594	899	
543	**5515**	**1102**	**1273**	**969**	**4655**	**2735**	**1**
8	4750	419	333	93	342	346	
2	884	337	72	69	120	73	
6	3866	79	210	24	222	273	
		3	51				
32	216	155	241	156	195	514	
	7	23	11	76	44	201	
27	140	115	130	42	85	224	
5	69	17	100	38	66	89	
503	549	528	699	720	4118	1875	1
369	274	269	233	230	3188	947	
14	7	101	66	41	137	42	
93	132	114	282	285	526	643	1
1			1		20	10	
				24	35		
26	136	44	117	140	212	233	
8377	**6409**	**7004**	**9607**	**12727**	**14853**	**12310**	**40**
8377	6409	7004	9607	12727	14853	12310	40
5005	2424	4066	5185	8014	10187	7791	26

1-12 续表 17

行业	代码				
		2003年	2004年	2005年	2006年
物业管理	702	4518	4470	2850	2567
房地产中介服务	703	81	223	123	188
自有房地产经营活动	704	46	12	138	79
其他房地产业	709	190	61	7	123
租赁和商务服务业	**L**	**2984**	**5541**	**7324**	**6118**
租赁业	71	238	124	246	157
机械设备租赁	711	238	124	244	153
文化及日用品出租	712			2	4
商务服务业	72	2746	5417	7078	5961
企业管理服务	721	545	1198	613	1113
法律服务	722	64	169	30	170
咨询与调查	723	330	467	443	532
广告业	724	175	239	304	595
知识产权服务	725	65	33	8	
人力资源服务	726	31	305	4735	1229
旅行社及相关服务	727	114	132	255	166
安全保护服务	728	1206	2284	3	1367
其他商务服务业	729	216	590	687	789
科学研究和技术服务业	**M**	**2340**	**1524**	**1697**	**3171**
研究和试验发展	73	252	32	20	326
自然科学研究和试验发展	731	4		10	197
工程和技术研究和试验发展	732	217	4	8	40
农业科学研究和试验发展	733	31	24		84
医学研究和试验发展	734		3		5
社会人文科学研究	735		1	2	
专业技术服务业	74	1799	1320	1500	2653
气象服务	741	20	20	25	164
地震服务	742			7	
测绘服务	744		166	149	465
质检技术服务	745	95	245	151	362
环境与生态监测	746	26	11	36	180
地质勘查	747	438	14	61	148
工程技术	748	1073	779	792	645
其他专业技术服务业	749	147	85	279	689
科技推广和应用服务业	75	289	172	177	192
技术推广服务	751	204	150	147	119
科技中介服务	752	72		24	50
其他科技推广和应用服务业	759	13	22	6	23
水利、环境和公共设施管理业	**N**	**1518**	**591**	**2180**	**1647**
水利管理业	76	158	87	110	144
防洪除涝设施管理	761				28
水资源管理	762	4	18	44	43
天然水收集与分配	763	25	12	3	47
水文服务	764	13			3
其他水利管理业	769	116	57	63	23
生态保护和环境治理业	77	33	138	34	122
生态保护	771		121		117
环境治理业	772	33	17	34	5

2007年	2008年	2009年	2010年	2011年	2012年	2013年	无开业年份
2906	3284	2159	3386	3243	2982	2774	10
303	512	330	671	818	752	919	3
54	141	105	269	148	41	51	
109	48	344	96	504	891	775	1
5600	**7485**	**8310**	**11375**	**18381**	**16849**	**19846**	**43**
446	111	514	521	1114	2886	2476	
446	106	475	494	1033	2828	2390	
	5	39	27	81	58	86	
5154	7374	7796	10854	17267	13963	17370	43
907	1223	1543	2538	3877	4234	5605	
64	94	906	397	327	257	226	
365	926	692	1034	1291	1794	2193	20
494	934	950	1205	1438	2987	3285	4
29		28	31	33	56	57	
1787	324	694	1264	1756	727	989	2
284	501	790	546	1181	1031	1577	4
601	2588	524	2237	4873	728	769	
623	784	1669	1602	2491	2149	2669	13
1702	**2118**	**2669**	**10039**	**6467**	**7093**	**13533**	**6**
13	311	92	393	560	639	330	
4			6	14	145	10	
5		22	2	133	201	66	
2	192	40	161	375	223	216	
	4	30	218	21	48	12	
2	115		6	17	22	26	
1403	1422	2121	8706	4231	4218	11604	5
	18	18	27	63	8	55	
	2	3			100		
97	65	176	82	99	150	351	
455	162	327	437	684	631	770	
35	192	73	73	145	166	211	
52	86	154	117	296	299	5237	
444	609	628	7309	1827	1897	2068	5
320	288	742	661	1117	967	2912	
286	385	456	940	1676	2236	1599	1
246	360	400	903	1499	2034	1366	1
3	4	22	29	92	114	48	
37	21	34	8	85	88	185	
1089	**2722**	**1345**	**1457**	**1969**	**5995**	**2985**	**13**
81	87	172	104	202	1026	183	
10	9	5	3	4	145	7	
3	16	39	44	108	209	79	
12	50	41	2	20	121	7	
6	10			3	4	23	
50	2	87	55	67	547	67	
80	166	126	214	196	243	158	13
25	6	59	104	94	153	36	
55	160	67	110	102	90	122	13

1-12 续表 18

行 业	代码				
		2003年	2004年	2005年	2006年
公共设施管理业	78	1327	366	2036	1381
市政设施管理	781	40	2	7	209
环境卫生管理	782	454	71	691	489
城乡市容管理	783	698		562	305
绿化管理	784	53	104	649	4
公园和游览景区管理	785	82	189	127	374
居民服务、修理和其他服务业	**O**	**1463**	**2139**	**998**	**1408**
居民服务业	79	599	1478	451	467
家庭服务	791	37	1057	7	69
托儿所服务	792		6		
洗染服务	793			12	5
理发及美容服务	794	19	21		9
洗浴服务	795	186	201	85	111
保健服务	796			38	
婚姻服务	797			7	6
殡葬服务	798	348	129	208	64
其他居民服务业	799	9	64	94	203
机动车、电子产品和日用产品修理业	80	203	379	411	864
汽车、摩托车修理与维护	801	136	343	399	790
计算机和办公设备维修	802	67	17	2	45
家用电器修理	803		13	5	29
其他日用产品修理业	809		6	5	
其他服务业	81	661	282	136	77
清洁服务	811	536	184	11	46
其他未列明服务业	819	125	98	125	31
教育	**P**	**12119**	**10121**	**12689**	**9201**
教育	82	12119	10121	12689	9201
学前教育	821	848	915	746	871
初等教育	822	3150	2727	4878	2481
中等教育	823	5982	3856	3824	3800
高等教育	824	697	880		705
特殊教育	825	42		31	29
技能培训、教育辅助及其他教育	829	1400	1743	3210	1315
卫生和社会工作	**Q**	**3756**	**2605**	**2858**	**2372**
卫生	83	3671	2553	2796	2321
医院	831	2363	1269	1801	1376
社区医疗与卫生院	832	362	487	636	809
门诊部(所)	833	33	48	190	124
计划生育技术服务活动	834	160	41	28	6
妇幼保健院(所、站)	835	41	426	85	
专科疾病防治院(所、站)	836	30			
疾病预防控制中心	837	679	245	27	
其他卫生活动	839	3	37	29	6
社会工作	84	85	52	62	51
提供住宿社会工作	841	58	28	43	51
不提供住宿社会工作	842	27	24	19	
文化、体育和娱乐业	**R**	**477**	**552**	**699**	**2055**
新闻和出版业	85	45	64	138	14
新闻业	851	5	64	75	9
出版业	852	40		63	5

2007年	2008年	2009年	2010年	2011年	2012年	2013年	无开业年份
928	2469	1047	1139	1571	4726	2644	
5	57	29	78	121	1602	162	
210	1682	65	312	539	1901	433	
	354		25	76	45	50	
43	38	120	59	182	290	443	
670	338	833	665	653	888	1556	
1617	**1908**	**3053**	**3956**	**4905**	**8662**	**9390**	**16**
791	1031	1309	1925	2967	4486	4409	
496	146	340	341	1522	966	1665	
			10	43	42	8	
5		10	83	230	288	196	
23	24	20	153	72	725	642	
36	415	532	731	333	888	492	
139	131	25	79	40	140	586	
5	10	12	35	64	97	101	
44	219	176	230	188	322	196	
43	86	194	263	475	1018	523	
656	644	1339	1268	1387	3065	3907	16
650	556	1264	1154	1292	2843	3673	16
	85	27	41	76	88	89	
6		21	26	19	102	101	
	3	27	47		32	44	
170	233	405	763	551	1111	1074	
56	133	275	530	242	839	707	
114	100	130	233	309	272	367	
8305	**11416**	**12700**	**14101**	**17569**	**28153**	**32567**	**34**
8305	11416	12700	14101	17569	28153	32567	34
817	1360	1331	2421	3665	3792	4156	27
2508	3308	4710	4996	4546	10201	8888	5
3322	3858	3929	4553	5105	5827	10065	2
441		731	9	343	2411	2379	
55	93	268	73	32	214	87	
1162	2797	1731	2049	3878	5708	6992	
3617	**3760**	**2981**	**4869**	**6820**	**13075**	**10784**	**3**
3596	3523	2659	4718	6552	12524	10220	
2922	2408	1705	3183	4576	8969	6716	
433	799	559	840	1060	1848	2133	
9	181	105	161	113	136	365	
30	64	87	233	414	380	347	
	66	120	209	182	77	346	
		2		26		117	
	5	55	42	138	628		
202		26	50	43	486	196	
21	237	322	151	268	551	564	3
12	194	256	141	154	312	297	3
9	43	66	10	114	239	267	
1406	**2161**	**2170**	**2867**	**3457**	**4821**	**4760**	**8**
42	70	45	74	151	829	80	
20			9	17	357	28	
22	70	45	65	134	472	52	

1-12 续表 19

行业	代码	2003年	2004年	2005年	2006年
广播、电视、电影和影视录音制作业	86	86	119	76	137
广播	861	32			
电视	862		51	24	26
电影和影视节目制作	863	21		42	20
电影和影视节目发行	864				
电影放映	865	33	68	10	91
录音制作	866				
文化艺术业	87	113	21	52	292
文艺创作与表演	871	20			193
艺术表演场馆	872				
图书馆与档案馆	873				4
文物及非物质文化遗产保护	874	31	4	8	
博物馆	875			5	
烈士陵园、纪念馆	876		2	1	
群众文化活动	877	34	9	35	87
其他文化艺术业	879	28	6	3	8
体育	88	16	12	23	498
体育组织	881	5	5	6	223
体育场馆	882			11	18
休闲健身活动	883	3	7	6	257
其他体育	889	8			
娱乐业	89	217	336	410	1114
室内娱乐活动	891	217	335	404	1108
游乐园	892		1		
彩票活动	893				
文化、娱乐、体育经纪代理	894			6	6
其他娱乐业	899				
公共管理、社会保障和社会组织	**S**	**17120**	**18171**	**10551**	**10215**
中国共产党机关	90	87	104	69	23
中国共产党机关	900	87	104	69	23
国家机构	91	8444	9487	5482	3979
国家权力机构	911		29	15	
国家行政机构	912	8401	9234	5365	3925
人民法院和人民检察院	913		203	90	
其他国家机构	919	43	21	12	54
人民政协、民主党派	92	27	20	6	
人民政协	921	21	20		
民主党派	922	6		6	
社会保障	93	59	51	51	320
社会保障	930	59	51	51	320
群众团体、社会团体和其他成员组织	94	1159	2366	2949	4254
群众团体	941	48	29	267	716
社会团体	942	982	2273	2588	3452
基金会	943				
宗教组织	944	129	64	94	86
基层群众自治组织	95	7344	6143	1994	1639
社区自治组织	951	2842	1372	531	248
村民自治组织	952	4502	4771	1463	1391

2007年	2008年	2009年	2010年	2011年	2012年	2013年	无开业年份
197	248	229	822	526	314	513	
8	84	46	529	1	6		
13	75	56	66	88	177	281	
94	30		5	247	84	70	
					17	2	
54	59	99	222	190	13	160	
28		28			17		
180	662	400	463	1063	1224	1018	
	333	255	287	767	757	456	
			2	26		99	
32	69	22	47	31	60	45	
	41	53	4	28	44	105	
35	95	11	7	2	25	17	
60	16	6			2		
45	73	20	51	132	135	136	
8	35	33	65	77	201	160	
4	183	30	81	68	498	350	
1	20	12	46	33	228	106	
					36	15	
3	143	13	32	35	208	195	
	20	5	3		26	34	
983	998	1466	1427	1649	1956	2799	8
979	942	1160	1336	1523	1796	2491	
	1	69		45	49	124	
		178					
3	11	13	18	36	28	16	
1	44	46	73	45	83	168	8
17433	**14220**	**12201**	**38722**	**40742**	**39381**	**42567**	**16366**
86	95	110	94	643	474	354	1959
86	95	110	94	643	474	354	1959
8132	5454	5544	26843	28307	25201	26123	14108
	8		94	286	334	86	226
8115	5341	5344	26058	27537	24068	25868	13001
		81	245	395	630	56	677
17	105	119	446	89	169	113	204
4	29		40	1192	172	124	282
	29		36	1161	162	117	278
4			4	31	10	7	4
106	44	18	49	151	146	28	
106	44	18	49	151	146	28	
4268	4056	5346	7990	7610	11338	9625	12
70	160	165	257	486	975	1395	
3220	3455	4909	7586	6799	10007	8146	12
	8	12	14	9	25		
978	433	260	133	316	331	84	
4837	4542	1183	3706	2839	2050	6313	5
781	584	300	875	773	967	1077	
4056	3958	883	2831	2066	1083	5236	5

1-13 按行业(中类)、

行 业	代码	法人单位数(个)	内资	国有	集体	股份合作
总 计		**146514**	**146198**	**27267**	**1791**	**743**
农、林、牧、渔业	**A**	**1084**	**1084**	**215**	**6**	**2**
农业	01	9	9	2		
蔬菜、食用菌及园艺作物种植	014	4	4			
水果种植	015	3	3	2		
坚果、含油果、香料和饮料作物种植	016	1	1			
其他农业	019	1	1			
林业	02	4	4	2		
林木育种和育苗	021	2	2	1		
森林经营和管护	023	2	2	1		
畜牧业	03	4	4	2		
牲畜饲养	031	1	1			
其他畜牧业	039	3	3	2		
农、林、牧、渔服务业	05	1067	1067	209	6	2
农业服务业	051	736	736	102	4	2
林业服务业	052	156	156	97	1	
畜牧服务业	053	146	146	7	1	
渔业服务业	054	29	29	3		
采矿业	**B**	**5575**	**5567**	**78**	**48**	**82**
煤炭开采和洗选业	06	1850	1848	58	9	31
烟煤和无烟煤开采洗选	061	1806	1805	57	9	29
褐煤开采洗选	062	9	8			
其他煤炭采选	069	35	35	1		2
石油和天然气开采业	07	2	2			
天然气开采	072	2	2			
黑色金属矿采选业	08	250	247	2	5	3
铁矿采选	081	115	113			2
锰矿、铬矿采选	082	95	94	2	5	1
其他黑色金属矿采选	089	40	40			
有色金属矿采选业	09	324	323	7	4	7
常用有色金属矿采选	091	262	261	6	3	7
贵金属矿采选	092	47	47	1	1	
稀有稀土金属矿采选	093	15	15			
非金属矿采选业	10	3035	3033	11	29	37
土砂石开采	101	2702	2701	7	24	33
化学矿开采	102	244	244	4	3	2
石棉及其他非金属矿采选	109	89	88		2	2
开采辅助活动	11	56	56			2
煤炭开采和洗选辅助活动	111	37	37			1
石油和天然气开采辅助活动	112	2	2			
其他开采辅助活动	119	17	17			1
其他采矿业	12	58	58		1	2
其他采矿业	120	58	58		1	2
制造业	**C**	**21692**	**21574**	**245**	**210**	**120**
农副食品加工业	13	1686	1678	27	5	11
谷物磨制	131	358	358	3	1	4
饲料加工	132	113	108	2	1	1
植物油加工	133	285	284	5	1	2
制糖业	134	17	17			

登记注册类型分组的法人单位数

联营	国有联营	集体联营	国有与集体联营	其他联营	有限责任公司	国有独资公司	其他有限责任公司	股份有限公司	私营	私营独资
555	**96**	**250**	**45**	**164**	**29542**	**691**	**28851**	**1627**	**52895**	**34401**
2		**1**		**1**	**72**	**4**	**68**	**9**	**213**	**158**
					2		2		3	3
					1		1		2	2
					1		1			
									1	1
									2	1
									1	1
									1	
									2	1
									1	1
									1	
2		1		1	70	4	66	9	206	153
2		1		1	60	2	58	9	141	101
					5	2	3		24	17
					3		3		25	20
					2		2		16	15
35	**4**	**11**	**1**	**19**	**801**	**12**	**789**	**90**	**4067**	**2689**
11	4	2		5	316	10	306	40	1308	653
11	4	2		5	307	9	298	38	1281	634
					2	1	1	1	4	3
					7		7	1	23	16
					2		2			
					2		2			
2			1	1	82	1	81	6	132	67
1				1	39		39	4	60	31
1			1		32	1	31		46	25
					11		11	2	26	11
4		4			96		96	15	173	86
4		4			75		75	11	139	67
					15		15	4	25	13
					6		6		9	6
18		5		13	277	1	276	27	2383	1834
9		4		5	171	1	170	16	2211	1747
9		1		8	84		84	10	116	52
					22		22	1	56	35
					14		14		35	23
					10		10		25	15
									1	
					4		4		9	8
					14		14	2	36	26
					14		14	2	36	26
72	**9**	**43**	**4**	**16**	**3994**	**85**	**3909**	**292**	**15188**	**11472**
4		1	2	1	275	4	271	31	1176	892
1			1		42	2	40	4	278	226
1				1	42		42	4	57	22
					39	1	38	1	213	175
					4		4		10	8

1-13 续表 1

行业	代码	法人单位数(个)	内资			
				国有	集体	股份合作
屠宰及肉类加工	135	298	297	13	1	2
水产品加工	136	23	23			
蔬菜、水果和坚果加工	137	169	169			1
其他农副食品加工	139	423	422	4	1	1
食品制造业	14	766	763	8	5	3
焙烤食品制造	141	110	109	1	2	
糖果、巧克力及蜜饯制造	142	29	29			
方便食品制造	143	291	291	1		
乳制品制造	144	11	11	1		
罐头食品制造	145	13	13			
调味品、发酵制品制造	146	170	169	3	3	1
其他食品制造	149	142	141	2		2
酒、饮料和精制茶制造业	15	2338	2327	25	10	19
酒的制造	151	704	699	11	3	7
饮料制造	152	382	376	5	3	4
精制茶加工	153	1252	1252	9	4	8
烟草制品业	16	19	19	1		
烟叶复烤	161	16	16	1		
卷烟制造	162	1	1			
其他烟草制品制造	169	2	2			
纺织业	17	244	244		2	
棉纺织及印染精加工	171	51	51			
毛纺织及染整精加工	172	8	8			
麻纺织及染整精加工	173	10	10			
丝绢纺织及印染精加工	174	14	14			
化纤织造及印染精加工	175	8	8			
针织或钩针编织物及其制品制造	176	33	33			
家用纺织制成品制造	177	109	109			
非家用纺织制成品制造	178	11	11		2	
纺织服装、服饰业	18	489	485	2	7	
机织服装制造	181	274	272	1	6	
针织或钩针编织服装制造	182	47	47	1		
服饰制造	183	168	166		1	
皮革、毛皮、羽毛及其制品和制鞋业	19	252	251		2	
皮革鞣制加工	191	4	4			
皮革制品制造	192	47	46			
毛皮鞣制及制品加工	193	5	5			
羽毛(绒)加工及制品制造	194	4	4			
制鞋业	195	192	192		2	
木材加工和木、竹、藤、棕、草制品业	20	1219	1219	25	8	3
木材加工	201	696	696	18	4	1
人造板制造	202	103	103	3		
木制品制造	203	281	281	4	3	1
竹、藤、棕、草等制品制造	204	139	139		1	1
家具制造业	21	600	600	3	4	3
木质家具制造	211	468	468	3	3	3
竹、藤家具制造	212	15	15			
金属家具制造	213	32	32		1	
塑料家具制造	214	7	7			
其他家具制造	219	78	78			

联营	国有联营	集体联营	国有与集体联营	其他联营	有限责任公司	国有独资公司	其他有限责任公司	股份有限公司	私营	私营独资
					60	1	59	10	198	135
					1		1		20	19
					27		27	3	104	73
2		1	1		60		60	9	296	234
3		2		1	140	3	137	4	560	401
1				1	18		18		80	49
1		1			9		9		19	15
1		1			21		21	1	248	206
					3	1	2	1	5	4
					5		5		8	6
					39		39	2	111	67
					45	2	43		89	54
2		2			391	9	382	30	1418	959
					159	2	157	14	463	273
					73	3	70	4	266	181
2		2			159	4	155	12	689	505
					4	1	3		1	
					3	1	2		1	
					1		1			
					30	2	28	4	191	156
					11		11	1	39	27
					2	1	1		5	4
					1		1		7	7
					2	1	1		12	8
					1		1		7	5
					4		4		24	22
					9		9	2	89	78
								1	8	5
2		1		1	56	2	54	8	392	305
2		1		1	32	1	31	5	214	173
					2		2		44	38
					22	1	21	3	134	94
					25	1	24	1	218	195
									3	2
					8		8	1	37	30
					2		2		3	1
					1		1		3	
					14	1	13		172	162
4	3			1	145	2	143	14	931	767
2	2				67	2	65	7	541	462
					40		40	3	55	23
2	1			1	27		27	3	228	186
					11		11	1	107	96
					56		56	2	509	421
					43		43	2	398	334
					2		2		12	6
					3		3		27	22
					1		1		6	4
					7		7		66	55

1-13 续表 2

行业	代码	法人单位数(个)				
			内资	国有	集体	股份合作
造纸和纸制品业	22	311	308	2	7	1
纸浆制造	221	5	5			
造纸	222	116	116	2	2	
纸制品制造	223	190	187		5	1
印刷和记录媒介复制业	23	437	433	28	27	6
印刷	231	372	368	22	23	5
装订及印刷相关服务	232	63	63	5	4	1
记录媒介复制	233	2	2	1		
文教、工美、体育和娱乐用品制造业	24	1361	1359	6	5	4
文教办公用品制造	241	33	33			
乐器制造	242	15	15		1	
工艺美术品制造	243	1284	1283	6	4	4
体育用品制造	244	5	4			
玩具制造	245	20	20			
游艺器材及娱乐用品制造	246	4	4			
石油加工及炼焦	25	94	92	1		
化学原料和化学制品制造业	26	954	944	27	12	10
基础化学原料制造	261	188	184	9	5	2
肥料制造	262	251	249	12	3	5
农药制造	263	9	9	1		
涂料、油墨、颜料及类似产品制造	264	94	94	2	1	
合成材料制造	265	40	40	1		
专用化学产品制造	266	179	176	2		2
炸药、火工及焰火产品制造	267	105	104			
日用化学产品制造	268	88	88		3	1
医药制造业	27	289	279	3	2	1
化学药品原料药制造	271	12	12			
化学药品制剂制造	272	11	11			
中药饮片加工	273	75	74		1	1
中成药生产	274	142	135	3		
兽用药品制造	275	3	3			
生物药品制造	276	29	28			
卫生材料及医药用品制造	277	17	16		1	
化学纤维制造业	28	4	4			
合成纤维制造	282	4	4			
橡胶和塑料制品业	29	555	550	7	9	5
橡胶制品业	291	91	89	3	5	
塑料制品业	292	464	461	4	4	5
非金属矿物制品业	30	6167	6145	18	40	29
水泥、石灰和石膏制造	301	323	314	7	2	7
石膏、水泥制品及类似制品制造	302	2692	2689	2	9	10
砖瓦、石材等建筑材料制造	303	2533	2532	5	13	9
玻璃制造	304	66	66			
玻璃制品制造	305	233	232		3	1
玻璃纤维和玻璃纤维增强塑料制品制造	306	23	23		3	
陶瓷制品制造	307	41	41	1	3	
耐火材料制品制造	308	92	88	1	2	1
石墨及其他非金属矿物制品制造	309	164	160	2	5	1

联营					有限责任公司			股份有限公司	私营	
	国有联营	集体联营	国有与集体联营	其他联营		国有独资公司	其他有限责任公司			私营独资
1		1			74	1	73	1	202	135
					1		1	1	3	2
1		1			24	1	23		71	45
					49		49		128	88
10	1	8	1		114	1	113	6	229	152
8	1	7			103	1	102	6	192	120
2		1	1		10		10		37	32
					1		1			
3		1		2	97	1	96	9	1172	1010
2		1		1	3		3	1	23	16
					1		1		13	10
1				1	89	1	88	7	1114	965
									3	3
					2		2	1	17	14
					2		2		2	2
					34		34	2	50	29
6	1	2		3	273	11	262	26	555	348
1				1	78	4	74	12	73	27
2		2			72	4	68	8	135	93
1				1	3		3		4	3
					25		25	1	61	45
					13		13		23	11
1	1				46	2	44	1	119	66
					18	1	17	3	79	62
1				1	18		18	1	61	41
					104		104	14	120	47
					4		4	1	5	2
					7		7	1	3	
					19		19	1	29	15
					60		60	10	55	15
					1		1		2	1
					6		6	1	19	10
					7		7		7	4
					3		3		1	1
					3		3		1	1
3		3			162	4	158	7	338	229
3		3			24	2	22	2	49	33
					138	2	136	5	289	196
17	1	11		5	802	13	789	56	4827	3941
					108	7	101	13	168	96
8	1	4		3	329	3	326	19	2165	1822
7		6		1	238	2	236	13	2066	1719
					21		21	1	43	19
					24	1	23	3	198	166
					7		7	1	12	3
					6		6		27	20
1		1			20		20	1	57	36
1				1	49		49	5	91	60

1-13 续表 3

行　业	代码	法　人 单位数 （个）				
			内资	国有	集体	股份合作
黑色金属冶炼和压延加工业	31	395	390	3	8	3
炼铁	311	23	23			
炼钢	312	9	9			
黑色金属铸造	313	44	44	1	3	1
钢压延加工	314	96	96	1	3	
铁合金冶炼	315	223	218	1	2	2
有色金属冶炼和压延加工业	32	282	277	9	6	7
常用有色金属冶炼	321	138	135	2	2	4
贵金属冶炼	322	26	25	6	1	3
稀有稀土金属冶炼	323	11	11			
有色金属合金制造	324	29	28		1	
有色金属铸造	325	10	10		1	
有色金属压延加工	326	68	68	1	1	
金属制品业	33	1003	1000	6	11	5
结构性金属制品制造	331	521	520	3	1	3
金属工具制造	332	147	147	1		
集装箱及金属包装容器制造	333	23	23		2	
金属丝绳及其制品制造	334	28	28		1	1
建筑、安全用金属制品制造	335	119	118	2	1	
金属表面处理及热处理加工	336	25	24		1	
搪瓷制品制造	337	10	10			
金属制日用品制造	338	50	50		3	1
其他金属制品制造	339	80	80		2	
通用设备制造业	34	539	538	11	18	2
锅炉及原动设备制造	341	20	20	1		
金属加工机械制造	342	156	156	4	7	2
物料搬运设备制造	343	23	23	1		
泵、阀门、压缩机及类似机械制造	344	28	27	2		
轴承、齿轮和传动部件制造	345	36	36		1	
烘炉、风机、衡器、包装等设备制造	346	46	46		4	
文化、办公用机械制造	347	4	4			
通用零部件制造	348	209	209	2	6	
其他通用设备制造业	349	17	17	1		
专用设备制造业	35	477	473	10	5	4
采矿、冶金、建筑专用设备制造	351	150	149	4	2	4
化工、木材、非金属加工专用设备制造	352	86	86	1	1	
食品、饮料、烟草及饲料生产专用设备制造	353	15	15	1		
印刷、制药、日化及日用品生产专用设备制造	354	32	31		1	
纺织、服装和皮革加工专用设备制造	355	5	5			
电子和电工机械专用设备制造	356	49	48	1	1	
农、林、牧、渔专用机械制造	357	55	55	3		
医疗仪器设备及器械制造	358	30	30			
环保、社会公共服务及其他专用设备制造	359	55	54			
汽车制造业	36	118	115	5	3	2
汽车整车制造	361	9	9			
改装汽车制造	362	15	15			
低速载货汽车制造	363	1	1	1		
电车制造	364	3	3			
汽车车身、挂车制造	365	4	4			
汽车零部件及配件制造	366	86	83	4	3	2

联营	国有联营	集体联营	国有与集体联营	其他联营	有限责任公司	国有独资公司	其他有限责任公司	股份有限公司	私营	私营独资
					161	3	158	10	195	73
					10	1	9		12	4
					6		6		3	1
					17		17	1	20	9
					30	1	29	3	59	38
					98	1	97	6	101	21
3	1	2			96	2	94	8	140	69
2		2			48	1	47	6	67	28
1	1				5	1	4	1	7	2
					2		2		9	2
					11		11		16	9
					6		6		3	1
					24		24	1	38	27
5	1	4			233	3	230	10	694	513
1	1				118	2	116	4	374	282
					21		21		117	100
					8		8		12	9
					10		10	1	15	9
3		3			30		30	1	78	51
					10	1	9		13	5
					3		3		6	6
1		1			11		11	2	29	19
					22		22	2	50	32
1			1		189	3	186	5	297	198
					5		5		14	10
					52	1	51	1	86	58
					14		14	1	7	6
					17		17		8	3
					20	2	18	1	14	10
					18		18	1	21	14
					2		2		2	1
1			1		55		55	1	135	89
					6		6		10	7
2		2			170	3	167	9	257	165
1		1			61	2	59	5	72	42
1		1			14	1	13	1	63	53
					1		1		12	9
					7		7	1	21	16
					1		1		4	2
					23		23	1	20	9
					21		21		27	16
					15		15	1	13	7
					27		27		25	11
2	1	1			54		54	9	38	16
					7		7	2		
					9		9	1	5	2
					1		1	1	1	1
					2		2		2	2
2	1	1			35		35	5	30	11

1-13 续表 4

行业	代码	法人单位数(个)	内资	国有	集体	股份合作
铁路、船舶、航空航天和其他运输设备制造业	37	52	51	4	1	
铁路运输设备制造	371	10	10	1	1	
船舶及相关装置制造	373	8	8			
航空、航天器及设备制造	374	16	15	2		
摩托车制造	375	9	9			
自行车制造	376	5	5			
潜水救捞及其他未列明运输设备制造	379	4	4	1		
电气机械和器材制造业	38	459	452	2	4	2
电机制造	381	24	23	1	1	
输配电及控制设备制造	382	111	108	1	2	
电线、电缆、光缆及电工器材制造	383	62	61			
电池制造	384	10	10			
家用电力器具制造	385	58	56		1	
非电力家用器具制造	386	51	51			1
照明器具制造	387	125	125			1
其他电气机械及器材制造	389	18	18			
计算机、通信和其他电子设备制造业	39	135	133	2		
计算机制造	391	8	8			
通信设备制造	392	13	11	1		
雷达及配套设备制造	394	1	1			
视听设备制造	395	9	9			
电子器件制造	396	24	24			
电子元件制造	397	51	51	1		
其他电子设备制造	399	29	29			
仪器仪表制造业	40	76	74	1	2	
通用仪器仪表制造	401	15	15			
专用仪器仪表制造	402	22	21		2	
钟表与计时仪器制造	403	2	2			
光学仪器及眼镜制造	404	25	24	1		
其他仪器仪表制造业	409	12	12			
其他制造业	41	157	157	1	1	
废弃资源综合利用业	42	110	110	2	3	
金属废料和碎屑加工处理	421	48	48	1	3	
非金属废料和碎屑加工处理	422	62	62	1		
金属制品、机械和设备修理业	43	104	104	6	3	
金属制品修理	431	4	4			
通用设备修理	432	11	11	1		
专用设备修理	433	35	35	1		
铁路、船舶、航空航天等运输设备修理	434	4	4	1		
电气设备修理	435	11	11		1	
仪器仪表修理	436	2	2			
其他机械和设备修理业	439	37	37	3	2	
电力、热力、燃气及水生产和供应业	**D**	**1606**	**1599**	**333**	**37**	**16**
电力、热力生产和供应业	44	1120	1117	188	31	13
电力生产	441	956	953	80	25	13
电力供应	442	159	159	108	6	
热力生产和供应	443	5	5			

联营	国有联营	集体联营	国有与集体联营	其他联营	有限责任公司	国有独资公司	其他有限责任公司	股份有限公司	私营	私营独资
					28	7	21	3	15	7
					6	1	5	1	1	
					3	1	2		5	3
					12	4	8		1	
					4		4	1	4	2
					1		1		4	2
					2	1	1	1		
1		1			128	2	126	14	296	187
					6	1	5	3	11	6
					35	1	34	4	63	28
1		1			30		30		29	11
					6		6		4	1
					18		18	2	35	20
					5		5	2	43	28
					22		22	3	99	88
					6		6		12	5
1				1	60	4	56	2	64	42
					5		5		3	1
					7		7		3	1
					1		1			
					3		3		6	4
1				1	11		11	1	10	7
					21	2	19	1	25	17
					12	2	10		17	12
					19	3	16	4	45	23
					6		6	2	7	3
					3	1	2	2	12	9
					1		1		1	1
					4	2	2		18	8
					5		5		7	2
					25		25		121	102
1		1			24		24	3	73	49
1		1			11		11	1	31	18
					13		13	2	42	31
1				1	22		22		63	40
									4	2
					2		2		8	4
1				1	9		9		19	9
					1		1		2	2
					2		2		6	5
					2		2			
					6		6		24	18
26	**11**	**6**	**4**	**5**	**360**	**43**	**317**	**53**	**675**	**375**
20	9	3	4	4	236	20	216	42	518	275
18	7	3	4	4	212	15	197	41	502	265
2	2				22	5	17		14	9
					2		2	1	2	1

1-13 续表 5

行业	代码	法人单位数（个）	内资	国有	集体	股份合作
燃气生产和供应业	45	112	111	9		3
燃气生产和供应业	450	112	111	9		3
水的生产和供应业	46	374	371	136	6	
自来水生产和供应	461	319	318	126	6	
污水处理及其再生利用	462	41	39	10		
其他水的处理、利用与分配	469	14	14			
建筑业	E	**3617**	**3610**	**124**	**122**	**22**
房屋建筑业	47	754	753	49	95	3
房屋建筑业	470	754	753	49	95	3
土木工程建筑业	48	536	534	53	10	4
铁路、道路、隧道和桥梁工程建筑	481	235	233	35	7	4
水利和内河港口工程建筑	482	45	45	6	1	
工矿工程建筑	484	25	25	2		
架线和管道工程建筑	485	78	78	2	2	
其他土木工程建筑	489	153	153	8		
建筑安装业	49	394	394	9	6	2
电气安装	491	125	125	1	1	
管道和设备安装	492	75	75	2	3	
其他建筑安装业	499	194	194	6	2	2
建筑装饰和其他建筑业	50	1933	1929	13	11	13
建筑装饰业	501	1588	1584	5	6	11
工程准备活动	502	207	207	4	1	1
提供施工设备服务	503	24	24	1	1	1
其他未列明建筑业	509	114	114	3	3	
批发和零售业	F	**28382**	**28326**	**557**	**434**	**158**
批发业	51	14080	14056	307	218	76
农、林、牧产品批发	511	684	681	29	21	2
食品、饮料及烟草制品批发	512	2026	2022	74	12	17
纺织、服装及家庭用品批发	513	1231	1229	9	8	5
文化、体育用品及器材批发	514	405	405	19	4	1
医药及医疗器材批发	515	461	459	11	1	4
矿产品、建材及化工产品批发	516	4952	4942	100	112	20
机械设备、五金产品及电子产品批发	517	2912	2909	28	21	14
贸易经纪与代理	518	549	549	11	16	7
其他批发业	519	860	860	26	23	6
零售业	52	14302	14270	250	216	82
综合零售	521	1367	1352	62	143	10
食品、饮料及烟草制品专门零售	522	2126	2124	51	19	6
纺织、服装及日用品专门零售	523	1088	1083	11	5	1
文化、体育用品及器材专门零售	524	595	595	51	7	3
医药及医疗器材专门零售	525	800	798	12	3	9
汽车、摩托车、燃料及零配件专门零售	526	2904	2902	28	12	22
家用电器及电子产品专门零售	527	2208	2208	10	2	13
五金、家具及室内装饰材料专门零售	528	2220	2218	11	9	8
货摊、无店铺及其他零售业	529	994	990	14	16	10
交通运输、仓储和邮政业	G	**2648**	**2641**	**300**	**44**	**37**
道路运输业	54	1713	1707	195	23	30
城市公共交通运输	541	220	220	12	2	4
公路旅客运输	542	273	273	27	3	5
道路货物运输	543	927	926	11	13	18
道路运输辅助活动	544	293	288	145	5	3

联营					有限责任公司			股份有限公司	私营	
	国有联营	集体联营	国有与集体联营	其他联营		国有独资公司	其他有限责任公司			私营独资
					39	2	37	3	55	31
					39	2	37	3	55	31
6	2	3		1	85	21	64	8	102	69
6	2	3		1	64	20	44	5	87	57
					19	1	18	2	6	4
					2		2	1	9	8
10	**3**	**3**	**2**	**2**	**1715**	**45**	**1670**	**100**	**1411**	**490**
4		1	1	2	321	16	305	35	233	53
4		1	1	2	321	16	305	35	233	53
2		1	1		267	19	248	25	151	51
					107	11	96	9	62	26
					23	3	20	1	11	4
					7	1	6	2	12	4
					43		43	8	22	6
2		1	1		87	4	83	5	44	11
2	1	1			212	6	206	6	150	38
1		1			72		72		47	12
					39	1	38	1	29	7
1	1				101	5	96	5	74	19
2	2				915	4	911	34	877	348
					729	2	727	25	758	312
					106	1	105	9	77	24
					12		12		8	1
2	2				68	1	67		34	11
127	**19**	**69**	**10**	**29**	**10644**	**115**	**10529**	**427**	**14394**	**9091**
52	12	23	6	11	6114	72	6042	232	6217	3553
4		2	1	1	139	4	135	10	314	239
7	3	1	2	1	804	35	769	30	978	553
2		2			485	1	484	9	682	478
2	1	1			189	4	185	2	182	127
1	1				239	3	236	7	174	93
12	4	6		2	2213	15	2198	118	2089	1092
10	2	2	2	4	1499	6	1493	43	1171	595
4		3		1	202	2	200	7	217	108
10	1	6	1	2	344	2	342	6	410	268
75	7	46	4	18	4530	43	4487	195	8177	5538
31	2	28	1		325	4	321	18	683	519
11	3	4	2	2	671	23	648	27	1144	713
4	1	2		1	250	3	247	7	766	664
5		3		2	165	7	158	4	331	228
7			1	6	231	1	230	14	452	348
7		5		2	1015	1	1014	53	1661	966
3		1		2	855	2	853	35	1210	643
5		2		3	638		638	16	1446	1142
2	1	1			380	2	378	21	484	315
21	**4**	**8**	**3**	**6**	**953**	**32**	**921**	**66**	**1101**	**541**
12	2	6	1	3	613	16	597	39	719	334
1				1	91	6	85	4	102	30
2		2			106	5	101	17	104	38
6	2	2		2	362	2	360	17	447	231
3		2	1		54	3	51	1	66	35

1-13 续表 6

行　　业	代码	法　人 单位数 (个)				
			内资	国有	集体	股份合作
水上运输业	55	65	65	6	3	1
水上旅客运输	551	29	29	1		
水上货物运输	552	19	19		1	1
水上运输辅助活动	553	17	17	5	2	
航空运输业	56	19	18	3		
航空客货运输	561	9	8	1		
通用航空服务	562	2	2			
航空运输辅助活动	563	8	8	2		
管道运输业	57	6	6			
管道运输业	570	6	6			
装卸搬运和运输代理业	58	371	371	8	15	1
装卸搬运	581	112	112	3	13	
运输代理业	582	259	259	5	2	1
仓储业	59	246	246	68	3	1
谷物、棉花等农产品仓储	591	83	83	51	2	
其他仓储业	599	163	163	17	1	1
邮政业	60	228	228	20		4
邮政基本服务	601	20	20	16		
快递服务	602	208	208	4		4
住宿和餐饮业	H	**4060**	**4043**	**115**	**38**	**15**
住宿业	61	1517	1507	94	30	8
旅游饭店	611	562	554	40	15	2
一般旅馆	612	716	715	41	12	4
其他住宿业	619	239	238	13	3	2
餐饮业	62	2543	2536	21	8	7
正餐服务	621	2165	2161	19	7	6
快餐服务	622	61	59			
饮料及冷饮服务	623	77	76			
其他餐饮业	629	240	240	2	1	1
信息传输、软件和信息技术服务业	I	**1410**	**1397**	**84**	**6**	**12**
电信、广播电视和卫星传输服务	63	202	190	65	2	1
电信	631	127	115	13	1	1
广播电视传输服务	632	73	73	51	1	
卫星传输服务	633	2	2	1		
互联网和相关服务	64	261	260	4	2	2
互联网接入及相关服务	641	35	35		1	1
互联网信息服务	642	153	153	4	1	1
其他互联网服务	649	73	72			
软件和信息技术服务业	65	947	947	15	2	9
软件开发	651	462	462	4	1	4
信息系统集成服务	652	66	66	2		2
信息技术咨询服务	653	308	308	7		2
数据处理和存储服务	654	5	5			
集成电路设计	655	4	4			
其他信息技术服务业	659	102	102	2	1	1
房地产业	K	**5550**	**5503**	**251**	**93**	**43**
房地产业	70	5550	5503	251	93	43
房地产开发经营	701	3212	3170	51	11	19

联营	国有联营	集体联营	国有与集体联营	其他联营	有限责任公司	国有独资公司	其他有限责任公司	股份有限公司	私营	私营独资
1		1			14	1	13	3	35	16
1		1			6		6	2	19	6
					4	1	3		11	8
					4		4	1	5	2
					14	5	9	1		
					6	2	4	1		
					2	1	1			
					6	2	4			
					5		5		1	
					5		5		1	
3	2	1			161	2	159	8	158	80
2	1	1			38		38	1	49	22
1	1				123	2	121	7	109	58
2			2		77	6	71	8	76	43
					12	6	6	1	10	7
2			2		65		65	7	66	36
3				3	69	2	67	7	112	68
					1		1		3	3
3				3	68	2	66	7	109	65
19	**3**	**11**	**2**	**3**	**760**	**13**	**747**	**32**	**2857**	**2186**
13	3	8	1	1	403	8	395	20	873	576
2		2			200	4	196	9	262	126
7	2	4	1		147	3	144	7	471	341
4	1	2		1	56	1	55	4	140	109
6		3	1	2	357	5	352	12	1984	1610
5		3		2	305	5	300	11	1697	1372
					7		7		46	36
					15		15		59	48
1			1		30		30	1	182	154
6	**2**	**1**		**3**	**679**	**7**	**672**	**36**	**520**	**332**
4	1	1		2	44	6	38	21	42	31
3	1	1		1	36	6	30	15	36	28
					8		8	6	6	3
1				1						
1				1	69		69	3	168	129
					14		14	1	15	8
1				1	37		37	1	102	81
					18		18	1	51	40
1	1				566	1	565	12	310	172
1	1				289		289	7	146	84
					28		28	2	29	11
					190	1	189	1	93	51
					2		2		3	3
					2		2	1	1	
					55		55	1	38	23
24	**3**	**12**	**4**	**5**	**2783**	**71**	**2712**	**165**	**2041**	**415**
24	3	12	4	5	2783	71	2712	165	2041	415
3			2	1	1676	50	1626	113	1277	125

1-13 续表 7

行 业	代码	法 人 单位数 (个)				
			内资			
				国有	集体	股份合作
物业管理	702	1292	1289	29	10	15
房地产中介服务	703	596	595	39	5	3
自有房地产经营活动	704	242	241	86	63	2
其他房地产业	709	208	208	46	4	4
租赁和商务服务业	**L**	**9129**	**9110**	**636**	**142**	**92**
租赁业	71	1136	1136	7	5	11
机械设备租赁	711	1112	1112	6	5	11
文化及日用品出租	712	24	24	1		
商务服务业	72	7993	7974	629	137	81
企业管理服务	721	1791	1784	272	61	18
法律服务	722	333	333	70	4	3
咨询与调查	723	1245	1240	38	5	13
广告业	724	1909	1907	17	4	18
知识产权服务	725	36	36	1		
人力资源服务	726	498	498	67	13	4
旅行社及相关服务	727	631	629	45	4	8
安全保护服务	728	200	200	21	4	1
其他商务服务业	729	1350	1347	98	42	16
科学研究和技术服务业	**M**	**3919**	**3912**	**1107**	**45**	**33**
研究和试验发展	73	247	244	99	1	3
自然科学研究和试验发展	731	30	30	16		
工程和技术研究和试验发展	732	52	50	11		1
农业科学研究和试验发展	733	102	101	46		
医学研究和试验发展	734	27	27	1	1	2
社会人文科学研究	735	36	36	25		
专业技术服务业	74	2552	2549	626	28	27
气象服务	741	147	147	123	5	1
地震服务	742	11	11	10		
测绘服务	744	129	129	17	2	1
质检技术服务	745	293	293	74	5	1
环境与生态监测	746	114	114	45		
地质勘查	747	115	115	52	2	
工程技术	748	1084	1083	252	5	20
其他专业技术服务业	749	659	657	53	9	4
科技推广和应用服务业	75	1120	1119	382	16	3
技术推广服务	751	986	986	355	10	2
科技中介服务	752	52	51	7	1	
其他科技推广和应用服务业	759	82	82	20	5	1
水利、环境和公共设施管理业	**N**	**1224**	**1222**	**577**	**17**	**7**
水利管理业	76	461	460	355	8	2
防洪除涝设施管理	761	25	25	23		
水资源管理	762	124	124	93	3	
天然水收集与分配	763	86	86	67	2	
水文服务	764	42	42	36		1
其他水利管理业	769	184	183	136	3	1
生态保护和环境治理业	77	131	131	48	1	2
生态保护	771	59	59	38		
环境治理业	772	72	72	10	1	2

联营					有限责任公司			股份有限公司	私营	
	国有联营	集体联营	国有与集体联营	其他联营		国有独资公司	其他有限责任公司			私营独资
8	1	4	1	2	683	10	673	30	468	174
2				2	309	1	308	9	204	71
10	1	8	1		44	1	43	7	26	13
1	1				71	9	62	6	66	32
34	**3**	**17**	**2**	**12**	**3886**	**179**	**3707**	**178**	**3608**	**1716**
2	1			1	374	1	373	14	646	394
1				1	368		368	14	631	383
1	1				6	1	5		15	11
32	2	17	2	11	3512	178	3334	164	2962	1322
4	1	2	1		895	121	774	39	407	131
3		1		2	14		14	2	122	45
6		3		3	613	3	610	20	493	175
2		1		1	833	11	822	26	956	527
					21		21	1	8	3
1				1	186	2	184	13	195	85
2				2	272	17	255	18	240	119
1		1			83	3	80	5	77	31
13	1	9	1	2	595	21	574	40	464	206
25	**7**	**8**	**4**	**6**	**1177**	**29**	**1148**	**64**	**989**	**521**
4	1		1	2	66	2	64	2	40	20
					8		8		3	1
1			1		23	1	22	1	11	5
1	1				26	1	25	1	15	9
2				2	7		7		8	4
					2		2		3	1
14	5	4	3	2	908	25	883	54	737	376
					2		2	3	5	2
					1		1			
					43		43	1	60	28
4	2	2			89	1	88	9	98	28
1			1		37	1	36	2	21	9
					40	2	38	4	13	5
7	2	1	2	2	433	18	415	30	277	135
2	1	1			263	3	260	5	263	169
7	1	4		2	203	2	201	8	212	125
6	1	3		2	157	1	156	3	173	107
1		1			19	1	18	2	18	3
					27		27	3	21	15
7	**3**	**4**			**240**	**19**	**221**	**20**	**233**	**138**
5	2	3			30	8	22	1	20	14
1	1				1		1			
1		1			6	2	4		10	5
1		1			5	2	3		3	3
2	1	1			18	4	14	1	7	6
					29		29	4	31	16
					3		3		5	4
					26		26	4	26	12

1-13 续表 8

行业	代码	法人单位数(个)				
			内资			
				国有	集体	股份合作
公共设施管理业	78	632	631	174	8	3
市政设施管理	781	79	78	29	1	
环境卫生管理	782	91	91	47	3	
城乡市容管理	783	26	26	12	1	1
绿化管理	784	157	157	14	1	
公园和游览景区管理	785	279	279	72	2	2
居民服务、修理和其他服务业	**O**	**3418**	**3416**	**96**	**38**	**32**
居民服务业	79	1397	1396	57	23	12
家庭服务	791	432	432	1	3	1
托儿所服务	792	12	12			
洗染服务	793	68	68			
理发及美容服务	794	235	235		1	2
洗浴服务	795	113	113	1		
保健服务	796	65	65	1		1
婚姻服务	797	76	76	2	5	2
殡葬服务	798	126	126	29	5	4
其他居民服务业	799	270	269	23	9	2
机动车、电子产品和日用产品修理业	80	1559	1558	19	8	14
汽车、摩托车修理与维护	801	1370	1369	15	6	12
计算机和办公设备维修	802	97	97	1	1	1
家用电器修理	803	66	66	2	1	1
其他日用产品修理业	809	26	26	1		
其他服务业	81	462	462	20	7	6
清洁服务	811	274	274	3	4	2
其他未列明服务业	819	188	188	17	3	4
教育	**P**	**9880**	**9880**	**6386**	**82**	**24**
教育	82	9880	9880	6386	82	24
学前教育	821	1729	1729	489	16	10
初等教育	822	4386	4386	3544	29	
中等教育	823	2252	2252	1784	16	1
高等教育	824	80	80	71		
特殊教育	825	65	65	49		
技能培训、教育辅助及其他教育	829	1368	1368	449	21	13
卫生和社会工作	**Q**	**3998**	**3997**	**2490**	**68**	**20**
卫生	83	3555	3554	2184	61	20
医院	831	891	890	270	5	16
社区医疗与卫生院	832	1762	1762	1271	47	1
门诊部(所)	833	188	188	22	6	1
计划生育技术服务活动	834	442	442	402	3	
妇幼保健院(所、站)	835	121	121	106		1
专科疾病防治院(所、站)	836	10	10	5		
疾病预防控制中心	837	83	83	79		
其他卫生活动	839	58	58	29		1
社会工作	84	443	443	306	7	
提供住宿社会工作	841	333	333	216	5	
不提供住宿社会工作	842	110	110	90	2	
文化、体育和娱乐业	**R**	**2853**	**2850**	**677**	**13**	**17**
新闻和出版业	85	102	102	65		
新闻业	851	36	36	29		
出版业	852	66	66	36		

联营	国有联营	集体联营	国有与集体联营	其他联营	有限责任公司	国有独资公司	其他有限责任公司	股份有限公司	私营	私营独资
2	1	1			181	11	170	15	182	108
1	1				25	3	22	1	16	9
					17	1	16	3	14	6
					8	2	6		1	
1		1			67		67	1	55	35
					64	5	59	10	96	58
14	**2**	**4**	**1**	**7**	**794**	**12**	**782**	**42**	**2198**	**1635**
3	1			2	311	7	304	7	879	685
					94	1	93	1	314	256
					2		2		6	6
					13		13		51	38
					30		30		192	170
					32	1	31	1	70	43
					14		14		48	31
1				1	26		26		36	25
2	1			1	33	4	29	2	42	23
					67	1	66	3	120	93
9		4	1	4	340	3	337	19	1084	784
7		3	1	3	271	3	268	16	984	723
1		1			42		42	2	47	24
1				1	20		20	1	37	26
					7		7		16	11
2	1			1	143	2	141	16	235	166
					89	1	88	5	156	108
2	1			1	54	1	53	11	79	58
28	**5**	**9**		**14**	**237**	**5**	**232**	**23**	**1151**	**874**
28	5	9		14	237	5	232	23	1151	874
10	1	3		6	9		9	3	520	477
2	1			1	3		3		106	86
7	2	3		2	8		8	1	103	75
2		1		1	1		1		2	
					3		3		4	4
7	1	2		4	213	5	208	19	416	232
20	**8**	**2**	**5**	**5**	**103**	**2**	**101**	**6**	**626**	**449**
18	8	2	4	4	95	2	93	6	602	432
6	3	1		2	75	1	74	5	421	285
11	5		4	2	6		6		91	76
1		1			3		3		76	62
					1	1			2	2
					1		1		1	1
									3	2
					9		9	1	8	4
2			1	1	8		8		24	17
1			1		8		8		23	16
1				1					1	1
7	**2**	**3**		**2**	**332**	**15**	**317**	**23**	**1546**	**1273**
					24	1	23	3	4	4
					3		3	1	1	1
					21	1	20	2	3	3

1-13 续表 9

行业	代码	法人单位数(个)				
			内资	国有	集体	股份合作
广播、电视、电影和影视录音制作业	86	194	193	102	2	4
广播	861	31	31	30		
电视	862	41	41	37		
电影和影视节目制作	863	34	34	6		
电影和影视节目发行	864	10	10	5		3
电影放映	865	72	71	24	2	1
录音制作	866	6	6			
文化艺术业	87	712	712	452	6	1
文艺创作与表演	871	103	103	27	1	
艺术表演场馆	872	9	9	5		
图书馆与档案馆	873	112	112	101	2	
文物及非物质文化遗产保护	874	62	62	45	1	
博物馆	875	26	26	20	2	
烈士陵园、纪念馆	876	20	20	13		
群众文化活动	877	278	278	219		1
其他文化艺术业	879	102	102	22		
体育	88	142	141	42	3	1
体育组织	881	51	51	18	2	
体育场馆	882	17	17	15		
休闲健身活动	883	64	63	5		
其他体育	889	10	10	4	1	1
娱乐业	89	1703	1702	16	2	11
室内娱乐活动	891	1623	1622	5	2	10
游乐园	892	11	11	1		
彩票活动	893	7	7	6		
文化、娱乐、体育经纪代理	894	24	24	1		1
其他娱乐业	899	38	38	3		
公共管理、社会保障和社会组织	**S**	**36469**	**36467**	**12996**	**348**	**11**
中国共产党机关	90	831	831	829		
中国共产党机关	900	831	831	829		
国家机构	91	11036	11036	10537	16	1
国家权力机构	911	138	138	137		
国家行政机构	912	10570	10570	10087	16	1
人民法院和人民检察院	913	201	201	196		
其他国家机构	919	127	127	117		
人民政协、民主党派	92	148	148	148		
人民政协	921	100	100	100		
民主党派	922	48	48	48		
社会保障	93	143	143	128		
社会保障	930	143	143	128		
群众团体、社会团体和其他成员组织	94	5009	5007	1354	332	10
群众团体	941	642	642	520	19	
社会团体	942	3798	3796	803	254	10
基金会	943	18	18	6	1	
宗教组织	944	551	551	25	58	
基层群众自治组织	95	19302	19302			
社区自治组织	951	1854	1854			
村民自治组织	952	17448	17448			

联营	国有联营	集体联营	国有与集体联营	其他联营	有限责任公司	国有独资公司	其他有限责任公司	股份有限公司	私营	私营独资
1	1				42	3	39	5	32	13
									1	
					1	1		1	1	1
					15		15	2	10	7
									1	1
1	1				25	2	23	2	16	2
					1		1		3	2
1		1			84	10	74	2	80	48
					28	7	21	1	33	16
					4	2	2			
					1		1		1	1
					5		5		6	5
					1		1		1	
1		1			14	1	13		5	3
					31		31	1	34	23
1		1			30		30	2	36	26
					6		6	1	8	5
1		1			1		1			
					21		21	1	27	20
					2		2		1	1
4	1	1		2	152	1	151	11	1394	1182
4	1	1		2	119		119	10	1369	1165
					7		7		3	3
					20	1	19		1	
					6		6	1	21	14
78	**8**	**38**	**3**	**29**	**12**	**3**	**9**	**1**	**77**	**46**
8	3	2	1	2						
8	3	2	1	2						
70	5	36	2	27	12	3	9	1	77	46
2		2			1		1			
63	5	33	2	23	10	2	8	1	74	45
5		1		4	1	1			3	1

1-13 续表 10

行业	代码	私营合伙	私营有限责任公司	私营股份有限公司	其他	港、澳、台商投资	合资经营(港、澳、台资)
总计		**3608**	**13675**	**1211**	**31778**	**165**	**75**
农、林、牧、渔业	**A**	**12**	**39**	**4**	**565**		
农业	01				2		
蔬菜、食用菌及园艺作物种植	014				1		
水果种植	015						
坚果、含油果、香料和饮料作物种植	016						
其他农业	019				1		
林业	02		1				
林木育种和育苗	021						
森林经营和管护	023		1				
畜牧业	03		1				
牲畜饲养	031						
其他畜牧业	039		1				
农、林、牧、渔服务业	05	12	37	4	563		
农业服务业	051	6	31	3	416		
林业服务业	052	3	4		29		
畜牧服务业	053	2	2	1	110		
渔业服务业	054	1			8		
采矿业	**B**	**822**	**500**	**56**	**366**	**5**	**2**
煤炭开采和洗选业	06	438	195	22	75		
烟煤和无烟煤开采洗选	061	431	194	22	73		
褐煤开采洗选	062	1			1		
其他煤炭采选	069	6	1		1		
石油和天然气开采业	07						
天然气开采	072						
黑色金属矿采选业	08	18	38	9	15	2	1
铁矿采选	081	13	14	2	7	1	
锰矿、铬矿采选	082	3	13	5	7	1	1
其他黑色金属矿采选	089	2	11	2	1		
有色金属矿采选业	09	20	61	6	17	1	
常用有色金属矿采选	091	19	49	4	16	1	
贵金属矿采选	092	1	9	2	1		
稀有稀土金属矿采选	093		3				
非金属矿采选业	10	340	196	13	251	2	1
土砂石开采	101	316	138	10	230	1	1
化学矿开采	102	18	43	3	16		
石棉及其他非金属矿采选	109	6	15		5	1	
开采辅助活动	11	4	6	2	5		
煤炭开采和洗选辅助活动	111	4	4	2	1		
石油和天然气开采辅助活动	112		1		1		
其他开采辅助活动	119		1		3		
其他采矿业	12	2	4	4	3		
其他采矿业	120	2	4	4	3		
制造业	**C**	**805**	**2687**	**224**	**1453**	**54**	**21**
农副食品加工业	13	49	221	14	149	4	3
谷物磨制	131	6	45	1	25		
饲料加工	132	5	29	1		2	1
植物油加工	133	10	27	1	23		
制糖业	134		2		3		

合作经营(港、澳、台资)	港、澳、台商独资经营	港、澳、台商投资股份有限公司	其他港、澳、台投资	外商投资	中外合资经营	中外合作经营	外资企业	外商投资股份有限公司	其他外商投资
2	**77**	**6**	**5**	**151**	**60**	**13**	**56**	**13**	**9**
	3			**3**			**1**	**2**	
				2			1	1	
				1				1	
				1			1		
	1			1				1	
	1			1				1	
	1								
	1								
	1								
	1								
1	**27**	**2**	**3**	**64**	**35**	**2**	**22**	**2**	**3**
	1			4	3		1		
	1			3	2		1		
				1	1				

1-13 续表 11

行业	代码	私营合伙	私营有限责任公司	私营股份有限公司	其他	港、澳、台商投资	合资经营（港、澳、台资）
屠宰及肉类加工	135	12	47	4	13	1	1
水产品加工	136		1		2		
蔬菜、水果和坚果加工	137	2	27	2	34		
其他农副食品加工	139	14	43	5	49	1	1
食品制造业	14	24	128	7	40	1	1
焙烤食品制造	141		31		7	1	1
糖果、巧克力及蜜饯制造	142		4				
方便食品制造	143	17	22	3	19		
乳制品制造	144		1		1		
罐头食品制造	145		2				
调味品、发酵制品制造	146	2	40	2	10		
其他食品制造	149	5	28	2	3		
酒、饮料和精制茶制造业	15	69	357	33	432	2	1
酒的制造	151	11	170	9	42	1	
饮料制造	152	27	50	8	21	1	1
精制茶加工	153	31	137	16	369		
烟草制品业	16	1			13		
烟叶复烤	161	1			11		
卷烟制造	162						
其他烟草制品制造	169				2		
纺织业	17	3	26	6	17		
棉纺织及印染精加工	171	1	9	2			
毛纺织及染整精加工	172		1		1		
麻纺织及染整精加工	173				2		
丝绢纺织及印染精加工	174		3	1			
化纤织造及印染精加工	175	1	1				
针织或钩针编织物及其制品制造	176		2		5		
家用纺织制成品制造	177		9	2	9		
非家用纺织制成品制造	178	1	1	1			
纺织服装、服饰业	18	15	70	2	18	4	1
机织服装制造	181	10	29	2	12	2	1
针织或钩针编织服装制造	182	4	2				
服饰制造	183	1	39		6	2	
皮革、毛皮、羽毛及其制品和制鞋业	19	4	18	1	5	1	
皮革鞣制加工	191		1		1		
皮革制品制造	192	1	5	1		1	
毛皮鞣制及制品加工	193		2				
羽毛(绒)加工及制品制造	194		3				
制鞋业	195	3	7		4		
木材加工和木、竹、藤、棕、草制品业	20	50	108	6	89		
木材加工	201	23	55	1	56		
人造板制造	202	7	25		2		
木制品制造	203	14	23	5	13		
竹、藤、棕、草等制品制造	204	6	5		18		
家具制造业	21	22	58	8	23		
木质家具制造	211	15	46	3	16		
竹、藤家具制造	212	1	3	2	1		
金属家具制造	213	1	1	3	1		
塑料家具制造	214	1	1				
其他家具制造	219	4	7		5		

合作经营（港、澳、台资）	港、澳、台商独资经营	港、澳、台商投资股份有限公司	其他港、澳、台投资	外商投资	中外合资经营	中外合作经营	外资企业	外商投资股份有限公司	其他外商投资
				2	1		1		
				1	1				
				1			1		
		1		9	6		2		1
		1		4	1		2		1
				5	5				
	3								
	1								
	2								
	1								
	1								

1-13 续表 12

行业	代码	私营合伙	私营有限责任公司	私营股份有限公司	其他	港、澳、台商投资	合资经营(港、澳、台资)
造纸和纸制品业	22	14	50	3	20	2	1
纸浆制造	221		1				
造纸	222	5	20	1	16		
纸制品制造	223	9	29	2	4	2	1
印刷和记录媒介复制业	23	22	49	6	13	4	3
印刷	231	21	45	6	9	4	3
装订及印刷相关服务	232	1	4		4		
记录媒介复制	233						
文教、工美、体育和娱乐用品制造业	24	38	116	8	63	2	
文教办公用品制造	241	1	5	1	4		
乐器制造	242		3				
工艺美术品制造	243	37	105	7	58	1	
体育用品制造	244				1	1	
玩具制造	245		3				
游艺器材及娱乐用品制造	246						
石油加工及炼焦	25	4	15	2	5	1	1
化学原料和化学制品制造业	26	57	141	9	35	2	1
基础化学原料制造	261	11	33	2	4		
肥料制造	262	8	30	4	12		
农药制造	263		1				
涂料、油墨、颜料及类似产品制造	264	7	8	1	4		
合成材料制造	265	4	8		3		
专用化学产品制造	266	14	38	1	5	1	
炸药、火工及焰火产品制造	267	7	10		4	1	1
日用化学产品制造	268	6	13	1	3		
医药制造业	27	7	57	9	35	5	2
化学药品原料药制造	271	1	2		2		
化学药品制剂制造	272		3				
中药饮片加工	273	2	12		23	1	
中成药生产	274	3	30	7	7	3	1
兽用药品制造	275		1				
生物药品制造	276	1	6	2	2		
卫生材料及医药用品制造	277		3		1	1	1
化学纤维制造业	28						
合成纤维制造	282						
橡胶和塑料制品业	29	23	80	6	19		
橡胶制品业	291	3	13		3		
塑料制品业	292	20	67	6	16		
非金属矿物制品业	30	281	548	57	356	8	3
水泥、石灰和石膏制造	301	11	52	9	9	5	1
石膏、水泥制品及类似制品制造	302	89	235	19	147	1	1
砖瓦、石材等建筑材料制造	303	160	172	15	181		
玻璃制造	304	2	19	3	1		
玻璃制品制造	305	6	24	2	3	1	1
玻璃纤维和玻璃纤维增强塑料制品制造	306		9				
陶瓷制品制造	307		5	2	4		
耐火材料制品制造	308	4	16	1	5		
石墨及其他非金属矿物制品制造	309	9	16	6	6	1	

合作经营(港、澳、台资)	港、澳、台商独资经营	港、澳、台商投资股份有限公司	其他港、澳、台投资	外商投资	中外合资经营	中外合作经营	外资企业	外商投资股份有限公司	其他外商投资
	1			1	1				
	1			1	1				
	1								
	1								
	2								
	1								
	1								
				1	1				
1				8	4		3	1	
				4	2		2		
				2	1			1	
1				2	1		1		
	3			5			3	1	1
	1								
	2			4			3	1	
				1					1
				5	2	1	2		
				2	1		1		
				3	1	1	1		
	5			14	7		7		
	4			4	2		2		
				2	1		1		
				1	1				
				4	2		2		
	1			3	1		2		

1-13 续表 13

行业	代码	私营合伙	私营有限责任公司	私营股份有限公司	其他	港、澳、台商投资	合资经营(港、澳、台资)
黑色金属冶炼和压延加工业	31	8	102	12	10	4	
炼铁	311	2	5	1	1		
炼钢	312		2				
黑色金属铸造	313	1	9	1	1		
钢压延加工	314	3	18				
铁合金冶炼	315	2	68	10	8	4	
有色金属冶炼和压延加工业	32	12	56	3	8	3	1
常用有色金属冶炼	321	8	30	1	4	2	1
贵金属冶炼	322	1	4		1		
稀有稀土金属冶炼	323	1	5	1			
有色金属合金制造	324	1	6			1	
有色金属铸造	325		2				
有色金属压延加工	326	1	9	1	3		
金属制品业	33	34	135	12	36	3	2
结构性金属制品制造	331	17	70	5	16	1	1
金属工具制造	332	5	9	3	8		
集装箱及金属包装容器制造	333	1	2		1		
金属丝绳及其制品制造	334	2	4				
建筑、安全用金属制品制造	335	4	20	3	3	1	1
金属表面处理及热处理加工	336		8			1	
搪瓷制品制造	337				1		
金属制日用品制造	338	2	7	1	3		
其他金属制品制造	339	3	15		4		
通用设备制造业	34	20	75	4	15		
锅炉及原动设备制造	341		3	1			
金属加工机械制造	342	7	20	1	4		
物料搬运设备制造	343		1				
泵、阀门、压缩机及类似机械制造	344		5				
轴承、齿轮和传动部件制造	345		4				
烘炉、风机、衡器、包装等设备制造	346	2	5		2		
文化、办公用机械制造	347		1				
通用零部件制造	348	10	35	1	9		
其他通用设备制造业	349	1	1	1			
专用设备制造业	35	11	76	5	16	3	
采矿、冶金、建筑专用设备制造	351	3	26	1			
化工、木材、非金属加工专用设备制造	352		9	1	5		
食品、饮料、烟草及饲料生产专用设备制造	353	2	1		1		
印刷、制药、日化及日用品生产专用设备制造	354	1	3	1	1	1	
纺织、服装和皮革加工专用设备制造	355		2				
电子和电工机械专用设备制造	356	1	10		2	1	
农、林、牧、渔专用机械制造	357	2	8	1	4		
医疗仪器设备及器械制造	358		6		1		
环保、社会公共服务及其他专用设备制造	359	2	11	1	2	1	
汽车制造业	36	5	14	3	2		
汽车整车制造	361						
改装汽车制造	362	1	2				
低速载货汽车制造	363						
电车制造	364						
汽车车身、挂车制造	365						
汽车零部件及配件制造	366	4	12	3	2		

合作经营(港、澳、台资)	港、澳、台商独资经营	港、澳、台商投资股份有限公司	其他港、澳、台投资	外商投资	中外合资经营	中外合作经营	外资企业	外商投资股份有限公司	其他外商投资
	4			1			1		
	4			1			1		
	1		1	2	1	1			
	1			1	1				
				1		1			
			1						
		1							
		1							
				1	1				
				1	1				
	1		2	1	1				
				1	1				
			1						
	1								
			1						
				3	2				1
				3	2				1

1-13 续表 14

行业	代码	私营合伙	私营有限责任公司	私营股份有限公司	其他	港、澳、台商投资	合资经营(港、澳、台资)
铁路、船舶、航空航天和其他运输设备制造业	37	2	5	1			
铁路运输设备制造	371		1				
船舶及相关装置制造	373	1	1				
航空、航天器及设备制造	374		1				
摩托车制造	375	1		1			
自行车制造	376		2				
潜水救捞及其他未列明运输设备制造	379						
电气机械和器材制造业	38	8	97	4	5	3	
电机制造	381		5		1		
输配电及控制设备制造	382	3	30	2	3	2	
电线、电缆、光缆及电工器材制造	383	1	17		1		
电池制造	384		3				
家用电力器具制造	385	1	13	1		1	
非电力家用器具制造	386	2	12	1			
照明器具制造	387		11				
其他电气机械及器材制造	389	1	6				
计算机、通信和其他电子设备制造业	39	1	19	2	4	2	1
计算机制造	391		2				
通信设备制造	392		1	1		2	1
雷达及配套设备制造	394						
视听设备制造	395		2				
电子器件制造	396		3		1		
电子元件制造	397		8		3		
其他电子设备制造	399	1	3	1			
仪器仪表制造业	40	10	12		3		
通用仪器仪表制造	401		4				
专用仪器仪表制造	402		3		2		
钟表与计时仪器制造	403						
光学仪器及眼镜制造	404	10			1		
其他仪器仪表制造业	409		5				
其他制造业	41	5	14		9		
废弃资源综合利用业	42	1	23		4		
金属废料和碎屑加工处理	421	1	12				
非金属废料和碎屑加工处理	422		11		4		
金属制品、机械和设备修理业	43	5	17	1	9		
金属制品修理	431	2					
通用设备修理	432		4				
专用设备修理	433	1	8	1	5		
铁路、船舶、航空航天等运输设备修理	434						
电气设备修理	435		1		2		
仪器仪表修理	436						
其他机械和设备修理业	439	2	4		2		
电力、热力、燃气及水生产和供应业	D	**139**	**138**	**23**	**99**	**3**	**1**
电力、热力生产和供应业	44	115	110	18	69	3	1
电力生产	441	115	106	16	62	3	1
电力供应	442		3	2	7		
热力生产和供应	443		1				

合作经营(港、澳、台资)	港、澳、台商独资经营	港、澳、台商投资股份有限公司	其他港、澳、台投资	外商投资	中外合资经营	中外合作经营	外资企业	外商投资股份有限公司	其他外商投资
				1	1				
				1	1				
	3			4	3		1		
				1	1				
	2			1	1				
				1			1		
	1			1	1				
	1								
	1								
				2	1		1		
				1	1				
				1			1		
	2			**4**	**2**		**1**	**1**	
	2								
	2								

1-13 续表 15

行　　业	代码	私营合伙	私营有限责任公司	私营股份有限公司	其他	港、澳、台商投资	合资经营(港、澳、台资)
燃气生产和供应业	45	5	17	2	2		
燃气生产和供应业	450	5	17	2	2		
水的生产和供应业	46	19	11	3	28		
自来水生产和供应	461	18	9	3	24		
污水处理及其再生利用	462	1	1		2		
其他水的处理、利用与分配	469		1		2		
建筑业	**E**	**56**	**809**	**56**	**106**	**2**	**1**
房屋建筑业	47	4	158	18	13	1	
房屋建筑业	470	4	158	18	13	1	
土木工程建筑业	48	10	86	4	22		
铁路、道路、隧道和桥梁工程建筑	481	6	29	1	9		
水利和内河港口工程建筑	482		7		3		
工矿工程建筑	484	1	6	1	2		
架线和管道工程建筑	485	1	14	1	1		
其他土木工程建筑	489	2	30	1	7		
建筑安装业	49	1	106	5	7		
电气安装	491		35		3		
管道和设备安装	492	1	21		1		
其他建筑安装业	499		50	5	3		
建筑装饰和其他建筑业	50	41	459	29	64	1	1
建筑装饰业	501	37	385	24	50	1	1
工程准备活动	502	1	47	5	9		
提供施工设备服务	503	1	6		1		
其他未列明建筑业	509	2	21		4		
批发和零售业	**F**	**466**	**4512**	**325**	**1585**	**25**	**12**
批发业	51	204	2303	157	840	9	3
农、林、牧产品批发	511	12	61	2	162	2	
食品、饮料及烟草制品批发	512	33	370	22	100	1	
纺织、服装及家庭用品批发	513	15	177	12	29	2	
文化、体育用品及器材批发	514	5	48	2	6		
医药及医疗器材批发	515	1	71	9	22	1	
矿产品、建材及化工产品批发	516	79	864	54	278	3	3
机械设备、五金产品及电子产品批发	517	33	505	38	123		
贸易经纪与代理	518	9	92	8	85		
其他批发业	519	17	115	10	35		
零售业	52	262	2209	168	745	16	9
综合零售	521	18	134	12	80	8	6
食品、饮料及烟草制品专门零售	522	40	364	27	195	2	1
纺织、服装及日用品专门零售	523	15	77	10	39	3	
文化、体育用品及器材专门零售	524	10	88	5	29		
医药及医疗器材专门零售	525	22	77	5	70		
汽车、摩托车、燃料及零配件专门零售	526	66	583	46	104	1	1
家用电器及电子产品专门零售	527	32	507	28	80		
五金、家具及室内装饰材料专门零售	528	42	234	28	85		
货摊、无店铺及其他零售业	529	17	145	7	63	2	1
交通运输、仓储和邮政业	**G**	**67**	**442**	**51**	**119**		
道路运输业	54	46	304	35	76		
城市公共交通运输	541	8	55	9	4		
公路旅客运输	542	7	51	8	9		
道路货物运输	543	24	180	12	52		
道路运输辅助活动	544	7	18	6	11		

合作经营(港、澳、台资)	港、澳、台商独资经营	港、澳、台商投资股份有限公司	其他港、澳、台投资	外商投资	中外合资经营	中外合作经营	外资企业	外商投资股份有限公司	其他外商投资
				1	1				
				1	1				
				3	1		1	1	
				1	1				
				2			1	1	
	1			**5**	**2**		**1**	**1**	**1**
	1								
	1								
				2	1			1	
				2	1			1	
				3	1		1		1
				3	1		1		1
1	**11**	**1**		**31**	**8**		**19**	**2**	**2**
	5	1		15	5		8	2	
	2			1				1	
	1			3	1		2		
	1	1							
	1			1			1		
				7	3		4		
				3	1		1	1	
1	6			16	3		11		2
	2			7	1		6		
1									
	3			2			2		
				2	1				1
				1			1		
				2			1		1
	1			2	1		1		
				7	**2**	**4**		**1**	
				6	1	4		1	
				1	1				
				5		4		1	

1-13 续表 16

行业	代码	私营合伙	私营有限责任公司	私营股份有限公司	其他	港、澳、台商投资	合资经营(港、澳、台资)
水上运输业	55	1	16	2	2		
水上旅客运输	551		12	1			
水上货物运输	552	1	2		2		
水上运输辅助活动	553		2	1			
航空运输业	56						
航空客货运输	561						
通用航空服务	562						
航空运输辅助活动	563						
管道运输业	57		1				
管道运输业	570		1				
装卸搬运和运输代理业	58	12	62	4	17		
装卸搬运	581	4	23		6		
运输代理业	582	8	39	4	11		
仓储业	59	6	26	1	11		
谷物、棉花等农产品仓储	591	1	2		7		
其他仓储业	599	5	24	1	4		
邮政业	60	2	33	9	13		
邮政基本服务	601						
快递服务	602	2	33	9	13		
住宿和餐饮业	**H**	**201**	**420**	**50**	**207**	**11**	**5**
住宿业	61	71	199	27	66	7	2
旅游饭店	611	24	96	16	24	6	2
一般旅馆	612	33	87	10	26	1	
其他住宿业	619	14	16	1	16		
餐饮业	62	130	221	23	141	4	3
正餐服务	621	104	202	19	111	1	1
快餐服务	622	6	3	1	6	2	1
饮料及冷饮服务	623	2	7	2	2	1	1
其他餐饮业	629	18	9	1	22		
信息传输、软件和信息技术服务业	**I**	**21**	**151**	**16**	**54**	**7**	**3**
电信、广播电视和卫星传输服务	63	1	8	2	11	6	3
电信	631		6	2	10	6	3
广播电视传输服务	632	1	2		1		
卫星传输服务	633						
互联网和相关服务	64	9	28	2	11	1	
互联网接入及相关服务	641		6	1	3		
互联网信息服务	642	7	13	1	6		
其他互联网服务	649	2	9		2	1	
软件和信息技术服务业	65	11	115	12	32		
软件开发	651	6	51	5	10		
信息系统集成服务	652	3	13	2	3		
信息技术咨询服务	653	2	36	4	15		
数据处理和存储服务	654						
集成电路设计	655		1				
其他信息技术服务业	659		14	1	4		
房地产业	**K**	**44**	**1423**	**159**	**103**	**36**	**22**
房地产业	70	44	1423	159	103	36	22
房地产开发经营	701	14	1015	123	20	33	20

合作经营(港、澳、台资)	港、澳、台商独资经营	港、澳、台商投资股份有限公司	其他港、澳、台投资	外商投资	中外合资经营	中外合作经营	外资企业	外商投资股份有限公司	其他外商投资
				1	1				
				1	1				
	5	**1**		**6**	**2**	**2**		**1**	**1**
	4	1		3	1	2			
	3	1		2	1	1			
	1								
				1		1			
	1			3	1			1	1
				3	1			1	1
	1								
	3	**1**		**6**	**1**		**1**	**3**	**1**
	2	1		6	1		1	3	1
	2	1		6	1		1	3	1
	1								
	1								
	13	**1**		**11**	**6**	**2**	**3**		
	13	1		11	6	2	3		
	13			9	4	2	3		

1-13 续表 17

行业	代码	私营合伙	私营有限责任公司	私营股份有限公司	其他	港、澳、台商投资	合资经营（港、澳、台资）
物业管理	702	7	266	21	46	3	2
房地产中介服务	703	20	101	12	24		
自有房地产经营活动	704	1	11	1	3		
其他房地产业	709	2	30	2	10		
租赁和商务服务业	**L**	**312**	**1457**	**123**	**534**	**12**	**4**
租赁业	71	49	189	14	77		
机械设备租赁	711	48	186	14	76		
文化及日用品出租	712	1	3		1		
商务服务业	72	263	1268	109	457	12	4
企业管理服务	721	19	239	18	88	3	1
法律服务	722	71	4	2	115		
咨询与调查	723	74	225	19	52	2	1
广告业	724	35	364	30	51	2	
知识产权服务	725	3	2		5		
人力资源服务	726	16	90	4	19		
旅行社及相关服务	727	7	103	11	40	2	1
安全保护服务	728	1	39	6	8		
其他商务服务业	729	37	202	19	79	3	1
科学研究和技术服务业	**M**	**66**	**374**	**28**	**472**	**4**	**1**
研究和试验发展	73	3	15	2	29	2	
自然科学研究和试验发展	731		1	1	3		
工程和技术研究和试验发展	732		6		2	1	
农业科学研究和试验发展	733		5	1	12	1	
医学研究和试验发展	734	2	2		6		
社会人文科学研究	735	1	1		6		
专业技术服务业	74	52	288	21	155	2	1
气象服务	741	1	2		8		
地震服务	742						
测绘服务	744	7	23	2	5		
质检技术服务	745	11	56	3	13		
环境与生态监测	746	1	10	1	8		
地质勘查	747		7	1	4		
工程技术	748	19	114	9	59		
其他专业技术服务业	749	13	76	5	58	2	1
科技推广和应用服务业	75	11	71	5	288		
技术推广服务	751	7	54	5	280		
科技中介服务	752	3	12		3		
其他科技推广和应用服务业	759	1	5		5		
水利、环境和公共设施管理业	**N**	**21**	**66**	**8**	**121**	**1**	
水利管理业	76	2	4		39		
防洪除涝设施管理	761						
水资源管理	762	2	3		11		
天然水收集与分配	763				8		
水文服务	764				5		
其他水利管理业	769		1		15		
生态保护和环境治理业	77	2	12	1	16		
生态保护	771		1		13		
环境治理业	772	2	11	1	3		

合作经营（港、澳、台资）	港、澳、台商独资经营	港、澳、台商投资股份有限公司	其他港、澳、台投资	外商投资	中外合资经营	中外合作经营	外资企业	外商投资股份有限公司	其他外商投资
		1							
				1	1				
				1	1				
	7		**1**	**7**		**2**	**5**		
	7		1	7		2	5		
	2			4		1	3		
	1			3		1	2		
	1		1						
	1								
	2								
	3			**3**	**1**		**1**		**1**
	2			1	1				
	1			1	1				
	1								
	1			1					1
				1					1
	1								
				1			1		
				1			1		
	1			**1**		**1**			
				1		1			
				1		1			

1-13 续表 18

行业	代码	私营合伙	私营有限责任公司	私营股份有限公司	其他	港、澳、台商投资	合资经营(港、澳、台资)
公共设施管理业	78	17	50	7	66	1	
市政设施管理	781		6	1	5	1	
环境卫生管理	782	1	6	1	7		
城乡市容管理	783		1		3		
绿化管理	784	3	16	1	18		
公园和游览景区管理	785	13	21	4	33		
居民服务、修理和其他服务业	**O**	**128**	**404**	**31**	**202**	**1**	**1**
居民服务业	79	45	140	9	104		
家庭服务	791	15	42	1	18		
托儿所服务	792				4		
洗染服务	793	2	11		4		
理发及美容服务	794	8	13	1	10		
洗浴服务	795	5	20	2	9		
保健服务	796	6	9	2	1		
婚姻服务	797	1	10		4		
殡葬服务	798	1	17	1	9		
其他居民服务业	799	7	18	2	45		
机动车、电子产品和日用产品修理业	80	65	218	17	65	1	1
汽车、摩托车修理与维护	801	57	188	16	58	1	1
计算机和办公设备维修	802	4	18	1	2		
家用电器修理	803	3	8		3		
其他日用产品修理业	809	1	4		2		
其他服务业	81	18	46	5	33		
清洁服务	811	14	31	3	15		
其他未列明服务业	819	4	15	2	18		
教育	**P**	**166**	**95**	**16**	**1949**		
教育	82	166	95	16	1949		
学前教育	821	36	6	1	672		
初等教育	822	20			702		
中等教育	823	25	1	2	332		
高等教育	824	1	1		4		
特殊教育	825				9		
技能培训、教育辅助及其他教育	829	84	87	13	230		
卫生和社会工作	**Q**	**124**	**44**	**9**	**664**		
卫生	83	122	39	9	568		
医院	831	100	30	6	92		
社区医疗与卫生院	832	11	3	1	335		
门诊部(所)	833	10	2	2	79		
计划生育技术服务活动	834				34		
妇幼保健院(所、站)	835				12		
专科疾病防治院(所、站)	836	1			2		
疾病预防控制中心	837				4		
其他卫生活动	839		4		10		
社会工作	84	2	5		96		
提供住宿社会工作	841	2	5		80		
不提供住宿社会工作	842				16		
文化、体育和娱乐业	**R**	**128**	**113**	**32**	**235**	**2**	**1**
新闻和出版业	85				6		
新闻业	851				2		
出版业	852				4		

合作经营(港、澳、台资)	港、澳、台商独资经营	港、澳、台商投资股份有限公司	其他港、澳、台投资	外商投资	中外合资经营	中外合作经营	外资企业	外商投资股份有限公司	其他外商投资
	1								
	1								
				1			**1**		
				1			1		
				1			1		
				1	**1**				
				1	1				
				1	1				
	1			**1**			**1**		

1-13 续表 19

行业	代码	私营合伙	私营有限责任公司	私营股份有限公司	其他	港、澳、台商投资	合资经营（港、澳、台资）
广播、电视、电影和影视录音制作业	86	2	13	4	5		
广播	861		1				
电视	862				1		
电影和影视节目制作	863		3		1		
电影和影视节目发行	864				1		
电影放映	865	2	8	4			
录音制作	866		1		2		
文化艺术业	87	10	19	3	86		
文艺创作与表演	871	9	7	1	13		
艺术表演场馆	872						
图书馆与档案馆	873				7		
文物及非物质文化遗产保护	874		1		5		
博物馆	875		1		2		
烈士陵园、纪念馆	876				7		
群众文化活动	877	1	1		38		
其他文化艺术业	879		9	2	14		
体育	88	1	7	2	26	1	1
体育组织	881		3		16		
体育场馆	882						
休闲健身活动	883	1	4	2	9	1	1
其他体育	889				1		
娱乐业	89	115	74	23	112	1	
室内娱乐活动	891	114	68	22	103	1	
游乐园	892						
彩票活动	893				1		
文化、娱乐、体育经纪代理	894		1		1		
其他娱乐业	899	1	5	1	7		
公共管理、社会保障和社会组织	**S**	**30**	**1**		**22944**	**2**	**1**
中国共产党机关	90				2		
中国共产党机关	900				2		
国家机构	91				474		
国家权力机构	911				1		
国家行政机构	912				458		
人民法院和人民检察院	913				5		
其他国家机构	919				10		
人民政协、民主党派	92						
人民政协	921						
民主党派	922						
社会保障	93				15		
社会保障	930				15		
群众团体、社会团体和其他成员组织	94	30	1		3151	2	1
群众团体	941				100		
社会团体	942	28	1		2581	2	1
基金会	943				11		
宗教组织	944	2			459		
基层群众自治组织	95				19302		
社区自治组织	951				1854		
村民自治组织	952				17448		

合作经营(港、澳、台资)	港、澳、台商独资经营	港、澳、台商投资股份有限公司	其他港、澳、台投资	外商投资	中外合资经营	中外合作经营	外资企业	外商投资股份有限公司	其他外商投资
				1			1		
				1			1		
	1								
	1								
			1						
			1						
			1						

1-14 按行业(中类)、登记注册类型

行业	代码	从业人员数(人)	内资	国有	集体	股份合作
总计		**4357197**	**4309213**	**1501705**	**63982**	**19122**
农、林、牧、渔业	**A**	**18094**	**18094**	**3335**	**63**	**59**
农业	01	297	297	136		
蔬菜、食用菌及园艺作物种植	014	106	106			
水果种植	015	146	146	136		
坚果、含油果、香料和饮料作物种植	016	25	25			
其他农业	019	20	20			
林业	02	197	197	166		
林木育种和育苗	021	109	109	103		
森林经营和管护	023	88	88	63		
畜牧业	03	217	217	104		
牲畜饲养	031	62	62			
其他畜牧业	039	155	155	104		
农、林、牧、渔服务业	05	17383	17383	2929	63	59
农业服务业	051	12709	12709	1299	44	59
林业服务业	052	1752	1752	1011	4	
畜牧服务业	053	2544	2544	588	15	
渔业服务业	054	378	378	31		
采矿业	**B**	**433344**	**427033**	**20207**	**2732**	**3108**
煤炭开采和洗选业	06	360717	355024	18754	1447	2284
烟煤和无烟煤开采洗选	061	359313	353623	18594	1447	2223
褐煤开采洗选	062	195	192			
其他煤炭采选	069	1209	1209	160		61
石油和天然气开采业	07	8	8			
天然气开采	072	8	8			
黑色金属矿采选业	08	8822	8301	135	549	60
铁矿采选	081	3365	2964			30
锰矿、铬矿采选	082	4505	4385	135	549	30
其他黑色金属矿采选	089	952	952			
有色金属矿采选业	09	8870	8806	516	61	175
常用有色金属矿采选	091	6763	6699	502	60	175
贵金属矿采选	092	1504	1504	14	1	
稀有稀土金属矿采选	093	603	603			
非金属矿采选业	10	48963	48930	802	674	496
土砂石开采	101	37867	37859	124	575	454
化学矿开采	102	9512	9512	678	76	20
石棉及其他非金属矿采选	109	1584	1559		23	22
开采辅助活动	11	5104	5104			30
煤炭开采和洗选辅助活动	111	4894	4894			28
石油和天然气开采辅助活动	112	15	15			
其他开采辅助活动	119	195	195			2
其他采矿业	12	860	860		1	63
其他采矿业	120	860	860		1	63
制造业	**C**	**803626**	**782897**	**34498**	**8171**	**4553**
农副食品加工业	13	38348	36886	646	85	264
谷物磨制	131	5329	5329	90	24	49
饲料加工	132	3537	3108	83	16	7
植物油加工	133	4300	4268	162	12	64
制糖业	134	1315	1315			

分组的法人单位从业人员数

联营					有限责任公司			股份有限公司	私营	
	国有联营	集体联营	国有与集体联营	其他联营		国有独资公司	其他有限责任公司			私营独资
14263	**3705**	**5562**	**1331**	**3665**	**1232075**	**251350**	**980725**	**199335**	**920237**	**411853**
13		**5**		**8**	**1539**	**54**	**1485**	**210**	**2146**	**1410**
					30		30		101	101
					20		20		76	76
					10		10			
									25	25
									31	6
									6	6
									25	
									113	62
									62	62
									51	
13		5		8	1509	54	1455	210	1901	1241
13		5		8	1417	44	1373	210	1315	867
					40	10	30		220	168
					44		44		266	111
					8		8		100	95
1812	**620**	**457**	**16**	**719**	**124306**	**32562**	**91744**	**41784**	**225725**	**113701**
1400	620	256		524	104829	32421	72408	40552	181836	86913
1400	620	256		524	104515	32403	72112	40529	181048	86434
					52	18	34	10	97	80
					262		262	13	691	399
					8		8			
					8		8			
108			16	92	2877	103	2774	267	3827	1237
92				92	772		772	168	1776	840
16			16		1838	103	1735		1523	270
					267		267	99	528	127
141		141			2756		2756	542	4269	1231
141		141			1661		1661	460	3364	936
					684		684	82	713	152
					411		411		192	143
163		60		103	9775	38	9737	395	34091	23305
123		50		73	4735	38	4697	268	29468	21483
40		10		30	4387		4387	126	3815	1483
					653		653	1	808	339
					3853		3853		1146	680
					3784		3784		1062	608
									7	
					69		69		77	72
					208		208	28	556	335
					208		208	28	556	335
1889	**488**	**953**	**96**	**352**	**354995**	**48013**	**306982**	**74529**	**280933**	**129377**
53		9	29	15	13026	136	12890	1166	18898	8801
21			21		1692	115	1577	86	3162	1585
15				15	1313		1313	132	1542	305
					1279	11	1268	31	2462	1446
					823		823		312	77

1-14 续表 1

行　　业	代码	从　业人员数（人）				
			内资	国有	集体	股份合作
屠宰及肉类加工	135	9296	8310	188	28	8
水产品加工	136	189	189			
蔬菜、水果和坚果加工	137	4046	4046			135
其他农副食品加工	139	10336	10321	123	5	1
食品制造业	14	20765	20552	158	154	94
焙烤食品制造	141	3239	3183	10	78	
糖果、巧克力及蜜饯制造	142	666	666			
方便食品制造	143	4195	4195	28		
乳制品制造	144	2256	2256	76		
罐头食品制造	145	433	433			
调味品、发酵制品制造	146	7214	7065	40	76	1
其他食品制造	149	2762	2754	4		93
酒、饮料和精制茶制造业	15	98230	95941	1460	117	1201
酒的制造	151	60852	59221	710	32	1066
饮料制造	152	8263	7605	151	41	47
精制茶加工	153	29115	29115	599	44	88
烟草制品业	16	11868	11868	255		
烟叶复烤	161	2666	2666	255		
卷烟制造	162	8977	8977			
其他烟草制品制造	169	225	225			
纺织业	17	6244	6244		10	
棉纺织及印染精加工	171	3239	3239			
毛纺织及染整精加工	172	276	276			
麻纺织及染整精加工	173	425	425			
丝绢纺织及印染精加工	174	284	284			
化纤织造及印染精加工	175	271	271			
针织或钩针编织物及其制品制造	176	370	370			
家用纺织制成品制造	177	959	959			
非家用纺织制成品制造	178	420	420		10	
纺织服装、服饰业	18	13142	12926	94	66	
机织服装制造	181	9724	9608	87	64	
针织或钩针编织服装制造	182	783	783	7		
服饰制造	183	2635	2535		2	
皮革、毛皮、羽毛及其制品和制鞋业	19	8376	8374		820	
皮革鞣制加工	191	35	35			
皮革制品制造	192	805	803			
毛皮鞣制及制品加工	193	113	113			
羽毛(绒)加工及制品制造	194	563	563			
制鞋业	195	6860	6860		820	
木材加工和木、竹、藤、棕、草制品业	20	32330	32330	1145	704	62
木材加工	201	17876	17876	804	675	11
人造板制造	202	8680	8680	313		
木制品制造	203	3785	3785	28	20	16
竹、藤、棕、草等制品制造	204	1989	1989		9	35
家具制造业	21	8247	8247	42	70	56
木质家具制造	211	5995	5995	42	65	56
竹、藤家具制造	212	556	556			
金属家具制造	213	331	331		5	
塑料家具制造	214	77	77			
其他家具制造	219	1288	1288			

联营	国有联营	集体联营	国有与集体联营	其他联营	有限责任公司	国有独资公司	其他有限责任公司	股份有限公司	私营	私营独资
					2629	10	2619	503	4558	2018
					2		2		151	146
					895		895	216	2165	734
17		9	8		4393		4393	198	4546	2490
15		9		6	6804	1550	5254	582	12226	4434
6				6	849		849		2160	522
4		4			497		497		165	122
5		5			660		660	13	3170	1753
					1724	1469	255	361	87	70
					218		218		215	87
					1689		1689	208	4960	1179
					1167	81	1086		1469	701
18		18			42639	3750	38889	3746	36657	15831
					33561	3366	30195	3140	19935	7189
					2643	67	2576	96	4451	2762
18		18			6435	317	6118	510	12271	5880
					11231	109	11122		12	
					2254	109	2145		12	
					8977		8977			
					2776	137	2639	1119	2224	1284
					1650		1650	850	739	291
					174	132	42		99	94
					347		347		64	64
					7	5	2		277	88
					205		205		66	26
					112		112		220	195
					281		281	68	550	496
								201	209	30
23		18		5	2506	92	2414	1444	8124	3911
23		18		5	1742	87	1655	1377	5713	2470
					144		144		632	397
					620	5	615	67	1779	1044
					3166	1739	1427	14	4302	2260
									32	22
					266		266	14	523	421
					43		43		70	45
					7		7		556	
					2850	1739	1111		3121	1772
265	180			85	12008	161	11847	672	16622	8753
158	158				5245	161	5084	296	10124	5279
					5541		5541	318	2447	554
107	22			85	967		967	48	2503	1728
					255		255	10	1548	1192
					2399		2399	166	5247	3251
					1525		1525	166	3940	2594
					191		191		360	101
					62		62		243	172
					3		3		74	42
					618		618		630	342

1-14 续表 2

行业	代码	从业人员数（人）	内资			
				国有	集体	股份合作
造纸和纸制品业	22	9143	8999	61	186	5
纸浆制造	221	642	642			
造纸	222	2681	2681	61	112	
纸制品制造	223	5820	5676		74	5
印刷和记录媒介复制业	23	8074	7546	1245	270	90
印刷	231	7360	6832	1058	249	78
装订及印刷相关服务	232	680	680	157	21	12
记录媒介复制	233	34	34	30		
文教、工美、体育和娱乐用品制造业	24	15608	15175	171	148	163
文教办公用品制造	241	450	450			
乐器制造	242	220	220		12	
工艺美术品制造	243	14036	14006	171	136	163
体育用品制造	244	426	23			
玩具制造	245	454	454			
游艺器材及娱乐用品制造	246	22	22			
石油加工及炼焦	25	7542	7334	261		
化学原料和化学制品制造业	26	76546	75987	3042	215	738
基础化学原料制造	261	18606	18276	2079	124	42
肥料制造	262	36531	36505	778	18	600
农药制造	263	179	179	42		
涂料、油墨、颜料及类似产品制造	264	1481	1481	130	51	
合成材料制造	265	1171	1171	1		
专用化学产品制造	266	6536	6334	12		38
炸药、火工及焰火产品制造	267	10715	10714			
日用化学产品制造	268	1327	1327		22	58
医药制造业	27	36563	32969	105	85	3
化学药品原料药制造	271	398	398			
化学药品制剂制造	272	2196	2196			
中药饮片加工	273	1578	1553		45	3
中成药生产	274	30604	27224	105		
兽用药品制造	275	78	78			
生物药品制造	276	1093	1077			
卫生材料及医药用品制造	277	616	443		40	
化学纤维制造业	28	38	38			
合成纤维制造	282	38	38			
橡胶和塑料制品业	29	27883	26573	412	325	189
橡胶制品业	291	12872	12685	270	192	
塑料制品业	292	15011	13888	142	133	189
非金属矿物制品业	30	139604	135337	1743	1532	1070
水泥、石灰和石膏制造	301	30392	27421	660	35	722
石膏、水泥制品及类似制品制造	302	43529	43382	32	103	116
砖瓦、石材等建筑材料制造	303	44220	44174	247	411	114
玻璃制造	304	2248	2248			
玻璃制品制造	305	7102	6734		424	1
玻璃纤维和玻璃纤维增强塑料制品制造	306	999	999		178	
陶瓷制品制造	307	915	915	55	85	
耐火材料制品制造	308	3229	2964	17	154	60
石墨及其他非金属矿物制品制造	309	6970	6500	732	142	57

联营	国有联营	集体联营	国有与集体联营	其他联营	有限责任公司	国有独资公司	其他有限责任公司	股份有限公司	私营	私营独资
33		33			3727	26	3701	582	4262	2013
					45		45	582	15	11
33		33			1150	26	1124		1201	664
					2532		2532		3046	1338
163	14	101	48		2803	17	2786	453	2397	1464
111	14	97			2672	17	2655	453	2130	1242
52		4	48		127		127		267	222
					4		4			
17		5		12	2126	166	1960	136	11330	8788
10		5		5	150		150	10	238	123
					146		146		62	49
7				7	1806	166	1640	86	10600	8318
									18	18
					13		13	40	401	269
					11		11		11	11
					5562		5562	66	1424	195
211	24	8		179	47960	6677	41283	6780	16283	6694
135				135	10356	1419	8937	3071	2431	349
8		8			27526	1437	26089	2342	4873	1210
1				1	68		68		68	67
					542		542	65	668	406
					577		577		537	242
24	24				3693	881	2812	3	2503	873
					4624	2940	1684	1291	4606	3235
43				43	574		574	8	597	312
					15395		15395	10974	5982	598
					227		227	72	89	10
					1393		1393	140	663	
					438		438	102	673	216
					12647		12647	10648	3722	166
					15		15		63	50
					572		572	12	473	122
					103		103		299	34
					37		37		1	1
					37		37		1	1
347		347			8716	491	8225	9296	7081	3014
347		347			1793	418	1375	8953	1095	549
					6923	73	6850	343	5986	2465
230	2	185		43	50972	3514	47458	2955	73475	42035
					15817	1915	13902	1495	8578	2401
50	2	39		9	16074	947	15127	599	25122	15506
146		121		25	10444	450	9994	458	30601	20094
					1003		1003		1244	446
					2331	202	2129	86	3878	1975
					296		296	6	519	11
					221		221		513	250
25		25			1143		1143	70	1405	602
9				9	3643		3643	241	1615	750

1-14 续表 3

行业	代码	从业人员数(人)	内资			
				国有	集体	股份合作
黑色金属冶炼和压延加工业	31	56466	55587	3012	546	122
炼铁	311	4428	4428			
炼钢	312	134	134			
黑色金属铸造	313	1962	1962	1	117	2
钢压延加工	314	21459	21459	10	420	
铁合金冶炼	315	28483	27604	3001	9	120
有色金属冶炼和压延加工业	32	37501	36456	10904	203	204
常用有色金属冶炼	321	29745	29663	10476	64	89
贵金属冶炼	322	3418	2505	353	5	115
稀有稀土金属冶炼	323	429	429			
有色金属合金制造	324	708	658		15	
有色金属铸造	325	494	494		39	
有色金属压延加工	326	2707	2707	75	80	
金属制品业	33	29743	29547	2303	445	100
结构性金属制品制造	331	10083	10060	608	1	12
金属工具制造	332	5684	5684	1380		
集装箱及金属包装容器制造	333	926	926		101	
金属丝绳及其制品制造	334	6859	6859		217	8
建筑、安全用金属制品制造	335	2056	1978	315	5	
金属表面处理及热处理加工	336	669	574		37	
搪瓷制品制造	337	142	142			
金属制日用品制造	338	864	864		44	80
其他金属制品制造	339	2460	2460		40	
通用设备制造业	34	19349	19298	2166	1073	20
锅炉及原动设备制造	341	427	427	9		
金属加工机械制造	342	6592	6592	1520	605	20
物料搬运设备制造	343	2905	2905	270		
泵、阀门、压缩机及类似机械制造	344	1022	971	252		
轴承、齿轮和传动部件制造	345	1923	1923		116	
烘炉、风机、衡器、包装等设备制造	346	2026	2026		126	
文化、办公用机械制造	347	28	28			
通用零部件制造	348	4120	4120	107	226	
其他通用设备制造业	349	306	306	8		
专用设备制造业	35	16964	15489	1156	116	142
采矿、冶金、建筑专用设备制造	351	9236	7772	931	27	142
化工、木材、非金属加工专用设备制造	352	1676	1676	76	30	
食品、饮料、烟草及饲料生产专用设备制造	353	232	232	18		
印刷、制药、日化及日用品生产专用设备制造	354	763	761		6	
纺织、服装和皮革加工专用设备制造	355	212	212			
电子和电工机械专用设备制造	356	1771	1764	39	53	
农、林、牧、渔专用机械制造	357	1338	1338	92		
医疗仪器设备及器械制造	358	585	585			
环保、社会公共服务及其他专用设备制造	359	1151	1149			
汽车制造业	36	22390	21893	724	549	20
汽车整车制造	361	4752	4752			
改装汽车制造	362	1220	1220			
低速载货汽车制造	363	276	276	276		
电车制造	364	395	395			
汽车车身、挂车制造	365	23	23			
汽车零部件及配件制造	366	15724	15227	448	549	20

联营	国有联营	集体联营	国有与集体联营	其他联营	有限责任公司	国有独资公司	其他有限责任公司	股份有限公司	私营	私营独资
					37662	6734	30928	1088	13125	837
					3930	3005	925		496	61
					61		61		73	1
					1441		1441	6	387	76
					18826	3553	15273	46	2157	331
					13404	176	13228	1036	10012	368
260	227	33			9314	1357	7957	8541	7006	715
33		33			6701	1345	5356	7724	4562	435
227	227				809	12	797	816	179	3
					38		38		391	37
					283		283		360	97
					149		149		306	3
					1334		1334	1	1208	140
56	12	44			11251	60	11191	6124	8920	4310
12	12				4451	55	4396	132	4738	2415
					2955		2955		1253	780
					647		647		165	73
					616		616	5675	343	109
21		21			631		631	1	969	456
					306	5	301		231	19
					94		94		42	42
23		23			258		258	63	377	153
					1293		1293	253	802	263
19			19		9463	563	8900	66	6320	2284
					202		202		216	89
					2719	102	2617	13	1691	455
					2254		2254	22	359	39
					555		555		164	18
					1111	461	650	8	688	143
					961		961	17	913	686
					17		17		11	10
19			19		1601		1601	6	2023	674
					43		43		255	170
14		14			7426	155	7271	1518	4831	2093
13		13			3602	152	3450	1190	1867	538
1		1			515	3	512	109	828	583
					47		47		140	117
					369		369	32	352	210
					138		138		74	43
					961		961	127	550	202
					724		724		449	215
					242		242	60	262	72
					828		828		309	113
78	29	49			7673		7673	11129	1665	209
					4105		4105	647		
					514		514	556	150	15
					218		218	165	12	12
					11		11		12	12
78	29	49			2825		2825	9761	1491	170

1-14 续表 4

行业	代码	从业人员数(人)	内资			
				国有	集体	股份合作
铁路、船舶、航空航天和其他运输设备制造业	37	16540	16423	2535	107	
铁路运输设备制造	371	4838	4838	29	107	
船舶及相关装置制造	373	298	298			
航空、航天器及设备制造	374	10673	10556	2497		
摩托车制造	375	459	459			
自行车制造	376	118	118			
潜水救捞及其他未列明运输设备制造	379	154	154	9		
电气机械和器材制造业	38	28077	27074	36	123	10
电机制造	381	1073	1065	23	3	
输配电及控制设备制造	382	16175	15760	13	24	
电线、电缆、光缆及电工器材制造	383	2617	2441			
电池制造	384	902	902			
家用电力器具制造	385	3797	3393		96	
非电力家用器具制造	386	738	738			5
照明器具制造	387	2431	2431			5
其他电气机械及器材制造	389	344	344			
计算机、通信和其他电子设备制造业	39	7744	7709	148		
计算机制造	391	103	103			
通信设备制造	392	238	203	2		
雷达及配套设备制造	394	27	27			
视听设备制造	395	719	719			
电子器件制造	396	1629	1629			
电子元件制造	397	3683	3683	146		
其他电子设备制造	399	1345	1345			
仪器仪表制造业	40	3690	3484	101	100	
通用仪器仪表制造	401	619	619			
专用仪器仪表制造	402	938	919		100	
钟表与计时仪器制造	403	454	454			
光学仪器及眼镜制造	404	1479	1292	101		
其他仪器仪表制造业	409	200	200			
其他制造业	41	2893	2893	1	49	
废弃资源综合利用业	42	1936	1936	28	39	
金属废料和碎屑加工处理	421	744	744	5	39	
非金属废料和碎屑加工处理	422	1192	1192	23		
金属制品、机械和设备修理业	43	1782	1782	544	34	
金属制品修理	431	26	26			
通用设备修理	432	328	328	10		
专用设备修理	433	578	578	326		
铁路、船舶、航空航天等运输设备修理	434	177	177	70		
电气设备修理	435	107	107		12	
仪器仪表修理	436	25	25			
其他机械和设备修理业	439	541	541	138	22	
电力、热力、燃气及水生产和供应业	D	**158208**	**156934**	**117613**	**543**	**397**
电力、热力生产和供应业	44	138996	138970	110231	504	367
电力生产	441	43150	43124	17769	329	367
电力供应	442	95698	95698	92462	175	
热力生产和供应	443	148	148			

联营	国有联营	集体联营	国有与集体联营	其他联营	有限责任公司	国有独资公司	其他有限责任公司	股份有限公司	私营	私营独资
					9339	7957	1382	3977	465	60
					767	596	171	3845	90	
					263	115	148		35	19
					7987	7188	799		72	
					162		162	127	170	7
					20		20		98	34
					140	58	82	5		
28		28			19197	10716	8481	1235	6265	2402
					442	339	103	291	290	159
					13504	10377	3127	307	1769	665
28		28			1455		1455		937	162
					669		669		233	15
					1780		1780	252	1265	330
					57		57	21	655	372
					1139		1139	364	923	624
					151		151		193	75
5				5	5447	649	4798	308	1663	1164
					76		76		27	2
					123		123		78	29
					27		27			
					667		667		52	22
5				5	1090		1090	303	196	140
					2489	72	2417	5	940	790
					975	577	398		370	181
					2165	1257	908	359	741	362
					196		196	305	118	29
					656	450	206	54	97	32
					418		418		36	36
					817	807	10		368	219
					78		78		122	46
					849		849		1834	859
52		52			752		752	33	991	415
52		52			173		173	8	467	148
					579		579	25	524	267
2				2	604		604		560	340
									26	6
					248		248		70	32
2				2	57		57		177	97
					68		68		39	39
					31		31		54	43
					25		25			
					175		175		194	123
1091	**906**	**85**	**63**	**37**	**24699**	**8148**	**16551**	**4312**	**7189**	**3617**
1034	897	41	63	33	18417	5699	12718	2229	5373	2520
369	232	41	63	33	16352	4253	12099	2221	4991	2439
665	665				2032	1446	586		275	76
					33		33	8	107	5

1-14 续表 5

行业	代码	从业人员数(人)				
			内资	国有	集体	股份合作
燃气生产和供应业	45	5612	5595	538		30
燃气生产和供应业	450	5612	5595	538		30
水的生产和供应业	46	13600	12369	6844	39	
自来水生产和供应	461	12542	11358	6747	39	
污水处理及其再生利用	462	897	850	97		
其他水的处理、利用与分配	469	161	161			
建筑业	**E**	**473553**	**473473**	**102464**	**23046**	**670**
房屋建筑业	47	289572	289569	79007	21681	40
房屋建筑业	470	289572	289569	79007	21681	40
土木工程建筑业	48	134183	134125	21848	798	91
铁路、道路、隧道和桥梁工程建筑	481	88765	88707	7339	176	91
水利和内河港口工程建筑	482	8970	8970	610	608	
工矿工程建筑	484	5349	5349	2346		
架线和管道工程建筑	485	22695	22695	10590	14	
其他土木工程建筑	489	8404	8404	963		
建筑安装业	49	25734	25734	707	432	450
电气安装	491	5002	5002	37	22	
管道和设备安装	492	3408	3408	324	54	
其他建筑安装业	499	17324	17324	346	356	450
建筑装饰和其他建筑业	50	24064	24045	902	135	89
建筑装饰业	501	14491	14472	397	87	62
工程准备活动	502	6752	6752	107	18	23
提供施工设备服务	503	642	642	15	3	4
其他未列明建筑业	509	2179	2179	383	27	
批发和零售业	**F**	**330569**	**324741**	**32776**	**6284**	**1983**
批发业	51	165912	165169	28300	3816	692
农、林、牧产品批发	511	7062	7055	433	173	9
食品、饮料及烟草制品批发	512	45899	45723	22035	292	192
纺织、服装及家庭用品批发	513	11953	11818	359	78	36
文化、体育用品及器材批发	514	3264	3264	675	40	11
医药及医疗器材批发	515	10614	10576	585	15	74
矿产品、建材及化工产品批发	516	50187	50038	3156	2515	121
机械设备、五金产品及电子产品批发	517	25999	25761	461	99	149
贸易经纪与代理	518	3968	3968	88	75	62
其他批发业	519	6966	6966	508	529	38
零售业	52	164657	159572	4476	2468	1291
综合零售	521	35277	32544	943	1737	302
食品、饮料及烟草制品专门零售	522	20284	20281	819	237	47
纺织、服装及日用品专门零售	523	8801	7977	262	52	1
文化、体育用品及器材专门零售	524	5922	5922	992	91	21
医药及医疗器材专门零售	525	11814	10872	267	10	69
汽车、摩托车、燃料及零配件专门零售	526	42177	41991	448	91	475
家用电器及电子产品专门零售	527	18467	18467	82	11	89
五金、家具及室内装饰材料专门零售	528	12343	12334	517	66	184
货摊、无店铺及其他零售业	529	9572	9184	146	173	103
交通运输、仓储和邮政业	**G**	**120903**	**119748**	**28942**	**2475**	**1562**
道路运输业	54	83734	83346	15967	936	1519
城市公共交通运输	541	24826	24826	4458	105	241
公路旅客运输	542	20420	20420	4442	11	237
道路货物运输	543	20628	20613	303	752	1015
道路运输辅助活动	544	17860	17487	6764	68	26

联营					有限责任公司			股份有限公司	私营	
	国有联营	集体联营	国有与集体联营	其他联营		国有独资公司	其他有限责任公司			私营独资
					2374	102	2272	1901	721	353
					2374	102	2272	1901	721	353
57	9	44		4	3908	2347	1561	182	1095	744
57	9	44		4	3329	2341	988	127	847	543
					560	6	554	45	126	83
					19		19	10	122	118
136	**48**	**36**	**9**	**43**	**270144**	**114810**	**155334**	**20629**	**55380**	**5709**
64		16	5	43	136257	45470	90787	14137	38174	1792
64		16	5	43	136257	45470	90787	14137	38174	1792
19		15	4		98954	57931	41023	5994	6227	1381
					77605	55243	22362	952	2458	788
					5999	117	5882	300	1435	134
					2007	1646	361	352	631	75
					10627		10627	622	838	86
19		15	4		2716	925	1791	3768	865	298
13	8	5			22008	11238	10770	42	2023	237
5		5			4160		4160		760	66
					2489	457	2032	8	529	39
8	8				15359	10781	4578	34	734	132
40	40				12925	171	12754	456	8956	2299
					7126	150	6976	200	6244	1773
					4141	10	4131	256	2065	417
					556		556		53	12
40	40				1102	11	1091		594	97
1543	**371**	**757**	**129**	**286**	**144768**	**5836**	**138932**	**12883**	**108971**	**51383**
591	244	209	57	81	73729	4666	69063	4563	46199	21100
13		3	2	8	1526	96	1430	122	3163	1830
131	97	6	23	5	12825	2044	10781	332	8258	3503
19		19			6554	8	6546	85	4526	2416
54	7	47			1558	236	1322	10	891	560
43	43				6600	162	6438	271	2815	825
71	24	42		5	24701	1873	22828	3000	14945	6767
89	17	8	28	36	15483	196	15287	558	7948	3300
25		17		8	1456	9	1447	42	1271	550
146	56	67	4	19	3026	42	2984	143	2382	1349
952	127	548	72	205	71039	1170	69869	8320	62772	30283
411	10	349	52		16511	53	16458	383	11528	4133
193	97	69	19	8	6419	489	5930	289	7766	4141
27	9	13		5	3481	75	3406	39	3933	3164
160		26		134	1962	460	1502	43	2213	1295
26			1	25	6056	22	6034	148	3980	1564
68		59		9	18843	5	18838	6585	14688	5517
27		12		15	8940	8	8932	335	8568	3503
26		17		9	3859		3859	164	7099	5213
14	11	3			4968	58	4910	334	2997	1753
545	**18**	**211**	**120**	**196**	**55621**	**25004**	**30617**	**5279**	**20918**	**7734**
386	11	183	7	185	44886	23868	21018	2789	12913	4573
157				157	16638	12380	4258	141	3052	621
130		130			10756	3409	7347	982	3734	809
56	11	17		28	7958	118	7840	1660	5259	2646
43		36	7		9534	7961	1573	6	868	497

1-14 续表 6

行业	代码	从业人员数(人)	内资	国有	集体	股份合作
水上运输业	55	1462	1462	96	223	8
水上旅客运输	551	697	697	37		
水上货物运输	552	506	506		157	8
水上运输辅助活动	553	259	259	59	66	
航空运输业	56	6737	5970	504		
航空客货运输	561	2739	1972	82		
通用航空服务	562	85	85			
航空运输辅助活动	563	3913	3913	422		
管道运输业	57	103	103			
管道运输业	570	103	103			
装卸搬运和运输代理业	58	9657	9657	263	1293	15
装卸搬运	581	5837	5837	193	1270	
运输代理业	582	3820	3820	70	23	15
仓储业	59	4791	4791	2232	23	10
谷物、棉花等农产品仓储	591	1697	1697	1354	19	
其他仓储业	599	3094	3094	878	4	10
邮政业	60	14419	14419	9880		10
邮政基本服务	601	9777	9777	9751		
快递服务	602	4642	4642	129		10
住宿和餐饮业	**H**	**90502**	**88997**	**6094**	**1018**	**399**
住宿业	61	48506	47351	5224	849	175
旅游饭店	611	32562	31566	3438	405	88
一般旅馆	612	12007	11857	1113	380	60
其他住宿业	619	3937	3928	673	64	27
餐饮业	62	41996	41646	870	169	224
正餐服务	621	38343	38055	848	167	114
快餐服务	622	622	566			
饮料及冷饮服务	623	687	681			
其他餐饮业	629	2344	2344	22	2	110
信息传输、软件和信息技术服务业	**I**	**44038**	**35962**	**2129**	**68**	**136**
电信、广播电视和卫星传输服务	63	28443	20372	1790	7	58
电信	631	23253	15182	584	2	58
广播电视传输服务	632	5136	5136	1203	5	
卫星传输服务	633	54	54	3		
互联网和相关服务	64	2560	2555	43	8	17
互联网接入及相关服务	641	478	478		4	15
互联网信息服务	642	1433	1433	43	4	2
其他互联网服务	649	649	644			
软件和信息技术服务业	65	13035	13035	296	53	61
软件开发	651	7821	7821	86	50	24
信息系统集成服务	652	716	716	26		20
信息技术咨询服务	653	2992	2992	140		14
数据处理和存储服务	654	32	32			
集成电路设计	655	232	232			
其他信息技术服务业	659	1242	1242	44	3	3
房地产业	**K**	**134395**	**132768**	**5089**	**1721**	**727**
房地产业	70	134395	132768	5089	1721	727
房地产开发经营	701	73995	72667	1176	92	351

联营					有限责任公司			股份有限公司	私营	
	国有联营	集体联营	国有与集体联营	其他联营		国有独资公司	其他有限责任公司			私营独资
19		19			374	136	238	30	633	124
19		19			127		127	19	495	28
					156	136	20		106	82
					91		91	11	32	14
					3883	389	3494	1583		
					307	153	154	1583		
					85	84	1			
					3491	152	3339			
					97		97		6	
					97		97		6	
16	7	9			3833	72	3761	212	3896	2092
12	3	9			1664		1664	72	2569	1398
4	4				2169	72	2097	140	1327	694
113			113		1011	157	854	600	753	447
					196	157	39	3	93	49
113			113		815		815	597	660	398
11				11	1537	382	1155	65	2717	498
					10		10		16	16
11				11	1527	382	1145	65	2701	482
260	**22**	**198**	**28**	**12**	**36708**	**1488**	**35220**	**1279**	**40554**	**20500**
135	22	87	24	2	21967	1314	20653	702	17202	6867
50		50			17010	1213	15797	467	9475	2402
60	17	19	24		3582	93	3489	191	6199	3532
25	5	18		2	1375	8	1367	44	1528	933
125		111	4	10	14741	174	14567	577	23352	13633
121		111		10	13976	174	13802	570	20875	11843
					37		37		500	338
					148		148		523	375
4			4		580		580	7	1454	1077
77	**14**	**2**		**61**	**16156**	**1595**	**14561**	**13209**	**3543**	**1812**
57	2	2		53	5757	1579	4178	12257	236	141
6	2	2		2	5693	1579	4114	8441	190	116
					64		64	3816	46	25
51				51						
8				8	1213		1213	84	1133	793
					255		255	67	128	53
8				8	689		689	7	647	519
					269		269	10	358	221
12	12				9186	16	9170	868	2174	878
12	12				5883		5883	770	936	433
					301		301	15	307	52
					2020	16	2004	27	531	249
					2		2		30	30
					173		173	35	24	
					807		807	21	346	114
485	**48**	**94**	**307**	**36**	**75452**	**1957**	**73495**	**6304**	**41293**	**6112**
485	48	94	307	36	75452	1957	73495	6304	41293	6112
301			298	3	41079	1130	39949	3301	26124	2238

1-14 续表 7

行业	代码	从业人员数(人)				
			内资	国有	集体	股份合作
物业管理	702	45985	45698	773	507	279
房地产中介服务	703	5586	5583	454	79	66
自有房地产经营活动	704	5155	5146	2115	995	12
其他房地产业	709	3674	3674	571	48	19
租赁和商务服务业	**L**	**132065**	**131324**	**12875**	**6151**	**2089**
租赁业	71	9814	9814	652	53	295
机械设备租赁	711	9502	9502	642	53	295
文化及日用品出租	712	312	312	10		
商务服务业	72	122251	121510	12223	6098	1794
企业管理服务	721	31084	30865	6078	1103	305
法律服务	722	3830	3830	516	11	32
咨询与调查	723	12491	12373	676	77	89
广告业	724	13543	13531	269	28	117
知识产权服务	725	394	394	8		
人力资源服务	726	15079	15079	991	2723	112
旅行社及相关服务	727	8389	8364	1309	19	197
安全保护服务	728	20344	20344	624	1217	163
其他商务服务业	729	17097	16730	1752	920	779
科学研究和技术服务业	**M**	**86173**	**85988**	**37065**	**445**	**421**
研究和试验发展	73	7125	7105	4059	5	13
自然科学研究和试验发展	731	803	803	455		
工程和技术研究和试验发展	732	1419	1407	277		5
农业科学研究和试验发展	733	4091	4083	3020		
医学研究和试验发展	734	361	361	10	5	8
社会人文科学研究	735	451	451	297		
专业技术服务业	74	67810	67658	29088	308	367
气象服务	741	2093	2093	1960	22	8
地震服务	742	541	541	538		
测绘服务	744	2226	2226	681	17	6
质检技术服务	745	5080	5080	1225	58	8
环境与生态监测	746	1615	1615	839		
地质勘查	747	13559	13559	12076	22	
工程技术	748	33058	32992	9598	49	251
其他专业技术服务业	749	9638	9552	2171	140	94
科技推广和应用服务业	75	11238	11225	3918	132	41
技术推广服务	751	9891	9891	3444	78	37
科技中介服务	752	532	519	142	3	
其他科技推广和应用服务业	759	815	815	332	51	4
水利、环境和公共设施管理业	**N**	**41169**	**41104**	**24675**	**293**	**86**
水利管理业	76	4927	4900	3454	71	18
防洪除涝设施管理	761	286	286	258		
水资源管理	762	1120	1120	840	19	
天然水收集与分配	763	942	942	713	23	
水文服务	764	410	410	333		4
其他水利管理业	769	2169	2142	1310	29	14
生态保护和环境治理业	77	2090	2090	1101	3	16
生态保护	771	1211	1211	901		
环境治理业	772	879	879	200	3	16

联营	国有联营	集体联营	国有与集体联营	其他联营	有限责任公司	国有独资公司	其他有限责任公司	股份有限公司	私营	私营独资
96	42	23	4	27	28293	645	27648	2508	12241	3103
6				6	3294	12	3282	106	1410	362
77	1	71	5		1190	12	1178	309	311	144
5	5				1596	158	1438	80	1207	265
275	**37**	**164**	**15**	**59**	**58750**	**7155**	**51595**	**9640**	**35491**	**12529**
23	20			3	3849	81	3768	146	4260	2755
3				3	3699		3699	146	4134	2699
20	20				150	81	69		126	56
252	17	164	15	56	54901	7074	47827	9494	31231	9774
31	10	14	7		13195	3342	9853	5022	3800	1151
37		9		28	277		277	27	1837	408
13		7		6	6955	77	6878	209	4000	1154
12		9		3	6724	614	6110	201	5842	2965
					223		223	65	57	35
5				5	6914	618	6296	87	4069	1285
6				6	4174	912	3262	184	2046	799
12		12			8814	1269	7545	2681	5770	381
136	7	113	8	8	7625	242	7383	1018	3810	1596
434	**139**	**108**	**158**	**29**	**25176**	**955**	**24221**	**4737**	**11120**	**4072**
191	56		127	8	1547	16	1531	92	538	120
					57		57		204	5
127			127		641	8	633	67	201	30
56	56				632	8	624	25	84	61
8				8	212		212		38	22
					5		5		11	2
200	71	85	31	13	21992	926	21066	4579	8810	3084
					5		5	11	15	4
					3		3			
					413		413	23	733	285
65	23	42			1858	2	1856	107	1597	431
15			15		425	2	423	13	222	87
					724	95	629	122	133	38
99	43	27	16	13	14243	773	13470	4189	3985	1218
21	5	16			4321	54	4267	114	2125	1021
43	12	23		8	1637	13	1624	66	1772	868
39	12	19		8	1254	8	1246	23	1460	754
4		4			158	5	153	12	171	10
					225		225	31	141	104
125	**48**	**77**			**7343**	**2201**	**5142**	**1933**	**3414**	**1347**
93	26	67			829	141	688	2	150	100
23	23				5		5			
10		10			138	83	55		69	32
29		29			107	17	90		18	18
31	3	28			579	41	538	2	63	50
					445		445	21	376	170
					124		124		72	60
					321		321	21	304	110

1-14 续表 8

行业	代码	从业人员数(人)				
			内资			
				国有	集体	股份合作
公共设施管理业	78	34152	34114	20120	219	52
市政设施管理	781	3654	3616	1518	15	
环境卫生管理	782	16343	16343	14164	115	
城乡市容管理	783	2449	2449	1143	3	25
绿化管理	784	3043	3043	929	2	
公园和游览景区管理	785	8663	8663	2366	84	27
居民服务、修理和其他服务业	**O**	**47442**	**47396**	**2133**	**601**	**599**
居民服务业	79	22845	22842	1323	292	350
家庭服务	791	6717	6717	3	42	177
托儿所服务	792	153	153			
洗染服务	793	859	859			
理发及美容服务	794	1826	1826		8	19
洗浴服务	795	4834	4834	21		
保健服务	796	1201	1201	38		54
婚姻服务	797	338	338	7	17	15
殡葬服务	798	3646	3646	635	129	80
其他居民服务业	799	3271	3268	619	96	5
机动车、电子产品和日用产品修理业	80	16760	16717	275	58	172
汽车、摩托车修理与维护	801	15582	15539	248	50	160
计算机和办公设备维修	802	628	628	5	6	3
家用电器修理	803	363	363	9	2	9
其他日用产品修理业	809	187	187	13		
其他服务业	81	7837	7837	535	251	77
清洁服务	811	5671	5671	173	230	13
其他未列明服务业	819	2166	2166	362	21	64
教育	**P**	**501743**	**501743**	**400194**	**2332**	**795**
教育	82	501743	501743	400194	2332	795
学前教育	821	30918	30918	10951	273	283
初等教育	822	190726	190726	165962	687	
中等教育	823	199157	199157	166730	962	130
高等教育	824	28928	28928	27063		
特殊教育	825	1718	1718	1226		
技能培训、教育辅助及其他教育	829	50296	50296	28262	410	382
卫生和社会工作	**Q**	**190940**	**190885**	**141791**	**959**	**1001**
卫生	83	186759	186704	138471	939	1001
医院	831	123183	123128	86644	238	791
社区医疗与卫生院	832	44626	44626	36885	656	7
门诊部(所)	833	2240	2240	674	7	52
计划生育技术服务活动	834	5729	5729	5188	38	
妇幼保健院(所、站)	835	4719	4719	4325		50
专科疾病防治院(所、站)	836	295	295	162		
疾病预防控制中心	837	4303	4303	3941		
其他卫生活动	839	1664	1664	652		101
社会工作	84	4181	4181	3320	20	
提供住宿社会工作	841	3094	3094	2360	12	
不提供住宿社会工作	842	1087	1087	960	8	
文化、体育和娱乐业	**R**	**35305**	**35002**	**12078**	**128**	**232**
新闻和出版业	85	3973	3973	2125		
新闻业	851	985	985	587		
出版业	852	2988	2988	1538		

联营	国有联营	集体联营	国有与集体联营	其他联营	有限责任公司	国有独资公司	其他有限责任公司	股份有限公司	私营	私营独资
32	22	10			6069	2060	4009	1910	2888	1077
22	22				1688	1466	222	23	186	102
					572	9	563	232	921	31
					81	30	51		17	
10		10			968		968	13	429	259
					2760	555	2205	1642	1335	685
229	**18**	**65**	**83**	**63**	**17091**	**553**	**16538**	**658**	**23567**	**13558**
24	15			9	8814	302	8512	166	10286	5549
					2854	3	2851	15	3475	1937
					25		25		61	61
					279		279		492	294
					523		523		1239	1052
					2151	82	2069	6	2394	950
					351		351		756	270
8				8	101		101		175	123
16	15			1	1566	125	1441	108	1052	394
					964	92	872	37	642	468
194		65	83	46	4650	136	4514	325	10394	6654
179		52	83	44	4152	136	4016	303	9833	6304
13		13			324		324	16	257	132
2				2	109		109	6	220	156
					65		65		84	62
11	3			8	3627	115	3512	167	2887	1355
					2908	5	2903	56	2199	900
11	3			8	719	110	609	111	688	455
2006	**524**	**580**		**902**	**5111**	**187**	**4924**	**994**	**25868**	**17610**
2006	524	580		902	5111	187	4924	994	25868	17610
183	3	30		150	209		209	62	8282	7544
346	342			4	70		70		2486	1985
686	157	346		183	116		116	125	6184	3988
457		28		429	13		13		176	
					51		51		66	66
334	22	176		136	4652	187	4465	807	8674	4027
734	**264**	**39**	**190**	**241**	**6304**	**209**	**6095**	**505**	**21446**	**13506**
715	264	39	185	227	6244	209	6035	505	21184	13304
448	206	25		217	5633	205	5428	453	18538	11479
253	58		185	10	95		95		1394	932
14		14			18		18		989	720
					4	4			45	45
					19		19		5	5
									84	71
					475		475	52	129	52
19			5	14	60		60		262	202
5			5		60		60		242	182
14				14					20	20
50	**14**	**29**		**7**	**7741**	**587**	**7154**	**445**	**10922**	**7393**
					1072	13	1059	71	41	41
					282		282	65	5	5
					790	13	777	6	36	36

1-14 续表 9

行业	代码	从业人员数(人)	内资	国有	集体	股份合作
广播、电视、电影和影视录音制作业	86	5864	5810	4077	46	38
广播	861	899	899	893		
电视	862	2993	2993	2769		
电影和影视节目制作	863	683	683	107		
电影和影视节目发行	864	94	94	60		12
电影放映	865	1122	1068	248	46	26
录音制作	866	73	73			
文化艺术业	87	8853	8853	4472	37	32
文艺创作与表演	871	3391	3391	694	8	
艺术表演场馆	872	165	165	59		
图书馆与档案馆	873	1560	1560	1435	18	
文物及非物质文化遗产保护	874	528	528	375	3	
博物馆	875	405	405	292	8	
烈士陵园、纪念馆	876	119	119	51		
群众文化活动	877	1903	1903	1320		32
其他文化艺术业	879	782	782	246		
体育	88	2667	2462	1028	34	3
体育组织	881	1075	1075	567	26	
体育场馆	882	359	359	341		
休闲健身活动	883	1132	927	81		
其他体育	889	101	101	39	8	3
娱乐业	89	13948	13904	376	11	159
室内娱乐活动	891	12707	12663	91	11	155
游乐园	892	290	290	1		
彩票活动	893	261	261	222		
文化、娱乐、体育经纪代理	894	137	137	6		4
其他娱乐业	899	553	553	56		
公共管理、社会保障和社会组织	**S**	**715128**	**715124**	**517747**	**6952**	**305**
中国共产党机关	90	16228	16228	16215		
中国共产党机关	900	16228	16228	16215		
国家机构	91	490790	490790	477362	422	1
国家权力机构	911	4918	4918	4891		
国家行政机构	912	466004	466004	453167	422	1
人民法院和人民检察院	913	16226	16226	15924		
其他国家机构	919	3642	3642	3380		
人民政协、民主党派	92	4776	4776	4776		
人民政协	921	4358	4358	4358		
民主党派	922	418	418	418		
社会保障	93	1841	1841	1638		
社会保障	930	1841	1841	1638		
群众团体、社会团体和其他成员组织	94	78424	78420	17756	6530	304
群众团体	941	10853	10853	7082	739	
社会团体	942	61364	61360	10167	5258	304
基金会	943	133	133	66	12	
宗教组织	944	6074	6074	441	521	
基层群众自治组织	95	123069	123069			
社区自治组织	951	17821	17821			
村民自治组织	952	105248	105248			

联营	国有联营	集体联营	国有与集体联营	其他联营	有限责任公司	国有独资公司	其他有限责任公司	股份有限公司	私营	私营独资
8	8				954	90	864	71	436	128
									6	
					37	37			37	37
					473		473	34	64	41
									5	5
8	8				416	53	363	37	287	12
					28		28		37	33
14		14			2000	459	1541	71	809	318
					1532	378	1154	68	538	128
					106	71	35			
					13		13		2	2
					40		40		49	43
					5		5		2	
14		14			98	10	88		32	16
					206		206	3	186	129
9		9			760		760	81	327	163
					207		207	78	33	23
9		9			9		9			
					516		516	3	291	137
					28		28		3	3
19	6	6		7	2955	25	2930	151	9309	6743
19	6	6		7	2401		2401	105	9076	6640
					275		275		14	14
					117	25	92		4	
					162		162	46	215	89
2559	**126**	**1702**	**117**	**614**	**171**	**36**	**135**	**5**	**1757**	**483**
233	25	64	111	33						
233	25	64	111	33						
2326	101	1638	6	581	171	36	135	5	1757	483
58		58			2		2			
2252	101	1578	6	567	160	27	133	5	1727	481
16		2		14	9	9			30	2

1-14 续表 10

行业	代码	私营合伙	私营有限责任公司	私营股份有限公司	其他	港、澳、台商投资	合资经营(港、澳、台资)
总　计		**117984**	**346092**	**44308**	**358494**	**16150**	**6921**
农、林、牧、渔业	A	**233**	**464**	**39**	**10729**		
农业	01				30		
蔬菜、食用菌及园艺作物种植	014				10		
水果种植	015						
坚果、含油果、香料和饮料作物种植	016						
其他农业	019				20		
林业	02		25				
林木育种和育苗	021						
森林经营和管护	023		25				
畜牧业	03		51				
牲畜饲养	031						
其他畜牧业	039		51				
农、林、牧、渔服务业	05	233	388	39	10699		
农业服务业	051	79	348	21	8352		
林业服务业	052	24	28		477		
畜牧服务业	053	125	12	18	1631		
渔业服务业	054	5			239		
采矿业	B	**74111**	**32634**	**5279**	**7359**	**538**	**128**
煤炭开采和洗选业	06	66799	24547	3577	3922		
烟煤和无烟煤开采洗选	061	66545	24492	3577	3867		
褐煤开采洗选	062	17			33		
其他煤炭采选	069	237	55		22		
石油和天然气开采业	07						
天然气开采	072						
黑色金属矿采选业	08	884	945	761	478	441	120
铁矿采选	081	687	212	37	126	321	
锰矿、铬矿采选	082	156	398	699	294	120	120
其他黑色金属矿采选	089	41	335	25	58		
有色金属矿采选业	09	859	1613	566	346	64	
常用有色金属矿采选	091	840	1070	518	336	64	
贵金属矿采选	092	19	494	48	10		
稀有稀土金属矿采选	093		49				
非金属矿采选业	10	5302	5376	108	2534	33	8
土砂石开采	101	4570	3318	97	2112	8	8
化学矿开采	102	689	1632	11	370		
石棉及其他非金属矿采选	109	43	426		52	25	
开采辅助活动	11	236	58	172	75		
煤炭开采和洗选辅助活动	111	236	46	172	20		
石油和天然气开采辅助活动	112		7		8		
其他开采辅助活动	119		5		47		
其他采矿业	12	31	95	95	4		
其他采矿业	120	31	95	95	4		
制造业	C	**13569**	**126391**	**11596**	**23329**	**8097**	**2888**
农副食品加工业	13	843	8286	968	2748	1183	1091
谷物磨制	131	44	1313	220	205		
饲料加工	132	85	1140	12		182	90
植物油加工	133	180	806	30	258		
制糖业	134		235		180		

合作经营(港、澳、台资)	港、澳、台商独资经营	港、澳、台商投资股份有限公司	其他港、澳、台投资	外商投资	中外合资经营	中外合作经营	外资企业	外商投资股份有限公司	其他外商投资
98	**8055**	**1015**	**61**	**31834**	**10014**	**1362**	**10443**	**8385**	**1630**
	410			**5773**			**3**	**5770**	
				5693			3	5690	
				5690				5690	
				3			3		
	321			80				80	
	321			80				80	
	64								
	64								
	25								
	25								
97	**4613**	**445**	**54**	**12632**	**5304**	**925**	**5924**	**78**	**401**
	92			279	278		1		
	92			247	246		1		
				32	32				

1-14 续表 11

行业	代码	私营合伙	私营有限责任公司	私营股份有限公司	其他	港、澳、台商投资	合资经营(港、澳、台资)
屠宰及肉类加工	135	295	1725	520	396	986	986
水产品加工	136		5		36		
蔬菜、水果和坚果加工	137	25	1368	38	635		
其他农副食品加工	139	214	1694	148	1038	15	15
食品制造业	14	268	7021	503	519	56	56
焙烤食品制造	141		1638		80	56	56
糖果、巧克力及蜜饯制造	142		43				
方便食品制造	143	160	1102	155	319		
乳制品制造	144		17		8		
罐头食品制造	145		128				
调味品、发酵制品制造	146	31	3429	321	91		
其他食品制造	149	77	664	27	21		
酒、饮料和精制茶制造业	15	764	19021	1041	10103	497	147
酒的制造	151	252	12228	266	777	350	
饮料制造	152	216	1186	287	176	147	147
精制茶加工	153	296	5607	488	9150		
烟草制品业	16	12			370		
烟叶复烤	161	12			145		
卷烟制造	162						
其他烟草制品制造	169				225		
纺织业	17	45	655	240	115		
棉纺织及印染精加工	171	11	355	82			
毛纺织及染整精加工	172		5		3		
麻纺织及染整精加工	173				14		
丝绢纺织及印染精加工	174		101	88			
化纤织造及印染精加工	175	14	26				
针织或钩针编织物及其制品制造	176		25		38		
家用纺织制成品制造	177		42	12	60		
非家用纺织制成品制造	178	20	101	58			
纺织服装、服饰业	18	354	3802	57	669	216	1
机织服装制造	181	184	3002	57	602	116	1
针织或钩针编织服装制造	182	165	70				
服饰制造	183	5	730		67	100	
皮革、毛皮、羽毛及其制品和制鞋业	19	205	1827	10	72	2	
皮革鞣制加工	191		10		3		
皮革制品制造	192	5	87	10		2	
毛皮鞣制及制品加工	193		25				
羽毛(绒)加工及制品制造	194		556				
制鞋业	195	200	1149		69		
木材加工和木、竹、藤、棕、草制品业	20	939	6808	122	852		
木材加工	201	460	4339	46	563		
人造板制造	202	272	1621		61		
木制品制造	203	162	537	76	96		
竹、藤、棕、草等制品制造	204	45	311		132		
家具制造业	21	246	1492	258	267		
木质家具制造	211	143	1167	36	201		
竹、藤家具制造	212	53	31	175	5		
金属家具制造	213	9	15	47	21		
塑料家具制造	214	20	12				
其他家具制造	219	21	267		40		

合作经营(港、澳、台资)	港、澳、台商独资经营	港、澳、台商投资股份有限公司	其他港、澳、台投资	外商投资	中外合资经营	中外合作经营	外资企业	外商投资股份有限公司	其他外商投资
				157	149		8		
				149	149				
				8			8		
		350		1792	517		1219		56
		350		1281	6		1219		56
				511	511				
	215								
	115								
	100								
	2								
	2								

1-14 续表 12

行业	代码	私营合伙	私营有限责任公司	私营股份有限公司	其他	港、澳、台商投资	合资经营（港、澳、台资）
造纸和纸制品业	22	204	1911	134	143	31	29
纸浆制造	221		4				
造纸	222	71	460	6	124		
纸制品制造	223	133	1447	128	19	31	29
印刷和记录媒介复制业	23	188	697	48	125	528	514
印刷	231	165	675	48	81	528	514
装订及印刷相关服务	232	23	22		44		
记录媒介复制	233						
文教、工美、体育和娱乐用品制造业	24	322	2133	87	1084	433	
文教办公用品制造	241	2	101	12	42		
乐器制造	242		13				
工艺美术品制造	243	320	1887	75	1037	30	
体育用品制造	244				5	403	
玩具制造	245		132				
游艺器材及娱乐用品制造	246						
石油加工及炼焦	25	18	1122	89	21	42	42
化学原料和化学制品制造业	26	1389	6833	1367	758	98	1
基础化学原料制造	261	118	1657	307	38		
肥料制造	262	129	2535	999	360		
农药制造	263		1				
涂料、油墨、颜料及类似产品制造	264	73	169	20	25		
合成材料制造	265	129	166		56		
专用化学产品制造	266	175	1427	28	61	97	
炸药、火工及焰火产品制造	267	695	676		193	1	1
日用化学产品制造	268	70	202	13	25		
医药制造业	27	72	3535	1777	425	571	246
化学药品原料药制造	271	4	75		10		
化学药品制剂制造	272		663				
中药饮片加工	273	11	446		292	25	
中成药生产	274	49	1834	1673	102	373	73
兽用药品制造	275		13				
生物药品制造	276	8	239	104	20		
卫生材料及医药用品制造	277		265		1	173	173
化学纤维制造业	28						
合成纤维制造	282						
橡胶和塑料制品业	29	425	3416	226	207		
橡胶制品业	291	34	512		35		
塑料制品业	292	391	2904	226	172		
非金属矿物制品业	30	5213	23707	2520	3360	2836	597
水泥、石灰和石膏制造	301	363	5193	621	114	2208	195
石膏、水泥制品及类似制品制造	302	1254	7365	997	1286	34	34
砖瓦、石材等建筑材料制造	303	3058	6881	568	1753		
玻璃制造	304	85	644	69	1		
玻璃制品制造	305	264	1544	95	14	368	368
玻璃纤维和玻璃纤维增强塑料制品制造	306		508				
陶瓷制品制造	307		250	13	41		
耐火材料制品制造	308	43	712	48	90		
石墨及其他非金属矿物制品制造	309	146	610	109	61	226	

合作经营（港、澳、台资）	港、澳、台商独资经营	港、澳、台商投资股份有限公司	其他港、澳、台投资	外商投资	中外合资经营	中外合作经营	外资企业	外商投资股份有限公司	其他外商投资
	2			113	113				
	2			113	113				
	14								
	14								
	433								
	30								
	403								
				166	166				
97				461	222		218	21	
				330	215		115		
				26	5			21	
97				105	2		103		
	325			3023			2950	57	16
	25								
	300			3007			2950	57	
				16					16
				1310	1080	12	218		
				187	44		143		
				1123	1036	12	75		
	2239			1431	776		655		
	2013			763	465		298		
				113	66		47		
				46	46				
				265	53		212		
	226			244	146		98		

1-14 续表 13

行　业	代码	私营合伙	私营有限责任公司	私营股份有限公司	其他	港、澳、台商投资	合资经营（港、澳、台资）
黑色金属冶炼和压延加工业	31	224	11015	1049	32	587	
炼铁	311	2	432	1	2		
炼钢	312		72				
黑色金属铸造	313	5	295	11	8		
钢压延加工	314	166	1660				
铁合金冶炼	315	51	8556	1037	22	587	
有色金属冶炼和压延加工业	32	284	5813	194	24	122	34
常用有色金属冶炼	321	141	3929	57	14	72	34
贵金属冶炼	322	12	164		1		
稀有稀土金属冶炼	323	23	271	60			
有色金属合金制造	324	85	178			50	
有色金属铸造	325		303				
有色金属压延加工	326	23	968	77	9		
金属制品业	33	455	3780	375	348	196	101
结构性金属制品制造	331	179	1952	192	106	23	23
金属工具制造	332	57	413	3	96		
集装箱及金属包装容器制造	333	7	85		13		
金属丝绳及其制品制造	334	11	223				
建筑、安全用金属制品制造	335	32	326	155	36	78	78
金属表面处理及热处理加工	336		212			95	
搪瓷制品制造	337				6		
金属制日用品制造	338	25	174	25	19		
其他金属制品制造	339	144	395		72		
通用设备制造业	34	251	3589	196	171		
锅炉及原动设备制造	341		123	4			
金属加工机械制造	342	90	1015	131	24		
物料搬运设备制造	343		320				
泵、阀门、压缩机及类似机械制造	344		146				
轴承、齿轮和传动部件制造	345		545				
烘炉、风机、衡器、包装等设备制造	346	19	208		9		
文化、办公用机械制造	347		1				
通用零部件制造	348	134	1212	3	138		
其他通用设备制造业	349	8	19	58			
专用设备制造业	35	140	2478	120	286	11	
采矿、冶金、建筑专用设备制造	351	13	1313	3			
化工、木材、非金属加工专用设备制造	352		181	64	117		
食品、饮料、烟草及饲料生产专用设备制造	353	15	8		27		
印刷、制药、日化及日用品生产专用设备制造	354	9	128	5	2	2	
纺织、服装和皮革加工专用设备制造	355		31				
电子和电工机械专用设备制造	356	42	306		34	7	
农、林、牧、渔专用机械制造	357	21	170	43	73		
医疗仪器设备及器械制造	358		190		21		
环保、社会公共服务及其他专用设备制造	359	40	151	5	12	2	
汽车制造业	36	119	1257	80	55		
汽车整车制造	361						
改装汽车制造	362	5	130				
低速载货汽车制造	363						
电车制造	364						
汽车车身、挂车制造	365						
汽车零部件及配件制造	366	114	1127	80	55		

合作经营(港、澳、台资)	港、澳、台商独资经营	港、澳、台商投资股份有限公司	其他港、澳、台投资	外商投资	中外合资经营	中外合作经营	外资企业	外商投资股份有限公司	其他外商投资
	587			292			292		
	587			292			292		
	38		50	923	10	913			
	38			10	10				
				913		913			
			50						
		95							
		95							
				51	51				
				51	51				
	7		4	1464	1464				
				1464	1464				
			2						
	7								
			2						
				497	168				329
				497	168				329

1-14 续表 14

行 业	代码	私营合伙	私营有限责任公司	私营股份有限公司	其他	港、澳、台商投资	合资经营(港、澳、台资)
铁路、船舶、航空航天和其他运输设备制造业	37	136	234	35			
铁路运输设备制造	371		90				
船舶及相关装置制造	373	8	8				
航空、航天器及设备制造	374		72				
摩托车制造	375	128		35			
自行车制造	376		64				
潜水救捞及其他未列明运输设备制造	379						
电气机械和器材制造业	38	114	3704	45	180	653	
电机制造	381		131		16		
输配电及控制设备制造	382	35	1055	14	143	267	
电线、电缆、光缆及电工器材制造	383	36	739		21		
电池制造	384		218				
家用电力器具制造	385	10	900	25		386	
非电力家用器具制造	386	25	252	6			
照明器具制造	387		299				
其他电气机械及器材制造	389	8	110				
计算机、通信和其他电子设备制造业	39	3	445	51	138	35	29
计算机制造	391		25				
通信设备制造	392		4	45		35	29
雷达及配套设备制造	394						
视听设备制造	395		30				
电子器件制造	396		56		35		
电子元件制造	397		150		103		
其他电子设备制造	399	3	180	6			
仪器仪表制造业	40	149	230		18		
通用仪器仪表制造	401		89				
专用仪器仪表制造	402		65		12		
钟表与计时仪器制造	403						
光学仪器及眼镜制造	404	149			6		
其他仪器仪表制造业	409		76				
其他制造业	41	122	853		160		
废弃资源综合利用业	42	15	561		41		
金属废料和碎屑加工处理	421	15	304				
非金属废料和碎屑加工处理	422		257		41		
金属制品、机械和设备修理业	43	50	166	4	38		
金属制品修理	431	20					
通用设备修理	432		38				
专用设备修理	433	14	62	4	16		
铁路、船舶、航空航天等运输设备修理	434						
电气设备修理	435		11		10		
仪器仪表修理	436						
其他机械和设备修理业	439	16	55		12		
电力、热力、燃气及水生产和供应业	**D**	**1149**	**2129**	**294**	**1090**	**26**	
电力、热力生产和供应业	44	947	1692	214	815	26	
电力生产	441	947	1419	186	726	26	
电力供应	442		171	28	89		
热力生产和供应	443		102				

合作经营(港、澳、台资)	港、澳、台商独资经营	港、澳、台商投资股份有限公司	其他港、澳、台投资	外商投资	中外合资经营	中外合作经营	外资企业	外商投资股份有限公司	其他外商投资
				117	117				
				117	117				
	653			350	174		176		
				8	8				
	267			148	148				
				176			176		
	386			18	18				
	6								
	6								
				206	19		187		
				19	19				
				187			187		
	26			**1248**	**1201**		**38**	**9**	
	26								
	26								

1-14 续表 15

行业	代码	私营合伙	私营有限责任公司	私营股份有限公司	其他	港、澳、台商投资	合资经营(港、澳、台资)
燃气生产和供应业	45	59	263	46	31		
燃气生产和供应业	450	59	263	46	31		
水的生产和供应业	46	143	174	34	244		
自来水生产和供应	461	142	128	34	212		
污水处理及其再生利用	462	1	42		22		
其他水的处理、利用与分配	469		4		10		
建筑业	**E**	**1037**	**38076**	**10558**	**1004**	**6**	**3**
房屋建筑业	47	57	26981	9344	209	3	
房屋建筑业	470	57	26981	9344	209	3	
土木工程建筑业	48	188	4241	417	194		
铁路、道路、隧道和桥梁工程建筑	481	146	1486	38	86		
水利和内河港口工程建筑	482		1301		18		
工矿工程建筑	484	7	199	350	13		
架线和管道工程建筑	485	11	728	13	4		
其他土木工程建筑	489	24	527	16	73		
建筑安装业	49	10	1722	54	59		
电气安装	491		694		18		
管道和设备安装	492	10	480		4		
其他建筑安装业	499		548	54	37		
建筑装饰和其他建筑业	50	782	5132	743	542	3	3
建筑装饰业	501	709	3238	524	356	3	3
工程准备活动	502	38	1391	219	142		
提供施工设备服务	503	10	31		11		
其他未列明建筑业	509	25	472		33		
批发和零售业	**F**	**3856**	**49904**	**3828**	**15533**	**2056**	**1193**
批发业	51	1678	21898	1523	7279	238	70
农、林、牧产品批发	511	58	1252	23	1616	6	
食品、饮料及烟草制品批发	512	445	4076	234	1658	11	
纺织、服装及家庭用品批发	513	133	1899	78	161	135	
文化、体育用品及器材批发	514	16	309	6	25		
医药及医疗器材批发	515	3	1697	290	173	16	
矿产品、建材及化工产品批发	516	609	7182	387	1529	70	70
机械设备、五金产品及电子产品批发	517	186	4162	300	974		
贸易经纪与代理	518	86	557	78	949		
其他批发业	519	142	764	127	194		
零售业	52	2178	28006	2305	8254	1818	1123
综合零售	521	482	6126	787	729	1035	685
食品、饮料及烟草制品专门零售	522	473	2982	170	4511	3	2
纺织、服装及日用品专门零售	523	91	564	114	182	280	
文化、体育用品及器材专门零售	524	62	767	89	440		
医药及医疗器材专门零售	525	152	2198	66	316		
汽车、摩托车、燃料及零配件专门零售	526	407	8297	467	793	149	149
家用电器及电子产品专门零售	527	166	4534	365	415		
五金、家具及室内装饰材料专门零售	528	237	1455	194	419		
货摊、无店铺及其他零售业	529	108	1083	53	449	351	287
交通运输、仓储和邮政业	**G**	**939**	**11007**	**1238**	**4406**		
道路运输业	54	605	6869	866	3950		
城市公共交通运输	541	170	1924	337	34		
公路旅客运输	542	112	2521	292	128		
道路货物运输	543	257	2168	188	3610		
道路运输辅助活动	544	66	256	49	178		

合作经营(港、澳、台资)	港、澳、台商独资经营	港、澳、台商投资股份有限公司	其他港、澳、台投资	外商投资	中外合资经营	中外合作经营	外资企业	外商投资股份有限公司	其他外商投资
				17	17				
				17	17				
				1231	1184		38	9	
				1184	1184				
				47			38	9	
	3			**74**	**55**		**5**	**8**	**6**
	3								
	3								
				58	50			8	
				58	50			8	
				16	5		5		6
				16	5		5		6
1	**759**	**103**		**3772**	**1415**		**2106**	**231**	**20**
	65	103		505	215		59	231	
	6			1				1	
	11			165	155		10		
	32	103							
	16			22			22		
				79	57		22		
				238	3		5	230	
1	694			3267	1200		2047		20
	350			1698	248		1450		
1									
	280			544			544		
				942	926				16
				37			37		
				9			5		4
	64			37	26		11		
				1155	**782**	**332**		**41**	
				388	15	332		41	
				15	15				
				373		332		41	

1-14 续表 16

行业	代码	私营合伙	私营有限责任公司	私营股份有限公司	其他	港、澳、台商投资	合资经营(港、澳、台资)
水上运输业	55	5	488	16	79		
水上旅客运输	551		458	9			
水上货物运输	552	5	19		79		
水上运输辅助活动	553		11	7			
航空运输业	56						
航空客货运输	561						
通用航空服务	562						
航空运输辅助活动	563						
管道运输业	57		6				
管道运输业	570		6				
装卸搬运和运输代理业	58	272	1496	36	129		
装卸搬运	581	191	980		57		
运输代理业	582	81	516	36	72		
仓储业	59	45	253	8	49		
谷物、棉花等农产品仓储	591		44		32		
其他仓储业	599	45	209	8	17		
邮政业	60	12	1895	312	199		
邮政基本服务	601						
快递服务	602	12	1895	312	199		
住宿和餐饮业	H	**3673**	**13808**	**2573**	**2685**	**991**	**473**
住宿业	61	1373	7272	1690	1097	925	422
旅游饭店	611	660	5173	1240	633	775	422
一般旅馆	612	406	1956	305	272	150	
其他住宿业	619	307	143	145	192		
餐饮业	62	2300	6536	883	1588	66	51
正餐服务	621	2009	6194	829	1384	4	4
快餐服务	622	39	110	13	29	56	41
饮料及冷饮服务	623	15	108	25	10	6	6
其他餐饮业	629	237	124	16	165		
信息传输、软件和信息技术服务业	I	**101**	**1459**	**171**	**644**	**1858**	**1086**
电信、广播电视和卫星传输服务	63	5	46	44	210	1853	1086
电信	631		30	44	208	1853	1086
广播电视传输服务	632	5	16		2		
卫星传输服务	633						
互联网和相关服务	64	47	285	8	49	5	
互联网接入及相关服务	641		72	3	9		
互联网信息服务	642	38	85	5	33		
其他互联网服务	649	9	128		7	5	
软件和信息技术服务业	65	49	1128	119	385		
软件开发	651	30	442	31	60		
信息系统集成服务	652	8	180	67	47		
信息技术咨询服务	653	11	261	10	260		
数据处理和存储服务	654						
集成电路设计	655		24				
其他信息技术服务业	659		221	11	18		
房地产业	K	**697**	**31126**	**3358**	**1697**	**1461**	**736**
房地产业	70	697	31126	3358	1697	1461	736
房地产开发经营	701	236	21331	2319	243	1174	703

合作经营(港、澳、台资)	港、澳、台商独资经营	港、澳、台商投资股份有限公司	其他港、澳、台投资	外商投资	中外合资经营	中外合作经营	外资企业	外商投资股份有限公司	其他外商投资
				767	767				
				767	767				
	484	**34**		**514**	**251**	**11**		**247**	**5**
	469	34		230	219	11			
	319	34		221	219	2			
	150								
				9		9			
	15			284	32			247	5
				284	32			247	5
	15								
	593	**179**		**6218**	**864**		**2221**	**2001**	**1132**
	588	179		6218	864		2221	2001	1132
	588	179		6218	864		2221	2001	1132
	5								
	5								
	471	**254**		**166**	**83**	**57**	**26**		
	471	254		166	83	57	26		
	471			154	71	57	26		

1-14 续表 17

行业	代码	私营合伙	私营有限责任公司	私营股份有限公司	其他	港、澳、台商投资	合资经营(港、澳、台资)
物业管理	702	149	8079	910	1001	287	33
房地产中介服务	703	252	734	62	168		
自有房地产经营活动	704	2	146	19	137		
其他房地产业	709	58	836	48	148		
租赁和商务服务业	**L**	**3497**	**17720**	**1745**	**6053**	**681**	**142**
租赁业	71	209	1204	92	536		
机械设备租赁	711	202	1141	92	530		
文化及日用品出租	712	7	63		6		
商务服务业	72	3288	16516	1653	5517	681	142
企业管理服务	721	178	2223	248	1331	171	35
法律服务	722	1340	53	36	1093		
咨询与调查	723	697	1959	190	354	106	97
广告业	724	214	2478	185	338	12	
知识产权服务	725	13	9		41		
人力资源服务	726	467	2279	38	178		
旅行社及相关服务	727	70	1101	76	429	25	4
安全保护服务	728	67	4718	604	1063		
其他商务服务业	729	242	1696	276	690	367	6
科学研究和技术服务业	**M**	**652**	**5914**	**482**	**6590**	**102**	**22**
研究和试验发展	73	13	204	201	660	16	
自然科学研究和试验发展	731		2	197	87		
工程和技术研究和试验发展	732		171		89	8	
农业科学研究和试验发展	733		19	4	266	8	
医学研究和试验发展	734	7	9		80		
社会人文科学研究	735	6	3		138		
专业技术服务业	74	501	4965	260	2314	86	22
气象服务	741	1	10		72		
地震服务	742						
测绘服务	744	43	388	17	353		
质检技术服务	745	161	963	42	162		
环境与生态监测	746	7	124	4	101		
地质勘查	747		92	3	482		
工程技术	748	218	2420	129	578		
其他专业技术服务业	749	71	968	65	566	86	22
科技推广和应用服务业	75	138	745	21	3616		
技术推广服务	751	106	579	21	3556		
科技中介服务	752	24	137		29		
其他科技推广和应用服务业	759	8	29		31		
水利、环境和公共设施管理业	**N**	**188**	**1700**	**179**	**3235**	**38**	
水利管理业	76	11	39		283		
防洪除涝设施管理	761						
水资源管理	762	11	26		44		
天然水收集与分配	763				52		
水文服务	764				73		
其他水利管理业	769		13		114		
生态保护和环境治理业	77	21	174	11	128		
生态保护	771		12		114		
环境治理业	772	21	162	11	14		

合作经营(港、澳、台资)	港、澳、台商独资经营	港、澳、台商投资股份有限公司	其他港、澳、台投资	外商投资	中外合资经营	中外合作经营	外资企业	外商投资股份有限公司	其他外商投资
		254							
				3	3				
				9	9				
	534		**5**	**60**		**10**	**50**		
	534		5	60		10	50		
	136			48		5	43		
	9			12		5	7		
	7		5						
	21								
	361								
	80			**83**	**4**		**13**		**66**
	16			4	4				
	8			4	4				
	8								
	64			66					66
				66					66
	64								
				13			13		
				13			13		
	38			**27**		**27**			
				27		27			
				27		27			

1-14 续表 18

行　业	代码	私营合伙	私营有限责任公司	私营股份有限公司	其他	港、澳、台商投资	合资经营（港、澳、台资）
公共设施管理业	78	156	1487	168	2824	38	
市政设施管理	781		79	5	164	38	
环境卫生管理	782	7	872	11	339		
城乡市容管理	783		17		1180		
绿化管理	784	16	151	3	692		
公园和游览景区管理	785	133	368	149	449		
居民服务、修理和其他服务业	**O**	**1619**	**7819**	**571**	**2518**	**43**	**43**
居民服务业	79	773	3793	171	1587		
家庭服务	791	209	1322	7	151		
托儿所服务	792				67		
洗染服务	793	22	176		88		
理发及美容服务	794	51	130	6	37		
洗浴服务	795	228	1134	82	262		
保健服务	796	195	263	28	2		
婚姻服务	797	2	50		15		
殡葬服务	798	23	615	20	60		
其他居民服务业	799	43	103	28	905		
机动车、电子产品和日用产品修理业	80	713	2715	312	649	43	43
汽车、摩托车修理与维护	801	678	2544	307	614	43	43
计算机和办公设备维修	802	16	104	5	4		
家用电器修理	803	13	51		6		
其他日用产品修理业	809	6	16		25		
其他服务业	81	133	1311	88	282		
清洁服务	811	116	1127	56	92		
其他未列明服务业	819	17	184	32	190		
教育	**P**	**4889**	**2062**	**1307**	**64443**		
教育	82	4889	2062	1307	64443		
学前教育	821	645	78	15	10675		
初等教育	822	501			21175		
中等教育	823	1468	24	704	24224		
高等教育	824	164	12		1219		
特殊教育	825				375		
技能培训、教育辅助及其他教育	829	2111	1948	588	6775		
卫生和社会工作	**Q**	**5222**	**2063**	**655**	**18145**		
卫生	83	5202	2023	655	17645		
医院	831	4674	1823	562	10383		
社区医疗与卫生院	832	333	97	32	5336		
门诊部(所)	833	182	26	61	486		
计划生育技术服务活动	834				454		
妇幼保健院(所、站)	835				320		
专科疾病防治院(所、站)	836	13			49		
疾病预防控制中心	837				362		
其他卫生活动	839		77		255		
社会工作	84	20	40		500		
提供住宿社会工作	841	20	40		415		
不提供住宿社会工作	842				85		
文化、体育和娱乐业	**R**	**1283**	**1811**	**435**	**3406**	**249**	**205**
新闻和出版业	85				664		
新闻业	851				46		
出版业	852				618		

合作经营(港、澳、台资)	港、澳、台商独资经营	港、澳、台商投资股份有限公司	其他港、澳、台投资	外商投资	中外合资经营	中外合作经营	外资企业	外商投资股份有限公司	其他外商投资
	38								
	38								
				3			**3**		
				3			3		
				3			3		
				55	**55**				
				55	55				
				55	55				
	44			**54**			**54**		

1-14 续表 19

行业	代码						
						港、澳、台商投资	合资经营(港、澳、台资)
		私营合伙	私营有限责任公司	私营股份有限公司	其他		
广播、电视、电影和影视录音制作业	86	50	209	49	180		
广播	861		6				
电视	862				150		
电影和影视节目制作	863		23		5		
电影和影视节目发行	864				17		
电影放映	865	50	176	49			
录音制作	866		4		8		
文化艺术业	87	253	217	21	1418		
文艺创作与表演	871	242	155	13	551		
艺术表演场馆	872						
图书馆与档案馆	873				92		
文物及非物质文化遗产保护	874		6		61		
博物馆	875		2		98		
烈士陵园、纪念馆	876				68		
群众文化活动	877	11	5		407		
其他文化艺术业	879		49	8	141		
体育	88	22	136	6	220	205	205
体育组织	881		10		164		
体育场馆	882						
休闲健身活动	883	22	126	6	36	205	205
其他体育	889				20		
娱乐业	89	958	1249	359	924	44	
室内娱乐活动	891	955	1157	324	805	44	
游乐园	892						
彩票活动	893				39		
文化、娱乐、体育经纪代理	894		4		6		
其他娱乐业	899	3	88	35	74		
公共管理、社会保障和社会组织	**S**	**1269**	**5**		**185628**	**4**	**2**
中国共产党机关	90				13		
中国共产党机关	900				13		
国家机构	91				12772		
国家权力机构	911				27		
国家行政机构	912				12181		
人民法院和人民检察院	913				302		
其他国家机构	919				262		
人民政协、民主党派	92						
人民政协	921						
民主党派	922						
社会保障	93				203		
社会保障	930				203		
群众团体、社会团体和其他成员组织	94	1269	5		49571	4	2
群众团体	941				2972		
社会团体	942	1241	5		41487	4	2
基金会	943				55		
宗教组织	944	28			5057		
基层群众自治组织	95				123069		
社区自治组织	951				17821		
村民自治组织	952				105248		

合作经营（港、澳、台资）	港、澳、台商独资经营	港、澳、台商投资股份有限公司	其他港、澳、台投资	外商投资	中外合资经营	中外合作经营	外资企业	外商投资股份有限公司	其他外商投资
				54			54		
				54			54		
	44								
	44								
			2						
			2						
			2						

1-15 按机构类型、从业人员组距、开业(成立)时间分组的法人单位数及从业人员数

分组	代码	法人单位				
		单位数(个)	单产业法人	多产业法人	从业人员数(人)	女性
总计		**146514**	**137738**	**8776**	**4357197**	**1423459**
按机构类型分组						
企业	10	93525	91711	1814	2900289	833570
事业单位	20	18456	15973	2483	796269	384465
机关	30	6851	3461	3390	397454	111911
社会团体	40	4642	4525	117	74724	24724
民办非企业单位	51	1882	1871	11	42510	28792
基金会	52	19	19		137	56
居委会	53	1854	1767	87	17821	10954
村委会	54	17448	16584	864	105248	18207
其他组织机构	90	1837	1827	10	22745	10780
按从业人员期末人数分组						
7人及以下	01	78060	77158	902	324768	113528
8-19人	02	34222	32636	1586	398958	146836
20-49个	03	18798	16489	2309	579135	224792
50-99人	04	8421	6303	2118	575044	217265
100-299人	05	5326	3929	1397	866225	301843
300-499人	06	903	689	214	342461	104695
500-999人	07	489	366	123	333791	98540
1000-4999人	08	254	153	101	456991	131473
5000-9999人	09	25	9	16	182425	35048
10000人以上	10	16	6	10	297399	49439
按开业(成立)时间分组						
1949年及以前	1	1121	809	312	105517	51252
1950-1977年	2	6564	5082	1482	668396	192524
1978-1991年	3	11735	10143	1592	374399	116934
1992-1995年	4	10506	9121	1385	358947	103335
1996年	5	867	771	96	56140	16232
1997年	6	899	803	96	42169	13301
1998年	7	1434	1276	158	93372	28741
1999年	8	1321	1196	125	116179	31963
2000年	9	1929	1793	136	103886	32404
2001年	10	2234	2055	179	96218	30787
2002年	11	2613	2414	199	104530	34210
2003年	12	3551	3269	282	134826	42707
2004年	13	3710	3500	210	145577	43302
2005年	14	3492	3319	173	129921	36822
2006年	15	4447	4267	180	139601	44087
2007年	16	4990	4848	142	147856	45116
2008年	17	6005	5838	167	191852	59244
2009年	18	6713	6541	172	153645	51882
2010年	19	9475	9044	431	219202	75037
2011年	20	12206	11781	425	263011	94260
2012年	21	24335	23967	368	352509	138168
2013年	22	25931	25574	357	341388	136079
无开业年份	23	436	327	109	18056	5072

1-16　按行业(门类)分组的有证照个体经营户数和从业人员数

行　　业	代码	有证照户数(户)	有证照人数(人)
总　计		**765107**	**1882975**
农、林、牧、渔业	A	1763	4255
采矿业	B	869	8363
制造业	C	28544	103453
电力、热力、燃气及水生产和供应业	D	312	1016
建筑业	E	1953	6443
批发和零售业	F	375373	912160
交通运输、仓储和邮政业	G	236020	386182
住宿和餐饮业	H	63057	251090
信息传输、软件和信息技术服务业	I	3485	8176
房地产业	K	251	782
租赁和商务服务业	L	5398	16008
科学研究和技术服务业	M	2953	8754
水利、环境和公共设施管理业	N	116	502
居民服务、修理和其他服务业	O	38602	137301
教育	P	1117	7952
卫生和社会工作	Q	2949	13383
文化、体育和娱乐业	R	2345	17155

第2篇

小微企业

2-1 按市县、开业(成立)时间分组的

地区	法人单位数(个)	1949年及以前	1950-1977年	1978-1991年	1992-1995年	1996年	1997年	1998年	1999年	2000年	2001年
贵州省	**89143**	**20**	**682**	**711**	**855**	**309**	**467**	**672**	**704**	**1108**	**1144**
贵阳市	**26789**	**3**	**119**	**193**	**362**	**119**	**234**	**256**	**252**	**393**	**444**
南明区	7774		42	59	108	40	87	106	70	144	156
云岩区	7600		27	59	164	50	87	89	108	138	163
花溪区	3467	1	16	18	28	12	30	23	23	43	40
乌当区	1162		4	12	19	8	7	11	10	11	18
白云区	2132	1	4	13	14	2	8	7	15	23	23
观山湖区	2526		3	4	5	3	4	8	7	9	14
开阳县	457		4	5	3	1	3	1	4	12	8
息烽县	402	1	2	6	3	1	2	5	2	3	4
修文县	513		9	7	9	2	4		6	6	9
清镇市	756		8	10	9		2	6	7	4	9
六盘水市	**7016**		**42**	**45**	**43**	**23**	**13**	**31**	**45**	**74**	**77**
钟山区	3320		9	18	19	8	6	16	20	33	45
六枝特区	929		10	8	11	3	1	3	3	12	12
水城县	737		1	2	3	3	1	5	10	14	6
盘县	2030		22	17	10	9	5	7	12	15	14
遵义市	**13307**	**2**	**73**	**106**	**131**	**44**	**70**	**121**	**120**	**220**	**176**
红花岗区	2342	1	14	28	40	8	14	27	23	72	48
汇川区	2518		5	4	19	8	22	33	23	42	34
遵义县	1235		6	10	14	7	5	8	6	10	13
桐梓县	657		2	6	6	1	2	1	5	10	5
绥阳县	447		4	4	6	1	2	2	1	7	10
正安县	517		6	3	4		1	4	2	7	4
道真仡佬族苗族自治县	345	1	4	3		1	1	2	3	5	3
务川仡佬族苗族自治县	383		1	5	3	1	1	4	3	4	3
凤冈县	710		1	3	1		3		3	10	4
湄潭县	712		8	3	6	1	4	5	5	4	9
余庆县	489		8	5	2			3	2	3	5
习水县	1117		3	11	7	7	9	7	6	6	14
赤水市	802		7	12	8	3		3	15	17	14
仁怀市	1033		4	9	15	6	6	22	23	23	10
安顺市	**5182**	**2**	**33**	**48**	**51**	**17**	**20**	**23**	**25**	**51**	**37**
西秀区	2595	1	12	19	24	7	8	13	13	23	24
平坝县	665		4	7	13	5	5	5	4	4	3
普定县	525		5	6	9	1	1	2	4	15	4
镇宁布依族苗族自治县	518	1	3	5	5	2	2	2	2	2	2
关岭布依族苗族自治县	483		4	3					1	3	2
紫云苗族布依族自治县	396		5	8		2	4	1	1	4	2
毕节市	**7728**	**3**	**64**	**51**	**43**	**28**	**35**	**55**	**41**	**95**	**73**
七星关区	2245	1	27	20	11	9	16	19	13	23	19
大方县	909	1	9	8	6	2	1	3	5	5	9
黔西县	777		1	6	2	1	1	1	3	13	3
金沙县	966	1	12	3	7	2	3	12	5	19	11
织金县	771		1	3	6	4	2	3	5	8	6
纳雍县	745		6	2	4	4	2	5	5	2	9
威宁彝族回族苗族自治县	667		4	6	4	3	6	6	1	3	7
赫章县	648		4	3	3	3	4	6	4	22	9

小微企业法人单位数

2002年	2003年	2004年	2005年	2006年	2007年	2008年	2009年	2010年	2011年	2012年	2013年	无开业年份
1306	**1704**	**1969**	**2299**	**3231**	**3333**	**4180**	**5263**	**6915**	**9307**	**20806**	**22049**	**109**
465	**554**	**692**	**718**	**986**	**1119**	**1255**	**1692**	**2137**	**2786**	**5586**	**6407**	**17**
169	197	276	262	316	371	412	494	613	728	1446	1676	2
143	193	228	214	299	386	453	593	602	780	1362	1461	1
38	49	57	71	135	106	105	168	250	365	811	1074	4
22	24	20	28	41	34	43	64	75	91	288	331	1
37	26	34	50	66	90	78	146	212	254	512	517	
19	22	25	37	50	56	78	111	212	371	678	809	1
2	10	12	11	21	26	17	22	24	30	121	120	
8	6	8	4	6	7	15	18	28	31	106	136	
8	10	12	16	14	12	22	33	47	57	91	137	2
19	17	20	25	38	31	32	43	74	79	171	146	6
81	**135**	**185**	**218**	**237**	**237**	**324**	**369**	**563**	**662**	**1515**	**2091**	**6**
35	55	43	101	93	99	146	189	268	297	668	1152	
11	16	27	25	39	23	26	37	54	90	232	286	
11	24	30	28	38	33	36	43	67	69	129	178	6
24	40	85	64	67	82	116	100	174	206	486	475	
225	**272**	**291**	**340**	**524**	**464**	**634**	**710**	**1023**	**1462**	**3021**	**3260**	**18**
55	68	67	65	105	91	109	128	177	302	494	405	1
48	59	60	65	108	87	111	143	201	284	546	616	
15	31	43	48	58	50	64	52	105	168	261	257	4
9	13	19	18	32	23	47	49	48	59	157	143	2
11	8	7	5	7	11	16	22	38	37	95	153	
7	5	12	6	9	15	19	23	29	39	125	197	
9	9	8	8	14	10	24	17	34	33	76	80	
6	6	7	5	13	13	24	25	23	44	89	103	
8	8	9	16	14	24	31	47	62	81	221	164	
8	8	6	11	18	26	47	45	43	67	172	216	
3	11	7	8	15	15	9	20	20	32	111	208	2
19	15	13	31	55	31	45	56	99	92	272	317	2
10	17	15	26	36	39	48	41	51	73	162	198	7
17	14	18	28	40	29	40	42	93	151	240	203	
39	**77**	**83**	**96**	**181**	**169**	**199**	**278**	**313**	**509**	**1558**	**1369**	**4**
22	32	45	44	83	81	78	149	150	243	783	739	2
7	16	13	21	19	32	24	34	40	61	170	177	1
2	5	10	13	19	15	47	37	35	43	132	119	1
4	11	8	5	19	20	22	16	33	50	169	135	
4	9	5	10	24	14	18	22	26	54	165	119	
	4	2	3	17	7	10	20	29	58	139	80	
92	**113**	**149**	**154**	**243**	**295**	**346**	**441**	**603**	**830**	**2146**	**1810**	**18**
28	32	34	40	68	93	99	118	140	227	614	592	2
15	14	15	21	26	22	33	57	77	101	290	189	
15	11	19	19	13	28	40	42	62	98	250	144	5
8	21	17	26	31	30	51	50	106	113	223	212	3
3	7	19	16	24	36	28	35	49	73	250	190	3
7	16	13	12	29	25	25	60	75	68	223	150	3
10	8	18	11	27	22	31	51	58	71	133	186	1
6	4	14	9	25	39	39	28	36	79	163	147	1

2-1 续表

地　　区	法人单位数(个)	1949年及以前	1950–1977年	1978–1991年	1992–1995年	1996年	1997年	1998年	1999年	2000年	2001年
铜仁市	**8040**	**5**	**79**	**94**	**60**	**17**	**21**	**41**	**47**	**63**	**86**
碧江区	1738	2	19	14	5	5	4	10	14	19	24
万山区	433		8	9	3	1		2	2	1	3
江口县	677		13	9	3	1	2	4	1	6	6
玉屏侗族自治县	515	1	7	1	1		2	3	2	3	11
石阡县	717		4	8	10		4	3	4	7	4
思南县	1157	1	9	9	15	3		1	7	7	12
印江土家族苗族自治县	594		4	3	3		1	5	6	3	1
德江县	909		5	8	7	2	5	5	8	7	8
沿河土家族自治县	558	1		22	9	4	2	4	1	9	9
松桃苗族自治县	742		10	11	4	1	1	4	2	1	8
黔西南布依族苗族自治州	**5817**	**2**	**51**	**33**	**50**	**14**	**24**	**56**	**41**	**85**	**91**
兴义市	2937	1	18	16	34	9	17	34	28	54	54
兴仁县	1089		2	1	2	1		8	7	16	9
普安县	271		11	4	3	1	2	2		2	5
晴隆县	342		2	5	2		2	4	1	1	3
贞丰县	358		5	3	2		1		1	1	2
望谟县	256	1	6		1			3	1	2	3
册亨县	179		5	2	1	2	2	2	1	2	7
安龙县	385		2	2	5	1		3	2	7	8
黔东南苗族侗族自治州	**7937**	**3**	**117**	**81**	**58**	**21**	**24**	**46**	**55**	**53**	**69**
凯里市	2372	1	14	18	20	8	11	10	19	24	18
黄平县	339		18	3	1			3	1	1	1
施秉县	262		11	1	1	1		3	4	2	2
三穗县	362	1		3	3	1	1	1	3	2	12
镇远县	491		11	4	1	1	1	3	1	4	4
岑巩县	254	1	6	6	1		2	3	1		3
天柱县	694		5	6	4	5	1	9	3	2	3
锦屏县	315		6	13	3	1	3	2	1	2	3
剑河县	245		5	5	4			4	3	4	3
台江县	259		2	1	2		1		1	1	1
黎平县	508		15	2	3	1	2	2	1	1	6
榕江县	382		3	3	3				5	2	7
从江县	371		7	2	4	1	1	2	4	4	
雷山县	381		6	4	1	1			3		2
麻江县	346		3	5	3		1	3	4	2	3
丹寨县	356		5	5	4	1		1	1	2	1
黔南布依族苗族自治州	**7327**		**104**	**60**	**57**	**26**	**26**	**43**	**78**	**74**	**91**
都匀市	1343		21	14	14	4	7	19	23	29	32
福泉市	982		10	6	11	7	2	2	16	4	11
荔波县	427		9	2	3	3	3	2	3	6	9
贵定县	556		16	11	4	1	1	4	6	2	6
瓮安县	694		9	7	4	3		2	8	8	5
独山县	775		11	8	4	2		3	2	3	5
平塘县	264		3		2	1		1	3	2	4
罗甸县	322		4		1		3		8	4	2
长顺县	335		6	3			1	1	1	3	3
龙里县	643		3	3	4	4	5	5	1	5	5
惠水县	604		9	4	6		3	3	2	4	3
三都水族自治县	382		3	2	4	1	1	1	5	4	6

2002年	2003年	2004年	2005年	2006年	2007年	2008年	2009年	2010年	2011年	2012年	2013年	无开业年份
91	**144**	**179**	**254**	**322**	**317**	**371**	**514**	**708**	**942**	**1983**	**1694**	**8**
17	26	38	61	64	59	73	143	188	264	378	304	7
6	12	8	13	17	13	19	22	24	48	111	111	
6	11	20	22	28	30	28	37	50	69	170	161	
7	14	13	15	13	20	25	18	36	42	141	140	
7	15	10	19	26	23	38	80	75	96	166	118	
19	18	25	30	39	33	70	66	122	187	286	198	
6	14	8	14	22	25	14	21	44	33	203	164	
8	10	29	26	54	51	43	57	76	86	216	197	1
8	10	14	29	22	27	27	32	44	55	128	101	
7	14	14	25	37	36	34	38	49	62	184	200	
90	**124**	**144**	**138**	**215**	**193**	**326**	**385**	**451**	**589**	**1503**	**1204**	**8**
48	66	90	73	117	98	189	210	251	340	669	520	1
11	22	16	24	31	31	44	86	83	91	312	290	2
8	9	6	8	9	12	13	4	15	17	93	47	
3	3	3	10	12	5	23	21	26	50	101	64	1
4	6	7	7	15	18	17	11	17	32	103	106	
8	6	2	3	8	7	7	11	14	27	84	61	1
5	4	4	3	4	4	6	16	13	9	53	32	2
3	8	16	10	19	18	27	26	32	23	88	84	1
116	**140**	**138**	**178**	**247**	**269**	**357**	**449**	**561**	**767**	**1999**	**2174**	**15**
39	35	47	47	87	90	109	120	183	274	508	680	10
7	5	4	4	10	6	5	15	24	28	105	98	
4	9		2	7	9	12	15	14	19	79	67	
9	11	14	26	15	17	33	28	29	33	54	66	
9	6	14	13	20	21	13	21	55	49	125	115	
9	8	8	12	7	7	10	12	15	30	52	61	
4	10	8	12	13	10	31	58	42	67	178	223	
6	6	3	9	10	5	13	16	18	26	68	100	1
4	5	7	2	8	23	9	18	14	23	50	54	
2	5	1	4	4	11	13	21	23	31	69	66	
4	10	9	10	16	7	19	42	31	34	158	135	
5	6	5	10	14	8	15	16	25	36	115	102	2
2	7	6	7	6	11	14	9	15	27	90	151	1
5	8	9	6	13	17	21	20	25	29	125	86	
5	5	1	8	5	15	23	12	28	33	103	84	
2	4	2	6	12	12	17	26	20	28	120	86	1
107	**145**	**108**	**203**	**276**	**270**	**368**	**425**	**556**	**760**	**1495**	**2040**	**15**
28	34	33	43	54	66	65	83	95	152	224	296	7
12	26	13	33	54	37	62	66	122	94	203	191	
9	12	4	12	23	10	23	16	15	45	103	115	
7	6	9	18	12	28	37	44	44	68	100	131	1
7	9	10	9	19	21	29	41	56	83	155	209	
11	11	4	15	21	18	12	32	36	68	167	335	7
4	4	4	4	7	9	16	24	27	29	58	62	
4	7	3	12	8	9	24	11	17	34	79	92	
4	6	6	13	19	7	17	18	27	51	58	91	
6	16	7	17	12	23	24	27	53	46	145	232	
11	11	7	16	19	18	27	38	39	56	136	192	
4	3	8	11	28	24	32	25	25	34	67	94	

2-2 按市县、开业(成立)时间分组的

地　　区	从业人员数(人)	1949年及以前	1950-1977年	1978-1991年	1992-1995年	1996年	1997年	1998年	1999年	2000年
贵州省	**1536416**	**383**	**34282**	**35392**	**40725**	**10943**	**15691**	**26045**	**24163**	**32135**
贵阳市	**379168**	**132**	**7353**	**8785**	**14966**	**3816**	**6511**	**8056**	**7649**	**10025**
南明区	96863		2652	1723	5016	1696	2167	3339	3072	3222
云岩区	96427		1616	3256	5308	1327	2368	1827	1901	2591
花溪区	49021	12	491	1275	1006	258	739	1309	915	1333
乌当区	17239		81	522	1249	303	259	424	309	422
白云区	27783	70	184	528	632	79	255	223	198	309
观山湖区	40550		451	134	154	35	135	144	402	464
开阳县	11524		235	396	295	28	193	5	294	552
息烽县	7783	50	24	304	51		260	523	56	73
修文县	14123		614	281	575	90	108		186	722
清镇市	17855		1005	366	680		27	262	316	337
六盘水市	**115785**		**1394**	**2084**	**2483**	**735**	**163**	**1336**	**942**	**1710**
钟山区	40066		179	1098	1208	88	65	514	265	560
六枝特区	15912		376	345	1033	75	46	88	41	127
水城县	21704		377	71	51	82	10	347	414	687
盘县	38103		462	570	191	490	42	387	222	336
遵义市	253453	50	5811	5809	8038	1865	3027	6150	6121	11847
红花岗区	**37861**	**20**	**2048**	**1060**	**2862**	**93**	**236**	**943**	**536**	**2057**
汇川区	38495		431	88	1063	212	721	2692	633	915
遵义县	35211		637	218	991	105	133	211	319	575
桐梓县	15245		205	56	234	204	21	60	339	398
绥阳县	8787		24	63	416	7	40	25	27	191
正安县	10114		134	202	605		505	28	14	815
道真仡佬族苗族自治县	6656	30	367	36		19	62	21	55	814
务川仡佬族苗族自治县	4719		6	25	45	17	21	79	20	34
凤冈县	8454		17	36	71		27		10	126
湄潭县	15222		845	774	215	7	415	48	457	84
余庆县	6630		324	210	65			360	7	74
习水县	22801		208	713	108	349	171	219	515	3762
赤水市	16740		324	1733	377	70		22	1321	553
仁怀市	26518		241	595	986	782	675	1442	1868	1449
安顺市	**92116**	**40**	**1556**	**6303**	**3258**	**555**	**1128**	**1305**	**583**	**1187**
西秀区	45187	30	912	4521	1869	185	600	730	200	574
平坝县	15493		40	597	684	162	392	345	70	39
普定县	11464		287	810	454	42	15	13	151	506
镇宁布依族苗族自治县	7587	10	142	274	251	138	64	187	132	23
关岭布依族苗族自治县	6877		89	29					2	19
紫云苗族布依族自治县	5508		86	72		28	57	30	28	26
毕节市	**175057**	**27**	**2736**	**1844**	**2617**	**1096**	**2004**	**2324**	**2089**	**1690**
七星关区	39971	15	1092	275	283	300	434	657	480	276
大方县	17636	6	231	475	82	31	3	107	94	322
黔西县	20870		20	143	895	19	5	5	20	420
金沙县	25495	6	374	77	336	122	93	961	1223	77
织金县	22274		20	186	473	312	231	336	148	194
纳雍县	19101		391	19	159	25	163	74	97	7
威宁彝族回族苗族自治县	17564		511	486	123	263	280	69	6	164
赫章县	12146		97	183	266	24	795	115	21	230

小微企业法人单位从业人员数

2001年	2002年	2003年	2004年	2005年	2006年	2007年	2008年	2009年	2010年	2011年	2012年	2013年	无开业年份
39314	**45389**	**46948**	**60336**	**59715**	**74624**	**71191**	**92758**	**93875**	**112665**	**158489**	**231813**	**227887**	**1653**
10729	**12313**	**11914**	**17693**	**19929**	**18725**	**16930**	**20678**	**23015**	**27138**	**35907**	**48574**	**48242**	**88**
2318	2807	2709	4328	5559	4259	4448	6168	6127	6610	7840	10524	10274	5
4463	3633	3393	6286	5519	5251	4766	5556	5555	5419	8014	9554	8817	7
966	1016	1190	1253	1983	2061	1747	3262	3166	3893	5290	7987	7861	8
763	754	581	353	450	928	655	580	1706	924	1086	2349	2538	3
375	1284	1066	952	1949	1363	1916	1469	1682	2457	3106	4070	3616	
624	1276	586	1808	1990	2019	1128	1630	2084	4196	6609	7312	7368	1
219	78	737	312	564	528	539	217	904	710	627	1785	2306	
219	200	417	409	13	332	346	461	311	351	704	1125	1554	
378	695	566	1014	942	372	221	738	725	1332	1239	1378	1899	48
404	570	669	978	960	1612	1164	597	755	1246	1392	2490	2009	16
6283	**2282**	**4329**	**7523**	**5441**	**5918**	**5272**	**7849**	**5966**	**9556**	**10611**	**15055**	**18735**	**118**
1290	646	856	1180	2179	2124	2102	2294	2311	2805	4005	5145	9152	
745	198	722	949	612	495	652	1077	616	816	1453	2638	2808	
1335	575	1910	2251	733	901	832	1768	1330	2517	1435	1969	1991	118
2913	863	841	3143	1917	2398	1686	2710	1709	3418	3718	5303	4784	
4769	7184	8296	8897	7323	15143	9740	19193	12998	15724	25722	34894	34779	73
876	**1279**	**1659**	**1640**	**1354**	**1528**	**1391**	**4132**	**1553**	**2288**	**3506**	**3973**	**2822**	**5**
615	2163	1207	1663	1050	2258	1536	2802	2085	2912	3777	4838	4834	
276	386	1588	2261	1699	6096	1425	1565	1327	1907	5432	4746	3308	6
82	123	185	988	432	1166	534	1749	1891	1121	1109	1737	2609	2
274	330	183	727	63	185	509	328	629	784	596	1464	1922	
17	685	312	227	134	71	303	514	441	432	845	1855	1975	
39	357	161	82	173	185	123	1007	243	339	630	916	997	
34	48	262	152	43	85	173	667	321	285	649	778	975	
5	48	444	28	139	219	574	821	597	595	913	2341	1443	
541	397	151	112	132	497	792	1398	1010	784	1304	2713	2546	
162	36	683	52	108	177	106	61	356	259	332	841	2413	4
355	364	549	422	444	701	489	2244	1137	1618	1967	3227	3219	20
950	326	402	122	748	818	995	701	792	622	947	1538	3343	36
543	642	510	421	804	1157	790	1204	616	1778	3715	3927	2373	
1438	**2039**	**2789**	**2641**	**2805**	**4294**	**3711**	**5034**	**7173**	**4995**	**9251**	**16312**	**13605**	**114**
1119	572	962	1076	1748	2207	1674	1621	3460	2375	3682	7884	7117	69
124	724	1200	419	572	207	974	600	1015	1144	2208	2125	1816	36
121	109	58	705	127	671	454	1053	1293	505	717	1581	1783	9
35	116	183	244	85	434	292	608	288	339	1004	1730	1008	
18	518	185	81	237	472	151	691	389	350	1033	1594	1019	
21		201	116	36	303	166	461	728	282	607	1398	862	
4271	**5120**	**5052**	**8369**	**7472**	**8986**	**10687**	**13374**	**11067**	**14029**	**21220**	**26688**	**21396**	**899**
680	1346	812	772	886	1201	2504	3552	2472	4112	4837	6869	6112	4
326	805	729	557	1241	782	1435	1761	942	1210	1520	2604	2373	
167	862	386	868	775	611	496	1931	2074	2125	3854	3351	1568	275
1410	148	1707	1580	1951	2242	1423	1305	859	1367	2066	3452	2641	75
209	278	110	1782	1253	848	1888	1354	1219	1130	2944	4033	3306	20
779	216	754	1133	1035	1646	932	1122	1524	1571	2689	2703	1670	392
510	298	377	735	241	853	1025	1490	1493	2229	1801	2154	2341	115
190	1167	177	942	90	803	984	859	484	285	1509	1522	1385	18

2-2 续表

地　区	从业人员数（人）	1949年及以前	1950–1977年	1978–1991年	1992–1995年	1996年	1997年	1998年	1999年	2000年
铜仁市	**133127**	**92**	**4768**	**3163**	**700**	**532**	**373**	**959**	**922**	**1043**
碧江区	28220	45	1819	885	80	345	119	453	172	324
万山区	6024		33	267	45	32		14	8	5
江口县	10724		480	323	18	2	20	58	170	54
玉屏侗族自治县	11227	20	267	4	35		91	103	2	49
石阡县	13710		88	183	76		38	23	59	35
思南县	17535	3	112	79	174	41		5	79	89
印江土家族苗族自治县	9908		162	25	21		12	102	84	66
德江县	13696		672	657	78	10	30	63	305	225
沿河土家族自治县	9250	24		572	107	92	57	97	30	71
松桃苗族自治县	12833		1135	168	66	10	6	41	13	125
黔西南布依族苗族自治州	**95608**	**9**	**1869**	**1199**	**2201**	**287**	**1177**	**1916**	**1025**	**1029**
兴义市	42421	1	577	459	1716	121	549	1276	690	745
兴仁县	20788		247	30	96	105		60	7	109
普安县	5158		347	82	98	8	28	79		33
晴隆县	6167		207	94	37		290	319	210	34
贞丰县	5876		86	261	32		16		16	18
望谟县	3800	8	243		8			110	20	8
册亨县	3187		76	41	57	29	294	6	20	26
安龙县	8211		86	232	157	24		66	62	56
黔东南苗族侗族自治州	**138758**	**33**	**4601**	**3951**	**4239**	**467**	**468**	**1630**	**1616**	**1234**
凯里市	35843	7	1183	1434	954	184	227	209	437	360
黄平县	6089		1183	43	248			148	8	
施秉县	5352		159	4	12	30		75	319	10
三穗县	7423	3		460	230	16	25	6	229	14
镇远县	7050		243	81	19	6	7	36	3	261
岑巩县	6232	23	49	412	43		16	185	4	
天柱县	11762		277	153	568	203	30	572	81	48
锦屏县	7822		57	303	31	4	12	249	2	15
剑河县	6699		9	84	327			45	74	58
台江县	5814		53	17	743		12		17	158
黎平县	9181		529	87	39	11	82	18	11	8
榕江县	6389		294	72	6				218	91
从江县	6497		220	19	127	2	4	18	120	133
雷山县	5057		260	292	13	10			28	
麻江县	4967		35	262	24		53	68	57	56
丹寨县	6581		50	228	855	1		1	8	22
黔南布依族苗族自治州	**153344**		**4194**	**2254**	**2223**	**1590**	**840**	**2369**	**3216**	**2370**
都匀市	25226		1386	314	527	309	226	1289	884	945
福泉市	16008		621	145	251	69	55	64	648	154
荔波县	8104		149	8	106	70	11	24	476	236
贵定县	10046		380	185	51	6	9	37	86	29
瓮安县	17537		675	910	149	661		277	378	383
独山县	16804		406	240	289	22		137	91	108
平塘县	6212		64		244	36		5	70	15
罗甸县	5923		113		5		44		235	100
长顺县	5217		134	111			15	2	13	57
龙里县	21527		90	88	270	416	353	224	40	186
惠水县	14345		147	240	82		82	307	73	93
三都水族自治县	6395		29	13	249	1	45	3	222	64

2001年	2002年	2003年	2004年	2005年	2006年	2007年	2008年	2009年	2010年	2011年	2012年	2013年	无开业年份
1678	**4312**	**2729**	**3882**	**4153**	**5982**	**5394**	**6630**	**8096**	**11620**	**15401**	**26540**	**24093**	**65**
371	766	650	918	828	1662	849	838	2081	2476	4498	4668	3312	61
255	255	187	172	426	244	216	377	225	235	910	1020	1098	
41	70	168	468	333	450	585	414	585	835	944	2093	2613	
258	538	574	233	410	480	690	1061	274	444	1042	1866	2786	
216	373	160	100	233	656	386	408	1438	1582	1415	3847	2394	
92	1637	166	274	404	425	530	1489	885	2428	2541	2788	3294	
1	181	309	90	589	348	535	175	618	873	832	2841	2044	
64	160	129	224	253	634	844	844	820	1150	1430	2815	2285	4
131	144	87	295	322	496	347	483	399	716	753	2055	1972	
249	188	299	1108	355	587	412	541	771	881	1036	2547	2295	
3359	**2044**	**3805**	**3995**	**2919**	**3830**	**6067**	**4723**	**7127**	**8273**	**8996**	**14707**	**15008**	**43**
1635	872	2092	2742	1078	1984	1598	2772	2544	3344	4373	6587	4658	8
380	107	513	329	909	959	2577	602	2777	1540	1548	2756	5124	13
671	631	401	70	243	137	147	363	44	135	266	757	618	
14	152	159	69	234	230	111	201	623	578	706	969	920	10
140	104	107	42	91	162	606	265	208	321	1271	1143	987	
32	102	130	72	136	106	142	91	219	378	519	729	745	2
281	36	49	93	19	56	44	84	130	377	95	832	540	2
206	40	354	578	209	196	842	345	582	1600	218	934	1416	8
3725	**3623**	**3642**	**4846**	**4574**	**5276**	**6019**	**7184**	**7654**	**9012**	**16009**	**24635**	**24183**	**137**
521	564	1120	1514	1730	1307	2453	2249	1470	2880	4853	4818	5302	67
53	136	171	206	112	291	132	97	342	385	618	982	934	
133	343	227		85	208	247	221	169	305	749	1578	478	
140	98	131	164	591	146	237	495	438	737	700	800	1763	
853	408	190	122	132	187	285	181	308	698	879	1162	989	
486	361	98	320	351	225	109	405	282	244	778	987	854	
169	244	80	340	232	225	163	522	1129	536	1620	2113	2457	
35	726	527	237	521	276	344	244	327	173	1112	1379	1247	1
915	32	88	149	50	376	464	285	523	236	564	1536	884	
3	67	47	138	25	41	167	114	552	256	835	1026	1543	
163	95	488	476	270	732	164	391	640	455	719	2073	1730	
115	51	70	154	98	759	149	491	180	178	569	1457	1404	33
	31	193	755	98	147	318	173	482	459	726	1110	1341	21
15	195	57	151	54	60	309	397	228	286	250	1203	1249	
117	147	133	92	184	36	306	513	214	473	609	783	805	
7	125	22	28	41	260	172	406	370	711	428	1628	1203	15
3062	**6472**	**4392**	**2490**	**5099**	**6470**	**7371**	**8093**	**10779**	**12318**	**15372**	**24408**	**27846**	**116**
709	1084	537	478	896	1296	1309	1260	1615	1587	2705	3200	2600	70
468	218	420	265	525	1632	848	607	1959	1817	1195	2092	1955	
123	498	314	68	191	497	191	375	254	217	781	1868	1647	
39	226	45	232	534	243	931	715	783	1025	1385	1303	1794	8
308	630	565	249	150	620	928	1185	953	1021	2226	2536	2733	
133	1967	452	71	422	358	651	407	930	662	1445	3214	4761	38
43	157	88	66	120	102	370	493	946	865	481	890	1157	
90	442	276	185	241	184	106	372	231	180	735	1227	1157	
36	17	208	28	390	414	57	188	355	633	632	679	1248	
520	241	931	371	767	639	854	1040	970	2201	1337	4644	5345	
105	937	459	415	731	273	840	953	1413	1453	1770	1865	2107	
488	55	97	62	132	212	286	498	370	657	680	890	1342	

2-3 按市县、登记注册类型分组的

地区	法人单位数(个)						
		内资企业	国有企业	集体企业	股份合作企业	联营企业	国有联营企业
贵州省	**89143**	**88899**	**2180**	**1158**	**669**	**395**	**68**
贵阳市	**26789**	**26638**	**440**	**410**	**148**	**102**	**16**
南明区	7774	7740	101	129	58	31	3
云岩区	7600	7550	140	150	34	20	3
花溪区	3467	3456	52	40	24	17	3
乌当区	1162	1152	22	15	5	4	
白云区	2132	2115	27	26	3	16	4
观山湖区	2526	2511	22	10	8	5	1
开阳县	457	455	13	9	2	3	
息烽县	402	400	11	7	3	1	
修文县	513	510	20	6	3	3	
清镇市	756	749	32	18	8	2	2
六盘水市	**7016**	**7010**	**187**	**71**	**40**	**25**	**12**
钟山区	3320	3316	80	24	12	7	1
六枝特区	929	928	28	15	14	4	3
水城县	737	736	23	10	10	2	1
盘县	2030	2030	56	22	4	12	7
遵义市	**13307**	**13283**	**277**	**125**	**100**	**47**	**6**
红花岗区	2342	2336	43	23	19	6	
汇川区	2518	2513	34	13	6	6	1
遵义县	1235	1227	32	9	11	4	
桐梓县	657	655	13	11	4	1	
绥阳县	447	447	7	7	5	3	1
正安县	517	516	11	5	9	2	
道真仡佬族苗族自治县	345	345	14	1	4	2	
务川仡佬族苗族自治县	383	383	11	5	3	1	
凤冈县	710	710	13	4	4	5	1
湄潭县	712	712	10	10	14	1	
余庆县	489	489	25	9	6	1	
习水县	1117	1117	22	5	6	7	3
赤水市	802	802	24	19	8	4	
仁怀市	1033	1031	18	4	1	4	
安顺市	**5182**	**5175**	**128**	**75**	**48**	**19**	**1**
西秀区	2595	2591	61	24	29	8	
平坝县	665	663	16	12	7	4	
普定县	525	525	10	17	5	1	
镇宁布依族苗族自治县	518	518	18	5	1	2	
关岭布依族苗族自治县	483	482	8	8	5	3	
紫云苗族布依族自治县	396	396	15	9	1	1	1
毕节市	**7728**	**7716**	**176**	**102**	**53**	**43**	**9**
七星关区	2245	2239	55	19	15	12	4
大方县	909	908	17	16	3	7	1
黔西县	777	776	17	21	11	3	1
金沙县	966	965	24	19	8	12	2
织金县	771	771	18	2		2	1
纳雍县	745	745	14	5	2	1	
威宁彝族回族苗族自治县	667	666	14	11	5	3	
赫章县	648	646	17	9	9	3	

小微企业法人单位数

集体联营企业	国有与集体联营企业	其他联营企业	有限责任公司			股份有限公司	私营企业	
				国有独资公司	其他有限责任公司			私营独资企业
186	**31**	**110**	**27756**	**553**	**27203**	**1431**	**50061**	**32716**
45	**12**	**29**	**14080**	**110**	**13970**	**371**	**10136**	**7120**
11	3	14	4432	25	4407	112	2572	1879
12	1	4	4735	27	4708	69	2171	1734
7	3	4	1626	20	1606	53	1527	1142
1		3	406	6	400	16	633	439
9	3		510	6	504	16	1493	700
1	1	2	1600	12	1588	61	736	539
2	1		172	1	171	15	215	165
1			112	2	110	10	193	162
1		2	171	8	163	12	264	158
			316	3	313	7	332	202
11	**1**	**1**	**1130**	**68**	**1062**	**96**	**5241**	**3194**
4	1	1	698	37	661	49	2369	995
1			104	13	91	19	683	550
1			100	7	93	12	538	348
5			228	11	217	16	1651	1301
24	**3**	**14**	**2901**	**84**	**2817**	**213**	**8888**	**4657**
4	1	1	656	11	645	42	1489	612
4		1	388	6	382	27	2004	435
3		1	340	4	336	19	726	466
		1	149	8	141	12	417	276
		2	104	6	98	9	281	149
		2	128	3	125	5	329	276
1		1	86	2	84	6	194	132
1			42	5	37	7	304	205
2		2	80	4	76	16	462	313
1			200	4	196	10	398	244
		1	60	6	54	18	360	266
3	1		184	9	175	20	813	613
2	1	1	231	12	219	12	433	368
3		1	253	4	249	10	678	302
10	**3**	**5**	**1368**	**38**	**1330**	**45**	**3191**	**2621**
4	2	2	831	13	818	28	1497	1181
3		1	181	13	168	8	386	287
		1	85	5	80	5	330	274
2			162	4	158	2	319	295
1	1	1	78	2	76	2	329	292
			31	1	30		330	292
20	**2**	**12**	**1509**	**52**	**1457**	**107**	**5214**	**3602**
4		4	356	24	332	26	1690	852
5	1		158	4	154	5	611	494
1		1	181	8	173	19	502	326
5		5	294	5	289	16	451	370
1			135		135	14	568	437
	1		109	5	104	1	567	497
2		1	71	2	69	17	452	339
2		1	205	4	201	9	373	287

2-3 续表 1

地区	法人单位数(个)	内资企业	国有企业	集体企业	股份合作企业	联营企业	国有联营企业
铜仁市	**8040**	**8035**	**202**	**84**	**99**	**50**	**6**
碧江区	1738	1735	61	23	29	10	3
万山区	433	433	25	7	7	6	
江口县	677	677	17	11	1	5	1
玉屏侗族自治县	515	515	12	9	13	1	
石阡县	717	717	13	6	10	7	
思南县	1157	1157	23	7	18	8	1
印江土家族苗族自治县	594	594	12	1	3	1	
德江县	909	908	11	3	5	6	1
沿河土家族自治县	558	558	13	7	10	1	
松桃苗族自治县	742	741	15	10	3	5	
黔西南布依族苗族自治州	**5817**	**5810**	**206**	**59**	**79**	**24**	**5**
兴义市	2937	2933	72	25	33	10	1
兴仁县	1089	1087	41	11	35	3	
普安县	271	271	15	6	3	2	1
晴隆县	342	342	24	4	2	1	
贞丰县	358	358	13	3	3	1	
望谟县	256	256	12	2	2	2	1
册亨县	179	179	12	3	1	4	1
安龙县	385	384	17	5		1	1
黔东南苗族侗族自治州	**7937**	**7922**	**286**	**106**	**28**	**34**	**8**
凯里市	2372	2364	50	17	2	5	1
黄平县	339	339	15	5		3	
施秉县	262	261	13	9			
三穗县	362	361	13	5	1		
镇远县	491	489	17	3	2	1	
岑巩县	254	254	18	4	1		
天柱县	694	693	9	5	2	2	1
锦屏县	315	314	18	9	6	1	
剑河县	245	245	19	9	4	5	1
台江县	259	259	7			1	
黎平县	508	508	13	11	4	6	3
榕江县	382	382	9	2		2	
从江县	371	371	16	7	2	3	1
雷山县	381	381	29	5	1		
麻江县	346	345	19	6	1	3	
丹寨县	356	356	21	9	2	2	1
黔南布依族苗族自治州	**7327**	**7310**	**278**	**126**	**74**	**51**	**5**
都匀市	1343	1343	54	30	23	11	1
福泉市	982	976	28	16	5	14	
荔波县	427	425	36	17	11	8	1
贵定县	556	555	28	16	3	5	2
瓮安县	694	693	24	14	8	4	
独山县	775	772	21	4	2	2	
平塘县	264	264	15	2	5	1	
罗甸县	322	322	16	2		1	
长顺县	335	335	9	9	7	3	
龙里县	643	642	9	7	2	1	1
惠水县	604	603	19	7	3	1	
三都水族自治县	382	380	19	2	5		

集体联营企业	国有与集体联营企业	其他联营企业	有限责任公司	国有独资公司	其他有限责任公司	股份有限公司	私营企业	私营独资企业
29	**5**	**10**	**1380**	**40**	**1340**	**168**	**4976**	**3866**
5	1	1	616	13	603	66	804	625
5		1	118		118	8	246	207
2	1	1	118	4	114	30	431	296
1			93	8	85	15	331	158
3	1	3	62	1	61	5	436	373
3	1	3	36	7	29	13	758	639
1			133		133	3	299	257
5			61	5	56	8	745	559
1			30	1	29	11	396	289
3	1	1	113	1	112	9	530	463
9		**10**	**1775**	**34**	**1741**	**132**	**3056**	**2338**
4		5	1427	23	1404	81	1130	738
1		2	93	1	92	17	672	612
		1	14	2	12	6	216	170
1			40		40	8	238	194
1			57	2	55	8	239	202
1			14	1	13	4	205	142
1		2	34	4	30	3	111	89
			96	1	95	5	245	191
17	**1**	**8**	**1112**	**64**	**1048**	**92**	**5759**	**3058**
3		1	455	15	440	13	1783	621
2		1	27	5	22	1	237	87
			7	3	4		231	115
			15		15	6	304	221
		1	69	2	67	7	386	256
			95	4	91	4	115	67
1			53	7	46	15	510	437
	1		38	1	37	5	216	83
1		3	21	2	19	4	151	118
1			66	1	65	5	168	126
2		1	92	1	91	5	358	219
1		1	56	5	51	11	260	173
2			31	5	26	6	250	178
			26	6	20	5	280	138
3			43	4	39	2	245	153
1			18	3	15	3	265	66
21	**4**	**21**	**2501**	**63**	**2438**	**207**	**3600**	**2260**
6	1	3	664	16	648	74	403	235
1	2	11	228	6	222	33	578	409
5		2	130	4	126	18	160	80
3			179	4	175	13	283	222
3		1	275	10	265	24	273	152
1	1		198	7	191	13	527	396
		1	106	1	105	2	116	90
1			82	3	79	2	196	108
1		2	92	3	89	12	186	132
			386	2	384	1	234	136
		1	41	3	38	4	510	236
			120	4	116	11	134	64

2-3 续表 2

地　　区	私营合伙企　　业	私营有限责任公司	私营股份有限公司	其他企业	港、澳、台商投资企　　业	合资经营企业(港、澳、台资)	合作经营企业(港、澳、台资)
贵州省	**3162**	**13047**	**1136**	**5249**	**127**	**57**	**2**
贵阳市	**461**	**2342**	**213**	**951**	**77**	**40**	
南明区	117	507	69	305	21	14	
云岩区	110	290	37	231	28	13	
花溪区	74	279	32	117	4	1	
乌当区	26	151	17	51	6	4	
白云区	38	740	15	24	6	3	
观山湖区	23	157	17	69	8	3	
开阳县	19	24	7	26	1		
息烽县	9	21	1	63	1		
修文县	24	71	11	31	1	1	
清镇市	21	102	7	34	1	1	
六盘水市	**307**	**1601**	**139**	**220**	**1**		
钟山区	99	1208	67	77	1		
六枝特区	28	95	10	61			
水城县	52	130	8	41			
盘县	128	168	54	41			
遵义市	**599**	**3444**	**188**	**732**	**14**	**4**	
红花岗区	72	758	47	58	4		
汇川区	53	1481	35	35	3	3	
遵义县	75	164	21	86	4		
桐梓县	76	60	5	48	2		
绥阳县	30	96	6	31			
正安县	17	33	3	27			
道真仡佬族苗族自治县	22	35	5	38			
务川仡佬族苗族自治县	47	48	4	10			
凤冈县	59	78	12	126			
湄潭县	28	119	7	69			
余庆县	33	50	11	10			
习水县	45	147	8	60			
赤水市	22	34	9	71			
仁怀市	20	341	15	63	1	1	
安顺市	**155**	**352**	**63**	**301**	**4**	**2**	
西秀区	65	205	46	113	2	2	
平坝县	25	68	6	49	1		
普定县	29	22	5	72			
镇宁布依族苗族自治县	9	14	1	9			
关岭布依族苗族自治县	21	14	2	49	1		
紫云苗族布依族自治县	6	29	3	9			
毕节市	**470**	**1003**	**139**	**512**	**8**	**3**	**1**
七星关区	144	600	94	66	4	2	1
大方县	66	48	3	91			
黔西县	41	121	14	22	1		
金沙县	47	30	4	141	1		
织金县	43	77	11	32			
纳雍县	38	30	2	46			
威宁彝族回族苗族自治县	47	64	2	93	1	1	
赫章县	44	33	9	21	1		

港、澳、台商独资经营企业	港、澳、台商投资股份有限公司	其他港、澳、台投资企业	外商投资企业	中外合资经营企业	中外合作经营企业	外资企业	外商投资股份有限公司	其他外商投资企业
61	**3**	**4**	**117**	**46**	**12**	**45**	**8**	**6**
35	**2**		**74**	**31**	**8**	**31**	**1**	**3**
7			13	2		9	1	1
15			22	7	6	9		
2	1		7	5		1		1
2			4	2		1		1
3			11	6	1	4		
4	1		7	4	1	2		
1			1			1		
1			1			1		
			2	1		1		
			6	4		2		
1			**5**	**3**		**2**		
1			3	1		2		
			1	1				
			1	1				
9		**1**	**10**	**5**	**1**	**3**		**1**
4			2	1		1		
			2	2				
3		1	4	2		2		
2								
			1		1			
			1					1
2			**3**			**2**	**1**	
			2			1	1	
1			1			1		
1								
3		**1**	**4**	**2**			**2**	
1			2	2				
			1				1	
		1						
1								
1			1				1	

2-3 续表 3

地 区	私营合伙企业	私营有限责任公司	私营股份有限公司	其他企业	港、澳、台商投资企业	合资经营企业(港、澳、台资)	合作经营企业(港、澳、台资)
铜仁市	**308**	**662**	**140**	**1076**	**3**	**1**	**1**
碧江区	49	108	22	126	2		1
万山区	10	21	8	16			
江口县	26	99	10	64			
玉屏侗族自治县	24	132	17	41			
石阡县	10	48	5	178			
思南县	52	56	11	294			
印江土家族苗族自治县	16	25	1	142			
德江县	41	100	45	69			
沿河土家族自治县	52	40	15	90			
松桃苗族自治县	28	33	6	56	1	1	
黔西南布依族苗族自治州	**253**	**398**	**67**	**479**	**2**	**2**	
兴义市	82	257	53	155	2	2	
兴仁县	36	20	4	215			
普安县	20	25	1	9			
晴隆县	28	15	1	25			
贞丰县	18	17	2	34			
望谟县	21	40	2	15			
册亨县	11	11		11			
安龙县	37	13	4	15			
黔东南苗族侗族自治州	**325**	**2255**	**121**	**505**	**7**	**2**	
凯里市	39	1084	39	39	3	1	
黄平县	6	137	7	51			
施秉县	1	114	1	1	1		
三穗县	22	59	2	17	1		
镇远县	21	103	6	4	1	1	
岑巩县	8	35	5	17			
天柱县	38	31	4	97			
锦屏县	43	88	2	21	1		
剑河县	10	21	2	32			
台江县	8	33	1	12			
黎平县	62	63	14	19			
榕江县	40	33	14	42			
从江县	6	64	2	56			
雷山县	6	126	10	35			
麻江县	8	80	4	26			
丹寨县	7	184	8	36			
黔南布依族苗族自治州	**284**	**990**	**66**	**473**	**11**	**3**	
都匀市	23	124	21	84			
福泉市	24	130	15	74	2		
荔波县	41	36	3	45	2		
贵定县	23	35	3	28	1		
瓮安县	28	87	6	71			
独山县	14	115	2	5	3	2	
平塘县	14	11	1	17			
罗甸县	10	77	1	23			
长顺县	25	26	3	17			
龙里县	30	62	6	2			
惠水县	24	246	4	18	1	1	
三都水族自治县	28	41	1	89	2		

港、澳、台商独资经营企业	港、澳、台商投资股份有限公司	其他港、澳、台投资企业	外商投资企业	中外合资经营企业	中外合作经营企业	外资企业	外商投资股份有限公司	其他外商投资企业
1			**2**		**1**	**1**		
1			1			1		
			1		1			
			5	**1**		**1**	**1**	**2**
			2			1	1	
			2					2
			1	1				
5			**8**	**1**	**2**	**4**	**1**	
2			5	1		4		
1								
1								
			1				1	
			1		1			
1								
			1		1			
5	**1**	**2**	**6**	**3**		**1**	**2**	
2			4	2		1	1	
1	1							
1								
			1	1				
1								
			1				1	
		2						

2-4 按市县、登记注册类型分组的

地区	从业人员数(人)	内资企业	国有企业	集体企业	股份合作企业	联营企业	国有联营企业
贵州省	**1536416**	**1522687**	**83934**	**40858**	**14367**	**7878**	**2200**
贵阳市	**379168**	**369823**	**16921**	**14658**	**2810**	**1512**	**271**
南明区	96863	95965	4494	7188	1466	351	62
云岩区	96427	92588	4975	3795	365	561	72
花溪区	49021	48317	2257	617	325	185	46
乌当区	17239	16395	720	139	37	62	
白云区	27783	26745	967	886	102	94	40
观山湖区	40550	39633	1324	197	117	68	20
开阳县	11524	11407	186	139	24	93	
息烽县	7783	7602	171	102	82	36	
修文县	14123	13753	628	308	51	31	
清镇市	17855	17418	1199	1287	241	31	31
六盘水市	**115785**	**115497**	**5709**	**2427**	**963**	**508**	**372**
钟山区	40066	39994	2846	733	175	46	1
六枝特区	15912	15862	1133	409	311	41	29
水城县	21704	21538	689	889	192	129	120
盘县	38103	38103	1041	396	285	292	222
遵义市	**253453**	**252475**	**15870**	**4209**	**1941**	**636**	**109**
红花岗区	37861	37593	6430	891	297	169	
汇川区	38495	38282	1973	299	209	31	15
遵义县	35211	34875	1437	177	90	106	
桐梓县	15245	15151	2253	103	32	4	
绥阳县	8787	8787	359	230	59	14	7
正安县	10114	10105	373	73	372	10	
道真仡佬族苗族自治县	6656	6656	184	44	24	7	
务川仡佬族苗族自治县	4719	4719	103	55	43	1	
凤冈县	8454	8454	118	46	80	28	14
湄潭县	15222	15222	558	645	441	2	
余庆县	6630	6630	555	516	51	7	
习水县	22801	22801	506	65	158	115	73
赤水市	16740	16740	541	420	84	78	
仁怀市	26518	26460	480	645	1	64	
安顺市	**92116**	**91612**	**6380**	**2390**	**1087**	**301**	**3**
西秀区	45187	44970	4751	761	453	128	
平坝县	15493	15436	520	352	66	126	
普定县	11464	11464	456	948	210	15	
镇宁布依族苗族自治县	7587	7587	364	142	20	9	
关岭布依族苗族自治县	6877	6647	119	51	333	20	
紫云苗族布依族自治县	5508	5508	170	136	5	3	3
毕节市	**175057**	**174776**	**9199**	**2919**	**2767**	**1697**	**699**
七星关区	39971	39880	1839	318	1365	130	52
大方县	17636	17628	465	484	20	83	15
黔西县	20870	20865	1507	128	443	139	6
金沙县	25495	25492	2172	411	447	336	6
织金县	22274	22274	1194	99		648	620
纳雍县	19101	19101	895	426	159	8	
威宁彝族回族苗族自治县	17564	17508	822	594	208	201	
赫章县	12146	12028	305	459	125	152	

小微企业法人单位从业人员数

集体联营企业	国有与集体联营企业	其他联营企业	有限责任公司	国有独资公司	其他有限责任公司	股份有限公司	私营企业	私营独资企业
3089	**764**	**1825**	**574292**	**26560**	**547732**	**44588**	**686124**	**324321**
789	**184**	**268**	**218767**	**5408**	**213359**	**11158**	**95740**	**48862**
142	39	108	56747	1578	55169	3431	20080	11809
407	48	34	63263	1097	62166	1174	16821	9051
63	31	45	27097	688	26409	1731	14803	8346
3		59	8342	441	7901	645	5976	3054
44	10		11585	154	11431	497	12349	4894
28	4	16	27862	810	27052	2269	7097	3766
41	52		6558	29	6529	698	3339	2080
36			3814	31	3783	324	2458	1511
25		6	6250	237	6013	280	5889	1999
			7249	343	6906	109	6928	2352
117	**11**	**8**	**27403**	**2420**	**24983**	**2747**	**72957**	**33505**
26	11	8	10615	1324	9291	732	24340	7515
12			3423	350	3073	585	9077	5338
9			4102	466	3636	835	14294	5458
70			9263	280	8983	595	25246	15194
302	**56**	**169**	**81083**	**7094**	**73989**	**11726**	**127869**	**53181**
124	18	27	11559	415	11144	626	16619	4793
11		5	10675	293	10382	1110	23606	3855
21		85	11685	268	11417	4145	16052	7833
		4	3809	660	3149	1071	7284	3429
		7	2199	306	1893	641	5004	1789
		10	4780	236	4544	172	4080	3108
4		3	1057	72	985	849	3988	2007
1			1328	128	1200	151	2895	1587
12		2	1841	35	1806	124	5412	2664
2			6089	252	5837	146	5649	2703
		7	1835	268	1567	381	3203	1749
34	8		9574	3580	5994	1116	10450	6838
33	30	15	9610	485	9125	193	5255	3601
60		4	5042	96	4946	1001	18372	7225
232	**19**	**47**	**35119**	**1976**	**33143**	**1199**	**41344**	**26821**
104	6	18	19791	852	18939	608	17340	10582
114		12	5988	699	5289	315	7670	4972
		15	2686	117	2569	132	5465	3650
9			3718	117	3601	75	3133	2804
5	13	2	2120	25	2095	69	3499	2304
			816	166	650		4237	2509
517	**28**	**453**	**49015**	**2717**	**46298**	**4469**	**97261**	**47355**
57		21	12062	721	11341	631	22543	7624
48	20		3045	76	2969	571	11476	5608
3		130	8498	143	8355	1097	8410	3932
277		53	9151	1066	8085	184	11392	7202
28			3848		3848	1134	14888	8205
	8		4555	399	4156	20	12504	7409
44		157	3366	284	3082	556	10199	4538
60		92	4490	28	4462	276	5849	2837

2-4 续表 1

地　区	从业人员数(人)	内资企业	国有企业	集体企业	股份合作企业	联营企业	国有联营企业
铜仁市	**133127**	**132891**	**6659**	**3174**	**1780**	**992**	**70**
碧江区	28220	28116	3338	696	270	371	41
万山区	6024	6024	433	84	118	186	
江口县	10724	10724	635	375	9	30	10
玉屏侗族自治县	11227	11227	167	278	713	3	
石阡县	13710	13710	181	77	89	58	
思南县	17535	17535	771	87	210	67	12
印江土家族苗族自治县	9908	9908	263	4	23	12	
德江县	13696	13684	302	1178	132	56	7
沿河土家族自治县	9250	9250	303	45	148	19	
松桃苗族自治县	12833	12713	266	350	68	190	
黔西南布依族苗族自治州	**95608**	**95229**	**6098**	**2019**	**1214**	**510**	**312**
兴义市	42421	42160	1525	979	572	155	69
兴仁县	20788	20778	1392	481	414	31	
普安县	5158	5158	467	177	30	11	3
晴隆县	6167	6167	748	40	16	22	
贞丰县	5876	5876	454	39	108	20	
望谟县	3800	3800	191	218	62	13	3
册亨县	3187	3187	439	28	12	31	10
安龙县	8211	8103	882	57		227	227
黔东南苗族侗族自治州	**138758**	**137815**	**8293**	**3785**	**795**	**529**	**252**
凯里市	35843	35051	2248	678	73	46	9
黄平县	6089	6089	665	710		56	
施秉县	5352	5322	423	37			
三穗县	7423	7329	562	219	9		
镇远县	7050	7041	345	70	124	6	
岑巩县	6232	6232	228	22	5		
天柱县	11762	11757	209	272	23	10	2
锦屏县	7822	7811	600	64	140	5	
剑河县	6699	6699	430	975	44	39	27
台江县	5814	5814	413			17	
黎平县	9181	9181	391	69	73	85	63
榕江县	6389	6389	145	280		31	
从江县	6497	6497	267	31	122	204	146
雷山县	5057	5057	539	250	58		
麻江县	4967	4965	453	40	6	20	
丹寨县	6581	6581	375	68	118	10	5
黔南布依族苗族自治州	**153344**	**152569**	**8805**	**5277**	**1010**	**1193**	**112**
都匀市	25226	25226	2512	1149	408	232	24
福泉市	16008	15564	825	666	38	55	
荔波县	8104	8041	951	261	92	223	14
贵定县	10046	10016	619	187	54	36	7
瓮安县	17537	17482	818	1648	116	239	
独山县	16804	16690	743	102	36	51	
平塘县	6212	6212	619	78	71	3	
罗甸县	5923	5923	417	3		4	
长顺县	5217	5217	230	116	45	148	
龙里县	21527	21470	244	248	54	67	67
惠水县	14345	14337	288	804	31	135	
三都水族自治县	6395	6391	539	15	65		

集体联营企业	国有与集体联营企业	其他联营企业	有限责任公司	国有独资公司	其他有限责任公司	股份有限公司	私营企业	私营独资企业
536	**352**	**34**	**33441**	**2063**	**31378**	**3755**	**66333**	**35561**
34	294	2	12110	986	11124	995	9137	4678
180		6	2581		2581	143	2390	1440
12	6	2	2722	24	2698	559	5281	2982
3			1896	596	1300	322	7501	1623
23	21	14	1729	2	1727	275	4841	2846
33	15	7	1321	175	1146	442	11310	6540
12			4127		4127	355	3425	2423
49			1333	132	1201	250	9623	5020
19			1067	136	931	206	6367	3430
171	16	3	4555	12	4543	208	6458	4579
115		**83**	**33780**	**1231**	**32549**	**2520**	**39623**	**22574**
48		38	23279	1161	22118	922	13377	6479
5		26	3593	5	3588	412	8121	5658
		8	403	12	391	69	3905	2155
22			1208		1208	48	3527	1706
20			1246	28	1218	227	3294	2167
10			479	1	478	63	2662	1336
10		11	1344	21	1323	37	1188	755
			2228	3	2225	742	3549	2318
229	**5**	**43**	**34035**	**1757**	**32278**	**2557**	**81289**	**27373**
35		2	9630	465	9165	248	21628	4549
53		3	1410	132	1278	4	2743	597
			102	23	79		4702	697
			707		707	229	5349	2350
		6	1543	28	1515	137	4751	1813
			3791	126	3665	35	1911	680
8			2442	226	2216	373	7239	4673
	5		1239	4	1235	283	5003	679
1		11	1017	132	885	15	3714	1823
17			1757	4	1753	210	3319	1789
18		4	3411	75	3336	159	4738	1884
14		17	1942	127	1815	548	3116	1462
58			1798	55	1743	78	3042	1710
			504	160	344	113	3345	997
20			1412	66	1346	77	2562	1306
5			1330	134	1196	48	4127	364
252	**109**	**720**	**61649**	**1894**	**59755**	**4457**	**63708**	**29089**
111	83	14	12642	529	12113	1012	6128	2847
7	8	40	5020	139	4881	538	7773	4515
44		165	2360	100	2260	227	3406	1870
29			4611	60	4551	380	3317	2533
21		218	6361	292	6069	966	5913	1829
33	18		6153	124	6029	449	9101	4949
		3	2992	10	2982	7	2145	1469
4			2310	101	2209	32	2997	1111
3		145	1852	52	1800	159	2532	1538
			14311	120	14191	8	6526	2816
		135	1003	121	882	207	11691	2944
			2034	246	1788	472	2179	668

2-4 续表 2

地　区	私营合伙企　业	私营有限责任公司	私营股份有限公司	其他企业	港、澳、台商投资企　业	合资经营企业(港、澳、台资)	合作经营企业(港、澳、台资)
贵州省	**79112**	**256184**	**26507**	**70646**	**6123**	**2716**	**98**
贵阳市	**6510**	**36413**	**3955**	**8257**	**3813**	**2043**	
南明区	969	6364	938	2208	638	295	
云岩区	942	6009	819	1634	1011	594	
花溪区	854	4965	638	1302	351	230	
乌当区	478	2185	259	474	593	576	
白云区	468	6761	226	265	105	39	
观山湖区	242	2756	333	699	691	157	
开阳县	429	739	91	370	92		
息烽县	94	846	7	615	180		
修文县	1542	1978	370	316	147	147	
清镇市	492	3810	274	374	5	5	
六盘水市	**12829**	**24455**	**2168**	**2783**	**10**		
钟山区	1818	14188	819	507	10		
六枝特区	1475	2090	174	883			
水城县	4179	4517	140	408			
盘县	5357	3660	1035	985			
遵义市	**9187**	**60371**	**5130**	**9141**	**410**	**41**	
红花岗区	940	10177	709	1002	31		
汇川区	836	18352	563	379	39	39	
遵义县	1459	5646	1114	1183	244		
桐梓县	1541	1869	445	595	94		
绥阳县	875	2172	168	281			
正安县	182	703	87	245			
道真仡佬族苗族自治县	360	1567	54	503			
务川仡佬族苗族自治县	519	721	68	143			
凤冈县	495	2001	252	805			
湄潭县	329	2395	222	1692			
余庆县	320	923	211	82			
习水县	981	2363	268	817			
赤水市	160	1072	422	559			
仁怀市	190	10410	547	855	2	2	
安顺市	**3763**	**9621**	**1139**	**3792**	**364**	**113**	
西秀区	771	5346	641	1138	113	113	
平坝县	819	1830	49	399	21		
普定县	1033	670	112	1552			
镇宁布依族苗族自治县	79	244	6	126			
关岭布依族苗族自治县	667	468	60	436	230		
紫云苗族布依族自治县	394	1063	271	141			
毕节市	**23822**	**22844**	**3240**	**7449**	**140**	**77**	**1**
七星关区	3366	9852	1701	992	38	21	1
大方县	4529	1027	312	1484			
黔西县	1746	2445	287	643	5		
金沙县	2917	1158	115	1399	3		
织金县	3674	2497	512	463			
纳雍县	3399	1666	30	534			
威宁彝族回族苗族自治县	2242	3241	178	1562	56	56	
赫章县	1949	958	105	372	38		

港、澳、台商独资经营企业	港、澳、台商投资股份有限公司	其他港、澳、台投资企业	外商投资企业	中外合资经营企业	中外合作经营企业	外资企业	外商投资股份有限公司	其他外商投资企业
2867	**383**	**59**	**7606**	**2262**	**449**	**4574**	**218**	**103**
1421	**349**		**5532**	**1391**	**421**	**3642**	**41**	**37**
343			260	18		185	41	16
417			2828	198	366	2264		
26	95		353	329		8		16
17			251	59		187		5
66			933	362	50	521		
280	254		226	175	5	46		
92			25			25		
180			1			1		
			223	46		177		
			432	204		228		
10			**278**	**238**		**40**		
10			62	22		40		
			50	50				
			166	166				
319		**50**	**568**	**289**	**9**	**214**		**56**
31			237	66		171		
			174	174				
194		50	92	49		43		
94								
			9		9			
			56					56
251			**140**			**139**	**1**	
			104			103	1	
21			36			36		
230								
57		**5**	**141**	**53**			**88**	
16			53	53				
			8				8	
		5						
3								
38			80				80	

2-4 续表 3

地区	私营合伙企业	私营有限责任公司	私营股份有限公司	其他企业	港、澳、台商投资企业	合资经营企业(港、澳、台资)	合作经营企业(港、澳、台资)
铜仁市	**4713**	**21417**	**4642**	**16757**	**219**	**120**	**97**
碧江区	443	3328	688	1199	99		97
万山区	153	486	311	89			
江口县	347	1794	158	1113			
玉屏侗族自治县	189	4981	708	347			
石阡县	195	1678	122	6460			
思南县	638	3744	388	3327			
印江土家族苗族自治县	317	680	5	1699			
德江县	830	2225	1548	810			
沿河土家族自治县	1107	1442	388	1095			
松桃苗族自治县	494	1059	326	618	120	120	
黔西南布依族苗族自治州	**7275**	**8077**	**1697**	**9465**	**255**	**255**	
兴义市	1488	4166	1244	1351	255	255	
兴仁县	1747	457	259	6334			
普安县	764	970	16	96			
晴隆县	1359	450	12	558			
贞丰县	685	418	24	488			
望谟县	387	920	19	112			
册亨县	127	306		108			
安龙县	718	390	123	418			
黔东南苗族侗族自治州	**4114**	**47056**	**2746**	**6532**	**427**	**41**	
凯里市	501	15743	835	500	292	41	
黄平县	77	1977	92	501			
施秉县	5	3678	322	58	30		
三穗县	190	2744	65	254	94		
镇远县	201	2675	62	65			
岑巩县	147	691	393	240			
天柱县	820	1719	27	1189			
锦屏县	272	4047	5	477	11		
剑河县	250	1546	95	465			
台江县	134	1388	8	98			
黎平县	752	1917	185	255			
榕江县	558	988	108	327			
从江县	29	1272	31	955			
雷山县	40	2152	156	248			
麻江县	90	1137	29	395			
丹寨县	48	3382	333	505			
黔南布依族苗族自治州	**6899**	**25930**	**1790**	**6470**	**485**	**26**	
都匀市	377	2459	445	1143			
福泉市	299	2774	185	649	266		
荔波县	906	590	40	521	63		
贵定县	337	435	12	812	30		
瓮安县	1388	2499	197	1421			
独山县	386	3743	23	55	114	18	
平塘县	516	148	12	297			
罗甸县	113	1748	25	160			
长顺县	337	446	211	135			
龙里县	1108	2454	148	12			
惠水县	728	7536	483	178	8	8	
三都水族自治县	404	1098	9	1087	4		

港、澳、台商独资经营企业	港、澳、台商投资股份有限公司	其他港、澳、台投资企业	外商投资企业	中外合资经营企业	中外合作经营企业	外资企业	外商投资股份有限公司	其他外商投资企业
2			**17**		**12**	**5**		
2			5			5		
			12		12			
			124	**108**		**5**	**1**	**10**
			6			5	1	
			10					10
			108	108				
386			**516**	**61**	**7**	**439**	**9**	
251			500	61		439		
30								
94								
			9				9	
			5		5			
11								
			2		2			
421	**34**	**4**	**290**	**122**		**90**	**78**	
266			178	67		90	21	
29	34							
30								
			55	55				
96								
			57				57	
		4						

2-5 按市县、营业状态分组的小微企业法人单位数

地区	法人单位数(个)	营业	停业(歇业)	筹建	当年关闭	当年破产	其他
贵州省	**89143**	**75601**	**6423**	**5049**	**1070**	**250**	**750**
贵阳市	**26789**	**23647**	**1830**	**1045**	**91**	**13**	**163**
南明区	7774	6998	413	283	12	1	67
云岩区	7600	6909	463	197	3	2	26
花溪区	3467	3081	189	146	10	1	40
乌当区	1162	1026	75	54	4		3
白云区	2132	1552	451	81	41	3	4
观山湖区	2526	2277	77	153	5	1	13
开阳县	457	413	31	12	1		
息烽县	402	360	21	19	1		1
修文县	513	412	37	47	9	5	3
清镇市	756	619	73	53	5		6
六盘水市	**7016**	**5751**	**698**	**369**	**94**	**42**	**62**
钟山区	3320	2606	404	171	69	40	30
六枝特区	929	818	40	59	8		4
水城县	737	598	81	38	9	1	10
盘县	2030	1729	173	101	8	1	18
遵义市	**13307**	**11527**	**748**	**714**	**171**	**15**	**132**
红花岗区	2342	2085	152	66	13		26
汇川区	2518	2189	180	140	7		2
遵义县	1235	1049	67	85	27		7
桐梓县	657	475	63	85	29		5
绥阳县	447	375	21	48	3		
正安县	517	481	17	13	3		3
道真仡佬族苗族自治县	345	306	18	19	2		
务川仡佬族苗族自治县	383	320	26	28	2	4	3
凤冈县	710	568	18	28	53	1	42
湄潭县	712	672	10	29	1		
余庆县	489	436	9	37	2		5
习水县	1117	1031	41	29	8	3	5
赤水市	802	694	38	64	1	1	4
仁怀市	1033	846	88	43	20	6	30
安顺市	**5182**	**4519**	**295**	**298**	**50**	**2**	**18**
西秀区	2595	2281	147	140	13		14
平坝县	665	546	44	68	6	1	
普定县	525	455	20	22	25		3
镇宁布依族苗族自治县	518	456	28	31	3		
关岭布依族苗族自治县	483	433	28	20		1	1
紫云苗族布依族自治县	396	348	28	17	3		
毕节市	**7728**	**5990**	**590**	**726**	**285**	**62**	**75**
七星关区	2245	1737	168	281	31	3	25
大方县	909	747	49	63	27	17	6
黔西县	777	571	66	96	27	2	15
金沙县	966	623	66	97	168	10	2
织金县	771	656	36	65	4		10
纳雍县	745	590	41	54	19	29	12
威宁彝族回族苗族自治县	667	634	15	12	3		3
赫章县	648	432	149	58	6	1	2

2-5　续表

地　区	法　人单位数(个)	营业	停业(歇业)	筹建	当年关闭	当年破产	其他
铜仁市	**8040**	**7120**	**448**	**292**	**93**	**18**	**69**
碧江区	1738	1506	124	74	24	1	9
万山区	433	329	57	41	4		2
江口县	677	583	42	34	3	1	14
玉屏侗族自治县	515	422	17	37	36	1	2
石阡县	717	654	28	20	6	1	8
思南县	1157	1083	36	21	1	1	15
印江土家族苗族自治县	594	564	7	18	1	1	3
德江县	909	835	47	14	8	1	4
沿河土家族自治县	558	534	13	6	4		1
松桃苗族自治县	742	610	77	27	6	11	11
黔西南布依族苗族自治州	**5817**	**4377**	**756**	**316**	**143**	**75**	**150**
兴义市	2937	2140	484	142	96	43	32
兴仁县	1089	757	117	50	26	30	109
普安县	271	243	15	10	1		2
晴隆县	342	274	35	28	1		4
贞丰县	358	306	22	27	2	1	
望谟县	256	222	16	5	10	1	2
册亨县	179	142	17	18	2		
安龙县	385	293	50	36	5		1
黔东南苗族侗族自治州	**7937**	**6853**	**441**	**532**	**54**	**10**	**47**
凯里市	2372	1917	212	223	1		19
黄平县	339	309	10	17			3
施秉县	262	243	7	9	1		2
三穗县	362	357	2		3		
镇远县	491	429	24	30	6		2
岑巩县	254	217	20	17			
天柱县	694	642	28	11	5	5	3
锦屏县	315	242	10	61		1	1
剑河县	245	228	7	8	1	1	
台江县	259	232	7	15	2		3
黎平县	508	474	12	19			3
榕江县	382	330	23	21	4		4
从江县	371	348	3	20			
雷山县	381	341	24	12	1	1	2
麻江县	346	271	19	40	15	1	
丹寨县	356	273	33	29	15	1	5
黔南布依族苗族自治州	**7327**	**5817**	**617**	**757**	**89**	**13**	**34**
都匀市	1343	1099	93	141			10
福泉市	982	740	194	34	7	1	6
荔波县	427	335	36	51		1	4
贵定县	556	454	49	40	3	1	9
瓮安县	694	555	51	81	3	2	2
独山县	775	497	67	203	2	6	
平塘县	264	250	1	12			1
罗甸县	322	271	13	33	4		1
长顺县	335	262	21	38	13	1	
龙里县	643	581	13	45	4		
惠水县	604	505	28	63	6	1	1
三都水族自治县	382	268	51	16	47		

2-6 按市县、营业状态分组的小微企业法人单位从业人员数

地区	从业人员数(人)	营业	停业(歇业)	筹建	当年关闭	当年破产	其他
贵州省	**1536416**	**1413582**	**44847**	**58651**	**5364**	**1060**	**12912**
贵阳市	**379168**	**360344**	**8409**	**7954**	**405**	**325**	**1731**
南明区	96863	92868	1830	1634	68	15	448
云岩区	96427	92649	1973	1185	5	286	329
花溪区	49021	46679	828	1033	171	1	309
乌当区	17239	16361	242	391	65		180
白云区	27783	25667	1542	514	53	3	4
观山湖区	40550	38769	368	1153	30	3	227
开阳县	11524	10771	568	184	1		
息烽县	7783	7265	182	191	1		144
修文县	14123	13168	332	562	9	17	35
清镇市	17855	16147	544	1107	2		55
六盘水市	**115785**	**102644**	**5617**	**4115**	**1637**	**86**	**1686**
钟山区	40066	35272	2355	1078	562	82	717
六枝特区	15912	14148	292	1249	179		44
水城县	21704	18907	1119	485	705	2	486
盘县	38103	34317	1851	1303	191	2	439
遵义市	**253453**	**235585**	**5418**	**8802**	**694**	**21**	**2933**
红花岗区	37861	35664	1062	828	61		246
汇川区	38495	36341	1061	967	27		99
遵义县	35211	33014	595	1458	73		71
桐梓县	15245	11788	296	1073	64		2024
绥阳县	8787	7874	144	448	321		
正安县	10114	9613	155	317	6		23
道真仡佬族苗族自治县	6656	6007	107	539	3		
务川仡佬族苗族自治县	4719	4169	214	252	5	9	70
凤冈县	8454	7770	49	442	73	1	119
湄潭县	15222	14718	111	387	6		
余庆县	6630	6414	21	160	6		29
习水县	22801	21806	454	435	27	2	77
赤水市	16740	15615	346	721	5	2	51
仁怀市	26518	24792	803	775	17	7	124
安顺市	**92116**	**86029**	**2028**	**3513**	**345**	**2**	**199**
西秀区	45187	42618	868	1501	46		154
平坝县	15493	13900	450	1051	91	1	
普定县	11464	11078	86	198	59		43
镇宁布依族苗族自治县	7587	7162	133	264	28		
关岭布依族苗族自治县	6877	6312	318	244		1	2
紫云苗族布依族自治县	5508	4959	173	255	121		
毕节市	**175057**	**150702**	**8261**	**12985**	**556**	**93**	**2460**
七星关区	39971	35569	846	2862	78	4	612
大方县	17636	16196	378	904	29	19	110
黔西县	20870	14935	2069	2395	35	26	1410
金沙县	25495	21446	1647	2063	286	10	43
织金县	22274	18573	1207	2274	71		149
纳雍县	19101	16356	871	1788	33	33	20
威宁彝族回族苗族自治县	17564	16810	297	336	18		103
赫章县	12146	10817	946	363	6	1	13

2-6 续表

地区	从业人员数(人)	营业	停业(歇业)	筹建	当年关闭	当年破产	其他
铜仁市	**133127**	**124027**	**3660**	**4295**	**325**	**87**	**733**
碧江区	28220	26313	884	886	31	1	105
万山区	6024	5297	277	444	3		3
江口县	10724	9681	399	371	4	12	257
玉屏侗族自治县	11227	10248	158	735	44	36	6
石阡县	13710	12523	226	845	25	11	80
思南县	17535	16861	397	146		10	121
印江土家族苗族自治县	9908	9725	36	145	1	1	
德江县	13696	13220	315	127	19	1	14
沿河土家族自治县	9250	8825	122	85	185		33
松桃苗族自治县	12833	11334	846	511	13	15	114
黔西南布依族苗族自治州	**95608**	**84601**	**4373**	**3766**	**599**	**206**	**2063**
兴义市	42421	38136	2112	1441	257	165	310
兴仁县	20788	18169	445	917	40	35	1182
普安县	5158	4708	100	104	1		245
晴隆县	6167	4631	814	417	1		304
贞丰县	5876	5373	129	363	6	5	
望谟县	3800	3378	196	50	165	1	10
册亨县	3187	2979	70	136	2		
安龙县	8211	7227	507	338	127		12
黔东南苗族侗族自治州	**138758**	**129320**	**3069**	**5280**	**294**	**117**	**678**
凯里市	35843	33006	1116	1493			228
黄平县	6089	5654	162	210			63
施秉县	5352	5189	33	109	2		19
三穗县	7423	7362	11		50		
镇远县	7050	6569	138	257	62		24
岑巩县	6232	5827	239	166			
天柱县	11762	11044	240	214	113	83	68
锦屏县	7822	7097	87	624		6	8
剑河县	6699	6492	81	120	1	5	
台江县	5814	5541	117	129	14		13
黎平县	9181	8593	221	222			145
榕江县	6389	5810	231	283	2		63
从江县	6497	6195	11	291			
雷山县	5057	4853	114	60	5	2	23
麻江县	4967	4288	153	479	27	20	
丹寨县	6581	5800	115	623	18	1	24
黔南布依族苗族自治州	**153344**	**140330**	**4012**	**7941**	**509**	**123**	**429**
都匀市	25226	23371	730	999			126
福泉市	16008	14721	846	340	17	8	76
荔波县	8104	6762	223	984		100	35
贵定县	10046	9037	354	501	7	1	146
瓮安县	17537	15913	376	1210	10	2	26
独山县	16804	14579	343	1864	10	8	
平塘县	6212	5881	30	301			
罗甸县	5923	5584	54	262	9		14
长顺县	5217	4560	80	488	86	3	
龙里县	21527	20916	135	465	11		
惠水县	14345	12984	626	417	311	1	6
三都水族自治县	6395	6022	215	110	48		

2-7 按市县、登记注册类型分组的

地　　区	资产总计（万元）						
		内资企业					
			国有企业	集体企业	股份合作企业	联营企业	
							国有联营企业
贵州省	**214257280**	**209895529**	**39425064**	**1193547**	**1959921**	**817659**	**586194**
贵阳市	**92119584**	**88879722**	**21289293**	**345042**	**1369486**	**214715**	**181672**
南明区	17704680	17516629	794694	136056	1256555	15514	6943
云岩区	23412678	21942799	4854299	99571	40591	7918	4693
花溪区	24122890	24007807	14323712	17120	18973	9710	6399
乌当区	2491290	1938995	145753	15933	3295	3005	
白云区	3392434	3120075	107917	41586	9523	79153	78063
观山湖区	16275806	15806676	575143	11650	1831	82016	81529
开阳县	1235168	1162197	187045	2158	1573	9629	
息烽县	544622	539205	11388	3407	2000	3189	
修文县	1473394	1422888	190467	5997	3558	537	
清镇市	1466621	1422453	98875	11565	31586	4043	4043
六盘水市	**16198752**	**16154237**	**2962359**	**114090**	**96178**	**128781**	**91828**
钟山区	7585850	7572821	2238207	16971	34914	34998	260
六枝特区	1781882	1777834	112668	9157	16676	1513	1349
水城县	3194611	3167174	128439	81092	32587	45055	45000
盘县	3636409	3636409	483045	6869	12002	47215	45219
遵义市	**22048254**	**21947978**	**3442500**	**66992**	**86435**	**17661**	**2527**
红花岗区	4898565	4871474	1524910	24530	9836	3008	
汇川区	4493067	4481472	148650	2255	8436	78	12
遵义县	3441287	3382097	282774	2212	9233	3372	
桐梓县	1699259	1698344	776334	3448	1335	200	
绥阳县	616650	616650	5374	4554	3259	789	753
正安县	340321	340115	9425	1022	16244	323	
道真仡佬族苗族自治县	256769	256769	24488	123	760	60	
务川仡佬族苗族自治县	444440	444440	105521	899	504	21	
凤冈县	494209	494209	19193	3689	7201	363	163
湄潭县	756016	756016	95060	4247	12024	15	
余庆县	556708	556708	288066	5599	5881	279	
习水县	848931	848931	9844	750	7560	2066	1600
赤水市	1263878	1263878	23063	6608	4163	4109	
仁怀市	1938154	1936875	129800	7058		2976	
安顺市	**10094672**	**10063124**	**2042550**	**270368**	**92916**	**7271**	**13**
西秀区	6165935	6155930	794720	234683	67729	2480	
平坝县	1138257	1134825	329130	8347	1001	3450	
普定县	1011293	1011293	305584	13947	12099	520	
镇宁布依族苗族自治县	891680	891680	386163	4616	1000	521	
关岭布依族苗族自治县	503395	485284	73494	3050	10087	287	
紫云苗族布依族自治县	384112	384112	153460	5726	1000	13	13
毕节市	**25681900**	**25523267**	**2523150**	**91224**	**110006**	**70314**	**12273**
七星关区	6469474	6358663	958843	5668	38395	8995	5005
大方县	1516990	1516970	76499	7084	905	2095	500
黔西县	4384975	4384932	184255	7713	37546	1518	68
金沙县	2077511	2077388	174940	29322	10828	31271	2700
织金县	2107314	2107314	259225	8019		5200	4000
纳雍县	3404087	3404087	86519	6764	1842	654	
威宁彝族回族苗族自治县	1672253	1666693	620093	18939	6011	14674	
赫章县	4049296	4007220	162775	7714	14479	5906	

小微企业法人单位资产总计

集体联营企业	国有与集体联营企业	其他联营企业	有限责任公司	国有独资公司	其他有限责任公司	股份有限公司	私营企业	私营独资企业
114716	**46820**	**69928**	**111606916**	**27872429**	**83734486**	**7466265**	**42428204**	**12455892**
18002	**2949**	**12092**	**56308385**	**13815741**	**42492644**	**2813484**	**6018708**	**1425610**
1593	722	6256	13960022	663513	13296509	387316	887167	260118
2433	657	136	14172916	2485057	11687859	1477212	1186204	121683
515	707	2089	8142138	1607615	6534524	87346	1267259	569112
8		2997	1146382	29159	1117223	349813	257603	52924
757	333		2252392	577924	1674468	20222	603395	110928
314	9	164	13902409	8116662	5785746	392297	723616	74538
9107	522		731884	5456	726428	40448	170158	41219
3189			412211	192	412019	21603	78463	52048
86		451	814685	293146	521539	16716	369252	76455
			773346	37018	736329	20512	475590	66584
3521	**33422**	**10**	**5847038**	**2042088**	**3804950**	**357118**	**6579605**	**1632677**
1306	33422	10	2801823	1728208	1073615	118567	2311605	386007
164			912970	104913	808058	27829	678308	149872
55			739649	28253	711396	157638	1969922	415584
1996			1392597	180714	1211882	53084	1619770	681213
6180	**2516**	**6438**	**9371676**	**3107738**	**6263938**	**778840**	**7695233**	**1736930**
1904	600	504	1653166	343068	1310098	36813	1604795	118871
55		12	2510168	1478790	1031378	219131	1559086	83239
310		3063	1741760	111083	1630677	93041	1193979	373346
		200	415389	242340	173049	39973	343216	107311
		37	355773	211524	144248	34510	192291	57474
		323	178654	69126	109528	28582	102343	62979
50		10	49644	1260	48384	59260	114124	35496
21			102427	1496	100930	120515	107720	28723
200			113133	19499	93634	11013	306996	88590
15			261349	9382	251966	28176	292937	54875
		279	149792	88496	61296	22061	84117	27261
286	180		343085	19656	323430	48749	405375	213186
373	1736	2000	1037628	461892	575737	27485	151944	96701
2966		10	459706	50124	409582	9530	1236311	388879
5805	**95**	**1358**	**3487493**	**338716**	**3148777**	**121417**	**2199882**	**825684**
1689	12	780	1918999	279501	1639498	91326	1271075	249661
3395		55	387233	27864	359369	27241	365768	216480
		520	351730	11114	340616	2174	289502	197845
521			443154	15223	427931	71	49603	41713
200	84	3	319766	3417	316349	607	70070	36075
			66611	1597	65014		153864	83910
33540	**1754**	**22746**	**13288323**	**3321259**	**9967064**	**798609**	**8316833**	**3588269**
3290		700	3370786	1856392	1514394	43033	1924996	218705
495	1100		599235	166094	433141	25114	728060	260907
50		1400	2821992	643533	2178459	521202	806577	304717
26977		1594	981040	34860	946181	37740	723644	391004
1200			612323		612323	87944	1045663	408597
	654		1015848	574706	441142	836	2278532	1739681
102		14572	482024	45452	436572	64453	431509	105865
1427		4480	3405075	222	3404853	18287	377851	158793

2-7 续表 1

地　　区	资产总计(万元)						
		内资企业					
			国有企业	集体企业	股份合作企业	联营企业	
							国有联营企业
铜仁市	**10618288**	**10602830**	**503215**	**71937**	**54111**	**279552**	**264053**
碧江区	4414548	4401245	292308	25532	13342	5776	676
万山区	671012	671012	27135	6295	8159	481	
江口县	369189	369189	8467	4383	128	610	160
玉屏侗族自治县	1038128	1038128	9595	3854	11713	10	
石阡县	329547	329547	22784	4179	1233	1794	
思南县	1522484	1522484	45428	769	5203	754	20
印江土家族苗族自治县	296281	296281	11602	210	1160	500	
德江县	711371	711211	13151	3285	4996	264234	263197
沿河土家族自治县	573927	573927	18442	2660	7577	300	
松桃苗族自治县	691803	689807	54301	20771	600	5093	
黔西南布依族苗族自治州	**10940387**	**10901697**	**1753123**	**59686**	**68658**	**36750**	**21612**
兴义市	5366880	5329157	218123	23240	8496	7547	2861
兴仁县	2061518	2061427	1287934	4686	45560	549	
普安县	328490	328490	21573	10509	1551	1401	
晴隆县	1115786	1115786	61924	3296	6627	8000	
贞丰县	873903	873903	22753	964	3180	200	
望谟县	165525	165525	9561	1999	3201	22	2
册亨县	266153	266153	28697	3963	42	1131	850
安龙县	762131	761255	102557	11028		17899	17899
黔东南苗族侗族自治州	**13609725**	**13071350**	**2433615**	**56024**	**37141**	**30074**	**9401**
凯里市	5530564	5487266	917023	15231	2304	2750	
黄平县	468620	468620	56635	9707		8234	
施秉县	195047	193748	7388	2758			
三穗县	193268	189543	11395	468	318		
镇远县	1016177	527748	41716	2421	2326	100	
岑巩县	518499	518499	88920	447	64		
天柱县	1020528	1020483	648698	1031	105	45	15
锦屏县	1544053	1542493	15791	5238	6480	20	
剑河县	460137	460137	129888	4221	290	2105	2061
台江县	302194	302194	7253			206	
黎平县	303224	303224	47697	2049	259	5681	4279
榕江县	329183	329183	5955	2589		882	
从江县	337938	337938	7614	918	4379	8134	2946
雷山县	283151	283151	60044	4729	16102		
麻江县	452801	452781	78864	2179	104	1768	
丹寨县	654340	654340	308734	2038	4411	150	100
黔南布依族苗族自治州	**12945717**	**12751324**	**2475259**	**118184**	**44989**	**32540**	**2816**
都匀市	2757931	2757931	720765	20022	13635	5044	1909
福泉市	1273128	1119912	306399	16159	3680	2379	
荔波县	819391	816760	84022	17288	11889	6632	118
贵定县	623298	622452	86151	2970	1194	1168	450
瓮安县	1727541	1717001	304330	32471	1900	3158	
独山县	1386776	1377334	419689	1194	1839	184	
平塘县	546421	546421	259596	5100	1694	4	
罗甸县	455744	455744	60675	68		212	
长顺县	495814	495814	73970	7788	2058	9453	
龙里县	1904297	1901835	41470	5753	986	339	339
惠水县	648357	648100	105232	8570	850	3968	
三都水族自治县	307019	292019	12958	804	5263		

集体联营企业	国有与集体联营企业	其他联营企业	有限责任公司	国有独资公司	其他有限责任公司	股份有限公司	私营企业	私营独资企业
10185	**4654**	**661**	**5098788**	**773884**	**4324904**	**584146**	**2660849**	**970831**
1700	3400	1	3350046	188953	3161093	90167	496424	253429
469		12	266607		266607	249806	109770	40571
230	120	100	143093	1186	141908	47678	152772	45281
10			567821	517726	50095	8922	418568	40145
655	771	368	97205	8233	88972	6425	169287	56189
364	313	58	84502	36816	47686	42261	291445	98767
500			155653		155653	45494	62878	34228
1037			98985	16567	82418	47042	261309	87967
300			48005	3404	44602	17580	419927	197934
4920	50	123	286870	1000	285870	28772	278469	116321
13044		**2094**	**5444891**	**1234634**	**4210257**	**1376967**	**2027852**	**811987**
4072		615	4070022	1137321	2932701	164485	800080	199148
481		69	280179	15	280164	28140	378464	195830
		1401	70841	24945	45896	4235	215382	123011
8000			176554		176554	581079	249006	100662
200			143551	3361	140190	572086	112852	63389
20			65987	9	65978	2299	81919	41746
271		10	190340	68864	121476	12912	27427	14612
			447418	120	447298	11730	162721	73588
19968	**20**	**686**	**6290219**	**2303509**	**3986710**	**206420**	**3888309**	**604183**
2745		6	2518789	1349461	1169328	36522	1973824	99039
8229		5	256879	188557	68323	216	127834	30773
			102795	51546	51249		80739	3880
			14255		14255	8353	147608	48035
		100	324099	65621	258478	4644	152339	38283
			343845	69548	274297	1822	80631	22819
30			210496	177862	32635	35506	111214	47134
	20		1356373	45731	1310642	35594	112944	9479
25		19	181623	162647	18976	4056	131615	83692
206			189013	1	189012	10230	94534	24260
1372		30	156100	439	155661	1690	85960	23429
356		527	188409	65298	123110	50509	71952	31125
5188			88232	4597	83635	2955	211126	63521
			51601	23859	27742	11972	131887	35866
1768			202121	88677	113445	2000	152097	34999
50			105588	9665	95922	352	222004	7846
4471	**1410**	**23843**	**6470103**	**934861**	**5535242**	**429264**	**3040934**	**859722**
1822	1238	76	1345072	301763	1043309	58565	548495	114341
99	83	2197	316850	69818	247032	93501	364138	136449
1154		5360	394321	41834	352487	90102	201427	60145
718			336067	128783	207284	50210	139414	97254
360		2798	990117	336404	653713	29159	315966	100374
95	89		537602	14986	522616	37231	379287	99993
		4	216470	277	216192	40	61214	40606
212			253341	13604	239737	10975	124242	29777
13		9441	205166	2613	202553	39446	155224	56666
			1590357	14677	1575680	200	261872	70045
		3968	168126	3419	164707	9897	350483	38721
			116615	6684	109931	9938	139174	15350

2-7 续表 2

地　　区	私营合伙企　业	私营有限责任公司	私营股份有限公司	其他企业	港、澳、台商投资企　业	合资经营企业(港、澳、台资)	合作经营企业(港、澳、台资)
贵州省	**4596569**	**23051384**	**2324359**	**4997954**	**2282707**	**1657047**	**14288**
贵阳市	**155716**	**3989350**	**448031**	**520609**	**1490099**	**1097396**	
南明区	9350	549550	68149	79305	124184	86547	
云岩区	15511	962532	86477	104087	439552	267123	
花溪区	28915	585293	83939	141548	38809	37038	
乌当区	9341	188566	6772	17211	548162	547703	
白云区	8478	467633	16357	5887	16855	3291	
观山湖区	7732	550714	90632	117714	283882	120130	
开阳县	33798	89234	5907	19303	2487		
息烽县	2185	22402	1828	6944	605		
修文县	24315	230695	37787	21676	35549	35549	
清镇市	16092	342730	50184	6935	14	14	
六盘水市	**1132903**	**3551774**	**262251**	**69068**	**1288**		
钟山区	104003	1797484	24110	15737	1288		
六枝特区	201191	281840	45405	18711			
水城县	417739	1108561	28039	12792			
盘县	409970	363889	164697	21828			
遵义市	**385941**	**5048421**	**523941**	**488642**	**53385**	**3155**	
红花岗区	53026	1373880	59018	14414	3786		
汇川区	14857	1267170	193820	33668	2876	2876	
遵义县	94263	629968	96402	55727	45530		
桐梓县	95616	121270	19018	118450	915		
绥阳县	21304	95024	18489	20100			
正安县	6832	30242	2291	3522			
道真仡佬族苗族自治县	5333	68284	5011	8311			
务川仡佬族苗族自治县	20556	52873	5568	6834			
凤冈县	15929	189442	13036	32620			
湄潭县	4120	218963	14979	62208			
余庆县	7978	40222	8656	913			
习水县	28328	147419	16442	31501			
赤水市	2374	35145	17724	8879			
仁怀市	15425	778519	53488	91495	279	279	
安顺市	**142844**	**1124950**	**106404**	**1841227**	**22231**	**2620**	
西秀区	25158	918759	77496	1774918	2620	2620	
平坝县	28654	119144	1491	12656	1500		
普定县	53275	18902	19479	35737			
镇宁布依族苗族自治县	1513	6365	12	6553			
关岭布依族苗族自治县	17415	16380	200	7924	18111		
紫云苗族布依族自治县	16829	45399	7726	3439			
毕节市	**1935760**	**2515335**	**277469**	**324808**	**66336**	**21893**	**1987**
七星关区	138012	1374972	193307	7947	20434	16333	1987
大方县	325556	118282	23315	77977			
黔西县	289044	195362	17455	4129	43		
金沙县	198149	126108	8384	88603	122		
织金县	386464	226378	24225	88940			
纳雍县	337007	200514	1330	13090			
威宁彝族回族苗族自治县	118194	203401	4049	28990	5560	5560	
赫章县	143334	70318	5406	15132	40177		

			外商投资企业					
港、澳、台商独资经营企业	港、澳、台商投资股份有限公司	其他港、澳、台投资企业	外商投资企业	中外合资经营企业	中外合作经营企业	外资企业	外商投资股份有限公司	其他外商投资企业
591525	**3339**	**16508**	**2079043**	**508284**	**288178**	**1273116**	**7756**	**1709**
390972	**1732**		**1749763**	**304113**	**287747**	**1156946**	**339**	**618**
37636			63868	8153		54876	339	500
172430			1030327	12505	156374	861448		
630	1142		76274	76146		20		108
458			4133	900		3223		10
13565			255504	23525	128900	103078		
163162	590		185249	158091	2473	24685		
2487			70485			70485		
605			4812			4812		
			14957	9675		5282		
			44154	15118		29037		
1288			**43227**	**38567**		**4660**		
1288			11741	7081		4660		
			4048	4048				
			27438	27438				
48765		**1465**	**46891**	**23173**	**206**	**22512**		**1000**
3786			23305	3678		19627		
			8719	8719				
44064		1465	13661	10775		2886		
915								
			206		206			
			1000					1000
19611			**9317**			**9317**		
			7385			7385		
1500			1932			1932		
18111								
42412		**43**	**92297**	**90377**			**1920**	
2114			90377	90377				
			20				20	
		43						
122								
40177			1900				1900	

2-7 续表 3

地 区	私营合伙企 业	私营有限责任公司	私营股份有限公司	其他企业	港、澳、台商投资企 业	合资经营企业(港、澳、台资)	合作经营企业(港、澳、台资)
铜仁市	**155139**	**1262119**	**272759**	**1350233**	**15296**	**1996**	**12301**
碧江区	8115	196660	38219	127650	13301		12301
万山区	3975	51067	14158	2759			
江口县	9233	85908	12350	12058			
玉屏侗族自治县	3625	316090	58708	17644			
石阡县	2517	102873	7709	26641			
思南县	15676	141187	35815	1052122			
印江土家族苗族自治县	7453	21098	99	18784			
德江县	17528	107220	48593	18210			
沿河土家族自治县	72661	111563	37769	59435			
松桃苗族自治县	14357	128452	19339	14930	1996	1996	
黔西南布依族苗族自治州	**394785**	**735286**	**85794**	**133770**	**36635**	**36635**	
兴义市	51797	509993	39142	37162	36635	36635	
兴仁县	117535	39392	25706	35915			
普安县	51262	40749	360	2999			
晴隆县	113161	35141	42	29300			
贞丰县	19218	21429	8816	18316			
望谟县	8221	31804	148	536			
册亨县	4563	8251		1641			
安龙县	29027	48526	11580	7902			
黔东南苗族侗族自治州	**90423**	**2991762**	**201941**	**129547**	**510047**	**488233**	
凯里市	4964	1788417	81404	20823	16947	1717	
黄平县	1083	93704	2273	9116			
施秉县	15	75533	1310	69	1299		
三穗县	10365	82823	6385	7146	3725		
镇远县	4161	108400	1495	104	486516	486516	
岑巩县	7400	42404	8009	2769			
天柱县	21559	42211	310	13388			
锦屏县	11679	91748	37	10052	1560		
剑河县	2248	43894	1781	6338			
台江县	1352	64331	4591	959			
黎平县	8384	44403	9744	3788			
榕江县	9807	20198	10822	8886			
从江县	135	146527	944	14582			
雷山县	1030	89723	5269	6816			
麻江县	1136	112766	3197	13648			
丹寨县	5106	144680	64372	11064			
黔南布依族苗族自治州	**203057**	**1832387**	**145769**	**140051**	**87389**	**5120**	
都匀市	9247	369780	55127	46334			
福泉市	9651	202430	15607	16807	59214		
荔波县	31660	104471	5150	11080	2630		
贵定县	18705	21155	2300	5279	846		
瓮安县	33062	176869	5662	39901			
独山县	7501	267799	3993	308	9442	4864	
平塘县	10845	9473	290	2303			
罗甸县	2319	92096	50	6232			
长顺县	17368	42412	38778	2708			
龙里县	30629	147038	14160	857			
惠水县	11127	296032	4603	975	256	256	
三都水族自治县	20943	102832	50	7267	15000		

港、澳、台商独资经营企业	港、澳、台商投资股份有限公司	其他港、澳、台投资企业	外商投资企业	中外合资经营企业	中外合作经营企业	外资企业	外商投资股份有限公司	其他外商投资企业
1000			**162**		**160**	**2**		
1000			2			2		
			160		160			
			2055	**876**		**1088**		**91**
			1088			1088		
			91					91
			876	876				
21814			**28328**	**7148**	**65**	**19202**	**1913**	
15231			26351	7148		19202		
1299								
3725								
			1913				1913	
			45		45			
1560								
			20		20			
65661	**1607**	**15000**	**107004**	**44032**		**59388**	**3584**	
59214			94002	33492		59388	1121	
1023	1607							
846								
			10539	10539				
4578								
			2463				2463	
		15000						

2-8 按行业(中类)、市(州)分组的

行业	代码	法人单位数(个)	贵阳市	六盘水市
总计		**89143**	**26789**	**7016**
农、林、牧、渔业	**A**	**656**	**87**	**24**
农业	01	8	3	
蔬菜、食用菌及园艺作物种植	014	3	2	
水果种植	015	3	1	
坚果、含油果、香料和饮料作物种植	016	1		
其他农业	019	1		
林业	02	2		
林木育种和育苗	021	1		
森林经营和管护	023	1		
农、林、牧、渔服务业	05	646	84	24
农业服务业	051	464	79	22
林业服务业	052	41		1
畜牧服务业	053	120	3	1
渔业服务业	054	21	2	
采矿业	**B**	**5304**	**241**	**816**
煤炭开采和洗选业	06	1590	46	334
烟煤和无烟煤开采洗选	061	1546	38	328
褐煤开采洗选	062	9		2
其他煤炭采选	069	35	8	4
石油和天然气开采业	07	2		
天然气开采	072	2		
黑色金属矿采选业	08	246	4	6
铁矿采选	081	114	4	2
锰矿、铬矿采选	082	92		3
其他黑色金属矿采选	089	40		1
有色金属矿采选业	09	322	39	13
常用有色金属矿采选	091	260	38	11
贵金属矿采选	092	47		2
稀有稀土金属矿采选	093	15	1	
非金属矿采选业	10	3031	143	452
土砂石开采	101	2702	108	444
化学矿开采	102	240	28	
石棉及其他非金属矿采选	109	89	7	8
开采辅助活动	11	55	6	8
煤炭开采和洗选辅助活动	111	36	4	8
石油和天然气开采辅助活动	112	2		
其他开采辅助活动	119	17	2	
其他采矿业	12	58	3	3
其他采矿业	120	58	3	3
制造业	**C**	**21377**	**2994**	**1336**
农副食品加工业	13	1679	140	76
谷物磨制	131	358	8	4
饲料加工	132	113	47	2
植物油加工	133	285	13	8
制糖业	134	16		
屠宰及肉类加工	135	295	21	14
水产品加工	136	23	1	
蔬菜、水果和坚果加工	137	167	15	22
其他农副食品加工	139	422	35	26

小微企业法人单位数

遵义市	安顺市	毕节市	铜仁市	黔西南布依族苗族自治州	黔东南苗族侗族自治州	黔南布依族苗族自治州
13307	**5182**	**7728**	**8040**	**5817**	**7937**	**7327**
101	**26**	**55**	**71**	**88**	**125**	**79**
3				1	1	
1						
				1	1	
1						
1						
				1	1	
				1		
					1	
98	26	55	71	86	123	79
76	22	39	45	69	48	64
10	2	11	5	2	6	4
6	1	3	16	14	69	7
6	1	2	5	1		4
606	**348**	**1205**	**609**	**439**	**296**	**744**
231	67	526	48	174	32	132
220	66	516	48	169	32	129
3		2		2		
8	1	8		3		3
		1			1	
		1			1	
24	2	84	86	2	11	27
5	2	77		1	3	20
13		1	71	1	2	1
6		6	15		6	6
49	7	45	18	24	60	67
42	7	40	17	8	34	63
		1		16	25	3
7		4	1		1	1
290	269	530	444	228	190	485
278	260	512	423	220	146	311
6	3	9	10	1	43	140
6	6	9	11	7	1	34
10	1	11	3	2	1	13
8	1	9	3			3
						2
2		2		2	1	8
2	2	8	10	9	1	20
2	2	8	10	9	1	20
3268	**2082**	**2296**	**2635**	**1776**	**2707**	**2283**
282	145	130	181	408	167	150
48	43	7	30	166	21	31
17	10	4	2	18	6	7
41	29	8	36	78	43	29
5	3	1		7		
61	33	32	40	35	30	29
1		1	1	11	6	2
32	9	15	25	15	24	10
77	18	62	47	78	37	42

2-8 续表 1

行 业	代码	法人单位数(个)	贵阳市	六盘水市
食品制造业	14	759	126	52
焙烤食品制造	141	109	28	4
糖果、巧克力及蜜饯制造	142	29	9	
方便食品制造	143	290	25	28
乳制品制造	144	9		
罐头食品制造	145	13	3	1
调味品、发酵制品制造	146	167	20	10
其他食品制造	149	142	41	9
酒、饮料和精制茶制造业	15	2300	91	90
酒的制造	151	674	29	47
饮料制造	152	379	44	19
精制茶加工	153	1247	18	24
烟草制品业	16	18	1	
烟叶复烤	161	16	1	
其他烟草制品制造	169	2		
纺织业	17	241	36	15
棉纺织及印染精加工	171	49	5	
毛纺织及染整精加工	172	8	1	
麻纺织及染整精加工	173	9		3
丝绢纺织及印染精加工	174	14		
化纤织造及印染精加工	175	8	2	
针织或钩针编织物及其制品制造	176	33	7	1
家用纺织制成品制造	177	109	19	11
非家用纺织制成品制造	178	11	2	
纺织服装、服饰业	18	486	39	15
机织服装制造	181	272	22	9
针织或钩针编织服装制造	182	47	3	2
服饰制造	183	167	14	4
皮革、毛皮、羽毛及其制品和制鞋业	19	246	11	74
皮革鞣制加工	191	4		
皮革制品制造	192	47	2	2
毛皮鞣制及制品加工	193	5		
羽毛(绒)加工及制品制造	194	3		
制鞋业	195	187	9	72
木材加工和木、竹、藤、棕、草制品业	20	1201	68	58
木材加工	201	685	32	45
人造板制造	202	96	8	
木制品制造	203	281	22	7
竹、藤、棕、草等制品制造	204	139	6	6
家具制造业	21	599	72	23
木质家具制造	211	468	50	21
竹、藤家具制造	212	15	1	
金属家具制造	213	32	8	1
塑料家具制造	214	7	2	
其他家具制造	219	77	11	1
造纸和纸制品业	22	308	59	9
纸浆制造	221	4	1	
造纸	222	116	9	3
纸制品制造	223	188	49	6

遵义市	安顺市	毕节市	铜仁市	黔西南布依族苗族自治州	黔东南苗族侗族自治州	黔南布依族苗族自治州
130	71	87	38	91	87	77
12	7	20	8	11	12	7
5	9				1	5
44	24	22	16	53	53	25
3	1	2		1	1	1
2			3	1		3
43	24	28	5	9	8	20
21	6	15	6	16	12	16
836	108	97	594	133	250	101
370	28	25	38	61	43	33
94	27	50	41	26	44	34
372	53	22	515	46	163	34
1	1	10	4	1		
	1	10	3	1		
1			1			
30	21	29	15	16	48	31
7	4	4	3	4	13	9
2	1				3	1
		1	1	2		2
5	1	3		2	3	
	3	1	1		1	
7	2	4	1	2	2	7
8	10	15	9	5	25	7
1		1		1	1	5
33	28	60	74	52	159	26
24	20	26	41	29	90	11
3	6	9	2	4	12	6
6	2	25	31	19	57	9
35	7	16	41	9	32	21
1	1			1	1	
9	1	2	16	2	5	8
1			1		3	
			1		2	
24	5	14	23	6	21	13
223	100	122	176	120	229	105
105	47	70	133	86	123	44
12	3	5	7	3	42	16
37	43	43	30	26	47	26
69	7	4	6	5	17	19
68	69	80	57	75	91	64
46	61	57	46	59	72	56
4	1	4	1		2	2
6	3	2	1	5	4	2
1		2	1		1	
11	4	15	8	11	12	4
67	20	22	24	21	40	46
1				1		1
20	5	12	14	9	20	24
46	15	10	10	11	20	21

2-8 续表 2

行业	代码	法人单位数（个）	贵阳市	六盘水市
印刷和记录媒介复制业	23	434	152	20
印刷	231	369	134	17
装订及印刷相关服务	232	63	16	3
记录媒介复制	233	2	2	
文教、工美、体育和娱乐用品制造业	24	1358	58	32
文教办公用品制造	241	33	9	3
乐器制造	242	15		
工艺美术品制造	243	1282	44	29
体育用品制造	244	4	2	
玩具制造	245	20	1	
游艺器材及娱乐用品制造	246	4	2	
石油加工及炼焦	25	90	5	39
化学原料和化学制品制造业	26	915	178	30
基础化学原料制造	261	173	42	13
肥料制造	262	233	36	7
农药制造	263	9	4	
涂料、油墨、颜料及类似产品制造	264	94	23	3
合成材料制造	265	40	16	1
专用化学产品制造	266	177	30	2
炸药、火工及焰火产品制造	267	101	5	2
日用化学产品制造	268	88	22	2
医药制造业	27	268	78	2
化学药品原料药制造	271	12	4	
化学药品制剂制造	272	9	5	1
中药饮片加工	273	75	4	
中成药生产	274	124	42	1
兽用药品制造	275	3	1	
生物药品制造	276	28	10	
卫生材料及医药用品制造	277	17	12	
化学纤维制造业	28	4	2	
合成纤维制造	282	4	2	
橡胶和塑料制品业	29	546	183	14
橡胶制品业	291	88	44	1
塑料制品业	292	458	139	13
非金属矿物制品业	30	6121	715	564
水泥、石灰和石膏制造	301	292	34	21
石膏、水泥制品及类似制品制造	302	2691	321	251
砖瓦、石材等建筑材料制造	303	2529	180	266
玻璃制造	304	65	16	5
玻璃制品制造	305	228	22	5
玻璃纤维和玻璃纤维增强塑料制品制造	306	23	4	2
陶瓷制品制造	307	41	7	
耐火材料制品制造	308	91	61	5
石墨及其他非金属矿物制品制造	309	161	70	9
黑色金属冶炼和压延加工业	31	372	55	12
炼铁	311	21	7	1
炼钢	312	9	4	
黑色金属铸造	313	42	9	3
钢压延加工	314	92	22	5
铁合金冶炼	315	208	13	3

遵义市	安顺市	毕节市	铜仁市	黔西南布依族苗族自治州	黔东南苗族侗族自治州	黔南布依族苗族自治州
68	13	31	39	39	31	41
55	10	28	30	36	25	34
13	3	3	9	3	6	7
63	286	74	67	81	529	168
7		3	5	1	4	1
1			2		12	
50	284	69	59	78	508	161
					2	
4	2	2	1	1	3	6
1				1		
3	7	4	15	5		12
104	76	59	76	44	134	214
17	9	9	10	9	25	39
31	18	14	21	11	10	85
	2		1		1	1
9	13	6	7	3	11	19
4	1	7	4	3	1	3
16	9	8	14	5	68	25
14	11	11	15	6	4	33
13	13	4	4	7	14	9
24	13	15	54	18	37	27
1		1	3	2	1	
1				1		1
8	4	12	33	5	7	2
6	7	2	13	10	25	18
1					1	
5	2		5		2	4
2					1	2
						2
						2
69	58	31	40	34	29	88
6	8	9	7	1	1	11
63	50	22	33	33	28	77
724	640	1129	847	450	424	628
49	15	39	39	33	25	37
303	329	618	311	125	214	219
310	191	440	475	272	151	244
9	7	6	2	6	2	12
19	85	9	3	7	6	72
2	3	2	1	1	5	3
5	1	7	4	3	7	7
15	2	1	1		4	2
12	7	7	11	3	10	32
42	31	17	65	42	64	44
5		1		6		1
		2		2		1
9	2	7	5	1	3	3
11	24	4	3	10	7	6
17	5	3	57	23	54	33

2-8 续表 3

行　业	代码	法人单位数(个)	贵阳市	六盘水市
有色金属冶炼和压延加工业	32	266	41	16
常用有色金属冶炼	321	126	9	10
贵金属冶炼	322	23	1	
稀有稀土金属冶炼	323	11		
有色金属合金制造	324	29	8	1
有色金属铸造	325	10	5	
有色金属压延加工	326	67	18	5
金属制品业	33	996	209	80
结构性金属制品制造	331	519	88	58
金属工具制造	332	145	21	7
集装箱及金属包装容器制造	333	22	10	
金属丝绳及其制品制造	334	27	4	2
建筑、安全用金属制品制造	335	119	24	8
金属表面处理及热处理加工	336	25	9	
搪瓷制品制造	337	10	1	
金属制日用品制造	338	50	14	2
其他金属制品制造	339	79	38	3
通用设备制造业	34	528	221	11
锅炉及原动设备制造	341	20	10	
金属加工机械制造	342	152	61	5
物料搬运设备制造	343	20	6	
泵、阀门、压缩机及类似机械制造	344	28	17	
轴承、齿轮和传动部件制造	345	34	7	
烘炉、风机、衡器、包装等设备制造	346	44	18	
文化、办公用机械制造	347	4	4	
通用零部件制造	348	209	90	5
其他通用设备制造业	349	17	8	1
专用设备制造业	35	471	140	25
采矿、冶金、建筑专用设备制造	351	144	42	19
化工、木材、非金属加工专用设备制造	352	86	24	1
食品、饮料、烟草及饲料生产专用设备制造	353	15	2	1
印刷、制药、日化及日用品生产专用设备制造	354	32	7	2
纺织、服装和皮革加工专用设备制造	355	5	1	1
电子和电工机械专用设备制造	356	49	12	
农、林、牧、渔专用机械制造	357	55	8	1
医疗仪器设备及器械制造	358	30	13	
环保、社会公共服务及其他专用设备制造	359	55	31	
汽车制造业	36	106	46	2
汽车整车制造	361	7	1	
改装汽车制造	362	13	6	1
低速载货汽车制造	363	1	1	
电车制造	364	3		
汽车车身、挂车制造	365	4		1
汽车零部件及配件制造	366	78	38	
铁路、船舶、航空航天和其他运输设备制造业	37	46	12	
铁路运输设备制造	371	8	3	
船舶及相关装置制造	373	8		
航空、航天器及设备制造	374	12	5	
摩托车制造	375	9	2	
自行车制造	376	5		
潜水救捞及其他未列明运输设备制造	379	4	2	

遵义市	安顺市	毕节市	铜仁市	黔西南布依族苗族自治州	黔东南苗族侗族自治州	黔南布依族苗族自治州
31	11	30	36	30	44	27
7		23	26	12	24	15
2	1			16		3
1					9	1
7	4		3	1	2	3
	1	1	1		2	
14	5	6	6	1	7	5
133	137	85	69	42	110	131
71	54	50	37	24	64	73
11	52	9	7	12	18	8
3	3				2	4
8	2	1	1	1	4	4
16	9	11	11	3	10	27
5	3		1		2	5
3	2	2	1			1
5	10	4	4	2	6	3
11	2	8	7		4	6
71	78	24	10	7	28	78
4		2			3	1
14	17	8	3	1	14	29
1	5	1	3		2	2
4	2		1		2	2
	7					20
7	4	8		3		4
39	42	3	3	3	7	17
2	1	2				3
68	32	54	40	23	34	55
15	13	25	2	9	2	17
7	4	5	22	4	10	9
3	1	1	4		2	1
7	3	4	2	1	3	3
1		1				1
15	2	8		3	7	2
8	5	3	7	3	8	12
4	1	2	1	3	1	5
8	3	5	2		1	5
9	9	10	8	1	10	11
1	3				2	
	1	1	1	1		2
		2				1
		1	2			
8	5	6	5		8	8
9	9	1	8	1	2	4
	4		1			
3	1		1	1	2	
3	3		1			
2			4			1
1	1	1	1			1
						2

2-8 续表 4

行业	代码	法人单位数(个)	贵阳市	六盘水市
电气机械和器材制造业	38	448	130	18
电机制造	381	23	8	2
输配电及控制设备制造	382	106	40	7
电线、电缆、光缆及电工器材制造	383	61	38	1
电池制造	384	10	2	
家用电力器具制造	385	54	16	2
非电力家用器具制造	386	51	7	5
照明器具制造	387	125	11	1
其他电气机械及器材制造	389	18	8	
计算机、通信和其他电子设备制造业	39	130	32	2
计算机制造	391	8	4	
通信设备制造	392	13	4	
雷达及配套设备制造	394	1		
视听设备制造	395	8	3	1
电子器件制造	396	22	7	
电子元件制造	397	50	7	
其他电子设备制造	399	28	7	1
仪器仪表制造业	40	72	33	3
通用仪器仪表制造	401	14	7	1
专用仪器仪表制造	402	21	9	2
钟表与计时仪器制造	403	1	1	
光学仪器及眼镜制造	404	24	7	
其他仪器仪表制造业	409	12	9	
其他制造业	41	157	19	22
废弃资源综合利用业	42	109	9	11
金属废料和碎屑加工处理	421	48	6	5
非金属废料和碎屑加工处理	422	61	3	6
金属制品、机械和设备修理业	43	103	33	21
金属制品修理	431	4	2	
通用设备修理	432	11	4	6
专用设备修理	433	34	7	7
铁路、船舶、航空航天等运输设备修理	434	4	2	
电气设备修理	435	11	4	5
仪器仪表修理	436	2	1	
其他机械和设备修理业	439	37	13	3
电力、热力、燃气及水生产和供应业	**D**	**1507**	**64**	**94**
电力、热力生产和供应业	44	1038	26	63
电力生产	441	931	16	60
电力供应	442	102	7	3
热力生产和供应	443	5	3	
燃气生产和供应业	45	109	12	10
燃气生产和供应业	450	109	12	10
水的生产和供应业	46	360	26	21
自来水生产和供应	461	306	21	17
污水处理及其再生利用	462	40	4	1
其他水的处理、利用与分配	469	14	1	3

遵义市	安顺市	毕节市	铜仁市	黔西南布依族苗族自治州	黔东南苗族侗族自治州	黔南布依族苗族自治州
65	80	24	28	7	43	53
2	1	1	2		1	6
20	9	2	11	1	6	10
5	3	1		1	2	10
1			4		2	1
12	6	4	1	1	1	11
9	6	3	1	3	9	8
11	55	12	9	1	20	5
5		1			2	2
28	7	14	5	1	23	18
		2				2
	1	3	1		1	3
						1
1		1				2
	1	4	1		5	4
22	3	1		1	11	5
5	2	3	3		6	1
2	2	1			16	15
1	1					4
1	1					8
		1			16	
						3
24	9	16	13	13	19	22
17	7	12	9	7	19	18
10	1	5	4	3	8	6
7	6	7	5	4	11	12
9	7	12	2	5	8	6
	1			1		
					1	
6	1	6	1	1	3	2
1					1	
				1	1	
		1				
2	5	5	1	2	2	4
406	**42**	**169**	**204**	**135**	**247**	**146**
281	21	115	152	105	194	81
261	18	104	138	95	171	68
19	3	11	13	10	23	13
1			1			
26	4	13	13	5	11	15
26	4	13	13	5	11	15
99	17	41	39	25	42	50
88	17	36	32	25	29	41
10		3	4		12	6
1		2	3		1	3

2-8 续表 5

行　　业	代码	法人单位数(个)	贵阳市	六盘水市
建筑业	E	**3439**	**1405**	**247**
房屋建筑业	47	655	185	39
房屋建筑业	470	655	185	39
土木工程建筑业	48	483	201	19
铁路、道路、隧道和桥梁工程建筑	481	202	61	9
水利和内河港口工程建筑	482	39	16	2
工矿工程建筑	484	22	8	1
架线和管道工程建筑	485	70	29	2
其他土木工程建筑	489	150	87	5
建筑安装业	49	377	198	18
电气安装	491	121	58	6
管道和设备安装	492	71	39	5
其他建筑安装业	499	185	101	7
建筑装饰和其他建筑业	50	1924	821	171
建筑装饰业	501	1585	668	157
工程准备活动	502	202	58	13
提供施工设备服务	503	24	10	1
其他未列明建筑业	509	113	85	
批发和零售业	F	**27585**	**12029**	**2021**
批发业	51	13674	6666	933
农、林、牧产品批发	511	647	117	32
食品、饮料及烟草制品批发	512	1967	799	70
纺织、服装及家庭用品批发	513	1215	850	31
文化、体育用品及器材批发	514	397	290	12
医药及医疗器材批发	515	402	175	7
矿产品、建材及化工产品批发	516	4800	2180	399
机械设备、五金产品及电子产品批发	517	2845	1668	270
贸易经纪与代理	518	547	159	66
其他批发业	519	854	428	46
零售业	52	13911	5363	1088
综合零售	521	1258	348	164
食品、饮料及烟草制品专门零售	522	2107	698	95
纺织、服装及日用品专门零售	523	1072	638	95
文化、体育用品及器材专门零售	524	583	239	29
医药及医疗器材专门零售	525	766	203	43
汽车、摩托车、燃料及零配件专门零售	526	2745	732	234
家用电器及电子产品专门零售	527	2184	812	157
五金、家具及室内装饰材料专门零售	528	2216	1237	258
货摊、无店铺及其他零售业	529	980	456	13
交通运输、仓储和邮政业	G	**2434**	**574**	**185**
道路运输业	54	1556	302	125
城市公共交通运输	541	208	25	13
公路旅客运输	542	257	25	12
道路货物运输	543	916	202	91
道路运输辅助活动	544	175	50	9
水上运输业	55	59	5	3
水上旅客运输	551	29	2	3
水上货物运输	552	19	1	
水上运输辅助活动	553	11	2	
航空运输业	56	14	4	
航空客货运输	561	7	2	
通用航空服务	562	2	1	
航空运输辅助活动	563	5	1	

遵义市	安顺市	毕节市	铜仁市	黔西南布依族苗族自治州	黔东南苗族侗族自治州	黔南布依族苗族自治州
408	**202**	**236**	**194**	**223**	**297**	**227**
92	33	64	71	46	69	56
92	33	64	71	46	69	56
39	25	33	26	39	61	40
19	12	17	12	18	25	29
2	3	3	5	2	4	2
3		2	2	2	1	3
4	3	4		7	16	5
11	7	7	7	10	15	1
60	15	10	18	20	15	23
13	6	7	7	9	7	8
11	4		3	1	3	5
36	5	3	8	10	5	10
217	129	129	79	118	152	108
181	108	107	65	92	123	84
20	18	16	9	24	27	17
4	1	2	3			3
12	2	4	2	2	2	4
3942	**937**	**1712**	**1977**	**1458**	**1708**	**1801**
1866	488	589	696	771	711	954
145	42	45	111	33	66	56
489	91	57	157	105	108	91
130	40	31	33	35	39	26
26	5	9	17	20	11	7
46	11	16	19	20	66	42
485	173	299	193	306	267	498
295	57	84	69	197	105	100
107	26	17	49	15	16	92
143	43	31	48	40	33	42
2076	449	1123	1281	687	997	847
135	38	164	120	85	121	83
555	76	101	244	73	154	111
105	10	51	45	34	74	20
58	28	18	62	35	69	45
81	21	116	140	40	57	65
444	106	299	305	176	218	231
314	75	136	166	165	200	159
222	76	123	126	42	74	58
162	19	115	73	37	30	75
469	**118**	**268**	**243**	**194**	**192**	**191**
329	86	224	137	120	117	116
37	14	21	27	11	32	28
60	21	41	34	11	41	12
186	46	138	61	92	33	67
46	5	24	15	6	11	9
18	2	3	3	16	6	3
6	2	2	2	5	5	2
8		1	1	7		1
4				4	1	
2	1	1	1	2	1	2
1	1		1	1		1
					1	
1		1		1		1

2-8 续表 6

行业	代码	法人单位数（个）	贵阳市	六盘水市
管道运输业	57	6	5	1
管道运输业	570	6	5	1
装卸搬运和运输代理业	58	360	120	29
装卸搬运	581	111	22	16
运输代理业	582	249	98	13
仓储业	59	226	97	15
谷物、棉花等农产品仓储	591	78	18	7
其他仓储业	599	148	79	8
邮政业	60	213	41	12
邮政基本服务	601	10	6	1
快递服务	602	203	35	11
住宿和餐饮业	**H**	**3943**	**977**	**588**
住宿业	61	1448	360	168
旅游饭店	611	514	95	21
一般旅馆	612	700	171	123
其他住宿业	619	234	94	24
餐饮业	62	2495	617	420
正餐服务	621	2125	489	368
快餐服务	622	61	17	8
饮料及冷饮服务	623	75	35	7
其他餐饮业	629	234	76	37
信息传输、软件和信息技术服务业	**I**	**1282**	**874**	**63**
电信、广播电视和卫星传输服务	63	118	38	4
电信	631	90	32	3
广播电视传输服务	632	28	6	1
互联网和相关服务	64	252	136	27
互联网接入及相关服务	641	35	15	8
互联网信息服务	642	147	85	11
其他互联网服务	649	70	36	8
软件和信息技术服务业	65	912	700	32
软件开发	651	452	369	7
信息系统集成服务	652	63	40	3
信息技术咨询服务	653	294	214	20
数据处理和存储服务	654	5	2	
集成电路设计	655	3	2	
其他信息技术服务业	659	95	73	2
房地产业	**K**	**4645**	**1583**	**324**
房地产业	70	4645	1583	324
房地产开发经营	701	2619	780	181
物业管理	702	1265	452	103
房地产中介服务	703	582	302	37
其他房地产业	709	179	49	3
租赁和商务服务业	**L**	**8472**	**3101**	**602**
租赁业	71	1119	266	93
机械设备租赁	711	1097	256	91
文化及日用品出租	712	22	10	2

遵义市	安顺市	毕节市	铜仁市	黔西南布依族苗族自治州	黔东南苗族侗族自治州	黔南布依族苗族自治州
61	10	9	63	20	17	31
23	3	1	16	7	9	14
38	7	8	47	13	8	17
27	12	11	12	20	15	17
9	4	11	4	5	9	11
18	8		8	15	6	6
32	7	20	27	16	36	22
1		1	1			
31	7	19	26	16	36	22
622	**169**	**367**	**378**	**145**	**488**	**209**
222	60	88	182	64	173	131
104	33	35	54	19	66	87
86	20	45	82	39	101	33
32	7	8	46	6	6	11
400	109	279	196	81	315	78
360	102	240	153	60	284	69
8	1	11	5	3	7	1
6		3	9	5	9	1
26	6	25	29	13	15	7
77	**41**	**33**	**63**	**37**	**64**	**30**
9	3	5	31	9	18	1
5	2	5	26	5	11	1
4	1		5	4	7	
22	10	9	16	3	19	10
3		1	4		2	2
11	5	4	8	2	13	8
8	5	4	4	1	4	
46	28	19	16	25	27	19
20	14	4	7	7	17	7
7	1	2	4	1	2	3
14	10	9	3	13	6	5
1				1		1
					1	
4	3	4	2	3	1	3
816	**260**	**360**	**298**	**214**	**407**	**383**
816	260	360	298	214	407	383
502	122	253	194	92	254	241
231	66	77	75	86	92	83
64	24	20	24	32	45	34
19	48	10	5	4	16	25
1415	**442**	**547**	**574**	**564**	**659**	**568**
320	70	65	142	37	61	65
317	70	65	140	35	58	65
3			2	2	3	

2-8 续表 7

行业	代码	法人单位数（个）	贵阳市	六盘水市
商务服务业	72	7353	2835	509
企业管理服务	721	1620	652	130
法律服务	722	122	48	11
咨询与调查	723	1195	598	38
广告业	724	1892	656	114
知识产权服务	725	34	29	
人力资源服务	726	430	129	57
旅行社及相关服务	727	603	144	33
安全保护服务	728	180	37	13
其他商务服务业	729	1277	542	113
科学研究和技术服务业	**M**	**2584**	**1075**	**109**
研究和试验发展	73	122	70	3
自然科学研究和试验发展	731	12	9	
工程和技术研究和试验发展	732	42	28	1
农业科学研究和试验发展	733	46	23	1
医学研究和试验发展	734	16	7	1
社会人文科学研究	735	6	3	
专业技术服务业	74	1943	767	94
气象服务	741	43	3	
地震服务	742	1	1	
测绘服务	744	117	34	12
质检技术服务	745	233	50	18
环境与生态监测	746	63	36	1
地质勘查	747	74	37	5
工程技术	748	838	249	24
其他专业技术服务业	749	574	357	34
科技推广和应用服务业	75	519	238	12
技术推广服务	751	412	185	11
科技中介服务	752	45	24	1
其他科技推广和应用服务业	759	62	29	
水利、环境和公共设施管理业	**N**	**624**	**120**	**34**
水利管理业	76	97	14	6
防洪除涝设施管理	761	4		
水资源管理	762	30	3	1
天然水收集与分配	763	15	2	
水文服务	764	2		
其他水利管理业	769	46	9	5
生态保护和环境治理业	77	80	26	9
生态保护	771	17	2	5
环境治理业	772	63	24	4
公共设施管理业	78	447	80	19
市政设施管理	781	54	12	1
环境卫生管理	782	33	11	2
城乡市容管理	783	13	2	3
绿化管理	784	138	46	11
公园和游览景区管理	785	209	9	2
居民服务、修理和其他服务业	**O**	**3193**	**1225**	**339**
居民服务业	79	1237	622	86
家庭服务	791	413	260	14
托儿所服务	792	3	1	

遵义市	安顺市	毕节市	铜仁市	黔西南布依族苗族自治州	黔东南苗族侗族自治州	黔南布依族苗族自治州
1095	372	482	432	527	598	503
209	116	102	82	96	105	128
19	9	11	3	5	11	5
206	54	49	29	75	84	62
321	98	149	132	136	172	114
4				1		
72	16	35	38	32	23	28
84	27	37	59	46	110	63
25	10	26	18	14	21	16
155	42	73	71	122	72	87
320	**128**	**138**	**141**	**195**	**255**	**223**
8	2	5	14	7	8	5
1		1	1			
2	1	1	5	1	2	1
3		3	8	2	3	3
2	1			3	2	
				1	1	1
267	111	106	98	160	152	188
7	5	5	2	6	12	3
24	6	4	6	10	9	12
47	11	18	12	24	29	24
5	3	2	5	3	4	4
12	1	8	3		7	1
99	69	54	43	102	69	129
73	16	15	27	15	22	15
45	15	27	29	28	95	30
35	10	21	25	16	88	21
5	4	1	2	4	2	2
5	1	5	2	8	5	7
170	**30**	**33**	**51**	**45**	**58**	**83**
26	4	4	14	8	3	18
2		1	1			
11	1		4	4	1	5
6	1	1	1	1		3
				1		1
7	2	2	8	2	2	9
12	1	7	8	3	3	11
1		3	1		1	4
11	1	4	7	3	2	7
132	25	22	29	34	52	54
1	4	3	3	10	7	13
9	1	4	2	1	1	2
1	3				1	3
14	7	11	14	18	8	9
107	10	4	10	5	35	27
404	**137**	**215**	**302**	**164**	**200**	**207**
150	40	80	85	37	62	75
31	23	15	6	18	29	17
			1		1	

2-8 续表 8

行业	代码	法人单位数(个)	贵阳市	六盘水市
洗染服务	793	68	24	4
理发及美容服务	794	227	144	24
洗浴服务	795	98	32	14
保健服务	796	60	23	10
婚姻服务	797	70	34	5
殡葬服务	798	80	9	6
其他居民服务业	799	218	95	9
机动车、电子产品和日用产品修理业	80	1531	438	224
汽车、摩托车修理与维护	801	1350	361	214
计算机和办公设备维修	802	96	46	6
家用电器修理	803	63	26	4
其他日用产品修理业	809	22	5	
其他服务业	81	425	165	29
清洁服务	811	258	99	22
其他未列明服务业	819	167	66	7
卫生和社会工作	**Q**	**24**	**7**	**4**
社会工作	84	24	7	4
提供住宿社会工作	841	19	7	4
不提供住宿社会工作	842	5		
文化、体育和娱乐业	**R**	**2074**	**433**	**230**
新闻和出版业	85	46	30	2
新闻业	851	7	3	
出版业	852	39	27	2
广播、电视、电影和影视录音制作业	86	116	37	11
广播	861	1		
电视	862	4	3	
电影和影视节目制作	863	27	10	2
电影和影视节目发行	864	8		1
电影放映	865	70	20	8
录音制作	866	6	4	
文化艺术业	87	180	47	8
文艺创作与表演	871	66	9	5
艺术表演场馆	872	4	4	
图书馆与档案馆	873	2		1
文物及非物质文化遗产保护	874	11	2	
博物馆	875	3		
群众文化活动	877	21	7	
其他文化艺术业	879	73	25	2
体育	88	66	26	5
体育组织	881	13	5	1
体育场馆	882	4	2	
休闲健身活动	883	45	17	4
其他体育	889	4	2	
娱乐业	89	1666	293	204
室内娱乐活动	891	1598	272	202
游乐园	892	9	2	
文化、娱乐、体育经纪代理	894	23	11	2
其他娱乐业	899	36	8	

遵义市	安顺市	毕节市	铜仁市	黔西南布依族苗族自治州	黔东南苗族侗族自治州	黔南布依族苗族自治州
14	1	4	9	2	5	5
24	2	17	7	3	4	2
11	1	9	19	1	6	5
16	2	2			3	4
8	1	7	5	4	2	4
20	6	10	11	2	6	10
26	4	16	27	7	6	28
218	75	99	161	101	120	95
186	69	90	146	88	111	85
15	3	3	5	8	5	5
10	3	5	4	4	3	4
7		1	6	1	1	1
36	22	36	56	26	18	37
25	21	26	22	10	18	15
11	1	10	34	16		22
4	**1**	**2**			**2**	**4**
4	1	2			2	4
4	1				1	2
		2			1	2
279	**219**	**92**	**300**	**140**	**232**	**149**
3	1	7			1	2
1		2			1	
2	1	5				2
19	5	2	9	8	12	13
				1		
			1			
7	1	1	1		2	3
			3	3	1	
10	4	1	4	4	9	10
2						
21	13	15	22	16	22	16
10	6	7	4	7	10	8
1						
3	1	1	1		2	1
1					2	
3	2	2		2	1	4
3	4	5	17	7	7	3
10	3	1	6	4	3	8
2				1	1	3
1					1	
7	3	1	6	1	1	5
				2		
226	197	67	263	112	194	110
220	194	63	256	101	188	102
	1	1	2		2	1
1	2	1		3		3
5		2	5	8	4	4

2-9 按行业(中类)、市(州)分组的

行业	代码	从业人员数(人)		
			贵阳市	六盘水市
总　计		**1536416**	**379168**	**115785**
农、林、牧、渔业	A	**10851**	**958**	**618**
农业	01	287	206	
蔬菜、食用菌及园艺作物种植	014	96	83	
水果种植	015	146	123	
坚果、含油果、香料和饮料作物种植	016	25		
其他农业	019	20		
林业	02	31		
林木育种和育苗	021	6		
森林经营和管护	023	25		
农、林、牧、渔服务业	05	10533	752	618
农业服务业	051	8617	702	604
林业服务业	052	517		7
畜牧服务业	053	1208	46	7
渔业服务业	054	191	4	
采矿业	B	**204437**	**8583**	**37698**
煤炭开采和洗选业	06	139829	3705	29303
烟煤和无烟煤开采洗选	061	138425	3502	29101
褐煤开采洗选	062	195		18
其他煤炭采选	069	1209	203	184
石油和天然气开采业	07	8		
天然气开采	072	8		
黑色金属矿采选业	08	7206	44	318
铁矿采选	081	3044	44	292
锰矿、铬矿采选	082	3210		18
其他黑色金属矿采选	089	952		8
有色金属矿采选业	09	7844	801	422
常用有色金属矿采选	091	5737	796	386
贵金属矿采选	092	1504		36
稀有稀土金属矿采选	093	603	5	
非金属矿采选业	10	47276	3749	7356
土砂石开采	101	37867	1686	7276
化学矿开采	102	7825	1925	
石棉及其他非金属矿采选	109	1584	138	80
开采辅助活动	11	1414	271	255
煤炭开采和洗选辅助活动	111	1204	211	255
石油和天然气开采辅助活动	112	15		
其他开采辅助活动	119	195	60	
其他采矿业	12	860	13	44
其他采矿业	120	860	13	44
制造业	C	**487348**	**88058**	**22462**
农副食品加工业	13	33773	4242	1180
谷物磨制	131	5329	167	54
饲料加工	132	3537	1815	47
植物油加工	133	4300	225	75
制糖业	134	835		
屠宰及肉类加工	135	7567	856	299
水产品加工	136	189	2	
蔬菜、水果和坚果加工	137	3380	265	167
其他农副食品加工	139	8636	912	538

小微企业法人单位从业人员数

遵义市	安顺市	毕节市	铜仁市	黔西南布依族苗族自治州	黔东南苗族侗族自治州	黔南布依族苗族自治州
253453	**92116**	**175057**	**133127**	**95608**	**138758**	**153344**
841	**637**	**1009**	**1413**	**2643**	**1526**	**1206**
58				10	13	
13						
				10	13	
25						
20						
				6	25	
				6		
					25	
783	637	1009	1413	2627	1488	1206
569	574	884	1109	2428	683	1064
152	28	89	43	61	83	54
39	4	29	215	88	722	58
23	31	7	46	50		30
26364	**10285**	**66692**	**9799**	**17059**	**7329**	**20628**
18982	6222	57310	1035	12674	834	9764
18726	6209	56894	1035	12518	834	9606
62		50		65		
194	13	366		91		158
		3			5	
		3			5	
1112	46	2132	2863	9	364	318
330	46	2022		6	54	250
469		25	2508	3	172	15
313		85	355		138	53
1665	408	1072	219	620	1690	947
1358	408	847	213	377	541	811
		1		243	1113	111
307		224	6		36	25
4321	3583	5583	5527	3628	4349	9180
3871	3340	5309	5007	3557	2235	5586
379	166	166	139	25	2109	2916
71	77	108	381	46	5	678
275	10	400	52	23	2	126
263	10	386	52			27
						15
12		14		23	2	84
9	16	192	103	105	85	293
9	16	192	103	105	85	293
93734	**37134**	**41872**	**52271**	**30399**	**57171**	**64247**
6467	3196	3233	4243	5047	3503	2662
1165	624	146	514	1546	746	367
556	288	112	33	274	175	237
690	794	340	436	902	511	327
46	84	5		700		
1289	1130	778	1101	527	937	650
5		30	5	79	39	29
1151	69	246	641	247	431	163
1565	207	1576	1513	772	664	889

2-9 续表 1

行业	代码	从业人员数（人）		
			贵阳市	六盘水市
食品制造业	14	15525	3536	1001
焙烤食品制造	141	2741	1041	136
糖果、巧克力及蜜饯制造	142	666	188	
方便食品制造	143	3675	521	451
乳制品制造	144	426		
罐头食品制造	145	433	58	50
调味品、发酵制品制造	146	4822	736	184
其他食品制造	149	2762	992	180
酒、饮料和精制茶制造业	15	60093	2195	1250
酒的制造	151	26366	472	359
饮料制造	152	6868	1229	477
精制茶加工	153	26859	494	414
烟草制品业	16	2891	255	
烟叶复烤	161	2666	255	
其他烟草制品制造	169	225		
纺织业	17	4904	1216	80
棉纺织及印染精加工	171	2246	942	
毛纺织及染整精加工	172	276	42	
麻纺织及染整精加工	173	78		15
丝绢纺织及印染精加工	174	284		
化纤织造及印染精加工	175	271	18	
针织或钩针编织物及其制品制造	176	370	97	5
家用纺织制成品制造	177	959	107	60
非家用纺织制成品制造	178	420	10	
纺织服装、服饰业	18	10283	1000	159
机织服装制造	181	6866	667	131
针织或钩针编织服装制造	182	783	32	10
服饰制造	183	2634	301	18
皮革、毛皮、羽毛及其制品和制鞋业	19	4188	101	420
皮革鞣制加工	191	35		
皮革制品制造	192	805	20	18
毛皮鞣制及制品加工	193	113		
羽毛(绒)加工及制品制造	194	116		
制鞋业	195	3119	81	402
木材加工和木、竹、藤、棕、草制品业	20	24388	918	618
木材加工	201	13166	367	459
人造板制造	202	5448	291	
木制品制造	203	3785	204	66
竹、藤、棕、草等制品制造	204	1989	56	93
家具制造业	21	7786	1371	185
木质家具制造	211	5995	1045	176
竹、藤家具制造	212	556	12	
金属家具制造	213	331	133	6
塑料家具制造	214	77	25	
其他家具制造	219	827	156	3
造纸和纸制品业	22	7887	1560	61
纸浆制造	221	60	4	
造纸	222	2681	226	12
纸制品制造	223	5146	1330	49

遵义市	安顺市	毕节市	铜仁市	黔西南布依族苗族自治州	黔东南苗族侗族自治州	黔南布依族苗族自治州
2935	1215	1645	562	1262	1153	2216
319	54	497	151	165	195	183
188	136				5	149
407	291	316	135	540	487	527
272	1	34		13	76	30
120			60	15		130
1386	583	486	107	326	291	723
243	150	312	109	203	99	474
30885	3272	2603	11949	2111	3029	2799
21284	870	703	731	461	435	1051
1196	328	763	734	643	644	854
8405	2074	1137	10484	1007	1950	894
25	30	1537	321	723		
	30	1537	121	723		
25			200			
514	498	788	257	211	642	698
44	183	303	134	102	385	153
135	5				30	64
		4	9	40		10
116	3	102		7	56	
	216	2	9		26	
73	10	16	21	9	19	120
45	81	354	84	33	120	75
101		7		20	6	276
1123	348	1269	1355	1758	2302	969
855	298	477	936	1443	1578	481
74	36	190	11	19	156	255
194	14	602	408	296	568	233
658	108	369	1218	47	624	643
10	5			3	17	
141	78	44	140	19	219	126
18			25		70	
			7		109	
489	25	325	1046	25	209	517
3494	934	914	2887	1162	10714	2747
1275	296	466	2211	800	6219	1073
414	99	39	157	89	3231	1128
645	432	377	381	250	997	433
1160	107	32	138	23	267	113
997	565	586	618	658	1529	1277
443	479	392	548	573	1256	1083
357	10	82	6		20	69
83	49	4	6	18	21	11
12		7	10		23	
102	27	101	48	67	209	114
2251	520	276	452	361	544	1862
6				5		45
727	106	93	140	85	380	912
1518	414	183	312	271	164	905

2-9 续表 2

行 业	代码	从业人员数(人)	贵阳市	六盘水市
印刷和记录媒介复制业	23	6968	3524	303
印刷	231	6254	3264	282
装订及印刷相关服务	232	680	226	21
记录媒介复制	233	34	34	
文教、工美、体育和娱乐用品制造业	24	15182	567	428
文教办公用品制造	241	450	229	17
乐器制造	242	220		
工艺美术品制造	243	14013	265	411
体育用品制造	244	23	12	
玩具制造	245	454	50	
游艺器材及娱乐用品制造	246	22	11	
石油加工及炼焦	25	4263	136	2385
化学原料和化学制品制造业	26	30542	5507	726
基础化学原料制造	261	8226	2530	476
肥料制造	262	7096	1030	115
农药制造	263	179	66	
涂料、油墨、颜料及类似产品制造	264	1481	484	12
合成材料制造	265	1171	255	20
专用化学产品制造	266	5339	631	17
炸药、火工及焰火产品制造	267	5723	248	75
日用化学产品制造	268	1327	263	11
医药制造业	27	12151	5428	183
化学药品原料药制造	271	398	130	
化学药品制剂制造	272	606	497	25
中药饮片加工	273	1578	137	
中成药生产	274	8118	3792	158
兽用药品制造	275	78	15	
生物药品制造	276	757	294	
卫生材料及医药用品制造	277	616	563	
化学纤维制造业	28	38	10	
合成纤维制造	282	38	10	
橡胶和塑料制品业	29	14817	5732	472
橡胶制品业	291	3136	2005	8
塑料制品业	292	11681	3727	464
非金属矿物制品业	30	119642	20251	8773
水泥、石灰和石膏制造	301	17722	1920	831
石膏、水泥制品及类似制品制造	302	42713	8400	3329
砖瓦、石材等建筑材料制造	303	42135	4691	3937
玻璃制造	304	1822	393	145
玻璃制品制造	305	5347	920	166
玻璃纤维和玻璃纤维增强塑料制品制造	306	999	83	103
陶瓷制品制造	307	915	209	
耐火材料制品制造	308	2909	1569	160
石墨及其他非金属矿物制品制造	309	5080	2066	102
黑色金属冶炼和压延加工业	31	22165	2289	384
炼铁	311	1060	351	135
炼钢	312	134	42	
黑色金属铸造	313	1010	220	29
钢压延加工	314	2381	959	62
铁合金冶炼	315	17580	717	158

遵义市	安顺市	毕节市	铜仁市	黔西南布依族苗族自治州	黔东南苗族侗族自治州	黔南布依族苗族自治州
1034	212	306	466	267	276	580
955	128	287	344	246	225	523
79	84	19	122	21	51	57
861	2311	1012	1405	966	5642	1990
59		42	45	6	41	11
146			17		57	
581	2291	945	1303	949	5425	1843
					11	
69	20	25	40	6	108	136
6				5		
22	119	410	401	420		370
4895	2882	2130	3061	1349	2878	7114
845	262	248	617	532	540	2176
1489	950	585	603	127	119	2078
	61		42		4	6
103	99	35	55	17	99	577
52	51	388	263	29	3	110
994	196	164	404	175	1708	1050
1248	888	675	1041	422	233	893
164	375	35	36	47	172	224
899	621	408	1161	658	1053	1740
5		159	14	30	60	
18				51		15
282	91	229	570	150	55	64
465	509	20	411	427	749	1587
50					13	
66	21		166		156	54
13					20	20
						28
						28
1335	1501	555	934	753	623	2912
77	177	124	330	120	18	277
1258	1324	431	604	633	605	2635
16417	10942	15716	12160	8255	10230	16898
3153	599	2469	2056	2555	1923	2216
5792	4571	7468	4422	1632	2620	4479
5227	3753	4878	5299	3579	4178	6593
268	254	156	48	83	76	399
512	1103	377	123	249	47	1850
35	213	36	22	1	348	158
55	5	134	23	62	174	253
878	173	60	2		32	35
497	271	138	165	94	832	915
4687	803	544	3337	2019	4607	3495
298		80		191		5
		21		3		68
143	50	211	58	3	239	57
435	265	79	21	212	158	190
3811	488	153	3258	1610	4210	3175

2-9 续表 3

行业	代码	从业人员数(人)	贵阳市	六盘水市
有色金属冶炼和压延加工业	32	9718	1685	324
常用有色金属冶炼	321	4739	512	218
贵金属冶炼	322	1099	11	
稀有稀土金属冶炼	323	429		
有色金属合金制造	324	708	270	85
有色金属铸造	325	494	72	
有色金属压延加工	326	2249	820	21
金属制品业	33	18872	5174	1121
结构性金属制品制造	331	9154	1992	833
金属工具制造	332	2366	623	82
集装箱及金属包装容器制造	333	433	124	
金属丝绳及其制品制造	334	1184	303	53
建筑、安全用金属制品制造	335	2056	573	105
金属表面处理及热处理加工	336	669	251	
搪瓷制品制造	337	142	41	
金属制日用品制造	338	864	223	25
其他金属制品制造	339	2004	1044	23
通用设备制造业	34	12385	5730	167
锅炉及原动设备制造	341	427	200	
金属加工机械制造	342	3380	1280	104
物料搬运设备制造	343	943	331	
泵、阀门、压缩机及类似机械制造	344	1022	684	
轴承、齿轮和传动部件制造	345	1126	504	
烘炉、风机、衡器、包装等设备制造	346	1033	357	
文化、办公用机械制造	347	28	28	
通用零部件制造	348	4120	2240	59
其他通用设备制造业	349	306	106	4
专用设备制造业	35	13185	4039	683
采矿、冶金、建筑专用设备制造	351	5457	1636	590
化工、木材、非金属加工专用设备制造	352	1676	692	14
食品、饮料、烟草及饲料生产专用设备制造	353	232	23	10
印刷、制药、日化及日用品生产专用设备制造	354	763	335	29
纺织、服装和皮革加工专用设备制造	355	212	3	35
电子和电工机械专用设备制造	356	1771	245	
农、林、牧、渔专用机械制造	357	1338	139	5
医疗仪器设备及器械制造	358	585	241	
环保、社会公共服务及其他专用设备制造	359	1151	725	
汽车制造业	36	6444	2319	123
汽车整车制造	361	1395	253	
改装汽车制造	362	215	68	113
低速载货汽车制造	363	276	276	
电车制造	364	395		
汽车车身、挂车制造	365	23		10
汽车零部件及配件制造	366	4140	1722	
铁路、船舶、航空航天和其他运输设备制造业	37	2495	621	
铁路运输设备制造	371	397	150	
船舶及相关装置制造	373	298		
航空、航天器及设备制造	374	1069	349	
摩托车制造	375	459	55	
自行车制造	376	118		
潜水救捞及其他未列明运输设备制造	379	154	67	

遵义市	安顺市	毕节市	铜仁市	黔西南布依族苗族自治州	黔东南苗族侗族自治州	黔南布依族苗族自治州
1278	198	1313	962	1353	1538	1067
359		1219	688	419	539	785
42	8			928		110
4					417	8
133	25		72	1	105	17
	86	3	3		330	
740	79	91	199	5	147	147
2587	1570	1249	1271	256	1568	4076
1069	570	877	676	136	691	2310
432	526	122	90	70	190	231
98	39				12	160
425	34	1	8	5	143	212
200	111	125	173	20	106	643
63	133		6		10	206
21	8	9	15			48
189	93	68	45	25	93	103
90	56	47	258		323	163
1553	1185	594	80	47	532	2497
83		12			26	106
157	171	43	9	8	286	1322
270	149	15	25		137	16
124	81		25		10	98
	274					348
100	14	359		19		184
792	481	37	21	20	73	397
27	15	128				26
2100	1087	1777	670	325	580	1924
789	491	898	11	196	77	769
155	49	23	336	21	86	300
46	5	5	63		33	47
41	117	49	17	7	50	118
8		138				28
669	115	561		52	70	59
257	179	68	134	28	199	329
41	10	6	10	21	55	201
94	121	29	99		10	73
954	971	1050	150	9	644	224
233	703				206	
	3	4	7	9		11
		383				12
		1	12			
721	265	662	131		438	201
766	349	20	489	30	16	204
	218		29			
127	7		118	30	16	
480	120		120			
129			179			96
30	4	20	43			21
						87

2-9 续表 4

行　业	代码	从业人员数（人）	贵阳市	六盘水市
电气机械和器材制造业	38	13342	4150	280
电机制造	381	734	122	104
输配电及控制设备制造	382	4131	1421	84
电线、电缆、光缆及电工器材制造	383	2283	1210	13
电池制造	384	902	352	
家用电力器具制造	385	1779	430	40
非电力家用器具制造	386	738	61	31
照明器具制造	387	2431	418	8
其他电气机械及器材制造	389	344	136	
计算机、通信和其他电子设备制造业	39	5666	2144	90
计算机制造	391	103	73	
通信设备制造	392	238	86	
雷达及配套设备制造	394	27		
视听设备制造	395	139	42	60
电子器件制造	396	1016	663	
电子元件制造	397	3292	1215	
其他电子设备制造	399	851	65	30
仪器仪表制造业	40	1826	1168	54
通用仪器仪表制造	401	319	197	5
专用仪器仪表制造	402	488	399	49
钟表与计时仪器制造	403	36	36	
光学仪器及眼镜制造	404	783	422	
其他仪器仪表制造业	409	200	114	
其他制造业	41	2893	277	562
废弃资源综合利用业	42	1580	91	291
金属废料和碎屑加工处理	421	744	55	157
非金属废料和碎屑加工处理	422	836	36	134
金属制品、机械和设备修理业	43	1456	822	159
金属制品修理	431	26	20	
通用设备修理	432	328	276	40
专用设备修理	433	252	63	42
铁路、船舶、航空航天等运输设备修理	434	177	138	
电气设备修理	435	107	41	55
仪器仪表修理	436	25	20	
其他机械和设备修理业	439	541	264	22
电力、热力、燃气及水生产和供应业	**D**	**42254**	**3933**	**2966**
电力、热力生产和供应业	44	29169	2317	2168
电力生产	441	19672	1282	1882
电力供应	442	9349	994	286
热力生产和供应	443	148	41	
燃气生产和供应业	45	2673	468	433
燃气生产和供应业	450	2673	468	433
水的生产和供应业	46	10412	1148	365
自来水生产和供应	461	9369	799	330
污水处理及其再生利用	462	882	334	8
其他水的处理、利用与分配	469	161	15	27

遵义市	安顺市	毕节市	铜仁市	黔西南布依族苗族自治州	黔东南苗族侗族自治州	黔南布依族苗族自治州
2994	1115	764	924	46	1254	1815
209	15	10	39		10	225
1603	177	68	269	2	264	243
166	89	90		1	150	564
27			345		168	10
449	295	98	6	13	28	420
141	131	56	5	22	100	191
249	408	405	260	8	523	152
150		37			11	10
1400	326	203	345	5	733	420
		13				17
	10	43	45		1	53
						27
4		1				32
	21	110	35		56	131
1303	165	1		5	445	158
93	130	35	265		231	2
16	32	20			341	195
8	27					82
8	5					27
		20			341	
						86
353	86	288	504	142	179	502
152	62	218	57	61	362	286
115	3	32	24	16	246	96
37	59	186	33	45	116	190
82	76	75	32	98	75	37
	5			1		
					12	
56	5	17	25	13	16	15
7					32	
				6	5	
		5				
19	66	53	7	78	10	22
7766	**2085**	**6026**	**4174**	**3844**	**6317**	**5143**
5139	1191	4569	2775	2777	4873	3360
3874	565	3773	2165	1918	2721	1492
1163	626	796	605	859	2152	1868
102			5			
740	159	175	195	78	156	269
740	159	175	195	78	156	269
1887	735	1282	1204	989	1288	1514
1738	735	1164	1067	989	1160	1387
143		58	112		121	106
6		60	25		7	21

2-9 续表 5

行　　业	代码	从业人员数（人）	贵阳市	六盘水市
建筑业	E	**133061**	**36127**	**7048**
房屋建筑业	47	77264	11030	4716
房屋建筑业	470	77264	11030	4716
土木工程建筑业	48	25658	10587	432
铁路、道路、隧道和桥梁工程建筑	481	10807	2036	233
水利和内河港口工程建筑	482	4295	2131	22
工矿工程建筑	484	1357	678	5
架线和管道工程建筑	485	5031	3121	68
其他土木工程建筑	489	4168	2621	104
建筑安装业	49	8622	4729	127
电气安装	491	2959	1339	34
管道和设备安装	492	1645	1057	43
其他建筑安装业	499	4018	2333	50
建筑装饰和其他建筑业	50	21517	9781	1773
建筑装饰业	501	13982	6528	1498
工程准备活动	502	4948	1839	269
提供施工设备服务	503	642	55	6
其他未列明建筑业	509	1945	1359	
批发和零售业	F	**218161**	**82717**	**14505**
批发业	51	113688	48748	7061
农、林、牧产品批发	511	6839	772	202
食品、饮料及烟草制品批发	512	18725	5871	900
纺织、服装及家庭用品批发	513	9532	6453	223
文化、体育用品及器材批发	514	2638	1828	50
医药及医疗器材批发	515	4745	1928	121
矿产品、建材及化工产品批发	516	39470	15350	3218
机械设备、五金产品及电子产品批发	517	21234	12442	1715
贸易经纪与代理	518	3906	1053	215
其他批发业	519	6599	3051	417
零售业	52	104473	33969	7444
综合零售	521	13262	2383	1220
食品、饮料及烟草制品专门零售	522	18440	4334	640
纺织、服装及日用品专门零售	523	6190	3661	565
文化、体育用品及器材专门零售	524	4522	1668	204
医药及医疗器材专门零售	525	5469	1686	401
汽车、摩托车、燃料及零配件专门零售	526	22096	6274	2092
家用电器及电子产品专门零售	527	15374	5168	956
五金、家具及室内装饰材料专门零售	528	12122	5908	1300
货摊、无店铺及其他零售业	529	6998	2887	66
交通运输、仓储和邮政业	G	**58624**	**12882**	**3104**
道路运输业	54	40745	6802	1691
城市公共交通运输	541	7690	1228	433
公路旅客运输	542	11193	1120	190
道路货物运输	543	17952	2909	969
道路运输辅助活动	544	3910	1545	99
水上运输业	55	1367	122	24
水上旅客运输	551	697	89	24
水上货物运输	552	506	11	
水上运输辅助活动	553	164	22	

遵义市	安顺市	毕节市	铜仁市	黔西南布依族苗族自治州	黔东南苗族侗族自治州	黔南布依族苗族自治州
23688	**10606**	**9517**	**12929**	**6128**	**15277**	**11741**
17902	6840	5691	8257	3124	11457	8247
17902	6840	5691	8257	3124	11457	8247
2561	1849	2005	2460	1891	2200	1673
2057	1522	727	2045	222	539	1426
62	125	850	332	39	642	92
203		17	21	41	350	42
83	130	131		942	448	108
156	72	280	62	647	221	5
1011	751	163	855	186	116	684
369	653	148	85	87	39	205
115	57		327	2	18	26
527	41	15	443	97	59	453
2214	1166	1658	1357	927	1504	1137
1357	796	793	903	563	844	700
318	358	461	373	344	659	327
106	10	382	35			48
433	2	22	46	20	1	62
33438	**8974**	**15013**	**18998**	**12072**	**15497**	**16947**
16826	4964	6301	6394	6077	7682	9635
1700	576	815	918	222	850	784
4945	1043	691	1677	836	1574	1188
981	323	354	285	237	356	320
205	45	177	82	159	67	25
673	170	344	189	162	691	467
4053	1786	2676	2072	2790	2963	4562
2207	529	839	563	1245	744	950
820	216	180	265	48	129	980
1242	276	225	343	378	308	359
16612	4010	8712	12604	5995	7815	7312
1920	618	1777	1437	1465	1350	1092
4451	553	783	4456	703	1222	1298
617	82	233	269	214	397	152
540	327	280	458	232	439	374
498	177	654	816	345	411	481
3590	927	2244	2341	1448	1583	1597
2354	678	931	1296	1102	1568	1321
1376	463	928	984	217	587	359
1266	185	882	547	269	258	638
9896	**3528**	**7630**	**4436**	**6615**	**5248**	**5285**
7605	2983	6956	2971	5093	3584	3060
930	752	953	996	171	1076	1151
3058	1285	2207	937	139	1766	491
2726	865	3208	872	4688	523	1192
891	81	588	166	95	219	226
422	17	41	158	161	346	76
74	17	40	22	60	307	64
298		1	136	48		12
50				53	39	

2-9 续表 6

行　业	代码	从业人员数（人）	贵阳市	六盘水市
航空运输业	56	679	32	
航空客货运输	561	389	13	
通用航空服务	562	85	1	
航空运输辅助活动	563	205	18	
管道运输业	57	103	95	8
管道运输业	570	103	95	8
装卸搬运和运输代理业	58	8771	2611	996
装卸搬运	581	5412	999	884
运输代理业	582	3359	1612	112
仓储业	59	3283	1283	250
谷物、棉花等农产品仓储	591	1426	388	87
其他仓储业	599	1857	895	163
邮政业	60	3676	1937	135
邮政基本服务	601	793	765	7
快递服务	602	2883	1172	128
住宿和餐饮业	**H**	**71423**	**22723**	**7965**
住宿业	61	35531	9703	3767
旅游饭店	611	21046	4580	1723
一般旅馆	612	11042	3564	1643
其他住宿业	619	3443	1559	401
餐饮业	62	35892	13020	4198
正餐服务	621	32392	11792	3834
快餐服务	622	622	207	68
饮料及冷饮服务	623	666	244	86
其他餐饮业	629	2212	777	210
信息传输、软件和信息技术服务业	**I**	**14420**	**11327**	**490**
电信、广播电视和卫星传输服务	63	4265	3270	202
电信	631	3809	3217	134
广播电视传输服务	632	456	53	68
互联网和相关服务	64	2085	1223	163
互联网接入及相关服务	641	478	269	44
互联网信息服务	642	977	595	60
其他互联网服务	649	630	359	59
软件和信息技术服务业	65	8070	6834	125
软件开发	651	3922	3406	33
信息系统集成服务	652	684	549	12
信息技术咨询服务	653	2359	1907	73
数据处理和存储服务	654	32	20	
集成电路设计	655	127	103	
其他信息技术服务业	659	946	849	7
房地产业	**K**	**94181**	**34302**	**5141**
房地产业	70	94181	34302	5141
房地产开发经营	701	51798	15344	2767
物业管理	702	35037	15707	2073
房地产中介服务	703	4989	2643	194
其他房地产业	709	2357	608	107
租赁和商务服务业	**L**	**111036**	**46337**	**7080**
租赁业	71	8195	2448	377
机械设备租赁	711	7899	2302	365
文化及日用品出租	712	296	146	12

遵义市	安顺市	毕节市	铜仁市	黔西南布依族苗族自治州	黔东南苗族侗族自治州	黔南布依族苗族自治州
181	63	86	82	79	84	72
147	63		82	78		6
					84	
34		86		1		66
1018	111	83	867	755	791	1539
659	42	9	256	673	715	1175
359	69	74	611	82	76	364
388	188	281	191	302	193	207
136	112	281	51	72	124	175
252	76		140	230	69	32
282	166	183	167	225	250	331
7		10	4			
275	166	173	163	225	250	331
10910	**3188**	**5304**	**6478**	**2241**	**7073**	**5541**
5218	1685	2820	3858	1286	2884	4310
3240	1116	1983	2208	766	1920	3510
1474	471	704	1221	478	936	551
504	98	133	429	42	28	249
5692	1503	2484	2620	955	4189	1231
5427	1317	2199	1920	791	3959	1153
53	5	88	102	10	87	2
48		27	129	65	59	8
164	181	170	469	89	84	68
592	**297**	**202**	**389**	**211**	**523**	**389**
89	89	15	208	130	168	94
49	84	15	157	19	40	94
40	5		51	111	128	
174	46	111	83	9	91	185
67		8	14		6	70
49	23	13	47	8	67	115
58	23	90	22	1	18	
329	162	76	98	72	264	110
178	70	11	31	18	128	47
49	5	9	30	1	11	18
83	72	38	24	41	93	28
10				1		1
					24	
9	15	18	13	11	8	16
17163	**5157**	**7608**	**5639**	**4120**	**7456**	**7595**
17163	5157	7608	5639	4120	7456	7595
10050	2972	5672	3594	1516	4802	5081
6303	1570	1465	1685	2318	2107	1809
526	171	201	276	270	393	315
284	444	270	84	16	154	390
16108	**5391**	**8644**	**8220**	**5477**	**7000**	**6779**
1656	381	728	871	383	878	473
1610	381	728	866	371	803	473
46			5	12	75	

2-9 续表 7

行　业	代码	从业人员数(人)	贵阳市	六盘水市
商务服务业	72	102841	43889	6703
企业管理服务	721	19929	7639	1863
法律服务	722	1734	943	102
咨询与调查	723	11681	7353	312
广告业	724	13016	4697	634
知识产权服务	725	373	344	
人力资源服务	726	14053	6753	1653
旅行社及相关服务	727	7229	2238	226
安全保护服务	728	19938	6275	1118
其他商务服务业	729	14888	7647	795
科学研究和技术服务业	**M**	**30371**	**13381**	**1109**
研究和试验发展	73	1371	905	13
自然科学研究和试验发展	731	152	134	
工程和技术研究和试验发展	732	645	477	3
农业科学研究和试验发展	733	483	255	4
医学研究和试验发展	734	69	28	6
社会人文科学研究	735	22	11	
专业技术服务业	74	24138	10540	1026
气象服务	741	192	18	
地震服务	742	3	3	
测绘服务	744	1363	611	133
质检技术服务	745	3752	912	256
环境与生态监测	746	694	454	5
地质勘查	747	1446	759	106
工程技术	748	11376	4511	323
其他专业技术服务业	749	5312	3272	203
科技推广和应用服务业	75	4862	1936	70
技术推广服务	751	3941	1451	68
科技中介服务	752	401	237	2
其他科技推广和应用服务业	759	520	248	
水利、环境和公共设施管理业	**N**	**8340**	**1401**	**579**
水利管理业	76	1342	203	194
防洪除涝设施管理	761	38		
水资源管理	762	391	62	18
天然水收集与分配	763	187	15	
水文服务	764	27		
其他水利管理业	769	699	126	176
生态保护和环境治理业	77	976	235	149
生态保护	771	290	16	66
环境治理业	772	686	219	83
公共设施管理业	78	6022	963	236
市政设施管理	781	693	260	5
环境卫生管理	782	488	151	58
城乡市容管理	783	142	30	33
绿化管理	784	1276	332	93
公园和游览景区管理	785	3423	190	47
居民服务、修理和其他服务业	**O**	**33899**	**11381**	**3129**
居民服务业	79	13371	5048	882
家庭服务	791	3348	1768	82

遵义市	安顺市	毕节市	铜仁市	黔西南布依族苗族自治州	黔东南苗族侗族自治州	黔南布依族苗族自治州
14452	5010	7916	7349	5094	6122	6306
2742	1220	1090	1485	871	1105	1914
295	76	128	32	39	79	40
1574	449	336	223	442	565	427
1997	937	1046	827	989	1097	792
21				8		
1119	805	1504	1057	588	175	399
975	303	431	1076	330	1014	636
3799	857	2585	2045	536	1377	1346
1930	363	796	604	1291	710	752
4080	**1426**	**1651**	**1956**	**1408**	**3155**	**2205**
42	3	18	266	17	57	50
4		8	6			
13	1	1	125	3	17	5
9		9	135	9	23	39
16	2			3	14	
				2	3	6
3555	1344	1277	1447	1262	1781	1906
35	40	21	5	16	47	10
234	51	19	46	94	100	75
815	175	250	186	295	495	368
49	20	15	51	27	49	24
279	3	77	74		138	10
1441	958	719	628	698	821	1277
702	97	176	457	132	131	142
483	79	356	243	129	1317	249
312	57	327	221	79	1263	163
102	17	4	11	11	8	9
69	5	25	11	39	46	77
1991	**444**	**477**	**782**	**462**	**985**	**1219**
287	57	165	79	91	17	249
10		23	5			
139	11		18	70	6	67
48	5	83	3	3		30
				4		23
90	41	59	53	14	11	129
246	7	83	57	25	81	93
65		39	5		74	25
181	7	44	52	25	7	68
1458	380	229	646	346	887	877
	46	54	38	42	51	197
115	3	51	58	15	22	15
16	12				13	38
219	123	62	140	84	133	90
1108	196	62	410	205	668	537
4520	**1665**	**2475**	**3610**	**1890**	**2266**	**2963**
1869	557	1106	1377	505	838	1189
227	276	163	93	287	201	251

2-9 续表 8

行　　业	代码	从业人员数(人)	贵阳市	六盘水市
托儿所服务	792	17	8	
洗染服务	793	859	192	18
理发及美容服务	794	1354	756	194
洗浴服务	795	2569	796	335
保健服务	796	830	259	95
婚姻服务	797	318	139	25
殡葬服务	798	2258	340	96
其他居民服务业	799	1818	790	37
机动车、电子产品和日用产品修理业	80	15938	4718	1889
汽车、摩托车修理与维护	801	14819	4265	1845
计算机和办公设备维修	802	623	288	28
家用电器修理	803	349	141	16
其他日用产品修理业	809	147	24	
其他服务业	81	4590	1615	358
清洁服务	811	2895	1084	205
其他未列明服务业	819	1695	531	153
卫生和社会工作	**Q**	**254**	**80**	**23**
社会工作	84	254	80	23
提供住宿社会工作	841	154	80	23
不提供住宿社会工作	842	100		
文化、体育和娱乐业	**R**	**17756**	**4978**	**1868**
新闻和出版业	85	995	664	105
新闻业	851	94	67	
出版业	852	901	597	105
广播、电视、电影和影视录音制作业	86	1701	835	107
广播	861	6		
电视	862	81	74	
电影和影视节目制作	863	358	201	8
电影和影视节目发行	864	69		5
电影放映	865	1114	520	94
录音制作	866	73	40	
文化艺术业	87	2160	427	100
文艺创作与表演	871	1259	149	91
艺术表演场馆	872	106	106	
图书馆与档案馆	873	15		2
文物及非物质文化遗产保护	874	89	17	
博物馆	875	12		
群众文化活动	877	188	32	
其他文化艺术业	879	491	123	7
体育	88	570	139	46
体育组织	881	128	22	12
体育场馆	882	31	14	
休闲健身活动	883	377	77	34
其他体育	889	34	26	
娱乐业	89	12330	2913	1510
室内娱乐活动	891	11587	2619	1503
游乐园	892	180	77	
文化、娱乐、体育经纪代理	894	131	51	7
其他娱乐业	899	432	166	

遵义市	安顺市	毕节市	铜仁市	黔西南布依族苗族自治州	黔东南苗族侗族自治州	黔南布依族苗族自治州
			3		6	
220	9	27	135	26	81	151
118	5	89	73	57	46	16
243	3	228	484	6	311	163
321	15	41			9	90
36	5	52	31	7	13	10
496	218	329	333	76	146	224
208	26	177	225	46	25	284
2293	892	1019	1701	1054	1207	1165
2046	855	980	1567	1006	1157	1098
131	18	10	58	23	23	44
73	19	24	17	21	20	18
43		5	59	4	7	5
358	216	350	532	331	221	609
228	180	251	202	140	221	384
130	36	99	330	191		225
21	**1**	**36**			**30**	**63**
21	1	36			30	63
21	1				24	5
		36			6	58
2341	**1298**	**901**	**2033**	**1039**	**1905**	**1393**
35	51	132			3	5
8		16			3	
27	51	116				5
247	33	15	85	70	181	128
				6		
			7			
76	2	5	6		17	43
			35	12	17	
138	31	10	37	52	147	85
33						
340	178	239	193	105	394	184
223	130	179	43	38	308	98
13						
44	4	2	9		10	3
2					10	
39	16	20		12	5	64
19	28	38	141	55	61	19
75	42	23	29	12	16	188
7				1	3	83
9					8	
59	42	23	29	3	5	105
				8		
1644	994	492	1726	852	1311	888
1576	939	430	1654	791	1241	834
	45	12	8		29	9
25	10	10		18		10
43		40	64	43	41	35

2-10 按行业(中类)、开业(成立)

行业	代码	法人单位数(个)	1949年及以前	1950-1977年	1978-1991年
总　计		**89143**	**20**	**682**	**711**
农、林、牧、渔业	A	**656**		**3**	**2**
农业	01	8			1
蔬菜、食用菌及园艺作物种植	014	3			
水果种植	015	3			1
坚果、含油果、香料和饮料作物种植	016	1			
其他农业	019	1			
林业	02	2			
林木育种和育苗	021	1			
森林经营和管护	023	1			
农、林、牧、渔服务业	05	646		3	1
农业服务业	051	464		2	1
林业服务业	052	41		1	
畜牧服务业	053	120			
渔业服务业	054	21			
采矿业	B	**5304**		**10**	**43**
煤炭开采和洗选业	06	1590		6	29
烟煤和无烟煤开采洗选	061	1546		6	27
褐煤开采洗选	062	9			
其他煤炭采选	069	35			2
石油和天然气开采业	07	2			
天然气开采	072	2			
黑色金属矿采选业	08	246			2
铁矿采选	081	114			1
锰矿、铬矿采选	082	92			1
其他黑色金属矿采选	089	40			
有色金属矿采选业	09	322		2	3
常用有色金属矿采选	091	260		2	2
贵金属矿采选	092	47			1
稀有稀土金属矿采选	093	15			
非金属矿采选业	10	3031		2	7
土砂石开采	101	2702		1	5
化学矿开采	102	240		1	2
石棉及其他非金属矿采选	109	89			
开采辅助活动	11	55			2
煤炭开采和洗选辅助活动	111	36			2
石油和天然气开采辅助活动	112	2			
其他开采辅助活动	119	17			
其他采矿业	12	58			
其他采矿业	120	58			
制造业	C	**21377**	**5**	**121**	**182**
农副食品加工业	13	1679	1	10	17
谷物磨制	131	358		1	3
饲料加工	132	113			
植物油加工	133	285		2	1
制糖业	134	16			1
屠宰及肉类加工	135	295	1	7	6
水产品加工	136	23			1
蔬菜、水果和坚果加工	137	167			
其他农副食品加工	139	422			5

时间分组的小微企业法人单位数

1992-1995年	1996年	1997年	1998年	1999年	2000年	2001年	2002年
855	**309**	**467**	**672**	**704**	**1108**	**1144**	**1306**
2			**3**	**1**	**4**	**3**	**5**
					1		
					1		
						1	
						1	
2			3	1	3	2	5
2			2	1	1	2	2
			1				1
					2		1
							1
56	**27**	**31**	**45**	**38**	**86**	**73**	**96**
32	14	16	28	20	51	32	47
31	14	15	27	20	51	32	47
1		1	1				
	1	2	2	1	5	8	6
		1	1		4	2	4
	1	1	1	1	1	6	1
							1
6	3	3	2	5	4	5	8
4	3	2	2	4	3	4	7
1		1		1	1	1	1
1							
18	9	10	13	12	25	27	32
11	5	5	6	7	19	21	30
6	4	4	7	5	4	6	2
1		1			2		
					1	1	1
					1	1	1
							2
							2
210	**89**	**111**	**159**	**173**	**205**	**218**	**236**
13	9	10	12	19	22	18	16
		1		2	3	1	
2		1		3	3	1	3
3	4	4	3	7	3	5	2
5	3	3	4	5	5	6	8
1	1		3	2	4		1
2	1	1	2		4	5	2

2-10 续表 1

行　业	代码	法人单位数(个)			
			1949年及以前	1950-1977年	1978-1991年
食品制造业	14	759	1	8	3
焙烤食品制造	141	109		2	
糖果、巧克力及蜜饯制造	142	29			
方便食品制造	143	290			1
乳制品制造	144	9		2	
罐头食品制造	145	13			
调味品、发酵制品制造	146	167	1	3	2
其他食品制造	149	142		1	
酒、饮料和精制茶制造业	15	2300		11	21
酒的制造	151	674		8	14
饮料制造	152	379		1	1
精制茶加工	153	1247		2	6
烟草制品业	16	18			
烟叶复烤	161	16			
其他烟草制品制造	169	2			
纺织业	17	241		2	1
棉纺织及印染精加工	171	49			
毛纺织及染整精加工	172	8			
麻纺织及染整精加工	173	9			
丝绢纺织及印染精加工	174	14			
化纤织造及印染精加工	175	8			
针织或钩针编织物及其制品制造	176	33			
家用纺织制成品制造	177	109			1
非家用纺织制成品制造	178	11		2	
纺织服装、服饰业	18	486		5	3
机织服装制造	181	272		5	2
针织或钩针编织服装制造	182	47			
服饰制造	183	167			1
皮革、毛皮、羽毛及其制品和制鞋业	19	246		2	
皮革鞣制加工	191	4			
皮革制品制造	192	47			
毛皮鞣制及制品加工	193	5			
羽毛(绒)加工及制品制造	194	3			
制鞋业	195	187		2	
木材加工和木、竹、藤、棕、草制品业	20	1201		9	9
木材加工	201	685		8	5
人造板制造	202	96			
木制品制造	203	281		1	4
竹、藤、棕、草等制品制造	204	139			
家具制造业	21	599			1
木质家具制造	211	468			1
竹、藤家具制造	212	15			
金属家具制造	213	32			
塑料家具制造	214	7			
其他家具制造	219	77			
造纸和纸制品业	22	308		4	5
纸浆制造	221	4			
造纸	222	116		2	3
纸制品制造	223	188		2	2

1992-1995年	1996年	1997年	1998年	1999年	2000年	2001年	2002年
8		6	6	6	10	14	9
1		1	4			4	
1		1			2	3	1
1		1			3		3
				1			
				1			
2		1	1	3	3	1	2
3		2	1	1	2	6	3
21	12	16	31	37	28	24	29
16	6	11	24	27	20	8	11
2	3	3	1	8	5	8	13
3	3	2	6	2	3	8	5
1					1		
1					1		
1		1		2	4	2	2
				1	1	1	
				1			
					1		
							1
1		1			2		
						1	1
1	2	2	1	1	1	2	2
	1	2	1	1	1	2	2
1							
	1						
				1		1	2
						1	
				1			2
2	3	3	8	6	8	4	8
2	1	1	3	5	2	3	4
		1	3		1		1
	1		2		3	1	3
	1	1		1	2		
1		1	2		5	1	8
		1			4	1	6
1							
			1		1		1
			1				1
2	2	2	4		2	3	7
		1	2			2	2
2	2	1	2		2	1	5

2-10 续表 2

行 业	代码	法人单位数（个）			
			1949年及以前	1950-1977年	1978-1991年
印刷和记录媒介复制业	23	434	2	12	32
印刷	231	369	2	10	24
装订及印刷相关服务	232	63		2	7
记录媒介复制	233	2			1
文教、工美、体育和娱乐用品制造业	24	1358		2	4
文教办公用品制造	241	33			
乐器制造	242	15		1	
工艺美术品制造	243	1282		1	4
体育用品制造	244	4			
玩具制造	245	20			
游艺器材及娱乐用品制造	246	4			
石油加工及炼焦	25	90			
化学原料和化学制品制造业	26	915		11	12
基础化学原料制造	261	173		4	2
肥料制造	262	233		5	5
农药制造	263	9			
涂料、油墨、颜料及类似产品制造	264	94		2	
合成材料制造	265	40			
专用化学产品制造	266	177			1
炸药、火工及焰火产品制造	267	101			3
日用化学产品制造	268	88			1
医药制造业	27	268		1	2
化学药品原料药制造	271	12			
化学药品制剂制造	272	9			1
中药饮片加工	273	75			
中成药生产	274	124			
兽用药品制造	275	3			
生物药品制造	276	28			1
卫生材料及医药用品制造	277	17		1	
化学纤维制造业	28	4			
合成纤维制造	282	4			
橡胶和塑料制品业	29	546		3	9
橡胶制品业	291	88		2	5
塑料制品业	292	458		1	4
非金属矿物制品业	30	6121		13	35
水泥、石灰和石膏制造	301	292		7	13
石膏、水泥制品及类似制品制造	302	2691		2	7
砖瓦、石材等建筑材料制造	303	2529		1	10
玻璃制造	304	65			
玻璃制品制造	305	228			
玻璃纤维和玻璃纤维增强塑料制品制造	306	23			
陶瓷制品制造	307	41		2	3
耐火材料制品制造	308	91			2
石墨及其他非金属矿物制品制造	309	161		1	
黑色金属冶炼和压延加工业	31	372			4
炼铁	311	21			
炼钢	312	9			
黑色金属铸造	313	42			2
钢压延加工	314	92			1
铁合金冶炼	315	208			1

1992-1995年	1996年	1997年	1998年	1999年	2000年	2001年	2002年
25	8	13	9	12	14	5	10
23	6	10	7	12	12	4	9
2	2	3	2		2	1	1
1	3		1	3	2	5	2
						1	
1	3		1	3	2	4	2
1			1			2	2
30	7	9	17	16	12	23	21
8	1		5	6	6	5	5
8	4	3	6	4	3	3	4
		1			1	1	1
	1	2	1	1		3	2
3			1		1	1	1
2		1	1	1	1	4	3
6		1				5	3
3	1	1	3	4		1	2
22	6	8	10	5	3	8	10
	1						
4		1					
1						1	1
13	5	7	10	3	2	5	7
1							
1				1	1	2	1
2				1			1
12	2	2	1	5	7	15	8
7	2	1				5	1
5		1	1	5	7	10	7
30	17	13	26	25	38	25	55
9	4	1	5	6	7	7	8
3	2	7	6	7	9	5	15
12	7	2	11	7	16	10	24
			1	1	1		
1	1						
1			1				1
1		1		1	1	2	5
3	3	2	2	3	4	1	2
1			4	5	7	15	11
					1		
					1		
				1	1	1	1
1			1	1			2
			3	3	4	14	8

2-10 续表 3

行业	代码	法人单位数(个)	1949年及以前	1950-1977年	1978-1991年
有色金属冶炼和压延加工业	32	266		1	6
常用有色金属冶炼	321	126		1	4
贵金属冶炼	322	23			1
稀有稀土金属冶炼	323	11			
有色金属合金制造	324	29			1
有色金属铸造	325	10			
有色金属压延加工	326	67			
金属制品业	33	996	1	4	8
结构性金属制品制造	331	519			2
金属工具制造	332	145			1
集装箱及金属包装容器制造	333	22			1
金属丝绳及其制品制造	334	27			2
建筑、安全用金属制品制造	335	119	1		
金属表面处理及热处理加工	336	25			
搪瓷制品制造	337	10			1
金属制日用品制造	338	50		4	
其他金属制品制造	339	79			1
通用设备制造业	34	528		7	2
锅炉及原动设备制造	341	20			
金属加工机械制造	342	152		5	
物料搬运设备制造	343	20			
泵、阀门、压缩机及类似机械制造	344	28		1	
轴承、齿轮和传动部件制造	345	34			
烘炉、风机、衡器、包装等设备制造	346	44			1
文化、办公用机械制造	347	4			
通用零部件制造	348	209		1	1
其他通用设备制造业	349	17			
专用设备制造业	35	471		8	2
采矿、冶金、建筑专用设备制造	351	144		2	1
化工、木材、非金属加工专用设备制造	352	86		2	
食品、饮料、烟草及饲料生产专用设备制造	353	15		1	
印刷、制药、日化及日用品生产专用设备制造	354	32		1	
纺织、服装和皮革加工专用设备制造	355	5			
电子和电工机械专用设备制造	356	49			1
农、林、牧、渔专用机械制造	357	55		2	
医疗仪器设备及器械制造	358	30			
环保、社会公共服务及其他专用设备制造	359	55			
汽车制造业	36	106		3	
汽车整车制造	361	7			
改装汽车制造	362	13			
低速载货汽车制造	363	1		1	
电车制造	364	3			
汽车车身、挂车制造	365	4			
汽车零部件及配件制造	366	78		2	
铁路、船舶、航空航天和其他运输设备制造业	37	46		2	1
铁路运输设备制造	371	8			
船舶及相关装置制造	373	8			
航空、航天器及设备制造	374	12			1
摩托车制造	375	9			
自行车制造	376	5			
潜水救捞及其他未列明运输设备制造	379	4		2	

1992-1995年	1996年	1997年	1998年	1999年	2000年	2001年	2002年
8	3	2	1	4	12	10	3
3	3		1	2	7	6	2
4		1			1	1	
				1		1	
		1			2		
1				1	2	2	1
6	4	3	3	4	5	9	7
	1	1	2		2	4	1
1	1			3		3	2
1							
	1	1		1	1	2	
1					1		1
1							1
2	1	1	1		1		2
8	5	8	9	9	5	11	6
			1	2		1	
2	1	1	1	2	1	4	3
	1		1		1		
1		1	1			1	
		1	1	1	1	1	
						1	
5	3	4	3	4	2	2	2
		1	1			1	1
7	2	4	2	3	7	4	6
1		2	1		4		1
1		2			1	2	1
1							
1			1	1		1	
1				2	1		
					1		2
2	2					1	2
2	1	1	4	3	2	3	3
			1				
				1			
2	1	1	3	2	2	3	3
		1			1	1	1
							1
		1				1	
					1		

2-10 续表 4

行业	代码	法人单位数(个)	1949年及以前	1950-1977年	1978-1991年
电气机械和器材制造业	38	448		2	2
电机制造	381	23		1	
输配电及控制设备制造	382	106		1	1
电线、电缆、光缆及电工器材制造	383	61			1
电池制造	384	10			
家用电力器具制造	385	54			
非电力家用器具制造	386	51			
照明器具制造	387	125			
其他电气机械及器材制造	389	18			
计算机、通信和其他电子设备制造业	39	130			1
计算机制造	391	8			
通信设备制造	392	13			1
雷达及配套设备制造	394	1			
视听设备制造	395	8			
电子器件制造	396	22			
电子元件制造	397	50			
其他电子设备制造	399	28			
仪器仪表制造业	40	72			1
通用仪器仪表制造	401	14			
专用仪器仪表制造	402	21			1
钟表与计时仪器制造	403	1			
光学仪器及眼镜制造	404	24			
其他仪器仪表制造业	409	12			
其他制造业	41	157			
废弃资源综合利用业	42	109			
金属废料和碎屑加工处理	421	48			
非金属废料和碎屑加工处理	422	61			
金属制品、机械和设备修理业	43	103		1	1
金属制品修理	431	4			
通用设备修理	432	11			
专用设备修理	433	34			
铁路、船舶、航空航天等运输设备修理	434	4		1	
电气设备修理	435	11			
仪器仪表修理	436	2			
其他机械和设备修理业	439	37			1
电力、热力、燃气及水生产和供应业	**D**	**1507**	**2**	**47**	**77**
电力、热力生产和供应业	44	1038	2	25	50
电力生产	441	931	1	21	37
电力供应	442	102	1	4	13
热力生产和供应	443	5			
燃气生产和供应业	45	109			2
燃气生产和供应业	450	109			2
水的生产和供应业	46	360		22	25
自来水生产和供应	461	306		22	25
污水处理及其再生利用	462	40			
其他水的处理、利用与分配	469	14			

1992-1995年	1996年	1997年	1998年	1999年	2000年	2001年	2002年
1	3	5	4	4	5	6	3
	1	1					
1	2	3	1	2	2		1
		1	2	2		3	2
						2	
					3		
			1				
						1	
			2	2	2	4	1
				1		1	1
					1		
			2	1		1	
					1	1	
						1	
4		1	1		1	2	
1			1			1	
		1					
3						1	
					1		
1					1		1
						1	3
							2
						1	1
1				1			
1							
				1			
59	**12**	**20**	**30**	**26**	**22**	**23**	**58**
46	8	17	21	18	12	12	45
27	7	12	17	11	9	12	40
19	1	5	4	7	3		5
3		1	1		3	3	2
3		1	1		3	3	2
10	4	2	8	8	7	8	11
10	4	2	7	8	7	7	8
			1			1	2
							1

2-10 续表 5

行　　业	代码	法人单位数（个）			
			1949年及以前	1950-1977年	1978-1991年
建筑业	E	**3439**	**1**	**61**	**65**
房屋建筑业	47	655		54	48
房屋建筑业	470	655		54	48
土木工程建筑业	48	483		4	8
铁路、道路、隧道和桥梁工程建筑	481	202		2	4
水利和内河港口工程建筑	482	39		1	1
工矿工程建筑	484	22			1
架线和管道工程建筑	485	70		1	
其他土木工程建筑	489	150			2
建筑安装业	49	377			2
电气安装	491	121			1
管道和设备安装	492	71			
其他建筑安装业	499	185			1
建筑装饰和其他建筑业	50	1924	1	3	7
建筑装饰业	501	1585	1	1	2
工程准备活动	502	202		2	1
提供施工设备服务	503	24			
其他未列明建筑业	509	113			4
批发和零售业	F	**27585**	**11**	**339**	**168**
批发业	51	13674	5	146	82
农、林、牧产品批发	511	647	1	8	7
食品、饮料及烟草制品批发	512	1967	3	13	12
纺织、服装及家庭用品批发	513	1215		8	4
文化、体育用品及器材批发	514	397		7	2
医药及医疗器材批发	515	402		9	4
矿产品、建材及化工产品批发	516	4800		74	26
机械设备、五金产品及电子产品批发	517	2845		14	6
贸易经纪与代理	518	547	1	8	8
其他批发业	519	854		5	13
零售业	52	13911	6	193	86
综合零售	521	1258	1	114	35
食品、饮料及烟草制品专门零售	522	2107	3	26	14
纺织、服装及日用品专门零售	523	1072		6	3
文化、体育用品及器材专门零售	524	583	2	33	5
医药及医疗器材专门零售	525	766		3	10
汽车、摩托车、燃料及零配件专门零售	526	2745			9
家用电器及电子产品专门零售	527	2184			4
五金、家具及室内装饰材料专门零售	528	2216		5	
货摊、无店铺及其他零售业	529	980		6	6
交通运输、仓储和邮政业	G	**2434**		**31**	**25**
道路运输业	54	1556		19	10
城市公共交通运输	541	208		3	
公路旅客运输	542	257		2	4
道路货物运输	543	916		7	4
道路运输辅助活动	544	175		7	2
水上运输业	55	59		1	1
水上旅客运输	551	29			1
水上货物运输	552	19			
水上运输辅助活动	553	11		1	

1992-1995年	1996年	1997年	1998年	1999年	2000年	2001年	2002年
77	**21**	**32**	**38**	**27**	**48**	**49**	**83**
47	8	20	14	10	9	14	38
47	8	20	14	10	9	14	38
13	4	2	3	4	6	8	17
8	1	1	2	3	3	2	6
3		1		1		1	5
	1						1
1	1		1		1	4	2
1	1				2	1	3
5	5	2	13	6	12	13	9
1	4	1	5	3	6	7	2
3		1	6		2	4	2
1	1		2	3	4	2	5
12	4	8	8	7	21	14	19
8	3	7	8	7	18	11	13
2	1				2	1	4
2		1			1	2	2
190	**87**	**129**	**197**	**205**	**307**	**337**	**356**
98	49	89	111	96	164	192	201
7	2	1	2	3	7	9	10
13	2	7	14	16	30	27	25
5	2	5	5	3	12	9	12
3		5	3	3	1	3	7
2	2	3	3	2	4	12	9
43	25	32	49	40	55	74	80
13	9	26	27	20	39	37	40
7	2	6	3	6	7	8	8
5	5	4	5	3	9	13	10
92	38	40	86	109	143	145	155
16	3	5	1	11	14	13	5
15	6	1	9	27	20	20	16
4		1	7	5	12	5	6
3	3	3	5	5	12	9	11
11	2	3	4	7	4	9	12
18	12	9	32	26	38	29	47
15	5	7	13	15	24	33	31
4	4	6	11	9	13	16	16
6	3	5	4	4	6	11	11
19	**8**	**13**	**16**	**21**	**34**	**50**	**67**
11	3	9	6	12	26	35	56
1		1		2	6	5	12
1	2	1	3	3	7	17	23
4	1	1	1	2	7	10	20
5		6	2	5	6	3	1
			1	2	1		4
			1	1			1
				1	1		1
							2

2-10 续表 6

行业	代码	法人单位数（个）			
			1949年及以前	1950-1977年	1978-1991年
航空运输业	56	14			
航空客货运输	561	7			
通用航空服务	562	2			
航空运输辅助活动	563	5			
管道运输业	57	6			
管道运输业	570	6			
装卸搬运和运输代理业	58	360		5	7
装卸搬运	581	111		4	5
运输代理业	582	249		1	2
仓储业	59	226		6	6
谷物、棉花等农产品仓储	591	78		5	3
其他仓储业	599	148		1	3
邮政业	60	213			1
邮政基本服务	601	10			1
快递服务	602	203			
住宿和餐饮业	**H**	**3943**		**16**	**21**
住宿业	61	1448		8	16
旅游饭店	611	514		3	9
一般旅馆	612	700		5	6
其他住宿业	619	234			1
餐饮业	62	2495		8	5
正餐服务	621	2125		7	4
快餐服务	622	61			
饮料及冷饮服务	623	75			
其他餐饮业	629	234		1	1
信息传输、软件和信息技术服务业	**I**	**1282**		**1**	**2**
电信、广播电视和卫星传输服务	63	118		1	1
电信	631	90		1	1
广播电视传输服务	632	28			
互联网和相关服务	64	252			1
互联网接入及相关服务	641	35			
互联网信息服务	642	147			1
其他互联网服务	649	70			
软件和信息技术服务业	65	912			
软件开发	651	452			
信息系统集成服务	652	63			
信息技术咨询服务	653	294			
数据处理和存储服务	654	5			
集成电路设计	655	3			
其他信息技术服务业	659	95			
房地产业	**K**	**4645**		**7**	**22**
房地产业	70	4645		7	22
房地产开发经营	701	2619		1	18
物业管理	702	1265		3	2
房地产中介服务	703	582		1	
其他房地产业	709	179		2	2
租赁和商务服务业	**L**	**8472**		**16**	**30**
租赁业	71	1119		2	
机械设备租赁	711	1097		2	
文化及日用品出租	712	22			

1992-1995年	1996年	1997年	1998年	1999年	2000年	2001年	2002年
						2	
						1	
						1	
2	2		4	3	4	8	2
	1		1	3	1	2	
2	1		3		3	6	2
6	3	3	2	4	3	4	4
3	2	2		3	3	3	2
3	1	1	2	1		1	2
		1	3			1	1
		1	1				
			2			1	1
23	**4**	**18**	**15**	**13**	**24**	**25**	**39**
15	4	9	6	11	13	10	20
5	2	2	3	8	6	4	11
7	2	4	3	1	6	5	8
3		3		2	1	1	1
8		9	9	2	11	15	19
6		9	9	2	7	13	15
					1	1	
1					1		1
1					2	1	3
3	**4**	**5**	**5**	**5**	**16**	**33**	**29**
	2	2	1		2	11	3
	2	2	1		2	10	2
						1	1
				2	4	5	5
						2	1
				1	3	2	3
				1	1	1	1
3	2	3	4	3	10	17	21
1	1	2	3	3	8	11	12
1						2	4
	1	1	1		2	4	3
							1
1							1
102	**25**	**40**	**81**	**97**	**214**	**172**	**125**
102	25	40	81	97	214	172	125
90	21	31	71	69	172	108	63
6	4	5	4	21	34	54	47
3		4	3	5	5	6	10
3			3	2	3	4	5
48	**13**	**38**	**40**	**57**	**71**	**75**	**86**
5		2	2	1	3	6	7
5		2	2	1	3	6	7

2-10 续表 7

行　业	代码	法人单位数(个)	1949年及以前	1950-1977年	1978-1991年
商务服务业	72	7353		14	30
企业管理服务	721	1620		5	7
法律服务	722	122			2
咨询与调查	723	1195		1	2
广告业	724	1892		1	2
知识产权服务	725	34			
人力资源服务	726	430			4
旅行社及相关服务	727	603			7
安全保护服务	728	180		1	1
其他商务服务业	729	1277		6	5
科学研究和技术服务业	**M**	**2584**		**8**	**41**
研究和试验发展	73	122			1
自然科学研究和试验发展	731	12			1
工程和技术研究和试验发展	732	42			
农业科学研究和试验发展	733	46			
医学研究和试验发展	734	16			
社会人文科学研究	735	6			
专业技术服务业	74	1943		7	35
气象服务	741	43		1	
地震服务	742	1			
测绘服务	744	117			
质检技术服务	745	233			2
环境与生态监测	746	63			
地质勘查	747	74		1	5
工程技术	748	838		5	23
其他专业技术服务业	749	574			5
科技推广和应用服务业	75	519		1	5
技术推广服务	751	412			2
科技中介服务	752	45			2
其他科技推广和应用服务业	759	62		1	1
水利、环境和公共设施管理业	**N**	**624**	**1**	**3**	**6**
水利管理业	76	97		2	5
防洪除涝设施管理	761	4			
水资源管理	762	30			2
天然水收集与分配	763	15		1	1
水文服务	764	2			
其他水利管理业	769	46		1	2
生态保护和环境治理业	77	80		1	
生态保护	771	17		1	
环境治理业	772	63			
公共设施管理业	78	447	1		1
市政设施管理	781	54			
环境卫生管理	782	33			
城乡市容管理	783	13			
绿化管理	784	138			1
公园和游览景区管理	785	209	1		
居民服务、修理和其他服务业	**O**	**3193**		**11**	**16**
居民服务业	79	1237		2	2
家庭服务	791	413			

1992-1995年	1996年	1997年	1998年	1999年	2000年	2001年	2002年
43	13	36	38	56	68	69	79
13	2	19	6	16	9	15	14
4		1	5	1	2	4	3
7	2	3	5	9	21	5	9
6	5	3	6	11	6	16	17
				1		2	
1		1		1	1	3	3
5		4	4	9	14	10	15
			2	1			3
7	4	5	10	7	15	14	15
24	**7**	**10**	**20**	**14**	**20**	**33**	**41**
2		3	2	1	2	1	3
			1				
		3	1		1		
2					1	1	1
				1			2
16	6	5	15	9	13	31	34
			1		1	1	
			1				
2					1	1	4
1		1		1		3	2
						1	
3	2		1	1	1	2	
7	2	3	7	3	10	18	22
3	2	1	5	4		5	6
6	1	2	3	4	5	1	4
4	1	1	2	3	3	1	3
1			1				
1		1		1	2		1
5	**3**	**3**	**1**	**7**	**8**	**7**	**10**
2			1	3	2	1	1
							1
1				1	2		
						1	
1			1	2			
		2			2		
		2					
					2		
3	3	1		4	4	6	9
		1		1		2	
	1				1	2	2
				1			
1	1			2	2	2	4
2	1				1		3
30	**8**	**13**	**18**	**17**	**36**	**28**	**35**
8	4	4	5	3	15	9	9
					2	1	

2-10 续表 8

行业	代码	法人单位数(个)	1949年及以前	1950-1977年	1978-1991年
托儿所服务	792	3			
洗染服务	793	68			
理发及美容服务	794	227			
洗浴服务	795	98			1
保健服务	796	60			
婚姻服务	797	70			
殡葬服务	798	80			
其他居民服务业	799	218		2	1
机动车、电子产品和日用产品修理业	80	1531		4	12
汽车、摩托车修理与维护	801	1350		4	10
计算机和办公设备维修	802	96			
家用电器修理	803	63			1
其他日用产品修理业	809	22			1
其他服务业	81	425		5	2
清洁服务	811	258			1
其他未列明服务业	819	167		5	1
卫生和社会工作	**Q**	**24**			
社会工作	84	24			
提供住宿社会工作	841	19			
不提供住宿社会工作	842	5			
文化、体育和娱乐业	**R**	**2074**		**8**	**11**
新闻和出版业	85	46			4
新闻业	851	7			
出版业	852	39			4
广播、电视、电影和影视录音制作业	86	116		8	6
广播	861	1			
电视	862	4			
电影和影视节目制作	863	27			
电影和影视节目发行	864	8		2	2
电影放映	865	70		6	4
录音制作	866	6			
文化艺术业	87	180			
文艺创作与表演	871	66			
艺术表演场馆	872	4			
图书馆与档案馆	873	2			
文物及非物质文化遗产保护	874	11			
博物馆	875	3			
群众文化活动	877	21			
其他文化艺术业	879	73			
体育	88	66			
体育组织	881	13			
体育场馆	882	4			
休闲健身活动	883	45			
其他体育	889	4			
娱乐业	89	1666			1
室内娱乐活动	891	1598			1
游乐园	892	9			
文化、娱乐、体育经纪代理	894	23			
其他娱乐业	899	36			

1992-1995年	1996年	1997年	1998年	1999年	2000年	2001年	2002年
		1				1	
2	2		2	1	2		1
	1				2	3	3
			1				
2	1		1	1	7	1	2
4		3	1	1	2	3	3
20	3	8	10	13	18	16	24
19	2	6	6	12	14	15	23
	1	2	2	1	3		
			1		1	1	1
1			1				
2	1	1	3	1	3	3	2
1	1	1	2	1	3	1	2
1			1			2	
							3
							3
							2
							1
7	**1**	**4**	**4**	**3**	**13**	**18**	**37**
1							
1							
1	1	2	1	1			2
							2
		1					
1	1	1	1	1			
			1	1	1	2	1
			1	1			
							1
					1		
						2	
2					1		
2					1		
3		2	2	1	11	16	34
3		2	2		11	15	34
				1		1	

2-10 续表 9

行业	代码	2003年	2004年	2005年	2006年
总计		**1704**	**1969**	**2299**	**3231**
农、林、牧、渔业	A	**9**	**1**	**4**	**7**
农业	01				
蔬菜、食用菌及园艺作物种植	014				
水果种植	015				
坚果、含油果、香料和饮料作物种植	016				
其他农业	019				
林业	02	1			
林木育种和育苗	021				
森林经营和管护	023	1			
农、林、牧、渔服务业	05	8	1	4	7
农业服务业	051	4		4	5
林业服务业	052	1			
畜牧服务业	053	3			2
渔业服务业	054		1		
采矿业	B	**166**	**265**	**293**	**344**
煤炭开采和洗选业	06	89	152	128	97
烟煤和无烟煤开采洗选	061	88	150	125	94
褐煤开采洗选	062			2	
其他煤炭采选	069	1	2	1	3
石油和天然气开采业	07				
天然气开采	072				
黑色金属矿采选业	08	5	10	17	13
铁矿采选	081	1	2	7	4
锰矿、铬矿采选	082	4	8	7	3
其他黑色金属矿采选	089			3	6
有色金属矿采选业	09	14	6	15	21
常用有色金属矿采选	091	10	4	13	18
贵金属矿采选	092	4	2	1	
稀有稀土金属矿采选	093			1	3
非金属矿采选业	10	57	94	130	207
土砂石开采	101	51	80	125	184
化学矿开采	102	5	12	4	14
石棉及其他非金属矿采选	109	1	2	1	9
开采辅助活动	11	1	3	1	2
煤炭开采和洗选辅助活动	111		3	1	
石油和天然气开采辅助活动	112	1			
其他开采辅助活动	119				2
其他采矿业	12			2	4
其他采矿业	120			2	4
制造业	C	**355**	**360**	**454**	**653**
农副食品加工业	13	24	34	42	67
谷物磨制	131	3	4	8	10
饲料加工	132	2	3	5	10
植物油加工	133	10	7	6	12
制糖业	134		1	2	1
屠宰及肉类加工	135	4	6	12	18
水产品加工	136	1			
蔬菜、水果和坚果加工	137	1	4	2	3
其他农副食品加工	139	3	9	7	13

2007年	2008年	2009年	2010年	2011年	2012年	2013年	无开业年份
3333	**4180**	**5263**	**6915**	**9307**	**20806**	**22049**	**109**
11	**23**	**49**	**44**	**88**	**222**	**175**	
	1	1	1		2	1	
			1		2		
						1	
		1					
	1						
11	22	48	43	88	220	174	
9	18	32	31	65	155	128	
	1	3	2	4	14	13	
2	3	12	9	15	43	28	
		1	1	4	8	5	
350	**486**	**472**	**540**	**619**	**730**	**525**	**9**
106	192	133	119	133	103	57	6
105	191	131	112	126	95	54	5
				3	4		
1	1	2	7	4	4	3	1
				1	1		
				1	1		
26	22	16	23	35	29	23	
14	13	6	8	19	15	12	
8	7	8	11	10	6	7	
4	2	2	4	6	8	4	
32	27	33	23	38	44	27	1
27	20	27	20	27	41	19	1
2	5	4	3	11	2	6	
3	2	2			1	2	
179	231	285	363	397	536	395	2
165	209	262	335	364	474	341	2
9	19	15	19	27	43	32	
5	3	8	9	6	19	22	
2	9	2	8	6	8	8	
1	8	2	7	4	4	1	
						1	
1	1		1	2	4	6	
5	5	3	4	9	9	15	
5	5	3	4	9	9	15	
614	**860**	**1041**	**1341**	**1920**	**6291**	**5740**	**39**
63	93	89	92	122	483	419	4
10	13	11	17	18	136	116	1
4	10	8	8	18	17	13	2
11	18	17	9	14	78	69	
		2	1	1	2	5	
19	17	20	18	27	60	40	1
	3	1	1	1	8	7	
3	10	5	8	16	43	60	
16	22	25	30	27	139	109	

2-10 续表 10

行　　业	代码	2003年	2004年	2005年	2006年
食品制造业	14	11	14	22	24
焙烤食品制造	141	1	2		5
糖果、巧克力及蜜饯制造	142			1	
方便食品制造	143	4	2	8	4
乳制品制造	144			1	
罐头食品制造	145			1	3
调味品、发酵制品制造	146	4	8	8	6
其他食品制造	149	2	2	3	6
酒、饮料和精制茶制造业	15	25	33	36	47
酒的制造	151	9	11	8	15
饮料制造	152	6	8	7	14
精制茶加工	153	10	14	21	18
烟草制品业	16			2	
烟叶复烤	161			2	
其他烟草制品制造	169				
纺织业	17	2	1	2	1
棉纺织及印染精加工	171				1
毛纺织及染整精加工	172				
麻纺织及染整精加工	173				
丝绢纺织及印染精加工	174			1	
化纤织造及印染精加工	175				
针织或钩针编织物及其制品制造	176	2			
家用纺织制成品制造	177		1		
非家用纺织制成品制造	178			1	
纺织服装、服饰业	18	5	1	3	6
机织服装制造	181	2		1	4
针织或钩针编织服装制造	182				1
服饰制造	183	3	1	2	1
皮革、毛皮、羽毛及其制品和制鞋业	19	1	1	1	1
皮革鞣制加工	191				
皮革制品制造	192		1	1	
毛皮鞣制及制品加工	193				
羽毛(绒)加工及制品制造	194	1			
制鞋业	195				1
木材加工和木、竹、藤、棕、草制品业	20	13	12	25	40
木材加工	201	6	7	17	23
人造板制造	202	1	4	4	14
木制品制造	203	2	1	3	3
竹、藤、棕、草等制品制造	204	4		1	
家具制造业	21	2	3	4	6
木质家具制造	211	2	1	2	5
竹、藤家具制造	212		1		
金属家具制造	213			1	
塑料家具制造	214				1
其他家具制造	219		1	1	
造纸和纸制品业	22	5	4	5	12
纸浆制造	221				
造纸	222	2		1	5
纸制品制造	223	3	4	4	7

2007年	2008年	2009年	2010年	2011年	2012年	2013年	无开业年份
20	32	31	48	74	242	166	4
2	3	3	8	19	34	20	
		2	2	3	11	2	
2	14	9	13	23	107	95	
	1		1			2	1
1	1	1		1	3	1	
10	7	8	12	18	44	22	1
5	6	8	12	10	43	24	2
73	109	138	143	223	702	539	2
16	27	30	30	72	179	131	1
23	23	28	28	40	75	81	1
34	59	80	85	111	448	327	
			4	4	3	3	
			4	3	3	2	
				1		1	
7	2	3	16	9	76	107	
2	1	1	3	2	13	23	
			2		2	3	
	1				3	4	
2			3		4	3	
			1		4	3	
		1	3	1	10	16	
3		1	3	5	39	52	
			1	1	1	3	
5	2	7	31	21	160	223	2
2	2	1	14	13	90	124	2
		1	2	2	15	25	
3		5	15	6	55	74	
	5	3	6	14	66	142	
						4	
	1		1	6	11	25	
				1	2	2	
			1		1		
	4	3	4	7	52	111	
36	53	46	75	126	406	307	2
20	29	24	44	88	238	154	1
8	6	5	6	9	15	17	1
5	9	12	14	24	106	87	
3	9	5	11	5	47	49	
8	15	17	18	42	256	209	
6	15	13	12	37	201	161	
1		1			6	5	
		1	2	3	12	10	
				1	3	2	
1		2	4	1	34	31	
12	13	21	17	23	86	78	1
			1			3	
5	6	13	5	7	33	26	1
7	7	8	11	16	53	49	

2-10 续表 11

行　业	代码	2003年	2004年	2005年	2006年
印刷和记录媒介复制业	23	15	14	21	33
印刷	231	12	11	17	29
装订及印刷相关服务	232	3	3	3	4
记录媒介复制	233			1	
文教、工美、体育和娱乐用品制造业	24	6	7	6	16
文教办公用品制造	241	1			
乐器制造	242				
工艺美术品制造	243	5	7	5	15
体育用品制造	244				
玩具制造	245			1	
游艺器材及娱乐用品制造	246				1
石油加工及炼焦	25	9	9	10	7
化学原料和化学制品制造业	26	27	27	34	48
基础化学原料制造	261	8	12	9	11
肥料制造	262	8	5	12	16
农药制造	263		1		1
涂料、油墨、颜料及类似产品制造	264	1	1		4
合成材料制造	265		2	1	4
专用化学产品制造	266	4	3	6	9
炸药、火工及焰火产品制造	267	2	2	2	2
日用化学产品制造	268	4	1	4	1
医药制造业	27	15	10	6	8
化学药品原料药制造	271	2	2	1	1
化学药品制剂制造	272	1			
中药饮片加工	273	1	2	1	1
中成药生产	274	9	5	4	4
兽用药品制造	275				
生物药品制造	276				2
卫生材料及医药用品制造	277	2	1		
化学纤维制造业	28				
合成纤维制造	282				
橡胶和塑料制品业	29	14	11	16	27
橡胶制品业	291	2	2	4	7
塑料制品业	292	12	9	12	20
非金属矿物制品业	30	70	81	116	185
水泥、石灰和石膏制造	301	3	10	8	15
石膏、水泥制品及类似制品制造	302	17	22	23	51
砖瓦、石材等建筑材料制造	303	40	33	64	91
玻璃制造	304	1		1	1
玻璃制品制造	305		4	1	4
玻璃纤维和玻璃纤维增强塑料制品制造	306			2	
陶瓷制品制造	307	1	2		
耐火材料制品制造	308	2	4	10	12
石墨及其他非金属矿物制品制造	309	6	6	7	11
黑色金属冶炼和压延加工业	31	44	39	18	24
炼铁	311		4	4	2
炼钢	312	1			
黑色金属铸造	313	3	3	1	2
钢压延加工	314	3	3	1	3
铁合金冶炼	315	37	29	12	17

2007年	2008年	2009年	2010年	2011年	2012年	2013年	无开业年份
13	23	21	28	38	43	42	1
9	21	20	24	33	37	36	1
4	2	1	4	5	6	6	
16	20	46	52	86	563	517	
1	3	1	2	1	13	10	
				1	8	5	
15	17	43	50	81	529	494	
		1			2	1	
		1		3	8	7	
					3		
2	11	3	4	5	13	11	
41	51	53	75	83	168	146	4
9	13	11	16	14	17	11	
8	14	22	26	21	27	27	2
				2		1	
2	2	3	7	7	30	25	
1	2	3	2	1	12	4	1
11	10	10	15	18	50	27	
6	4	3	8	14	11	29	
4	6	1	1	6	21	22	1
4	6	7	12	24	42	58	1
				1	3	1	
					1	1	
1	1	2	4	12	20	27	
2	3	3	6	5	7	23	1
				1	1		
	1	1	1	4	7	5	
1	1	1	1	1	3	1	
			1	1	1	1	
			1	1	1	1	
10	15	29	34	55	135	136	
2	3	2	3	9	17	14	
8	12	27	31	46	118	122	
156	252	337	444	582	1987	1627	7
11	14	29	21	24	37	52	1
49	74	122	185	260	1047	776	2
83	136	159	209	233	749	630	2
1	6		4	8	27	16	
2	3	2	6	19	76	107	1
2	1	2	1	2	8	3	
	1	3	1	6	4	15	
2	9	12	6	6	7	8	
6	8	8	11	24	32	20	1
17	26	25	12	34	37	48	1
	3	2		1	2	1	1
			1	2	1	3	
	4	3	1	8	5	6	
2	6	4	4	10	18	32	
15	13	16	6	13	11	6	

2-10 续表 12

行　业	代码	2003年	2004年	2005年	2006年
有色金属冶炼和压延加工业	32	8	10	14	9
常用有色金属冶炼	321	6	7	6	5
贵金属冶炼	322	1	1	1	
稀有稀土金属冶炼	323		1	2	
有色金属合金制造	324	1	1	2	
有色金属铸造	325				2
有色金属压延加工	326			3	2
金属制品业	33	15	13	12	17
结构性金属制品制造	331	7	3	2	7
金属工具制造	332	2	4	2	
集装箱及金属包装容器制造	333		1		1
金属丝绳及其制品制造	334	1	1	2	1
建筑、安全用金属制品制造	335	2		2	3
金属表面处理及热处理加工	336	1	1	1	1
搪瓷制品制造	337				
金属制日用品制造	338	1	1	2	1
其他金属制品制造	339	1	2	1	3
通用设备制造业	34	15	12	15	23
锅炉及原动设备制造	341				1
金属加工机械制造	342	7	4	4	6
物料搬运设备制造	343		1	1	1
泵、阀门、压缩机及类似机械制造	344	1	1		
轴承、齿轮和传动部件制造	345			1	1
烘炉、风机、衡器、包装等设备制造	346	2		2	2
文化、办公用机械制造	347				
通用零部件制造	348	4	5	7	11
其他通用设备制造业	349	1	1		1
专用设备制造业	35	6	3	16	16
采矿、冶金、建筑专用设备制造	351		1	4	7
化工、木材、非金属加工专用设备制造	352	1		3	2
食品、饮料、烟草及饲料生产专用设备制造	353				1
印刷、制药、日化及日用品生产专用设备制造	354			1	1
纺织、服装和皮革加工专用设备制造	355		1	1	
电子和电工机械专用设备制造	356		1	2	1
农、林、牧、渔专用机械制造	357	3			
医疗仪器设备及器械制造	358			1	3
环保、社会公共服务及其他专用设备制造	359	2		4	1
汽车制造业	36	4	6	3	3
汽车整车制造	361		1		
改装汽车制造	362		1		1
低速载货汽车制造	363				
电车制造	364				
汽车车身、挂车制造	365				
汽车零部件及配件制造	366	4	4	3	2
铁路、船舶、航空航天和其他运输设备制造业	37	1	1		4
铁路运输设备制造	371		1		1
船舶及相关装置制造	373	1			1
航空、航天器及设备制造	374				2
摩托车制造	375				
自行车制造	376				
潜水救捞及其他未列明运输设备制造	379				

2007年	2008年	2009年	2010年	2011年	2012年	2013年	无开业年份
19	15	15	16	31	33	46	
12	9	9	9	16	12	6	
			2	3	1	6	
2				1	1	2	
2		2	1	3	4	12	
	2		1			2	
3	4	4	3	8	15	18	
27	35	28	56	84	304	349	2
14	15	9	31	45	156	215	2
1	2	5	9	7	57	45	
	1	1	1	6	4	5	
2	2		1	1	3	11	
3	4	5	8	7	39	39	
	3	3	2	2	4	4	
					3	6	
1	1		1	7	19	10	
6	7	5	3	9	19	14	
31	22	33	34	48	104	114	7
2	1	1	2	3	3	3	
8	9	9	15	12	22	36	
1		1	1	3	6	5	
4	1	2	3	5	3	4	
	1	2	1	2	3	16	3
4	3	2	2	3	7	11	
		2				1	
12	6	14	10	19	56	35	3
	1			1	4	3	1
16	17	24	40	56	103	128	1
8	7	13	16	13	30	33	
1	4	3	6	14	21	22	
	1				3	9	
1	1	1	2	1	14	8	
				1	2		
3			4	8	12	12	1
	1		6	8	7	24	
		4	1	4	8	6	
3	3	3	5	7	6	14	
6	5	3	4	12	19	19	
			1	2	1	1	
			1	1	5	4	
					2	1	
		2			1		
6	5	1	2	9	10	13	
2	3	3	2	7	9	7	
2			1	2			
	1	1			2	2	
	1	1	1	3	1		
	1	1		1	3	2	
					2	3	
				1	1		

2-10 续表 13

行业	代码	2003年	2004年	2005年	2006年
电气机械和器材制造业	38	10	5	17	13
电机制造	381	2	1	2	1
输配电及控制设备制造	382	3	1	7	4
电线、电缆、光缆及电工器材制造	383	4	2	3	2
电池制造	384				
家用电力器具制造	385			3	1
非电力家用器具制造	386		1		4
照明器具制造	387	1		1	1
其他电气机械及器材制造	389			1	
计算机、通信和其他电子设备制造业	39	2	2	2	3
计算机制造	391				1
通信设备制造	392				1
雷达及配套设备制造	394				
视听设备制造	395	1		1	
电子器件制造	396				
电子元件制造	397	1	2		1
其他电子设备制造	399			1	
仪器仪表制造业	40	4	3	3	1
通用仪器仪表制造	401	2	1	2	
专用仪器仪表制造	402		1		
钟表与计时仪器制造	403				
光学仪器及眼镜制造	404	1			1
其他仪器仪表制造业	409	1	1	1	
其他制造业	41	2	2	1	6
废弃资源综合利用业	42		1	2	2
金属废料和碎屑加工处理	421		1		
非金属废料和碎屑加工处理	422			2	2
金属制品、机械和设备修理业	43		1		4
金属制品修理	431				
通用设备修理	432				
专用设备修理	433				2
铁路、船舶、航空航天等运输设备修理	434				
电气设备修理	435				1
仪器仪表修理	436		1		
其他机械和设备修理业	439				1
电力、热力、燃气及水生产和供应业	**D**	**60**	**82**	**77**	**126**
电力、热力生产和供应业	44	54	71	67	109
电力生产	441	49	71	61	106
电力供应	442	5		6	2
热力生产和供应	443				1
燃气生产和供应业	45	2	4	4	3
燃气生产和供应业	450	2	4	4	3
水的生产和供应业	46	4	7	6	14
自来水生产和供应	461	3	5	6	13
污水处理及其再生利用	462	1	2		1
其他水的处理、利用与分配	469				

2007年	2008年	2009年	2010年	2011年	2012年	2013年	无开业年份
12	20	30	30	48	101	127	
1			1	1	8	3	
2	6	10	4	11	18	26	
2	5	5	5	6	4	12	
	1			2	2	3	
2		4	4	5	18	14	
1	5	3	2	3	10	21	
2	2	5	13	18	38	44	
2	1	3	1	2	3	4	
3	3	2	12	16	26	47	
1		1		2	2	1	
			2		1	5	
				1			
					2	3	
	1	1	1	2	6	7	
2	1		6	8	9	18	
	1		3	3	6	13	
2		2	6	8	11	22	
			1		3	2	
1		1		5		11	
					1		
1		1	2	2	4	8	
			3	1	3	1	
5	1	7	10	14	50	56	
5	7	6	10	19	28	25	
5	4	2	5	10	7	12	
	3	4	5	9	21	13	
3	4	12	9	11	34	21	
		1			3		
		1	1	1	4	3	
	1	5	2	6	11	7	
1					1	1	
1		1	3	1	2	2	
				1			
1	3	4	3	2	13	8	
101	**98**	**101**	**97**	**99**	**145**	**138**	**7**
78	77	69	60	48	67	75	7
72	73	66	58	42	62	70	7
6	4	3	2	5	3	4	
				1	2	1	
7	7	8	7	9	27	16	
7	7	8	7	9	27	16	
16	14	24	30	42	51	47	
13	13	18	21	35	43	36	
2		5	9	6	6	4	
1	1	1		1	2	7	

2-10 续表 14

行业	代码	2003年	2004年	2005年	2006年
建筑业	E	**59**	**56**	**66**	**88**
房屋建筑业	47	15	8	13	16
房屋建筑业	470	15	8	13	16
土木工程建筑业	48	10	10	8	11
铁路、道路、隧道和桥梁工程建筑	481	4		3	3
水利和内河港口工程建筑	482		2	1	2
工矿工程建筑	484	1		1	3
架线和管道工程建筑	485	3	5	2	2
其他土木工程建筑	489	2	3	1	1
建筑安装业	49	6	10	6	10
电气安装	491	4	5	2	3
管道和设备安装	492		1		
其他建筑安装业	499	2	4	4	7
建筑装饰和其他建筑业	50	28	28	39	51
建筑装饰业	501	23	19	30	34
工程准备活动	502	4	4	6	12
提供施工设备服务	503		2		
其他未列明建筑业	509	1	3	3	5
批发和零售业	F	**494**	**576**	**634**	**849**
批发业	51	296	349	327	450
农、林、牧产品批发	511	11	8	13	13
食品、饮料及烟草制品批发	512	39	19	30	36
纺织、服装及家庭用品批发	513	15	14	20	30
文化、体育用品及器材批发	514	6	58	12	10
医药及医疗器材批发	515	13	16	10	16
矿产品、建材及化工产品批发	516	112	119	111	182
机械设备、五金产品及电子产品批发	517	69	69	86	117
贸易经纪与代理	518	7	16	13	15
其他批发业	519	24	30	32	31
零售业	52	198	227	307	399
综合零售	521	10	16	14	32
食品、饮料及烟草制品专门零售	522	19	13	26	30
纺织、服装及日用品专门零售	523	9	16	15	17
文化、体育用品及器材专门零售	524	4	8	15	18
医药及医疗器材专门零售	525	21	23	26	32
汽车、摩托车、燃料及零配件专门零售	526	58	52	91	108
家用电器及电子产品专门零售	527	44	50	59	60
五金、家具及室内装饰材料专门零售	528	16	26	34	61
货摊、无店铺及其他零售业	529	17	23	27	41
交通运输、仓储和邮政业	G	**63**	**59**	**71**	**106**
道路运输业	54	41	49	58	73
城市公共交通运输	541	8	5	4	12
公路旅客运输	542	11	15	27	18
道路货物运输	543	19	23	21	36
道路运输辅助活动	544	3	6	6	7
水上运输业	55	1		1	4
水上旅客运输	551			1	
水上货物运输	552	1			4
水上运输辅助活动	553				

2007年	2008年	2009年	2010年	2011年	2012年	2013年	无开业年份
114	**155**	**180**	**273**	**383**	**652**	**910**	**1**
16	25	29	36	54	79	102	
16	25	29	36	54	79	102	
12	28	28	46	56	100	105	
3	7	7	24	17	49	53	
1			4	6	2	8	
1	2	1	1	4	3	2	
2	7	8	7	6	13	4	
5	12	12	10	23	33	38	
21	14	26	37	43	58	79	
7	7	6	11	20	8	18	
4	1	7	4	6	14	16	
10	6	13	22	17	36	45	
65	88	97	154	230	415	624	1
46	67	77	124	205	367	513	1
11	13	11	13	11	32	72	
2	1	1	1	3	6	8	
6	7	8	16	11	10	31	
948	**1175**	**1631**	**2274**	**3043**	**6706**	**6903**	**26**
537	656	876	1214	1625	3068	3029	14
18	39	39	51	84	190	124	
42	92	102	149	230	639	426	1
40	41	72	80	113	331	394	
11	21	35	34	37	59	80	
18	15	24	24	50	98	67	1
205	238	281	445	604	915	1082	8
131	138	244	307	346	538	566	3
18	26	35	46	50	114	142	1
54	46	44	78	111	184	148	
411	519	755	1060	1418	3638	3874	12
29	30	60	70	102	297	380	
41	57	88	168	238	699	570	1
12	24	35	40	62	338	455	
19	33	36	24	48	128	158	1
31	52	59	66	98	148	144	1
94	100	168	237	326	600	685	6
93	100	172	194	225	531	509	
57	82	92	176	218	668	700	2
35	41	45	85	101	229	273	1
139	**155**	**173**	**232**	**281**	**360**	**510**	**1**
96	103	118	150	184	207	289	1
13	10	4	23	27	23	48	1
24	14	15	15	11	21	23	
44	68	86	95	131	140	196	
15	11	13	17	15	23	22	
2	10	4	7	1	9	10	
	6	1	5		7	5	
1	3	3	2	1		1	
1	1				2	4	

2-10 续表 15

行　业	代码				
		2003年	2004年	2005年	2006年
航空运输业	56	1	1		1
航空客货运输	561	1	1		1
通用航空服务	562				
航空运输辅助活动	563				
管道运输业	57				
管道运输业	570				
装卸搬运和运输代理业	58	7	4	7	17
装卸搬运	581	1			6
运输代理业	582	6	4	7	11
仓储业	59	12	5	3	9
谷物、棉花等农产品仓储	591	10	4	1	6
其他仓储业	599	2	1	2	3
邮政业	60	1		2	2
邮政基本服务	601				
快递服务	602	1		2	2
住宿和餐饮业	H	**42**	**61**	**59**	**111**
住宿业	61	20	38	29	60
旅游饭店	611	11	21	13	19
一般旅馆	612	6	13	15	35
其他住宿业	619	3	4	1	6
餐饮业	62	22	23	30	51
正餐服务	621	21	18	24	45
快餐服务	622		1	3	1
饮料及冷饮服务	623			2	
其他餐饮业	629	1	4	1	5
信息传输、软件和信息技术服务业	I	**29**	**26**	**47**	**65**
电信、广播电视和卫星传输服务	63	5	3	6	8
电信	631	2	2	4	6
广播电视传输服务	632	3	1	2	2
互联网和相关服务	64	10	6	10	24
互联网接入及相关服务	641	1		1	2
互联网信息服务	642	3	3	7	15
其他互联网服务	649	6	3	2	7
软件和信息技术服务业	65	14	17	31	33
软件开发	651	5	10	20	16
信息系统集成服务	652	4	1		4
信息技术咨询服务	653	4	4	10	9
数据处理和存储服务	654				
集成电路设计	655				
其他信息技术服务业	659	1	2	1	4
房地产业	K	**154**	**152**	**180**	**220**
房地产业	70	154	152	180	220
房地产开发经营	701	89	89	104	142
物业管理	702	54	43	62	53
房地产中介服务	703	8	16	12	17
其他房地产业	709	3	4	2	8
租赁和商务服务业	L	**123**	**146**	**186**	**240**
租赁业	71	14	11	13	17
机械设备租赁	711	14	11	12	16
文化及日用品出租	712			1	1

2007年	2008年	2009年	2010年	2011年	2012年	2013年	无开业年份
2	1	3	1		1	1	
1		2					
		1				1	
1	1		1		1		
					2	4	
					2	4	
24	23	22	33	43	66	77	
14	7	8	11	10	18	19	
10	16	14	22	33	48	58	
7	10	7	19	22	38	53	
3	5	2	2	4	9	6	
4	5	5	17	18	29	47	
8	8	19	22	31	37	76	
1	1				3	2	
7	7	19	22	31	34	74	
96	**115**	**141**	**208**	**257**	**1267**	**1384**	**4**
65	58	78	105	125	365	391	2
18	28	25	40	44	124	116	2
36	23	37	55	67	180	186	
11	7	16	10	14	61	89	
31	57	63	103	132	902	993	2
29	50	51	90	115	779	829	2
	1	2	2	4	20	25	
	2	2	3	4	24	35	
2	4	8	8	9	79	104	
42	**80**	**87**	**102**	**110**	**232**	**358**	**1**
2	18	12	4	9	10	18	
1	8	11	3	7	10	15	
1	10	1	1	2		3	
5	24	18	23	21	35	59	
	1	4	3	5	8	7	
5	19	12	10	10	17	36	
	4	2	10	6	10	16	
35	38	57	75	80	187	281	1
18	20	27	27	31	85	152	
2	2	7	6	8	11	11	
8	12	16	27	31	66	94	1
1			1		2	1	
				1	1		
6	4	7	14	9	22	23	
271	**185**	**252**	**378**	**504**	**670**	**788**	**6**
271	185	252	378	504	670	788	6
162	90	111	177	262	365	381	3
68	67	92	125	151	164	205	1
37	25	44	66	70	97	152	1
4	3	5	10	21	44	50	1
269	**370**	**553**	**715**	**1107**	**1800**	**2481**	**8**
22	22	63	104	169	286	370	
22	21	62	102	168	280	361	
	1	1	2	1	6	9	

2-10 续表 16

行　　业	代码				
		2003年	2004年	2005年	2006年
商务服务业	72	109	135	173	223
企业管理服务	721	28	26	30	36
法律服务	722	2	4	2	3
咨询与调查	723	17	21	29	31
广告业	724	19	21	38	60
知识产权服务	725	1	1	1	
人力资源服务	726	3	10	16	28
旅行社及相关服务	727	8	11	23	18
安全保护服务	728	7	10		8
其他商务服务业	729	24	31	34	39
科学研究和技术服务业	**M**	**54**	**51**	**78**	**109**
研究和试验发展	73	8	2	1	4
自然科学研究和试验发展	731	1			
工程和技术研究和试验发展	732	4	1	1	1
农业科学研究和试验发展	733	3			2
医学研究和试验发展	734		1		1
社会人文科学研究	735				
专业技术服务业	74	37	43	69	95
气象服务	741	4	5	3	6
地震服务	742				
测绘服务	744		6	6	10
质检技术服务	745	4	8	9	18
环境与生态监测	746			1	3
地质勘查	747	2	1	4	6
工程技术	748	20	18	29	33
其他专业技术服务业	749	7	5	17	19
科技推广和应用服务业	75	9	6	8	10
技术推广服务	751	4	5	3	8
科技中介服务	752	2		3	1
其他科技推广和应用服务业	759	3	1	2	1
水利、环境和公共设施管理业	**N**	**16**	**15**	**21**	**19**
水利管理业	76	6	4	5	7
防洪除涝设施管理	761				1
水资源管理	762		1	2	3
天然水收集与分配	763	3			2
水文服务	764				
其他水利管理业	769	3	3	3	1
生态保护和环境治理业	77	1	1	3	2
生态保护	771				1
环境治理业	772	1	1	3	1
公共设施管理业	78	9	10	13	10
市政设施管理	781	1	1	1	2
环境卫生管理	782		1	2	
城乡市容管理	783				
绿化管理	784	4	4	5	1
公园和游览景区管理	785	4	4	5	7
居民服务、修理和其他服务业	**O**	**33**	**56**	**54**	**97**
居民服务业	79	17	16	17	28
家庭服务	791	4	2	4	7

2007年	2008年	2009年	2010年	2011年	2012年	2013年	无开业年份
247	348	490	611	938	1514	2111	8
39	54	81	116	237	337	530	
3	6	22	14	14	12	18	
36	65	71	100	134	244	381	2
61	83	121	142	212	477	584	1
2		3	3	3	7	10	
28	28	32	38	64	72	96	1
24	34	52	56	81	94	132	2
8	18	8	19	25	29	40	
46	60	100	123	168	242	320	2
100	**141**	**169**	**242**	**307**	**499**	**614**	**2**
3	3	8	13	16	21	28	
				1	5	3	
1		4	2	5	7	11	
1	2	4	7	4	7	11	
	1		3	4	1	2	
1			1	2	1	1	
80	106	113	171	216	364	477	1
	8	1	5	4	2	1	
11	9	8	9	10	18	22	
11	10	10	26	30	46	51	
2	5	6	9	11	14	11	
3	7	4	6	6	10	9	
28	39	46	68	104	152	200	1
25	28	38	48	51	122	183	
17	32	48	58	75	114	109	1
13	26	39	48	58	99	88	1
1	1	4	6	8	7	8	
3	5	5	4	9	8	13	
24	**35**	**42**	**49**	**75**	**149**	**124**	**1**
5	3	6	5	9	23	7	
	1	1					
		3	3	3	7	2	
2	2				2	1	
					1	1	
3		2	2	6	13	3	
5	7	11	5	11	16	12	1
2		3		2	4	2	
3	7	8	5	9	12	10	1
14	25	25	39	55	110	105	
1	3	4	5	7	11	14	
	5	3	1	3	7	5	
	2		1		6	3	
2	8	10	13	22	30	26	
11	7	8	19	23	56	57	
78	**114**	**166**	**200**	**293**	**828**	**1059**	**3**
24	37	42	57	109	366	463	
7	11	9	13	30	153	170	

2-10 续表 17

行业	代码	2003年	2004年	2005年	2006年
托儿所服务	792				
洗染服务	793			1	1
理发及美容服务	794	3	4		2
洗浴服务	795	4	4	2	7
保健服务	796				
婚姻服务	797			1	3
殡葬服务	798	4	3	4	4
其他居民服务业	799	2	3	5	4
机动车、电子产品和日用产品修理业	80	13	32	34	62
汽车、摩托车修理与维护	801	11	24	30	52
计算机和办公设备维修	802	2	4	1	6
家用电器修理	803		3	2	4
其他日用产品修理业	809		1	1	
其他服务业	81	3	8	3	7
清洁服务	811	2	2	1	5
其他未列明服务业	819	1	6	2	2
卫生和社会工作	**Q**				
社会工作	84				
提供住宿社会工作	841				
不提供住宿社会工作	842				
文化、体育和娱乐业	**R**	**47**	**63**	**75**	**197**
新闻和出版业	85			2	3
新闻业	851				1
出版业	852			2	2
广播、电视、电影和影视录音制作业	86	2	3	2	5
广播	861				
电视	862				
电影和影视节目制作	863	1		1	1
电影和影视节目发行	864				
电影放映	865	1	3	1	4
录音制作	866				
文化艺术业	87	3			3
文艺创作与表演	871				2
艺术表演场馆	872				
图书馆与档案馆	873				
文物及非物质文化遗产保护	874				
博物馆	875				
群众文化活动	877				
其他文化艺术业	879	3			1
体育	88	2		1	2
体育组织	881	1			1
体育场馆	882				1
休闲健身活动	883	1		1	
其他体育	889				
娱乐业	89	40	60	70	184
室内娱乐活动	891	40	59	69	183
游乐园	892		1		
文化、娱乐、体育经纪代理	894			1	1
其他娱乐业	899				

2007年	2008年	2009年	2010年	2011年	2012年	2013年	无开业年份
				2		1	
1		2	4	8	24	25	
4	6	6	4	15	73	100	
3	5	6	8	9	14	26	
2	3	2	3	2	9	38	
2	3	2	4	11	22	22	
1	2	3	6	6	18	14	
4	7	12	15	26	53	67	
40	63	96	102	138	340	480	3
39	49	80	91	122	302	436	3
	13	9	4	12	16	20	
1		3	6	4	17	18	
	1	4	1		5	6	
14	14	28	41	46	122	116	
6	8	17	23	20	83	78	
8	6	11	18	26	39	38	
		4		**6**	**7**	**4**	
		4		6	7	4	
		4		3	6	4	
				3	1		
176	**188**	**202**	**220**	**215**	**248**	**336**	**1**
	3	2	3	8	16	4	
			2	2	2		
	3	2	1	6	14	4	
8	7	9	10	16	13	19	
					1		
1			1	1		1	
3	3		1	3	5	7	
					1	2	
3	4	8	8	12	2	9	
1		1			4		
2	14	10	22	26	45	49	
	6	5	13	8	17	13	
				2		1	
			1			1	
	2	1		1	3	4	
				1	1	1	
	2		3	4	2	9	
2	4	4	5	10	22	20	
1	4	3	7	6	21	16	
			1	1	5	4	
1	4	2	5	5	15	11	
		1	1		1	1	
165	160	178	178	159	153	248	1
163	155	174	170	151	136	230	
	1	1		1	3	2	
1	1	2	4	4	5	4	
1	3	1	4	3	9	12	1

2-11 按行业(中类)、开业(成立)时间分组的

行业	代码	从业人员数(人)	1949年及以前	1950-1977年	1978-1991年
总 计		**1536416**	**383**	**34282**	**35392**
农、林、牧、渔业	A	**10851**		**389**	**14**
农业	01	287			13
蔬菜、食用菌及园艺作物种植	014	96			
水果种植	015	146			13
坚果、含油果、香料和饮料作物种植	016	25			
其他农业	019	20			
林业	02	31			
林木育种和育苗	021	6			
森林经营和管护	023	25			
农、林、牧、渔服务业	05	10533		389	1
农业服务业	051	8617		292	1
林业服务业	052	517		97	
畜牧服务业	053	1208			
渔业服务业	054	191			
采矿业	B	**204437**		**1066**	**2372**
煤炭开采和洗选业	06	139829		522	1947
烟煤和无烟煤开采洗选	061	138425		522	1945
褐煤开采洗选	062	195			
其他煤炭采选	069	1209			2
石油和天然气开采业	07	8			
天然气开采	072	8			
黑色金属矿采选业	08	7206			64
铁矿采选	081	3044			8
锰矿、铬矿采选	082	3210			56
其他黑色金属矿采选	089	952			
有色金属矿采选业	09	7844		337	140
常用有色金属矿采选	091	5737		337	39
贵金属矿采选	092	1504			101
稀有稀土金属矿采选	093	603			
非金属矿采选业	10	47276		207	200
土砂石开采	101	37867		45	54
化学矿开采	102	7825		162	146
石棉及其他非金属矿采选	109	1584			
开采辅助活动	11	1414			21
煤炭开采和洗选辅助活动	111	1204			21
石油和天然气开采辅助活动	112	15			
其他开采辅助活动	119	195			
其他采矿业	12	860			
其他采矿业	120	860			
制造业	C	**487348**	**98**	**6062**	**7647**
农副食品加工业	13	33773	50	237	518
谷物磨制	131	5329		26	23
饲料加工	132	3537			
植物油加工	133	4300		78	37
制糖业	134	835			152
屠宰及肉类加工	135	7567	50	133	41
水产品加工	136	189			10
蔬菜、水果和坚果加工	137	3380			
其他农副食品加工	139	8636			255

小微企业法人单位从业人员数

1992-1995年	1996年	1997年	1998年	1999年	2000年	2001年	2002年
40725	**10943**	**15691**	**26045**	**24163**	**32135**	**39314**	**45389**
13			**5**	**5**	**157**	**27**	**106**
					123		
					123		
						6	
						6	
13			5	5	34	21	106
13			2	5	23	21	43
			3				10
					11		3
							50
3794	**2161**	**1912**	**3574**	**2646**	**4436**	**5114**	**5084**
2915	1855	1241	2927	2136	3366	3722	3512
2755	1855	1228	2920	2136	3366	3722	3512
160		13	7				
	10	247	36	12	136	467	442
		230	35		11	293	355
	10	17	1	12	125	174	71
							16
380	73	131	85	139	326	230	245
211	73	127	85	138	288	94	123
14		4		1	38	136	122
155							
499	223	293	526	359	578	677	580
135	92	61	90	79	189	404	442
352	131	223	436	280	340	273	138
12		9			49		
					30	18	163
					30	18	163
							142
							142
10716	**3531**	**4108**	**7699**	**7424**	**10514**	**10153**	**9128**
249	234	463	405	557	620	782	552
		281		64	61	36	
25		6		159	184	180	177
78	50	54	69	206	59	121	93
79	142	116	258	64	117	241	262
45	32		11	64	54		10
22	10	6	67		145	204	10

2-11 续表 1

行　　业	代码	从业人员数（人）			
			1949年及以前	1950-1977年	1978-1991年
食品制造业	14	15525	6	567	46
焙烤食品制造	141	2741		79	
糖果、巧克力及蜜饯制造	142	666			
方便食品制造	143	3675			28
乳制品制造	144	426		326	
罐头食品制造	145	433			
调味品、发酵制品制造	146	4822	6	95	18
其他食品制造	149	2762		67	
酒、饮料和精制茶制造业	15	60093		279	985
酒的制造	151	26366		174	606
饮料制造	152	6868		41	15
精制茶加工	153	26859		64	364
烟草制品业	16	2891			
烟叶复烤	161	2666			
其他烟草制品制造	169	225			
纺织业	17	4904		10	37
棉纺织及印染精加工	171	2246			
毛纺织及染整精加工	172	276			
麻纺织及染整精加工	173	78			
丝绢纺织及印染精加工	174	284			
化纤织造及印染精加工	175	271			
针织或钩针编织物及其制品制造	176	370			
家用纺织制成品制造	177	959			37
非家用纺织制成品制造	178	420		10	
纺织服装、服饰业	18	10283		254	30
机织服装制造	181	6866		254	20
针织或钩针编织服装制造	182	783			
服饰制造	183	2634			10
皮革、毛皮、羽毛及其制品和制鞋业	19	4188		6	
皮革鞣制加工	191	35			
皮革制品制造	192	805			
毛皮鞣制及制品加工	193	113			
羽毛(绒)加工及制品制造	194	116			
制鞋业	195	3119		6	
木材加工和木、竹、藤、棕、草制品业	20	24388		333	468
木材加工	201	13166		320	432
人造板制造	202	5448			
木制品制造	203	3785		13	36
竹、藤、棕、草等制品制造	204	1989			
家具制造业	21	7786			20
木质家具制造	211	5995			20
竹、藤家具制造	212	556			
金属家具制造	213	331			
塑料家具制造	214	77			
其他家具制造	219	827			
造纸和纸制品业	22	7887		117	311
纸浆制造	221	60			
造纸	222	2681		89	201
纸制品制造	223	5146		28	110

1992-1995年	1996年	1997年	1998年	1999年	2000年	2001年	2002年
255		86	486	222	165	468	502
1		9	234			104	
40		4			60	68	50
5		46			7		125
				1			
				40			
119		17	168	163	60	154	181
90		10	84	18	38	142	146
1040	933	923	1554	2277	5334	1114	902
732	782	792	1324	2020	4904	467	573
261	129	111	18	208	373	163	240
47	22	20	212	49	57	484	89
255					109		
255					109		
30		64		93	34	294	106
				73	16	290	
				20			
					8		
							5
30		64			10		
						4	101
6	11	11	25	17	3	40	54
	4	11	25	17	3	40	54
6							
	7						
				8		1	125
						1	
				8			125
22	52	25	327	260	148	29	306
22	1	4	19	257	15	12	119
		18	270		8		83
	42		38		75	17	104
	9	3		3	50		
163		40	44		64	6	191
		40			33	6	171
163							
			38		31		14
			6				6
142	115	40	148		139	196	221
		5	14			176	21
142	115	35	134		139	20	200

2-11 续表 2

行业	代码	从业人员数（人）	1949年及以前	1950-1977年	1978-1991年
印刷和记录媒介复制业	23	6968	37	193	473
印刷	231	6254	37	110	353
装订及印刷相关服务	232	680		83	90
记录媒介复制	233	34			30
文教、工美、体育和娱乐用品制造业	24	15182		79	26
文教办公用品制造	241	450			
乐器制造	242	220		12	
工艺美术品制造	243	14013		67	26
体育用品制造	244	23			
玩具制造	245	454			
游艺器材及娱乐用品制造	246	22			
石油加工及炼焦	25	4263			
化学原料和化学制品制造业	26	30542		651	550
基础化学原料制造	261	8226		27	220
肥料制造	262	7096		448	43
农药制造	263	179			
涂料、油墨、颜料及类似产品制造	264	1481		176	
合成材料制造	265	1171			
专用化学产品制造	266	5339			103
炸药、火工及焰火产品制造	267	5723			170
日用化学产品制造	268	1327			14
医药制造业	27	12151		40	26
化学药品原料药制造	271	398			
化学药品制剂制造	272	606			25
中药饮片加工	273	1578			
中成药生产	274	8118			
兽用药品制造	275	78			
生物药品制造	276	757			1
卫生材料及医药用品制造	277	616		40	
化学纤维制造业	28	38			
合成纤维制造	282	38			
橡胶和塑料制品业	29	14817		259	339
橡胶制品业	291	3136		189	186
塑料制品业	292	11681		70	153
非金属矿物制品业	30	119642		973	2231
水泥、石灰和石膏制造	301	17722		472	922
石膏、水泥制品及类似制品制造	302	42713		5	90
砖瓦、石材等建筑材料制造	303	42135		103	830
玻璃制造	304	1822			
玻璃制品制造	305	5347			
玻璃纤维和玻璃纤维增强塑料制品制造	306	999			
陶瓷制品制造	307	915		10	62
耐火材料制品制造	308	2909			327
石墨及其他非金属矿物制品制造	309	5080		383	
黑色金属冶炼和压延加工业	31	22165			286
炼铁	311	1060			
炼钢	312	134			
黑色金属铸造	313	1010			97
钢压延加工	314	2381			189
铁合金冶炼	315	17580			

1992-1995年	1996年	1997年	1998年	1999年	2000年	2001年	2002年
387	85	196	94	120	224	362	383
376	53	159	86	120	199	352	375
11	32	37	8		25	10	8
35	38		2	60	14	171	8
						129	
35	38		2	60	14	42	8
42			2			163	206
1891	378	270	1024	643	366	1137	786
693	56		381	91	294	649	102
519	305	16	347	462	43	98	95
		1			1	1	60
	9	85	30	11		59	59
19			32		13	8	99
38		18	1	11	15	63	89
562		138				245	260
60	8	12	233	68		14	22
2008	544	392	1174	239	421	528	648
	17						
276		18					
105						52	4
1417	527	374	1174	153	410	460	541
15							
16				69	11	16	42
179				17			61
924	79	64	3	140	232	313	199
680	79	56				98	3
244		8	3	140	232	215	196
1394	416	285	1152	1198	1105	1560	1942
756	192	89	292	731	562	976	778
71	32	145	40	107	95	145	553
429	113	13	569	135	306	347	404
			53	75	68		
1	15						
75			30				9
1		13		66	3	38	164
61	64	25	168	84	71	54	34
146			167	166	432	901	674
					210		
					2		
				50	1	2	6
146			150	12			241
			17	104	219	899	427

2-11 续表 3

行　　业	代码	从业人员数（人）	1949年及以前	1950-1977年	1978-1991年
有色金属冶炼和压延加工业	32	9718		220	416
常用有色金属冶炼	321	4739		220	174
贵金属冶炼	322	1099			227
稀有稀土金属冶炼	323	429			
有色金属合金制造	324	708			15
有色金属铸造	325	494			
有色金属压延加工	326	2249			
金属制品业	33	18872	5	67	563
结构性金属制品制造	331	9154			15
金属工具制造	332	2366			7
集装箱及金属包装容器制造	333	433			80
金属丝绳及其制品制造	334	1184			403
建筑、安全用金属制品制造	335	2056	5		
金属表面处理及热处理加工	336	669			
搪瓷制品制造	337	142			41
金属制日用品制造	338	864		67	
其他金属制品制造	339	2004			17
通用设备制造业	34	12385		420	52
锅炉及原动设备制造	341	427			
金属加工机械制造	342	3380		182	
物料搬运设备制造	343	943			
泵、阀门、压缩机及类似机械制造	344	1022		219	
轴承、齿轮和传动部件制造	345	1126			
烘炉、风机、衡器、包装等设备制造	346	1033			39
文化、办公用机械制造	347	28			
通用零部件制造	348	4120		19	13
其他通用设备制造业	349	306			
专用设备制造业	35	13185		660	66
采矿、冶金、建筑专用设备制造	351	5457		384	13
化工、木材、非金属加工专用设备制造	352	1676		185	
食品、饮料、烟草及饲料生产专用设备制造	353	232		10	
印刷、制药、日化及日用品生产专用设备制造	354	763		6	
纺织、服装和皮革加工专用设备制造	355	212			
电子和电工机械专用设备制造	356	1771			53
农、林、牧、渔专用机械制造	357	1338		75	
医疗仪器设备及器械制造	358	585			
环保、社会公共服务及其他专用设备制造	359	1151			
汽车制造业	36	6444		544	
汽车整车制造	361	1395			
改装汽车制造	362	215			
低速载货汽车制造	363	276		276	
电车制造	364	395			
汽车车身、挂车制造	365	23			
汽车零部件及配件制造	366	4140		268	
铁路、船舶、航空航天和其他运输设备制造业	37	2495		67	44
铁路运输设备制造	371	397			
船舶及相关装置制造	373	298			
航空、航天器及设备制造	374	1069			44
摩托车制造	375	459			
自行车制造	376	118			
潜水救捞及其他未列明运输设备制造	379	154		67	

1992-1995年	1996年	1997年	1998年	1999年	2000年	2001年	2002年
211	60	35	3	300	484	636	249
63	60		3	60	200	369	191
68		5			1	143	
				161		23	
		30			8		
80				79	275	101	58
276	81	9	36	96	33	212	252
	5	1	26		7	57	6
118	1			87		69	116
1							
	8	6		9	20	86	
37					1		95
80							20
40	67	2	10		5		15
176	216	250	347	503	150	200	147
			8	5		4	
33	18	10	74	122	6	58	127
	4		53		46		
64		89	129			45	
		28	56	20	1	40	
						6	
79	194	65	25	356	97	39	13
		58	2			8	7
438	123	340	54	66	118	98	260
77		160	40		68		61
30		180			7	67	84
269							
9			14	19		16	
45				47	1		
					42		74
8	123					15	41
137	126	161	399	126	40	284	81
			270				
				3			
137	126	161	129	123	40	284	81
		37			1	7	30
							30
		37				7	
					1		

2-11 续表 4

行　业	代码	从业人员数（人）			
			1949年及以前	1950-1977年	1978-1991年
电气机械和器材制造业	38	13342		16	106
电机制造	381	734		3	
输配电及控制设备制造	382	4131		13	91
电线、电缆、光缆及电工器材制造	383	2283			15
电池制造	384	902			
家用电力器具制造	385	1779			
非电力家用器具制造	386	738			
照明器具制造	387	2431			
其他电气机械及器材制造	389	344			
计算机、通信和其他电子设备制造业	39	5666			18
计算机制造	391	103			
通信设备制造	392	238			18
雷达及配套设备制造	394	27			
视听设备制造	395	139			
电子器件制造	396	1016			
电子元件制造	397	3292			
其他电子设备制造	399	851			
仪器仪表制造业	40	1826			27
通用仪器仪表制造	401	319			
专用仪器仪表制造	402	488			27
钟表与计时仪器制造	403	36			
光学仪器及眼镜制造	404	783			
其他仪器仪表制造业	409	200			
其他制造业	41	2893			
废弃资源综合利用业	42	1580			
金属废料和碎屑加工处理	421	744			
非金属废料和碎屑加工处理	422	836			
金属制品、机械和设备修理业	43	1456		70	9
金属制品修理	431	26			
通用设备修理	432	328			
专用设备修理	433	252			
铁路、船舶、航空航天等运输设备修理	434	177		70	
电气设备修理	435	107			
仪器仪表修理	436	25			
其他机械和设备修理业	439	541			9
电力、热力、燃气及水生产和供应业	**D**	**42254**	**9**	**3368**	**3537**
电力、热力生产和供应业	44	29169	9	1590	2082
电力生产	441	19672	6	796	439
电力供应	442	9349	3	794	1643
热力生产和供应	443	148			
燃气生产和供应业	45	2673			256
燃气生产和供应业	450	2673			256
水的生产和供应业	46	10412		1778	1199
自来水生产和供应	461	9369		1778	1199
污水处理及其再生利用	462	882			
其他水的处理、利用与分配	469	161			

1992-1995年	1996年	1997年	1998年	1999年	2000年	2001年	2002年
36	40	368	120	230	153	329	232
	16	186					
36	24	70	19	160	18		50
		112	62	70		76	182
						245	
					135		
			39				
						8	
			58	28	55	284	1
				2		51	1
					3		
			58	26		45	
					52	183	
						5	
310		49	75		50	34	
5			75			31	
		49					
305						3	
					50		
133					20		13
						4	58
							35
						4	23
10				75			
10							
				75			
4684	**215**	**982**	**1398**	**1393**	**767**	**2666**	**1805**
4138	159	948	890	1141	306	2279	1526
1465	114	211	361	261	134	2279	1343
2673	45	737	529	880	172		183
193		4	10		39	48	9
193		4	10		39	48	9
353	56	30	498	252	422	339	270
353	56	30	411	252	422	305	247
			87			34	16
							7

2-11 续表 5

行业	代码	从业人员数(人)	1949年及以前	1950-1977年	1978-1991年
建筑业	E	**133061**	**30**	**13124**	**13210**
房屋建筑业	47	77264		11844	12393
房屋建筑业	470	77264		11844	12393
土木工程建筑业	48	25658		1188	690
铁路、道路、隧道和桥梁工程建筑	481	10807		1105	145
水利和内河港口工程建筑	482	4295		62	115
工矿工程建筑	484	1357			350
架线和管道工程建筑	485	5031		21	
其他土木工程建筑	489	4168			80
建筑安装业	49	8622			46
电气安装	491	2959			22
管道和设备安装	492	1645			
其他建筑安装业	499	4018			24
建筑装饰和其他建筑业	50	21517	30	92	81
建筑装饰业	501	13982	30	45	15
工程准备活动	502	4948		47	18
提供施工设备服务	503	642			
其他未列明建筑业	509	1945			48
批发和零售业	F	**218161**	**176**	**6258**	**2655**
批发业	51	113688	51	3237	1597
农、林、牧产品批发	511	6839	20	92	101
食品、饮料及烟草制品批发	512	18725	21	168	358
纺织、服装及家庭用品批发	513	9532		135	42
文化、体育用品及器材批发	514	2638		213	24
医药及医疗器材批发	515	4745		395	88
矿产品、建材及化工产品批发	516	39470		1871	395
机械设备、五金产品及电子产品批发	517	21234		234	121
贸易经纪与代理	518	3906	10	29	113
其他批发业	519	6599		100	355
零售业	52	104473	125	3021	1058
综合零售	521	13262	15	1485	482
食品、饮料及烟草制品专门零售	522	18440	66	541	188
纺织、服装及日用品专门零售	523	6190		174	14
文化、体育用品及器材专门零售	524	4522	44	539	91
医药及医疗器材专门零售	525	5469		26	67
汽车、摩托车、燃料及零配件专门零售	526	22096			98
家用电器及电子产品专门零售	527	15374			82
五金、家具及室内装饰材料专门零售	528	12122		75	
货摊、无店铺及其他零售业	529	6998		181	36
交通运输、仓储和邮政业	G	**58624**		**2093**	**923**
道路运输业	54	40745		1445	289
城市公共交通运输	541	7690		677	
公路旅客运输	542	11193		260	205
道路货物运输	543	17952		224	46
道路运输辅助活动	544	3910		284	38
水上运输业	55	1367		30	37
水上旅客运输	551	697			37
水上货物运输	552	506			
水上运输辅助活动	553	164		30	

1992-1995年	1996年	1997年	1998年	1999年	2000年	2001年	2002年
12498	**2209**	**3435**	**3165**	**1673**	**3857**	**7591**	**13008**
8881	854	2520	2274	1038	1127	5833	9641
8881	854	2520	2274	1038	1127	5833	9641
2910	1122	644	33	160	1616	686	2340
1186	25	360	22	88	1395	27	1185
1550		284		72		200	797
	30						157
141	242		11		185	447	179
33	825				36	12	22
323	195	39	648	160	848	972	142
202	117	8	67	140	340	640	23
75		31	553		151	275	27
46	78		28	20	357	57	92
384	38	232	210	315	266	100	885
217	28	122	210	315	221	67	443
49	10				37	12	95
118		110			8	21	347
2728	**964**	**1824**	**2267**	**2490**	**3423**	**3632**	**4018**
1519	535	1421	1207	1228	1982	2182	2608
29	40	19	40	72	42	41	74
352	4	112	209	347	600	511	536
41	16	204	27	49	198	114	246
49		44	72	16	7	41	55
25	38	162	49	17	66	187	130
779	315	407	474	479	520	644	1085
176	79	251	230	149	374	414	347
38	10	172	14	34	41	120	73
30	33	50	92	65	134	110	62
1209	429	403	1060	1262	1441	1450	1410
275	40	84	18	147	190	155	60
195	56	6	136	414	166	202	238
60		3	44	56	89	103	59
23	43	12	37	67	107	93	78
74	33	42	48	125	17	36	144
195	89	102	406	220	411	323	349
157	126	93	239	171	202	338	309
177	20	26	85	41	217	86	96
53	22	35	47	21	42	114	77
832	**313**	**516**	**1572**	**1492**	**1121**	**1288**	**3025**
606	143	450	114	1023	892	1092	2578
26		14		86	310	91	342
65	32	4	84	676	196	636	1644
283	111	63	17	18	202	291	553
232		369	13	243	184	74	39
			51	172	38		113
			51	15			22
				157	38		78
							13

2-11 续表 6

行业	代码	从业人员数(人)	1949年及以前	1950-1977年	1978-1991年
航空运输业	56	679			
航空客货运输	561	389			
通用航空服务	562	85			
航空运输辅助活动	563	205			
管道运输业	57	103			
管道运输业	570	103			
装卸搬运和运输代理业	58	8771		352	487
装卸搬运	581	5412		333	436
运输代理业	582	3359		19	51
仓储业	59	3283		266	106
谷物、棉花等农产品仓储	591	1426		219	69
其他仓储业	599	1857		47	37
邮政业	60	3676			4
邮政基本服务	601	793			4
快递服务	602	2883			
住宿和餐饮业	**H**	**71423**		**593**	**944**
住宿业	61	35531		316	838
旅游饭店	611	21046		149	587
一般旅馆	612	11042		167	173
其他住宿业	619	3443			78
餐饮业	62	35892		277	106
正餐服务	621	32392		266	91
快餐服务	622	622			
饮料及冷饮服务	623	666			
其他餐饮业	629	2212		11	15
信息传输、软件和信息技术服务业	**I**	**14420**		**38**	**9**
电信、广播电视和卫星传输服务	63	4265		38	7
电信	631	3809		38	7
广播电视传输服务	632	456			
互联网和相关服务	64	2085			2
互联网接入及相关服务	641	478			
互联网信息服务	642	977			2
其他互联网服务	649	630			
软件和信息技术服务业	65	8070			
软件开发	651	3922			
信息系统集成服务	652	684			
信息技术咨询服务	653	2359			
数据处理和存储服务	654	32			
集成电路设计	655	127			
其他信息技术服务业	659	946			
房地产业	**K**	**94181**		**423**	**425**
房地产业	70	94181		423	425
房地产开发经营	701	51798		294	352
物业管理	702	35037		101	14
房地产中介服务	703	4989		4	
其他房地产业	709	2357		24	59
租赁和商务服务业	**L**	**111036**		**284**	**1990**
租赁业	71	8195		45	
机械设备租赁	711	7899		45	
文化及日用品出租	712	296			

1992-1995年	1996年	1997年	1998年	1999年	2000年	2001年	2002年
						71	
						5	
						66	
80	120		556	141	143	52	12
	60		327	141	72	26	
80	60		229		71	26	12
146	50	65	103	156	48	68	60
83	35	60		155	48	62	45
63	15	5	103	1		6	15
		1	748			5	262
		1	659				
			89			5	262
1054	**158**	**592**	**388**	**590**	**502**	**869**	**1529**
717	158	369	144	553	290	189	978
377	74	207	38	527	201	110	861
175	84	138	106	21	52	75	104
165		24		5	37	4	13
337		223	244	37	212	680	551
263		223	244	37	141	490	490
					8	80	
36					12		22
38					51	110	39
25	**29**	**63**	**55**	**19**	**172**	**1190**	**558**
	9	11			26	892	23
	9	11			26	879	10
						13	13
				12	55	80	70
						38	55
					20	27	10
				12	35	15	5
25	20	52	55	7	91	218	465
2	11	36	39	7	89	171	223
15						20	61
	9	16	16		2	27	64
							68
8							49
1740	**309**	**818**	**2419**	**4058**	**4356**	**4270**	**3451**
1740	309	818	2419	4058	4356	4270	3451
1433	207	590	2035	2947	2778	1546	954
218	102	172	302	1042	1492	2493	2177
67		56	19	61	58	127	197
22			63	8	28	104	123
1352	**532**	**860**	**2777**	**1584**	**1404**	**895**	**1721**
66		39	4	7	10	63	142
66		39	4	7	10	63	142

2-11 续表 7

行　　业	代码	从业人员数(人)	1949年及以前	1950-1977年	1978-1991年
商务服务业	72	102841		239	1990
企业管理服务	721	19929		31	90
法律服务	722	1734			61
咨询与调查	723	11681		18	79
广告业	724	13016		19	13
知识产权服务	725	373			
人力资源服务	726	14053			85
旅行社及相关服务	727	7229			415
安全保护服务	728	19938		10	1126
其他商务服务业	729	14888		161	121
科学研究和技术服务业	M	**30371**		**249**	**1149**
研究和试验发展	73	1371			48
自然科学研究和试验发展	731	152			48
工程和技术研究和试验发展	732	645			
农业科学研究和试验发展	733	483			
医学研究和试验发展	734	69			
社会人文科学研究	735	22			
专业技术服务业	74	24138		211	1059
气象服务	741	192		3	
地震服务	742	3			
测绘服务	744	1363			
质检技术服务	745	3752			17
环境与生态监测	746	694			
地质勘查	747	1446		22	191
工程技术	748	11376		186	768
其他专业技术服务业	749	5312			83
科技推广和应用服务业	75	4862		38	42
技术推广服务	751	3941			30
科技中介服务	752	401			9
其他科技推广和应用服务业	759	520		38	3
水利、环境和公共设施管理业	N	**8340**	**70**	**127**	**86**
水利管理业	76	1342		53	44
防洪除涝设施管理	761	38			
水资源管理	762	391			18
天然水收集与分配	763	187		25	4
水文服务	764	27			
其他水利管理业	769	699		28	22
生态保护和环境治理业	77	976		74	
生态保护	771	290		74	
环境治理业	772	686			
公共设施管理业	78	6022	70		42
市政设施管理	781	693			
环境卫生管理	782	488			
城乡市容管理	783	142			
绿化管理	784	1276			42
公园和游览景区管理	785	3423	70		
居民服务、修理和其他服务业	O	**33899**		**135**	**239**
居民服务业	79	13371		14	22
家庭服务	791	3348			

1992-1995年	1996年	1997年	1998年	1999年	2000年	2001年	2002年
1286	532	821	2773	1577	1394	832	1579
434	76	320	334	256	102	252	276
100		23	76	15	11	30	23
224	323	36	66	233	682	81	161
129	40	17	61	113	78	128	167
				5		41	
13		3		771	1	12	135
173		341	17	66	146	81	128
			1404	1			437
213	93	81	815	117	374	207	252
559	**200**	**308**	**424**	**229**	**453**	**718**	**812**
7		121	23	2	80	33	14
			8				
		121	15		50		
7					30	33	8
				2			6
471	161	166	383	152	320	676	733
			2		2	2	
			3				
14					22	12	61
3		56		5		64	26
						13	
150	95		37	34	58	87	
242	48	95	212	98	238	422	519
62	18	15	129	15		76	127
81	39	21	18	75	53	9	65
63	39	15	14	37	18	9	54
16			4				
2		6		38	35		11
29	**88**	**20**	**41**	**149**	**124**	**202**	**177**
18			41	65	66	14	5
							5
4				5	66		
						14	
14			41	60			
		16			16		
		16					
					16		
11	88	4		84	42	188	172
		4		28		100	
	25				10	57	52
				3			
2	32			53	23	31	20
9	31				9		100
662	**212**	**227**	**224**	**375**	**777**	**519**	**728**
250	155	46	95	120	372	182	248
					58	10	

2-11 续表 8

行　　业	代码	从业人员数(人)	1949年及以前	1950-1977年	1978-1991年
托儿所服务	792	17			
洗染服务	793	859			
理发及美容服务	794	1354			
洗浴服务	795	2569			21
保健服务	796	830			
婚姻服务	797	318			
殡葬服务	798	2258			
其他居民服务业	799	1818		14	1
机动车、电子产品和日用产品修理业	80	15938		84	165
汽车、摩托车修理与维护	801	14819		84	157
计算机和办公设备维修	802	623			
家用电器修理	803	349			2
其他日用产品修理业	809	147			6
其他服务业	81	4590		37	52
清洁服务	811	2895			50
其他未列明服务业	819	1695		37	2
卫生和社会工作	**Q**	**254**			
社会工作	84	254			
提供住宿社会工作	841	154			
不提供住宿社会工作	842	100			
文化、体育和娱乐业	**R**	**17756**		**73**	**192**
新闻和出版业	85	995			142
新闻业	851	94			
出版业	852	901			142
广播、电视、电影和影视录音制作业	86	1701		73	45
广播	861	6			
电视	862	81			
电影和影视节目制作	863	358			
电影和影视节目发行	864	69		29	23
电影放映	865	1114		44	22
录音制作	866	73			
文化艺术业	87	2160			
文艺创作与表演	871	1259			
艺术表演场馆	872	106			
图书馆与档案馆	873	15			
文物及非物质文化遗产保护	874	89			
博物馆	875	12			
群众文化活动	877	188			
其他文化艺术业	879	491			
体育	88	570			
体育组织	881	128			
体育场馆	882	31			
休闲健身活动	883	377			
其他体育	889	34			
娱乐业	89	12330			5
室内娱乐活动	891	11587			5
游乐园	892	180			
文化、娱乐、体育经纪代理	894	131			
其他娱乐业	899	432			

1992-1995年	1996年	1997年	1998年	1999年	2000年	2001年	2002年
		20				10	
9	14		17	27	13		5
	65				34	114	143
			23				
152	76		29	87	239	18	71
89		26	26	6	28	30	29
330	46	167	100	244	314	252	413
328	42	127	72	229	291	240	405
	4	40	19	15	13		
			7		10	12	8
2			2				
82	11	14	29	11	91	85	67
74	11	14	15	11	91	45	67
8			14			40	
							26
							26
							20
							6
39	**22**	**26**	**37**	**36**	**72**	**180**	**213**
5							
5							
1	22	23	10	10			7
							7
		10					
1	22	13	10	10			
			2	5	6	13	20
			2	5			
							20
					6		
						13	
13					9		
13					9		
20		3	25	21	57	167	186
20		3	25		57	117	186
			21		50		

2-11 续表 9

行　业	代码	2003年	2004年	2005年	2006年
总　计		**46948**	**60336**	**59715**	**74624**
农、林、牧、渔业	A	**76**	**31**	**17**	**111**
农业	01				
蔬菜、食用菌及园艺作物种植	014				
水果种植	015				
坚果、含油果、香料和饮料作物种植	016				
其他农业	019				
林业	02	25			
林木育种和育苗	021				
森林经营和管护	023	25			
农、林、牧、渔服务业	05	51	31	17	111
农业服务业	051	31		17	90
林业服务业	052	5			
畜牧服务业	053	15			21
渔业服务业	054		31		
采矿业	B	**10947**	**16938**	**12861**	**14224**
煤炭开采和洗选业	06	8809	14604	10539	10179
烟煤和无烟煤开采洗选	061	8801	14524	10461	10030
褐煤开采洗选	062			60	
其他煤炭采选	069	8	80	18	149
石油和天然气开采业	07				
天然气开采	072				
黑色金属矿采选业	08	210	713	490	416
铁矿采选	081	20	130	143	18
锰矿、铬矿采选	082	190	583	280	19
其他黑色金属矿采选	089			67	379
有色金属矿采选业	09	713	133	184	790
常用有色金属矿采选	091	603	83	176	487
贵金属矿采选	092	110	50	3	
稀有稀土金属矿采选	093			5	303
非金属矿采选业	10	1207	1481	1638	2695
土砂石开采	101	863	1126	1546	2200
化学矿开采	102	330	316	91	336
石棉及其他非金属矿采选	109	14	39	1	159
开采辅助活动	11	8	7	3	9
煤炭开采和洗选辅助活动	111		7	3	
石油和天然气开采辅助活动	112	8			
其他开采辅助活动	119				9
其他采矿业	12			7	135
其他采矿业	120			7	135
制造业	C	**14683**	**16860**	**15639**	**21907**
农副食品加工业	13	540	1611	1636	2180
谷物磨制	131	35	348	106	292
饲料加工	132	87	144	171	470
植物油加工	133	259	230	317	206
制糖业	134		36	39	6
屠宰及肉类加工	135	89	216	392	573
水产品加工	136	2			
蔬菜、水果和坚果加工	137	18	115	77	178
其他农副食品加工	139	50	522	534	455

2007年	2008年	2009年	2010年	2011年	2012年	2013年	无开业年份
71191	**92758**	**93875**	**112665**	**158489**	**231813**	**227887**	**1653**
199	**373**	**814**	**662**	**1373**	**2480**	**3999**	
	20	25	63		33	10	
			63		33		
						10	
		25					
	20						
199	353	789	599	1373	2447	3989	
191	323	568	533	1129	1762	3573	
	6	20	8	32	176	160	
8	24	196	56	166	471	237	
		5	2	46	38	19	
15278	**24225**	**15800**	**15686**	**20096**	**16220**	**9312**	**691**
11741	18984	9814	9999	11395	6119	2862	641
11736	18980	9750	9738	11116	5872	2831	625
				70	65		
5	4	64	261	209	182	31	16
				3	5		
				3	5		
384	682	600	582	812	540	363	
188	479	128	72	301	375	258	
135	196	459	473	300	48	61	
61	7	13	37	211	117	44	
427	547	343	433	975	590	587	36
347	397	275	303	470	548	497	36
33	148	26	130	505	38	45	
47	2	42			4	45	
2560	3711	5005	4426	6476	8715	5206	14
2305	2914	3490	3905	5665	7844	4404	14
192	726	1351	355	672	585	390	
63	71	164	166	139	286	412	
65	275	26	229	372	83	105	
40	272	26	194	346	56	28	
						7	
25	3		35	26	27	70	
101	26	12	17	63	168	189	
101	26	12	17	63	168	189	
18963	**29241**	**28542**	**37100**	**53928**	**91193**	**81593**	**619**
1579	1806	2159	2272	3110	6298	5899	16
229	263	328	228	488	1403	1110	8
124	145	315	178	413	245	510	4
230	277	296	111	298	459	772	
		28	215	8	270	81	
652	472	601	441	793	981	850	4
	56	6	4	6	40	65	
98	211	197	109	447	879	835	
246	382	388	986	657	2021	1676	

2-11 续表 10

行 业	代码				
		2003年	2004年	2005年	2006年
食品制造业	14	206	688	691	575
焙烤食品制造	141	68	109		272
糖果、巧克力及蜜饯制造	142			5	
方便食品制造	143	10	15	187	42
乳制品制造	144			17	
罐头食品制造	145			2	56
调味品、发酵制品制造	146	115	553	379	105
其他食品制造	149	13	11	101	100
酒、饮料和精制茶制造业	15	708	1246	741	1430
酒的制造	151	251	593	260	471
饮料制造	152	129	333	88	273
精制茶加工	153	328	320	393	686
烟草制品业	16			2	
烟叶复烤	161			2	
其他烟草制品制造	169				
纺织业	17	21	5	56	170
棉纺织及印染精加工	171				170
毛纺织及染整精加工	172				
麻纺织及染整精加工	173				
丝绢纺织及印染精加工	174			50	
化纤织造及印染精加工	175				
针织或钩针编织物及其制品制造	176	21			
家用纺织制成品制造	177		5		
非家用纺织制成品制造	178			6	
纺织服装、服饰业	18	276	2	40	251
机织服装制造	181	87		10	216
针织或钩针编织服装制造	182				5
服饰制造	183	189	2	30	30
皮革、毛皮、羽毛及其制品和制鞋业	19	7	15	10	6
皮革鞣制加工	191				
皮革制品制造	192		15	10	
毛皮鞣制及制品加工	193				
羽毛(绒)加工及制品制造	194	7			
制鞋业	195				6
木材加工和木、竹、藤、棕、草制品业	20	360	285	1090	2037
木材加工	201	80	224	643	674
人造板制造	202	104	60	337	1299
木制品制造	203	10	1	105	64
竹、藤、棕、草等制品制造	204	166		5	
家具制造业	21	108	24	51	108
木质家具制造	211	108	6	11	103
竹、藤家具制造	212		12		
金属家具制造	213			36	
塑料家具制造	214				5
其他家具制造	219		6	4	
造纸和纸制品业	22	158	73	233	222
纸浆制造	221				
造纸	222	32		15	136
纸制品制造	223	126	73	218	86

2007年	2008年	2009年	2010年	2011年	2012年	2013年	无开业年份
798	802	866	959	2004	2955	2102	76
113	154	160	152	512	509	265	
		104	44	188	83	20	
33	292	228	346	331	1038	942	
	26		5			21	30
50	82	118		15	54	16	
395	127	202	162	693	719	381	10
207	121	54	250	265	552	457	36
2258	4331	4040	4336	6282	11878	7480	22
751	1399	885	962	2577	3966	1876	1
463	422	516	448	657	995	964	21
1044	2510	2639	2926	3048	6917	4640	
			2177	236	71	41	
			2177	36	71	16	
				200		25	
188	21	92	369	1156	959	1199	
55	12	80	22	898	96	534	
			174		69	13	
	9				14	47	
114			61		34	20	
			14		246	11	
		6	13	1	57	272	
19		6	27	56	423	282	
			58	201	20	20	
217	17	229	1085	974	2065	4658	18
198	17	40	767	707	1372	3006	18
		56	75	126	174	341	
19		133	243	141	519	1311	
	71	6	159	248	1437	2089	
						35	
	1		12	162	180	424	
				20	23	70	
			85		24		
	70	6	62	66	1210	1560	
1188	1108	1305	1957	3146	5540	4400	2
435	517	598	719	2133	3298	2643	1
517	373	320	465	519	438	636	1
144	99	264	405	461	1146	761	
92	119	123	368	33	658	360	
184	198	371	298	513	3114	2289	
168	198	158	191	465	2490	1827	
6		185			151	39	
		12	28	43	78	51	
				3	36	33	
10		16	79	2	359	339	
598	376	510	465	1172	1438	1211	2
			45			15	
399	278	182	76	209	505	341	2
199	98	328	344	963	933	855	

2-11 续表 11

行　　业	代码				
		2003年	2004年	2005年	2006年
印刷和记录媒介复制业	23	268	206	205	616
印刷	231	229	174	189	565
装订及印刷相关服务	232	39	32	12	51
记录媒介复制	233			4	
文教、工美、体育和娱乐用品制造业	24	154	62	144	259
文教办公用品制造	241	2			
乐器制造	242				
工艺美术品制造	243	152	62	144	253
体育用品制造	244				
玩具制造	245				
游艺器材及娱乐用品制造	246				6
石油加工及炼焦	25	733	1165	262	153
化学原料和化学制品制造业	26	1248	1792	1334	2137
基础化学原料制造	261	367	915	630	836
肥料制造	262	232	92	300	495
农药制造	263		42		4
涂料、油墨、颜料及类似产品制造	264	70	8		28
合成材料制造	265		12	8	61
专用化学产品制造	266	305	459	190	508
炸药、火工及焰火产品制造	267	224	244	164	42
日用化学产品制造	268	50	20	42	163
医药制造业	27	1673	576	420	445
化学药品原料药制造	271	184	87	26	5
化学药品制剂制造	272	282			
中药饮片加工	273	69	37	120	45
中成药生产	274	890	444	274	175
兽用药品制造	275				
生物药品制造	276				220
卫生材料及医药用品制造	277	248	8		
化学纤维制造业	28				
合成纤维制造	282				
橡胶和塑料制品业	29	598	671	471	1348
橡胶制品业	291	17	221	107	177
塑料制品业	292	581	450	364	1171
非金属矿物制品业	30	1677	3280	3159	5579
水泥、石灰和石膏制造	301	105	585	212	984
石膏、水泥制品及类似制品制造	302	597	535	380	1645
砖瓦、石材等建筑材料制造	303	706	693	1414	2228
玻璃制造	304	73		68	68
玻璃制品制造	305		615	138	64
玻璃纤维和玻璃纤维增强塑料制品制造	306			8	
陶瓷制品制造	307	8	57		
耐火材料制品制造	308	56	301	422	343
石墨及其他非金属矿物制品制造	309	132	494	517	247
黑色金属冶炼和压延加工业	31	3682	2545	1528	1339
炼铁	311		315	255	37
炼钢	312	2			
黑色金属铸造	313	47	171		20
钢压延加工	314	181	81	165	41
铁合金冶炼	315	3452	1978	1108	1241

2007年	2008年	2009年	2010年	2011年	2012年	2013年	无开业年份
158	590	325	385	621	610	429	1
110	578	309	376	572	535	396	1
48	12	16	9	49	75	33	
442	278	925	890	1346	5353	4896	
5	29	12	29	12	125	107	
				5	39	164	
437	249	867	861	1224	4956	4516	
		6			12	5	
		40		105	205	104	
					16		
10	415	57	199	319	383	154	
1698	1460	1189	2337	2764	3613	3020	254
582	463	206	599	355	365	395	
228	293	430	805	570	681	589	5
				10		60	
72	75	18	157	73	196	355	
4	110	64	25	7	325	193	191
418	407	276	417	633	876	512	
364	44	194	328	1064	981	699	
30	68	1	6	52	189	217	58
17	280	319	251	542	733	854	21
				5	14	60	
					1	4	
3	10	44	30	364	271	424	
9	222	201	173	84	340	229	21
				50	13		
	45	63	28	28	86	132	
5	3	11	20	11	8	5	
			20	9	8	1	
			20	9	8	1	
258	439	920	1455	1300	2205	2600	
42	34	85	106	303	353	400	
216	405	835	1349	997	1852	2200	
4090	7501	9482	10441	15123	25776	21146	132
445	1425	2781	1501	1332	1279	1231	72
968	2096	3162	4538	5970	12472	9051	16
1797	2707	3101	3822	5251	9096	8065	6
10	188		140	262	628	385	
370	58	105	44	1206	933	1616	2
192	3	70	1	105	504	100	
	115	15	35	212	16	271	
164	407	139	178	125	123	39	
144	502	109	182	660	725	388	36
1145	4529	1407	422	1151	699	941	5
	7	212		1	16	2	5
			8	13	17	92	
	157	151	41	83	36	148	
37	132	118	139	244	198	307	
1108	4233	926	234	810	432	392	

2-11 续表 12

行业	代码	2003年	2004年	2005年	2006年
有色金属冶炼和压延加工业	32	174	203	408	429
常用有色金属冶炼	321	146	108	136	311
贵金属冶炼	322	1	1	6	
稀有稀土金属冶炼	323		9	140	
有色金属合金制造	324	27	85	22	
有色金属铸造	325				89
有色金属压延加工	326			104	29
金属制品业	33	588	355	750	679
结构性金属制品制造	331	222	40	175	73
金属工具制造	332	85	134	280	
集装箱及金属包装容器制造	333		21		18
金属丝绳及其制品制造	334	10	50	25	125
建筑、安全用金属制品制造	335	22		28	37
金属表面处理及热处理加工	336	34	20	12	38
搪瓷制品制造	337				
金属制日用品制造	338	52	7	7	6
其他金属制品制造	339	163	83	223	382
通用设备制造业	34	445	466	598	597
锅炉及原动设备制造	341				11
金属加工机械制造	342	187	81	66	133
物料搬运设备制造	343		270	22	43
泵、阀门、压缩机及类似机械制造	344	65	51		
轴承、齿轮和传动部件制造	345			232	116
烘炉、风机、衡器、包装等设备制造	346	30		131	11
文化、办公用机械制造	347				
通用零部件制造	348	155	59	147	273
其他通用设备制造业	349	8	5		10
专用设备制造业	35	94	60	502	333
采矿、冶金、建筑专用设备制造	351		22	182	230
化工、木材、非金属加工专用设备制造	352	6		145	22
食品、饮料、烟草及饲料生产专用设备制造	353				14
印刷、制药、日化及日用品生产专用设备制造	354			32	5
纺织、服装和皮革加工专用设备制造	355		28	3	
电子和电工机械专用设备制造	356		10	14	8
农、林、牧、渔专用机械制造	357	56			
医疗仪器设备及器械制造	358			16	40
环保、社会公共服务及其他专用设备制造	359	32		110	14
汽车制造业	36	185	574	53	52
汽车整车制造	361		233		
改装汽车制造	362		7		17
低速载货汽车制造	363				
电车制造	364				
汽车车身、挂车制造	365				
汽车零部件及配件制造	366	185	334	53	35
铁路、船舶、航空航天和其他运输设备制造业	37	8	90		331
铁路运输设备制造	371		90		31
船舶及相关装置制造	373	8			118
航空、航天器及设备制造	374				182
摩托车制造	375				
自行车制造	376				
潜水救捞及其他未列明运输设备制造	379				

2007年	2008年	2009年	2010年	2011年	2012年	2013年	无开业年份
749	521	473	632	1267	805	1443	
558	428	332	476	495	310	99	
			35	62	5	545	
21				8	30	37	
62		54	7	112	184	140	
	42		24			301	
108	51	87	90	590	276	321	
550	1337	567	1512	2367	4683	3838	16
351	583	184	757	1681	2801	2154	16
13	87	62	332	31	454	490	
	84	18	5	87	40	79	
66	127		8	96	94	180	
40	77	95	366	93	675	489	
	238	93	8	9	28	56	
					26	75	
2	10		4	188	288	133	
78	131	115	32	182	277	182	
1154	639	426	1030	1423	1597	1496	53
148	5	3	107	78	15	43	
423	255	151	714	239	213	288	
8		10	48	145	343	54	
92	4	9	46	358	34	41	
	8	21	5	32	85	281	19
60	16	33	10	45	89	424	
		12				10	
423	332	187	100	511	677	338	18
	19			15	141	17	16
692	385	791	1039	1953	2433	2679	1
542	137	577	480	414	1204	866	
18	63	62	110	267	247	183	
	27				44	137	
15	8	3	67	114	179	65	
				138	43		
62			147	356	411	651	1
	60		98	275	138	543	
		51	30	162	130	40	
55	90	98	107	227	37	194	
274	398	25	342	904	1446	293	
			253	408	221	10	
			17	15	139	20	
					383	12	
		10			10		
274	398	15	72	481	693	251	
25	254	75	157	784	404	181	
25			85	136			
	7	7			120	38	
	119	18	72	470	120		
	128	50		96	134	50	
					25	93	
				82	5		

2-11 续表 13

行　　业	代码				
		2003年	2004年	2005年	2006年
电气机械和器材制造业	38	478	385	1104	441
电机制造	381	29	78	94	23
输配电及控制设备制造	382	192	165	511	95
电线、电缆、光缆及电工器材制造	383	252	137	135	175
电池制造	384				
家用电力器具制造	385			317	83
非电力家用器具制造	386		5		35
照明器具制造	387	5		8	30
其他电气机械及器材制造	389			39	
计算机、通信和其他电子设备制造业	39	48	164	57	60
计算机制造	391				30
通信设备制造	392				29
雷达及配套设备制造	394				
视听设备制造	395	27		27	
电子器件制造	396				
电子元件制造	397	21	164		1
其他电子设备制造	399			30	
仪器仪表制造业	40	180	194	58	6
通用仪器仪表制造	401	74	5	52	
专用仪器仪表制造	402		179		
钟表与计时仪器制造	403				
光学仪器及眼镜制造	404	101			6
其他仪器仪表制造业	409	5	10	6	
其他制造业	41	66	89	4	69
废弃资源综合利用业	42		14	32	19
金属废料和碎屑加工处理	421		14		
非金属废料和碎屑加工处理	422			32	19
金属制品、机械和设备修理业	43		20		36
金属制品修理	431				
通用设备修理	432				
专用设备修理	433				21
铁路、船舶、航空航天等运输设备修理	434				
电气设备修理	435				11
仪器仪表修理	436		20		
其他机械和设备修理业	439				4
电力、热力、燃气及水生产和供应业	**D**	**1929**	**1749**	**1451**	**2352**
电力、热力生产和供应业	44	1757	1511	1018	1686
电力生产	441	1518	1511	968	1465
电力供应	442	239		50	208
热力生产和供应	443				13
燃气生产和供应业	45	27	139	351	35
燃气生产和供应业	450	27	139	351	35
水的生产和供应业	46	145	99	82	631
自来水生产和供应	461	55	82	82	621
污水处理及其再生利用	462	90	17		10
其他水的处理、利用与分配	469				

2007年	2008年	2009年	2010年	2011年	2012年	2013年	无开业年份
339	955	1508	589	1926	1743	2244	
1			23	8	250	23	
44	540	411	162	550	339	641	
161	139	259	113	57	41	297	
	134			280	163	80	
28		93	51	297	504	271	
38	49	112	8	41	159	252	
2	83	560	180	650	259	654	
65	10	73	52	43	28	26	
135	191	269	651	351	901	2395	
22		10		21	18	2	
			14		15	108	
				27			
					61	21	
	5	259	270	80	151	122	
113	138		231	170	433	1786	
	48		136	53	223	356	
29		25	82	154	296	257	
			6		53	18	
25		19		101		88	
					36		
4		6	20	41	158	139	
			56	12	49	12	
55	65	75	126	447	950	781	
70	134	40	347	261	282	319	
70	51	9	199	122	46	198	
	83	31	148	139	236	121	
63	140	66	116	75	518	258	
		1			25		
		9	9	15	265	20	
	5	20	32	43	80	51	
32					7	68	
21		6	29	4	17	19	
				5			
10	135	30	46	8	124	100	
1401	**1590**	**2070**	**1073**	**2516**	**2585**	**2632**	**82**
740	1018	1318	550	1347	1316	1758	82
664	950	1301	529	550	1237	1488	82
76	68	17	21	695	54	262	
				102	25	8	
379	136	141	165	189	394	158	
379	136	141	165	189	394	158	
282	436	611	358	980	875	716	
215	429	502	226	860	783	461	
17		89	132	116	70	204	
50	7	20		4	22	51	

2-11 续表 14

行　　业	代码				
		2003年	2004年	2005年	2006年
建筑业	E	**3337**	**2607**	**4006**	**6009**
房屋建筑业	47	1943	609	794	3834
房屋建筑业	470	1943	609	794	3834
土木工程建筑业	48	627	717	2238	873
铁路、道路、隧道和桥梁工程建筑	481	88		90	31
水利和内河港口工程建筑	482		80	49	169
工矿工程建筑	484	312		40	141
架线和管道工程建筑	485	141	502	2058	112
其他土木工程建筑	489	86	135	1	420
建筑安装业	49	154	695	341	158
电气安装	491	120	132	30	62
管道和设备安装	492		8		
其他建筑安装业	499	34	555	311	96
建筑装饰和其他建筑业	50	613	586	633	1144
建筑装饰业	501	202	432	490	615
工程准备活动	502	352	114	111	466
提供施工设备服务	503		10		
其他未列明建筑业	509	59	30	32	63
批发和零售业	F	**5114**	**4863**	**6306**	**7497**
批发业	51	3127	2902	3606	4347
农、林、牧产品批发	511	137	67	99	129
食品、饮料及烟草制品批发	512	531	209	756	1002
纺织、服装及家庭用品批发	513	269	124	392	293
文化、体育用品及器材批发	514	31	188	61	72
医药及医疗器材批发	515	112	298	147	350
矿产品、建材及化工产品批发	516	1013	1026	914	1294
机械设备、五金产品及电子产品批发	517	743	611	774	938
贸易经纪与代理	518	50	97	147	78
其他批发业	519	241	282	316	191
零售业	52	1987	1961	2700	3150
综合零售	521	99	188	243	233
食品、饮料及烟草制品专门零售	522	200	141	301	298
纺织、服装及日用品专门零售	523	49	109	124	219
文化、体育用品及器材专门零售	524	20	51	121	162
医药及医疗器材专门零售	525	285	301	259	349
汽车、摩托车、燃料及零配件专门零售	526	555	464	730	847
家用电器及电子产品专门零售	527	462	379	514	432
五金、家具及室内装饰材料专门零售	528	114	133	217	292
货摊、无店铺及其他零售业	529	203	195	191	318
交通运输、仓储和邮政业	G	**1669**	**1611**	**2206**	**4002**
道路运输业	54	1208	1363	1939	2606
城市公共交通运输	541	415	103	71	618
公路旅客运输	542	576	493	1043	449
道路货物运输	543	160	703	749	1362
道路运输辅助活动	544	57	64	76	177
水上运输业	55	11		35	33
水上旅客运输	551			35	
水上货物运输	552	11			33
水上运输辅助活动	553				

2007年	2008年	2009年	2010年	2011年	2012年	2013年	无开业年份
3753	**3452**	**3699**	**4930**	**6480**	**9905**	**11082**	**1**
1251	1728	1581	2197	2487	2266	2169	
1251	1728	1581	2197	2487	2266	2169	
242	483	364	1016	1912	3512	2285	
37	153	52	512	439	2151	1716	
18			260	72	468	99	
3	37	6	11	204	55	11	
35	90	232	114	162	317	42	
149	203	74	119	1035	521	417	
1023	200	404	486	407	687	694	
459	129	21	84	226	59	78	
24	10	214	13	27	99	138	
540	61	169	389	154	529	478	
1237	1041	1350	1231	1674	3440	5934	1
717	438	637	877	1452	2538	3870	1
473	288	581	169	79	407	1640	
10	7	15	15	16	408	161	
37	308	117	170	127	87	263	
8897	**10244**	**13893**	**18066**	**23596**	**44590**	**44540**	**120**
5507	5886	7265	9810	12393	21224	19992	62
235	661	535	449	1010	1574	1373	
618	854	1084	1445	1793	4355	2857	3
662	378	660	723	846	1868	2245	
147	140	218	189	242	328	501	
295	163	310	265	445	676	521	6
1881	2099	2174	3508	4627	6449	7476	40
1074	999	1735	2378	2326	3983	3289	9
147	183	211	433	317	813	772	4
448	409	338	420	787	1178	958	
3390	4358	6628	8256	11203	23366	24548	58
236	406	870	731	1244	2783	3278	
378	452	1061	1457	2319	5472	4145	8
138	180	272	263	491	1598	2145	
199	398	259	285	332	720	840	1
177	566	324	335	533	771	954	3
855	798	1535	1999	2724	4394	4975	27
743	709	1335	1647	1478	3013	2945	
376	583	618	961	1201	3200	3590	14
288	266	354	578	881	1415	1676	5
5443	**4585**	**5488**	**4279**	**4624**	**4879**	**6662**	**1**
3794	3215	4123	2923	3136	2906	4899	1
440	913	177	498	954	745	1209	1
1137	739	919	207	141	558	1129	
1911	1436	2572	1852	1662	1419	2318	
306	127	455	366	379	184	243	
45	301	16	254	3	61	167	
	272	8	111		50	96	
6	21	8	143	3		8	
39	8				11	63	

2-11 续表 15

行业	代码	2003年	2004年	2005年	2006年
航空运输业	56	63	8		6
航空客货运输	561	63	8		6
通用航空服务	562				
航空运输辅助活动	563				
管道运输业	57				
管道运输业	570				
装卸搬运和运输代理业	58	228	195	214	1117
装卸搬运	581	3			934
运输代理业	582	225	195	214	183
仓储业	59	152	45	8	143
谷物、棉花等农产品仓储	591	125	44		128
其他仓储业	599	27	1	8	15
邮政业	60	7		10	97
邮政基本服务	601				
快递服务	602	7		10	97
住宿和餐饮业	H	**899**	**2237**	**1910**	**3082**
住宿业	61	515	1506	1293	1793
旅游饭店	611	416	1346	970	980
一般旅馆	612	87	122	319	793
其他住宿业	619	12	38	4	20
餐饮业	62	384	731	617	1289
正餐服务	621	382	700	518	1240
快餐服务	622		7	54	12
饮料及冷饮服务	623			12	
其他餐饮业	629	2	24	33	37
信息传输、软件和信息技术服务业	I	**323**	**2553**	**732**	**655**
电信、广播电视和卫星传输服务	63	28	2250	179	39
电信	631	3	2224	177	21
广播电视传输服务	632	25	26	2	18
互联网和相关服务	64	81	36	101	189
互联网接入及相关服务	641	3		16	4
互联网信息服务	642	20	14	74	86
其他互联网服务	649	58	22	11	99
软件和信息技术服务业	65	214	267	452	427
软件开发	651	91	136	252	239
信息系统集成服务	652	81	6		120
信息技术咨询服务	653	32	37	195	37
数据处理和存储服务	654				
集成电路设计	655				
其他信息技术服务业	659	10	88	5	31
房地产业	K	**3141**	**3580**	**4410**	**4761**
房地产业	70	3141	3580	4410	4761
房地产开发经营	701	1467	1442	1734	2316
物业管理	702	1555	1854	2549	2140
房地产中介服务	703	81	223	123	188
其他房地产业	709	38	61	4	117
租赁和商务服务业	L	**2770**	**4700**	**7235**	**5544**
租赁业	71	233	124	246	157
机械设备租赁	711	233	124	244	153
文化及日用品出租	712			2	4

2007年	2008年	2009年	2010年	2011年	2012年	2013年	无开业年份
100	86	226	1		34	84	
82		225					
		1				84	
18	86		1		34		
					68	35	
					68	35	
1189	859	503	351	749	851	572	
1093	715	374	152	245	391	110	
96	144	129	199	504	460	462	
170	83	95	209	426	393	491	
80	40	13	7	54	74	85	
90	43	82	202	372	319	406	
145	41	525	541	310	566	414	
78	6				33	12	
67	35	525	541	310	533	402	
2766	**4129**	**4245**	**5207**	**8026**	**14460**	**17231**	**12**
1743	2532	2285	2756	3802	6513	6234	7
702	1686	1132	1824	1947	3383	3522	7
880	680	648	791	1434	2305	1888	
161	166	505	141	421	825	824	
1023	1597	1960	2451	4224	7947	10997	5
1004	1489	1745	2348	4022	7001	9693	5
	14	116	6	16	128	181	
	71	21	11	20	237	224	
19	23	78	86	166	581	899	
348	**970**	**738**	**1009**	**899**	**1719**	**2315**	**1**
8	316	80	75	73	120	91	
2	14	67	70	60	120	71	
6	302	13	5	13		20	
27	216	140	241	156	195	484	
	7	23	11	76	44	201	
27	140	106	130	42	85	194	
	69	11	100	38	66	89	
313	438	518	693	670	1404	1740	1
182	274	269	233	230	517	921	
14	7	101	63	41	113	42	
93	124	104	279	235	507	581	1
1			1		20	10	
				24	35		
23	33	44	117	140	212	186	
5416	**3527**	**5045**	**7625**	**10242**	**12435**	**11690**	**40**
5416	3527	5045	7625	10242	12435	11690	40
2650	1202	2517	3531	6129	8374	7274	26
2416	2082	2101	3333	3225	2888	2771	10
303	196	329	665	639	752	898	3
47	47	98	96	249	421	747	1
5053	**6180**	**7044**	**9295**	**15974**	**15131**	**18668**	**43**
446	111	514	492	1110	1915	2471	
446	106	475	471	1029	1857	2385	
	5	39	21	81	58	86	

2-11 续表 16

行业	代码	2003年	2004年	2005年	2006年
商务服务业	72	2537	4576	6989	5387
企业管理服务	721	457	494	588	785
法律服务	722	21	69	17	70
咨询与调查	723	287	467	437	521
广告业	724	175	239	304	589
知识产权服务	725	65	33	8	
人力资源服务	726	24	292	4724	1173
旅行社及相关服务	727	114	132	255	153
安全保护服务	728	1200	2284		1314
其他商务服务业	729	194	566	656	782
科学研究和技术服务业	**M**	**1058**	**939**	**1254**	**1774**
研究和试验发展	73	251	7	8	65
自然科学研究和试验发展	731	4			
工程和技术研究和试验发展	732	217	4	8	40
农业科学研究和试验发展	733	30			20
医学研究和试验发展	734		3		5
社会人文科学研究	735				
专业技术服务业	74	701	863	1189	1595
气象服务	741	20	20	25	57
地震服务	742				
测绘服务	744		166	137	116
质检技术服务	745	49	180	96	358
环境与生态监测	746			8	17
地质勘查	747	89	14	61	148
工程技术	748	399	401	630	614
其他专业技术服务业	749	144	82	232	285
科技推广和应用服务业	75	106	69	57	114
技术推广服务	751	26	47	32	41
科技中介服务	752	72		19	50
其他科技推广和应用服务业	759	8	22	6	23
水利、环境和公共设施管理业	**N**	**233**	**369**	**249**	**251**
水利管理业	76	86	53	69	72
防洪除涝设施管理	761				23
水资源管理	762		3	19	29
天然水收集与分配	763	15			14
水文服务	764				
其他水利管理业	769	71	50	50	6
生态保护和环境治理业	77	7	12	34	3
生态保护	771				1
环境治理业	772	7	12	34	2
公共设施管理业	78	140	304	146	176
市政设施管理	781	40	2	7	42
环境卫生管理	782		9	9	
城乡市容管理	783				
绿化管理	784	53	104	52	4
公园和游览景区管理	785	47	189	78	130
居民服务、修理和其他服务业	**O**	**482**	**910**	**923**	**1163**
居民服务业	79	259	430	385	287
家庭服务	791	37	83	7	69

2007年	2008年	2009年	2010年	2011年	2012年	2013年	无开业年份
4607	6069	6530	8803	14864	13216	16197	43
474	694	1178	1442	2868	4062	4716	
58	79	381	248	199	111	142	
323	913	677	1026	1236	1699	2172	20
488	659	940	1205	1432	2948	3268	4
29		15	31	33	56	57	
1772	294	684	666	1723	704	975	2
284	347	626	541	832	1031	1543	4
601	2552	524	2198	4870	649	768	
578	531	1505	1446	1671	1956	2556	13
1122	**1264**	**1773**	**2490**	**3604**	**4881**	**5105**	**6**
9	6	60	112	120	258	147	
				6	76	10	
5		22	2	44	51	66	
2	5	38	89	40	120	61	
	1		18	21	5	8	
2			3	9	6	2	
943	1033	1423	1905	2427	3507	4215	5
	18	2	14	17	8	2	
97	65	176	82	99	150	166	
185	144	327	380	486	617	759	
35	74	58	73	112	149	155	
52	86	33	17	61	135	76	
325	397	509	792	1185	1555	1736	5
249	249	318	547	467	893	1321	
170	225	290	473	1057	1116	743	1
130	200	240	436	880	1020	609	1
3	4	22	29	92	46	35	
37	21	28	8	85	50	99	
420	**521**	**714**	**486**	**1007**	**1800**	**1164**	**13**
32	22	101	19	89	398	95	
	5	5					
		39	9	57	82	60	
7	17				88	3	
					4	23	
25		57	10	32	224	9	
69	160	123	27	158	121	143	13
23		56		68	31	21	
46	160	67	27	90	90	122	13
319	339	490	440	760	1281	926	
5	16	29	43	94	121	162	
	107	65	7	17	112	18	
	30		25		45	39	
43	38	120	59	178	290	132	
271	148	276	306	471	713	575	
1010	**1190**	**2399**	**2776**	**3613**	**6918**	**8401**	**16**
319	338	786	1034	1758	2762	3509	
163	146	141	148	535	938	1013	

2-11 续表 17

行　　业	代码	2003年	2004年	2005年	2006年
托儿所服务	792				
洗染服务	793			12	5
理发及美容服务	794	19	21		9
洗浴服务	795	34	201	85	95
保健服务	796				
婚姻服务	797			7	6
殡葬服务	798	164	64	180	62
其他居民服务业	799	5	61	94	41
机动车、电子产品和日用产品修理业	80	198	379	406	799
汽车、摩托车修理与维护	801	136	343	394	725
计算机和办公设备维修	802	62	17	2	45
家用电器修理	803		13	5	29
其他日用产品修理业	809		6	5	
其他服务业	81	25	101	132	77
清洁服务	811	10	3	11	46
其他未列明服务业	819	15	98	121	31
卫生和社会工作	**Q**				
社会工作	84				
提供住宿社会工作	841				
不提供住宿社会工作	842				
文化、体育和娱乐业	**R**	**287**	**389**	**516**	**1292**
新闻和出版业	85			63	6
新闻业	851				1
出版业	852			63	5
广播、电视、电影和影视录音制作业	86	54	68	45	111
广播	861				
电视	862				
电影和影视节目制作	863	21		42	20
电影和影视节目发行	864				
电影放映	865	33	68	3	91
录音制作	866				
文化艺术业	87	16			19
文艺创作与表演	871				13
艺术表演场馆	872				
图书馆与档案馆	873				
文物及非物质文化遗产保护	874				
博物馆	875				
群众文化活动	877				
其他文化艺术业	879	16			6
体育	88	6		6	49
体育组织	881	3			40
体育场馆	882				9
休闲健身活动	883	3		6	
其他体育	889				
娱乐业	89	211	321	402	1107
室内娱乐活动	891	211	320	396	1101
游乐园	892		1		
文化、娱乐、体育经纪代理	894			6	6
其他娱乐业	899				

2007年	2008年	2009年	2010年	2011年	2012年	2013年	无开业年份
				9		8	
5		10	83	230	288	196	
23	24	20	18	72	428	635	
36	46	274	293	333	303	492	
25	30	25	79	40	135	473	
5	10	9	35	64	88	94	
38	35	176	209	172	313	173	
24	47	131	169	303	269	425	
529	634	1317	1225	1387	3054	3879	16
523	546	1242	1138	1292	2834	3655	16
	85	27	41	76	88	89	
6		21	19	19	102	96	
	3	27	27		30	39	
162	218	296	517	468	1102	1013	
56	133	196	310	219	830	703	
106	85	100	207	249	272	310	
		37		**83**	**97**	**11**	
		37		83	97	11	
		37		18	68	11	
				65	29		
1122	**1267**	**1574**	**1981**	**2428**	**2520**	**3482**	**8**
	70	35	73	144	418	39	
			9	14	70		
	70	35	64	130	348	39	
140	89	127	264	256	122	234	
					6		
			37	37		7	
58	30		5	29	81	65	
					5	2	
54	59	99	222	190	13	160	
28		28			17		
8	129	141	322	530	428	521	
	57	120	237	394	238	193	
				26		60	
			13			2	
	30	4		9	12	34	
				2	5	5	
	14		26	34	7	101	
8	28	17	46	65	166	126	
3	17	18	36	32	271	110	
			1	6	64	14	
3	17	13	32	26	204	73	
		5	3		3	23	
971	962	1253	1286	1466	1281	2578	8
967	906	1131	1195	1340	1121	2486	
	1	69		45	49	15	
3	11	7	18	36	28	16	
1	44	46	73	45	83	61	8

2-12 按行业(中类)、登记注册类型

行业	代码	法人单位数(个)	内资企业				
				国有企业	集体企业	股份合作企业	联营企业
总计		**89143**	**88899**	**2180**	**1158**	**669**	**395**
农、林、牧、渔业	**A**	**656**	**656**	**5**	**4**	**2**	**2**
农业	01	8	8	2			
蔬菜、食用菌及园艺作物种植	014	3	3				
水果种植	015	3	3	2			
坚果、含油果、香料和饮料作物种植	016	1	1				
其他农业	019	1	1				
林业	02	2	2				
林木育种和育苗	021	1	1				
森林经营和管护	023	1	1				
农、林、牧、渔服务业	05	646	646	3	4	2	2
农业服务业	051	464	464	2	4	2	2
林业服务业	052	41	41	1			
畜牧服务业	053	120	120				
渔业服务业	054	21	21				
采矿业	**B**	**5304**	**5298**	**62**	**47**	**80**	**34**
煤炭开采和洗选业	06	1590	1589	43	9	29	10
烟煤和无烟煤开采洗选	061	1546	1546	42	9	27	10
褐煤开采洗选	062	9	8				
其他煤炭采选	069	35	35	1		2	
石油和天然气开采业	07	2	2				
天然气开采	072	2	2				
黑色金属矿采选业	08	246	244	2	4	3	2
铁矿采选	081	114	113			2	1
锰矿、铬矿采选	082	92	91	2	4	1	1
其他黑色金属矿采选	089	40	40				
有色金属矿采选业	09	322	321	7	4	7	4
常用有色金属矿采选	091	260	259	6	3	7	4
贵金属矿采选	092	47	47	1	1		
稀有稀土金属矿采选	093	15	15				
非金属矿采选业	10	3031	3029	10	29	37	18
土砂石开采	101	2702	2701	7	24	33	9
化学矿开采	102	240	240	3	3	2	9
石棉及其他非金属矿采选	109	89	88		2	2	
开采辅助活动	11	55	55			2	
煤炭开采和洗选辅助活动	111	36	36			1	
石油和天然气开采辅助活动	112	2	2				
其他开采辅助活动	119	17	17			1	
其他采矿业	12	58	58		1	2	
其他采矿业	120	58	58		1	2	
制造业	**C**	**21377**	**21277**	**229**	**207**	**118**	**72**
农副食品加工业	13	1679	1672	27	5	11	4
谷物磨制	131	358	358	3	1	4	1
饲料加工	132	113	108	2	1	1	1
植物油加工	133	285	284	5	1	2	

分组的小微企业法人单位数

国有联营企业	集体联营企业	国有与集体联营企业	其他联营企业	有限责任公司			股份有限公司	私营企业	
					国有独资公司	其他有限责任公司			私营独资企业
68	**186**	**31**	**110**	**27756**	**553**	**27203**	**1431**	**50061**	**32716**
	1		**1**	**69**	**4**	**65**	**6**	**196**	**147**
				2		2		3	3
				1		1		2	2
				1		1			
								1	1
								2	1
								1	1
								1	
	1		1	67	4	63	6	191	143
	1		1	57	2	55	6	129	93
				5	2	3		23	16
				3		3		24	20
				2		2		15	14
3	**11**	**1**	**19**	**740**	**8**	**732**	**78**	**3892**	**2600**
3	2		5	259	6	253	28	1137	565
3	2		5	250	5	245	26	1110	546
				2	1	1	1	4	3
				7		7	1	23	16
				2		2			
				2		2			
		1	1	81	1	80	6	131	67
			1	39		39	4	60	31
		1		31	1	30		45	25
				11		11	2	26	11
	4			96		96	15	171	86
	4			75		75	11	137	67
				15		15	4	25	13
				6		6		9	6
	5		13	275	1	274	27	2382	1833
	4		5	171	1	170	16	2211	1747
	1		8	82		82	10	115	51
				22		22	1	56	35
				13		13		35	23
				9		9		25	15
								1	
				4		4		9	8
				14		14	2	36	26
				14		14	2	36	26
9	**43**	**4**	**16**	**3827**	**60**	**3767**	**255**	**15118**	**11465**
	1	2	1	272	4	268	31	1173	892
		1		42	2	40	4	278	226
			1	42		42	4	57	22
				39	1	38	1	213	175

2-12 续表 1

行业	代码	法人单位数(个)					
			内资企业	国有企业	集体企业	股份合作企业	联营企业
制糖业	134	16	16				
屠宰及肉类加工	135	295	295	13	1	2	
水产品加工	136	23	23				
蔬菜、水果和坚果加工	137	167	167			1	
其他农副食品加工	139	422	421	4	1	1	2
食品制造业	14	759	756	8	5	3	3
焙烤食品制造	141	109	108	1	2		1
糖果、巧克力及蜜饯制造	142	29	29				1
方便食品制造	143	290	290	1			1
乳制品制造	144	9	9	1			
罐头食品制造	145	13	13				
调味品、发酵制品制造	146	167	166	3	3	1	
其他食品制造	149	142	141	2		2	
酒、饮料和精制茶制造业	15	2300	2293	23	10	18	2
酒的制造	151	674	672	10	3	6	
饮料制造	152	379	374	5	3	4	
精制茶加工	153	1247	1247	8	4	8	2
烟草制品业	16	18	18	1			
烟叶复烤	161	16	16	1			
其他烟草制品制造	169	2	2				
纺织业	17	241	241		2		
棉纺织及印染精加工	171	49	49				
毛纺织及染整精加工	172	8	8				
麻纺织及染整精加工	173	9	9				
丝绢纺织及印染精加工	174	14	14				
化纤织造及印染精加工	175	8	8				
针织或钩针编织物及其制品制造	176	33	33				
家用纺织制成品制造	177	109	109				
非家用纺织制成品制造	178	11	11		2		
纺织服装、服饰业	18	486	482	2	7		2
机织服装制造	181	272	270	1	6		2
针织或钩针编织服装制造	182	47	47	1			
服饰制造	183	167	165		1		
皮革、毛皮、羽毛及其制品和制鞋业	19	246	245		1		
皮革鞣制加工	191	4	4				
皮革制品制造	192	47	46				
毛皮鞣制及制品加工	193	5	5				
羽毛(绒)加工及制品制造	194	3	3				
制鞋业	195	187	187		1		
木材加工和木、竹、藤、棕、草制品业	20	1201	1201	25	7	3	4
木材加工	201	685	685	18	3	1	2
人造板制造	202	96	96	3			
木制品制造	203	281	281	4	3	1	2
竹、藤、棕、草等制品制造	204	139	139		1	1	

国有联营企业	集体联营企业	国有与集体联营企业	其他联营企业	有限责任公司	国有独资公司	其他有限责任公司	股份有限公司	私营企业	私营独资企业
				3		3		10	8
				59	1	58	10	197	135
				1		1		20	19
				27		27	3	102	73
	1	1		59		59	9	296	234
	2		1	138	2	136	3	556	401
			1	18		18		79	49
	1			9		9		19	15
	1			21		21	1	247	206
				2		2		5	4
				5		5		8	6
				38		38	2	109	67
				45	2	43		89	54
	2			379	9	370	27	1402	955
				148	2	146	11	452	270
				73	3	70	4	264	180
	2			158	4	154	12	686	505
				3	1	2		1	
				3	1	2		1	
				27	2	25	4	191	156
				9		9	1	39	27
				2	1	1		5	4
								7	7
				2	1	1		12	8
				1		1		7	5
				4		4		24	22
				9		9	2	89	78
							1	8	5
	1		1	56	2	54	7	390	305
	1		1	32	1	31	4	213	173
				2		2		44	38
				22	1	21	3	133	94
				23		23	1	215	195
								3	2
				8		8	1	37	30
				2		2		3	1
				1		1		2	
				12		12		170	162
3			1	131	2	129	14	928	767
2				60	2	58	7	538	462
				33		33	3	55	23
1			1	27		27	3	228	186
				11		11	1	107	96

2-12 续表 2

行　业	代码	法人单位数（个）	内资企业	国有企业	集体企业	股份合作企业	联营企业
家具制造业	21	599	599	3	4	3	
木质家具制造	211	468	468	3	3	3	
竹、藤家具制造	212	15	15				
金属家具制造	213	32	32		1		
塑料家具制造	214	7	7				
其他家具制造	219	77	77				
造纸和纸制品业	22	308	305	2	7	1	1
纸浆制造	221	4	4				
造纸	222	116	116	2	2		1
纸制品制造	223	188	185		5	1	
印刷和记录媒介复制业	23	434	430	26	27	6	10
印刷	231	369	365	20	23	5	8
装订及印刷相关服务	232	63	63	5	4	1	2
记录媒介复制	233	2	2	1			
文教、工美、体育和娱乐用品制造业	24	1358	1357	6	5	4	3
文教办公用品制造	241	33	33				2
乐器制造	242	15	15		1		
工艺美术品制造	243	1282	1281	6	4	4	1
体育用品制造	244	4	4				
玩具制造	245	20	20				
游艺器材及娱乐用品制造	246	4	4				
石油加工及炼焦	25	90	88	1			
化学原料和化学制品制造业	26	915	905	25	12	9	6
基础化学原料制造	261	173	169	8	5	2	1
肥料制造	262	233	231	11	3	4	2
农药制造	263	9	9	1			1
涂料、油墨、颜料及类似产品制造	264	94	94	2	1		
合成材料制造	265	40	40	1			
专用化学产品制造	266	177	174	2		2	1
炸药、火工及焰火产品制造	267	101	100				
日用化学产品制造	268	88	88		3	1	1
医药制造业	27	268	259	3	2	1	
化学药品原料药制造	271	12	12				
化学药品制剂制造	272	9	9				
中药饮片加工	273	75	74		1	1	
中成药生产	274	124	118	3			
兽用药品制造	275	3	3				
生物药品制造	276	28	27				
卫生材料及医药用品制造	277	17	16		1		
化学纤维制造业	28	4	4				
合成纤维制造	282	4	4				
橡胶和塑料制品业	29	546	542	7	9	5	3
橡胶制品业	291	88	86	3	5		3
塑料制品业	292	458	456	4	4	5	
非金属矿物制品业	30	6121	6105	16	40	29	17
水泥、石灰和石膏制造	301	292	288	6	2	7	

国有联营企业	集体联营企业	国有与集体联营企业	其他联营企业	有限责任公司	国有独资公司	其他有限责任公司	股份有限公司	私营企业	私营独资企业
				55		55	2	509	421
				43		43	2	398	334
				2		2		12	6
				3		3		27	22
				1		1		6	4
				6		6		66	55
	1			72	1	71		202	135
				1		1		3	2
	1			24	1	23		71	45
				47		47		128	88
1	8	1		114	1	113	5	229	152
1	7			103	1	102	5	192	120
	1	1		10		10		37	32
				1		1			
	1		2	97	1	96	9	1172	1010
	1		1	3		3	1	23	16
				1		1		13	10
			1	89	1	88	7	1114	965
								3	3
				2		2	1	17	14
				2		2		2	2
				30		30	2	50	29
1	2		3	247	5	242	21	550	347
			1	67	2	65	10	72	27
	2			61	2	59	6	132	93
			1	3		3		4	3
				25		25	1	61	45
				13		13		23	11
1				44	1	43	1	119	66
				16		16	2	78	61
			1	18		18	1	61	41
				94		94	7	117	47
				4		4	1	5	2
				6		6	1	2	
				19		19	1	29	15
				52		52	3	53	15
				1		1		2	1
				5		5	1	19	10
				7		7		7	4
				3		3		1	1
				3		3		1	1
	3			155	3	152	6	338	229
	3			22	1	21	1	49	33
				133	2	131	5	289	196
1	11		5	775	10	765	55	4817	3940
				91	6	85	12	161	95

2-12 续表 3

行业	代码	法人单位数(个)	内资企业	国有企业	集体企业	股份合作企业	联营企业
石膏、水泥制品及类似制品制造	302	2691	2688	2	9	10	8
砖瓦、石材等建筑材料制造	303	2529	2528	5	13	9	7
玻璃制造	304	65	65				
玻璃制品制造	305	228	228		3	1	
玻璃纤维和玻璃纤维增强塑料制品制造	306	23	23		3		
陶瓷制品制造	307	41	41	1	3		
耐火材料制品制造	308	91	87	1	2	1	1
石墨及其他非金属矿物制品制造	309	161	157	1	5	1	1
黑色金属冶炼和压延加工业	31	372	367	3	8	3	
炼铁	311	21	21				
炼钢	312	9	9				
黑色金属铸造	313	42	42	1	3	1	
钢压延加工	314	92	92	1	3		
铁合金冶炼	315	208	203	1	2	2	
有色金属冶炼和压延加工业	32	266	262	7	6	7	3
常用有色金属冶炼	321	126	123		2	4	2
贵金属冶炼	322	23	23	6	1	3	1
稀有稀土金属冶炼	323	11	11				
有色金属合金制造	324	29	28		1		
有色金属铸造	325	10	10		1		
有色金属压延加工	326	67	67	1	1		
金属制品业	33	996	993	4	11	5	5
结构性金属制品制造	331	519	518	2	1	3	1
金属工具制造	332	145	145				
集装箱及金属包装容器制造	333	22	22		2		
金属丝绳及其制品制造	334	27	27		1	1	
建筑、安全用金属制品制造	335	119	118	2	1		3
金属表面处理及热处理加工	336	25	24		1		
搪瓷制品制造	337	10	10				
金属制日用品制造	338	50	50		3	1	1
其他金属制品制造	339	79	79		2		
通用设备制造业	34	528	527	10	18	2	1
锅炉及原动设备制造	341	20	20	1			
金属加工机械制造	342	152	152	3	7	2	
物料搬运设备制造	343	20	20	1			
泵、阀门、压缩机及类似机械制造	344	28	27	2			
轴承、齿轮和传动部件制造	345	34	34		1		
烘炉、风机、衡器、包装等设备制造	346	44	44		4		
文化、办公用机械制造	347	4	4				
通用零部件制造	348	209	209	2	6		1
其他通用设备制造业	349	17	17	1			
专用设备制造业	35	471	468	9	5	4	2
采矿、冶金、建筑专用设备制造	351	144	144	3	2	4	1
化工、木材、非金属加工专用设备制造	352	86	86	1	1		1

国有联营企业	集体联营企业	国有与集体联营企业	其他联营企业	有限责任公司			股份有限公司	私营企业	
					国有独资公司	其他有限责任公司			私营独资企业
1	4		3	328	2	326	19	2165	1822
	6		1	236	1	235	13	2064	1719
				20		20	1	43	19
				21	1	20	3	197	166
				7		7	1	12	3
				6		6		27	20
	1			19		19	1	57	36
			1	47		47	5	91	60
				150	1	149	8	185	73
				8		8		12	4
				6		6		3	1
				15		15	1	20	9
				28		28	3	57	38
				93	1	92	4	93	21
1	2			90	1	89	5	136	69
	2			43		43	4	64	28
1				4	1	3		7	2
				2		2		9	2
				11		11		16	9
				6		6		3	1
				24		24	1	37	27
1	4			229	3	226	9	694	513
1				117	2	115	4	374	282
				20		20		117	100
				7		7		12	9
				10		10		15	9
	3			30		30	1	78	51
				10	1	9		13	5
				3		3		6	6
	1			11		11	2	29	19
				21		21	2	50	32
		1		183	2	181	5	293	197
				5		5		14	10
				50	1	49	1	85	58
				12		12	1	6	6
				17		17		8	3
				19	1	18	1	13	10
				17		17	1	20	13
				2		2		2	1
		1		55		55	1	135	89
				6		6		10	7
	2			169	3	166	7	256	165
	1			60	2	58	3	71	42
	1			14	1	13	1	63	53

2-12 续表 4

行业	代码	法人单位数(个)					
			内资企业				
				国有企业	集体企业	股份合作企业	联营企业
食品、饮料、烟草及饲料生产专用设备制造	353	15	15	1			
印刷、制药、日化及日用品生产专用设备制造	354	32	31		1		
纺织、服装和皮革加工专用设备制造	355	5	5				
电子和电工机械专用设备制造	356	49	48	1	1		
农、林、牧、渔专用机械制造	357	55	55	3			
医疗仪器设备及器械制造	358	30	30				
环保、社会公共服务及其他专用设备制造	359	55	54				
汽车制造业	36	106	104	5	2	2	2
汽车整车制造	361	7	7				
改装汽车制造	362	13	13				
低速载货汽车制造	363	1	1	1			
电车制造	364	3	3				
汽车车身、挂车制造	365	4	4				
汽车零部件及配件制造	366	78	76	4	2	2	2
铁路、船舶、航空航天和其他运输设备制造业	37	46	45	3	1		
铁路运输设备制造	371	8	8	1	1		
船舶及相关装置制造	373	8	8				
航空、航天器及设备制造	374	12	11	1			
摩托车制造	375	9	9				
自行车制造	376	5	5				
潜水救捞及其他未列明运输设备制造	379	4	4	1			
电气机械和器材制造业	38	448	442	2	4	2	1
电机制造	381	23	22	1	1		
输配电及控制设备制造	382	106	103	1	2		
电线、电缆、光缆及电工器材制造	383	61	60				1
电池制造	384	10	10				
家用电力器具制造	385	54	53		1		
非电力家用器具制造	386	51	51			1	
照明器具制造	387	125	125			1	
其他电气机械及器材制造	389	18	18				
计算机、通信和其他电子设备制造业	39	130	128	2			1
计算机制造	391	8	8				
通信设备制造	392	13	11	1			
雷达及配套设备制造	394	1	1				
视听设备制造	395	8	8				
电子器件制造	396	22	22				1
电子元件制造	397	50	50	1			
其他电子设备制造	399	28	28				
仪器仪表制造业	40	72	70	1	2		
通用仪器仪表制造	401	14	14				
专用仪器仪表制造	402	21	20		2		
钟表与计时仪器制造	403	1	1				
光学仪器及眼镜制造	404	24	23	1			
其他仪器仪表制造业	409	12	12				

国有联营企业	集体联营企业	国有与集体联营企业	其他联营企业	有限责任公司	国有独资公司	其他有限责任公司	股份有限公司	私营企业	私营独资企业
				1		1		12	9
				7		7	1	21	16
				1		1		4	2
				23		23	1	20	9
				21		21		27	16
				15		15	1	13	7
				27		27		25	11
1	1			50		50	4	37	16
				6		6	1		
				8		8		5	2
				1		1	1	1	1
				2		2		2	2
1	1			33		33	2	29	11
				24	3	21	2	15	7
				5		5		1	
				3	1	2		5	3
				9	1	8		1	
				4		4	1	4	2
				1		1		4	2
				2	1	1	1		
	1			119		119	14	295	187
				5		5	3	11	6
				30		30	4	63	28
	1			29		29		29	11
				6		6		4	1
				16		16	2	34	20
				5		5	2	43	28
				22		22	3	99	88
				6		6		12	5
			1	56	3	53	1	64	42
				5		5		3	1
				7		7		3	1
				1		1			
				2		2		6	4
			1	10		10		10	7
				20	2	18	1	25	17
				11	1	10		17	12
				16	1	15	3	45	23
				6		6	1	7	3
				2		2	2	12	9
								1	1
				3	1	2		18	8
				5		5		7	2

2-12 续表 5

行业	代码	法人单位数(个)					
			内资企业	国有企业	集体企业	股份合作企业	联营企业
其他制造业	41	157	157	1	1		
废弃资源综合利用业	42	109	109	2	3		1
金属废料和碎屑加工处理	421	48	48	1	3		1
非金属废料和碎屑加工处理	422	61	61	1			
金属制品、机械和设备修理业	43	103	103	5	3		1
金属制品修理	431	4	4				
通用设备修理	432	11	11	1			
专用设备修理	433	34	34				1
铁路、船舶、航空航天等运输设备修理	434	4	4	1			
电气设备修理	435	11	11		1		
仪器仪表修理	436	2	2				
其他机械和设备修理业	439	37	37	3	2		
电力、热力、燃气及水生产和供应业	D	**1507**	**1501**	**269**	**37**	**16**	**25**
电力、热力生产和供应业	44	1038	1035	129	31	13	20
电力生产	441	931	928	74	25	13	18
电力供应	442	102	102	55	6		2
热力生产和供应	443	5	5				
燃气生产和供应业	45	109	108	9		3	
燃气生产和供应业	450	109	108	9		3	
水的生产和供应业	46	360	358	131	6		5
自来水生产和供应	461	306	306	122	6		5
污水处理及其再生利用	462	40	38	9			
其他水的处理、利用与分配	469	14	14				
建筑业	E	**3439**	**3432**	**88**	**112**	**22**	**10**
房屋建筑业	47	655	654	30	85	3	4
房屋建筑业	470	655	654	30	85	3	4
土木工程建筑业	48	483	481	40	10	4	2
铁路、道路、隧道和桥梁工程建筑	481	202	200	27	7	4	
水利和内河港口工程建筑	482	39	39	5	1		
工矿工程建筑	484	22	22				
架线和管道工程建筑	485	70	70	1	2		
其他土木工程建筑	489	150	150	7			2
建筑安装业	49	377	377	7	6	2	2
电气安装	491	121	121	1	1		1
管道和设备安装	492	71	71	2	3		
其他建筑安装业	499	185	185	4	2	2	1
建筑装饰和其他建筑业	50	1924	1920	11	11	13	2
建筑装饰业	501	1585	1581	4	6	11	
工程准备活动	502	202	202	4	1	1	
提供施工设备服务	503	24	24	1	1	1	
其他未列明建筑业	509	113	113	2	3		2
批发和零售业	F	**27585**	**27552**	**513**	**429**	**155**	**126**
批发业	51	13674	13653	269	213	76	51
农、林、牧产品批发	511	647	644	29	21	2	4

国有联营企业	集体联营企业	国有与集体联营企业	其他联营企业	有限责任公司	国有独资公司	其他有限责任公司	股份有限公司	私营企业	私营独资企业
				25		25		121	102
	1			23		23	3	73	49
	1			11		11	1	31	18
				12		12	2	42	31
			1	22		22		63	40
								4	2
				2		2		8	4
			1	9		9		19	9
				1		1		2	2
				2		2		6	5
				2		2			
				6		6		24	18
11	**5**	**4**	**5**	**339**	**34**	**305**	**51**	**670**	**373**
9	3	4	4	219	14	205	41	514	273
7	3	4	4	199	11	188	40	498	263
2				18	3	15		14	9
				2		2	1	2	1
				38	2	36	2	55	31
				38	2	36	2	55	31
2	2		1	82	18	64	8	101	69
2	2		1	61	17	44	5	86	57
				19	1	18	2	6	4
				2		2	1	9	8
3	**3**	**2**	**2**	**1624**	**23**	**1601**	**87**	**1383**	**488**
	1	1	2	282	8	274	26	211	53
	1	1	2	282	8	274	26	211	53
	1	1		234	11	223	22	147	50
				84	4	80	9	60	25
				20	3	17		10	4
				6		6	2	12	4
				38		38	7	21	6
	1	1		86	4	82	4	44	11
1	1			197	1	196	6	150	38
	1			68		68		47	12
				35		35	1	29	7
1				94	1	93	5	74	19
2				911	3	908	33	875	347
				728	1	727	25	757	312
				103	1	102	8	76	23
				12		12		8	1
2				68	1	67		34	11
18	**69**	**10**	**29**	**10188**	**91**	**10097**	**396**	**14221**	**9069**
11	23	6	11	5878	52	5826	218	6162	3546
	2	1	1	139	4	135	10	314	239

2-12 续表 6

行业	代码	法人单位数(个)					
			内资企业				
				国有企业	集体企业	股份合作企业	联营企业
食品、饮料及烟草制品批发	512	1967	1964	62	12	17	7
纺织、服装及家庭用品批发	513	1215	1214	8	8	5	2
文化、体育用品及器材批发	514	397	397	14	4	1	2
医药及医疗器材批发	515	402	400	8	1	4	
矿产品、建材及化工产品批发	516	4800	4790	87	107	20	12
机械设备、五金产品及电子产品批发	517	2845	2843	27	21	14	10
贸易经纪与代理	518	547	547	11	16	7	4
其他批发业	519	854	854	23	23	6	10
零售业	52	13911	13899	244	216	79	75
综合零售	521	1258	1256	62	143	9	31
食品、饮料及烟草制品专门零售	522	2107	2105	50	19	6	11
纺织、服装及日用品专门零售	523	1072	1070	11	5	1	4
文化、体育用品及器材专门零售	524	583	583	48	7	3	5
医药及医疗器材专门零售	525	766	765	11	3	9	7
汽车、摩托车、燃料及零配件专门零售	526	2745	2744	27	12	20	7
家用电器及电子产品专门零售	527	2184	2184	10	2	13	3
五金、家具及室内装饰材料专门零售	528	2216	2214	11	9	8	5
货摊、无店铺及其他零售业	529	980	978	14	16	10	2
交通运输、仓储和邮政业	**G**	**2434**	**2428**	**145**	**42**	**37**	**19**
道路运输业	54	1556	1550	71	23	30	11
城市公共交通运输	541	208	208	5	2	4	1
公路旅客运输	542	257	257	20	3	5	2
道路货物运输	543	916	915	11	13	18	6
道路运输辅助活动	544	175	170	35	5	3	2
水上运输业	55	59	59	1	2	1	1
水上旅客运输	551	29	29	1			1
水上货物运输	552	19	19		1	1	
水上运输辅助活动	553	11	11		1		
航空运输业	56	14	14	2			
航空客货运输	561	7	7	1			
通用航空服务	562	2	2				
航空运输辅助活动	563	5	5	1			
管道运输业	57	6	6				
管道运输业	570	6	6				
装卸搬运和运输代理业	58	360	360	7	14	1	3
装卸搬运	581	111	111	3	12		2
运输代理业	582	249	249	4	2	1	1
仓储业	59	226	226	55	3	1	1
谷物、棉花等农产品仓储	591	78	78	47	2		
其他仓储业	599	148	148	8	1	1	1
邮政业	60	213	213	9		4	3
邮政基本服务	601	10	10	6			
快递服务	602	203	203	3		4	3

国有联营企业	集体联营企业	国有与集体联营企业	其他联营企业	有限责任公司	国有独资公司	其他有限责任公司	股份有限公司	私营企业	私营独资企业
3	1	2	1	769	26	743	30	968	551
	2			477	1	476	9	676	478
1	1			186	3	183	2	182	127
				196	1	195	5	164	92
4	6		2	2119	9	2110	108	2075	1090
2	2	2	4	1450	4	1446	42	1156	593
	3		1	200	2	198	7	217	108
1	6	1	2	342	2	340	5	410	268
7	46	4	18	4310	39	4271	178	8059	5523
2	28	1		276	4	272	17	639	510
3	4	2	2	661	22	639	27	1140	711
1	2		1	240	3	237	7	763	663
	3		2	158	5	153	4	330	228
		1	6	209	1	208	14	442	347
	5		2	921	1	920	37	1616	964
	1		2	840	2	838	35	1201	643
	2		3	635		635	16	1445	1142
1	1			370	1	369	21	483	315
4	**8**	**1**	**6**	**928**	**24**	**904**	**63**	**1088**	**532**
2	6		3	596	9	587	38	714	329
			1	87	4	83	4	101	29
	2			98	1	97	17	104	38
2	2		2	359	2	357	16	443	227
	2			52	2	50	1	66	35
	1			14	1	13	3	35	16
	1			6		6	2	19	6
				4	1	3		11	8
				4		4	1	5	2
				12	5	7			
				6	2	4			
				2	1	1			
				4	2	2			
				5		5		1	
				5		5		1	
2	1			156	2	154	8	156	78
1	1			38		38	1	49	22
1				118	2	116	7	107	56
		1		77	6	71	7	72	42
				12	6	6	1	10	7
		1		65		65	6	62	35
			3	68	1	67	7	110	67
				1		1		3	3
			3	67	1	66	7	107	64

2-12 续表 7

行业	代码	法人单位数(个)					
			内资企业	国有企业	集体企业	股份合作企业	联营企业
住宿和餐饮业	**H**	**3943**	**3931**	**95**	**37**	**15**	**19**
住宿业	61	1448	1441	76	29	8	13
旅游饭店	611	514	509	31	15	2	2
一般旅馆	612	700	699	35	11	4	7
其他住宿业	619	234	233	10	3	2	4
餐饮业	62	2495	2490	19	8	7	6
正餐服务	621	2125	2123	17	7	6	5
快餐服务	622	61	59				
饮料及冷饮服务	623	75	74				
其他餐饮业	629	234	234	2	1	1	1
信息传输、软件和信息技术服务业	**I**	**1282**	**1279**	**29**	**5**	**12**	**4**
电信、广播电视和卫星传输服务	63	118	116	19	1	1	2
电信	631	90	88	11		1	2
广播电视传输服务	632	28	28	8	1		
互联网和相关服务	64	252	251	1	2	2	1
互联网接入及相关服务	641	35	35		1	1	
互联网信息服务	642	147	147	1	1	1	1
其他互联网服务	649	70	69				
软件和信息技术服务业	65	912	912	9	2	9	1
软件开发	651	452	452	4	1	4	1
信息系统集成服务	652	63	63	1		2	
信息技术咨询服务	653	294	294	3		2	
数据处理和存储服务	654	5	5				
集成电路设计	655	3	3				
其他信息技术服务业	659	95	95	1	1	1	
房地产业	**K**	**4645**	**4604**	**121**	**27**	**40**	**14**
房地产业	70	4645	4604	121	27	40	14
房地产开发经营	701	2619	2582	39	11	18	3
物业管理	702	1265	1262	26	8	15	8
房地产中介服务	703	582	581	31	5	3	2
其他房地产业	709	179	179	25	3	4	1
租赁和商务服务业	**L**	**8472**	**8454**	**299**	**128**	**85**	**31**
租赁业	71	1119	1119	4	5	11	2
机械设备租赁	711	1097	1097	4	5	11	1
文化及日用品出租	712	22	22				1
商务服务业	72	7353	7335	295	123	74	29
企业管理服务	721	1620	1613	162	55	18	2
法律服务	722	122	122	5			2
咨询与调查	723	1195	1190	10	5	11	6
广告业	724	1892	1890	15	4	18	2
知识产权服务	725	34	34				
人力资源服务	726	430	430	9	13	4	1
旅行社及相关服务	727	603	601	31	3	7	2
安全保护服务	728	180	180	5	4	1	1
其他商务服务业	729	1277	1275	58	39	15	13

国有联营企业	集体联营企业	国有与集体联营企业	其他联营企业	有限责任公司	国有独资公司	其他有限责任公司	股份有限公司	私营企业	私营独资企业
3	**11**	**2**	**3**	**714**	**10**	**704**	**30**	**2826**	**2170**
3	8	1	1	372	5	367	19	860	569
	2			172	1	171	8	256	125
2	4	1		144	3	141	7	466	336
1	2		1	56	1	55	4	138	108
	3	1	2	342	5	337	11	1966	1601
	3		2	292	5	287	10	1683	1365
				7		7		46	36
				14		14		58	48
		1		29		29	1	179	152
1	**1**		**2**	**653**	**4**	**649**	**23**	**509**	**322**
	1		1	33	3	30	9	42	31
	1		1	26	3	23	4	36	28
				7		7	5	6	3
			1	68		68	3	163	124
				14		14	1	15	8
			1	36		36	1	100	79
				18		18	1	48	37
1				552	1	551	11	304	167
1				281		281	6	145	83
				28		28	2	28	10
				188	1	187	1	91	49
				2		2		3	3
				1		1	1	1	
				52		52	1	36	22
2	**4**	**3**	**5**	**2389**	**55**	**2334**	**133**	**1788**	**390**
2	4	3	5	2389	55	2334	133	1788	390
		2	1	1346	36	1310	89	1056	116
1	4	1	2	669	9	660	29	464	171
			2	305	1	304	9	204	71
1				69	9	60	6	64	32
2	**17**	**1**	**11**	**3844**	**172**	**3672**	**170**	**3536**	**1685**
1			1	371	1	370	14	642	391
			1	365		365	14	627	380
1				6	1	5		15	11
1	17	1	10	3473	171	3302	156	2894	1294
	2			881	118	763	35	405	130
	1		1	12		12	2	72	28
	3		3	610	3	607	20	489	172
	1		1	824	9	815	26	952	523
				21		21	1	7	2
			1	185	2	183	13	194	85
			2	270	15	255	17	237	117
	1			83	3	80	5	76	31
1	9	1	2	587	21	566	37	462	206

2-12 续表 8

行业	代码	法人单位数(个)	内资企业	国有企业	集体企业	股份合作企业	联营企业
科学研究和技术服务业	M	**2584**	**2578**	**167**	**36**	**32**	**16**
研究和试验发展	73	122	119	11	1	2	1
自然科学研究和试验发展	731	12	12	2			
工程和技术研究和试验发展	732	42	40	6		1	
农业科学研究和试验发展	733	46	45	1			
医学研究和试验发展	734	16	16	1	1	1	1
社会人文科学研究	735	6	6	1			
专业技术服务业	74	1943	1941	138	24	27	10
气象服务	741	43	43	24	4	1	
地震服务	742	1	1				
测绘服务	744	117	117	6	2	1	
质检技术服务	745	233	233	21	4	1	3
环境与生态监测	746	63	63	1			1
地质勘查	747	74	74	15	2		
工程技术	748	838	838	63	5	20	4
其他专业技术服务业	749	574	572	8	7	4	2
科技推广和应用服务业	75	519	518	18	11	3	5
技术推广服务	751	412	412	14	5	2	4
科技中介服务	752	45	44	1	1		1
其他科技推广和应用服务业	759	62	62	3	5	1	
水利、环境和公共设施管理业	N	**624**	**622**	**59**	**10**	**7**	**6**
水利管理业	76	97	96	25	4	2	4
防洪除涝设施管理	761	4	4	2			1
水资源管理	762	30	30	10	1		1
天然水收集与分配	763	15	15	2	1		
水文服务	764	2	2	1		1	
其他水利管理业	769	46	45	10	2	1	2
生态保护和环境治理业	77	80	80	4	1	2	
生态保护	771	17	17	3			
环境治理业	772	63	63	1	1	2	
公共设施管理业	78	447	446	30	5	3	2
市政设施管理	781	54	53	7	1		1
环境卫生管理	782	33	33	1	1		
城乡市容管理	783	13	13	1	1	1	
绿化管理	784	138	138	2	1		1
公园和游览景区管理	785	209	209	19	1	2	
居民服务、修理和其他服务业	O	**3193**	**3191**	**35**	**30**	**31**	**12**
居民服务业	79	1237	1236	14	17	11	2
家庭服务	791	413	413		3		
托儿所服务	792	3	3				
洗染服务	793	68	68				
理发及美容服务	794	227	227		1	2	
洗浴服务	795	98	98	1			
保健服务	796	60	60			1	

国有联营企业	集体联营企业	国有与集体联营企业	其他联营企业	有限责任公司	国有独资公司	其他有限责任公司	股份有限公司	私营企业	私营独资企业
5	**5**	**2**	**4**	**1143**	**26**	**1117**	**60**	**930**	**475**
			1	62	2	60	2	34	16
				8		8		2	1
				22	1	21	1	10	5
				24	1	23	1	15	9
			1	6		6		4	
				2		2		3	1
4	3	2	1	879	22	857	51	729	372
				2		2	3	5	2
				1		1			
				43		43	1	60	28
2	1			88	1	87	9	98	28
		1		37	1	36	2	21	9
				40	2	38	4	13	5
1	1	1	1	411	15	396	27	272	133
1	1			257	3	254	5	260	167
1	2		2	202	2	200	7	167	87
1	1		2	156	1	155	2	129	69
	1			19	1	18	2	17	3
				27		27	3	21	15
3	**3**			**226**	**17**	**209**	**16**	**230**	**137**
2	2			29	8	21	1	20	14
1				1		1			
	1			6	2	4		10	5
				5	2	3		3	3
1	1			17	4	13	1	7	6
				28		28	4	31	16
				2		2		5	4
				26		26	4	26	12
1	1			169	9	160	11	179	107
1				24	2	22	1	16	9
				16	1	15	2	12	6
				8	2	6		1	
	1			65		65	1	55	35
				56	4	52	7	95	57
2	**4**	**1**	**5**	**751**	**11**	**740**	**41**	**2142**	**1597**
1			1	285	7	278	7	838	657
				88	1	87	1	304	250
				1		1		1	1
				13		13		51	38
				28		28		186	166
				24	1	23	1	64	41
				12		12		46	31

2-12 续表 9

行　业	代码	法　人单位数(个)	内资企业				
				国有企业	集体企业	股份合作企业	联营企业
婚姻服务	797	70	70		4	2	1
殡葬服务	798	80	80	4	2	4	1
其他居民服务业	799	218	217	9	7	2	
机动车、电子产品和日用产品修理业	80	1531	1530	12	8	14	9
汽车、摩托车修理与维护	801	1350	1349	12	6	12	7
计算机和办公设备维修	802	96	96		1	1	1
家用电器修理	803	63	63		1	1	1
其他日用产品修理业	809	22	22				
其他服务业	81	425	425	9	5	6	1
清洁服务	811	258	258		3	2	
其他未列明服务业	819	167	167	9	2	4	1
卫生和社会工作	**Q**	**24**	**24**	**2**	**1**		
社会工作	84	24	24	2	1		
提供住宿社会工作	841	19	19				
不提供住宿社会工作	842	5	5	2	1		
文化、体育和娱乐业	**R**	**2074**	**2072**	**62**	**6**	**17**	**5**
新闻和出版业	85	46	46	15			
新闻业	851	7	7	2			
出版业	852	39	39	13			
广播、电视、电影和影视录音制作业	86	116	115	26	2	4	1
广播	861	1	1				
电视	862	4	4	1			
电影和影视节目制作	863	27	27				
电影和影视节目发行	864	8	8	3		3	
电影放映	865	70	69	22	2	1	1
录音制作	866	6	6				
文化艺术业	87	180	180	14	2	1	
文艺创作与表演	871	66	66	10	1		
艺术表演场馆	872	4	4				
图书馆与档案馆	873	2	2				
文物及非物质文化遗产保护	874	11	11				
博物馆	875	3	3		1		
群众文化活动	877	21	21			1	
其他文化艺术业	879	73	73	4			
体育	88	66	66	3		1	
体育组织	881	13	13				
体育场馆	882	4	4	3			
休闲健身活动	883	45	45				
其他体育	889	4	4			1	
娱乐业	89	1666	1665	4	2	11	4
室内娱乐活动	891	1598	1597	2	2	10	4
游乐园	892	9	9				
文化、娱乐、体育经纪代理	894	23	23			1	
其他娱乐业	899	36	36	2			

国有联营企业	集体联营企业	国有与集体联营企业	其他联营企业	有限责任公司	国有独资公司	其他有限责任公司	股份有限公司	私营企业	私营独资企业
			1	25		25		35	24
1				29	4	25	2	35	17
				65	1	64	3	116	89
	4	1	4	333	3	330	18	1074	776
	3	1	3	265	3	262	15	975	716
	1			42		42	2	47	24
			1	19		19	1	37	26
				7		7		15	10
1				133	1	132	16	230	164
				81	1	80	5	152	106
1				52		52	11	78	58
				8		**8**		**11**	**5**
				8		8		11	5
				8		8		10	4
								1	1
2	**1**		**2**	**313**	**14**	**299**	**22**	**1521**	**1261**
				21	1	20	3	4	4
				2		2	1	1	1
				19	1	18	2	3	3
1				41	3	38	5	32	13
								1	
				1	1		1	1	1
				14		14	2	10	7
								1	1
1				25	2	23	2	16	2
				1		1		3	2
				78	9	69	2	71	46
				23	6	17	1	27	16
				4	2	2			
				1		1		1	1
				5		5		6	5
				1		1		1	
				13	1	12		3	2
				31		31	1	33	22
				26		26	1	32	23
				5		5		6	3
				1		1			
				18		18	1	25	19
				2		2		1	1
1	1		2	147	1	146	11	1382	1175
1	1		2	116		116	10	1357	1158
				6		6		3	3
				20	1	19		1	
				5		5	1	21	14

2-12 续表 10

行业	代码	私营合伙企业	私营有限责任公司	私营股份有限公司	其他企业	港、澳、台商投资企业	合资经营企业(港、澳、台资)
总计		**3162**	**13047**	**1136**	**5249**	**127**	**57**
农、林、牧、渔业	**A**	**9**	**36**	**4**	**372**		
农业	01				1		
蔬菜、食用菌及园艺作物种植	014						
水果种植	015						
坚果、含油果、香料和饮料作物种植	016						
其他农业	019				1		
林业	02		1				
林木育种和育苗	021						
森林经营和管护	023		1				
农、林、牧、渔服务业	05	9	35	4	371		
农业服务业	051	4	29	3	262		
林业服务业	052	3	4		12		
畜牧服务业	053	1	2	1	93		
渔业服务业	054	1			4		
采矿业	**B**	**766**	**475**	**51**	**365**	**4**	**2**
煤炭开采和洗选业	06	383	170	19	74		
烟煤和无烟煤开采洗选	061	376	169	19	72		
褐煤开采洗选	062	1			1		
其他煤炭采选	069	6	1		1		
石油和天然气开采业	07						
天然气开采	072						
黑色金属矿采选业	08	18	38	8	15	1	1
铁矿采选	081	13	14	2	7		
锰矿、铬矿采选	082	3	13	4	7	1	1
其他黑色金属矿采选	089	2	11	2	1		
有色金属矿采选业	09	19	61	5	17	1	
常用有色金属矿采选	091	18	49	3	16	1	
贵金属矿采选	092	1	9	2	1		
稀有稀土金属矿采选	093		3				
非金属矿采选业	10	340	196	13	251	2	1
土砂石开采	101	316	138	10	230	1	1
化学矿开采	102	18	43	3	16		
石棉及其他非金属矿采选	109	6	15		5	1	
开采辅助活动	11	4	6	2	5		
煤炭开采和洗选辅助活动	111	4	4	2	1		
石油和天然气开采辅助活动	112		1		1		
其他开采辅助活动	119		1		3		
其他采矿业	12	2	4	4	3		
其他采矿业	120	2	4	4	3		
制造业	**C**	**805**	**2631**	**217**	**1451**	**45**	**19**
农副食品加工业	13	49	219	13	149	3	2
谷物磨制	131	6	45	1	25		
饲料加工	132	5	29	1		2	1
植物油加工	133	10	27	1	23		

合作经营企业(港、澳、台资)	港、澳、台商独资经营企业	港、澳、台商投资股份有限公司	其他港、澳、台投资企业	外商投资企业	中外合资经营企业	中外合作经营企业	外资企业	外商投资股份有限公司	其他外商投资企业
2	**61**	**3**	**4**	**117**	**46**	**12**	**45**	**8**	**6**
	2			**2**			**1**	**1**	
				1			1		
				1			1		
				1				1	
				1				1	
	1								
	1								
	1								
	1								
1	**21**	**1**	**3**	**55**	**31**	**1**	**19**	**2**	**2**
	1			4	3		1		
	1			3	2		1		
				1	1				

2-12 续表 11

行业	代码	私营合伙企业	私营有限责任公司	私营股份有限公司	其他企业	港、澳、台商投资企业	合资经营企业(港、澳、台资)
制糖业	134		2		3		
屠宰及肉类加工	135	12	47	3	13		
水产品加工	136		1		2		
蔬菜、水果和坚果加工	137	2	25	2	34		
其他农副食品加工	139	14	43	5	49	1	1
食品制造业	14	24	125	6	40	1	1
焙烤食品制造	141		30		7	1	1
糖果、巧克力及蜜饯制造	142		4				
方便食品制造	143	17	21	3	19		
乳制品制造	144		1		1		
罐头食品制造	145		2				
调味品、发酵制品制造	146	2	39	1	10		
其他食品制造	149	5	28	2	3		
酒、饮料和精制茶制造业	15	69	345	33	432	1	1
酒的制造	151	11	162	9	42		
饮料制造	152	27	49	8	21	1	1
精制茶加工	153	31	134	16	369		
烟草制品业	16	1			13		
烟叶复烤	161	1			11		
其他烟草制品制造	169				2		
纺织业	17	3	26	6	17		
棉纺织及印染精加工	171	1	9	2			
毛纺织及染整精加工	172		1		1		
麻纺织及染整精加工	173				2		
丝绢纺织及印染精加工	174		3	1			
化纤织造及印染精加工	175	1	1				
针织或钩针编织物及其制品制造	176		2		5		
家用纺织制成品制造	177		9	2	9		
非家用纺织制成品制造	178	1	1	1			
纺织服装、服饰业	18	15	68	2	18	4	1
机织服装制造	181	10	28	2	12	2	1
针织或钩针编织服装制造	182	4	2				
服饰制造	183	1	38		6	2	
皮革、毛皮、羽毛及其制品和制鞋业	19	4	15	1	5	1	
皮革鞣制加工	191		1		1		
皮革制品制造	192	1	5	1		1	
毛皮鞣制及制品加工	193		2				
羽毛(绒)加工及制品制造	194		2				
制鞋业	195	3	5		4		
木材加工和木、竹、藤、棕、草制品业	20	50	105	6	89		
木材加工	201	23	52	1	56		
人造板制造	202	7	25		2		
木制品制造	203	14	23	5	13		
竹、藤、棕、草等制品制造	204	6	5		18		

合作经营企业(港、澳、台资)	港、澳、台商独资经营企业	港、澳、台商投资股份有限公司	其他港、澳、台投资企业	外商投资企业	中外合资经营企业	中外合作经营企业	外资企业	外商投资股份有限公司	其他外商投资企业
				2	1		1		
				1	1				
				1			1		
				6	5				1
				2	1				1
				4	4				
	3								
	1								
	2								
	1								
	1								

2-12 续表 12

行业	代码	私营合伙企业	私营有限责任公司	私营股份有限公司	其他企业	港、澳、台商投资企业	合资经营企业(港、澳、台资)
家具制造业	21	22	58	8	23		
木质家具制造	211	15	46	3	16		
竹、藤家具制造	212	1	3	2	1		
金属家具制造	213	1	1	3	1		
塑料家具制造	214	1	1				
其他家具制造	219	4	7		5		
造纸和纸制品业	22	14	50	3	20	2	1
纸浆制造	221		1				
造纸	222	5	20	1	16		
纸制品制造	223	9	29	2	4	2	1
印刷和记录媒介复制业	23	22	49	6	13	4	3
印刷	231	21	45	6	9	4	3
装订及印刷相关服务	232	1	4		4		
记录媒介复制	233						
文教、工美、体育和娱乐用品制造业	24	38	116	8	61	1	
文教办公用品制造	241	1	5	1	4		
乐器制造	242		3				
工艺美术品制造	243	37	105	7	56	1	
体育用品制造	244				1		
玩具制造	245		3				
游艺器材及娱乐用品制造	246						
石油加工及炼焦	25	4	15	2	5	1	1
化学原料和化学制品制造业	26	57	139	7	35	2	1
基础化学原料制造	261	11	33	1	4		
肥料制造	262	8	28	3	12		
农药制造	263		1				
涂料、油墨、颜料及类似产品制造	264	7	8	1	4		
合成材料制造	265	4	8		3		
专用化学产品制造	266	14	38	1	5	1	
炸药、火工及焰火产品制造	267	7	10		4	1	1
日用化学产品制造	268	6	13	1	3		
医药制造业	27	7	56	7	35	5	2
化学药品原料药制造	271	1	2		2		
化学药品制剂制造	272		2				
中药饮片加工	273	2	12		23	1	
中成药生产	274	3	30	5	7	3	1
兽用药品制造	275		1				
生物药品制造	276	1	6	2	2		
卫生材料及医药用品制造	277		3		1	1	1
化学纤维制造业	28						
合成纤维制造	282						
橡胶和塑料制品业	29	23	80	6	19		
橡胶制品业	291	3	13		3		
塑料制品业	292	20	67	6	16		
非金属矿物制品业	30	281	539	57	356	3	2
水泥、石灰和石膏制造	301	11	46	9	9	1	1

合作经营企业(港、澳、台资)	港、澳、台商独资经营企业	港、澳、台商投资股份有限公司	其他港、澳、台投资企业	外商投资企业	中外合资经营企业	中外合作经营企业	外资企业	外商投资股份有限公司	其他外商投资企业
	1			1	1				
	1			1	1				
	1								
	1								
	1								
	1								
				1	1				
1				8	4		3	1	
				4	2		2		
				2	1			1	
1				2	1		1		
	3			4			2	1	1
	1								
	2			3			2	1	
				1					1
				4	1	1	2		
				2	1		1		
				2		1	1		
	1			13	6		7		
				3	1		2		

2-12 续表 13

行业	代码	私营合伙企业	私营有限责任公司	私营股份有限公司	其他企业	港、澳、台商投资企业	合资经营企业(港、澳、台资)
石膏、水泥制品及类似制品制造	302	89	235	19	147	1	1
砖瓦、石材等建筑材料制造	303	160	170	15	181		
玻璃制造	304	2	19	3	1		
玻璃制品制造	305	6	23	2	3		
玻璃纤维和玻璃纤维增强塑料制品制造	306		9				
陶瓷制品制造	307		5	2	4		
耐火材料制品制造	308	4	16	1	5		
石墨及其他非金属矿物制品制造	309	9	16	6	6	1	
黑色金属冶炼和压延加工业	31	8	93	11	10	4	
炼铁	311	2	5	1	1		
炼钢	312		2				
黑色金属铸造	313	1	9	1	1		
钢压延加工	314	3	16				
铁合金冶炼	315	2	61	9	8	4	
有色金属冶炼和压延加工业	32	12	52	3	8	3	1
常用有色金属冶炼	321	8	27	1	4	2	1
贵金属冶炼	322	1	4		1		
稀有稀土金属冶炼	323	1	5	1			
有色金属合金制造	324	1	6			1	
有色金属铸造	325		2				
有色金属压延加工	326	1	8	1	3		
金属制品业	33	34	135	12	36	3	2
结构性金属制品制造	331	17	70	5	16	1	1
金属工具制造	332	5	9	3	8		
集装箱及金属包装容器制造	333	1	2		1		
金属丝绳及其制品制造	334	2	4				
建筑、安全用金属制品制造	335	4	20	3	3	1	1
金属表面处理及热处理加工	336		8			1	
搪瓷制品制造	337				1		
金属制日用品制造	338	2	7	1	3		
其他金属制品制造	339	3	15		4		
通用设备制造业	34	20	72	4	15		
锅炉及原动设备制造	341		3	1			
金属加工机械制造	342	7	19	1	4		
物料搬运设备制造	343						
泵、阀门、压缩机及类似机械制造	344		5				
轴承、齿轮和传动部件制造	345		3				
烘炉、风机、衡器、包装等设备制造	346	2	5		2		
文化、办公用机械制造	347		1				
通用零部件制造	348	10	35	1	9		
其他通用设备制造业	349	1	1	1			
专用设备制造业	35	11	75	5	16	3	
采矿、冶金、建筑专用设备制造	351	3	25	1			
化工、木材、非金属加工专用设备制造	352		9	1	5		

合作经营企业(港、澳、台资)	港、澳、台商独资经营企业	港、澳、台商投资股份有限公司	其他港、澳、台投资企业	外商投资企业	中外合资经营企业	中外合作经营企业	外资企业	外商投资股份有限公司	其他外商投资企业
				2	1		1		
				1	1				
				4	2		2		
	1			3	1		2		
	4			1			1		
	4			1			1		
	1		1	1	1				
	1			1	1				
			1						
		1							
		1							
				1	1				
				1	1				
	1		2						

2-12 续表 14

行业	代码	私营合伙企业	私营有限责任公司	私营股份有限公司	其他企业	港、澳、台商投资企业	合资经营企业(港、澳、台资)
食品、饮料、烟草及饲料生产专用设备制造	353	2	1		1		
印刷、制药、日化及日用品生产专用设备制造	354	1	3	1	1	1	
纺织、服装和皮革加工专用设备制造	355		2				
电子和电工机械专用设备制造	356	1	10		2	1	
农、林、牧、渔专用机械制造	357	2	8	1	4		
医疗仪器设备及器械制造	358		6		1		
环保、社会公共服务及其他专用设备制造	359	2	11	1	2	1	
汽车制造业	36	5	13	3	2		
汽车整车制造	361						
改装汽车制造	362	1	2				
低速载货汽车制造	363						
电车制造	364						
汽车车身、挂车制造	365						
汽车零部件及配件制造	366	4	11	3	2		
铁路、船舶、航空航天和其他运输设备制造业	37	2	5	1			
铁路运输设备制造	371		1				
船舶及相关装置制造	373	1	1				
航空、航天器及设备制造	374		1				
摩托车制造	375	1		1			
自行车制造	376		2				
潜水救捞及其他未列明运输设备制造	379						
电气机械和器材制造业	38	8	96	4	5	2	
电机制造	381		5		1		
输配电及控制设备制造	382	3	30	2	3	2	
电线、电缆、光缆及电工器材制造	383	1	17		1		
电池制造	384		3				
家用电力器具制造	385	1	12	1			
非电力家用器具制造	386	2	12	1			
照明器具制造	387		11				
其他电气机械及器材制造	389	1	6				
计算机、通信和其他电子设备制造业	39	1	19	2	4	2	1
计算机制造	391		2				
通信设备制造	392		1	1		2	1
雷达及配套设备制造	394						
视听设备制造	395		2				
电子器件制造	396		3		1		
电子元件制造	397		8		3		
其他电子设备制造	399	1	3	1			
仪器仪表制造业	40	10	12		3		
通用仪器仪表制造	401		4				
专用仪器仪表制造	402		3		2		
钟表与计时仪器制造	403						
光学仪器及眼镜制造	404	10			1		
其他仪器仪表制造业	409		5				

合作经营企业(港、澳、台资)	港、澳、台商独资经营企业	港、澳、台商投资股份有限公司	其他港、澳、台投资企业	外商投资企业	中外合资经营企业	中外合作经营企业	外资企业	外商投资股份有限公司	其他外商投资企业
			1						
	1								
			1						
				2	2				
				2	2				
				1	1				
				1	1				
	2			4	3		1		
				1	1				
	2			1	1				
				1			1		
				1	1				
	1								
	1								
				2	1		1		
				1	1				
				1			1		

2-12 续表 15

行业	代码	私营合伙企业	私营有限责任公司	私营股份有限公司	其他企业	港、澳、台商投资企业	合资经营企业(港、澳、台资)
其他制造业	41	5	14		9		
废弃资源综合利用业	42	1	23		4		
金属废料和碎屑加工处理	421	1	12				
非金属废料和碎屑加工处理	422		11		4		
金属制品、机械和设备修理业	43	5	17	1	9		
金属制品修理	431	2					
通用设备修理	432		4				
专用设备修理	433	1	8	1	5		
铁路、船舶、航空航天等运输设备修理	434						
电气设备修理	435		1		2		
仪器仪表修理	436						
其他机械和设备修理业	439	2	4		2		
电力、热力、燃气及水生产和供应业	D	**138**	**136**	**23**	**94**	**3**	**1**
电力、热力生产和供应业	44	115	108	18	68	3	1
电力生产	441	115	104	16	61	3	1
电力供应	442		3	2	7		
热力生产和供应	443		1				
燃气生产和供应业	45	5	17	2	1		
燃气生产和供应业	450	5	17	2	1		
水的生产和供应业	46	18	11	3	25		
自来水生产和供应	461	17	9	3	21		
污水处理及其再生利用	462	1	1		2		
其他水的处理、利用与分配	469		1		2		
建筑业	E	**56**	**787**	**52**	**106**	**2**	**1**
房屋建筑业	47	4	140	14	13	1	
房屋建筑业	470	4	140	14	13	1	
土木工程建筑业	48	10	83	4	22		
铁路、道路、隧道和桥梁工程建筑	481	6	28	1	9		
水利和内河港口工程建筑	482		6		3		
工矿工程建筑	484	1	6	1	2		
架线和管道工程建筑	485	1	13	1	1		
其他土木工程建筑	489	2	30	1	7		
建筑安装业	49	1	106	5	7		
电气安装	491		35		3		
管道和设备安装	492	1	21		1		
其他建筑安装业	499		50	5	3		
建筑装饰和其他建筑业	50	41	458	29	64	1	1
建筑装饰业	501	37	384	24	50	1	1
工程准备活动	502	1	47	5	9		
提供施工设备服务	503	1	6		1		
其他未列明建筑业	509	2	21		4		
批发和零售业	F	**462**	**4371**	**319**	**1524**	**14**	**5**
批发业	51	203	2258	155	786	8	3
农、林、牧产品批发	511	12	61	2	125	2	

合作经营企业(港、澳、台资)	港、澳、台商独资经营企业	港、澳、台商投资股份有限公司	其他港、澳、台投资企业	外商投资企业	中外合资经营企业	中外合作经营企业	外资企业	外商投资股份有限公司	其他外商投资企业
	2			**3**	**1**		**1**	**1**	
	2								
	2								
				1	1				
				1	1				
				2			1	1	
				2			1	1	
	1			**5**	**2**		**1**	**1**	**1**
	1								
	1								
				2	1			1	
				2	1			1	
				3	1		1		1
				3	1		1		1
1	**8**			**19**	**5**		**11**	**1**	**2**
	5			13	4		8	1	
	2			1				1	

2-12 续表 16

行业	代码	私营合伙企业	私营有限责任公司	私营股份有限公司	其他企业	港、澳、台商投资企业	合资经营企业(港、澳、台资)
食品、饮料及烟草制品批发	512	32	364	21	99	1	
纺织、服装及家庭用品批发	513	15	171	12	29	1	
文化、体育用品及器材批发	514	5	48	2	6		
医药及医疗器材批发	515	1	62	9	22	1	
矿产品、建材及化工产品批发	516	79	852	54	262	3	3
机械设备、五金产品及电子产品批发	517	33	493	37	123		
贸易经纪与代理	518	9	92	8	85		
其他批发业	519	17	115	10	35		
零售业	52	259	2113	164	738	6	2
综合零售	521	15	103	11	79	2	1
食品、饮料及烟草制品专门零售	522	40	362	27	191	2	1
纺织、服装及日用品专门零售	523	15	76	9	39	2	
文化、体育用品及器材专门零售	524	10	88	4	28		
医药及医疗器材专门零售	525	22	68	5	70		
汽车、摩托车、燃料及零配件专门零售	526	66	541	45	104		
家用电器及电子产品专门零售	527	32	498	28	80		
五金、家具及室内装饰材料专门零售	528	42	233	28	85		
货摊、无店铺及其他零售业	529	17	144	7	62		
交通运输、仓储和邮政业	**G**	**65**	**440**	**51**	**106**		
道路运输业	54	46	304	35	67		
城市公共交通运输	541	8	55	9	4		
公路旅客运输	542	7	51	8	8		
道路货物运输	543	24	180	12	49		
道路运输辅助活动	544	7	18	6	6		
水上运输业	55	1	16	2	2		
水上旅客运输	551		12	1			
水上货物运输	552	1	2		2		
水上运输辅助活动	553		2	1			
航空运输业	56						
航空客货运输	561						
通用航空服务	562						
航空运输辅助活动	563						
管道运输业	57		1				
管道运输业	570		1				
装卸搬运和运输代理业	58	12	62	4	15		
装卸搬运	581	4	23		6		
运输代理业	582	8	39	4	9		
仓储业	59	4	25	1	10		
谷物、棉花等农产品仓储	591	1	2		6		
其他仓储业	599	3	23	1	4		
邮政业	60	2	32	9	12		
邮政基本服务	601						
快递服务	602	2	32	9	12		

合作经营企业(港、澳、台资)	港、澳、台商独资经营企业	港、澳、台商投资股份有限公司	其他港、澳、台投资企业	外商投资企业	中外合资经营企业	中外合作经营企业	外资企业	外商投资股份有限公司	其他外商投资企业
	1			2			2		
	1								
	1			1			1		
				7	3		4		
				2	1		1		
1	3			6	1		3		2
	1								
1									
	2								
				1					1
				1			1		
				2			1		1
				2	1		1		
				6	**1**	**4**		**1**	
				6	1	4		1	
				1	1				
				5		4		1	

2-12 续表 17

行业	代码	私营合伙企业	私营有限责任公司	私营股份有限公司	其他企业	港、澳、台商投资企业	合资经营企业(港、澳、台资)
住宿和餐饮业	H	**196**	**412**	**48**	**195**	**9**	**4**
住宿业	61	71	195	25	64	5	1
旅游饭店	611	24	93	14	23	4	1
一般旅馆	612	33	87	10	25	1	
其他住宿业	619	14	15	1	16		
餐饮业	62	125	217	23	131	4	3
正餐服务	621	101	198	19	103	1	1
快餐服务	622	6	3	1	6	2	1
饮料及冷饮服务	623	1	7	2	2	1	1
其他餐饮业	629	17	9	1	20		
信息传输、软件和信息技术服务业	I	**21**	**150**	**16**	**44**	**1**	
电信、广播电视和卫星传输服务	63	1	8	2	9		
电信	631		6	2	8		
广播电视传输服务	632	1	2		1		
互联网和相关服务	64	9	28	2	11	1	
互联网接入及相关服务	641		6	1	3		
互联网信息服务	642	7	13	1	6		
其他互联网服务	649	2	9		2	1	
软件和信息技术服务业	65	11	114	12	24		
软件开发	651	6	51	5	10		
信息系统集成服务	652	3	13	2	2		
信息技术咨询服务	653	2	36	4	9		
数据处理和存储服务	654						
集成电路设计	655		1				
其他信息技术服务业	659		13	1	3		
房地产业	K	**41**	**1222**	**135**	**92**	**31**	**19**
房地产业	70	41	1222	135	92	31	19
房地产开发经营	701	12	828	100	20	28	17
物业管理	702	7	265	21	43	3	2
房地产中介服务	703	20	101	12	22		
其他房地产业	709	2	28	2	7		
租赁和商务服务业	L	**275**	**1454**	**122**	**361**	**11**	**4**
租赁业	71	49	188	14	70		
机械设备租赁	711	48	185	14	70		
文化及日用品出租	712	1	3				
商务服务业	72	226	1266	108	291	11	4
企业管理服务	721	18	239	18	55	3	1
法律服务	722	39	4	1	29		
咨询与调查	723	73	225	19	39	2	1
广告业	724	35	364	30	49	2	
知识产权服务	725	3	2		5		
人力资源服务	726	15	90	4	11		
旅行社及相关服务	727	7	102	11	34	2	1
安全保护服务	728	1	38	6	5		
其他商务服务业	729	35	202	19	64	2	1

合作经营企业(港、澳、台资)	港、澳、台商独资经营企业	港、澳、台商投资股份有限公司	其他港、澳、台投资企业	外商投资企业	中外合资经营企业	中外合作经营企业	外资企业	外商投资股份有限公司	其他外商投资企业
	4	**1**		**3**		**2**			**1**
	3	1		2		2			
	2	1		1		1			
	1								
				1		1			
	1			1					1
				1					1
	1								
	1			**2**			**1**	**1**	
				2			1	1	
				2			1	1	
	1								
	1								
	11	**1**		**10**	**5**	**2**	**3**		
	11	1		10	5	2	3		
	11			9	4	2	3		
		1							
				1	1				
	6		**1**	**7**		**2**	**5**		
	6		1	7		2	5		
	2			4		1	3		
	1			3		1	2		
	1		1						
	1								
	1								

2-12 续表 18

行 业	代码	私营合伙企业	私营有限责任公司	私营股份有限公司	其他企业	港、澳、台商投资企业	合资经营企业(港、澳、台资)
科学研究和技术服务业	**M**	**62**	**366**	**27**	**194**	**4**	**1**
研究和试验发展	73	3	14	1	6	2	
自然科学研究和试验发展	731		1				
工程和技术研究和试验发展	732		5			1	
农业科学研究和试验发展	733		5	1	4	1	
医学研究和试验发展	734	2	2		2		
社会人文科学研究	735	1	1				
专业技术服务业	74	52	284	21	83	2	1
气象服务	741	1	2		4		
地震服务	742						
测绘服务	744	7	23	2	4		
质检技术服务	745	11	56	3	9		
环境与生态监测	746	1	10	1	1		
地质勘查	747		7	1			
工程技术	748	19	111	9	36		
其他专业技术服务业	749	13	75	5	29	2	1
科技推广和应用服务业	75	7	68	5	105		
技术推广服务	751	3	52	5	100		
科技中介服务	752	3	11		3		
其他科技推广和应用服务业	759	1	5		2		
水利、环境和公共设施管理业	**N**	**21**	**64**	**8**	**68**	**1**	
水利管理业	76	2	4		11		
防洪除涝设施管理	761						
水资源管理	762	2	3		2		
天然水收集与分配	763				4		
水文服务	764						
其他水利管理业	769		1		5		
生态保护和环境治理业	77	2	12	1	10		
生态保护	771		1		7		
环境治理业	772	2	11	1	3		
公共设施管理业	78	17	48	7	47	1	
市政设施管理	781		6	1	3	1	
环境卫生管理	782	1	4	1	1		
城乡市容管理	783		1		1		
绿化管理	784	3	16	1	13		
公园和游览景区管理	785	13	21	4	29		
居民服务、修理和其他服务业	**O**	**125**	**389**	**31**	**149**	**1**	**1**
居民服务业	79	42	130	9	62		
家庭服务	791	14	39	1	17		
托儿所服务	792				1		
洗染服务	793	2	11		4		
理发及美容服务	794	8	11	1	10		
洗浴服务	795	4	17	2	8		
保健服务	796	5	8	2	1		

合作经营企业(港、澳、台资)	港、澳、台商独资经营企业	港、澳、台商投资股份有限公司	其他港、澳、台投资企业	外商投资企业	中外合资经营企业	中外合作经营企业	外资企业	外商投资股份有限公司	其他外商投资企业
	3			**2**	**1**		**1**		
	2			1	1				
	1			1	1				
	1								
	1								
	1								
				1			1		
				1			1		
	1			**1**		**1**			
				1		1			
				1		1			
	1								
	1								
				1			**1**		
				1			1		

2-12 续表 19

行业	代码	私营合伙企业	私营有限责任公司	私营股份有限公司	其他企业	港、澳、台商投资企业	合资经营企业(港、澳、台资)
婚姻服务	797	1	10		3		
殡葬服务	798	1	16	1	3		
其他居民服务业	799	7	18	2	15		
机动车、电子产品和日用产品修理业	80	65	216	17	62	1	1
汽车、摩托车修理与维护	801	57	186	16	57	1	1
计算机和办公设备维修	802	4	18	1	2		
家用电器修理	803	3	8		3		
其他日用产品修理业	809	1	4				
其他服务业	81	18	43	5	25		
清洁服务	811	14	29	3	15		
其他未列明服务业	819	4	14	2	10		
卫生和社会工作	**Q**	**2**	**4**		**2**		
社会工作	84	2	4		2		
提供住宿社会工作	841	2	4		1		
不提供住宿社会工作	842				1		
文化、体育和娱乐业	**R**	**118**	**110**	**32**	**126**	**1**	
新闻和出版业	85				3		
新闻业	851				1		
出版业	852				2		
广播、电视、电影和影视录音制作业	86	2	13	4	4		
广播	861		1				
电视	862						
电影和影视节目制作	863		3		1		
电影和影视节目发行	864				1		
电影放映	865	2	8	4			
录音制作	866		1		2		
文化艺术业	87	4	18	3	12		
文艺创作与表演	871	4	6	1	4		
艺术表演场馆	872						
图书馆与档案馆	873						
文物及非物质文化遗产保护	874		1				
博物馆	875		1				
群众文化活动	877		1		4		
其他文化艺术业	879		9	2	4		
体育	88	1	6	2	3		
体育组织	881		3		2		
体育场馆	882						
休闲健身活动	883	1	3	2	1		
其他体育	889						
娱乐业	89	111	73	23	104	1	
室内娱乐活动	891	110	67	22	96	1	
游乐园	892						
文化、娱乐、体育经纪代理	894		1		1		
其他娱乐业	899	1	5	1	7		

合作经营企业(港、澳、台资)	港、澳、台商独资经营企业	港、澳、台商投资股份有限公司	其他港、澳、台投资企业	外商投资企业	中外合资经营企业	中外合作经营企业	外资企业	外商投资股份有限公司	其他外商投资企业
				1				1	
	1			**1**				**1**	
				1				1	
				1				1	
	1								
	1								

2-13 按行业(中类)、登记注册类型分组的

行业	代码	从业人员数(人)	内资企业				
				国有企业	集体企业	股份合作企业	联营企业
总计		**1536416**	**1522687**	**83934**	**40858**	**14367**	**7878**
农、林、牧、渔业	**A**	**10851**	**10851**	**508**	**44**	**59**	**13**
农业	01	287	287	136			
蔬菜、食用菌及园艺作物种植	014	96	96				
水果种植	015	146	146	136			
坚果、含油果、香料和饮料作物种植	016	25	25				
其他农业	019	20	20				
林业	02	31	31				
林木育种和育苗	021	6	6				
森林经营和管护	023	25	25				
农、林、牧、渔服务业	05	10533	10533	372	44	59	13
农业服务业	051	8617	8617	275	44	59	13
林业服务业	052	517	517	97			
畜牧服务业	053	1208	1208				
渔业服务业	054	191	191				
采矿业	**B**	**204437**	**204137**	**7754**	**2322**	**2281**	**1339**
煤炭开采和洗选业	06	139829	139826	6744	1447	1457	927
烟煤和无烟煤开采洗选	061	138425	138425	6584	1447	1396	927
褐煤开采洗选	062	195	192				
其他煤炭采选	069	1209	1209	160		61	
石油和天然气开采业	07	8	8				
天然气开采	072	8	8				
黑色金属矿采选业	08	7206	7006	135	139	60	108
铁矿采选	081	3044	2964			30	92
锰矿、铬矿采选	082	3210	3090	135	139	30	16
其他黑色金属矿采选	089	952	952				
有色金属矿采选业	09	7844	7780	516	61	175	141
常用有色金属矿采选	091	5737	5673	502	60	175	141
贵金属矿采选	092	1504	1504	14	1		
稀有稀土金属矿采选	093	603	603				
非金属矿采选业	10	47276	47243	359	674	496	163
土砂石开采	101	37867	37859	124	575	454	123
化学矿开采	102	7825	7825	235	76	20	40
石棉及其他非金属矿采选	109	1584	1559		23	22	
开采辅助活动	11	1414	1414			30	
煤炭开采和洗选辅助活动	111	1204	1204			28	
石油和天然气开采辅助活动	112	15	15				
其他开采辅助活动	119	195	195			2	
其他采矿业	12	860	860		1	63	
其他采矿业	120	860	860		1	63	
制造业	**C**	**487348**	**479535**	**13228**	**6318**	**3494**	**1889**
农副食品加工业	13	33773	33297	646	85	264	53
谷物磨制	131	5329	5329	90	24	49	21
饲料加工	132	3537	3108	83	16	7	15

小微企业法人单位从业人员数

国有联营企业	集体联营企业	国有与集体联营企业	其他联营企业	有限责任公司	国有独资公司	其他有限责任公司	股份有限公司	私营企业	私营独资企业
2200	**3089**	**764**	**1825**	**574292**	**26560**	**547732**	**44588**	**686124**	**324321**
	5		**8**	**1437**	**54**	**1383**	**55**	**1685**	**1162**
				30		30		101	101
				20		20		76	76
				10		10			
								25	25
								31	6
								6	6
								25	
	5		8	1407	54	1353	55	1553	1055
	5		8	1315	44	1271	55	1095	689
				40	10	30		215	163
				44		44		146	111
				8		8		97	92
147	**457**	**16**	**719**	**39990**	**1085**	**38905**	**4049**	**139635**	**66997**
147	256		524	25510	944	24566	2817	97594	40541
147	256		524	25196	926	24270	2794	96806	40062
				52	18	34	10	97	80
				262		262	13	691	399
				8		8			
				8		8			
		16	92	2482	103	2379	267	3337	1237
			92	772		772	168	1776	840
		16		1443	103	1340		1033	270
				267		267	99	528	127
	141			2756		2756	542	3243	1231
	141			1661		1661	460	2338	936
				684		684	82	713	152
				411		411		192	143
	60		103	8863	38	8825	395	33759	22973
	50		73	4735	38	4697	268	29468	21483
	10		30	3475		3475	126	3483	1151
				653		653	1	808	339
				163		163		1146	680
				94		94		1062	608
								7	
				69		69		77	72
				208		208	28	556	335
				208		208	28	556	335
488	**953**	**96**	**352**	**174041**	**8149**	**165892**	**13138**	**244121**	**126307**
	9	29	15	10461	136	10325	1166	17874	8801
		21		1692	115	1577	86	3162	1585
			15	1313		1313	132	1542	305

2-13 续表 1

行 业	代码	从 业人员数(人)	内资企业	国有企业	集体企业	股份合作企 业	联营企业
植物油加工	133	4300	4268	162	12	64	
制糖业	134	835	835				
屠宰及肉类加工	135	7567	7567	188	28	8	
水产品加工	136	189	189				
蔬菜、水果和坚果加工	137	3380	3380			135	
其他农副食品加工	139	8636	8621	123	5	1	17
食品制造业	14	15525	15312	158	154	94	15
焙烤食品制造	141	2741	2685	10	78		6
糖果、巧克力及蜜饯制造	142	666	666				4
方便食品制造	143	3675	3675	28			5
乳制品制造	144	426	426	76			
罐头食品制造	145	433	433				
调味品、发酵制品制造	146	4822	4673	40	76	1	
其他食品制造	149	2762	2754	4		93	
酒、饮料和精制茶制造业	15	60093	59809	506	117	472	18
酒的制造	151	26366	26304	161	32	337	
饮料制造	152	6868	6646	151	41	47	
精制茶加工	153	26859	26859	194	44	88	18
烟草制品业	16	2891	2891	255			
烟叶复烤	161	2666	2666	255			
其他烟草制品制造	169	225	225				
纺织业	17	4904	4904		10		
棉纺织及印染精加工	171	2246	2246				
毛纺织及染整精加工	172	276	276				
麻纺织及染整精加工	173	78	78				
丝绢纺织及印染精加工	174	284	284				
化纤织造及印染精加工	175	271	271				
针织或钩针编织物及其制品制造	176	370	370				
家用纺织制成品制造	177	959	959				
非家用纺织制成品制造	178	420	420		10		
纺织服装、服饰业	18	10283	10067	94	66		23
机织服装制造	181	6866	6750	87	64		23
针织或钩针编织服装制造	182	783	783	7			
服饰制造	183	2634	2534		2		
皮革、毛皮、羽毛及其制品和制鞋业	19	4188	4186		1		
皮革鞣制加工	191	35	35				
皮革制品制造	192	805	803				
毛皮鞣制及制品加工	193	113	113				
羽毛(绒)加工及制品制造	194	116	116				
制鞋业	195	3119	3119		1		
木材加工和木、竹、藤、棕、草制品业	20	24388	24388	1145	100	62	265
木材加工	201	13166	13166	804	71	11	158
人造板制造	202	5448	5448	313			
木制品制造	203	3785	3785	28	20	16	107
竹、藤、棕、草等制品制造	204	1989	1989		9	35	

国有联营企业	集体联营企业	国有与集体联营企业	其他联营企业	有限责任公司	国有独资公司	其他有限责任公司	股份有限公司	私营企业	私营独资企业
				1279	11	1268	31	2462	1446
				343		343		312	77
				2244	10	2234	503	4200	2018
				2		2		151	146
				895		895	216	1499	734
	9	8		2693		2693	198	4546	2490
	9		6	4844	81	4763	221	9307	4434
			6	849		849		1662	522
	4			497		497		165	122
	5			660		660	13	2650	1753
				255		255		87	70
				218		218		215	87
				1198		1198	208	3059	1179
				1167	81	1086		1469	701
	18			18502	3750	14752	932	29159	14077
				9744	3366	6378	326	14927	6015
				2643	67	2576	96	3492	2182
	18			6115	317	5798	510	10740	5880
				2254	109	2145		12	
				2254	109	2145		12	
				1436	137	1299	1119	2224	1284
				657		657	850	739	291
				174	132	42		99	94
								64	64
				7	5	2		277	88
				205		205		66	26
				112		112		220	195
				281		281	68	550	496
							201	209	30
	18		5	2506	92	2414	486	6223	3911
	18		5	1742	87	1655	419	3813	2470
				144		144		632	397
				620	5	615	67	1778	1044
				1059		1059	14	3040	2260
								32	22
				266		266	14	523	421
				43		43		70	45
				7		7		109	
				743		743		2306	1772
180			85	5951	161	5790	672	15341	8753
158				2420	161	2259	296	8843	5279
				2309		2309	318	2447	554
22			85	967		967	48	2503	1728
				255		255	10	1548	1192

2-13 续表 2

行业	代码	从业人员数(人)	内资企业	国有企业	集体企业	股份合作企业	联营企业
家具制造业	21	7786	7786	42	70	56	
木质家具制造	211	5995	5995	42	65	56	
竹、藤家具制造	212	556	556				
金属家具制造	213	331	331		5		
塑料家具制造	214	77	77				
其他家具制造	219	827	827				
造纸和纸制品业	22	7887	7743	61	186	5	33
纸浆制造	221	60	60				
造纸	222	2681	2681	61	112		33
纸制品制造	223	5146	5002		74	5	
印刷和记录媒介复制业	23	6968	6440	549	270	90	163
印刷	231	6254	5726	362	249	78	111
装订及印刷相关服务	232	680	680	157	21	12	52
记录媒介复制	233	34	34	30			
文教、工美、体育和娱乐用品制造业	24	15182	15152	171	148	163	17
文教办公用品制造	241	450	450				10
乐器制造	242	220	220		12		
工艺美术品制造	243	14013	13983	171	136	163	7
体育用品制造	244	23	23				
玩具制造	245	454	454				
游艺器材及娱乐用品制造	246	22	22				
石油加工及炼焦	25	4263	4055	261			
化学原料和化学制品制造业	26	30542	29983	1137	215	408	211
基础化学原料制造	261	8226	7896	490	124	42	135
肥料制造	262	7096	7070	462	18	270	8
农药制造	263	179	179	42			1
涂料、油墨、颜料及类似产品制造	264	1481	1481	130	51		
合成材料制造	265	1171	1171	1			
专用化学产品制造	266	5339	5137	12		38	24
炸药、火工及焰火产品制造	267	5723	5722				
日用化学产品制造	268	1327	1327		22	58	43
医药制造业	27	12151	11213	105	85	3	
化学药品原料药制造	271	398	398				
化学药品制剂制造	272	606	606				
中药饮片加工	273	1578	1553		45	3	
中成药生产	274	8118	7394	105			
兽用药品制造	275	78	78				
生物药品制造	276	757	741				
卫生材料及医药用品制造	277	616	443		40		
化学纤维制造业	28	38	38				
合成纤维制造	282	38	38				
橡胶和塑料制品业	29	14817	14543	412	325	189	347
橡胶制品业	291	3136	2949	270	192		347
塑料制品业	292	11681	11594	142	133	189	

国有联营企业	集体联营企业	国有与集体联营企业	其他联营企业	有限责任公司	国有独资公司	其他有限责任公司	股份有限公司	私营企业	私营独资企业
				1938		1938	166	5247	3251
				1525		1525	166	3940	2594
				191		191		360	101
				62		62		243	172
				3		3		74	42
				157		157		630	342
	33			3053	26	3027		4262	2013
				45		45		15	11
	33			1150	26	1124		1201	664
				1858		1858		3046	1338
14	101	48		2803	17	2786	43	2397	1464
14	97			2672	17	2655	43	2130	1242
	4	48		127		127		267	222
				4		4			
	5		12	2126	166	1960	136	11330	8788
	5		5	150		150	10	238	123
				146		146		62	49
			7	1806	166	1640	86	10600	8318
								18	18
				13		13	40	401	269
				11		11		11	11
				2283		2283	66	1424	195
24	8		179	12625	361	12264	1229	13400	6382
			135	4181	121	4060	756	2130	349
	8			3154	150	3004	195	2603	1210
			1	68		68		68	67
				542		542	65	668	406
				577		577		537	242
24				2496	90	2406	3	2503	873
				1033		1033	202	4294	2923
			43	574		574	8	597	312
				6069		6069	531	3995	598
				227		227	72	89	10
				414		414	140	52	
				438		438	102	673	216
				4636		4636	205	2346	166
				15		15		63	50
				236		236	12	473	122
				103		103		299	34
				37		37		1	1
				37		37		1	1
	347			5631	129	5502	351	7081	3014
	347			1002	56	946	8	1095	549
				4629	73	4556	343	5986	2465

2-13 续表 3

行业	代码	从业人员数(人)	内资企业	国有企业	集体企业	股份合作企业	联营企业
非金属矿物制品业	30	119642	118113	1079	1532	1070	230
水泥、石灰和石膏制造	301	17722	17121	345	35	722	
石膏、水泥制品及类似制品制造	302	42713	42566	32	103	116	50
砖瓦、石材等建筑材料制造	303	42135	42089	247	411	114	146
玻璃制造	304	1822	1822				
玻璃制品制造	305	5347	5347		424	1	
玻璃纤维和玻璃纤维增强塑料制品制造	306	999	999		178		
陶瓷制品制造	307	915	915	55	85		
耐火材料制品制造	308	2909	2644	17	154	60	25
石墨及其他非金属矿物制品制造	309	5080	4610	383	142	57	9
黑色金属冶炼和压延加工业	31	22165	21286	3012	546	122	
炼铁	311	1060	1060				
炼钢	312	134	134				
黑色金属铸造	313	1010	1010	1	117	2	
钢压延加工	314	2381	2381	10	420		
铁合金冶炼	315	17580	16701	3001	9	120	
有色金属冶炼和压延加工业	32	9718	9586	428	203	204	260
常用有色金属冶炼	321	4739	4657		64	89	33
贵金属冶炼	322	1099	1099	353	5	115	227
稀有稀土金属冶炼	323	429	429				
有色金属合金制造	324	708	658		15		
有色金属铸造	325	494	494		39		
有色金属压延加工	326	2249	2249	75	80		
金属制品业	33	18872	18676	451	445	100	56
结构性金属制品制造	331	9154	9131	136	1	12	12
金属工具制造	332	2366	2366				
集装箱及金属包装容器制造	333	433	433		101		
金属丝绳及其制品制造	334	1184	1184		217	8	
建筑、安全用金属制品制造	335	2056	1978	315	5		21
金属表面处理及热处理加工	336	669	574		37		
搪瓷制品制造	337	142	142				
金属制日用品制造	338	864	864		44	80	23
其他金属制品制造	339	2004	2004		40		
通用设备制造业	34	12385	12334	699	1073	20	19
锅炉及原动设备制造	341	427	427	9			
金属加工机械制造	342	3380	3380	53	605	20	
物料搬运设备制造	343	943	943	270			
泵、阀门、压缩机及类似机械制造	344	1022	971	252			
轴承、齿轮和传动部件制造	345	1126	1126		116		
烘炉、风机、衡器、包装等设备制造	346	1033	1033		126		
文化、办公用机械制造	347	28	28				
通用零部件制造	348	4120	4120	107	226		19
其他通用设备制造业	349	306	306	8			
专用设备制造业	35	13185	13174	686	116	142	14
采矿、冶金、建筑专用设备制造	351	5457	5457	461	27	142	13
化工、木材、非金属加工专用设备制造	352	1676	1676	76	30		1

国有联营企业	集体联营企业	国有与集体联营企业	其他联营企业	有限责任公司	国有独资公司	其他有限责任公司	股份有限公司	私营企业	私营独资企业
2	185		43	38723	1907	36816	2620	69499	41639
				8815	1534	7281	1160	5930	2005
2	39		9	15258	131	15127	599	25122	15506
	121		25	9374	40	9334	458	29586	20094
				577		577		1244	446
				1257	202	1055	86	3565	1975
				296		296	6	519	11
				221		221		513	250
	25			823		823	70	1405	602
			9	2102		2102	241	1615	750
				10340	176	10164	256	6978	837
				562		562		496	61
				61		61		73	1
				489		489	6	387	76
				895		895	46	1010	331
				8333	176	8157	204	5012	368
227	33			4122	12	4110	276	4069	715
	33			2099		2099	275	2083	435
227				219	12	207		179	3
				38		38		391	37
				283		283		360	97
				149		149		306	3
				1334		1334	1	750	140
12	44			7907	60	7847	449	8920	4310
12				3994	55	3939	132	4738	2415
				1017		1017		1253	780
				154		154		165	73
				616		616		343	109
	21			631		631	1	969	456
				306	5	301		231	19
				94		94		42	42
	23			258		258	63	377	153
				837		837	253	802	263
		19		5842	191	5651	66	4444	1676
				202		202		216	89
				1497	102	1395	13	1168	455
				612		612	22	39	39
				555		555		164	18
				739	89	650	8	263	143
				576		576	17	305	78
				17		17		11	10
		19		1601		1601	6	2023	674
				43		43		255	170
	14			7055	155	6900	374	4501	2093
	13			3231	152	3079	46	1537	538
	1			515	3	512	109	828	583

2-13 续表 4

行 业	代码	从业人员数(人)	内资企业	国有企业	集体企业	股份合作企业	联营企业
食品、饮料、烟草及饲料生产专用设备制造	353	232	232	18			
印刷、制药、日化及日用品生产专用设备制造	354	763	761		6		
纺织、服装和皮革加工专用设备制造	355	212	212				
电子和电工机械专用设备制造	356	1771	1764	39	53		
农、林、牧、渔专用机械制造	357	1338	1338	92			
医疗仪器设备及器械制造	358	585	585				
环保、社会公共服务及其他专用设备制造	359	1151	1149				
汽车制造业	36	6444	6276	724	119	20	78
汽车整车制造	361	1395	1395				
改装汽车制造	362	215	215				
低速载货汽车制造	363	276	276	276			
电车制造	364	395	395				
汽车车身、挂车制造	365	23	23				
汽车零部件及配件制造	366	4140	3972	448	119	20	78
铁路、船舶、航空航天和其他运输设备制造业	37	2495	2378	75	107		
铁路运输设备制造	371	397	397	29	107		
船舶及相关装置制造	373	298	298				
航空、航天器及设备制造	374	1069	952	37			
摩托车制造	375	459	459				
自行车制造	376	118	118				
潜水救捞及其他未列明运输设备制造	379	154	154	9			
电气机械和器材制造业	38	13342	12725	36	123	10	28
电机制造	381	734	726	23	3		
输配电及控制设备制造	382	4131	3716	13	24		
电线、电缆、光缆及电工器材制造	383	2283	2107				28
电池制造	384	902	902				
家用电力器具制造	385	1779	1761		96		
非电力家用器具制造	386	738	738			5	
照明器具制造	387	2431	2431			5	
其他电气机械及器材制造	389	344	344				
计算机、通信和其他电子设备制造业	39	5666	5631	148			5
计算机制造	391	103	103				
通信设备制造	392	238	203	2			
雷达及配套设备制造	394	27	27				
视听设备制造	395	139	139				
电子器件制造	396	1016	1016				5
电子元件制造	397	3292	3292	146			
其他电子设备制造	399	851	851				
仪器仪表制造业	40	1826	1620	101	100		
通用仪器仪表制造	401	319	319				
专用仪器仪表制造	402	488	469		100		
钟表与计时仪器制造	403	36	36				
光学仪器及眼镜制造	404	783	596	101			
其他仪器仪表制造业	409	200	200				

国有联营企业	集体联营企业	国有与集体联营企业	其他联营企业	有限责任公司	国有独资公司	其他有限责任公司	股份有限公司	私营企业	私营独资企业
				47		47		140	117
				369		369	32	352	210
				138		138		74	43
				961		961	127	550	202
				724		724		449	215
				242		242	60	262	72
				828		828		309	113
29	49			3514		3514	501	1265	209
				1125		1125	270		
				65		65		150	15
				218		218	165	12	12
				11		11		12	12
29	49			2095		2095	66	1091	170
				1599	217	1382	132	465	60
				171		171		90	
				263	115	148		35	19
				843	44	799		72	
				162		162	127	170	7
				20		20		98	34
				140	58	82	5		
	28			5239		5239	1235	5874	2402
				103		103	291	290	159
				1460		1460	307	1769	665
	28			1121		1121		937	162
				669		669		233	15
				539		539	252	874	330
				57		57	21	655	372
				1139		1139	364	923	624
				151		151		193	75
			5	3672	155	3517	5	1663	1164
				76		76		27	2
				123		123		78	29
				27		27			
				87		87		52	22
			5	780		780		196	140
				2098	72	2026	5	940	790
				481	83	398		370	181
				601	111	490	59	741	362
				196		196	5	118	29
				206		206	54	97	32
								36	36
				121	111	10		368	219
				78		78		122	46

2-13 续表 5

行业	代码	从业人员数(人)	内资企业	国有企业	集体企业	股份合作企业	联营企业
其他制造业	41	2893	2893	1	49		
废弃资源综合利用业	42	1580	1580	28	39		52
金属废料和碎屑加工处理	421	744	744	5	39		52
非金属废料和碎屑加工处理	422	836	836	23			
金属制品、机械和设备修理业	43	1456	1456	218	34		2
金属制品修理	431	26	26				
通用设备修理	432	328	328	10			
专用设备修理	433	252	252				2
铁路、船舶、航空航天等运输设备修理	434	177	177	70			
电气设备修理	435	107	107		12		
仪器仪表修理	436	25	25				
其他机械和设备修理业	439	541	541	138	22		
电力、热力、燃气及水生产和供应业	**D**	**42254**	**42164**	**19020**	**543**	**397**	**1087**
电力、热力生产和供应业	44	29169	29143	12108	504	367	1034
电力生产	441	19672	19646	4478	329	367	369
电力供应	442	9349	9349	7630	175		665
热力生产和供应	443	148	148				
燃气生产和供应业	45	2673	2656	538		30	
燃气生产和供应业	450	2673	2656	538		30	
水的生产和供应业	46	10412	10365	6374	39		53
自来水生产和供应	461	9369	9369	6292	39		53
污水处理及其再生利用	462	882	835	82			
其他水的处理、利用与分配	469	161	161				
建筑业	**E**	**133061**	**132981**	**10831**	**15580**	**670**	**136**
房屋建筑业	47	77264	77261	5326	14215	40	64
房屋建筑业	470	77264	77261	5326	14215	40	64
土木工程建筑业	48	25658	25600	4680	798	91	19
铁路、道路、隧道和桥梁工程建筑	481	10807	10749	3787	176	91	
水利和内河港口工程建筑	482	4295	4295	281	608		
工矿工程建筑	484	1357	1357				
架线和管道工程建筑	485	5031	5031	11	14		
其他土木工程建筑	489	4168	4168	601			19
建筑安装业	49	8622	8622	399	432	450	13
电气安装	491	2959	2959	37	22		5
管道和设备安装	492	1645	1645	324	54		
其他建筑安装业	499	4018	4018	38	356	450	8
建筑装饰和其他建筑业	50	21517	21498	426	135	89	40
建筑装饰业	501	13982	13963	155	87	62	
工程准备活动	502	4948	4948	107	18	23	
提供施工设备服务	503	642	642	15	3	4	
其他未列明建筑业	509	1945	1945	149	27		40
批发和零售业	**F**	**218161**	**217766**	**8959**	**6105**	**1589**	**1500**
批发业	51	113688	113433	5086	3637	692	548
农、林、牧产品批发	511	6839	6832	433	173	9	13
食品、饮料及烟草制品批发	512	18725	18704	1330	292	192	131

国有联营企业	集体联营企业	国有与集体联营企业	其他联营企业	有限责任公司	国有独资公司	其他有限责任公司	股份有限公司	私营企业	私营独资企业
				849		849		1834	859
	52			396		396	33	991	415
	52			173		173	8	467	148
				223		223	25	524	267
			2	604		604		560	340
								26	6
				248		248		70	32
			2	57		57		177	97
				68		68		39	39
				31		31		54	43
				25		25			
				175		175		194	123
906	**81**	**63**	**37**	**11259**	**2272**	**8987**	**1637**	**7160**	**3610**
897	41	63	33	7576	1334	6242	1394	5350	2513
232	41	63	33	7028	1051	5977	1386	4968	2432
665				515	283	232		275	76
				33		33	8	107	5
				1286	102	1184	61	721	353
				1286	102	1184	61	721	353
9	40		4	2397	836	1561	182	1089	744
9	40		4	1818	830	988	127	841	543
				560	6	554	45	126	83
				19		19	10	122	118
48	**36**	**9**	**43**	**63541**	**1691**	**61850**	**8335**	**32884**	**5539**
	16	5	43	34345	518	33827	6121	16941	1792
	16	5	43	34345	518	33827	6121	16941	1792
	15	4		12898	1125	11773	1776	5144	1271
				3567	83	3484	952	2090	678
				2318	117	2201		1070	134
				361		361	352	631	75
				4059		4059	455	488	86
	15	4		2593	925	1668	17	865	298
8	5			5204	24	5180	42	2023	237
	5			2117		2117		760	66
				726		726	8	529	39
8				2361	24	2337	34	734	132
40				11094	24	11070	396	8776	2239
				6979	3	6976	200	6124	1773
				2457	10	2447	196	2005	357
				556		556		53	12
40				1102	11	1091		594	97
328	**757**	**129**	**286**	**88648**	**2106**	**86542**	**4045**	**92748**	**49781**
201	209	57	81	51941	1416	50525	2099	42469	20628
	3	2	8	1526	96	1430	122	3163	1830
97	6	23	5	7260	743	6517	332	7515	3423

2-13 续表 6

行业	代码	从业人员数(人)					
			内资企业	国有企业	集体企业	股份合作企业	联营企业
纺织、服装及家庭用品批发	513	9532	9500	170	78	36	19
文化、体育用品及器材批发	514	2638	2638	332	40	11	54
医药及医疗器材批发	515	4745	4707	369	15	74	
矿产品、建材及化工产品批发	516	39470	39321	1701	2336	121	71
机械设备、五金产品及电子产品批发	517	21234	21226	327	99	149	89
贸易经纪与代理	518	3906	3906	88	75	62	25
其他批发业	519	6599	6599	336	529	38	146
零售业	52	104473	104333	3873	2468	897	952
综合零售	521	13262	13247	943	1737	152	411
食品、饮料及烟草制品专门零售	522	18440	18437	760	237	47	193
纺织、服装及日用品专门零售	523	6190	6167	262	52	1	27
文化、体育用品及器材专门零售	524	4522	4522	708	91	21	160
医药及医疗器材专门零售	525	5469	5453	187	10	69	26
汽车、摩托车、燃料及零配件专门零售	526	22096	22059	268	91	231	68
家用电器及电子产品专门零售	527	15374	15374	82	11	89	27
五金、家具及室内装饰材料专门零售	528	12122	12113	517	66	184	26
货摊、无店铺及其他零售业	529	6998	6961	146	173	103	14
交通运输、仓储和邮政业	**G**	**58624**	**58236**	**5907**	**2014**	**1562**	**436**
道路运输业	54	40745	40357	3306	936	1519	379
城市公共交通运输	541	7690	7690	639	105	241	157
公路旅客运输	542	11193	11193	1151	11	237	130
道路货物运输	543	17952	17937	303	752	1015	56
道路运输辅助活动	544	3910	3537	1213	68	26	36
水上运输业	55	1367	1367	37	187	8	19
水上旅客运输	551	697	697	37			19
水上货物运输	552	506	506		157	8	
水上运输辅助活动	553	164	164		30		
航空运输业	56	679	679	116			
航空客货运输	561	389	389	82			
通用航空服务	562	85	85				
航空运输辅助活动	563	205	205	34			
管道运输业	57	103	103				
管道运输业	570	103	103				
装卸搬运和运输代理业	58	8771	8771	258	868	15	16
装卸搬运	581	5412	5412	193	845		12
运输代理业	582	3359	3359	65	23	15	4
仓储业	59	3283	3283	1358	23	10	11
谷物、棉花等农产品仓储	591	1426	1426	1088	19		
其他仓储业	599	1857	1857	270	4	10	11
邮政业	60	3676	3676	832		10	11
邮政基本服务	601	793	793	767			
快递服务	602	2883	2883	65		10	11
住宿和餐饮业	**H**	**71423**	**70998**	**3314**	**1002**	**399**	**260**
住宿业	61	35531	35177	2691	833	175	135

国有联营企业	集体联营企业	国有与集体联营企业	其他联营企业	有限责任公司	国有独资公司	其他有限责任公司	股份有限公司	私营企业	私营独资企业
	19			4788	8	4780	85	4163	2416
7	47			1275	27	1248	10	891	560
				2372	32	2340	71	1633	676
24	42		5	18238	346	17892	959	14455	6629
17	8	28	36	12189	113	12076	403	6996	3195
	17		8	1394	9	1385	42	1271	550
56	67	4	19	2899	42	2857	75	2382	1349
127	548	72	205	36707	690	36017	1946	50279	29153
10	349	52		3164	53	3111	190	5973	3475
97	69	19	8	5627	421	5206	289	7464	4041
9	13		5	2012	75	1937	39	3592	2972
	26		134	1187	103	1084	43	2162	1295
		1	25	2184	22	2162	148	2513	1496
	59		9	9512	5	9507	404	10692	5405
	12		15	6484	8	6476	335	7931	3503
	17		9	3695		3695	164	7042	5213
11	3			2842	3	2839	334	2910	1753
18	**211**	**11**	**196**	**22791**	**1575**	**21216**	**1808**	**19495**	**7665**
11	183		185	16138	790	15348	1407	12885	4545
			157	3322	512	2810	141	3051	620
	130			4824	79	4745	982	3734	809
11	17		28	6706	118	6588	278	5232	2619
	36			1286	81	1205	6	868	497
	19			374	136	238	30	633	124
	19			127		127	19	495	28
				156	136	20		106	82
				91		91	11	32	14
				563	389	174			
				307	153	154			
				85	84	1			
				171	152	19			
				97		97		6	
				97		97		6	
7	9			3422	72	3350	212	3863	2059
3	9			1664		1664	72	2569	1398
4				1758	72	1686	140	1294	661
		11		1011	157	854	94	732	444
				196	157	39	3	93	49
		11		815		815	91	639	395
			11	1186	31	1155	65	1376	493
				10		10		16	16
			11	1176	31	1145	65	1360	477
22	**198**	**28**	**12**	**24901**	**447**	**24454**	**1026**	**37732**	**19745**
22	87	24	2	14244	273	13971	694	15390	6216

2-13 续表 7

行业	代码	从业人员数（人）					
			内资企业	国有企业	集体企业	股份合作企业	联营企业
旅游饭店	611	21046	20851	1654	405	88	50
一般旅馆	612	11042	10892	845	364	60	60
其他住宿业	619	3443	3434	192	64	27	25
餐饮业	62	35892	35821	623	169	224	125
正餐服务	621	32392	32383	601	167	114	121
快餐服务	622	622	566				
饮料及冷饮服务	623	666	660				
其他餐饮业	629	2212	2212	22	2	110	4
信息传输、软件和信息技术服务业	**I**	**14420**	**12193**	**452**	**66**	**136**	**24**
电信、广播电视和卫星传输服务	63	4265	2043	280	5	58	4
电信	631	3809	1587	190		58	4
广播电视传输服务	632	456	456	90	5		
互联网和相关服务	64	2085	2080	3	8	17	8
互联网接入及相关服务	641	478	478		4	15	
互联网信息服务	642	977	977	3	4	2	8
其他互联网服务	649	630	625				
软件和信息技术服务业	65	8070	8070	169	53	61	12
软件开发	651	3922	3922	86	50	24	12
信息系统集成服务	652	684	684	21		20	
信息技术咨询服务	653	2359	2359	60		14	
数据处理和存储服务	654	32	32				
集成电路设计	655	127	127				
其他信息技术服务业	659	946	946	2	3	3	
房地产业	**K**	**94181**	**92891**	**2064**	**326**	**691**	**408**
房地产业	70	94181	92891	2064	326	691	408
房地产开发经营	701	51798	50798	713	92	327	301
物业管理	702	35037	34750	711	109	279	96
房地产中介服务	703	4989	4986	403	79	66	6
其他房地产业	709	2357	2357	237	46	19	5
租赁和商务服务业	**L**	**111036**	**110643**	**5595**	**5554**	**1930**	**251**
租赁业	71	8195	8195	47	53	295	23
机械设备租赁	711	7899	7899	47	53	295	3
文化及日用品出租	712	296	296				20
商务服务业	72	102841	102448	5548	5501	1635	228
企业管理服务	721	19929	19710	2587	586	305	14
法律服务	722	1734	1734	51			30
咨询与调查	723	11681	11563	365	77	80	13
广告业	724	13016	13004	235	28	117	12
知识产权服务	725	373	373				
人力资源服务	726	14053	14053	43	2723	112	5
旅行社及相关服务	727	7229	7204	930	16	87	6
安全保护服务	728	19938	19938	447	1217	163	12
其他商务服务业	729	14888	14869	890	854	771	136

国有联营企业	集体联营企业	国有与集体联营企业	其他联营企业	有限责任公司	国有独资公司	其他有限责任公司	股份有限公司	私营企业	私营独资企业
	50			9473	172	9301	459	8151	2237
17	19	24		3396	93	3303	191	5724	3057
5	18		2	1375	8	1367	44	1515	922
	111	4	10	10657	174	10483	332	22342	13529
	111		10	9907	174	9733	325	19978	11751
				37		37		500	338
				138		138		512	375
		4		575		575	7	1352	1065
12	**2**		**10**	**7351**	**149**	**7202**	**496**	**3360**	**1760**
	2		2	1162	133	1029	272	236	141
	2		2	1104	133	971	17	190	116
				58		58	255	46	25
			8	806		806	84	1105	765
				255		255	67	128	53
			8	282		282	7	638	510
				269		269	10	339	202
12				5383	16	5367	140	2019	854
12				2717		2717	42	931	428
				301		301	15	304	49
				1601	16	1585	27	520	238
				2		2		30	30
				68		68	35	24	
				694		694	21	210	109
47	**23**	**302**	**36**	**53424**	**1377**	**52047**	**2905**	**31671**	**5484**
47	23	302	36	53424	1377	52047	2905	31671	5484
		298	3	28684	572	28112	1877	18561	1867
42	23	4	27	20873	635	20238	842	10926	2990
			6	2754	12	2742	106	1410	362
5				1113	158	955	80	774	265
27	**164**	**8**	**52**	**54910**	**5833**	**49077**	**5038**	**33543**	**11301**
20			3	3840	81	3759	146	3296	1796
			3	3690		3690	146	3170	1740
20				150	81	69		126	56
7	164	8	49	51070	5752	45318	4892	30247	9505
	14			11174	2946	8228	699	3777	1140
	9		21	249		249	27	1070	231
	7		6	6620	77	6543	209	3968	1133
	9		3	6255	171	6084	201	5826	2949
				223		223	65	44	22
			5	6911	618	6293	87	4055	1285
			6	3691	429	3262	175	2010	768
	12			8814	1269	7545	2681	5720	381
7	113	8	8	7133	242	6891	748	3777	1596

2-13 续表 8

行业	代码	从业人员数（人）	内资企业	国有企业	集体企业	股份合作企业	联营企业
科学研究和技术服务业	M	**30371**	**30252**	**3382**	**389**	**419**	**192**
研究和试验发展	73	1371	1351	309	5	11	2
自然科学研究和试验发展	731	152	152	88			
工程和技术研究和试验发展	732	645	633	198		5	
农业科学研究和试验发展	733	483	475	7			
医学研究和试验发展	734	69	69	10	5	6	2
社会人文科学研究	735	22	22	6			
专业技术服务业	74	24138	24052	2796	289	367	164
气象服务	741	192	192	121	20	8	
地震服务	742	3	3				
测绘服务	744	1363	1363	144	17	6	
质检技术服务	745	3752	3752	210	55	8	57
环境与生态监测	746	694	694	14			15
地质勘查	747	1446	1446	445	22		
工程技术	748	11376	11376	1647	49	251	71
其他专业技术服务业	749	5312	5226	215	126	94	21
科技推广和应用服务业	75	4862	4849	277	95	41	26
技术推广服务	751	3941	3941	199	41	37	22
科技中介服务	752	401	388	16	3		4
其他科技推广和应用服务业	759	520	520	62	51	4	
水利、环境和公共设施管理业	N	**8340**	**8275**	**1294**	**77**	**86**	**96**
水利管理业	76	1342	1315	393	45	18	64
防洪除涝设施管理	761	38	38	10			23
水资源管理	762	391	391	153	10		10
天然水收集与分配	763	187	187	15	13		
水文服务	764	27	27	23		4	
其他水利管理业	769	699	672	192	22	14	31
生态保护和环境治理业	77	976	976	157	3	16	
生态保护	771	290	290	150			
环境治理业	772	686	686	7	3	16	
公共设施管理业	78	6022	5984	744	29	52	32
市政设施管理	781	693	655	163	15		22
环境卫生管理	782	488	488	15	2		
城乡市容管理	783	142	142	13	3	25	
绿化管理	784	1276	1276	53	2		10
公园和游览景区管理	785	3423	3423	500	7	27	
居民服务、修理和其他服务业	O	**33899**	**33853**	**576**	**442**	**422**	**220**
居民服务业	79	13371	13368	299	239	173	23
家庭服务	791	3348	3348		42		
托儿所服务	792	17	17				
洗染服务	793	859	859				
理发及美容服务	794	1354	1354		8	19	
洗浴服务	795	2569	2569	21			
保健服务	796	830	830			54	
婚姻服务	797	318	318		13	15	8
殡葬服务	798	2258	2258	77	107	80	15
其他居民服务业	799	1818	1815	201	69	5	

国有联营企业	集体联营企业	国有与集体联营企业	其他联营企业	有限责任公司	国有独资公司	其他有限责任公司	股份有限公司	私营企业	私营独资企业
77	**83**	**19**	**13**	**13688**	**539**	**13149**	**848**	**9351**	**3570**
			2	724	16	708	92	169	98
				57		57		7	5
				312	8	304	67	51	30
				332	8	324	25	84	61
			2	18		18		16	
				5		5		11	2
65	77	19	3	11331	510	10821	694	7682	2845
				5		5	11	15	4
				3		3			
				413		413	23	733	285
23	34			1598	2	1596	107	1597	431
		15		425	2	423	13	222	87
				724	95	629	122	133	38
37	27	4	3	5614	357	5257	304	3084	1023
5	16			2549	54	2495	114	1898	977
12	6		8	1633	13	1620	62	1500	627
12	2		8	1250	8	1242	19	1193	513
	4			158	5	153	12	166	10
				225		225	31	141	104
48	**48**			**3192**	**357**	**2835**	**187**	**2590**	**1307**
26	38			551	141	410	2	150	100
23				5		5			
	10			138	83	55		69	32
				107	17	90		18	18
3	28			301	41	260	2	63	50
				337		337	21	376	170
				16		16		72	60
				321		321	21	304	110
22	10			2304	216	2088	164	2064	1037
22				233	11	222	23	186	102
				305	9	296	19	137	31
				81	30	51		17	
	10			620		620	13	429	259
				1065	166	899	109	1295	645
18	**65**	**83**	**54**	**10283**	**443**	**9840**	**654**	**19783**	**12702**
15			8	4367	302	4065	166	7464	4752
				974	3	971	15	2171	1573
				8		8		3	3
				279		279		492	294
				268		268		1022	871
				723	82	641	6	1569	798
				233		233		541	270
			8	96		96		172	120
15				971	125	846	108	881	384
				815	92	723	37	613	439

2-13 续表 9

行业	代码	从业人员数（人）					
			内资企业	国有企业	集体企业	股份合作企业	联营企业
机动车、电子产品和日用产品修理业	80	15938	15895	183	58	172	194
汽车、摩托车修理与维护	801	14819	14776	183	50	160	179
计算机和办公设备维修	802	623	623		6	3	13
家用电器修理	803	349	349		2	9	2
其他日用产品修理业	809	147	147				
其他服务业	81	4590	4590	94	145	77	3
清洁服务	811	2895	2895		136	13	
其他未列明服务业	819	1695	1695	94	9	64	3
卫生和社会工作	**Q**	**254**	**254**	**67**	**6**		
社会工作	84	254	254	67	6		
提供住宿社会工作	841	154	154				
不提供住宿社会工作	842	100	100	67	6		
文化、体育和娱乐业	**R**	**17756**	**17658**	**983**	**70**	**232**	**27**
新闻和出版业	85	995	995	357			
新闻业	851	94	94	19			
出版业	852	901	901	338			
广播、电视、电影和影视录音制作业	86	1701	1647	282	46	38	8
广播	861	6	6				
电视	862	81	81	7			
电影和影视节目制作	863	358	358				
电影和影视节目发行	864	69	69	35		12	
电影放映	865	1114	1060	240	46	26	8
录音制作	866	73	73				
文化艺术业	87	2160	2160	239	13	32	
文艺创作与表演	871	1259	1259	211	8		
艺术表演场馆	872	106	106				
图书馆与档案馆	873	15	15				
文物及非物质文化遗产保护	874	89	89				
博物馆	875	12	12		5		
群众文化活动	877	188	188			32	
其他文化艺术业	879	491	491	28			
体育	88	570	570	22		3	
体育组织	881	128	128				
体育场馆	882	31	31	22			
休闲健身活动	883	377	377				
其他体育	889	34	34			3	
娱乐业	89	12330	12286	83	11	159	19
室内娱乐活动	891	11587	11543	41	11	155	19
游乐园	892	180	180				
文化、娱乐、体育经纪代理	894	131	131			4	
其他娱乐业	899	432	432	42			

国有联营企业	集体联营企业	国有与集体联营企业	其他联营企业	有限责任公司	国有独资公司	其他有限责任公司	股份有限公司	私营企业	私营独资企业
	65	83	46	4136	136	4000	321	10210	6602
	52	83	44	3643	136	3507	299	9651	6254
	13			324		324	16	257	132
			2	104		104	6	220	156
				65		65		82	60
3				1780	5	1775	167	2109	1348
				1174	5	1169	56	1424	893
3				606		606	111	685	455
				60		**60**		**105**	**65**
				60		60		105	65
				60		60		85	45
								20	20
14	**6**		**7**	**4776**	**483**	**4293**	**367**	**10261**	**7326**
				518	13	505	71	41	41
				2		2	65	5	5
				516	13	503	6	36	36
8				736	90	646	71	436	128
								6	
				37	37			37	37
				255		255	34	64	41
								5	5
8				416	53	363	37	287	12
				28		28		37	33
				1139	355	784	71	483	311
				672	274	398	68	230	128
				106	71	35			
				13		13		2	2
				40		40		49	43
				5		5		2	
				97	10	87		16	11
				206		206	3	184	127
				320		320	3	196	138
				94		94		19	9
				9		9			
				189		189	3	174	126
				28		28		3	3
6	6		7	2063	25	2038	151	9105	6708
6	6		7	1725		1725	105	8872	6605
				166		166		14	14
				117	25	92		4	
				55		55	46	215	89

2-13 续表 10

行业	代码	私营合伙企业	私营有限责任公司	私营股份有限公司	其他企业	港、澳、台商投资企业	合资经营企业(港、澳、台资)
总计		**79112**	**256184**	**26507**	**70646**	**6123**	**2716**
农、林、牧、渔业	**A**	**100**	**384**	**39**	**7050**		
农业	01				20		
蔬菜、食用菌及园艺作物种植	014						
水果种植	015						
坚果、含油果、香料和饮料作物种植	016						
其他农业	019				20		
林业	02		25				
林木育种和育苗	021						
森林经营和管护	023		25				
农、林、牧、渔服务业	05	100	359	39	7030		
农业服务业	051	66	319	21	5761		
林业服务业	052	24	28		165		
畜牧服务业	053	5	12	18	1018		
渔业服务业	054	5			86		
采矿业	**B**	**48805**	**21004**	**2829**	**6767**	**217**	**128**
煤炭开采和洗选业	06	42059	12917	2077	3330		
烟煤和无烟煤开采洗选	061	41805	12862	2077	3275		
褐煤开采洗选	062	17			33		
其他煤炭采选	069	237	55		22		
石油和天然气开采业	07						
天然气开采	072						
黑色金属矿采选业	08	884	945	271	478	120	120
铁矿采选	081	687	212	37	126		
锰矿、铬矿采选	082	156	398	209	294	120	120
其他黑色金属矿采选	089	41	335	25	58		
有色金属矿采选业	09	293	1613	106	346	64	
常用有色金属矿采选	091	274	1070	58	336	64	
贵金属矿采选	092	19	494	48	10		
稀有稀土金属矿采选	093		49				
非金属矿采选业	10	5302	5376	108	2534	33	8
土砂石开采	101	4570	3318	97	2112	8	8
化学矿开采	102	689	1632	11	370		
石棉及其他非金属矿采选	109	43	426		52	25	
开采辅助活动	11	236	58	172	75		
煤炭开采和洗选辅助活动	111	236	46	172	20		
石油和天然气开采辅助活动	112		7		8		
其他开采辅助活动	119		5		47		
其他采矿业	12	31	95	95	4		
其他采矿业	120	31	95	95	4		
制造业	**C**	**13569**	**96412**	**7833**	**23306**	**3591**	**1534**
农副食品加工业	13	843	7620	610	2748	197	105
谷物磨制	131	44	1313	220	205		
饲料加工	132	85	1140	12		182	90

合作经营企业(港、澳、台资)	港、澳、台商独资经营企业	港、澳、台商投资股份有限公司	其他港、澳、台投资企业	外商投资企业	中外合资经营企业	中外合作经营企业	外资企业	外商投资股份有限公司	其他外商投资企业
98	**2867**	**383**	**59**	**7606**	**2262**	**449**	**4574**	**218**	**103**
	89			**83**			**3**	**80**	
				3			3		
				3			3		
				80				80	
				80				80	
	64								
	64								
	25								
	25								
97	**1811**	**95**	**54**	**4222**	**2011**	**12**	**2049**	**78**	**72**
	92			279	278		1		
	92			247	246		1		

2-13 续表 11

行业	代码	私营合伙企业	私营有限责任公司	私营股份有限公司	其他企业	港、澳、台商投资企业	合资经营企业(港、澳、台资)
植物油加工	133	180	806	30	258		
制糖业	134		235		180		
屠宰及肉类加工	135	295	1725	162	396		
水产品加工	136		5		36		
蔬菜、水果和坚果加工	137	25	702	38	635		
其他农副食品加工	139	214	1694	148	1038	15	15
食品制造业	14	268	4403	202	519	56	56
焙烤食品制造	141		1140		80	56	56
糖果、巧克力及蜜饯制造	142		43				
方便食品制造	143	160	582	155	319		
乳制品制造	144		17		8		
罐头食品制造	145		128				
调味品、发酵制品制造	146	31	1829	20	91		
其他食品制造	149	77	664	27	21		
酒、饮料和精制茶制造业	15	764	13277	1041	10103	147	147
酒的制造	151	252	8394	266	777		
饮料制造	152	216	807	287	176	147	147
精制茶加工	153	296	4076	488	9150		
烟草制品业	16	12			370		
烟叶复烤	161	12			145		
其他烟草制品制造	169				225		
纺织业	17	45	655	240	115		
棉纺织及印染精加工	171	11	355	82			
毛纺织及染整精加工	172		5		3		
麻纺织及染整精加工	173				14		
丝绢纺织及印染精加工	174		101	88			
化纤织造及印染精加工	175	14	26				
针织或钩针编织物及其制品制造	176		25		38		
家用纺织制成品制造	177		42	12	60		
非家用纺织制成品制造	178	20	101	58			
纺织服装、服饰业	18	354	1901	57	669	216	1
机织服装制造	181	184	1102	57	602	116	1
针织或钩针编织服装制造	182	165	70				
服饰制造	183	5	729		67	100	
皮革、毛皮、羽毛及其制品和制鞋业	19	205	565	10	72	2	
皮革鞣制加工	191		10		3		
皮革制品制造	192	5	87	10		2	
毛皮鞣制及制品加工	193		25				
羽毛(绒)加工及制品制造	194		109				
制鞋业	195	200	334		69		
木材加工和木、竹、藤、棕、草制品业	20	939	5527	122	852		
木材加工	201	460	3058	46	563		
人造板制造	202	272	1621		61		
木制品制造	203	162	537	76	96		
竹、藤、棕、草等制品制造	204	45	311		132		

合作经营企业(港、澳、台资)	港、澳、台商独资经营企业	港、澳、台商投资股份有限公司	其他港、澳、台投资企业	外商投资企业	中外合资经营企业	中外合作经营企业	外资企业	外商投资股份有限公司	其他外商投资企业
				32	32				
				157	149		8		
				149	149				
				8			8		
				137	81				56
				62	6				56
				75	75				
	215								
	115								
	100								
	2								
	2								

2-13 续表 12

行业	代码	私营合伙企业	私营有限责任公司	私营股份有限公司	其他企业	港、澳、台商投资企业	合资经营企业(港、澳、台资)
家具制造业	21	246	1492	258	267		
木质家具制造	211	143	1167	36	201		
竹、藤家具制造	212	53	31	175	5		
金属家具制造	213	9	15	47	21		
塑料家具制造	214	20	12				
其他家具制造	219	21	267		40		
造纸和纸制品业	22	204	1911	134	143	31	29
纸浆制造	221		4				
造纸	222	71	460	6	124		
纸制品制造	223	133	1447	128	19	31	29
印刷和记录媒介复制业	23	188	697	48	125	528	514
印刷	231	165	675	48	81	528	514
装订及印刷相关服务	232	23	22		44		
记录媒介复制	233						
文教、工美、体育和娱乐用品制造业	24	322	2133	87	1061	30	
文教办公用品制造	241	2	101	12	42		
乐器制造	242		13				
工艺美术品制造	243	320	1887	75	1014	30	
体育用品制造	244				5		
玩具制造	245		132				
游艺器材及娱乐用品制造	246						
石油加工及炼焦	25	18	1122	89	21	42	42
化学原料和化学制品制造业	26	1389	5509	120	758	98	1
基础化学原料制造	261	118	1657	6	38		
肥料制造	262	129	1211	53	360		
农药制造	263		1				
涂料、油墨、颜料及类似产品制造	264	73	169	20	25		
合成材料制造	265	129	166		56		
专用化学产品制造	266	175	1427	28	61	97	
炸药、火工及焰火产品制造	267	695	676		193	1	1
日用化学产品制造	268	70	202	13	25		
医药制造业	27	72	2924	401	425	571	246
化学药品原料药制造	271	4	75		10		
化学药品制剂制造	272		52				
中药饮片加工	273	11	446		292	25	
中成药生产	274	49	1834	297	102	373	73
兽用药品制造	275		13				
生物药品制造	276	8	239	104	20		
卫生材料及医药用品制造	277		265		1	173	173
化学纤维制造业	28						
合成纤维制造	282						
橡胶和塑料制品业	29	425	3416	226	207		
橡胶制品业	291	34	512		35		
塑料制品业	292	391	2904	226	172		

合作经营企业(港、澳、台资)	港、澳、台商独资经营企业	港、澳、台商投资股份有限公司	其他港、澳、台投资企业	外商投资企业	中外合资经营企业	中外合作经营企业	外资企业	外商投资股份有限公司	其他外商投资企业
	2			113	113				
	2			113	113				
	14								
	14								
	30								
	30								
				166	166				
97				461	222		218	21	
				330	215		115		
				26	5			21	
97				105	2		103		
	325			367			294	57	16
	25								
	300			351			294	57	
				16					16
				274	44	12	218		
				187	44		143		
				87		12	75		

2-13 续表 13

行业	代码	私营合伙企业	私营有限责任公司	私营股份有限公司	其他企业	港、澳、台商投资企业	合资经营企业(港、澳、台资)
非金属矿物制品业	30	5213	20127	2520	3360	455	229
水泥、石灰和石膏制造	301	363	2941	621	114	195	195
石膏、水泥制品及类似制品制造	302	1254	7365	997	1286	34	34
砖瓦、石材等建筑材料制造	303	3058	5866	568	1753		
玻璃制造	304	85	644	69	1		
玻璃制品制造	305	264	1231	95	14		
玻璃纤维和玻璃纤维增强塑料制品制造	306		508				
陶瓷制品制造	307		250	13	41		
耐火材料制品制造	308	43	712	48	90		
石墨及其他非金属矿物制品制造	309	146	610	109	61	226	
黑色金属冶炼和压延加工业	31	224	5349	568	32	587	
炼铁	311	2	432	1	2		
炼钢	312		72				
黑色金属铸造	313	5	295	11	8		
钢压延加工	314	166	513				
铁合金冶炼	315	51	4037	556	22	587	
有色金属冶炼和压延加工业	32	284	2876	194	24	122	34
常用有色金属冶炼	321	141	1450	57	14	72	34
贵金属冶炼	322	12	164		1		
稀有稀土金属冶炼	323	23	271	60			
有色金属合金制造	324	85	178			50	
有色金属铸造	325		303				
有色金属压延加工	326	23	510	77	9		
金属制品业	33	455	3780	375	348	196	101
结构性金属制品制造	331	179	1952	192	106	23	23
金属工具制造	332	57	413	3	96		
集装箱及金属包装容器制造	333	7	85		13		
金属丝绳及其制品制造	334	11	223				
建筑、安全用金属制品制造	335	32	326	155	36	78	78
金属表面处理及热处理加工	336		212			95	
搪瓷制品制造	337				6		
金属制日用品制造	338	25	174	25	19		
其他金属制品制造	339	144	395		72		
通用设备制造业	34	251	2321	196	171		
锅炉及原动设备制造	341		123	4			
金属加工机械制造	342	90	492	131	24		
物料搬运设备制造	343						
泵、阀门、压缩机及类似机械制造	344		146				
轴承、齿轮和传动部件制造	345		120				
烘炉、风机、衡器、包装等设备制造	346	19	208		9		
文化、办公用机械制造	347		1				
通用零部件制造	348	134	1212	3	138		
其他通用设备制造业	349	8	19	58			
专用设备制造业	35	140	2148	120	286	11	
采矿、冶金、建筑专用设备制造	351	13	983	3			
化工、木材、非金属加工专用设备制造	352		181	64	117		

合作经营企业(港、澳、台资)	港、澳、台商独资经营企业	港、澳、台商投资股份有限公司	其他港、澳、台投资企业	外商投资企业	中外合资经营企业	中外合作经营企业	外资企业	外商投资股份有限公司	其他外商投资企业
	226			1074	419		655		
				406	108		298		
				113	66		47		
				46	46				
				265	53		212		
	226			244	146		98		
	587			292			292		
	587			292			292		
	38		50	10	10				
	38			10	10				
			50						
		95							
		95							
				51	51				
				51	51				
	7		4						

2-13 续表 14

行业	代码	私营合伙企业	私营有限责任公司	私营股份有限公司	其他企业	港、澳、台商投资企业	合资经营企业(港、澳、台资)
食品、饮料、烟草及饲料生产专用设备制造	353	15	8		27		
印刷、制药、日化及日用品生产专用设备制造	354	9	128	5	2	2	
纺织、服装和皮革加工专用设备制造	355		31				
电子和电工机械专用设备制造	356	42	306		34	7	
农、林、牧、渔专用机械制造	357	21	170	43	73		
医疗仪器设备及器械制造	358		190		21		
环保、社会公共服务及其他专用设备制造	359	40	151	5	12	2	
汽车制造业	36	119	857	80	55		
汽车整车制造	361						
改装汽车制造	362	5	130				
低速载货汽车制造	363						
电车制造	364						
汽车车身、挂车制造	365						
汽车零部件及配件制造	366	114	727	80	55		
铁路、船舶、航空航天和其他运输设备制造业	37	136	234	35			
铁路运输设备制造	371		90				
船舶及相关装置制造	373	8	8				
航空、航天器及设备制造	374		72				
摩托车制造	375	128		35			
自行车制造	376		64				
潜水救捞及其他未列明运输设备制造	379						
电气机械和器材制造业	38	114	3313	45	180	267	
电机制造	381		131		16		
输配电及控制设备制造	382	35	1055	14	143	267	
电线、电缆、光缆及电工器材制造	383	36	739		21		
电池制造	384		218				
家用电力器具制造	385	10	509	25			
非电力家用器具制造	386	25	252	6			
照明器具制造	387		299				
其他电气机械及器材制造	389	8	110				
计算机、通信和其他电子设备制造业	39	3	445	51	138	35	29
计算机制造	391		25				
通信设备制造	392		4	45		35	29
雷达及配套设备制造	394						
视听设备制造	395		30				
电子器件制造	396		56		35		
电子元件制造	397		150		103		
其他电子设备制造	399	3	180	6			
仪器仪表制造业	40	149	230		18		
通用仪器仪表制造	401		89				
专用仪器仪表制造	402		65		12		
钟表与计时仪器制造	403						
光学仪器及眼镜制造	404	149			6		
其他仪器仪表制造业	409		76				

合作经营企业(港、澳、台资)	港、澳、台商独资经营企业	港、澳、台商投资股份有限公司	其他港、澳、台投资企业	外商投资企业	中外合资经营企业	中外合作经营企业	外资企业	外商投资股份有限公司	其他外商投资企业
			2						
	7								
			2						
				168	168				
				168	168				
				117	117				
				117	117				
	267			350	174		176		
				8	8				
	267			148	148				
				176			176		
				18	18				
	6								
	6								
				206	19		187		
				19	19				
				187			187		

2-13 续表 15

行业	代码	私营合伙企业	私营有限责任公司	私营股份有限公司	其他企业	港、澳、台商投资企业	合资经营企业(港、澳、台资)
其他制造业	41	122	853		160		
废弃资源综合利用业	42	15	561		41		
金属废料和碎屑加工处理	421	15	304				
非金属废料和碎屑加工处理	422		257		41		
金属制品、机械和设备修理业	43	50	166	4	38		
金属制品修理	431	20					
通用设备修理	432		38				
专用设备修理	433	14	62	4	16		
铁路、船舶、航空航天等运输设备修理	434						
电气设备修理	435		11		10		
仪器仪表修理	436						
其他机械和设备修理业	439	16	55		12		
电力、热力、燃气及水生产和供应业	**D**	**1143**	**2113**	**294**	**1061**	**26**	
电力、热力生产和供应业	44	947	1676	214	810	26	
电力生产	441	947	1403	186	721	26	
电力供应	442		171	28	89		
热力生产和供应	443		102				
燃气生产和供应业	45	59	263	46	20		
燃气生产和供应业	450	59	263	46	20		
水的生产和供应业	46	137	174	34	231		
自来水生产和供应	461	136	128	34	199		
污水处理及其再生利用	462	1	42		22		
其他水的处理、利用与分配	469		4		10		
建筑业	**E**	**1037**	**23413**	**2895**	**1004**	**6**	**3**
房屋建筑业	47	57	13411	1681	209	3	
房屋建筑业	470	57	13411	1681	209	3	
土木工程建筑业	48	188	3268	417	194		
铁路、道路、隧道和桥梁工程建筑	481	146	1228	38	86		
水利和内河港口工程建筑	482		936		18		
工矿工程建筑	484	7	199	350	13		
架线和管道工程建筑	485	11	378	13	4		
其他土木工程建筑	489	24	527	16	73		
建筑安装业	49	10	1722	54	59		
电气安装	491		694		18		
管道和设备安装	492	10	480		4		
其他建筑安装业	499		548	54	37		
建筑装饰和其他建筑业	50	782	5012	743	542	3	3
建筑装饰业	501	709	3118	524	356	3	3
工程准备活动	502	38	1391	219	142		
提供施工设备服务	503	10	31		11		
其他未列明建筑业	509	25	472		33		
批发和零售业	**F**	**3557**	**35913**	**3497**	**14172**	**176**	**77**
批发业	51	1677	18697	1467	6961	135	70
农、林、牧产品批发	511	58	1252	23	1393	6	
食品、饮料及烟草制品批发	512	444	3450	198	1652	11	

合作经营企业(港、澳、台资)	港、澳、台商独资经营企业	港、澳、台商投资股份有限公司	其他港、澳、台投资企业	外商投资企业	中外合资经营企业	中外合作经营企业	外资企业	外商投资股份有限公司	其他外商投资企业
	26			**64**	**17**		**38**	**9**	
	26								
	26								
				17	17				
				17	17				
				47			38	9	
				47			38	9	
	3			**74**	**55**		**5**	**8**	**6**
	3								
	3								
				58	50			8	
				58	50			8	
				16	5		5		6
				16	5		5		6
1	**98**			**219**	**86**		**112**	**1**	**20**
	65			120	60		59	1	
	6			1				1	
	11			10			10		

2-13 续表 16

行　业	代码	私营合伙企　业	私营有限责任公司	私营股份有限公司	其他企业	港、澳、台商投资企　业	合资经营企业(港、澳、台资)
纺织、服装及家庭用品批发	513	133	1536	78	161	32	
文化、体育用品及器材批发	514	16	309	6	25		
医药及医疗器材批发	515	3	664	290	173	16	
矿产品、建材及化工产品批发	516	609	6830	387	1440	70	70
机械设备、五金产品及电子产品批发	517	186	3335	280	974		
贸易经纪与代理	518	86	557	78	949		
其他批发业	519	142	764	127	194		
零售业	52	1880	17216	2030	7211	41	7
综合零售	521	184	1585	729	677	15	5
食品、饮料及烟草制品专门零售	522	473	2780	170	3820	3	2
纺织、服装及日用品专门零售	523	91	475	54	182	23	
文化、体育用品及器材专门零售	524	62	767	38	150		
医药及医疗器材专门零售	525	152	799	66	316		
汽车、摩托车、燃料及零配件专门零售	526	407	4519	361	793		
家用电器及电子产品专门零售	527	166	3897	365	415		
五金、家具及室内装饰材料专门零售	528	237	1398	194	419		
货摊、无店铺及其他零售业	529	108	996	53	439		
交通运输、仓储和邮政业	**G**	**926**	**9666**	**1238**	**4223**		
道路运输业	54	605	6869	866	3787		
城市公共交通运输	541	170	1924	337	34		
公路旅客运输	542	112	2521	292	124		
道路货物运输	543	257	2168	188	3595		
道路运输辅助活动	544	66	256	49	34		
水上运输业	55	5	488	16	79		
水上旅客运输	551		458	9			
水上货物运输	552	5	19		79		
水上运输辅助活动	553		11	7			
航空运输业	56						
航空客货运输	561						
通用航空服务	562						
航空运输辅助活动	563						
管道运输业	57		6				
管道运输业	570		6				
装卸搬运和运输代理业	58	272	1496	36	117		
装卸搬运	581	191	980		57		
运输代理业	582	81	516	36	60		
仓储业	59	32	248	8	44		
谷物、棉花等农产品仓储	591		44		27		
其他仓储业	599	32	204	8	17		
邮政业	60	12	559	312	196		
邮政基本服务	601						
快递服务	602	12	559	312	196		
住宿和餐饮业	**H**	**3205**	**12848**	**1934**	**2364**	**409**	**151**
住宿业	61	1373	6750	1051	1015	343	100

合作经营企业(港、澳、台资)	港、澳、台商独资经营企业	港、澳、台商投资股份有限公司	其他港、澳、台投资企业	外商投资企业	中外合资经营企业	中外合作经营企业	外资企业	外商投资股份有限公司	其他外商投资企业
	32								
	16			22			22		
				79	57		22		
				8	3		5		
1	33			99	26		53		20
	10								
1									
	23								
				16					16
				37			37		
				9			5		4
				37	26		11		
				388	**15**	**332**		**41**	
				388	15	332		41	
				15	15				
				373		332		41	
	224	**34**		**16**		**11**			**5**
	209	34		11		11			

2-13 续表 17

行业	代码	私营合伙企业	私营有限责任公司	私营股份有限公司	其他企业	港、澳、台商投资企业	合资经营企业(港、澳、台资)
旅游饭店	611	660	4653	601	571	193	100
一般旅馆	612	406	1956	305	252	150	
其他住宿业	619	307	141	145	192		
餐饮业	62	1832	6098	883	1349	66	51
正餐服务	621	1642	5756	829	1170	4	4
快餐服务	622	39	110	13	29	56	41
饮料及冷饮服务	623	4	108	25	10	6	6
其他餐饮业	629	147	124	16	140		
信息传输、软件和信息技术服务业	**I**	**101**	**1328**	**171**	**308**	**5**	
电信、广播电视和卫星传输服务	63	5	46	44	26		
电信	631		30	44	24		
广播电视传输服务	632	5	16		2		
互联网和相关服务	64	47	285	8	49	5	
互联网接入及相关服务	641		72	3	9		
互联网信息服务	642	38	85	5	33		
其他互联网服务	649	9	128		7	5	
软件和信息技术服务业	65	49	997	119	233		
软件开发	651	30	442	31	60		
信息系统集成服务	652	8	180	67	23		
信息技术咨询服务	653	11	261	10	137		
数据处理和存储服务	654						
集成电路设计	655		24				
其他信息技术服务业	659		90	11	13		
房地产业	**K**	**638**	**22976**	**2573**	**1402**	**1133**	**616**
房地产业	70	638	22976	2573	1402	1133	616
房地产开发经营	701	179	14962	1553	243	846	583
物业管理	702	149	6877	910	914	287	33
房地产中介服务	703	252	734	62	162		
其他房地产业	709	58	403	48	83		
租赁和商务服务业	**L**	**2848**	**17660**	**1734**	**3822**	**333**	**142**
租赁业	71	209	1199	92	495		
机械设备租赁	711	202	1136	92	495		
文化及日用品出租	712	7	63				
商务服务业	72	2639	16461	1642	3327	333	142
企业管理服务	721	166	2223	248	568	171	35
法律服务	722	761	53	25	307		
咨询与调查	723	686	1959	190	231	106	97
广告业	724	214	2478	185	330	12	
知识产权服务	725	13	9		41		
人力资源服务	726	453	2279	38	117		
旅行社及相关服务	727	70	1096	76	289	25	4
安全保护服务	728	67	4668	604	884		
其他商务服务业	729	209	1696	276	560	19	6

合作经营企业(港、澳、台资)	港、澳、台商独资经营企业	港、澳、台商投资股份有限公司	其他港、澳、台投资企业	外商投资企业	中外合资经营企业	中外合作经营企业	外资企业	外商投资股份有限公司	其他外商投资企业
	59	34		2		2			
	150								
				9		9			
	15			5					5
				5					5
	15								
	5			**2222**			**2221**	**1**	
				2222			2221	1	
				2222			2221	1	
	5								
	5								
	263	**254**		**157**	**74**	**57**	**26**		
	263	254		157	74	57	26		
	263			154	71	57	26		
		254							
				3	3				
	186		**5**	**60**		**10**	**50**		
	186		5	60		10	50		
	136			48		5	43		
	9			12		5	7		
	7		5						
	21								
	13								

2-13 续表 18

行 业	代码						
		私营合伙企业	私营有限责任公司	私营股份有限公司	其他企业	港、澳、台商投资企业	合资经营企业(港、澳、台资)
科学研究和技术服务业	M	**636**	**4860**	**285**	**1983**	**102**	**22**
研究和试验发展	73	13	54	4	39	16	
自然科学研究和试验发展	731		2				
工程和技术研究和试验发展	732		21			8	
农业科学研究和试验发展	733		19	4	27	8	
医学研究和试验发展	734	7	9		12		
社会人文科学研究	735	6	3				
专业技术服务业	74	501	4076	260	729	86	22
气象服务	741	1	10		12		
地震服务	742						
测绘服务	744	43	388	17	27		
质检技术服务	745	161	963	42	120		
环境与生态监测	746	7	124	4	5		
地质勘查	747		92	3			
工程技术	748	218	1714	129	356		
其他专业技术服务业	749	71	785	65	209	86	22
科技推广和应用服务业	75	122	730	21	1215		
技术推广服务	751	90	569	21	1180		
科技中介服务	752	24	132		29		
其他科技推广和应用服务业	759	8	29		6		
水利、环境和公共设施管理业	N	**188**	**916**	**179**	**753**	**38**	
水利管理业	76	11	39		92		
防洪除涝设施管理	761						
水资源管理	762	11	26		11		
天然水收集与分配	763				34		
水文服务	764						
其他水利管理业	769		13		47		
生态保护和环境治理业	77	21	174	11	66		
生态保护	771		12		52		
环境治理业	772	21	162	11	14		
公共设施管理业	78	156	703	168	595	38	
市政设施管理	781		79	5	13	38	
环境卫生管理	782	7	88	11	10		
城乡市容管理	783		17		3		
绿化管理	784	16	151	3	149		
公园和游览景区管理	785	133	368	149	420		
居民服务、修理和其他服务业	O	**1296**	**5214**	**571**	**1473**	**43**	**43**
居民服务业	79	450	2091	171	637		
家庭服务	791	93	498	7	146		
托儿所服务	792				6		
洗染服务	793	22	176		88		
理发及美容服务	794	51	94	6	37		
洗浴服务	795	122	567	82	250		
保健服务	796	94	149	28	2		
婚姻服务	797	2	50		14		
殡葬服务	798	23	454	20	19		
其他居民服务业	799	43	103	28	75		

合作经营企业(港、澳、台资)	港、澳、台商独资经营企业	港、澳、台商投资股份有限公司	其他港、澳、台投资企业	外商投资企业	中外合资经营企业	中外合作经营企业	外资企业	外商投资股份有限公司	其他外商投资企业
	80			**17**	**4**		**13**		
	16			4	4				
	8			4	4				
	8								
	64								
	64								
				13			13		
				13			13		
	38			**27**		**27**			
				27		27			
				27		27			
	38								
	38								
				3			**3**		
				3			3		
				3			3		

2-13 续表 19

行　　业	代码	私营合伙企业	私营有限责任公司	私营股份有限公司	其他企业	港、澳、台商投资企业	合资经营企业(港、澳、台资)
机动车、电子产品和日用产品修理业	80	713	2583	312	621	43	43
汽车、摩托车修理与维护	801	678	2412	307	611	43	43
计算机和办公设备维修	802	16	104	5	4		
家用电器修理	803	13	51		6		
其他日用产品修理业	809	6	16				
其他服务业	81	133	540	88	215		
清洁服务	811	116	359	56	92		
其他未列明服务业	819	17	181	32	123		
卫生和社会工作	**Q**	**20**	**20**		**16**		
社会工作	84	20	20		16		
提供住宿社会工作	841	20	20		9		
不提供住宿社会工作	842				7		
文化、体育和娱乐业	**R**	**1043**	**1457**	**435**	**942**	**44**	
新闻和出版业	85				8		
新闻业	851				3		
出版业	852				5		
广播、电视、电影和影视录音制作业	86	50	209	49	30		
广播	861		6				
电视	862						
电影和影视节目制作	863		23		5		
电影和影视节目发行	864				17		
电影放映	865	50	176	49			
录音制作	866		4		8		
文化艺术业	87	40	111	21	183		
文艺创作与表演	871	40	49	13	70		
艺术表演场馆	872						
图书馆与档案馆	873						
文物及非物质文化遗产保护	874		6				
博物馆	875		2				
群众文化活动	877		5		43		
其他文化艺术业	879		49	8	70		
体育	88	22	30	6	26		
体育组织	881		10		15		
体育场馆	882						
休闲健身活动	883	22	20	6	11		
其他体育	889						
娱乐业	89	931	1107	359	695	44	
室内娱乐活动	891	928	1015	324	615	44	
游乐园	892						
文化、娱乐、体育经纪代理	894		4		6		
其他娱乐业	899	3	88	35	74		

合作经营企业(港、澳、台资)	港、澳、台商独资经营企业	港、澳、台商投资股份有限公司	其他港、澳、台投资企业	外商投资企业	中外合资经营企业	中外合作经营企业	外资企业	外商投资股份有限公司	其他外商投资企业
	44			**54**			**54**		
				54			54		
				54			54		
	44								
	44								

2-14 按行业(中类)、营业状态分组的小微企业法人单位数

行业	代码	法人单位数(个)	营业	停业(歇业)	筹建	当年关闭	当年破产	其他
总计		**89143**	**75601**	**6423**	**5049**	**1070**	**250**	**750**
农、林、牧、渔业	A	**656**	**498**	**70**	**67**	**10**	**3**	**8**
农业	01	8	8					
蔬菜、食用菌及园艺作物种植	014	3	3					
水果种植	015	3	3					
坚果、含油果、香料和饮料作物种植	016	1	1					
其他农业	019	1	1					
林业	02	2	2					
林木育种和育苗	021	1	1					
森林经营和管护	023	1	1					
农、林、牧、渔服务业	05	646	488	70	67	10	3	8
农业服务业	051	464	332	64	53	7	2	6
林业服务业	052	41	32	1	8			
畜牧服务业	053	120	106	4	5	2	1	2
渔业服务业	054	21	18	1	1	1		
采矿业	B	**5304**	**3942**	**835**	**273**	**152**	**34**	**68**
煤炭开采和洗选业	06	1590	1025	360	74	74	22	35
烟煤和无烟煤开采洗选	061	1546	997	350	70	73	21	35
褐煤开采洗选	062	9	8		1			
其他煤炭采选	069	35	20	10	3	1	1	
石油和天然气开采业	07	2			2			
天然气开采	072	2			2			
黑色金属矿采选业	08	246	150	69	17	2	2	6
铁矿采选	081	114	63	38	10	2	1	
锰矿、铬矿采选	082	92	57	24	4		1	6
其他黑色金属矿采选	089	40	30	7	3			
其他黑色金属矿采选	0890	40	30	7	3			
有色金属矿采选业	09	322	167	110	26	12		7
常用有色金属矿采选	091	260	133	89	23	11		4
贵金属矿采选	092	47	24	17	2	1		3
稀有稀土金属矿采选	093	15	10	4	1			
非金属矿采选业	10	3031	2537	270	138	59	10	17
土砂石开采	101	2702	2317	196	110	57	8	14
化学矿开采	102	240	167	54	15	1	1	2
石棉及其他非金属矿采选	109	89	53	20	13	1	1	1
开采辅助活动	11	55	29	18	4	3		1
煤炭开采和洗选辅助活动	111	36	15	15	2	3		1
石油和天然气开采辅助活动	112	2	1		1			
其他开采辅助活动	119	17	13	3	1			
其他采矿业	12	58	34	8	12	2		2
其他采矿业	120	58	34	8	12	2		2
制造业	C	**21377**	**18293**	**1235**	**1395**	**263**	**76**	**115**
农副食品加工业	13	1679	1463	86	95	20	4	11
谷物磨制	131	358	327	10	15	2		4
饲料加工	132	113	93	9	7	3		1
植物油加工	133	285	262	12	6	5		
制糖业	134	16	15	1				
屠宰及肉类加工	135	295	261	12	16	2	3	1
水产品加工	136	23	20	2			1	
蔬菜、水果和坚果加工	137	167	139	12	12	4		
其他农副食品加工	139	422	346	28	39	4		5

2-14 续表 1

行 业	代码	法 人 单位数 (个)	营业	停业 (歇业)	筹建	当年 关闭	当年 破产	其他
食品制造业	14	759	661	34	47	12	1	4
焙烤食品制造	141	109	99	4	5	1		
糖果、巧克力及蜜饯制造	142	29	29					
方便食品制造	143	290	267	5	13	5		
乳制品制造	144	9	7		1	1		
罐头食品制造	145	13	12	1				
调味品、发酵制品制造	146	167	140	9	13	3		2
其他食品制造	149	142	107	15	15	2	1	2
酒、饮料和精制茶制造业	15	2300	2024	84	149	9	6	28
酒的制造	151	674	564	38	54	1	3	14
饮料制造	152	379	336	14	24	3		2
精制茶加工	153	1247	1124	32	71	5	3	12
烟草制品业	16	18	15	3				
烟叶复烤	161	16	13	3				
其他烟草制品制造	169	2	2					
纺织业	17	241	213	7	19	2		
棉纺织及印染精加工	171	49	41	2	5	1		
毛纺织及染整精加工	172	8	7		1			
麻纺织及染整精加工	173	9	8		1			
丝绢纺织及印染精加工	174	14	13		1			
化纤织造及印染精加工	175	8	7		1			
针织或钩针编织物及其制品制造	176	33	27	2	3	1		
家用纺织制成品制造	177	109	101	2	6			
非家用纺织制成品制造	178	11	9	1	1			
纺织服装、服饰业	18	486	439	17	30			
机织服装制造	181	272	243	12	17			
针织或钩针编织服装制造	182	47	44	1	2			
服饰制造	183	167	152	4	11			
皮革、毛皮、羽毛及其制品和制鞋业	19	246	220	9	11	3	2	1
皮革鞣制加工	191	4	3		1			
皮革制品制造	192	47	39		5	1	1	1
毛皮鞣制及制品加工	193	5	4			1		
羽毛(绒)加工及制品制造	194	3	3					
制鞋业	195	187	171	9	5	1	1	
木材加工和木、竹、藤、棕、草制品业	20	1201	1051	59	67	14	5	5
木材加工	201	685	614	30	23	11	3	4
人造板制造	202	96	78	4	11	3		
木制品制造	203	281	244	16	18		2	1
竹、藤、棕、草等制品制造	204	139	115	9	15			
家具制造业	21	599	533	31	32	1		2
木质家具制造	211	468	420	20	25	1		2
竹、藤家具制造	212	15	12	2	1			
金属家具制造	213	32	27	3	2			
塑料家具制造	214	7	6		1			
其他家具制造	219	77	68	6	3			
造纸和纸制品业	22	308	253	20	28	5		2
纸浆制造	221	4	4					
造纸	222	116	90	10	11	3		2
纸制品制造	223	188	159	10	17	2		

2-14 续表 2

行业	代码	法人单位数(个)	营业	停业(歇业)	筹建	当年关闭	当年破产	其他
印刷和记录媒介复制业	23	434	400	15	14	5		
印刷	231	369	338	13	13	5		
装订及印刷相关服务	232	63	60	2	1			
记录媒介复制	233	2	2					
文教、工美、体育和娱乐用品制造业	24	1358	1214	64	68	7	3	2
文教办公用品制造	241	33	30	1	2			
乐器制造	242	15	13		2			
工艺美术品制造	243	1282	1148	60	63	6	3	2
体育用品制造	244	4	4					
玩具制造	245	20	15	3	1	1		
游艺器材及娱乐用品制造	246	4	4					
石油加工及炼焦	25	90	50	14	8	12	5	1
化学原料和化学制品制造业	26	915	708	105	78	14	3	7
基础化学原料制造	261	173	133	27	6	5		2
肥料制造	262	233	156	43	24	4	3	3
农药制造	263	9	7	2				
涂料、油墨、颜料及类似产品制造	264	94	84	3	6	1		
合成材料制造	265	40	29	5	6			
专用化学产品制造	266	177	152	13	8	3		1
炸药、火工及焰火产品制造	267	101	77	4	20			
日用化学产品制造	268	88	70	8	8	1		1
医药制造业	27	268	215	20	32			1
化学药品原料药制造	271	12	11	1				
化学药品制剂制造	272	9	8	1				
中药饮片加工	273	75	55	5	15			
中成药生产	274	124	107	6	10			1
兽用药品制造	275	3	2		1			
生物药品制造	276	28	17	5	6			
卫生材料及医药用品制造	277	17	15	2				
化学纤维制造业	28	4	3			1		
合成纤维制造	282	4	3			1		
橡胶和塑料制品业	29	546	454	30	52	6	3	1
橡胶制品业	291	88	72	5	9	1		1
塑料制品业	292	458	382	25	43	5	3	
非金属矿物制品业	30	6121	5250	373	352	85	29	32
水泥、石灰和石膏制造	301	292	221	30	17	21	2	1
石膏、水泥制品及类似制品制造	302	2691	2421	118	108	25	7	12
砖瓦、石材等建筑材料制造	303	2529	2171	154	139	31	18	16
玻璃制造	304	65	54	2	8	1		
玻璃制品制造	305	228	137	30	58	1	2	
玻璃纤维和玻璃纤维增强塑料制品制造	306	23	18	3	1	1		
陶瓷制品制造	307	41	36	3	1			1
耐火材料制品制造	308	91	72	14	4	1		
石墨及其他非金属矿物制品制造	309	161	120	19	16	4		2
黑色金属冶炼和压延加工业	31	372	270	57	20	20	5	
炼铁	311	21	10	5	1	4	1	
炼钢	312	9	7	2				
黑色金属铸造	313	42	30	7	3	2		
钢压延加工	314	92	71	11	9	1		
铁合金冶炼	315	208	152	32	7	13	4	

2-14　续表 3

行　业	代码	法人单位数(个)	营业	停业(歇业)	筹建	当年关闭	当年破产	其他
有色金属冶炼和压延加工业	32	266	193	45	20	4	1	3
常用有色金属冶炼	321	126	91	24	8	2	1	
贵金属冶炼	322	23	12	4	3	1		3
稀有稀土金属冶炼	323	11	8	1	2			
有色金属合金制造	324	29	22	4	2	1		
有色金属铸造	325	10	6	3	1			
有色金属压延加工	326	67	54	9	4			
金属制品业	33	996	870	45	70	6	2	3
结构性金属制品制造	331	519	462	16	40			1
金属工具制造	332	145	128	3	8	4	1	1
集装箱及金属包装容器制造	333	22	19	3				
金属丝绳及其制品制造	334	27	23	2	2			
建筑、安全用金属制品制造	335	119	94	7	15	2	1	
金属表面处理及热处理加工	336	25	24	1				
搪瓷制品制造	337	10	7		3			
金属制日用品制造	338	50	43	5	1			1
其他金属制品制造	339	79	70	8	1			
通用设备制造业	34	528	444	31	39	7	2	5
锅炉及原动设备制造	341	20	16	1	2		1	
金属加工机械制造	342	152	123	15	10	1	1	2
物料搬运设备制造	343	20	16		4			
泵、阀门、压缩机及类似机械制造	344	28	23	2	3			
轴承、齿轮和传动部件制造	345	34	26		8			
烘炉、风机、衡器、包装等设备制造	346	44	36	4	1	2		1
文化、办公用机械制造	347	4	3	1				
通用零部件制造	348	209	187	7	10	3		2
其他通用设备制造业	349	17	14	1	1	1		
专用设备制造业	35	471	386	20	55	9		1
采矿、冶金、建筑专用设备制造	351	144	118	5	17	4		
化工、木材、非金属加工专用设备制造	352	86	78	2	6			
食品、饮料、烟草及饲料生产专用设备制造	353	15	12	1	2			
印刷、制药、日化及日用品生产专用设备制造	354	32	26	2	2	1		1
纺织、服装和皮革加工专用设备制造	355	5	4	1				
电子和电工机械专用设备制造	356	49	35	3	9	2		
农、林、牧、渔专用机械制造	357	55	42	5	7	1		
医疗仪器设备及器械制造	358	30	25		5			
环保、社会公共服务及其他专用设备制造	359	55	46	1	7	1		
汽车制造业	36	106	86	6	11	2	1	
汽车整车制造	361	7	6		1			
改装汽车制造	362	13	11	1	1			
低速载货汽车制造	363	1					1	
电车制造	364	3	2		1			
汽车车身、挂车制造	365	4	3			1		
汽车零部件及配件制造	366	78	64	5	8	1		
铁路、船舶、航空航天和其他运输设备制造业	37	46	40	1	2	1		2
铁路运输设备制造	371	8	8					
船舶及相关装置制造	373	8	8					
航空、航天器及设备制造	374	12	10	1				1
摩托车制造	375	9	8			1		
自行车制造	376	5	4		1			
潜水救捞及其他未列明运输设备制造	379	4	2		1			1

2-14 续表 4

行　　业	代码	法　人 单位数 (个)	营业	停业 (歇业)	筹建	当年 关闭	当年 破产	其他
电气机械和器材制造业	38	448	374	26	43	3		2
电机制造	381	23	18	2	3			
输配电及控制设备制造	382	106	89	6	9	1		1
电线、电缆、光缆及电工器材制造	383	61	52	1	7			1
电池制造	384	10	6		3	1		
家用电力器具制造	385	54	47	1	6			
非电力家用器具制造	386	51	42	6	3			
照明器具制造	387	125	105	9	10	1		
其他电气机械及器材制造	389	18	15	1	2			
计算机、通信和其他电子设备制造业	39	130	103	9	13	5		
计算机制造	391	8	5	1	1	1		
通信设备制造	392	13	11	2				
雷达及配套设备制造	394	1	1					
视听设备制造	395	8	6	1		1		
电子器件制造	396	22	18		3	1		
电子元件制造	397	50	38	2	8	2		
其他电子设备制造	399	28	24	3	1			
仪器仪表制造业	40	72	58	2	12			
通用仪器仪表制造	401	14	13		1			
专用仪器仪表制造	402	21	10		11			
钟表与计时仪器制造	403	1	1					
光学仪器及眼镜制造	404	24	22	2				
其他仪器仪表制造业	409	12	12					
其他制造业	41	157	140	8	6	1	1	1
废弃资源综合利用业	42	109	74	12	17	3	2	1
金属废料和碎屑加工处理	421	48	31	6	9		1	1
非金属废料和碎屑加工处理	422	61	43	6	8	3	1	
金属制品、机械和设备修理业	43	103	89	2	5	6	1	
金属制品修理	431	4	2	1			1	
通用设备修理	432	11	11					
专用设备修理	433	34	25	1	2	6		
铁路、船舶、航空航天等运输设备修理	434	4	4					
电气设备修理	435	11	11					
仪器仪表修理	436	2	2					
其他机械和设备修理业	439	37	34		3			
电力、热力、燃气及水生产和供应业	D	**1507**	**1303**	**60**	**118**	**10**		**16**
电力、热力生产和供应业	44	1038	901	42	77	8		10
电力生产	441	931	804	41	73	5		8
电力供应	442	102	93	1	3	3		2
热力生产和供应	443	5	4		1			
燃气生产和供应业	45	109	82	5	20	1		1
燃气生产和供应业	450	109	82	5	20	1		1
水的生产和供应业	46	360	320	13	21	1		5
自来水生产和供应	461	306	275	12	14	1		4
污水处理及其再生利用	462	40	34	1	4			1
其他水的处理、利用与分配	469	14	11		3			

2-14 续表 5

行 业	代码	法人单位数(个)	营业	停业(歇业)	筹建	当年关闭	当年破产	其他
建筑业	E	**3439**	**2813**	**334**	**232**	**28**	**7**	**25**
房屋建筑业	47	655	526	55	53	12	1	8
房屋建筑业	470	655	526	55	53	12	1	8
土木工程建筑业	48	483	392	47	34	3	2	5
铁路、道路、隧道和桥梁工程建筑	481	202	155	22	20	1	2	2
水利和内河港口工程建筑	482	39	37	1				1
工矿工程建筑	484	22	17	3	1			1
架线和管道工程建筑	485	70	65	2	1	2		
其他土木工程建筑	489	150	118	19	12			1
建筑安装业	49	377	315	43	15	1	1	2
电气安装	491	121	104	11	3	1	1	1
管道和设备安装	492	71	59	9	2			1
其他建筑安装业	499	185	152	23	10			
建筑装饰和其他建筑业	50	1924	1580	189	130	12	3	10
建筑装饰业	501	1585	1306	161	99	8	2	9
工程准备活动	502	202	162	19	19	1	1	
提供施工设备服务	503	24	19	1	3			1
其他未列明建筑业	509	113	93	8	9	3		
批发和零售业	F	**27585**	**23929**	**1889**	**1229**	**278**	**64**	**196**
批发业	51	13674	11527	1177	689	145	37	99
农、林、牧产品批发	511	647	536	60	36	7		8
食品、饮料及烟草制品批发	512	1967	1715	124	91	17	7	13
纺织、服装及家庭用品批发	513	1215	1069	72	53	10	5	6
文化、体育用品及器材批发	514	397	374	14	5	2	1	1
医药及医疗器材批发	515	402	360	19	15	3		5
矿产品、建材及化工产品批发	516	4800	3875	521	291	63	16	34
机械设备、五金产品及电子产品批发	517	2845	2455	224	123	20	6	17
贸易经纪与代理	518	547	425	77	29	12	1	3
其他批发业	519	854	718	66	46	11	1	12
零售业	52	13911	12402	712	540	133	27	97
综合零售	521	1258	1029	121	64	17	10	17
食品、饮料及烟草制品专门零售	522	2107	1859	125	70	23	3	27
纺织、服装及日用品专门零售	523	1072	975	50	29	14	1	3
文化、体育用品及器材专门零售	524	583	509	32	30	5	1	6
医药及医疗器材专门零售	525	766	707	27	15	8	1	8
汽车、摩托车、燃料及零配件专门零售	526	2745	2471	97	135	23	7	12
家用电器及电子产品专门零售	527	2184	2006	84	55	26	3	10
五金、家具及室内装饰材料专门零售	528	2216	1989	120	84	12	1	10
交通运输、仓储和邮政业	G	**2434**	**2060**	**165**	**136**	**49**	**11**	**13**
道路运输业	54	1556	1333	104	73	32	7	7
城市公共交通运输	541	208	189	6	9	3		1
公路旅客运输	542	257	232	10	6	5	2	2
道路货物运输	543	916	753	76	54	24	5	4
道路运输辅助活动	544	175	159	12	4			
水上运输业	55	59	46	9	3	1		
水上旅客运输	551	29	28	1				
水上货物运输	552	19	10	8		1		
水上运输辅助活动	553	11	8		3			
航空运输业	56	14	12		1	1		
航空客货运输	561	7	7					
通用航空服务	562	2	2					
航空运输辅助活动	563	5	3		1	1		

2-14 续表 6

行　业	代码	法　人 单位数 (个)	营业	停业 (歇业)	筹建	当年 关闭	当年 破产	其他
管道运输业	57	6	4		2			
管道运输业	570	6	4		2			
装卸搬运和运输代理业	58	360	299	23	23	10	3	2
装卸搬运	581	111	92	7	4	7	1	
运输代理业	582	249	207	16	19	3	2	2
仓储业	59	226	165	23	31	3		4
谷物、棉花等农产品仓储	591	78	65	5	4	2		2
其他仓储业	599	148	100	18	27	1		2
邮政业	60	213	201	6	3	2	1	
邮政基本服务	601	10	8	1	1			
快递服务	602	203	193	5	2	2	1	
住宿和餐饮业	**H**	**3943**	**3548**	**165**	**157**	**49**	**9**	**15**
住宿业	61	1448	1285	53	86	15	3	6
旅游饭店	611	514	441	15	49	6	1	2
一般旅馆	612	700	632	27	27	9	2	3
其他住宿业	619	234	212	11	10			1
餐饮业	62	2495	2263	112	71	34	6	9
正餐服务	621	2125	1922	100	59	29	6	9
快餐服务	622	61	53	5	2	1		
饮料及冷饮服务	623	75	68	3	4			
其他餐饮业	629	234	220	4	6	4		
信息传输、软件和信息技术服务业	**I**	**1282**	**1114**	**92**	**60**	**7**	**1**	**8**
电信、广播电视和卫星传输服务	63	118	104	11		2		1
电信	631	90	80	8		1		1
广播电视传输服务	632	28	24	3		1		
互联网和相关服务	64	252	225	12	10	3		2
互联网接入及相关服务	641	35	28	5	2			
互联网信息服务	642	147	132	5	7	3		
其他互联网服务	649	70	65	2	1			2
软件和信息技术服务业	65	912	785	69	50	2	1	5
软件开发	651	452	398	31	22			1
信息系统集成服务	652	63	57	2	2	1		1
信息技术咨询服务	653	294	243	28	20		1	2
数据处理和存储服务	654	5	4	1				
集成电路设计	655	3	3					
其他信息技术服务业	659	95	80	7	6	1		1
房地产业	**K**	**4645**	**3708**	**351**	**381**	**41**	**3**	**161**
房地产业	70	4645	3708	351	381	41	3	161
房地产开发经营	701	2619	2011	206	230	27		145
物业管理	702	1265	1069	90	86	10	3	7
房地产中介服务	703	582	499	41	36	2		4
其他房地产业	709	179	129	14	29	2		5
租赁和商务服务业	**L**	**8472**	**6971**	**723**	**585**	**98**	**22**	**73**
租赁业	71	1119	937	90	54	29	4	5
机械设备租赁	711	1097	919	87	53	29	4	5
文化及日用品出租	712	22	18	3	1			

2-14　续表 7

行　业	代码	法　人单位数(个)	营业	停业(歇业)	筹建	当年关闭	当年破产	其他
商务服务业	72	7353	6034	633	531	69	18	68
企业管理服务	721	1620	1168	197	210	10	3	32
法律服务	722	122	116	2	1	1		2
咨询与调查	723	1195	1004	95	82	3	3	8
广告业	724	1892	1695	106	66	12	5	8
知识产权服务	725	34	31	1				2
人力资源服务	726	430	319	64	27	12	4	4
旅行社及相关服务	727	603	451	60	71	14	3	4
安全保护服务	728	180	159	8	10	2		1
其他商务服务业	729	1277	1091	100	64	15		7
科学研究和技术服务业	M	**2584**	**2159**	**177**	**195**	**29**	**7**	**17**
研究和试验发展	73	122	95	11	10	3	1	2
自然科学研究和试验发展	731	12	11		1			
工程和技术研究和试验发展	732	42	33	4	4		1	
农业科学研究和试验发展	733	46	37	3	4	2		
医学研究和试验发展	734	16	10	4		1		1
社会人文科学研究	735	6	4		1			1
专业技术服务业	74	1943	1671	112	129	16	4	11
气象服务	741	43	42					1
地震服务	742	1	1					
测绘服务	744	117	105	3	7	1		1
质检技术服务	745	233	200	9	19	2	2	1
环境与生态监测	746	63	54	6	2	1		
地质勘查	747	74	65	5	3			1
工程技术	748	838	703	54	69	8		4
其他专业技术服务业	749	574	501	35	29	4	2	3
科技推广和应用服务业	75	519	393	54	56	10	2	4
技术推广服务	751	412	310	43	47	8	1	3
科技中介服务	752	45	35	4	5	1		
其他科技推广和应用服务业	759	62	48	7	4	1	1	1
水利、环境和公共设施管理业	N	**624**	**462**	**73**	**72**	**12**	**1**	**4**
水利管理业	76	97	85	6	5	1		
防洪除涝设施管理	761	4	4					
水资源管理	762	30	27	3				
天然水收集与分配	763	15	14	1				
水文服务	764	2	2					
其他水利管理业	769	46	38	2	5	1		
生态保护和环境治理业	77	80	62	9	8	1		
生态保护	771	17	15	1		1		
环境治理业	772	63	47	8	8			
公共设施管理业	78	447	315	58	59	10	1	4
市政设施管理	781	54	39	9	3	2		1
环境卫生管理	782	33	19	10	4			
城乡市容管理	783	13	12	1				
绿化管理	784	138	100	21	9	6		2
公园和游览景区管理	785	209	145	17	43	2	1	1
居民服务、修理和其他服务业	O	**3193**	**2867**	**159**	**105**	**34**	**10**	**18**
居民服务业	79	1237	1081	84	52	13	2	5
家庭服务	791	413	350	42	13	6	2	
托儿所服务	792	3	3					

2-14 续表 8

行业	代码	法人单位数(个)	营业	停业(歇业)	筹建	当年关闭	当年破产	其他
洗染服务	793	68	66	1	1			
理发及美容服务	794	227	216	2	7	1		1
洗浴服务	795	98	89	2	4	1		2
保健服务	796	60	55	1	4			
婚姻服务	797	70	53	12	5			
殡葬服务	798	80	66	2	11			1
其他居民服务业	799	218	183	22	7	5		1
机动车、电子产品和日用产品修理业	80	1531	1406	54	40	13	7	11
汽车、摩托车修理与维护	801	1350	1243	44	38	11	6	8
计算机和办公设备维修	802	96	86	7	1	1	1	
家用电器修理	803	63	57	3	1	1		1
其他日用产品修理业	809	22	20					2
其他服务业	81	425	380	21	13	8	1	2
清洁服务	811	258	231	13	5	8	1	
其他未列明服务业	819	167	149	8	8			2
卫生和社会工作	**Q**	**24**	**18**	**2**	**4**			
社会工作	84	24	18	2	4			
提供住宿社会工作	841	19	14	2	3			
不提供住宿社会工作	842	5	4		1			
文化、体育和娱乐业	**R**	**2074**	**1916**	**93**	**40**	**10**	**2**	**13**
新闻和出版业	85	46	40	5	1			
新闻业	851	7	4	3				
出版业	852	39	36	2	1			
广播、电视、电影和影视录音制作业	86	116	101	11	2			2
广播	861	1	1					
电视	862	4	4					
电影和影视节目制作	863	27	23	2	2			
电影和影视节目发行	864	8	5	1				2
电影放映	865	70	63	7				
录音制作	866	6	5	1				
文化艺术业	87	180	145	18	13	2		2
文艺创作与表演	871	66	54	7	3	1		1
艺术表演场馆	872	4	3	1				
图书馆与档案馆	873	2	2					
文物及非物质文化遗产保护	874	11	10					1
博物馆	875	3	3					
群众文化活动	877	21	15	3	3			
其他文化艺术业	879	73	58	7	7	1		
体育	88	66	50	4	10	1		1
体育组织	881	13	6	2	4			1
体育场馆	882	4	4					
休闲健身活动	883	45	37	1	6	1		
其他体育	889	4	3	1				
娱乐业	89	1666	1580	55	14	7	2	8
室内娱乐活动	891	1598	1526	51	6	6	2	7
游乐园	892	9	6	1	1	1		
文化、娱乐、体育经纪代理	894	23	20	2	1			
其他娱乐业	899	36	28	1	6			1

2-15　按行业(中类)、营业状态分组的小微企业法人单位从业人员数

行　　业	代码	从　业人员数(人)	营业	停业(歇业)	筹建	当年关闭	当年破产	其他
总　　计		**1536416**	**1413582**	**44847**	**58651**	**5364**	**1060**	**12912**
农、林、牧、渔业	A	**10851**	**9066**	**488**	**996**	**20**	**12**	**269**
农业	01	287	287					
蔬菜、食用菌及园艺作物种植	014	96	96					
水果种植	015	146	146					
坚果、含油果、香料和饮料作物种植	016	25	25					
其他农业	019	20	20					
林业	02	31	31					
林木育种和育苗	021	6	6					
森林经营和管护	023	25	25					
农、林、牧、渔服务业	05	10533	8748	488	996	20	12	269
农业服务业	051	8617	6992	458	900	17	2	248
林业服务业	052	517	464	1	52			
畜牧服务业	053	1208	1114	22	39	2	10	21
渔业服务业	054	191	178	7	5	1		
采矿业	B	**204437**	**176025**	**13383**	**8298**	**1765**	**233**	**4733**
煤炭开采和洗选业	06	139829	118226	9621	5984	1328	164	4506
烟煤和无烟煤开采洗选	061	138425	117216	9372	5940	1327	64	4506
褐煤开采洗选	062	195	192		3			
其他煤炭采选	069	1209	818	249	41	1	100	
石油和天然气开采业	07	8			8			
天然气开采	072	8			8			
黑色金属矿采选业	08	7206	6349	647	175	4	2	29
铁矿采选	081	3044	2677	243	119	4	1	
锰矿、铬矿采选	082	3210	2829	308	43		1	29
其他黑色金属矿采选	089	952	843	96	13			
有色金属矿采选业	09	7844	6459	965	329	12		79
常用有色金属矿采选	091	5737	4534	843	307	11		42
贵金属矿采选	092	1504	1334	114	18	1		37
稀有稀土金属矿采选	093	603	591	8	4			
非金属矿采选业	10	47276	43319	1814	1552	414	67	110
土砂石开采	101	37867	34719	1365	1299	406	13	65
化学矿开采	102	7825	7274	332	114	7	53	45
石棉及其他非金属矿采选	109	1584	1326	117	139	1	1	
开采辅助活动	11	1414	1033	306	63	5		7
煤炭开采和洗选辅助活动	111	1204	845	299	48	5		7
石油和天然气开采辅助活动	112	15	8		7			
其他开采辅助活动	119	195	180	7	8			
其他采矿业	12	860	639	30	187	2		2
其他采矿业	120	860	639	30	187	2		2
制造业	C	**487348**	**454538**	**10631**	**18622**	**2104**	**448**	**1005**
农副食品加工业	13	33773	32073	501	1057	31	14	97
谷物磨制	131	5329	5085	32	196	7		9
饲料加工	132	3537	3353	70	110	3		1
植物油加工	133	4300	4142	68	80	10		
制糖业	134	835	834	1				
屠宰及肉类加工	135	7567	7266	121	164	2	13	1
水产品加工	136	189	183	5			1	
蔬菜、水果和坚果加工	137	3380	3251	64	61	4		
其他农副食品加工	139	8636	7959	140	446	5		86

2-15 续表 1

行业	代码	从业人员数(人)	营业	停业(歇业)	筹建	当年关闭	当年破产	其他
食品制造业	14	15525	14890	148	446	29	1	11
焙烤食品制造	141	2741	2651	9	80	1		
糖果、巧克力及蜜饯制造	142	666	666					
方便食品制造	143	3675	3524	9	118	24		
乳制品制造	144	426	395		30	1		
罐头食品制造	145	433	431	2				
调味品、发酵制品制造	146	4822	4669	52	98	1		2
其他食品制造	149	2762	2554	76	120	2	1	9
酒、饮料和精制茶制造业	15	60093	56937	800	2123	34	7	192
酒的制造	151	26366	24911	371	961	1	4	118
饮料制造	152	6868	6578	66	198	24		2
精制茶加工	153	26859	25448	363	964	9	3	72
烟草制品业	16	2891	2888	3				
烟叶复烤	161	2666	2663	3				
其他烟草制品制造	169	225	225					
纺织业	17	4904	4719	93	89	3		
棉纺织及印染精加工	171	2246	2136	79	29	2		
毛纺织及染整精加工	172	276	273		3			
麻纺织及染整精加工	173	78	73		5			
丝绢纺织及印染精加工	174	284	279		5			
化纤织造及印染精加工	175	271	269		2			
针织或钩针编织物及其制品制造	176	370	358	3	8	1		
家用纺织制成品制造	177	959	922	7	30			
非家用纺织制成品制造	178	420	409	4	7			
纺织服装、服饰业	18	10283	9015	487	781			
机织服装制造	181	6866	5954	470	442			
针织或钩针编织服装制造	182	783	649	4	130			
服饰制造	183	2634	2412	13	209			
皮革、毛皮、羽毛及其制品和制鞋业	19	4188	3609	50	519	7	2	1
皮革鞣制加工	191	35	32		3			
皮革制品制造	192	805	772		30	1	1	1
毛皮鞣制及制品加工	193	113	108			5		
羽毛(绒)加工及制品制造	194	116	116					
制鞋业	195	3119	2581	50	486	1	1	
木材加工和木、竹、藤、棕、草制品业	20	24388	23130	441	597	139	19	62
木材加工	201	13166	12563	270	225	40	9	59
人造板制造	202	5448	5163	12	174	99		
木制品制造	203	3785	3510	127	135		10	3
竹、藤、棕、草等制品制造	204	1989	1894	32	63			
家具制造业	21	7786	7372	146	254	1		13
木质家具制造	211	5995	5653	93	235	1		13
竹、藤家具制造	212	556	544	7	5			
金属家具制造	213	331	316	12	3			
塑料家具制造	214	77	74		3			
其他家具制造	219	827	785	34	8			
造纸和纸制品业	22	7887	7218	191	310	157		11
纸浆制造	221	60	60					
造纸	222	2681	2368	127	117	58		11
纸制品制造	223	5146	4790	64	193	99		

2-15　续表 2

行　　业	代码	从业人员数(人)	营业	停业(歇业)	筹建	当年关闭	当年破产	其他
印刷和记录媒介复制业	23	6968	6728	158	77	5		
印刷	231	6254	6028	145	76	5		
装订及印刷相关服务	232	680	666	13	1			
记录媒介复制	233	34	34					
文教、工美、体育和娱乐用品制造业	24	15182	14006	378	743	23	15	17
文教办公用品制造	241	450	426	12	12			
乐器制造	242	220	71		149			
工艺美术品制造	243	14013	13070	314	574	23	15	17
体育用品制造	244	23	23					
玩具制造	245	454	394	52	8			
游艺器材及娱乐用品制造	246	22	22					
石油加工及炼焦	25	4263	3081	345	231	601	5	
化学原料和化学制品制造业	26	30542	27541	1430	1316	49	12	194
基础化学原料制造	261	8226	6976	983	111	7		149
肥料制造	262	7096	6314	183	551	32	12	4
农药制造	263	179	177	2				
涂料、油墨、颜料及类似产品制造	264	1481	1394	57	28	2		
合成材料制造	265	1171	780	30	361			
专用化学产品制造	266	5339	5101	128	87	3		20
炸药、火工及焰火产品制造	267	5723	5683	5	35			
日用化学产品制造	268	1327	1116	42	143	5		21
医药制造业	27	12151	11568	234	347			2
化学药品原料药制造	271	398	372	26				
化学药品制剂制造	272	606	605	1				
中药饮片加工	273	1578	1330	87	161			
中成药生产	274	8118	7942	78	96			2
兽用药品制造	275	78	65		13			
生物药品制造	276	757	645	35	77			
卫生材料及医药用品制造	277	616	609	7				
化学纤维制造业	28	38	37			1		
合成纤维制造	282	38	37			1		
橡胶和塑料制品业	29	14817	13986	159	560	36	3	73
橡胶制品业	291	3136	2966	16	80	1		73
塑料制品业	292	11681	11020	143	480	35	3	
非金属矿物制品业	30	119642	110826	3017	4976	586	75	162
水泥、石灰和石膏制造	301	17722	16306	675	347	362	25	7
石膏、水泥制品及类似制品制造	302	42713	40578	548	1493	54	7	33
砖瓦、石材等建筑材料制造	303	42135	38938	974	1971	100	41	111
玻璃制造	304	1822	1654	7	160	1		
玻璃制品制造	305	5347	4231	511	599	4	2	
玻璃纤维和玻璃纤维增强塑料制品制造	306	999	897	79	22	1		
陶瓷制品制造	307	915	847	60	1			7
耐火材料制品制造	308	2909	2807	87	14	1		
石墨及其他非金属矿物制品制造	309	5080	4568	76	369	63		4
黑色金属冶炼和压延加工业	31	22165	21127	617	237	175	9	
炼铁	311	1060	1038	12	5	4	1	
炼钢	312	134	131	3				
黑色金属铸造	313	1010	967	28	13	2		
钢压延加工	314	2381	2271	20	90			
铁合金冶炼	315	17580	16720	554	129	169	8	

2-15 续表 3

行业	代码	从业人员数（人）	营业	停业（歇业）	筹建	当年关闭	当年破产	其他
有色金属冶炼和压延加工业	32	9718	8625	444	607	38	1	3
常用有色金属冶炼	321	4739	4424	192	113	9	1	
贵金属冶炼	322	1099	947	24	123	2		3
稀有稀土金属冶炼	323	429	311	80	38			
有色金属合金制造	324	708	565	103	13	27		
有色金属铸造	325	494	187	7	300			
有色金属压延加工	326	2249	2191	38	20			
金属制品业	33	18872	18005	215	613	15	3	21
结构性金属制品制造	331	9154	8729	87	337			1
金属工具制造	332	2366	2293	10	57	4	1	1
集装箱及金属包装容器制造	333	433	423	10				
金属丝绳及其制品制造	334	1184	1152	5	27			
建筑、安全用金属制品制造	335	2056	1856	30	157	11	2	
金属表面处理及热处理加工	336	669	668	1				
搪瓷制品制造	337	142	130		12			
金属制日用品制造	338	864	809	16	20			19
其他金属制品制造	339	2004	1945	56	3			
通用设备制造业	34	12385	11831	151	353	12	2	36
锅炉及原动设备制造	341	427	406	1	19		1	
金属加工机械制造	342	3380	3174	107	77	1	1	20
物料搬运设备制造	343	943	907		36			
泵、阀门、压缩机及类似机械制造	344	1022	985	2	35			
轴承、齿轮和传动部件制造	345	1126	1048		78			
烘炉、风机、衡器、包装等设备制造	346	1033	999	8	23	2		1
文化、办公用机械制造	347	28	27	1				
通用零部件制造	348	4120	4002	30	69	4		15
其他通用设备制造业	349	306	283	2	16	5		
专用设备制造业	35	13185	12265	186	719	12		3
采矿、冶金、建筑专用设备制造	351	5457	5140	46	265	6		
化工、木材、非金属加工专用设备制造	352	1676	1652	2	22			
食品、饮料、烟草及饲料生产专用设备制造	353	232	215	6	11			
印刷、制药、日化及日用品生产专用设备制造	354	763	747	7	4	2		3
纺织、服装和皮革加工专用设备制造	355	212	209	3				
电子和电工机械专用设备制造	356	1771	1556	10	203	2		
农、林、牧、渔专用机械制造	357	1338	1053	110	174	1		
医疗仪器设备及器械制造	358	585	565		20			
环保、社会公共服务及其他专用设备制造	359	1151	1128	2	20	1		
汽车制造业	36	6444	5771	83	236	78	276	
汽车整车制造	361	1395	1385		10			
改装汽车制造	362	215	209	3	3			
低速载货汽车制造	363	276					276	
电车制造	364	395	230		165			
汽车车身、挂车制造	365	23	22			1		
汽车零部件及配件制造	366	4140	3925	80	58	77		
铁路、船舶、航空航天和其他运输设备制造业	37	2495	2409	7	25	1		53
铁路运输设备制造	371	397	397					
船舶及相关装置制造	373	298	298					
航空、航天器及设备制造	374	1069	1018	7				44
摩托车制造	375	459	458			1		
自行车制造	376	118	98		20			
潜水救捞及其他未列明运输设备制造	379	154	140		5			9

2-15　续表 4

行　业	代码	从　业 人员数 (人)	营业	停业 (歇业)	筹建	当年 关闭	当年 破产	其他
电气机械和器材制造业	38	13342	12517	165	616	30		14
电机制造	381	734	608	6	120			
输配电及控制设备制造	382	4131	3877	78	162	1		13
电线、电缆、光缆及电工器材制造	383	2283	2160	8	114			1
电池制造	384	902	840		35	27		
家用电力器具制造	385	1779	1726	10	43			
非电力家用器具制造	386	738	702	20	16			
照明器具制造	387	2431	2268	40	121	2		
其他电气机械及器材制造	389	344	336	3	5			
计算机、通信和其他电子设备制造业	39	5666	5370	22	261	13		
计算机制造	391	103	83	2	15	3		
通信设备制造	392	238	235	3				
雷达及配套设备制造	394	27	27					
视听设备制造	395	139	135	3		1		
电子器件制造	396	1016	980		29	7		
电子元件制造	397	3292	3074	2	214	2		
其他电子设备制造	399	851	836	12	3			
仪器仪表制造业	40	1826	1747	23	56			
通用仪器仪表制造	401	319	311		8			
专用仪器仪表制造	402	488	440		48			
钟表与计时仪器制造	403	36	36					
光学仪器及眼镜制造	404	783	760	23				
其他仪器仪表制造业	409	200	200					
其他制造业	41	2893	2665	33	157	1		37
废弃资源综合利用业	42	1580	1189	93	284	8	3	3
金属废料和碎屑加工处理	421	744	542	63	134		2	3
非金属废料和碎屑加工处理	422	836	647	30	150	8	1	
金属制品、机械和设备修理业	43	1456	1393	11	32	19	1	
金属制品修理	431	26	20	5			1	
通用设备修理	432	328	328					
专用设备修理	433	252	215	6	12	19		
铁路、船舶、航空航天等运输设备修理	434	177	177					
电气设备修理	435	107	107					
仪器仪表修理	436	25	25					
其他机械和设备修理业	439	541	521		20			
电力、热力、燃气及水生产和供应业	**D**	**42254**	**37800**	**410**	**2401**	**60**		**1583**
电力、热力生产和供应业	44	29169	25264	329	2049	58		1469
电力生产	441	19672	16719	325	1387	55		1186
电力供应	442	9349	8405	4	654	3		283
热力生产和供应	443	148	140		8			
燃气生产和供应业	45	2673	2450	20	189	1		13
燃气生产和供应业	450	2673	2450	20	189	1		13
水的生产和供应业	46	10412	10086	61	163	1		101
自来水生产和供应	461	9369	9103	55	110	1		100
污水处理及其再生利用	462	882	845	6	30			1
其他水的处理、利用与分配	469	161	138		23			

2-15 续表 5

行　　业	代码	从业人员数(人)	营业	停业(歇业)	筹建	当年关闭	当年破产	其他
建筑业	E	**133061**	**128597**	**2067**	**2214**	**83**	**23**	**77**
房屋建筑业	47	77264	75278	956	1000	7	1	22
房屋建筑业	470	77264	75278	956	1000	7	1	22
土木工程建筑业	48	25658	24962	296	304	55	16	25
铁路、道路、隧道和桥梁工程建筑	481	10807	10336	158	231	45	16	21
水利和内河港口工程建筑	482	4295	4292	2				1
工矿工程建筑	484	1357	1331	21	3			2
架线和管道工程建筑	485	5031	5007	7	7	10		
其他土木工程建筑	489	4168	3996	108	63			1
建筑安装业	49	8622	8423	133	49	5	3	9
电气安装	491	2959	2892	46	8	5	3	5
管道和设备安装	492	1645	1600	28	13			4
其他建筑安装业	499	4018	3931	59	28			
建筑装饰和其他建筑业	50	21517	19934	682	861	16	3	21
建筑装饰业	501	13982	12875	496	574	15	2	20
工程准备活动	502	4948	4742	95	110		1	
提供施工设备服务	503	642	520	4	117			1
其他未列明建筑业	509	1945	1797	87	60	1		
批发和零售业	F	**218161**	**198495**	**8216**	**9662**	**575**	**140**	**1073**
批发业	51	113688	102985	4748	5055	292	79	529
农、林、牧产品批发	511	6839	6083	205	393	9		149
食品、饮料及烟草制品批发	512	18725	17662	481	478	45	15	44
纺织、服装及家庭用品批发	513	9532	8908	247	312	35	14	16
文化、体育用品及器材批发	514	2638	2558	52	21	4	1	2
医药及医疗器材批发	515	4745	4525	45	160	4		11
矿产品、建材及化工产品批发	516	39470	34593	2238	2241	139	22	237
机械设备、五金产品及电子产品批发	517	21234	19393	954	802	30	19	36
贸易经纪与代理	518	3906	3465	273	135	15	7	11
其他批发业	519	6599	5798	253	513	11	1	23
零售业	52	104473	95510	3468	4607	283	61	544
综合零售	521	13262	11525	928	623	26	22	138
食品、饮料及烟草制品专门零售	522	18440	16647	630	904	77	3	179
纺织、服装及日用品专门零售	523	6190	5796	228	137	16	1	12
文化、体育用品及器材专门零售	524	4522	4177	187	116	7	1	34
医药及医疗器材专门零售	525	5469	5153	156	108	8	1	43
汽车、摩托车、燃料及零配件专门零售	526	22096	19937	358	1646	85	28	42
家用电器及电子产品专门零售	527	15374	14837	267	197	41	4	28
五金、家具及室内装饰材料专门零售	528	12122	11001	510	545	14	1	51
货摊、无店铺及其他零售业	529	6998	6437	204	331	9		17
交通运输、仓储和邮政业	G	**58624**	**56326**	**827**	**1207**	**91**	**89**	**84**
道路运输业	54	40745	39528	439	620	72	30	56
城市公共交通运输	541	7690	7599	8	36	16		31
公路旅客运输	542	11193	11109	45	25	3	3	8
道路货物运输	543	17952	17131	323	401	53	27	17
道路运输辅助活动	544	3910	3689	63	158			
水上运输业	55	1367	1206	134	26	1		
水上旅客运输	551	697	693	4				
水上货物运输	552	506	375	130		1		
水上运输辅助活动	553	164	138		26			

2-15 续表 6

行业	代码	从业人员数(人)	营业	停业(歇业)	筹建	当年关闭	当年破产	其他
航空运输业	56	679	644		34	1		
航空客货运输	561	389	389					
通用航空服务	562	85	85					
航空运输辅助活动	563	205	170		34	1		
管道运输业	57	103	95		8			
管道运输业	570	103	95		8			
装卸搬运和运输代理业	58	8771	8383	85	231	13	58	1
装卸搬运	581	5412	5318	30	18	10	36	
运输代理业	582	3359	3065	55	213	3	22	1
仓储业	59	3283	2826	150	278	2		27
谷物、棉花等农产品仓储	591	1426	1375	13	20	1		17
其他仓储业	599	1857	1451	137	258	1		10
邮政业	60	3676	3644	19	10	2	1	
邮政基本服务	601	793	781	5	7			
快递服务	602	2883	2863	14	3	2	1	
住宿和餐饮业	**H**	**71423**	**68586**	**973**	**1577**	**207**	**19**	**61**
住宿业	61	35531	34149	319	1006	35	7	15
旅游饭店	611	21046	20164	153	715	7	5	2
一般旅馆	612	11042	10687	124	193	28	2	8
其他住宿业	619	3443	3298	42	98			5
餐饮业	62	35892	34437	654	571	172	12	46
正餐服务	621	32392	31052	596	519	167	12	46
快餐服务	622	622	593	21	7	1		
饮料及冷饮服务	623	666	640	6	20			
其他餐饮业	629	2212	2152	31	25	4		
信息传输、软件和信息技术服务业	**I**	**14420**	**13715**	**366**	**283**	**19**	**1**	**36**
电信、广播电视和卫星传输服务	63	4265	4139	106		16		4
电信	631	3809	3705	99		1		4
广播电视传输服务	632	456	434	7		15		
互联网和相关服务	64	2085	1987	44	42	1		11
互联网接入及相关服务	641	478	456	16	6			
互联网信息服务	642	977	930	16	30	1		
其他互联网服务	649	630	601	12	6			11
软件和信息技术服务业	65	8070	7589	216	241	2	1	21
软件开发	651	3922	3721	107	93			1
信息系统集成服务	652	684	670	3	6	1		4
信息技术咨询服务	653	2359	2137	93	114		1	14
数据处理和存储服务	654	32	31	1				
集成电路设计	655	127	127					
其他信息技术服务业	659	946	903	12	28	1		2
房地产业	**K**	**94181**	**83017**	**2403**	**5859**	**87**	**5**	**2810**
房地产业	70	94181	83017	2403	5859	87	5	2810
房地产开发经营	701	51798	42992	1712	4456	45		2593
物业管理	702	35037	33708	489	707	29	5	99
房地产中介服务	703	4989	4661	120	186	8		14
其他房地产业	709	2357	1656	82	510	5		104
租赁和商务服务业	**L**	**111036**	**102891**	**3002**	**4209**	**179**	**40**	**715**
租赁业	71	8195	7554	272	290	50	7	22
机械设备租赁	711	7899	7287	263	270	50	7	22
文化及日用品出租	712	296	267	9	20			

2-15 续表 7

行　　业	代码	从　业 人员数 (人)						
			营业	停业 (歇业)	筹建	当年 关闭	当年 破产	其他
商务服务业	72	102841	95337	2730	3919	129	33	693
企业管理服务	721	19929	16810	1074	1777	17	3	248
法律服务	722	1734	1715	5	2	1		11
咨询与调查	723	11681	10942	310	388	2	7	32
广告业	724	13016	12379	291	289	20	16	21
知识产权服务	725	373	351	2				20
人力资源服务	726	14053	13470	225	187	22	4	145
旅行社及相关服务	727	7229	6046	314	717	20	3	129
安全保护服务	728	19938	19724	110	98	2		4
其他商务服务业	729	14888	13900	399	461	45		83
科学研究和技术服务业	**M**	**30371**	**27996**	**682**	**1531**	**42**	**15**	**105**
研究和试验发展	73	1371	1254	32	73	3	1	8
自然科学研究和试验发展	731	152	150		2			
工程和技术研究和试验发展	732	645	596	11	37		1	
农业科学研究和试验发展	733	483	435	14	32	2		
医学研究和试验发展	734	69	59	7		1		2
社会人文科学研究	735	22	14		2			6
专业技术服务业	74	24138	22638	418	962	19	12	89
气象服务	741	192	187					5
地震服务	742	3	3					
测绘服务	744	1363	1299	4	57	2		1
质检技术服务	745	3752	3543	38	162	1	2	6
环境与生态监测	746	694	652	26	15	1		
地质勘查	747	1446	1343	47	50			6
工程技术	748	11376	10624	219	486	6		41
其他专业技术服务业	749	5312	4987	84	192	9	10	30
科技推广和应用服务业	75	4862	4104	232	496	20	2	8
技术推广服务	751	3941	3273	195	447	18	1	7
科技中介服务	752	401	376	5	19	1		
其他科技推广和应用服务业	759	520	455	32	30	1	1	1
水利、环境和公共设施管理业	**N**	**8340**	**7067**	**407**	**832**	**21**	**1**	**12**
水利管理业	76	1342	1241	21	79	1		
防洪除涝设施管理	761	38	38					
水资源管理	762	391	374	17				
天然水收集与分配	763	187	186	1				
水文服务	764	27	27					
其他水利管理业	769	699	616	3	79	1		
生态保护和环境治理业	77	976	844	29	91	12		
生态保护	771	290	273	5		12		
环境治理业	772	686	571	24	91			
公共设施管理业	78	6022	4982	357	662	8	1	12
市政设施管理	781	693	558	76	50	1		8
环境卫生管理	782	488	367	88	33			
城乡市容管理	783	142	139	3				
绿化管理	784	1276	1079	82	107	6		2
公园和游览景区管理	785	3423	2839	108	472	1	1	2
居民服务、修理和其他服务业	**O**	**33899**	**32472**	**498**	**610**	**100**	**30**	**189**
居民服务业	79	13371	12690	272	306	22	2	79
家庭服务	791	3348	3157	134	46	9	2	

2-15　续表 8

行　业	代码	从　业 人员数 (人)	营业	停业 (歇业)	筹建	当年 关闭	当年 破产	其他
托儿所服务	792	17	17					
洗染服务	793	859	853	2	4			
理发及美容服务	794	1354	1290	2	56	1		5
洗浴服务	795	2569	2487	4	40	1		37
保健服务	796	830	810	3	17			
婚姻服务	797	318	276	24	18			
殡葬服务	798	2258	2121	15	86			36
其他居民服务业	799	1818	1679	88	39	11		1
机动车、电子产品和日用产品修理业	80	15938	15378	134	237	64	27	98
汽车、摩托车修理与维护	801	14819	14309	111	229	60	26	84
计算机和办公设备维修	802	623	598	16	7	1	1	
家用电器修理	803	349	333	7	1	3		5
其他日用产品修理业	809	147	138					9
其他服务业	81	4590	4404	92	67	14	1	12
清洁服务	811	2895	2806	41	33	14	1	
其他未列明服务业	819	1695	1598	51	34			12
卫生和社会工作	**Q**	**254**	**230**	**6**	**18**			
社会工作	84	254	230	6	18			
提供住宿社会工作	841	154	137	6	11			
不提供住宿社会工作	842	100	93		7			
文化、体育和娱乐业	**R**	**17756**	**16761**	**488**	**332**	**11**	**4**	**160**
新闻和出版业	85	995	954	11	30			
新闻业	851	94	87	7				
出版业	852	901	867	4	30			
广播、电视、电影和影视录音制作业	86	1701	1601	68	30			2
广播	861	6	6					
电视	862	81	81					
电影和影视节目制作	863	358	315	13	30			
电影和影视节目发行	864	69	61	6				2
电影放映	865	1114	1070	44				
录音制作	866	73	68	5				
文化艺术业	87	2160	1870	78	111	2		99
文艺创作与表演	871	1259	1131	33	13	1		81
艺术表演场馆	872	106	95	11				
图书馆与档案馆	873	15	15					
文物及非物质文化遗产保护	874	89	71					18
博物馆	875	12	12					
群众文化活动	877	188	145	8	35			
其他文化艺术业	879	491	401	26	63	1		
体育	88	570	469	8	52	1		40
体育组织	881	128	61	4	23			40
体育场馆	882	31	31					
休闲健身活动	883	377	346	1	29	1		
其他体育	889	34	31	3				
娱乐业	89	12330	11867	323	109	8	4	19
室内娱乐活动	891	11587	11188	315	59	7	4	14
游乐园	892	180	166	1	12	1		
文化、娱乐、体育经纪代理	894	131	123	6	2			
其他娱乐业	899	432	390	1	36			5

2-16 按行业(中类)、登记注册类型分组的

行业	代码	资产总计(万元)	内资企业	国有企业	集体企业	股份合作企业	联营企业
总计		**214257280**	**209895529**	**39425064**	**1193547**	**1959921**	**817659**
农、林、牧、渔业	A	**164007**	**164007**	**6489**	**1070**	**514**	**50**
农业	01	4422	4422	1746			
蔬菜、食用菌及园艺作物种植	014	2095	2095				
水果种植	015	2246	2246	1746			
坚果、含油果、香料和饮料作物种植	016	50	50				
其他农业	019	31	31				
林业	02	150	150				
林木育种和育苗	021	100	100				
森林经营和管护	023	50	50				
农、林、牧、渔服务业	05	159435	159435	4743	1070	514	50
农业服务业	051	121869	121869	2520	1070	514	50
林业服务业	052	16384	16384	2223			
畜牧服务业	053	16505	16505				
渔业服务业	054	4676	4676				
采矿业	B	**18668519**	**18628234**	**1633213**	**132404**	**152634**	**118415**
煤炭开采和洗选业	06	15340093	15337631	1442568	91050	107898	105563
烟煤和无烟煤开采洗选	061	15061826	15061826	1438181	91050	106898	105563
褐煤开采洗选	062	16750	14287				
其他煤炭采选	069	261518	261518	4387		1000	
石油和天然气开采业	07	500	500				
天然气开采	072	500	500				
黑色金属矿采选业	08	382681	378786	171	18085	959	4530
铁矿采选	081	207498	205598			416	4480
锰矿、铬矿采选	082	132956	130961	171	18085	543	50
其他黑色金属矿采选	089	42227	42227				
有色金属矿采选业	09	681077	647988	72665	2504	8593	3718
常用有色金属矿采选	091	531875	498785	72645	2504	8593	3718
贵金属矿采选	092	95775	95775	20			
稀有稀土金属矿采选	093	53427	53427				
非金属矿采选业	10	2046147	2045309	117809	20754	29931	4604
土砂石开采	101	1385365	1385109	3138	17475	26376	3072
化学矿开采	102	582730	582730	114671	3245	3155	1532
石棉及其他非金属矿采选	109	78052	77471		35	400	
开采辅助活动	11	132145	132145			4202	
煤炭开采和洗选辅助活动	111	120250	120250			2500	
石油和天然气开采辅助活动	112	5683	5683				
其他开采辅助活动	119	6211	6211			1702	
其他采矿业	12	85876	85876		12	1050	
其他采矿业	120	85876	85876		12	1050	
制造业	C	**30616213**	**29689946**	**1088319**	**150967**	**209877**	**58338**
农副食品加工业	13	1665839	1620763	28095	10781	9414	2181
谷物磨制	131	366608	366608	6037	10313	945	771
饲料加工	132	168210	143550	2816	185	79	750
植物油加工	133	265256	257840	4090	58	1243	

小微企业法人单位资产总计

国有联营企业	集体联营企业	国有与集体联营企业	其他联营企业	有限责任公司	国有独资公司	其他有限责任公司	股份有限公司	私营企业	私营独资企业
586194	**114716**	**46820**	**69928**	**111606916**	**27872429**	**83734486**	**7466265**	**42428204**	**12455892**
	50			**48099**	**3178**	**44921**	**2096**	**67749**	**35982**
				1325		1325		1320	1320
				825		825		1270	1270
				500		500			
								50	50
								150	100
								100	100
								50	
	50			46774	3178	43596	2096	66279	34562
	50			40330	1927	38403	2096	45986	17494
				1475	1251	225		11612	10125
				3518		3518		6147	4510
				1450		1450		2533	2433
63462	**28354**	**50**	**26549**	**5668972**	**122811**	**5546161**	**352551**	**10165781**	**4187988**
63462	24042		18060	4672778	112791	4559988	303234	8369751	3279460
63462	24042		18060	4458007	111791	4346217	299344	8325194	3246012
				1450	1000	450	3000	5837	5607
				213321		213321	890	38720	27841
				500		500			
				500		500			
		50	4480	171183	1725	169458	14961	158881	52196
			4480	111345		111345	8848	77379	33975
		50		47714	1725	45989		58182	12178
				12124		12124	6113	23320	6042
	3718			209216		209216	13308	297068	78950
	3718			124468		124468	10587	235378	54484
				39152		39152	2721	53859	17045
				45597		45597		7830	7420
	594		4010	516338	8296	508042	20548	1230076	746503
	543		2529	213876	8296	205580	8725	1035000	684067
	51		1481	257241		257241	11823	163853	47022
				45221		45221		31223	15414
				49127		49127		75522	23930
				46254		46254		71296	22804
								3000	
				2873		2873		1226	1126
				49829		49829	500	34484	6949
				49829		49829	500	34484	6949
26660	**15535**	**2069**	**14074**	**16965393**	**1274972**	**15690421**	**1223820**	**9420334**	**2743765**
	68	1363	750	737558	17315	720243	44787	699186	207712
		771		214012	11990	202022	8133	122020	31980
			750	66756		66756	4948	68015	7243
				125980	5125	120855	1515	101691	36750

2-16 续表 1

行业	代码	资产总计（万元）					
			内资企业	国有企业	集体企业	股份合作企业	联营企业
制糖业	134	52711	52711				
屠宰及肉类加工	135	352285	352285	6407	160	147	
水产品加工	136	3398	3398				
蔬菜、水果和坚果加工	137	123150	123150			7000	
其他农副食品加工	139	334222	321222	8745	66		660
食品制造业	14	477239	463116	10955	3286	7146	170
焙烤食品制造	141	69663	64103	9301	698		12
糖果、巧克力及蜜饯制造	142	17152	17152				50
方便食品制造	143	80256	80256	590			108
乳制品制造	144	8369	8369	868			
罐头食品制造	145	12292	12292				
调味品、发酵制品制造	146	198634	190091	196	2587	2	
其他食品制造	149	90873	90853			7144	
酒、饮料和精制茶制造业	15	3519355	3469838	34970	3665	13682	580
酒的制造	151	2453402	2452401	24488	817	6246	
饮料制造	152	270689	222174	3351	575	757	
精制茶加工	153	795264	795264	7130	2274	6678	580
烟草制品业	16	347391	347391	345416			
烟叶复烤	161	347056	347056	345416			
其他烟草制品制造	169	335	335				
纺织业	17	124963	124963		211		
棉纺织及印染精加工	171	58477	58477				
毛纺织及染整精加工	172	3792	3792				
麻纺织及染整精加工	173	513	513				
丝绢纺织及印染精加工	174	10077	10077				
化纤织造及印染精加工	175	16484	16484				
针织或钩针编织物及其制品制造	176	4871	4871				
家用纺织制成品制造	177	20306	20306				
非家用纺织制成品制造	178	10443	10443		211		
纺织服装、服饰业	18	140060	133741	476	553		702
机织服装制造	181	105120	102564	434	541		702
针织或钩针编织服装制造	182	5368	5368	42			
服饰制造	183	29572	25809		12		
皮革、毛皮、羽毛及其制品和制鞋业	19	68569	67569				
皮革鞣制加工	191	616	616				
皮革制品制造	192	9102	8102				
毛皮鞣制及制品加工	193	1769	1769				
羽毛(绒)加工及制品制造	194	12967	12967				
制鞋业	195	44116	44116				
木材加工和木、竹、藤、棕、草制品业	20	677102	677102	147632	6200	4420	7162
木材加工	201	362699	362699	140103	5564	420	2966
人造板制造	202	142183	142183	5236			
木制品制造	203	135557	135557	2293	486	1000	4196
竹、藤、棕、草等制品制造	204	36664	36664		150	3000	

国有联营企业	集体联营企业	国有与集体联营企业	其他联营企业	有限责任公司			股份有限公司	私营企业	
					国有独资公司	其他有限责任公司			私营独资企业
				34154		34154		12949	639
				125030	200	124830	18970	195847	63776
				50		50		3088	3071
				36107		36107	1425	54524	13942
	68	592		135468		135468	9796	141051	50309
	158		12	162469	1916	160553	9074	264387	96349
			12	18857		18857		34074	5766
	50			14655		14655		2448	1682
	108			20618		20618	300	55924	27367
				6544		6544		670	620
				6746		6746		5546	1426
				44328		44328	8774	132774	48706
				50721	1916	48805		32951	10782
	580			1674997	24282	1650715	70800	1447074	462728
				1354518	4911	1349608	21841	942237	319246
				95552	3499	92053	3469	115257	51426
	580			224927	15872	209054	45491	389580	92056
								900	
								900	
				51964	2076	49887	14959	56641	18265
				19311		19311	7439	31727	8421
				2871	1988	883		900	641
								201	201
				98	88	10		9978	450
				15237		15237		1247	72
				1257		1257		3173	3010
				13190		13190	1220	5483	5051
							6300	3932	419
	382		320	41325	1018	40308	19201	69026	23681
	382		320	31689	1013	30676	18383	48995	15838
				1606		1606		3720	934
				8030	5	8025	818	16311	6909
				28615		28615	500	38174	10821
								616	351
				2163		2163	500	5439	2167
				136		136		1633	627
				9518		9518		3448	
				16797		16797		27038	7676
4099			3063	202605	4322	198283	36265	264283	143413
2966				48675	4322	44354	4308	155033	101033
				94766		94766	3822	37808	4868
1133			3063	44689		44689	27992	53199	28268
				14475		14475	143	18243	9245

2-16 续表 2

行业	代码	资产总计(万元)					
			内资企业	国有企业	集体企业	股份合作企业	联营企业
家具制造业	21	164555	164555	218	1555	826	
木质家具制造	211	133585	133585	218	1535	826	
竹、藤家具制造	212	8467	8467				
金属家具制造	213	6484	6484		20		
塑料家具制造	214	3714	3714				
其他家具制造	219	12304	12304				
造纸和纸制品业	22	343907	338182	3156	5429	86	95
纸浆制造	221	768	768				
造纸	222	151604	151604	3156	2968		95
纸制品制造	223	191536	185810		2461	86	
印刷和记录媒介复制业	23	260431	196568	16151	3219	989	2555
印刷	231	247446	183583	12736	3082	689	1883
装订及印刷相关服务	232	12713	12713	3215	137	300	673
记录媒介复制	233	272	272	200			
文教、工美、体育和娱乐用品制造业	24	235500	234654	10544	426	1256	184
文教办公用品制造	241	8724	8724				140
乐器制造	242	1481	1481		195		
工艺美术品制造	243	220509	219663	10544	231	1256	44
体育用品制造	244	331	331				
玩具制造	245	4352	4352				
游艺器材及娱乐用品制造	246	103	103				
石油加工及炼焦	25	474687	445050	38203			
化学原料和化学制品制造业	26	2274952	2073283	117788	3651	56815	10091
基础化学原料制造	261	897620	722078	89806	2019	689	3968
肥料制造	262	538071	536479	15050	562	9307	297
农药制造	263	15045	15045	1109			1511
涂料、油墨、颜料及类似产品制造	264	57947	57947	8543	662		
合成材料制造	265	274360	274360	2443			
专用化学产品制造	266	222084	198000	836		273	1909
炸药、火工及焰火产品制造	267	150165	149715				
日用化学产品制造	268	119660	119660		407	46546	2407
医药制造业	27	1119328	1012329	4523	3904	10	
化学药品原料药制造	271	34894	34894				
化学药品制剂制造	272	64412	64412				
中药饮片加工	273	90040	89121		3288	10	
中成药生产	274	820977	722287	4523			
兽用药品制造	275	4183	4183				
生物药品制造	276	56999	56891				
卫生材料及医药用品制造	277	47823	40541		616		
化学纤维制造业	28	2536	2536				
合成纤维制造	282	2536	2536				
橡胶和塑料制品业	29	768072	738477	67312	2767	9996	2128
橡胶制品业	291	117903	100883	16596	1470		2128
塑料制品业	292	650169	637594	50716	1297	9996	
非金属矿物制品业	30	6460584	6346986	26302	49009	43614	4892
水泥、石灰和石膏制造	301	1971445	1909184	11399	2922	34143	

国有联营企业	集体联营企业	国有与集体联营企业	其他联营企业	有限责任公司	国有独资公司	其他有限责任公司	股份有限公司	私营企业	私营独资企业
				65913		65913	2717	89071	44262
				55080		55080	2717	69421	36596
				2254		2254		6184	763
				3956		3956		2281	1027
				1208		1208		2506	2311
				3416		3416		8680	3565
	95			220961	1705	219256		106504	36552
				472		472		295	210
	95			113882	1705	112177		29654	14101
				106606		106606		76555	22241
163	1735	657		120994	375	120619	755	49017	26853
163	1719			117773	375	117398	755	45125	23847
	16	657		3149		3149		3892	3006
				72		72			
	131		53	97927	1597	96331	2448	116102	77052
	131		9	3022		3022	500	3706	1046
				1040		1040		246	174
			44	92818	1597	91221	1338	109029	74155
								323	323
				1020		1020	610	2722	1279
				28		28		76	76
				323753		323753	13409	69621	8672
1909	297		7886	1155014	96908	1058106	142762	544963	180890
			3968	329466	67968	261498	124317	170823	21879
	297			339140	22506	316634	7638	129682	32836
			1511	3067		3067		9358	4358
				27724		27724	2251	18628	8147
				256263		256263		15124	5911
1909				113397	6434	106963	130	80008	24907
				31846		31846	8115	105522	75002
			2407	54111		54111	311	15818	7850
				645718		645718	24851	316543	33824
				22742		22742	6162	5895	56
				49641		49641	11552	3219	
				47341		47341	1200	29085	10537
				492216		492216	4043	213310	6433
				1500		1500		2683	1004
				29450		29450	1895	25455	7906
				2827		2827		36895	7888
				2516		2516		20	20
				2516		2516		20	20
	2128			282863	5003	277861	15513	354775	70412
	2128			40065	2843	37222	110	39994	21514
				242798	2160	240638	15403	314781	48898
200	2856		1835	3454843	393721	3061122	153845	2515816	921911
				1240070	380500	859570	97428	496689	102333

2-16 续表 3

行　　业	代码	资产总计(万元)	内资企业				
				国有企业	集体企业	股份合作企　　业	联营企业
石膏、水泥制品及类似制品制造	302	2239477	2231134	2321	1486	3986	1955
砖瓦、石材等建筑材料制造	303	1436470	1435270	7576	18273	1039	2305
玻璃制造	304	115480	115480				
玻璃制品制造	305	137608	137608		3907	10	
玻璃纤维和玻璃纤维增强塑料制品制造	306	60140	60140		4328		
陶瓷制品制造	307	44903	44903	135	11194		
耐火材料制品制造	308	146099	127315	176	2593	1180	86
石墨及其他非金属矿物制品制造	309	308961	285951	4695	4305	3256	546
黑色金属冶炼和压延加工业	31	4592320	4507247	49203	15498	2325	
炼铁	311	51232	51232				
炼钢	312	3228143	3228143				
黑色金属铸造	313	49909	49909		3259	98	
钢压延加工	314	113839	113839	315	12234		
铁合金冶炼	315	1149196	1064123	48888	5	2226	
有色金属冶炼和压延加工业	32	958400	913868	10022	12487	47640	18401
常用有色金属冶炼	321	419579	376512		6253	9257	502
贵金属冶炼	322	92937	92937	9592	9	38382	17899
稀有稀土金属冶炼	323	28149	28149				
有色金属合金制造	324	53360	51894		1049		
有色金属铸造	325	67691	67691		490		
有色金属压延加工	326	296685	296685	429	4687		
金属制品业	33	801913	798884	10916	7748	2535	2278
结构性金属制品制造	331	426373	426033	7890	5	131	1597
金属工具制造	332	54939	54939				
集装箱及金属包装容器制造	333	18567	18567		4708		
金属丝绳及其制品制造	334	48900	48900		2103	122	
建筑、安全用金属制品制造	335	78590	77042	3027	5		617
金属表面处理及热处理加工	336	19286	18145		331		
搪瓷制品制造	337	2972	2972				
金属制日用品制造	338	25840	25840		338	2282	64
其他金属制品制造	339	126447	126447		258		
通用设备制造业	34	509298	508752	37070	10801	658	49
锅炉及原动设备制造	341	12866	12866	3361			
金属加工机械制造	342	170664	170664	3105	3199	658	
物料搬运设备制造	343	66001	66001	16604			
泵、阀门、压缩机及类似机械制造	344	60527	59982	11121			
轴承、齿轮和传动部件制造	345	38153	38153		1278		
烘炉、风机、衡器、包装等设备制造	346	31774	31774		2570		
文化、办公用机械制造	347	768	768				
通用零部件制造	348	97353	97353	2716	3754		49
其他通用设备制造业	349	31192	31192	163			
专用设备制造业	35	1210777	1195177	65108	3147	3815	255
采矿、冶金、建筑专用设备制造	351	912234	912234	60889	460	3815	200
化工、木材、非金属加工专用设备制造	352	53158	53158	2118	209		55

国有联营企业	集体联营企业	国有与集体联营企业	其他联营企业	有限责任公司	国有独资公司	其他有限责任公司	股份有限公司	私营企业	私营独资企业
200	530		1225	1223066	4746	1218320	28604	934226	313374
	2240		65	582255	1800	580455	14702	774354	385738
				81844		81844	745	32891	6194
				42125	6675	35450	638	90788	42325
				45090		45090	86	10636	100
				24695		24695		8468	1865
	86			44597		44597	4064	73910	37324
			546	171101		171101	7578	93854	32657
				3947579	15300	3932279	20556	471689	49561
				36361		36361		14871	1649
				3226008		3226008		2135	500
				26685		26685	150	19707	6424
				54632		54632	4187	42471	7383
				603893	15300	588593	16219	392505	33606
17899	502			475241	400	474841	32326	317624	21402
	502			163191		163191	32276	164956	16623
17899				20274	400	19874		6780	
				7800		7800		20349	900
				15533		15533		35313	799
				54985		54985		12216	36
				213458		213458	50	78011	3044
1597	681			383878	3295	380583	55728	329419	96989
1597				181223	3285	177938	3431	228500	60297
				33601		33601		20684	11157
				9901		9901		3938	1603
				38803		38803		7873	3914
	617			37055		37055		35389	12162
				9932	10	9922		7882	272
				2644		2644		270	270
	64			10134		10134	511	12428	4743
				60586		60586	51786	12456	2572
		49		259613	5458	254155	1490	196562	43971
				6158		6158		3347	1208
				50922	2351	48571	142	112457	15672
				47633		47633	400	1365	1365
				35377		35377		13484	356
				31219	3107	28111	44	5612	4087
				15992		15992	682	11480	935
				327		327		441	191
		49		54775		54775	223	34558	7571
				17212		17212		13817	12587
	255			606133	23369	582763	15568	493808	61235
	200			460595	22127	438468	752	385523	34040
	55			22071	1242	20829	3902	20195	12420

2-16 续表 4

行业	代码	资产总计（万元）					
			内资企业	国有企业	集体企业	股份合作企业	联营企业
食品、饮料、烟草及饲料生产专用设备制造	353	6565	6565	907			
印刷、制药、日化及日用品生产专用设备制造	354	27979	22979		236		
纺织、服装和皮革加工专用设备制造	355	3519	3519				
电子和电工机械专用设备制造	356	66646	66046	1113	2242		
农、林、牧、渔专用机械制造	357	50827	50827	80			
医疗仪器设备及器械制造	358	30939	30939				
环保、社会公共服务及其他专用设备制造	359	58912	48912				
汽车制造业	36	412860	398046	10970	892	4486	1028
汽车整车制造	361	109687	109687				
改装汽车制造	362	12468	12468				
低速载货汽车制造	363	2862	2862	2862			
电车制造	364	34941	34941				
汽车车身、挂车制造	365	180	180				
汽车零部件及配件制造	366	252723	237909	8108	892	4486	1028
铁路、船舶、航空航天和其他运输设备制造业	37	965858	953579	9479	1041		
铁路运输设备制造	371	16606	16606	1925	1041		
船舶及相关装置制造	373	8112	8112				
航空、航天器及设备制造	374	836011	823733	111			
摩托车制造	375	17081	17081				
自行车制造	376	19299	19299				
潜水救捞及其他未列明运输设备制造	379	68748	68748	7444			
电气机械和器材制造业	38	993521	922145	4167	3136	165	314
电机制造	381	198738	198383	1487	34		
输配电及控制设备制造	382	214950	205321	2680	317		
电线、电缆、光缆及电工器材制造	383	302524	241225				314
电池制造	384	63741	63741				
家用电力器具制造	385	68682	68589		2785		
非电力家用器具制造	386	24176	24176			110	
照明器具制造	387	97489	97489			55	
其他电气机械及器材制造	389	23221	23221				
计算机、通信和其他电子设备制造业	39	293148	285665	1842			150
计算机制造	391	5133	5133				
通信设备制造	392	22623	15141	635			
雷达及配套设备制造	394	283	283				
视听设备制造	395	1412	1412				
电子器件制造	396	201279	201279				150
电子元件制造	397	43626	43626	1207			
其他电子设备制造	399	18792	18792				
仪器仪表制造业	40	343382	339814	1360	59		
通用仪器仪表制造	401	37159	37159				
专用仪器仪表制造	402	285755	285410		59		
钟表与计时仪器制造	403	20	20				
光学仪器及眼镜制造	404	8754	5531	1360			
其他仪器仪表制造业	409	11694	11694				

国有联营企业	集体联营企业	国有与集体联营企业	其他联营企业	有限责任公司	国有独资公司	其他有限责任公司	股份有限公司	私营企业	私营独资企业
				2072		2072		3385	2551
				17208		17208	1248	4267	2025
				2350		2350		1169	419
				22295		22295	3375	35681	941
				38356		38356		11995	4438
				13163		13163	6292	11171	480
				28023		28023		20422	3921
793	234			277609		277609	55908	45974	4127
				91814		91814	17873		
				3392		3392		9076	1200
				1773		1773	33000	167	167
				10		10		170	170
793	234			180621		180621	5035	36560	2590
				903961	672349	231612	10392	28706	1310
				9998		9998		3642	
				5530	3023	2507		2582	962
				823014	661176	161838		608	
				3506		3506	9800	3775	120
				1200		1200		18099	228
				60713	8150	52563	592		
	314			391071		391071	243386	237111	54568
				8572		8572	181742	6225	1386
				72968		72968	12153	75083	24392
	314			196418		196418		44141	2353
				40908		40908		22833	1000
				30180		30180	8636	26988	4229
				2307		2307	3347	18412	9702
				25483		25483	37508	34443	7917
				14235		14235		8986	3589
			150	251459	3873	247587	35	31721	12711
				3029		3029		2104	300
				12191		12191		2315	30
				283		283			
				229		229		1183	52
			150	194785		194785		6094	5042
				27096	3156	23940	35	15080	5681
				13847	717	13130		4945	1606
				78473	690	77782	234610	22547	3783
				35523		35523	92	1544	117
				40328		40328	234518	10291	3160
								20	20
				796	690	106		825	171
				1826		1826		9868	315

2-16 续表 5

行　　业	代码	资产总计（万元）	内资企业				
				国有企业	集体企业	股份合作企业	联营企业
其他制造业	41	127688	127688	213	1041		
废弃资源综合利用业	42	188956	188956	301	228		5118
金属废料和碎屑加工处理	421	166822	166822	60	228		5118
非金属废料和碎屑加工处理	422	22134	22134	241			
金属制品、机械和设备修理业	43	93022	93022	35926	232		6
金属制品修理	431	2745	2745				
通用设备修理	432	3050	3050	137			
专用设备修理	433	14856	14856				6
铁路、船舶、航空航天等运输设备修理	434	51823	51823	27755			
电气设备修理	435	3928	3928		150		
仪器仪表修理	436	1317	1317				
其他机械和设备修理业	439	15305	15305	8034	82		
电力、热力、燃气及水生产和供应业	**D**	**10928580**	**10414750**	**2933702**	**21839**	**21774**	**47499**
电力、热力生产和供应业	44	9395498	8898697	2478325	20949	16459	42825
电力生产	441	9050996	8554196	2262399	18105	16459	28605
电力供应	442	331423	331423	215925	2844		14220
热力生产和供应	443	13079	13079				
燃气生产和供应业	45	739289	735930	72058		5315	
燃气生产和供应业	450	739289	735930	72058		5315	
水的生产和供应业	46	793793	780123	383319	890		4675
自来水生产和供应	461	636818	636818	369338	890		4675
污水处理及其再生利用	462	150604	136934	13981			
其他水的处理、利用与分配	469	6371	6371				
建筑业	**E**	**7569058**	**7562535**	**822722**	**218005**	**36088**	**7921**
房屋建筑业	47	3022632	3021229	135948	185997	5000	2862
房屋建筑业	470	3022632	3021229	135948	185997	5000	2862
土木工程建筑业	48	3053131	3049063	658834	6228	26192	9
铁路、道路、隧道和桥梁工程建筑	481	2616704	2612636	623359	2941	26192	
水利和内河港口工程建筑	482	103427	103427	15339	2928		
工矿工程建筑	484	54173	54173				
架线和管道工程建筑	485	157870	157870	1250	359		
其他土木工程建筑	489	120957	120957	18886			9
建筑安装业	49	375180	375180	19087	4216	1032	201
电气安装	491	151581	151581	694	1201		81
管道和设备安装	492	69256	69256	16407	2127		
其他建筑安装业	499	154343	154343	1986	888	1032	120
建筑装饰和其他建筑业	50	1118115	1117063	8854	21564	3864	4850
建筑装饰业	501	500184	499132	962	9106	3570	
工程准备活动	502	190750	190750	3874	98	244	
提供施工设备服务	503	311050	311050	7	1	50	
其他未列明建筑业	509	116132	116132	4012	12360		4850
批发和零售业	**F**	**17457579**	**17335374**	**635162**	**256011**	**1205519**	**65371**
批发业	51	10919076	10804420	337916	173395	28726	20762
农、林、牧产品批发	511	267078	266675	18633	7286	397	553

国有联营企业	集体联营企业	国有与集体联营企业	其他联营企业	有限责任公司	国有独资公司	其他有限责任公司	股份有限公司	私营企业	私营独资企业
				52750		52750		73312	17798
	5118			23489		23489	1933	157236	6960
	5118			14834		14834	263	146318	1597
				8654		8654	1670	10918	5364
			6	44102		44102		12523	5931
								2745	15
				2080		2080		832	408
			6	10922		10922		3894	1608
				23767		23767		301	301
				1345		1345		2359	2166
				1317		1317			
				4671		4671		2392	1434
35919	**4677**	**3036**	**3868**	**4695230**	**356948**	**4338283**	**1962529**	**680138**	**302053**
34453	1485	3036	3851	3786755	254502	3532253	1938210	572415	251306
20234	1485	3036	3851	3705163	237252	3467910	1936210	545495	241336
14220				73084	17249	55835		24348	9948
				8508		8508	2000	2572	22
				592686	34359	558327	4817	60804	23750
				592686	34359	558327	4817	60804	23750
1465	3192		17	315790	68087	247703	19502	46920	26996
1465	3192		17	209030	67987	141042	8724	39397	20500
				105631	100	105531	10718	2862	2236
				1129		1129	60	4661	4261
4970	**1337**	**324**	**1291**	**4450495**	**60026**	**4390469**	**154312**	**1730456**	**507077**
	1256	315	1291	2223653	17216	2206438	73508	361282	50631
	1256	315	1291	2223653	17216	2206438	73508	361282	50631
		9		1212889	38317	1174572	64841	1028439	403957
				973108	29640	943468	39090	940461	385520
				35725	3270	32456		17234	858
				27184		27184	2254	23824	1944
				106486		106486	21341	18495	5299
		9		70386	5408	64978	2157	28425	10336
120	81			213654	931	212722	343	91034	4690
	81			103701		103701		45871	2521
				34375		34375	57	16251	921
120				75578	931	74647	286	28912	1248
4850				800298	3561	796737	15621	249701	47799
				307961	180	307781	9993	160154	37322
				103716	210	103506	5628	74016	8973
				308509		308509		2482	350
4850				80113	3171	76941		13050	1154
15185	**41581**	**1604**	**7000**	**9990310**	**501280**	**9489030**	**461463**	**4374067**	**1448189**
10299	4901	868	4695	6953938	368697	6585242	343802	2714399	685608
	51	12	490	87710	11162	76548	24482	105867	51002

2-16 续表 6

行业	代码	资产总计（万元）	内资企业	国有企业	集体企业	股份合作企业	联营企业
食品、饮料及烟草制品批发	512	864519	864140	61736	9505	2761	3122
纺织、服装及家庭用品批发	513	531809	531440	7029	2036	2206	451
文化、体育用品及器材批发	514	135542	135542	37374	745	401	1810
医药及医疗器材批发	515	261032	258583	4221	999	580	
矿产品、建材及化工产品批发	516	6714162	6603119	180087	125505	16158	7292
机械设备、五金产品及电子产品批发	517	1519460	1519446	17805	2392	4372	3599
贸易经纪与代理	518	236306	236306	4081	3845	1191	1107
其他批发业	519	389169	389169	6952	21081	660	2829
零售业	52	6538503	6530954	297245	82616	1176793	44608
综合零售	521	402137	400834	25265	40430	1967	26745
食品、饮料及烟草制品专门零售	522	676591	674325	66604	21788	1590	13215
纺织、服装及日用品专门零售	523	161468	161224	2625	1611		347
文化、体育用品及器材专门零售	524	250450	250450	118977	2280	318	1487
医药及医疗器材专门零售	525	214146	213646	11365	19	1587	479
汽车、摩托车、燃料及零配件专门零售	526	1406875	1404677	47119	2027	16076	1429
家用电器及电子产品专门零售	527	551254	551254	5111	1201	1340	117
五金、家具及室内装饰材料专门零售	528	1346506	1346454	13958	1960	8920	673
货摊、无店铺及其他零售业	529	1529076	1528089	6221	11299	1144994	116
交通运输、仓储和邮政业	**G**	**6130521**	**5996768**	**814990**	**26943**	**18504**	**54943**
道路运输业	54	4480022	4346269	64442	21318	16658	21131
城市公共交通运输	541	2331958	2331958	7956	1581	5424	14572
公路旅客运输	542	272404	272404	21120	1042	5792	38
道路货物运输	543	581045	580377	12365	16734	4837	3576
道路运输辅助活动	544	1294615	1161530	23001	1963	605	2944
水上运输业	55	35634	35634	571	1455	51	300
水上旅客运输	551	9249	9249	571			300
水上货物运输	552	22624	22624		1399	51	
水上运输辅助活动	553	3761	3761		56		
航空运输业	56	310028	310028	40683			
航空客货运输	561	148120	148120	10683			
通用航空服务	562	88102	88102				
航空运输辅助活动	563	73806	73806	30000			
管道运输业	57	39809	39809				
管道运输业	570	39809	39809				
装卸搬运和运输代理业	58	323099	323099	4114	3765	10	70
装卸搬运	581	21125	21125	1723	2654		55
运输代理业	582	301974	301974	2391	1111	10	15
仓储业	59	900603	900603	689120	405	1555	33422
谷物、棉花等农产品仓储	591	702428	702428	671199	400		
其他仓储业	599	198175	198175	17921	5	1555	33422
邮政业	60	41325	41325	16061		230	19
邮政基本服务	601	16295	16295	15175			
快递服务	602	25030	25030	887		230	19

国有联营企业	集体联营企业	国有与集体联营企业	其他联营企业	有限责任公司	国有独资公司	其他有限责任公司	股份有限公司	私营企业	私营独资企业
2413	70	635	3	478216	46907	431309	56240	232560	69732
	451			403256	301	402955	7024	106243	25465
753	1058			68850	4853	63997	208	25972	14408
				165356	1474	163882	1358	80157	31779
5515	1652		125	4370445	297106	4073340	222304	1541931	292217
118	90	189	3202	958699	3393	955305	22256	488175	138563
	760		347	126098	2058	124040	1591	88695	43631
1500	769	33	528	295308	1442	293866	8339	44798	18811
4886	36681	736	2306	3036371	132583	2903788	117661	1659668	762581
88	26135	522		151268	36143	115125	9669	133607	73416
4748	8234	204	30	317806	78339	239467	26101	203268	84617
	335		12	102851	2029	100822	575	51725	26181
	77		1410	50464	13380	37084	758	74768	36353
		10	469	143573	1934	141639	1529	45928	15689
	1266		164	701753	35	701718	25709	576074	216905
	51		66	293571	70	293501	26400	216277	68900
	518		155	1054661		1054661	10521	237042	165728
50	66			220425	654	219771	16399	120979	74792
435	**5990**	**33422**	**15095**	**4336451**	**2691244**	**1645207**	**155763**	**550072**	**190244**
420	5635		15076	3705947	2441153	1264794	96075	385895	122604
			14572	2247347	2175193	72154	3393	50945	7871
	38			121570	3909	117661	19109	101696	22529
420	2652		504	243125	3944	239181	73283	197562	79936
	2944			1093905	258107	835798	290	35692	12268
	300			8299	3404	4895	310	23888	2887
	300			866		866	230	7281	881
				6635	3404	3231		13780	1413
				798		798	80	2827	593
				269345	227772	41573			
				137437	95867	41570			
				88102	88099	3			
				43806	43806				
				39079		39079		730	
				39079		39079		730	
15	55			223353	1407	221946	27176	63547	41032
	55			7062		7062	107	9269	1122
15				216291	1407	214884	27069	54278	39910
		33422		80945	16480	64464	31578	61837	20206
				21158	16480	4677	8	8211	2386
		33422		59787		59787	31571	53627	17820
			19	9483	1028	8455	624	14175	3515
				1000		1000		121	121
			19	8483	1028	7455	624	14054	3394

2-16 续表 7

行业	代码	资产总计(万元)	内资企业	国有企业	集体企业	股份合作企业	联营企业
住宿和餐饮业	H	**1876414**	**1867281**	**79968**	**26544**	**10281**	**5167**
住宿业	61	1348028	1340846	74028	25108	3672	1007
旅游饭店	611	972008	965377	50657	21501	1339	154
一般旅馆	612	276232	275888	15491	2756	1715	712
其他住宿业	619	99787	99581	7881	850	618	141
餐饮业	62	528386	526435	5940	1436	6608	4160
正餐服务	621	486178	486104	5501	1436	1750	4152
快餐服务	622	5979	4163				
饮料及冷饮服务	623	6676	6616				
其他餐饮业	629	29552	29552	439		4859	8
信息传输、软件和信息技术服务业	I	**1702975**	**888114**	**115496**	**1206**	**2128**	**682**
电信、广播电视和卫星传输服务	63	1018582	203737	51704	20	1200	112
电信	631	986997	172152	48891		1200	112
广播电视传输服务	632	31585	31585	2813	20		
互联网和相关服务	64	75796	75781	12	108	220	80
互联网接入及相关服务	641	17058	17058		100	200	
互联网信息服务	642	13795	13795	12	8	20	80
其他互联网服务	649	44944	44929				
软件和信息技术服务业	65	608596	608596	63780	1078	708	490
软件开发	651	204951	204951	57864	1019	318	490
信息系统集成服务	652	27477	27477	3568		220	
信息技术咨询服务	653	306258	306258	2346		70	
数据处理和存储服务	654	4602	4602				
集成电路设计	655	2568	2568				
其他信息技术服务业	659	62740	62740	2	59	100	
房地产业	K	**39761398**	**38288206**	**505494**	**30883**	**103603**	**10615**
房地产业	70	39761398	38288206	505494	30883	103603	10615
房地产开发经营	701	36947175	35481933	304240	23825	94544	3541
物业管理	702	441169	434214	16166	2953	7475	6958
房地产中介服务	703	270922	269925	128452	3283	365	16
其他房地产业	709	2102133	2102133	56635	823	1218	100
租赁和商务服务业	L	**61506192**	**61246687**	**23995658**	**297938**	**135149**	**355425**
租赁业	71	307528	307528	1742	6115	4691	81579
机械设备租赁	711	219916	219916	1742	6115	4691	50
文化及日用品出租	712	87612	87612				81529
商务服务业	72	61198663	60939158	23993916	291823	130458	273846
企业管理服务	721	55922313	55705290	23673789	250390	96147	80
法律服务	722	12366	12366	29			150
咨询与调查	723	757999	726406	12827	1464	7415	89
广告业	724	278466	278412	5265	247	699	16
知识产权服务	725	93634	93634				
人力资源服务	726	95451	95451	517	7965	1035	500
旅行社及相关服务	727	1150241	1148696	95084	3725	2484	14
安全保护服务	728	51460	51460	913	987	14	150
其他商务服务业	729	2836734	2827444	205493	27045	22662	272847

国有联营企业	集体联营企业	国有与集体联营企业	其他联营企业	有限责任公司	国有独资公司	其他有限责任公司	股份有限公司	私营企业	私营独资企业
87	**4424**	**595**	**62**	**919690**	**35558**	**884131**	**23072**	**766750**	**338307**
87	294	587	40	711613	18619	692994	15940	484167	194747
	154			561425	15949	545477	9461	308246	102910
27	99	587		96015	2560	93455	4515	145035	73786
60	41		40	54172	110	54062	1964	30886	18052
	4130	8	22	208077	16939	191138	7132	282584	143560
	4130		22	193712	16939	176772	7117	262805	130090
				1103		1103		2963	1784
				1612		1612		4943	2990
		8		11651		11651	15	11872	8695
490	**12**		**180**	**633425**	**16556**	**616869**	**44843**	**85078**	**20412**
	12		100	117441	13595	103846	28272	4393	2987
	12		100	116738	13595	103143	1100	3518	2690
				703		703	27172	875	297
			80	57866		57866	1345	15660	9087
				13524		13524	1322	1740	876
			80	5265		5265	13	8132	5497
				39077		39077	10	5787	2713
490				458118	2961	455157	15226	65025	8339
490				106130		106130	3442	34266	1528
				12856		12856	926	9866	1254
				288722	2961	285761	986	12542	3042
				4542		4542		60	60
				2231		2231	294	43	
				43637		43637	9577	8248	2455
6434	**552**	**3450**	**179**	**26306194**	**2333775**	**23972419**	**862829**	**10286413**	**481995**
6434	552	3450	179	26306194	2333775	23972419	862829	10286413	481995
		3450	91	24117402	1003893	23113509	843378	9930963	401734
6334	552		72	273663	4103	269560	4974	115818	47694
			16	103127	173	102954	3159	24494	7207
100				1812003	1325607	486396	11318	215138	25360
344726	**9103**	**654**	**942**	**30477690**	**15568897**	**14908793**	**1819658**	**2055723**	**476529**
81529			50	122367	1202	121165	5808	80556	30059
			50	120433		120433	5808	76407	29152
81529				1934	1202	732		4150	908
263197	9103	654	892	30355323	15567695	14787628	1813850	1975167	446470
	80			27382597	15364794	12017803	1443328	1209962	230450
	36		114	3765		3765	211	6667	1581
	35		54	230177	18427	211750	8281	93858	20041
	6		10	167599	3754	163845	5805	96103	31316
				2422		2422	88565	558	127
			500	43612	341	43271	6533	34663	8725
			14	906625	77231	829395	30562	90024	18992
	150			30209	1958	28251	5397	12685	3976
263197	8796	654	200	1588317	101191	1487126	225168	430646	131261

2-16 续表 8

行　　业	代码	资产总计（万元）					
			内资企业	国有企业	集体企业	股份合作企业	联营企业
科学研究和技术服务业	M	**9232282**	**9191603**	**1887424**	**6916**	**40332**	**7879**
研究和试验发展	73	84873	79686	20167	55	88	3
自然科学研究和试验发展	731	20104	20104	13012			
工程和技术研究和试验发展	732	27562	23181	5538		75	
农业科学研究和试验发展	733	34075	33268	1385			
医学研究和试验发展	734	463	463	53	55	13	3
社会人文科学研究	735	2670	2670	181			
专业技术服务业	74	8730568	8695706	1826305	6045	8664	2246
气象服务	741	1792	1792	1212	169	48	
地震服务	742	64	64				
测绘服务	744	16659	16659	1602	85	30	
质检技术服务	745	93197	93197	2611	523	4	684
环境与生态监测	746	23119	23119	3617			313
地质勘查	747	570973	570973	23964	831		
工程技术	748	6695357	6695357	638903	1586	7020	872
其他专业技术服务业	749	1329407	1294545	1154396	2850	1562	377
科技推广和应用服务业	75	416841	416210	40952	815	31580	5630
技术推广服务	751	326585	326585	17816	646	31548	5567
科技中介服务	752	48347	47716	703	65		63
其他科技推广和应用服务业	759	41909	41909	22433	104	32	
水利、环境和公共设施管理业	N	**5717807**	**5714416**	**4569433**	**2471**	**2976**	**81635**
水利管理业	76	237751	237729	66642	819	217	5368
防洪除涝设施管理	761	4549	4549	259			4283
水资源管理	762	91182	91182	9540	229		610
天然水收集与分配	763	3661	3661	502	79		
水文服务	764	3167	3167	3067		100	
其他水利管理业	769	135191	135170	53274	510	117	476
生态保护和环境治理业	77	37948	37948	3496	108	380	
生态保护	771	11176	11176	2943			
环境治理业	772	26772	26772	553	108	380	
公共设施管理业	78	5442108	5438739	4499295	1544	2379	76267
市政设施管理	781	4619730	4616361	4345921	258		76247
环境卫生管理	782	24021	24021	171	783		
城乡市容管理	783	116800	116800	2000	150	400	
绿化管理	784	132304	132304	1404	150		20
公园和游览景区管理	785	549253	549253	149799	202	1979	
居民服务、修理和其他服务业	O	**1055542**	**1042213**	**122246**	**5338**	**17608**	**3364**
居民服务业	79	603967	602867	33629	3943	8517	141
家庭服务	791	10556	10556		373		
托儿所服务	792	172	172				
洗染服务	793	8307	8307				
理发及美容服务	794	30470	30470		10	121	
洗浴服务	795	328471	328471	360			
保健服务	796	9114	9114			1780	

国有联营企业	集体联营企业	国有与集体联营企业	其他联营企业	有限责任公司	国有独资公司	其他有限责任公司	股份有限公司	私营企业	私营独资企业
6826	**623**	**379**	**51**	**5254150**	**4339575**	**914575**	**329106**	**1600393**	**1436964**
			3	43861	3672	40189	6984	7563	1601
				6581		6581		512	12
				11711	35	11676	4561	1297	722
				22982	3638	19344	2424	5659	863
			3	154		154		40	
				2435		2435		54	3
1279	545	379	42	4995368	4300869	694499	317753	1518144	1414461
				7		7	24	230	86
				64		64			
				7379		7379	20	7348	3626
586	98			37878	10	37868	3606	38983	14240
		313		15400	50	15350	465	3265	367
				165160	1247	163913	306164	74853	71857
542	221	66	42	4671023	4298449	372575	6913	1361204	1316317
151	226			98456	1113	97343	560	32261	7968
5546	78		6	214920	35034	179887	4368	74687	20903
5546	15		6	191311	34970	156341	1113	67781	17289
	63			8328	64	8264	2523	3603	600
				15281		15281	733	3303	3013
80637	**998**			**835792**	**352409**	**483383**	**22195**	**176980**	**53238**
4391	978			144353	71384	72969	12	15541	8761
4283				8		8			
	610			71177	11333	59844		9089	8210
				1794	260	1534		132	132
108	368			71374	59791	11583	12	6320	419
				17396		17396	419	15141	8643
				769		769		6537	6437
				16627		16627	419	8604	2206
76247	20			674042	281025	393018	21764	146298	35834
76247				162867	6893	155974	1000	29855	4680
				9491	60	9431	5513	8059	483
				114100	110097	4003		60	
	20			102702		102702	55	22975	17033
				284882	163975	120907	15196	85349	13638
125	**1465**	**1238**	**536**	**561795**	**187587**	**374208**	**17588**	**302224**	**137658**
123			18	436810	177080	259730	2797	112671	52577
				3669	106	3563	3	5946	4753
				79		79		68	68
				4588		4588		2608	1531
				16083		16083		14130	5313
				313941	161462	152479	13	12333	4789
				4027		4027		3277	2359

2-16 续表 9

行业	代码	资产总计(万元)	内资企业	国有企业	集体企业	股份合作企业	联营企业
婚姻服务	797	1693	1693		30	18	18
殡葬服务	798	153696	153696	3608	2332	6568	123
其他居民服务业	799	61487	60387	29661	1198	30	
机动车、电子产品和日用产品修理业	80	275420	263190	2380	250	7780	3221
汽车、摩托车修理与维护	801	253305	241076	2380	171	7638	3114
计算机和办公设备维修	802	16934	16934		36	90	106
家用电器修理	803	4043	4043		43	52	1
其他日用产品修理业	809	1137	1137				
其他服务业	81	176156	176156	86237	1145	1311	2
清洁服务	811	25483	25483		614	72	
其他未列明服务业	819	150673	150673	86237	531	1239	2
卫生和社会工作	**Q**	**13366**	**13366**	**504**	**4**		
社会工作	84	13366	13366	504	4		
提供住宿社会工作	841	11229	11229				
不提供住宿社会工作	842	2137	2137	504	4		
文化、体育和娱乐业	**R**	**1856828**	**1852030**	**214245**	**15007**	**2934**	**356**
新闻和出版业	85	214401	214401	163508			
新闻业	851	27024	27024	299			
出版业	852	187377	187377	163209			
广播、电视、电影和影视录音制作业	86	95595	94406	10359	14843	929	191
广播	861	10	10				
电视	862	4993	4993	12			
电影和影视节目制作	863	23669	23669				
电影和影视节目发行	864	1002	1002	565		329	
电影放映	865	64544	63356	9782	14843	600	191
录音制作	866	1376	1376				
文化艺术业	87	1043168	1043168	31265	137	15	
文艺创作与表演	871	27470	27470	4907	90		
艺术表演场馆	872	3099	3099				
图书馆与档案馆	873	27	27				
文物及非物质文化遗产保护	874	4348	4348				
博物馆	875	725	725		47		
群众文化活动	877	9838	9838			15	
其他文化艺术业	879	997662	997662	26357			
体育	88	20501	20501	1328		10	
体育组织	881	8808	8808				
体育场馆	882	1396	1396	1328			
休闲健身活动	883	9152	9152				
其他体育	889	1146	1146			10	
娱乐业	89	483163	479553	7785	27	1980	165
室内娱乐活动	891	168850	165240	4175	27	1930	165
游乐园	892	7470	7470				
文化、娱乐、体育经纪代理	894	276133	276133			50	
其他娱乐业	899	30711	30711	3611			

国有联营企业	集体联营企业	国有与集体联营企业	其他联营企业	有限责任公司	国有独资公司	其他有限责任公司	股份有限公司	私营企业	私营独资企业
			18	1027		1027		542	399
123				77820	14907	62913	1422	61802	31277
				15575	605	14971	1359	11965	2088
	1465	1238	518	90472	10490	79981	5919	147568	75206
	1359	1238	518	76026	10490	65536	4618	141564	72424
	106			12119		12119	1231	3331	1128
			1	2011		2011	70	1851	1016
				316		316		821	638
2				34513	17	34497	8871	41985	9875
				18091	17	18074	287	6046	3617
2				16422		16422	8584	35940	6258
				7926		**7926**		**3282**	**157**
				7926		7926		3282	157
				7926		7926		3152	28
								129	129
241	**15**		**100**	**455304**	**27614**	**427690**	**34440**	**162764**	**95334**
				47608	405	47203	3144	78	78
				24294		24294	2423		
				23315	405	22909	721	78	78
191				35582	12232	23350	17128	15125	3723
								10	
				3388	3388		1186	407	407
				4426		4426	15402	3802	447
								12	12
191				27041	8844	18198	541	10358	2365
				727		727		536	491
				34275	14890	19386	1306	16285	9082
				17254	12081	5173	1200	3531	2282
				3099	2763	336			
				18		18		9	9
				295		295		4053	4041
				20		20		658	
				9063	46	9017		552	52
				4526		4526	106	7483	2698
				10601		10601	30	8081	6161
				4949		4949		3760	3030
				68		68			
				4458		4458	30	4311	3121
				1126		1126		10	10
50	15		100	327238	87	327150	12832	123194	76291
50	15		100	41018		41018	4571	108044	73994
				7210		7210		260	260
				276008	87	275921		21	
				3002		3002	8261	14870	2036

2-16 续表 10

行业	代码	私营合伙企业	私营有限责任公司	私营股份有限公司	其他企业	港、澳、台商投资企业	合资经营企业(港、澳、台资)
总　计		**4596569**	**23051384**	**2324359**	**4997954**	**2282707**	**1657047**
农、林、牧、渔业	A	**4939**	**15186**	**11642**	**37939**		
农业	01				31		
蔬菜、食用菌及园艺作物种植	014						
水果种植	015						
坚果、含油果、香料和饮料作物种植	016						
其他农业	019				31		
林业	02		50				
林木育种和育苗	021						
森林经营和管护	023		50				
农、林、牧、渔服务业	05	4939	15136	11642	37908		
农业服务业	051	3688	14663	10142	29302		
林业服务业	052	1111	376		1073		
畜牧服务业	053	40	97	1500	6840		
渔业服务业	054	100			693		
采矿业	B	**3742083**	**2005484**	**230226**	**404263**	**35923**	**2252**
煤炭开采和洗选业	06	3433583	1479965	176743	244787		
烟煤和无烟煤开采洗选	061	3425255	1477184	176743	237587		
褐煤开采洗选	062	230			4000		
其他煤炭采选	069	8099	2780		3200		
石油和天然气开采业	07						
天然气开采	072						
黑色金属矿采选业	08	33424	56668	16594	10016	1996	1996
铁矿采选	081	26553	12246	4605	3130		
锰矿、铬矿采选	082	5211	31104	9689	6216	1996	1996
其他黑色金属矿采选	089	1660	13318	2300	670		
有色金属矿采选业	09	67987	137644	12487	40916	33090	
常用有色金属矿采选	091	63137	112797	4960	40893	33090	
贵金属矿采选	092	4850	24437	7527	23		
稀有稀土金属矿采选	093		410				
非金属矿采选业	10	190550	286784	6239	105249	838	256
土砂石开采	101	156986	189426	4520	77448	256	256
化学矿开采	102	30718	84395	1719	27209		
石棉及其他非金属矿采选	109	2846	12962		592	581	
开采辅助活动	11	14383	27637	9572	3294		
煤炭开采和洗选辅助活动	111	14383	24537	9572	200		
石油和天然气开采辅助活动	112		3000		2683		
其他开采辅助活动	119		100		411		
其他采矿业	12	2156	16787	8591	1		
其他采矿业	120	2156	16787	8591	1		
制造业	C	**300503**	**5807643**	**568424**	**572898**	**375711**	**175678**
农副食品加工业	13	31128	427167	33179	88762	17766	15280
谷物磨制	131	638	74249	15152	4377		
饲料加工	132	1359	59268	144		4766	2280
植物油加工	133	8967	53974	2000	23262		

合作经营企业(港、澳、台资)	港、澳、台商独资经营企业	港、澳、台商投资股份有限公司	其他港、澳、台投资企业	外商投资企业	中外合资经营企业	中外合作经营企业	外资企业	外商投资股份有限公司	其他外商投资企业
14288	**591525**	**3339**	**16508**	**2079043**	**508284**	**288178**	**1273116**	**7756**	**1709**
	33671			**4362**			**2462**	**1900**	
				2462			2462		
				2462			2462		
				1900				1900	
				1900				1900	
	33090								
	33090								
	581								
	581								
12301	**170125**	**1142**	**16465**	**550556**	**188207**	**160**	**357498**	**3584**	**1108**
	2487			27310	22498		4812		
	2487			19894	15082		4812		
				7416	7416				

2-16 续表 11

行业	代码	私营合伙企业	私营有限责任公司	私营股份有限公司	其他企业	港、澳、台商投资企业	合资经营企业(港、澳、台资)
制糖业	134		12310		5608		
屠宰及肉类加工	135	7776	118168	6127	5724		
水产品加工	136		17		260		
蔬菜、水果和坚果加工	137	823	39254	505	24094		
其他农副食品加工	139	11564	69926	9251	25437	13000	13000
食品制造业	14	7372	155826	4840	5630	5560	5560
焙烤食品制造	141		28308		1160	5560	5560
糖果、巧克力及蜜饯制造	142		766				
方便食品制造	143	4960	20626	2971	2716		
乳制品制造	144		50		287		
罐头食品制造	145		4120				
调味品、发酵制品制造	146	1355	82632	80	1431		
其他食品制造	149	1057	19324	1789	36		
酒、饮料和精制茶制造业	15	21272	912687	50386	224070	35549	35549
酒的制造	151	8891	608364	5736	102253		
饮料制造	152	5120	50351	8361	3213	35549	35549
精制茶加工	153	7261	253973	36290	118604		
烟草制品业	16	900			1075		
烟叶复烤	161	900			740		
其他烟草制品制造	169				335		
纺织业	17	378	27749	10250	1188		
棉纺织及印染精加工	171	140	19621	3545			
毛纺织及染整精加工	172		259		21		
麻纺织及染整精加工	173				312		
丝绢纺织及印染精加工	174		4935	4593			
化纤织造及印染精加工	175	100	1075				
针织或钩针编织物及其制品制造	176		163		441		
家用纺织制成品制造	177		417	15	414		
非家用纺织制成品制造	178	138	1278	2097			
纺织服装、服饰业	18	3635	36207	5503	2457	6319	306
机织服装制造	181	861	26793	5503	1820	2556	306
针织或钩针编织服装制造	182	2735	51				
服饰制造	183	39	9363		638	3763	
皮革、毛皮、羽毛及其制品和制鞋业	19	541	26627	185	280	1000	
皮革鞣制加工	191		265				
皮革制品制造	192	5	3083	185		1000	
毛皮鞣制及制品加工	193		1005				
羽毛(绒)加工及制品制造	194		3448				
制鞋业	195	536	18826		280		
木材加工和木、竹、藤、棕、草制品业	20	12551	102351	5968	8535		
木材加工	201	7470	46107	423	5629		
人造板制造	202	2511	30429		551		
木制品制造	203	1804	17582	5545	1703		
竹、藤、棕、草等制品制造	204	765	8233		652		

合作经营企业(港、澳、台资)	港、澳、台商独资经营企业	港、澳、台商投资股份有限公司	其他港、澳、台投资企业	外商投资企业	中外合资经营企业	中外合作经营企业	外资企业	外商投资股份有限公司	其他外商投资企业
				8563	8543		20		
				8543	8543				
				20			20		
				13968	12968				1000
				1001	1				1000
				12966	12966				
	6013								
	2250								
	3763								
	1000								
	1000								

2-16 续表 12

行业	代码	私营合伙企业	私营有限责任公司	私营股份有限公司	其他企业	港、澳、台商投资企业	合资经营企业(港、澳、台资)
家具制造业	21	2047	34445	8317	4254		
木质家具制造	211	1123	29071	2630	3788		
竹、藤家具制造	212	190	221	5010	30		
金属家具制造	213	40	537	678	227		
塑料家具制造	214	20	175				
其他家具制造	219	674	4441		209		
造纸和纸制品业	22	5500	60142	4310	1950	1070	1068
纸浆制造	221		85				
造纸	222	1617	13931	5	1849		
纸制品制造	223	3884	46125	4305	101	1070	1068
印刷和记录媒介复制业	23	1746	18964	1454	2888	63863	63685
印刷	231	1223	18601	1454	1541	63863	63685
装订及印刷相关服务	232	523	363		1347		
记录媒介复制	233						
文教、工美、体育和娱乐用品制造业	24	3859	33626	1564	5768	846	
文教办公用品制造	241	3	2204	453	1356		
乐器制造	242		72				
工艺美术品制造	243	3856	29907	1111	4404	846	
体育用品制造	244				8		
玩具制造	245		1443				
游艺器材及娱乐用品制造	246						
石油加工及炼焦	25	2006	52916	6027	64	2200	2200
化学原料和化学制品制造业	26	26913	331869	5291	42198	12751	451
基础化学原料制造	261	4485	144330	130	989		
肥料制造	262	4461	90584	1800	34803		
农药制造	263		5000				
涂料、油墨、颜料及类似产品制造	264	2233	6567	1681	138		
合成材料制造	265	1107	8105		530		
专用化学产品制造	266	1914	52606	580	1448	12301	
炸药、火工及焰火产品制造	267	12461	18060		4231	451	451
日用化学产品制造	268	251	6618	1100	59		
医药制造业	27	2108	243054	37556	16781	32458	10819
化学药品原料药制造	271	200	5640		95		
化学药品制剂制造	272		3219				
中药饮片加工	273	30	18518		8197	920	
中成药生产	274	1758	171598	33521	8195	24257	3537
兽用药品制造	275		1679				
生物药品制造	276	120	13394	4035	91		
卫生材料及医药用品制造	277		29007		203	7282	7282
化学纤维制造业	28						
合成纤维制造	282						
橡胶和塑料制品业	29	8117	266838	9407	3122		
橡胶制品业	291	525	17955		520		
塑料制品业	292	7592	248883	9407	2602		
非金属矿物制品业	30	120402	1295866	177637	98664	43202	28891
水泥、石灰和石膏制造	301	17148	328235	48972	26533	26385	26385

合作经营企业(港、澳、台资)	港、澳、台商独资经营企业	港、澳、台商投资股份有限公司	其他港、澳、台投资企业	外商投资企业	中外合资经营企业	中外合作经营企业	外资企业	外商投资股份有限公司	其他外商投资企业
	3			4656	4656				
	3			4656	4656				
	178								
	178								
	846								
	846								
				27438	27438				
12301				188918	50538		137259	1121	
				175542	45669		129873		
				1592	471			1121	
12301				11783	4398		7385		
	21639			74541			71970	2463	108
	920								
	20720			74433			71970	2463	
				108					108
				29595	3029	160	26406		
				17019	3029		13990		
				12576		160	12416		
	14311			70396	21302		49094		
				35876	876		35000		

2-16 续表 13

行业	代码	私营合伙企业	私营有限责任公司	私营股份有限公司	其他企业	港、澳、台商投资企业	合资经营企业(港、澳、台资)
石膏、水泥制品及类似制品制造	302	21107	508247	91498	35489	2506	2506
砖瓦、石材等建筑材料制造	303	64817	299184	24614	34766		
玻璃制造	304	3496	19680	3521			
玻璃制品制造	305	3062	43007	2393	140		
玻璃纤维和玻璃纤维增强塑料制品制造	306		10536				
陶瓷制品制造	307		6214	390	410		
耐火材料制品制造	308	905	34023	1658	709		
石墨及其他非金属矿物制品制造	309	9867	46739	4590	617	14311	
黑色金属冶炼和压延加工业	31	6904	370075	45148	396	81658	
炼铁	311		13222				
炼钢	312		1635				
黑色金属铸造	313	8	12776	500	10		
钢压延加工	314	526	34562				
铁合金冶炼	315	6370	307881	44648	386	81658	
有色金属冶炼和压延加工业	32	12812	222867	60543	127	44437	2795
常用有色金属冶炼	321	6710	136612	5010	77	42971	2795
贵金属冶炼	322	801	5979				
稀有稀土金属冶炼	323	994	12922	5533			
有色金属合金制造	324	800	33714			1465	
有色金属铸造	325		12180				
有色金属压延加工	326	3507	21460	50000	50		
金属制品业	33	11502	189888	31039	6381	3029	1887
结构性金属制品制造	331	3840	138384	25979	3256	340	340
金属工具制造	332	5032	4495		654		
集装箱及金属包装容器制造	333	20	2314		20		
金属丝绳及其制品制造	334	75	3884				
建筑、安全用金属制品制造	335	657	18043	4527	950	1547	1547
金属表面处理及热处理加工	336		7610			1142	
搪瓷制品制造	337				58		
金属制日用品制造	338	836	6316	534	82		
其他金属制品制造	339	1042	8842		1362		
通用设备制造业	34	3903	90359	58328	2510		
锅炉及原动设备制造	341		2082	57			
金属加工机械制造	342	1673	37728	57384	181		
物料搬运设备制造	343						
泵、阀门、压缩机及类似机械制造	344		13128				
轴承、齿轮和传动部件制造	345		1526				
烘炉、风机、衡器、包装等设备制造	346	52	10493		1050		
文化、办公用机械制造	347		250				
通用零部件制造	348	2123	24796	68	1279		
其他通用设备制造业	349	55	357	819			
专用设备制造业	35	1550	427936	3088	7343	15600	
采矿、冶金、建筑专用设备制造	351	40	351323	120			
化工、木材、非金属加工专用设备制造	352		6811	964	4608		

合作经营企业(港、澳、台资)	港、澳、台商独资经营企业	港、澳、台商投资股份有限公司	其他港、澳、台投资企业	外商投资企业	中外合资经营企业	中外合作经营企业	外资企业	外商投资股份有限公司	其他外商投资企业
				5837	3678		2159		
				1200	1200				
				18784	10652		8132		
	14311			8699	4896		3802		
	81658			3415			3415		
	81658			3415			3415		
	40177		1465	96	96				
	40177			96	96				
			1465						
		1142							
		1142							
				545	545				
				545	545				
	600		15000						

2-16 续表 14

行业	代码						
		私营合伙企业	私营有限责任公司	私营股份有限公司	其他企业	港、澳、台商投资企业	合资经营企业(港、澳、台资)
食品、饮料、烟草及饲料生产专用设备制造	353	634	200		200		
印刷、制药、日化及日用品生产专用设备制造	354	50	2068	124	20	5000	
纺织、服装和皮革加工专用设备制造	355		750				
电子和电工机械专用设备制造	356	43	34697		1339	600	
农、林、牧、渔专用机械制造	357	280	6978	300	395		
医疗仪器设备及器械制造	358		10691		313		
环保、社会公共服务及其他专用设备制造	359	503	14418	1580	467	10000	
汽车制造业	36	1897	37652	2297	1179		
汽车整车制造	361						
改装汽车制造	362	10	7866				
低速载货汽车制造	363						
电车制造	364						
汽车车身、挂车制造	365						
汽车零部件及配件制造	366	1887	29786	2297	1179		
铁路、船舶、航空航天和其他运输设备制造业	37	2748	22241	2408			
铁路运输设备制造	371		3642				
船舶及相关装置制造	373	1500	120				
航空、航天器及设备制造	374		608				
摩托车制造	375	1248		2408			
自行车制造	376		17871				
潜水救捞及其他未列明运输设备制造	379						
电气机械和器材制造业	38	3663	177564	1316	42794	920	
电机制造	381		4839		323		
输配电及控制设备制造	382	1307	49268	116	42120	920	
电线、电缆、光缆及电工器材制造	383	1875	39913		352		
电池制造	384		21833				
家用电力器具制造	385	250	21508	1000			
非电力家用器具制造	386	211	8299	200			
照明器具制造	387		26526				
其他电气机械及器材制造	389	20	5377				
计算机、通信和其他电子设备制造业	39	800	15915	2295	458	7483	7188
计算机制造	391		1804				
通信设备制造	392		20	2265		7483	7188
雷达及配套设备制造	394						
视听设备制造	395		1131				
电子器件制造	396		1051		250		
电子元件制造	397		9399		208		
其他电子设备制造	399	800	2509	30			
仪器仪表制造业	40	654	18111		2765		
通用仪器仪表制造	401		1427				
专用仪器仪表制造	402		7131		214		
钟表与计时仪器制造	403						
光学仪器及眼镜制造	404	654			2551		
其他仪器仪表制造业	409		9553				

合作经营企业(港、澳、台资)	港、澳、台商独资经营企业	港、澳、台商投资股份有限公司	其他港、澳、台投资企业	外商投资企业	中外合资经营企业	中外合作经营企业	外资企业	外商投资股份有限公司	其他外商投资企业
			5000						
	600								
			10000						
				14815	14815				
				14815	14815				
				12279	12279				
				12279	12279				
	920			70456	9157		61299		
				355	355				
	920			8709	8709				
				61299			61299		
				93	93				
	294								
	294								
				3568	345		3223		
				345	345				
				3223			3223		

2-16 续表 15

行　　业	代码						
		私营合伙企　　业	私营有限责任公司	私营股份有限公司	其他企业	港、澳、台商投资企　　业	合资经营企业(港、澳、台资)
其他制造业	41	658	54855		372		
废弃资源综合利用业	42	50	150226		651		
金属废料和碎屑加工处理	421	50	144672				
非金属废料和碎屑加工处理	422		5554		651		
金属制品、机械和设备修理业	43	2885	3620	86	232		
金属制品修理	431	2730					
通用设备修理	432		424				
专用设备修理	433	50	2150	86	34		
铁路、船舶、航空航天等运输设备修理	434						
电气设备修理	435		193		74		
仪器仪表修理	436						
其他机械和设备修理业	439	105	853		124		
电力、热力、燃气及水生产和供应业	D	**93530**	**259324**	**25232**	**52039**	**496801**	**486516**
电力、热力生产和供应业	44	83665	215349	22095	42760	496801	486516
电力生产	441	83665	206739	13755	41759	496801	486516
电力供应	442		6061	8339	1002		
热力生产和供应	443		2550				
燃气生产和供应业	45	4824	29588	2641	250		
燃气生产和供应业	450	4824	29588	2641	250		
水的生产和供应业	46	5040	14388	496	9028		
自来水生产和供应	461	5040	13361	496	4766		
污水处理及其再生利用	462		627		3742		
其他水的处理、利用与分配	469		400		521		
建筑业	E	**26009**	**1138868**	**58502**	**142536**	**1511**	**108**
房屋建筑业	47	4342	271305	35004	32979	1403	
房屋建筑业	470	4342	271305	35004	32979	1403	
土木工程建筑业	48	12391	607889	4202	51632		
铁路、道路、隧道和桥梁工程建筑	481	11498	542142	1300	7486		
水利和内河港口工程建筑	482		16376		32201		
工矿工程建筑	484	184	18996	2700	910		
架线和管道工程建筑	485	585	12507	104	9939		
其他土木工程建筑	489	123	17868	98	1096		
建筑安装业	49	72	84052	2220	45615		
电气安装	491		43350		33		
管道和设备安装	492	72	15259		40		
其他建筑安装业	499		25444	2220	45542		
建筑装饰和其他建筑业	50	9205	175622	17076	12310	108	108
建筑装饰业	501	5118	103877	13837	7387	108	108
工程准备活动	502	3237	58567	3239	3174		
提供施工设备服务	503	600	1532		1		
其他未列明建筑业	509	250	11645		1748		
批发和零售业	F	**171213**	**2566488**	**188177**	**347473**	**17346**	**10743**
批发业	51	111090	1799649	118052	231482	13534	10450
农、林、牧产品批发	511	1169	53573	123	21748	402	

合作经营企业(港、澳、台资)	港、澳、台商独资经营企业	港、澳、台商投资股份有限公司	其他港、澳、台投资企业	外商投资企业	中外合资经营企业	中外合作经营企业	外资企业	外商投资股份有限公司	其他外商投资企业
	10285			**17029**	**3359**		**11757**	**1913**	
	10285								
	10285								
				3359	3359				
				3359	3359				
				13670			11757	1913	
				13670			11757	1913	
	1403			**5012**	**4051**		**900**	**20**	**41**
	1403								
	1403								
				4068	4048			20	
				4068	4048			20	
				944	3		900		41
				944	3		900		41
1987	**4616**			**104858**	**91494**		**12814**		**550**
	3084			101121	91484		9638		
	402								

2-16 续表 16

行业	代码	私营合伙企业	私营有限责任公司	私营股份有限公司	其他企业	港、澳、台商投资企业	合资经营企业(港、澳、台资)
食品、饮料及烟草制品批发	512	8299	145895	8634	19999	200	
纺织、服装及家庭用品批发	513	2396	77287	1094	3195	368	
文化、体育用品及器材批发	514	130	11333	101	182		
医药及医疗器材批发	515	19	39294	9064	5912	2114	
矿产品、建材及化工产品批发	516	93401	1086885	69428	139397	10450	10450
机械设备、五金产品及电子产品批发	517	3145	327668	18800	22149		
贸易经纪与代理	518	1652	38027	5386	9697		
其他批发业	519	878	19687	5421	9202		
零售业	52	60123	766839	70126	115992	3812	293
综合零售	521	5083	49402	5707	11882	1303	14
食品、饮料及烟草制品专门零售	522	10275	104711	3665	23954	2266	279
纺织、服装及日用品专门零售	523	2344	23011	188	1490	244	
文化、体育用品及器材专门零售	524	1504	26975	9936	1399		
医药及医疗器材专门零售	525	1415	14212	14611	9166		
汽车、摩托车、燃料及零配件专门零售	526	28651	312737	17781	34490		
家用电器及电子产品专门零售	527	3280	134505	9592	7237		
五金、家具及室内装饰材料专门零售	528	5074	59648	6593	18719		
货摊、无店铺及其他零售业	529	2498	41638	2052	7655		
交通运输、仓储和邮政业	**G**	**17449**	**292558**	**49821**	**39102**		
道路运输业	54	14126	208770	40395	34803		
城市公共交通运输	541	1938	33454	7681	740		
公路旅客运输	542	2507	50076	26583	2039		
道路货物运输	543	8117	104839	4669	28895		
道路运输辅助活动	544	1562	20401	1461	3130		
水上运输业	55	21	19125	1855	760		
水上旅客运输	551		6373	27			
水上货物运输	552	21	12346		760		
水上运输辅助活动	553		406	1828			
航空运输业	56						
航空客货运输	561						
通用航空服务	562						
航空运输辅助活动	563						
管道运输业	57		730				
管道运输业	570		730				
装卸搬运和运输代理业	58	1328	17126	4060	1064		
装卸搬运	581	475	7672		255		
运输代理业	582	853	9455	4060	809		
仓储业	59	1967	39305	360	1741		
谷物、棉花等农产品仓储	591		5825		1453		
其他仓储业	599	1967	33480	360	288		
邮政业	60	7	7502	3151	733		
邮政基本服务	601						
快递服务	602	7	7502	3151	733		

合作经营企业(港、澳、台资)	港、澳、台商独资经营企业	港、澳、台商投资股份有限公司	其他港、澳、台投资企业	外商投资企　业	中外合资经营企业	中外合作经营企业	外资企业	外商投资股份有限公　司	其他外商投资企业
	200			178			178		
	368								
	2114			336			336		
				100593	91482		9111		
				14	2		13		
1987	1532			3737	11		3176		550
	1288								
1987									
	244								
				500					500
				2198			2198		
				52			2		50
				987	11		977		
				133753	**668**	**132746**		**339**	
				133753	668	132746		339	
				668	668				
				133085		132746		339	

2-16 续表 17

行业	代码	私营合伙企业	私营有限责任公司	私营股份有限公司	其他企业	港、澳、台商投资企业	合资经营企业(港、澳、台资)
住宿和餐饮业	H	**49620**	**334746**	**44078**	**35810**	**8897**	**4523**
住宿业	61	29081	235122	25216	25312	6956	2682
旅游饭店	611	15340	168170	21826	12595	6611	2682
一般旅馆	612	4785	63447	3017	9648	345	
其他住宿业	619	8956	3505	373	3069		
餐饮业	62	20539	99623	18862	10498	1941	1841
正餐服务	621	18326	96378	18011	9632	64	64
快餐服务	622	209	882	88	97	1817	1717
饮料及冷饮服务	623	20	1189	744	61	60	60
其他餐饮业	629	1985	1174	18	708		
信息传输、软件和信息技术服务业	I	**8301**	**52234**	**4131**	**5256**	**15**	
电信、广播电视和卫星传输服务	63	110	692	605	595		
电信	631		223	605	593		
广播电视传输服务	632	110	469		2		
互联网和相关服务	64	987	5424	162	490	15	
互联网接入及相关服务	641		852	12	172		
互联网信息服务	642	484	2002	150	264		
其他互联网服务	649	503	2571		54	15	
软件和信息技术服务业	65	7204	46118	3364	4172		
软件开发	651	7182	24325	1230	1422		
信息系统集成服务	652	11	7484	1117	42		
信息技术咨询服务	653	12	9264	225	1591		
数据处理和存储服务	654						
集成电路设计	655		43				
其他信息技术服务业	659		5001	792	1117		
房地产业	K	**78811**	**8788972**	**936635**	**182175**	**1081685**	**881459**
房地产业	70	78811	8788972	936635	182175	1081685	881459
房地产开发经营	701	74571	8560491	894167	164040	1074730	875095
物业管理	702	638	59677	7809	6207	6954	6364
房地产中介服务	703	1478	13529	2281	7029		
其他房地产业	709	2124	155275	32379	4899		
租赁和商务服务业	L	**60590**	**1372527**	**146077**	**2109445**	**205632**	**52956**
租赁业	71	3864	43348	3284	4671		
机械设备租赁	711	3834	40136	3284	4671		
文化及日用品出租	712	30	3212				
商务服务业	72	56726	1329179	142792	2104775	205632	52956
企业管理服务	721	16159	911201	52152	1648996	164285	19321
法律服务	722	4583	165	337	1544		
咨询与调查	723	6795	64122	2900	372295	30457	30257
广告业	724	5658	57579	1550	2678	53	
知识产权服务	725	116	316		2089		
人力资源服务	726	1129	19270	5539	626		
旅行社及相关服务	727	5654	63579	1800	20176	1545	45
安全保护服务	728	100	7033	1576	1105		
其他商务服务业	729	16532	205914	76939	55265	9290	3333

合作经营企业(港、澳、台资)	港、澳、台商独资经营企业	港、澳、台商投资股份有限公司	其他港、澳、台投资企业	外商投资企业	中外合资经营企业	中外合作经营企业	外资企业	外商投资股份有限公司	其他外商投资企业
	2766	**1607**		**236**		**226**			**10**
	2666	1607		226		226			
	2322	1607		20		20			
	345								
				206		206			
	100			10					10
				10					10
	100								
	15			**814845**			**814845**		
				814845			814845		
				814845			814845		
	15								
	15								
	199636	**590**		**391508**	**220437**	**152506**	**18565**		
	199636	590		391508	220437	152506	18565		
	199636			390512	219440	152506	18565		
		590							
				997	997				
	152632		**43**	**53873**		**2518**	**51355**		
	152632		43	53873		2518	51355		
	144965			52738		2473	50265		
	200			1136		45	1091		
	10		43						
	1500								
	5957								

2-16 续表 18

行业	代码	私营合伙企业	私营有限责任公司	私营股份有限公司	其他企业	港、澳、台商投资企业	合资经营企业(港、澳、台资)
科学研究和技术服务业	M	**9592**	**146786**	**7050**	**65403**	**39980**	**30582**
研究和试验发展	73	65	5411	486	964	5118	
自然科学研究和试验发展	731		500				
工程和技术研究和试验发展	732		575			4311	
农业科学研究和试验发展	733		4310	486	819	806	
医学研究和试验发展	734	15	25		145		
社会人文科学研究	735	50	1				
专业技术服务业	74	8257	88954	6471	21182	34862	30582
气象服务	741	38	107		100		
地震服务	742						
测绘服务	744	225	3390	107	195		
质检技术服务	745	4480	19959	305	8909		
环境与生态监测	746	106	2787	5	60		
地质勘查	747		2951	45			
工程技术	748	2289	40140	2457	7836		
其他专业技术服务业	749	1121	19621	3552	4082	34862	30582
科技推广和应用服务业	75	1270	52421	93	43257		
技术推广服务	751	854	49544	93	10802		
科技中介服务	752	403	2600		32431		
其他科技推广和应用服务业	759	13	277		24		
水利、环境和公共设施管理业	N	**9487**	**94365**	**19890**	**22935**	**3369**	
水利管理业	76	24	6755		4777		
防洪除涝设施管理	761						
水资源管理	762	24	854		536		
天然水收集与分配	763				1153		
水文服务	764						
其他水利管理业	769		5901		3087		
生态保护和环境治理业	77	372	5367	760	1007		
生态保护	771		100		927		
环境治理业	772	372	5267	760	80		
公共设施管理业	78	9091	82243	19130	17151	3369	
市政设施管理	781		24964	211	213	3369	
环境卫生管理	782	57	2400	5120	3		
城乡市容管理	783		60		91		
绿化管理	784	191	5701	50	4998		
公园和游览景区管理	785	8843	49119	13750	11846		
居民服务、修理和其他服务业	O	**9538**	**128116**	**26912**	**12050**	**12229**	**12229**
居民服务业	79	4500	52784	2809	4359		
家庭服务	791	147	996	50	565		
托儿所服务	792				25		
洗染服务	793	250	827		1111		
理发及美容服务	794	252	8549	16	126		
洗浴服务	795	670	5883	991	1824		
保健服务	796	421	267	230	30		

合作经营企业(港、澳、台资)	港、澳、台商独资经营企业	港、澳、台商投资股份有限公司	其他港、澳、台投资企业	外商投资企业	中外合资经营企业	中外合作经营企业	外资企业	外商投资股份有限公司	其他外商投资企业
	9398			**700**	**69**		**631**		
	5118			69	69				
	4311			69	69				
	806								
	4280								
	4280								
				631			631		
				631			631		
	3369			**22**		**22**			
				22		22			
				22		22			
	3369								
	3369								
				1100			**1100**		
				1100			1100		

2-16 续表 19

行 业	代码	私营合伙企业	私营有限责任公司	私营股份有限公司	其他企业	港、澳、台商投资企业	合资经营企业(港、澳、台资)
婚姻服务	797	3	140		58		
殡葬服务	798	1255	28143	1127	22		
其他居民服务业	799	1503	7980	395	598		
机动车、电子产品和日用产品修理业	80	3940	52914	15508	5601	12229	12229
汽车、摩托车修理与维护	801	3574	50286	15279	5566	12229	12229
计算机和办公设备维修	802	245	1729	229	20		
家用电器修理	803	93	742		15		
其他日用产品修理业	809	27	156				
其他服务业	81	1098	22418	8595	2090		
清洁服务	811	467	1641	320	374		
其他未列明服务业	819	630	20777	8275	1716		
卫生和社会工作	**Q**	**8**	**3116**		**1650**		
社会工作	84	8	3116		1650		
提供住宿社会工作	841	8	3116		150		
不提供住宿社会工作	842				1500		
文化、体育和娱乐业	**R**	**14896**	**44971**	**7562**	**966980**	**3610**	
新闻和出版业	85				63		
新闻业	851				8		
出版业	852				55		
广播、电视、电影和影视录音制作业	86	592	10110	699	249		
广播	861		10				
电视	862						
电影和影视节目制作	863		3355		40		
电影和影视节目发行	864				96		
电影放映	865	592	6700	699			
录音制作	866		45		113		
文化艺术业	87	1115	5055	1033	959885		
文艺创作与表演	871	1115	114	20	488		
艺术表演场馆	872						
图书馆与档案馆	873						
文物及非物质文化遗产保护	874		12				
博物馆	875		658				
群众文化活动	877		500		208		
其他文化艺术业	879		3772	1013	959189		
体育	88	320	1144	456	451		
体育组织	881		730		99		
体育场馆	882						
休闲健身活动	883	320	414	456	352		
其他体育	889						
娱乐业	89	12868	28662	5373	6332	3610	
室内娱乐活动	891	12748	16028	5273	5310	3610	
游乐园	892						
文化、娱乐、体育经纪代理	894		21		54		
其他娱乐业	899	120	12614	100	968		

合作经营企业(港、澳、台资)	港、澳、台商独资经营企业	港、澳、台商投资股份有限公司	其他港、澳、台投资企业	外商投资企业	中外合资经营企业	中外合作经营企业	外资企业	外商投资股份有限公司	其他外商投资企业
				1100			1100		
	3610			**1188**			**1188**		
				1188			1188		
				1188			1188		
	3610								
	3610								

2-17 按登记注册类型、营业状态分组的小微企业法人单位数

登记注册类型	法人单位数(个)	营业	停业(歇业)	筹建	当年关闭	当年破产	其他
总　计	**89143**	**75601**	**6423**	**5049**	**1070**	**250**	**750**
内资企业	**88899**	**75394**	**6408**	**5030**	**1070**	**250**	**747**
国有企业	2180	1849	202	59	19	7	44
集体企业	1158	967	145	11	11	2	22
股份合作企业	669	550	51	45	7	1	15
联营企业	395	323	45	17	4	2	4
国有联营企业	68	54	10	3	1		
集体联营企业	186	161	20	3		1	1
国有与集体联营企业	31	25	4	2			
其他联营企业	110	83	11	9	3	1	3
有限责任公司	27756	23141	2058	2038	268	24	227
国有独资公司	553	486	32	24	1		10
其他有限责任公司	27203	22655	2026	2014	267	24	217
股份有限公司	1431	1159	103	136	15	2	16
私营企业	50061	43103	3405	2454	622	154	323
私营独资企业	32716	28700	1927	1320	452	136	181
私营合伙企业	3162	2650	297	138	52	6	19
私营有限责任公司	13047	10789	1097	935	103	9	114
私营股份有限公司	1136	964	84	61	15	3	9
其他企业	5249	4302	399	270	124	58	96
港、澳、台商投资企业	**127**	**104**	**9**	**13**			**1**
合资经营企业(港或澳、台资)	57	50	2	5			
合作经营企业(港或澳、台资)	2	1	1				
港、澳、台商独资经营企业	61	48	6	6			1
港、澳、台商投资股份有限公司	3	3					
其他港澳台投资企业	4	2		2			
外商投资企业	**117**	**103**	**6**	**6**			**2**
中外合资经营企业	46	39	3	2			2
中外合作经营企业	12	11		1			
外资企业	45	41	1	3			
外商投资股份有限公司	8	7	1				
其他外商投资企业	6	5	1				

2-18　按登记注册类型、营业状态分组的小微企业法人单位从业人员数

登记注册类型	企业从业人员数（人）	营业	停业（歇业）	筹建	当年关闭	当年破产	其他
总　计	**1536416**	**1413582**	**44847**	**58651**	**5364**	**1060**	**12912**
内资企业	**1522687**	**1400221**	**44709**	**58426**	**5364**	**1060**	**12907**
国有企业	83934	72387	4881	2889	65	286	3426
集体企业	40858	38653	1690	115	153	16	231
股份合作企业	14367	12521	647	1075	35	1	88
联营企业	7878	6558	555	747	7	3	8
国有联营企业	2200	1497	74	627	2		
集体联营企业	3089	2610	415	61		2	1
国有与集体联营企业	764	713	32	19			
其他联营企业	1825	1738	34	40	5	1	7
有限责任公司	574292	533339	11784	23702	1213	90	4164
国有独资公司	26560	25752	419	250	1		138
其他有限责任公司	547732	507587	11365	23452	1212	90	4026
股份有限公司	44588	41410	925	1954	159	11	129
私营企业	686124	632108	21597	24543	3353	475	4048
私营独资企业	324321	297298	10952	12329	1742	331	1669
私营合伙企业	79112	72020	4253	1556	843	109	331
私营有限责任公司	256184	237698	5889	9907	681	30	1979
私营股份有限公司	26507	25092	503	751	87	5	69
其他企业	70646	63245	2630	3401	379	178	813
港、澳、台商投资企业	**6123**	**5929**	**61**	**130**			**3**
合资经营企业(港或澳、台资)	2716	2681	4	31			
合作经营企业(港或澳、台资)	98	97	1				
港、澳、台商独资经营企业	2867	2713	56	95			3
港、澳、台商投资股份有限公司	383	383					
其他港澳台投资企业	59	55		4			
外商投资企业	**7606**	**7432**	**77**	**95**			**2**
中外合资经营企业	2262	2152	55	53			2
中外合作经营企业	449	447		2			
外资企业	4574	4529	5	40			
外商投资股份有限公司	218	217	1				
其他外商投资企业	103	87	16				

第3篇

文化及相关产业

一、概况

3-1　文化及相关产业单位及从业人员情况

分　组	法人单位		产业活动单位		个体经营户	
	单位数（个）	从业人员（万人）	单位数（个）	从业人员（万人）	户数（个）	从业人员（万人）
合　计	**9941**	**130874**	**1747**	**8284**		
按单位性质分						
经营性文化产业	7718	98987	294	3465		
公益性文化事业	2223	31887	1453	4819		
按行业类别分						
文化制造业	1910	30285	11	261	1798	5714
文化批零业	1121	9871	87	711	9249	23458
文化服务业	6910	90718	1649	7312	8128	34278
按活动性质分						
文化产品的生产	8510	108514	1699	7681		
文化相关产品的生产	1431	22360	48	603		

注：产业活动单位仅指非文化法人所属的文化产业活动单位，个体经营户仅指有证照的个体经营户(以下各表同)。

3-2　按市(州)分组的文化及相关产业单位及从业人员情况

地　区	法人单位		产业活动单位		个体经营户	
	单位数（个）	从业人员（人）	单位数（个）	从业人员（人）	户数（个）	从业人员（人）
贵州省	**9941**	**130874**	**1747**	**8284**	**19175**	**63450**
贵阳市	2973	47254	132	1614	2968	10165
六盘水市	631	6949	49	397	1281	3694
遵义市	1297	15221	142	1083	3934	14020
安顺市	848	10126	73	529	1535	4909
毕节市	535	7437	138	591	1987	6434
铜仁市	757	8679	123	854	1360	5161
黔西南布依族苗族自治州	643	6972	93	386	1129	3728
黔东南苗族侗族自治州	1402	16617	491	1457	3431	10636
黔南布依族苗族自治州	855	11619	506	1373	1550	4703

注：产业活动单位仅指非文化法人所属的文化产业活动单位，个体经营户仅指有证照的个体经营户(以下各表同)。

3-3 文化及相关产业法人单位分布情况

单位：个

地区	法人单位数	#三上单位	文化制造业	#规模以上	文化批零业	#限额以上	文化服务业	#规模以上
贵州省	**9941**	**202**	**1910**	**49**	**1121**	**67**	**6910**	**86**
贵阳市	2973	76	214	13	638	21	2121	42
六盘水市	631	5	54		63	5	514	
遵义市	1297	21	146	4	89	10	1062	7
安顺市	848	10	309	4	34	2	505	4
毕节市	535	10	122	1	30	6	383	3
铜仁市	757	26	126	12	76	6	555	8
黔西南布依族苗族自治州	643	6	123	2	50	2	470	2
黔东南苗族侗族自治州	1402	26	570	5	86	3	746	18
黔南布依族苗族自治州	855	22	246	8	55	12	554	2

3-4 按类别分组的文化及相关产业企业基本情况

单位：万元

类别	企业单位数（个）	年末从业人员（人）	营业收入	#主营业务收入	营业税金及附加	#主营业务税金及附加	资产总计
合计	**7718**	**98987**	**2598435**	**2512600**	**66446**	**61744**	**7015739**
工艺美术品的制造	1264	13772	163115	161536	2800	2690	217735
园林、陈设艺术及其他陶瓷制品的制造	16	524	6344	6310	428	344	28901
印刷复制服务	434	8038	258017	254003	3242	3160	326100
办公用品的制造	22	310	2987	2968	74	74	3339
乐器的制造	15	220	1757	1747	2	2	1481
玩具的制造	20	454	11625	11612	74	74	4352
游艺器材及娱乐用品的制造	3	16	32	32			86
视听设备的制造	6	684	269036	232528	955	955	90269
焰火、鞭炮产品的制造	95	5519	177488	172770	4059	3957	125324
文化用纸的制造	29	452	8265	8033	176	176	33187
文化用油墨颜料的制造	1	8	10	10	…	…	713
其他文化用品的制造	2	269	1458	965			1700
印刷专用设备的制造	1	2					5000
其他文化专用设备的制造	2	17	235	235	3	3	327
发行服务	246	3385	383600	378453	2324	2138	563624
工艺美术品的销售	308	2537	41699	41212	1724	1307	90372
文化贸易代理与拍卖服务	64	315	23663	23626	124	120	66203
文具乐器照相器材的销售	265	1570	60965	59131	442	413	58547
文化用家电的销售	122	1088	65833	65476	325	321	76124
其他文化用品的销售	88	760	26703	26557	255	251	30358
广播电视电影专用设备的批发	28	216	8973	8922	66	62	25595
新闻服务	7	363	5889	5857	305	305	39023
出版服务	40	2248	73873	63813	3632	2760	275432
广播电视服务	5	87	8378	7733	349	349	5003
电影和影视录音服务	109	1804	25138	24285	1061	1034	90912
文艺创作与表演服务	70	2642	13134	12584	457	436	67092
图书馆与档案馆服务	2	15	54	54	3	3	27
文化遗产保护服务	12	95	274	270	7	7	4405
群众文化服务	18	158	503	502	14	13	9788
文化研究和社团服务	12	133	330	320	15	15	3388
文化艺术培训服务	51	512	2197	2104	104	101	11332
其他文化艺术服务	55	393	6463	6378	480	477	992615
互联网信息服务	117	1200	13215	13015	677	665	18527
增值电信服务(文化部分)	2	43	336	336	19	19	514
广播电视传输服务	24	3952	161005	159144	5774	5767	329629
广告服务	1743	12658	225641	219470	9120	8715	300277
文化软件服务	222	4737	50028	48808	1682	1401	86705
建筑设计服务	295	4546	150145	148525	6880	6821	116411
专业设计服务	227	3445	97483	97119	4063	4033	1254264
景区游览服务	173	6136	81843	79399	3855	2151	940340
娱乐休闲服务	1179	10665	118508	115600	9812	9619	181795
摄影扩印服务	121	808	5143	4867	214	205	10566
版权服务	1	2	4	1	…	…	14
文化经纪代理服务	23	131	1461	1338	49	47	276133
文化出租服务	4	51	1561	1470	54	53	620
会展服务	77	639	7767	7720	229	228	31025
其他文化辅助生产	98	1368	36254	35762	518	472	220566

3-5 按市(州)分组的文化及相关产业企业基本情况

单位：万元

地区	企业单位数(个)	年末从业人员(人)	营业收入	#主营业务收入	营业税金及附加	#主营业务税金及附加	资产总计
贵州省	**7718**	**98987**	**2598435**	**2512600**	**66446**	**61744**	**7015739**
贵阳市	2577	39734	1592906	1529875	31984	30180	2384018
六盘水市	435	4686	107110	105018	8108	8032	107078
遵义市	911	9943	223209	215858	7469	7222	476184
安顺市	628	7706	117231	115507	3689	1973	664040
毕节市	384	4914	80913	78371	1421	1393	606624
铜仁市	538	6477	126355	122316	3663	3578	1154000
黔西南布依族苗族自治州	477	4295	61802	60013	2268	2169	991625
黔东南苗族侗族自治州	1096	12490	138999	137174	3645	3165	324838
黔南布依族苗族自治州	672	8742	149911	148467	4200	4033	307333

3-6　按类别分组的文化事业(其他)单位基本情况

单位：万元

类　别	事业(其他)单位数(个)	年末从业人员(人)	支出(费用)	年末资产
合　计	**2223**	**31887**	**301294**	**589223**
新闻服务	28	611	20264	54435
出版服务	26	740	7737	7033
广播电视服务	67	3805	78392	197555
电影和影视录音服务	13	168	4747	2159
文艺创作与表演服务	41	909	12429	8619
图书馆与档案馆服务	110	1545	26402	37363
文化遗产保护服务	95	955	12702	72547
群众文化服务	256	1717	15738	15652
文化研究和社团服务	557	11542	37581	19500
文化艺术培训服务	52	680	6944	9894
其他文化艺术服务	46	386	2821	4324
互联网信息服务	34	228	359	290
广播电视传输服务	47	1148	25366	60821
广告服务	149	823	77	88
文化软件服务	8	81		
建筑设计服务	29	358	1319	3798
专业设计服务	26	490	9009	13939
景区游览服务	106	2679	36787	71727
娱乐休闲服务	486	2705	424	1503
摄影扩印服务	16	86		
文化经纪代理服务	1	6	32	92
文化出租服务	4	20	178	111
会展服务	9	139	1953	7766
其他文化辅助服务	17	66	33	8

3-7 按市(州)分组的文化事业(其他)单位基本情况

单位：万元

地区	事业(其他)单位数(个)	年末从业人员(人)	支出(费用)	年末资产
贵州省	**2223**	**31887**	**301294**	**589223**
贵阳市	396	7520	119336	331030
六盘水市	196	2263	30702	71489
遵义市	386	5278	21738	35137
安顺市	220	2420	20568	20466
毕节市	151	2523	22928	34224
铜仁市	219	2202	22669	24351
黔西南布依族苗族自治州	166	2677	10201	20553
黔东南苗族侗族自治州	306	4127	27628	28007
黔南布依族苗族自治州	183	2877	25523	23968

二、文化制造业

3-8 按类别分组的文化制造业主要指标

单位：万元

类别	企业单位数(个)	年末从业人员(人)	营业收入	#主营业务收入	营业税金及附加	#主营业务税金及附加	资产总计	实收资本
合计	**1910**	**30285**	**900370**	**852750**	**11814**	**11435**	**838514**	**256694**
工艺美术品的制造	1264	13772	163115	161536	2800	2690	217735	76401
园林、陈设艺术及其他陶瓷制品制造	16	524	6344	6310	428	344	28901	6535
印刷复制服务	434	8038	258017	254003	3242	3160	326100	97957
办公用品的制造	22	310	2987	2968	74	74	3339	589
乐器的制造	15	220	1757	1747	2	2	1481	1011
玩具的制造	20	454	11625	11612	74	74	4352	1850
游艺器材及娱乐用品的制造	3	16	32	32			86	81
视听设备的制造	6	684	269036	232528	955	955	90269	15967
焰火、鞭炮产品制造	95	5519	177488	172770	4059	3957	125324	52210
文化用纸的制造	29	452	8265	8033	176	176	33187	3353
文化用油墨颜料的制造	1	8	10	10	…	…	713	500
其他文化用品的制造	2	269	1458	965			1700	38
印刷专用设备的制造	1	2					5000	
其他文化专用设备的制造	2	17	235	235	3	3	327	203

3-9　按市(州)分组的文化制造业主要指标

单位：万元

地　　区	企　业单位数(个)	年　　末从业人员(人)	营业收入	#主营业务收入	营业税金及附加	#主营业务税金及附加	资产总计	实收资本
贵州省	**1910**	**30285**	**900370**	**852750**	**11814**	**11435**	**838514**	**256694**
贵阳市	214	5921	456888	419116	2526	2497	330990	78909
六盘水市	54	861	17515	17444	693	677	12532	5096
遵义市	146	3127	115966	111247	3049	2948	74336	37135
安顺市	309	3400	46209	45660	534	523	48982	17433
毕节市	122	2380	35089	34416	561	558	115756	29145
铜仁市	126	3080	69810	67131	1250	1189	55497	21756
黔西南布依族苗族自治州	123	1470	11739	11344	425	412	48806	9198
黔东南苗族侗族自治州	570	6359	63898	63353	998	951	55356	26006
黔南布依族苗族自治州	246	3687	83256	83040	1778	1680	96257	32016

3-10 规模以上文化制造业企业基本情况

单位：万元

分组	企业单位数(个)	年末从业人员(人)	资产总计	营业收入	#主营业务收入	营业税金及附加	#主营业务	营业利润	应交增值税	工业总产值(当年价格)	工业销售产值(当年价格)
合计	**49**	**6052**	**369030**	**608742**	**567449**	**5143**	**5049**	**62933**	**19927**	**695359**	**630326**
按企业规模分											
大型											
中型	4	1974	158429	311112	274479	1232	1232	16893	9394	351904	299259
小型	39	4016	199951	278889	274234	3853	3759	44081	10411	324654	313378
微型	6	62	10651	18741	18736	58	58	1958	123	18801	17689
按登记注册类型分											
内资企业	47	5578	309126	565948	525071	4695	4601	49027	16388	619695	560339
国有企业	2	674	17840	6850	6843	76	76	-133	567	9374	9847
集体企业											
股份合作企业											
国有联营企业											
集体联营企业											
国有与集体联营企业											
其他联营企业											
国有独资公司	1	166	1597	3620	3620	13	13	211	217	3921	3620
其他有限责任公司	18	1832	171769	358578	321979	1617	1617	9568	8385	402401	346964
股份有限公司	2	445	54524	37880	37562	334	303	11165	2331	38491	38342
私营独资企业	9	1148	28275	71569	67617	1452	1392	14594	3001	69310	68984
私营合伙企业	1	175	3866	16308	16308	580	580	5246	921	16767	15650
私营有限责任公司	14	1138	31255	71143	71142	623	620	8375	966	79431	76932
私营股份有限公司											
其他企业											
港、澳、台商投资企业	2	474	59904	42794	42378	448	448	13906	3539	75664	69987
外商投资企业											
按企业控股情况分											
国有控股	4	1420	109360	277104	240589	926	926	5748	7292	317616	265012
集体控股											
私人控股	40	4010	194322	273749	269387	3567	3474	42267	8291	286770	280101
港澳台商控股	2	474	59904	42794	42378	448	448	13906	3539	75664	69987
外商控股											
其他	3	148	5445	15095	15095	202	202	1012	805	15309	15226

3-11　按类别分组的规模以上文化制造业企业基本情况

单位：万元

类　别	企业单位数（个）	#亏损企业	年末从业人员（人）	#女性	资产总计	营业收入	营业成本	营业税金及附加	利润总额
合　计	**49**	**2**	**6052**	**2729**	**369030**	**608742**	**477478**	**5143**	**64634**
工艺美术品的制造	12	1	1041	450	55184	50308	41603	380	4471
园林、陈设艺术及其他陶瓷制品制造	1		98	57	4407	2281	1802	30	149
印刷复制服务	16	1	2335	928	169756	147355	109783	1048	27469
玩具的制造	2		33	24	1317	9710	9170	45	20
视听设备的制造	1		580	368	89923	266634	227000	837	7704
焰火、鞭炮产品制造	17		1965	902	48444	132454	88122	2804	24821

3-12　按市(州)分组的规模以上文化制造业企业基本情况

单位：万元

地　区	企业单位数（个）	#亏损企业	年末从业人员（人）	#女性	资产总计	营业收入	营业成本	营业税金及附加	利润总额
贵州省	**49**	**2**	**6052**	**2729**	**369030**	**608742**	**477478**	**5143**	**64634**
贵阳市	13		2771	1267	245965	399346	323567	1856	35219
六盘水市									
遵义市	4		675	320	20929	81812	51566	1912	19045
安顺市	4		374	99	6732	15552	12264	174	1970
毕节市	1	1	113	36	37473	4263	3951	10	-758
铜仁市	12		1385	695	28618	48340	34860	624	6219
黔西南布依族苗族自治州	2	1	159	83	8314	2270	1939	7	-83
黔东南苗族侗族自治州	5		146	44	5435	20291	17905	80	1388
黔南布依族苗族自治州	8		429	185	15566	36868	31426	479	1635

3-13 按类别分组的规模以上文化制造业企业主要财务指标

单位：万元

类别	企业单位数(个)	固定资产原价	本年折旧	主营业务收入	主营业务成本	主营业务税金及附加	营业利润
合计	**49**	**163411**	**9747**	**567449**	**438114**	**5049**	**62933**
工艺美术品的制造	12	10507	217	50113	41600	346	5254
园林、陈设艺术及其他陶瓷制品的制造	1	3645	219	2281	1802	30	151
印刷复制服务	16	115248	7733	146718	107446	1048	26990
玩具的制造	2	839	76	9710	9170	45	48
视听设备的制造	1	10214	722	230126	195041	837	5669
焰火、鞭炮产品的制造	17	22959	780	128502	83056	2745	24821

3-13 续表

单位：万元

类别	营业外收入	#补贴收入	营业外支出	应付职工薪酬	应交增值税	工业总产值(当年价格)	工业销售产值(当年价格)
合计	**2892**	**2648**	**483**	**43112**	**19927**	**695359**	**630326**
工艺美术品的制造	9		101	6922	577	57466	54367
园林、陈设艺术及其他陶瓷制品的制造			2	268	94	2281	2281
印刷复制服务	760	592	281	11606	7347	188202	181727
玩具的制造	12		23	218	20	9710	9710
视听设备的制造	2111	2057	76	18509	6508	304321	251546
焰火、鞭炮产品的制造	0			5589	5383	133380	130696

3-14　按市(州)分组的规模以上文化制造业企业主要财务指标

单位：万元

地　　区	企　业单位数(个)	固定资产原　　价	本年折旧	主营业务收入	主营业务成　　本	主营业务税金及附加	营业利润	营业外收　入
贵州省	**49**	**163411**	**9747**	**567449**	**438114**	**5049**	**62933**	**2892**
贵阳市	13	119127	8333	362206	289273	1856	32698	2856
六盘水市								
遵义市	4	9904	323	77860	46566	1853	19045	
安顺市	4	1061	40	15552	12264	174	1970	
毕节市	1	3796		4263	3951	10	-727	
铜仁市	12	14873	336	48145	34794	593	6902	8
黔西南布依族苗族自治州	2	5363	104	2265	1938	7	-92	9
黔东南苗族侗族自治州	5	1868	79	20290	17903	77	1473	1
黔南布依族苗族自治州	8	7419	532	36868	31426	479	1664	18

3-14　续表

单位：万元

地　　区	#补贴收入	营业外支　出	应付职工薪酬	应　交增值税	工业总产值(当年价格)	工业销售产　　值(当年价格)	#出口交货值
贵州省	**2648**	**483**	**43112**	**19927**	**695359**	**630326**	
贵阳市	2648	335	29722	13814	474678	416019	
六盘水市							
遵义市			2291	4397	82101	80477	
安顺市			883	291	17879	17333	
毕节市		32	423	33	5101	3887	
铜仁市		1	8045	1068	54528	52231	
黔西南布依族苗族自治州			280	8	721	586	
黔东南苗族侗族自治州		69	404	137	20417	20290	
黔南布依族苗族自治州		47	1064	180	39934	39503	

3-15 规模以下文化制造业企业主要财务指标

单位：万元

分组	企业单位数(个)	年末从业人员(人)	#女性	营业收入	#主营业务收入	营业税金及附加	#主营业务税金及附加	资产总计	实收资本
合计	**1861**	**24233**	**13358**	**291628**	**285301**	**6671**	**6386**	**469484**	**160853**
按登记注册类型分									
内资企业	1857	24147	13312	289988	283661	6657	6373	459678	159374
国有企业	33	747	320	11135	10637	314	293	22772	15482
集体企业	31	355	223	4690	4595	77	76	3545	1223
股份合作企业	10	253	174	1766	1766	32	32	2244	1553
国有联营企业	1	14	6	220	220	12	10	163	50
集体联营企业	8	101	51	837	815	62	62	1736	1066
国有与集体联营企业	1	48	26	2299	2268	59	59	657	100
其他联营企业	2	12	6	10	10	…	…	53	40
国有独资公司	1	17	7	547	457	10		375	200
其他有限责任公司	213	4451	1944	65796	65234	1176	1113	194922	46881
股份有限公司	13	402	245	3513	3018	99	96	3974	1743
私营独资企业	1216	12561	7304	132488	130070	3691	3530	156301	59100
私营合伙企业	64	1032	480	8421	8366	215	208	14235	5166
私营有限责任公司	165	2596	1402	39793	39256	713	698	42350	20353
私营股份有限公司	14	131	66	3132	3132	39	39	2997	994
其他企业	85	1427	1058	15344	13818	158	157	13355	5423
港、澳、台商投资企业	4	86	46	1639	1639	13	13	9806	1479
外商投资企业									
按企业控股情况分									
国有控股	38	839	362	15689	13657	375	344	26656	16155
集体控股	51	624	372	8796	8672	204	203	8357	3042
私人控股	1698	21498	11893	252355	248251	5829	5589	360958	133064
港澳台商控股	4	86	46	1639	1639	13	13	9806	1479
外商控股									
其他	70	1186	685	13148	13081	249	236	63708	7114

3-16 按类别分组的规模以下文化制造业企业主要财务指标

单位：万元

类别	企业单位数(个)	年末从业人员(人)	#女性	营业收入	#主营业务收入	营业税金及附加	#主营业务税金及附加	资产总计	实收资本
合计	**1861**	**24233**	**13358**	**291628**	**285301**	**6671**	**6386**	**469484**	**160853**
工艺美术品的制造	1252	12731	7509	112807	111424	2421	2344	162551	64012
园林、陈设艺术及其他陶瓷制品的制造	15	426	128	4063	4029	399	315	24494	2128
印刷复制服务	418	5703	2617	110661	107286	2195	2113	156344	54661
办公用品的制造	22	310	173	2987	2968	74	74	3339	589
乐器的制造	15	220	71	1757	1747	2	2	1481	1011
玩具的制造	18	421	357	1915	1902	29	29	3035	1379
游艺器材及娱乐用品的制造	3	16	8	32	32			86	81
视听设备的制造	5	104	32	2402	2402	118	118	346	216
焰火、鞭炮产品的制造	78	3554	2118	45034	44269	1255	1212	76880	32683
文化用纸的制造	29	452	163	8265	8033	176	176	33187	3353
文化用油墨颜料的制造	1	8	3	10	10			713	500
其他文化用品的制造	2	269	167	1458	965			1700	38
印刷专用设备的制造	1	2	1					5000	
其他文化专用设备的制造	2	17	11	235	235	3	3	327	203

3-17　按市(州)分组的规模以下文化制造业企业主要财务指标

单位：万元

地　区	企业单位数(个)	年末从业人员(人)	#女性	营业收入	#主营业务收入	营业税金及附加	#主营业务税金及附加	资产总计	实收资本
贵州省	**1861**	**24233**	**13358**	**291628**	**285301**	**6671**	**6386**	**469484**	**160853**
贵阳市	201	3150	1503	57542	56910	670	641	85025	24140
六盘水市	54	861	535	17515	17444	693	677	12532	5096
遵义市	142	2452	1187	34154	33387	1137	1095	53408	24566
安顺市	305	3026	1622	30657	30109	359	349	42251	16363
毕节市	121	2267	1281	30826	30152	551	548	78283	19145
铜仁市	114	1695	703	21470	18986	627	596	26880	15857
黔西南布依族苗族自治州	121	1311	674	9468	9078	418	405	40492	7068
黔东南苗族侗族自治州	565	6213	4268	43608	43063	918	875	49922	24318
黔南布依族苗族自治州	238	3258	1585	46388	46172	1299	1202	80692	24300

三、文化批发和零售业

3-18　按类别分组的文化批发和零售业主要指标

单位：万元

类　别	企业单位数(个)	年末从业人员(人)	营业收入	#主营业务收入	营业税金及附加	#主营业务税金及附加	资产总计	实收资本
合　计	**1121**	**9871**	**611437**	**603378**	**5260**	**4613**	**910822**	**173532**
发行服务	246	3385	383600	378454	2324	2138	563624	61070
工艺美术品的销售	308	2537	41699	41212	1724	1307	90372	32796
文化贸易代理与拍卖服务	64	315	23663	23626	125	120	66203	27989
文具乐器照相器材的销售	265	1570	60965	59131	442	413	58547	20749
文化用家电的销售	122	1088	65833	65476	325	321	76124	13648
其他文化用品的销售	88	760	26704	26557	255	251	30358	13839
广播电视电影专用设备的批发	28	216	8973	8922	66	62	25595	3441

3-19 按市(州)分组的文化批发和零售业主要指标

单位：万元

地区	企业单位数（个）	年末从业人员（人）	营业收入	#主营业务收入	营业税金及附加	#主营业务税金及附加	资产总计	实收资本
贵州省	**1121**	**9871**	**611437**	**603378**	**5260**	**4613**	**910822**	**173532**
贵阳市	638	5160	414882	410420	2078	1976	547498	107653
六盘水市	63	470	19463	18621	386	338	25053	7235
遵义市	89	865	44539	44133	880	805	86285	12735
安顺市	34	386	13045	12969	104	102	32962	3700
毕节市	30	491	29306	28128	288	288	36566	9040
铜仁市	76	529	24801	24414	308	303	57042	5598
黔西南布依族苗族自治州	50	460	17974	17656	295	294	35647	7722
黔东南苗族侗族自治州	86	1000	21846	21769	667	266	46401	9683
黔南布依族苗族自治州	55	510	25581	25267	253	242	43368	10166

3-20 限额以上文化批发和零售业企业基本情况

单位：万元

分组	企业单位数（个）	年末从业人员（人）	资产总计	营业收入	#主营业务收入	营业税金及附加	#主营业务税金及附加	营业利润	应交增值税
合计	**67**	**2493**	**405816**	**305608**	**301587**	**2289**	**1730**	**13805**	**7815**
按登记注册类型分									
内资企业	67	2493	405816	305608	301587	2289	1730	13805	7815
国有企业	35	974	179867	112584	110576	941	831	4588	4503
集体企业									
股份合作企业									
国有联营企业									
集体联营企业									
国有与集体联营企业									
其他联营企业									
国有独资公司	5	606	168151	115710	114827	670	270	7685	1253
其他有限责任公司	18	638	46261	58678	57549	481	432	970	1372
股份有限公司									
私营独资企业									
私营合伙企业									
私营有限责任公司	7	203	10684	13874	13874	179	179	512	123
私营股份有限公司	2	72	853	4761	4761	19	19	49	564
其他企业									
港、澳、台商投资企业									
外商投资企业									
按企业控股情况分									
国有控股	41	1688	365203	239605	236479	1732	1221	13314	6138
集体控股									
私人控股	24	775	39977	64108	63213	551	502	487	1656
港澳台商控股									
外商控股									
其他	2	30	637	1894	1894	7	7	4	21

3-21　按类别分组的限额以上文化批发和零售业企业基本情况

单位：万元

类　别	企业单位数（个）	#亏损企业	年末从业人员（人）	#女性	资产总计	营业收入	营业成本	营业税金及附加	利润总额
合　计	**67**	**10**	**2493**	**1230**	**405816**	**305608**	**261070**	**2289**	**14678**
发行服务	42	4	1830	862	351140	233182	196781	1164	13728
工艺美术品的销售	7	1	194	162	10070	12884	9725	1011	722
文具乐器照相器材的销售	10	2	191	84	24729	34163	31808	54	234
文化用家电的销售	6	2	205	88	13351	17100	15183	42	-37
其他文化用品的销售	2	1	73	34	6527	8279	7575	18	31

3-22　按市(州)分组的限额以上文化批发和零售业企业基本情况

单位：万元

地　区	企业单位数（个）	#亏损企业	年末从业人员（人）	#女性	资产总计	营业收入	营业成本	营业税金及附加	利润总额
贵州省	**67**	**10**	**2493**	**1230**	**405816**	**305608**	**261070**	**2289**	**14678**
贵阳市	21	5	1167	568	206061	181077	162169	332	7748
六盘水市	5		198	111	18988	14026	10764	283	1175
遵义市	10	2	268	166	38540	22288	17310	521	1170
安顺市	2		74	15	10934	8818	7633	26	38
毕节市	6		166	78	32656	22690	17994	183	1682
铜仁市	6		105	45	28096	11914	9483	93	487
黔西南布依族苗族自治州	2		124	79	18180	12156	9590	168	1158
黔东南苗族侗族自治州	3		174	62	19561	15229	11480	569	932
黔南布依族苗族自治州	12	3	217	106	32801	17411	14647	115	290

3-23 按类别分组的限额以上文化批发和零售业企业主要财务指标

单位：万元

类别	企业单位数(个)	固定资产原价	本年折旧	主营业务收入	主营业务成本	主营业务税金及附加	营业利润	营业外收入	#补贴收入	应付职工薪酬	应交增值税
合　计	**67**	**28813**	**1560**	**301587**	**258369**	**1730**	**13805**	**752**	**-5**	**12263**	**7815**
发行服务	42	22964	1268	229324	194100	1008	12895	713	-5	9567	6594
工艺美术品的销售	7	2880	142	12801	9704	611	694	…		1209	184
文具乐器照相器材的销售	10	886	92	34102	31808	51	234	20		674	246
文化用家电的销售	6	1268	59	17081	15183	42	-32	1		627	207
其他文化用品的销售	2	815	1	8279	7575	18	14	18		185	584

3-24 按市(州)分组的限额以上文化批发和零售业企业主要财务指标

单位：万元

地区	企业单位数(个)	固定资产原价	本年折旧	主营业务收入	主营业务成本	主营业务税金及附加	营业利润	营业外收入	#补贴收入	应付职工薪酬	应交增值税
贵州省	**67**	**28813**	**1560**	**301587**	**258369**	**1730**	**13805**	**752**	**-5**	**12263**	**7815**
贵阳市	21	11209	517	179443	161030	286	7725	27		5414	2779
六盘水市	5	3668	156	13410	10275	235	958	217	1	910	270
遵义市	10	3478	186	22038	16672	456	992	29		1204	535
安顺市	2	1020	7	8798	7633	26	36	2		374	141
毕节市	6	3553	69	21884	17602	183	1480	195	-6	784	598
铜仁市	6	1744	115	11690	9483	93	490	1		656	335
黔西南布依族苗族自治州	2	314	34	11921	9590	168	1040	118		653	382
黔东南苗族侗族自治州	3	1760	370	15229	11480	169	874	9		1407	2350
黔南布依族苗族自治州	12	2065	107	17174	14603	114	210	155		862	426

3-25　限额以下文化批发和零售业企业主要财务指标

单位：万元

分　组	企业单位数（个）	年末从业人员（人）	#女性	营业收入	#主营业务收入	营业税金及附加	#主营业务税金及附加	资产总计	实收资本
合　计	**1054**	**7378**	**3779**	**305829**	**301791**	**2971**	**2883**	**505006**	**133878**
按登记注册类型分									
内资企业	1053	7275	3708	287073	283094	2957	2869	503212	133828
国有企业	38	708	317	129340	128495	803	794	164498	15352
集体企业	11	112	51	1205	1205	95	95	2612	1443
股份合作企业	7	45	19	1753	1753	13	13	998	1188
国有联营企业	1	7	1	1653	1653	98	98	753	652
集体联营企业	4	73	27	166	166	21	21	1135	43
国有与集体联营企业									
其他联营企业	2	134	69	53	53	…	…	1410	710
国有独资公司	6	90	39	2640	2370	16	6	9864	2381
其他有限责任公司	397	2497	1150	101137	99812	1044	1019	181630	72732
股份有限公司	7	76	33	1447	1446	42	35	2174	871
私营独资企业	381	1965	1105	22958	22364	447	417	53809	18520
私营合伙企业	15	77	36	756	756	30	30	1693	598
私营有限责任公司	140	969	498	20230	19293	282	278	70729	16690
私营股份有限公司	6	49	31	363	363	7	7	10028	1671
其他企业	38	473	332	3372	3365	59	57	1880	976
港、澳、台商投资 企业	1	103	71	18757	18697	14	14	1794	50
外商投资企业									
按企业控股情况分									
国有控股	46	806	357	133634	132519	917	898	175120	18396
集体控股	15	177	77	1337	1337	115	115	3742	1496
私人控股	918	5680	3000	138041	135276	1778	1712	308164	106918
港澳台商控股	1	103	71	18757	18697	14	14	1794	50
外商控股									
其他	74	612	274	14062	13963	147	143	16187	7018

3-26 按类别分组的限额以下文化批发和零售业企业主要财务指标

单位：万元

类别	企业单位数(个)	年末从业人员(人)	#女性	营业收入	#主营业务收入	营业税金及附加	#主营业务税金及附加	资产总计	实收资本
合计	**1054**	**7378**	**3779**	**305829**	**301791**	**2971**	**2883**	**505006**	**133878**
发行服务	204	1555	750	150418	149130	1160	1130	212484	29138
工艺美术品的销售	301	2343	1469	28815	28412	714	697	80301	29684
文化贸易代理与拍卖服务	64	315	133	23663	23626	125	120	66203	27989
文具乐器照相器材的销售	255	1379	624	26803	25029	388	362	33818	17888
文化用家电的销售	116	883	430	48733	48395	283	279	62773	12592
其他文化用品的销售	86	687	289	18425	18278	237	233	23831	13145
广播电视电影专用设备的批发	28	216	84	8973	8922	66	62	25595	3442

3-27 按市(州)分组的限额以下文化批发和零售业企业主要财务指标

单位：万元

地区	企业单位数(个)	年末从业人员(人)	#女性	营业收入	#主营业务收入	营业税金及附加	#主营业务税金及附加	资产总计	实收资本
贵州省	**1054**	**7378**	**3779**	**305829**	**301791**	**2971**	**2883**	**505006**	**133878**
贵阳市	617	3993	1963	233805	230978	1747	1690	341437	93784
六盘水市	58	272	143	5436	5212	103	103	6065	2415
遵义市	79	597	286	22251	22095	359	349	47746	7173
安顺市	32	312	171	4228	4171	78	76	22028	3019
毕节市	24	325	153	6617	6245	105	105	3910	4927
铜仁市	70	424	210	12888	12724	215	209	28946	3931
黔西南布依族苗族自治州	48	336	168	5818	5735	127	126	17467	7072
黔东南苗族侗族自治州	83	826	540	6617	6540	99	97	26840	6768
黔南布依族苗族自治州	43	293	145	8170	8093	139	128	10567	4791

四、文化服务业

3-28　按类别分组的文化服务业主要指标

类　别	单位数(个)	规上企业	规下企业	事业单位	其他单位	年末从业人员(人)	规上企业	规下企业	事业单位	其他单位
合　计	**6910**	**86**	**4601**	**879**	**1344**	**90718**	**13085**	**45746**	**15622**	**16265**
新闻服务	35		7	28		974		363	611	
出版服务	66	5	35	24	2	2988	875	1373	724	16
广播电视服务	72	2	3	66	1	3892	37	50	3802	3
电影和影视录音服务	122	5	104	9	4	1972	207	1597	137	31
文艺创作与表演服务	111	11	59	21	20	3551	979	1663	527	382
图书馆与档案馆服务	112		2	101	9	1560		15	1500	45
文化遗产保护服务	107		12	82	13	1050		95	863	92
群众文化服务	274		18	221	35	1875		158	1477	240
文化研究和社团服务	569		12	163	394	11675		133	1771	9771
文化艺术培训服务	103		51	12	40	1192		512	218	462
其他文化艺术服务	101		55	16	30	779		393	204	182
互联网信息服务	151		117	3	31	1428		1200	40	188
增值电信服务(文化部分)	2		2			43		43		
广播电视传输服务	71	1	23	41	6	5100	3561	391	1062	86
广告服务	1892	6	1737	1	148	13481	710	11948	24	799
文化软件服务	230	2	220	1	7	4818	37	4700	42	39
建筑设计服务	324	4	291	9	20	4904	1818	2728	209	149
专业设计服务	253		227	7	19	3935		3445	350	140
景区游览服务	279	22	151	56	50	8815	3334	2802	1871	808
娱乐休闲服务	1665	25	1154	8	478	13370	1376	9289	86	2619
摄影扩印服务	137	2	119	1	15	894	129	679	1	85
版权服务	1		1			2		2		
文化经纪代理服务	24		23	1		137		131	6	
文化出租服务	8		4	1	3	71		51	10	10
会展服务	86	1	76	5	4	778	22	617	79	60
其他文化辅助生产	115		98	2	15	1434		1368	8	58

3-29 按市(州)分组的文化服务业主要指标

地区	单位数(个)	规上企业	规下企业	事业单位	其他单位	年末从业人员(人)	规上企业	规下企业	事业单位	其他单位
贵州省	**6910**	**86**	**4601**	**879**	**1344**	**90718**	**13085**	**45746**	**15622**	**16265**
贵阳市	2121	42	1683	132	264	36173	8321	20332	5069	2451
六盘水市	514		318	93	103	5618		3355	1416	847
遵义市	1062	7	669	199	187	11229	518	5433	2118	3160
安顺市	505	4	281	59	161	6340	1383	2537	772	1648
毕节市	383	3	229	66	85	4566	195	1848	1133	1390
铜仁市	555	8	328	64	155	5070	589	2279	933	1269
黔西南布依族苗族自治州	470	2	302	61	105	5042	121	2244	798	1879
黔东南苗族侗族自治州	746	18	422	129	177	9258	1762	3369	1913	2214
黔南布依族苗族自治州	554	2	369	76	107	7422	196	4349	1470	1407

3-30 按市(州)分组的文化服务业企业基本情况

地区	企业单位数(个)	规上企业	年末从业人员(人)	规上企业	资产总计(万元)	规上企业
贵州省	**4687**	**86**	**58831**	**13085**	**5266403**	**1306724**
贵阳市	1725	42	28653	8321	1505530	651176
六盘水市	318		3355		69492	
遵义市	676	7	5951	518	315562	112071
安顺市	285	4	3920	1383	582096	255727
毕节市	232	3	2043	195	454302	165520
铜仁市	336	8	2868	589	1041460	51964
黔西南布依族苗族自治州	304	2	2365	121	907172	4384
黔东南苗族侗族自治州	440	18	5131	1762	223081	62987
黔南布依族苗族自治州	371	2	4545	196	167708	2896

3-31　按类别分组的文化服务业企业主要财务指标

单位：万元

类　别	企　业单位数（个）	年　末从业人员（人）	营业收入	#主营业务收入	营业税金及附加	#主营业务税金及附加	资产总计
合　计	**4687**	**58831**	**1086629**	**1056473**	**49372**	**45696**	**5266403**
新闻服务	7	363	5889	5857	305	305	39023
出版服务	40	2248	73874	63813	3632	2760	275432
广播电视服务	5	87	8378	7733	350	350	5003
电影和影视录音服务	109	1804	25138	24285	1061	1034	90912
文艺创作与表演服务	70	2642	13134	12584	457	437	67092
图书馆与档案馆服务	2	15	54	54	3	3	27
文化遗产保护服务	12	95	274	270	7	7	4405
群众文化服务	18	158	503	502	14	13	9788
文化研究和社团服务	12	133	330	320	15	15	3388
文化艺术培训服务	51	512	2197	2104	104	101	11332
其他文化艺术业服务	55	393	6463	6378	480	477	992615
互联网信息服务	117	1200	13215	13015	677	665	18527
增值电信服务(文化部分)	2	43	336	336	19	19	514
广播电视传输服务	24	3952	161005	159144	5774	5767	329629
广告服务	1743	12658	225641	219470	9120	8715	300277
文化软件服务	222	4737	50028	48808	1682	1401	86705
建筑设计服务	295	4546	150145	148525	6880	6821	116411
专业设计服务	227	3445	97483	97119	4063	4033	1254264
景区游览服务	173	6136	81844	79399	3855	2151	940340
娱乐休闲服务	1179	10665	118508	115600	9812	9619	181795
摄影扩印服务	121	808	5143	4867	214	205	10567
版权服务	1	2	4	1			14
文化经纪代理服务	23	131	1462	1338	49	47	276133
文化出租服务	4	51	1561	1470	54	53	620
会展服务	77	639	7767	7720	229	228	31025
其他文化辅助服务	98	1368	36254	35762	518	472	220566

3-32 按市(州)分组的文化服务业企业主要财务指标

单位：万元

地区	企业单位数(个)	年末从业人员(人)	营业收入	#主营业务收入	营业税金及附加	#主营业务税金及附加	资产总计
贵州省	**4687**	**58831**	**1086629**	**1056473**	**49372**	**45696**	**5266403**
贵阳市	1725	28653	721136	700339	27380	25708	1505530
六盘水市	318	3355	70132	68954	7029	7017	69492
遵义市	676	5951	62704	60478	3539	3469	315562
安顺市	285	3920	57977	56878	3052	1348	582096
毕节市	232	2043	16518	15827	573	547	454302
铜仁市	336	2868	31744	30771	2104	2087	1041460
黔西南布依族苗族自治州	304	2365	32089	31014	1548	1463	907172
黔东南苗族侗族自治州	440	5131	53255	52052	1980	1948	223081
黔南布依族苗族自治州	371	4545	41074	40160	2169	2110	167708

3-33 按类别分组的规模以上文化服务业企业基本情况

单位：万元

类别	企业单位数(个)	#亏损企业	年末从业人员(人)	#女性	资产总计	营业收入	营业成本	营业税金及附加	利润总额
合计	**86**	**21**	**13085**	**5457**	**1306724**	**406966**	**286548**	**15966**	**44512**
出版服务	5	2	875	317	187043	23180	16616	1230	3641
广播电视服务	2		37	24	4574	7421	3495	300	712
电影和影视录音服务	5	1	207	105	7870	7688	4400	263	983
文艺创作与表演服务	11	2	979	648	25715	2581	860	30	323
广播电视传输服务	1		3561	1221	300100	149295	123193	5082	27866
广告服务	6		710	360	40780	47752	30686	1452	2846
文化软件服务	2	1	37		6532	363	64	21	2
建筑设计服务	4	1	1818	602	59707	89520	72431	3798	5041
景区游览服务	22	8	3334	1337	636510	63568	28983	3098	2418
娱乐休闲服务	25	6	1376	750	31536	12057	3677	562	590
摄影扩印服务	2		129	88	4763	1342	376	73	7
会展服务	1		22	5	1595	2198	1767	57	85

3-34　规模以上文化服务业企业基本情况

单位：万元

分　组	企　业单位数（个）	年末从业人员（人）	资产总计	营业收入	#主营业务收入	营业税金及附加	#主营业务税金及附加	营业利润	应交增值税
合　计	**86**	**13085**	**1306724**	**406966**	**398904**	**15966**	**14183**	**40153**	**-2702**
按登记注册类型分									
内资企业	84	12977	1298834	405734	397672	15900	14117	40122	-2702
国有企业	7	1632	221856	65267	61505	3288	3244	5032	158
集体企业									
股份合作企业									
国有联营企业									
集体联营企业									
国有与集体联营企业									
其他联营企业									
国有独资公司	8	1172	224373	49799	48837	1471	1471	478	62
其他有限责任公司	32	2676	141333	43208	42385	1918	1899	3186	164
股份有限公司	6	5896	663045	231983	230400	8661	6970	30121	-3145
私营独资企业	2	110	354	408	408	15	15	43	
私营合伙企业	4	177	254	496	496	15	7	48	
私营有限责任公司	17	810	33611	10602	10159	410	391	643	56
私营股份有限公司	3	190	13676	3098	2609	67	65	415	
其他企业	5	314	334	874	874	55	55	156	3
港、澳、台商投资企业	2	108	7890	1231	1231	66	66	31	…
外商投资企业									
按企业控股情况分									
国有控股	23	7918	1100934	296244	291707	11179	9443	34072	-3016
集体控股	2	871	8298	37801	37801	1485	1485	1285	122
私人控股	47	2620	135798	36183	34932	1426	1380	1731	120
港澳台商控股	2	108	7890	1231	1231	66	66	31	…
外商控股									
其他	11	1018	30425	16555	16288	772	772	2829	72

3-35 按市(州)分组的规模以上文化服务业企业基本情况

单位：万元

地　　区	企　业单位数(个)	#亏损企业	年末从业人　　员(人)	#女性	资产总计	营业收入	营业成本	营业税金及附加	利润总额
贵州省	**86**	**21**	**13085**	**5457**	**1306724**	**406966**	**286548**	**15966**	**44512**
贵阳市	42	8	8321	3190	651176	337775	254221	12623	41015
六盘水市									
遵义市	7	1	518	259	112071	3131	684	144	-446
安顺市	4	2	1383	558	255727	34343	17941	1826	1758
毕节市	3	3	195	110	165520	1179	502	43	-1088
铜仁市	8	2	589	287	51964	9825	3959	463	1256
黔西南布依族苗族自治州	2	1	121	39	4384	1034	843	60	30
黔东南苗族侗族自治州	18	4	1762	932	62987	17219	6921	665	1868
黔南布依族苗族自治州	2		196	82	2896	2461	1478	144	120

3-36 按类别分组的规模以上文化服务业企业主要财务指标

单位：万元

类　别	企　业单位数(个)	固定资产原　价	本年折旧	主营业务收　入	主营业务成本	主营业务税金及附加	营业利润	应付职工薪　酬	应　交增值税
合　计	**86**	**409330**	**29826**	**398904**	**245833**	**14183**	**40153**	**90758**	**-2702**
出版服务	5	24414	1921	20599	16344	1185	2773	8736	75
广播电视服务	2	1082	183	6776	2936	300	712	237	62
电影和影视录音服务	5	2268	299	7521	3348	263	957	715	42
文艺创作与表演服务	11	1484	51	2490	860	22	-1406	1903	3
(文化部分)	1	230078	16925	148273	85672	5082	26097	45538	-3505
广播电视传输服务	6	17419	1642	46922	30498	1452	2534	7013	96
广告服务	2	412	50	363	64	21	2	72	2
文化软件服务	4	8165	780	89520	72431	3798	4928	8908	472
专业设计服务	22	111214	7228	61477	28315	1403	2597	13772	25
景区游览服务	25	10371	657	11424	3223	527	866	3487	6
娱乐休闲服务	2	2000	36	1342	376	73	7	296	
文化出租服务	1	424	55	2198	1767	57	87	80	21

3-37 按市(州)分组的规模以上文化服务业企业主要财务指标

单位：万元

地 区	企业单位数(个)	固定资产原价	本年折旧	主营业务收入	主营业务成本	主营业务税金及附加	营业利润	应付职工薪酬	应交增值税
贵州省	**86**	**409330**	**29826**	**398904**	**245833**	**14183**	**40153**	**90758**	**-2702**
贵阳市	42	303668	22717	330757	214546	12548	38280	74665	-2822
六盘水市									
遵义市	7	8579	471	2976	599	142	-274	1042	
安顺市	4	49280	3219	34227	17886	135	1634	7101	56
毕节市	3	2649	294	1150	502	43	-2513	419	28
铜仁市	8	24728	1300	9530	3899	463	1236	2078	13
黔西南布依族苗族自治州	2	1805	411	1034	235	60	27	409	
黔东南苗族侗族自治州	18	17155	1257	16774	6689	649	1644	4314	22
黔南布依族苗族自治州	2	1467	157	2456	1478	143	120	730	

3-38 规模以下文化服务业企业主要财务指标

单位：万元

分组	企业单位数（个）	年末从业人员（人）	#女性	营业收入	#主营业务收入	营业税金及附加	#主营业务税金及附加	资产总计	实收资本
合计	**4601**	**45746**	**18652**	**679663**	**657569**	**33406**	**31513**	**3959679**	**767149**
按登记注册类型分									
内资企业	4598	45680	18608	678811	656747	33386	31493	3958437	766999
国有企业	115	1983	761	52127	49887	2085	1972	1352433	111349
集体企业	16	258	110	2208	2171	127	124	16547	831
股份合作企业	43	507	232	3793	3648	189	184	14302	8311
国有联营企业	3	19	10	494	491	13	13	392	194
集体联营企业	3	31	13	153	153	11	11	248	66
国有与集体联营企业	1	4	1	292	292	1015	1015	66	20
其他联营企业	4	13	4	70	65	2	2	152	80
国有独资公司	25	611	281	5708	5242	283	278	30364	20690
其他有限责任公司	1669	22316	8985	366965	360811	15022	14600	1084780	400228
股份有限公司	83	1220	436	18005	17797	965	911	117945	61207
私营独资企业	1699	10446	4516	95071	91763	5730	5598	125329	67650
私营合伙企业	156	1222	543	11666	11005	521	446	24862	11626
私营有限责任公司	566	4555	1557	75524	73559	4460	4185	142936	67178
私营股份有限公司	67	608	220	5166	5150	381	377	11064	3836
其他企业	148	1887	939	41570	34714	2583	1777	1037016	13734
港、澳、台商投资企业	2	12	6	23	22	2	2	53	50
外商投资企业	1	54	38	830	800	19	19	1188	100
按企业控股情况分									
国有控股	195	5665	2349	164374	153296	6627	5667	2000878	245801
集体控股	53	755	329	10654	10554	551	544	35073	12566
私人控股	4055	35572	14370	421538	411417	23437	22582	879529	458195
港澳台商控股	2	7	5	21	21	1	1	10	10
外商控股	1	62	40	597	591	33	33	2455	2424
其他	295	3685	1559	82479	81691	2758	2687	1041734	48154

3-39 按类别分组的规模以下文化服务业企业主要财务指标

单位：万元

类别	企业单位数(个)	年末从业人员(人)	#女性	营业收入	#主营业务收入	营业税金及附加	#主营业务税金及附加	资产总计	实收资本
合计	**4601**	**45746**	**18652**	**679663**	**657569**	**33406**	**31513**	**3959679**	**767149**
新闻服务	7	363	152	5889	5857	305	305	39023	15921
出版服务	35	1373	637	50693	43214	2402	1575	88389	12199
广播电视服务	3	50	18	957	957	49	49	429	70
电影和影视录音服务	104	1597	750	17450	16763	798	771	83042	35925
文艺创作与表演服务	59	1663	791	10553	10094	427	415	41377	21710
图书馆与档案馆服务	2	15	11	54	54	3	3	27	21
文化遗产保护服务	12	95	32	274	270	7	7	4405	4246
群众文化服务	18	158	66	503	502	14	13	9788	3586
文化研究和社团服务	12	133	51	330	320	15	15	3388	3713
文化艺术培训服务	51	512	296	2197	2104	104	101	11332	6436
其他文化艺术服务	55	393	171	6463	6378	480	477	992615	12776
互联网信息服务	117	1200	416	13215	13015	677	665	18527	8613
增值电信服务(文化部分)	2	43	11	336	336	19	19	514	130
广播电视传输服务	23	391	139	11710	10871	692	685	29529	9617
广告服务	1737	11948	4418	177889	172549	7668	7263	259496	144431
文化软件服务	220	4700	1925	49665	48444	1661	1379	80173	45576
建筑设计服务	291	2728	774	60625	59006	3081	3023	56704	33319
专业设计服务	227	3445	944	97483	97119	4063	4033	1254264	106862
景区游览服务	151	2802	1230	18275	17922	758	749	303831	100638
娱乐休闲服务	1154	9289	4546	106452	104176	9249	9092	150259	79739
摄影扩印服务	119	679	363	3801	3525	141	132	5803	2964
版权服务	1	2	1	4	1	…	…	14	10
文化经纪代理服务	23	131	56	1461	1338	49	47	276133	56563
文化出租服务	4	51	8	1561	1470	54	53	620	258
会展服务	76	617	260	5569	5522	173	171	29430	13492
其他文化辅助生产	98	1368	586	36254	35762	518	472	220566	48337

3-40 按市(州)分组的规模以下文化服务业企业主要财务指标

单位：万元

地区	企业单位数(个)	年末从业人员(人)	#女性	营业收入	#主营业务收入	营业税金及附加	#主营业务税金及附加	资产总计	实收资本
贵州省	**4601**	**45746**	**18652**	**679663**	**657569**	**33406**	**31513**	**3959679**	**767149**
贵阳市	1683	20332	8410	383362	369583	14757	13159	854354	331726
六盘水市	318	3355	1202	70132	68954	7029	7017	69492	21064
遵义市	669	5433	2323	59574	57503	3395	3328	203491	93987
安顺市	281	2537	970	23634	22651	1226	1213	326369	67401
毕节市	229	1848	635	15339	14677	530	504	288782	60195
铜仁市	328	2279	936	21920	21241	1641	1624	989497	15920
黔西南布依族苗族自治州	302	2244	871	31055	29979	1488	1403	902788	46437
黔东南苗族侗族自治州	422	3369	1331	36036	35278	1315	1299	160094	67518
黔南布依族苗族自治州	369	4349	1974	38613	37704	2025	1967	164812	62901

3-41 按类别分组的文化服务业事业单位主要财务指标

单位：万元

类别	单位数(个)	年末从业人员(人)	#女性	非企业单位支出(费用)	年末资产
合计	**879**	**15622**	**6800**	**285241**	**564576**
新闻服务	28	611	252	20264	54435
出版服务	24	724	294	7737	7033
广播电视服务	66	3802	1634	78370	197495
电影和影视录音服务	9	137	59	4726	2157
文艺创作与表演服务	21	527	248	11882	8580
图书馆与档案馆服务	101	1500	820	26048	36394
文化遗产保护服务	82	863	407	12201	69539
群众文化服务	221	1477	648	14858	14592
文化研究和社团服务	163	1771	705	31196	14415
文化艺术培训服务	12	218	114	2450	5648
其他文化艺术业服务	16	204	82	2667	2775
互联网信息服务	3	40	14	349	230
广播电视传输服务	41	1062	458	24340	58007
广告服务	1	24	11	19	30
文化软件服务	1	42	10		
建筑设计服务	9	209	73	1319	3798
专业设计服务	7	350	123	9007	13931
景区游览服务	56	1871	777	35310	66195
娱乐休闲服务	8	86	31	318	1370
摄影扩印服务	1	1	1		
文化经纪代理服务	1	6	1	32	92
文化出租服务	1	10	6	178	111
会展服务	5	79	29	1942	7748
其他文化辅助服务	2	8	3	30	2

3-42　按市(州)分组的文化服务业事业单位主要财务指标

单位：万元

地　　区	单位数(个)	年末从业人员(人)	#女性	非企业单位支出(费用)	年末资产
贵州省	**879**	**15622**	**6800**	**285241**	**564576**
贵阳市	132	5069	2315	114079	324713
六盘水市	93	1416	560	30032	70531
遵义市	199	2118	944	20630	33126
安顺市	59	772	315	19869	19826
毕节市	66	1133	482	21664	26594
铜仁市	64	933	395	21465	23595
黔西南布依族苗族自治州	61	798	365	9623	18311
黔东南苗族侗族自治州	129	1913	774	23082	25748
黔南布依族苗族自治州	76	1470	650	24799	22133

3-43　按类别分组的文化服务业其他单位主要财务指标

单位：万元

类　　别	单位数(个)	年末从业人员(人)	#女性	非企业单位支出(费用)	年末资产
合　　计	**1344**	**16265**	**5948**	**16053**	**24647**
出版服务	2	16	9		
广播电视服务	1	3	1	21	60
电影和影视录音服务	4	31	13	21	3
文艺创作与表演服务	20	382	206	547	39
图书馆与档案馆服务	9	45	17	355	969
文化遗产保护服务	13	92	58	502	3008
群众文化服务	35	240	152	880	1060
文化研究和社团服务	394	9771	2995	6385	5084
文化艺术培训服务	40	462	306	4495	4246
其他文化艺术业服务	30	182	66	154	1549
互联网信息服务	31	188	91	10	60
广播电视传输服务	6	86	18	1025	2815
广告服务	148	799	268	58	58
文化软件服务	7	39	14		
建筑设计服务	20	149	38		
专业设计服务	19	140	42	2	7
景区游览服务	50	808	310	1477	5531
娱乐休闲服务	478	2619	1230	106	133
摄影扩印服务	15	85	46		
文化出租服务	3	10	6		
会展服务	4	60	39	11	18
其他文化辅助服务	15	58	23	3	6

3-44 按市(州)分组的文化服务业其他单位主要财务指标

单位：万元

地区	单位数(个)	年末从业人员(人)	#女性	非企业单位支出(费用)	年末资产
贵州省	**1344**	**16265**	**5948**	**16053**	**24647**
贵阳市	264	2451	926	5258	6317
六盘水市	103	847	332	669	958
遵义市	187	3160	1012	1109	2011
安顺市	161	1648	527	700	640
毕节市	85	1390	562	1265	7630
铜仁市	155	1269	469	1204	756
黔西南布依族苗族自治州	105	1879	713	578	2242
黔东南苗族侗族自治州	177	2214	819	4547	2259
黔南布依族苗族自治州	107	1407	588	724	1835

五、文化产业个体经营户

3-45　按类别分组的文化产业个体经营户基本情况

类　别	户数 (个)	年末从业人员 (人)
合　计	**19175**	**63450**
造纸	1	6
印刷	188	710
装订及印刷相关服务	418	1202
记录媒介复制	17	59
文教办公用品制造	7	23
乐器制造	7	15
工艺美术品制造	1075	3138
玩具制造	13	23
游艺器材及娱乐用品制造	7	17
涂料、油墨、颜料及类似产品制造	3	11
炸药、火工及焰火产品制造	21	320
陶瓷制品制造	37	143
印刷、制药、日化及日用品生产专用设备制造	3	17
广播电视设备制造	1	30
纺织、服装及家庭用品批发	3	8
文化、体育用品及器材批发	440	1112
机械设备、五金产品及电子产品批发	4	10
贸易经纪与代理	55	147
文化、体育用品及器材专门零售	7710	19187
家用电器及电子产品专门零售	1037	2994
电信	1	4
广播电视传输服务	10	20
卫星传输服务	1	3
互联网信息服务	89	391
其他信息技术服务业	2	4
文化及日用品出租	82	166
广告业	2136	6967
其他商务服务业	1048	2650
工程技术	8	21
其他专业技术服务业	2546	7636
公园和游览景区管理	58	346
技能培训、教育辅助及其他教育	114	453
出版业	8	17
电视	1	5
电影和影视节目制作	10	30
电影放映	15	66
录音制作	4	7
文艺创作与表演	17	146
艺术表演场馆	2	9
图书馆与档案馆	14	33
文物及非物质文化遗产保护	2	4
群众文化活动	9	48
其他文化艺术业	67	173
室内娱乐活动	1723	13866
游乐园	28	126
文化、娱乐、体育经纪代理	6	23
其他娱乐业	127	1064

3-46 按市(州)分组的文化产业个体经营户基本情况

地　区	户数 (个)	年末从业人员 (人)
贵州省	**19175**	**63450**
贵阳市	2968	10165
六盘水市	1281	3694
遵义市	3934	14020
安顺市	1535	4909
毕节市	1987	6434
铜仁市	1360	5161
黔西南布依族苗族自治州	1129	3728
黔东南苗族侗族自治州	3431	10636
黔南布依族苗族自治州	1550	4703